职业教育研究

郭　杰　主编

中国社会科学出版社

图书在版编目（CIP）数据

职业教育研究／郭杰主编．—北京：中国社会科学出版社，2019.1

ISBN 978－7－5203－4233－9

Ⅰ．①职…　Ⅱ．①郭…　Ⅲ．①职业教育－研究　Ⅳ．①G71

中国版本图书馆 CIP 数据核字(2019)第 056720 号

出 版 人　赵剑英
责任编辑　范晨星
责任校对　张依婧
责任印制　王　超

出　　版　中国社会科学出版社
社　　址　北京鼓楼西大街甲 158 号
邮　　编　100720
网　　址　http://www.csspw.cn
发 行 部　010－84083685
门 市 部　010－84029450
经　　销　新华书店及其他书店

印　　刷　北京明恒达印务有限公司
装　　订　廊坊市广阳区广增装订厂
版　　次　2019 年 1 月第 1 版
印　　次　2019 年 1 月第 1 次印刷

开　　本　710×1000　1/16
印　　张　47.5
插　　页　2
字　　数　754 千字
定　　价　196.00 元

编 委 会

前　言

1998 年，为适应广东经济社会发展对技术技能型人才以及职业院校师资人才培养的需要，广东省政府决定将广东民族学院改名为广东职业技术师范学院，使之成为当时全国独立设置的八所职技高师院校之一。学校的办学定位和特色实现了从为民族地区培养干部人才向以培养职教师资为主的转型。

20 年来，学校始终坚持“面向职教，服务职教，引领职教，特色发展”的办学定位，为广东省培养了一大批技术技能型人才和职教师资，成为了广东省职业教育师资培养的重要基地。学校先后被国家教育部、财政部、广东省教育厅选定为“全国重点建设职教师资培养培训基地”“国家技能型紧缺人才培养培训院校”“国家民委职业教育师资培训中心”“广东省职业技术教育协同创新发展中心”“广东省高技能人才实训基地”“广东省中职校长培训中心”“广东省职业院校教师教学发展中心”“广东省中等职业学校教师发展中心”等。

同时，学校也产出了一大批职业教育研究的学术成果，是广东省职业教育研究的重要基地。20 年间，全校师生围绕学校办学定位，结合职教师资人才培养实践，在职业教育基本理论、国家地方职业教育政策、人才培养等领域开展了卓有成效的研究与探索，不仅在省内发挥了引领作用，在国内研究界亦具有广泛的影响。为总结 20 年来学校在职业教育研究方面的学术成果，更好发挥学校在职业教育发展中的引领作用，2018 年 6 月，时任学校校长的郭杰教授提议，由学校职业教育研究院牵头，学校相关职能部门负责人及职业教育领域的校内专家组成编委会，将学校改办职技高师以来公开发表的学术期刊论文汇编结集，一方面作为学校改办职技高师20周年的一个纪念，同时也希望通过对20年来的研究成果的系统整理和全面总结进一步提升学校在职业教育理论、实践领域的学术研究水平。

按照学校的部署，职业教育研究院组织人员对20年间学校师生发表的职业教育领域的论文进行了全面收集和系统整理，依据高质量、广泛影响力以及校本特色等原则，从中遴选100篇作为成果汇编的候选论文，并从职教理论、职教政策、职教德育、人才培养、职教师资、广东职教、校本研究、域外职教八个领域对候选论文进行分类编排，构成了本书的雏形。全书的基本框架、入选论文标准、编排体例等均经编委会全体成员深入讨论、认真审核，在吸收编委和校内研究者的具体意见的基础上进行了相应的调整。

2018年年底，经教育部批准，学校正式更名为广东技术师范大学。在此前后，学校也成为首批广东省普通本科转型试点高校、广东省“冲一流、补短板、强特色”特色高校提升计划建设学校。这标志着学校进行入了一个全新发展的历史时期。在坚持现有办学定位的基础上，学校将依据“服务职教强特色，学科建设上水平”的办学思路，进一步强化学校办学特色，进一步提升办学水平，力争早日实现博士学位授予权建设单位，成为国内一流、有国际影响的职技高师院校，在推进广东职业教育发展、粤港澳大湾区建设等方面发挥更加积极的影响，做出更大的贡献。

体例说明

1. 入选论文按照“职教理论、职教政策、职教德育、人才培养、职教师资、广东职教、校本研究、域外职教”八个领域进行分类编排。

2. 在各类别中，论文按照发表时间先后编排。论文收录主要是学校师生在1998—2018年发表的期刊论文，个别虽在1998年之前发表但对学校转型发展意义较大的论文也一并被收录。

3. 入编本书的标准原则上为北大核心期刊上发表的学术论文，少数未在核心期刊发表但在国内研究界具有一定学术影响的文章亦被收录在内。

4. 为尊重原作者，入编文章尽可能保持原貌，但对部分注释和体例进行了规范化的技术处理。

目　录

职教理论

职教政策

职教德育

人才培养

职教师资

广东职教

校本研究

域外职教

附　录

职教理论

论加入 WTO 后高、中等职教发展的焦点

郑国强*

摘　要：我国的职业技术教育发展，在面对21世纪高新技术发展和加入 WTO 两大外部因素与外部环境影响下，将出现一系列的焦点问题："高、中等职教发展的四个外部推动力与内部推动力；经济结构和经济运转模式的改变，促使职业人力资源的培养要求、培养渠道、培养形式和分配渠道、分配形式的转变；科学技术的渗透、影响促进职业与技术人力资源的培养要求、培养过程和培养层次、培养方法及培养手段的转变；加入 WTO 后，东西部高、中等职教办学在技术高、新度与职业人才培养取向上，差距迅速缩小；高、中等职教的宏观发展战略和前瞻预测要求更加科学；树立国际经济一体化条件下的职业技术教育理念；新时期职业技术教育课程建设的选择取向；新时期职业技术教育改革的几个重要任务"。对焦点问题进行了探讨、研究，对我国的高、中等职教发展有重要的现实与长远意义。

关键词：WTO；高、中等职教；发展焦点

对我国来说，加入 WTO 意味着：（1）开放市场；（2）按国际经济贸易规则办事；（3）经济、政治将进入第二次改革开放；（4）科学技术、教育将面临更大的挑战和发展机遇等。随着外部因素与外部环境的变化，我国职业技术教育发展也将因此凸显一系列焦点问题。

---

* 郑国强，研究员，研究生导师，曾任高教职教研究所副所长（主持工作），全国职技高师教育理论研究协作委员会委员，代表作：《创建面向21世纪的新应用型大学》。

焦点之一：要明确我国高、中等职教发展的四个推动力

世界高、中等职教发展过程的实践研究证明：高、中等职教在社会发展中都要经过三个阶段——“供给驱动阶段、需求驱动阶段和为社会生产力服务驱动阶段”。目前我国现代高、中等职教经过20年的建设和调整，已进入第二阶段——“需求驱动阶段”。在此阶段，我认为高、中等职教发展的推动力有四个：(1) 经济发展与社会、政治发展的推动力；(2) 科学与技术发展的推动力；(3) 政府的推动力；(4) 人们不断增长的教育要求。这是因为，没有经济、社会、政治发展的需求，高、中等职教的发展就失去了基础；没有科学与技术的发展，高、中等职教的发展就失去了内涵；在我国鄙视职业技术教育的条件下，没有政府的推动，高、中等职教的发展很难成功；在社会不断进步、生活不断改善和就业需求不断增大的环境下，不断增长的教育要求又推动了包括高、中等职教在内的教育发展。高、中等职教发展四个推动力的思想是我国职业技术教育发展的基本思想。“高、中等职教发展三个阶段的思想”与“高、中等职教发展的推动力思想”，是研究我国职业技术教育焦点问题的思想基础。

焦点之二：经济结构和经济运转模式的改变，促使职业人力资源的培养要求、培养渠道、培养形式和分配渠道、分配形式的转变

将职业技术教育放在国际环境、全国各地域经济和科学技术发展的大局中去筹划与思考，从战略需要的角度去研究和分析职业技术教育在国家、地区整体发展中的作用与地位，非常重要。

加入WTO，就必须遵守世界贸易的规则。针对加入世贸组织所引起的经济结构、经济生产过程和经济运转模式的改变，我国职业人力的培养要求、培养渠道、培养形式，必须根据新环境、新的思路而转变，以适应新的要求。高、中等职教的管理体制、培养目标、教学目标、能力结构、专业设置、课程建设以及与之相对应的教学内容、教学方法、师资队伍建设等内部环境和内部条件必须与国际经济一体化的大环境接轨。例如，过去专业人才的培养一般以所在地域的经济、技术水平为依据，加入世贸后必须以适应国际经济一体化大环境的经济、技术水平为依据。

焦点之三：科学技术的渗透和影响，促进职业与技术人力资源培养要求、培养过程、培养层次、培养方法及培养手段的转变

进入 WTO 后的前五年，我国经济的发展将有一个痛苦的过程，主要表现在企业倒闭、民族工业受到冲击，特别对一些技术含量低的传统工业产业冲击更大。企业倒闭必然有大量失业者，失业者中也包括职校培养的人才。传统产业只有走技术改造，提高技术含量的道路，才能生存；新兴工业只有选择地创立一批自己领先的急需的高新技术产业和行业企业，才能更好地发展。这都要求我们的高、中等职教办学机构加大力度，培养与培训大批应用人才、操作人才，并相应地变革培养要求、培养过程和培养层次、培养方法及培养手段。例如，创立信息技术和生命科学等高新科学技术产业的专业和交叉学科、边缘学科专业；改造与旧的传统产业相对应的专业；增加专业技术的含量和专业技术科学改造的分量；提高专业开发人才、操作人才的受教育层次以及增加高、中等职校专业技术科学教学的内容和高、新程度；加大在职和社会技术培训力度等。

焦点之四：加入世贸后，东西部高、中等职教办学在技术高新程度与职业人才培养取向上，差距迅速缩小

加入世贸后，东部沿海、沿江发达地区和西部落后地区都会全面开放，经济特区被淡化或者说要求更高了。不管愿意不愿意，不分东西南北，不管落后地区或发达地区，都要受到冲击，都要解决技术创新和技术改造问题。过去提出的落后地区根据地域经济，技术要求可以低一点，高、中等职教专业技术层次也可以低一点的说法，今后将淡化。东西部高、中等职教办学在技术高新程度与职业人才培养取向上，差距将迅速缩小。

焦点之五：要求高、中等职教的宏观发展战略和前瞻预测更加科学

对新世纪政治、经济、文化、教育、科学技术发展的全面、准确的预测和推断，是职业技术教育宏观发展准确预测和有效实践的关键，将直接影响今后经济的发展水平。

日本的经验和教训告诉我们：职业技术教育是日本经济腾飞的秘密武器。日本企业办的职业技术教育与培训，在世界高、中等职教史上占有一席之地，为日本 20 世纪 60—80 年代产生的经济奇迹打下了基础。亚洲“四小龙”的经济发展，背后也都有强大的、高质量的职业技术教育支撑。因此，加入 WTO 要求我们必须有高质量的职业技术教育为依托。

同时，正确预测与推断加入 WTO 后经济、教育和科学技术的发展水平以及所需人才的素质、技术水平和能力水平，也是职业技术教育发展的基础。21 世纪高新技术对经济的渗透，要求职业技术人才能适应岗位及岗位群工作，而只有不断地学习与培训才能支撑和保障人才的适应性。所以做好预测和研究，是加入 WTO 后职业技术教育发展的起点，也是职业技术教育培养目标、专业设置、教学目标、能力构建和课程建设的基础。

焦点之六：国际经济一体化条件下的职业技术教育理念

加入 WTO 后职业技术教育理念应立足于“以生产为基础的国际经济一体化”进程。

WTO 最大的特点是“开放性”。加入 WTO 后，包括纺织、汽车、电子和信息技术在内的行业领域中，我国企业与各国企业之间的跨境联系日渐增大，相互之间会形成纷繁复杂的生产关系，我国内部以及我国与国际经济、科学技术间的关系也将被重新打造。这种关系表现为既竞争又合作。

“以生产为基础的国际经济一体化”还要求国家必须改革以前被视为内部事务的问题，如有关的政策、法规，生产管理、环境保护、质量标准等将受到更多的约束。国际经济一体化的大环境以及相伴而生的“约束”是更新现行职业技术教育理念的因素。职业、技术及其人才教育，都围绕着这个“开放性”相关因素去研究、去设计、去建构、去优化，吸取其中有益的经验。比如：以适应国际市场要求为标准的人才培养目标的理念；超越地域、国家、民族的局限，从全球型人才的角度和态度去理解教育、认识教育、改造教育、领引教育的理念；在教育的“生产管理、环境保护、质量标准”上采用 ISO9000—ISO14000 等序列国际认证标准的理念；“科学技术、工艺流程”教育内容，尽量采用国际最高、精、尖和通用标准的理念；人才培养与国际接轨和国际合作的理念；以技术培训、技术教育为主流和主要特征的职业技术教育代替以职业能力本位为主流和主要特征的职业技术教育的理念；将国际法和国际制度融入教学内容的理念；反对学历主义，实行资格和职业准入制度的理念；学生在教学实践中认识和掌握“创新能力、创业能力、实践能力和竞争与合作能力”的理念；强调既注意共性发展，又注意个性发展的课程建设个性化的理念；教育面向现代化、面向世界、面向未来的理念等。

焦点之七：新时期职业技术教育课程建设的几种取向

加入 WTO，高、中等职教培养目标和培养环境得以改变，课程建设取向发生变化。

* 新时期课程设置的模式选择和设置目标的选择取向

在课程改革中，课程建设思想的选择取向和对高、中等职业教育人才价值、标准及具体教学目标、能力要素的选择取向，决定了课程设置模式和专业教学模式的选择取向，也反映了当前对高、中等职教评价、衡量的价值观和审美观。

每一种教学模式、课程模式都有它产生的时代背景、文化基础和社会、经济、科技发展的条件。在一定的生产工艺和流程以及市场条件下，某种模式可能是很成功的，但在新生产流程、生产工艺、新机器和新市场条件下，这种模式便会变得不适应，必须更新才能适应。职教的教学模式和课程模式也须应时而变。在以技术培训、技术教育为主流和主要特征的职业技术教育代替以职业能力本位为主流和主要特征的职业技术教育的理念下，选择教学模式和课程模式，特别要注意专业的科学技术含量，以及职业、职业群的职业技术、技能操作的类型（如制式操作、高技术操作）对职业人才的素质、能力、技术的要求，如借鉴澳大利亚的一年、二年、四年的可供灵活选择和继续教育的培训证书、资格证书、学历证书、学位证书制度，不失为我国高、中等职教与国际接轨的有益尝试。

* 新时期对学生能力的认识取向

新世纪高、中等职教学生的能力观应引入新的教育理念，即学生在教学实践中应具备创新能力、创业能力、实践能力和竞争与合作能力。在这个理念指导下，高、中等职教学生的素质与能力观，将超越人们过去的“职业岗位”思想，着眼于新环境、新技术条件下的整个“职业生涯”，按新的素质观、人才观、能力观来选择培养内容、培养过程和确定培养模式取向。应该提醒的是，随着信息技术介入各学科、各专业领域，社会生产的观念与模式已产生根本性的变化，社会与企业对人才的要求也随之改变，旧的人才观、能力观肯定不符合新时代的要求。

未来的高、中等职教人才，不仅要求学生成为一个竞争者，而且要求他们成为一个合作者。我们的高、中等职教工作者，不能只把学生训练成一个竞争者，或是一个合作者，而应教授他们竞争和合作的意识（理念），教会他们竞争和合作的本领（能力），使之能在大风大浪中生存和发展。

＊新时期高、中等职教课程建设的目标取向

高、中等职教课程建设取向主要有服务目标取向和时空目标取向等。

课程服务目标取向有三种。一是“岗位需要论”，主张课程建设要体现岗位针对性，突出专业性和技能性。二是“就业需要论”，主张课程建设应以培养学生适应人才市场广泛就业需要和职业岗位多变的需要。三是强调素质教育和综合能力培养，强调处理好“就业竞争能力”和“发展后劲”的关系，强调职业技术教育过程建立在以技术培训、技术教育为主流和特征的职业技术教育代替以职业能力本位为主流和特征的理念上。

前两种观点都有其时代局限性，必须赋予新时代的含义。完全否定“岗位需要、就业需要”不现实，完全从“岗位需要、就业需要”出发也不正确，应从更广、更高、更新的视角看待服务目标取向问题，从21世纪的科技发展水平和人才培养为“社会生产力发展”服务的高度去认识，超越从简单、单纯职业岗位需要出发的局限，可能更为恰当。例如，新时期在探索课程模式的选择取向时，不能过分拘泥于所依照的课程模式本源，而应大胆创新，因为课程模式本源所依据的环境和条件与培养的要求都已经变了，时代要求我们必须创建新的适合于新时期环境和条件培养要求的课程模式。新的课程模式很可能是多种本源课程模式在新条件下的创造性的综合与应用。

高、中等职教课程建设时空目标取向中有三个观点：一是现实论，主张看眼前，着眼于职业现实需要；二是未来论，主张看发展，着眼于创业需要；三是既注重现实，又注重未来。最后一种取向的基础是正确处理好“就业竞争能力和发展后劲”的矛盾。以国际经济一体化发展的需要为背景，以专业所对应的产业行业之技术发展需求的中长期培养目标去考虑课程建设取向，无疑是一种正确的选择。以技术培训、技术教育为主流和主要特征的职业技术教育代替以职业能力本位为主流和主要特征的职业技术教育理念代表着21世纪高、中等职教课程建设的时空目标取向特征。作为国际型专业人才必需的基本技能的外语能力和计算机能力培养，势将成为新时期高、中等职教的基础课程和基本要求，这对历来是高、中等职教薄弱环节的外语能力培养也是重大挑战。

焦点之八：新时期职业技术教育改革的几个重要任务

"规模、效益、质量、效率"问题历来是我国教育的热门话题，不同时期、不同环境、不同条件下有不同的内容与含义。加入 WTO 后在国际竞争的冲击下，职业技术教育为适应新情况，应更加注重"规模、效益、质量和效率"。改革的重点除了注意观念和战略问题外，还有以下一些任务。

1. 调整结构布局。以建设重点高、中级职校为中心，根据区域经济发展、技术进步、生源、财政能力等条件重新布局，调整专业，调配师资与设备经费，减少校数，扩大学校规模，提高办学效益，更好地适应竞争与合作的环境。

2. 进行学校内部管理改革，提高教学质量。着重在师资队伍建设和专业课程设计与教学上下功夫，使各所学校真正办出特色，以特色吸引生源，在适应地区经济的发展中求得自身的生存与发展。

3. 用有限的财力建设好示范职校。以点带面，使职校逐步脱离小规模、低档次、设备差、无特色的阴影，提高高、中等职教的地位与号召力。一个县建好一所示范职校或一个职教中心；一个地区办好一所高职院校。

4. 职校与企业、社会必须建立起全面的合作伙伴关系。我国高、中等职教最大的困惑就是职校很少主动与企业建立全面的合作伙伴关系。当前，职校与企业、社会建立全面的合作伙伴关系是适应新情况的最重要的改革任务之一。

原文刊于《教育发展研究》2001 年第10期

试论职业教育学的逻辑起点

王 川*

摘 要：职业教育学是随着职业教育活动的产生而发展起来的一门教育分支学科，其逻辑起点应该是该学科的“元”教育学；是最简单、最抽象、最本质的规定；是作为整个学科体系赖以建立的根据和基础；应该与研究对象最初产生的东西相符合，逻辑的起点同时也是历史的起点。根据这些要求，“技能训练”应该是职业教育学的逻辑起点。其展开过程是职业教育产生和发展的主线。

关键词：职业教育学；逻辑起点；技能训练

近代以来，因为我国经济发展迟缓，现代工业体系和大工业生产方式迟迟没有建立起来，所以主要为工业社会经济服务的职业教育在我国也起步较晚，对职业教育的理论研究和学科建设相对薄弱。迄今为止，有关职业教育学的学科产生和发展方面的研究十分欠缺。职业教育学的学科基础及其理论出发点鲜有论述；有关它的上位学科——教育学的逻辑起点问题，经过近20年的讨论，见仁见智、莫衷一是；作为教育学的下位学科，对职业教育学逻辑起点的讨论更是无从谈起。本文借鉴普通教育学逻辑起点问题讨论的思路，对职业教育学的逻辑起点做分析。

* 王川，教育学硕士，教授，广东省教育厅政策法规咨询委员会委员，广东比较教育学会常务理事，代表作：《西方近代职业教育史稿》。

一 逻辑起点的内涵与外延

自20世纪80年代中期有关普通教育学逻辑起点问题的讨论展开以来，教育理论界已经做了不同层次、角度和着眼点的研究。随后，教育学各分支学科也开始了本学科逻辑起点问题的讨论。长期以来，由于人们对职业教育究竟是教育活动的一种类型还是教育的一个层次辩论不休，因此对研究这种教育活动理论体系的本质、属性、范围、任务等问题也纠缠不清。笔者认为，探讨职业教育学的逻辑起点，实质上就是运用逻辑方法为职业教育学找出一个最基本的理论前提或出发点。

逻辑起点也称为逻辑始项、逻辑开端或逻辑出发点，往往是指一门科学或学科结构的起始范畴、理论体系的始自对象，是使整个学科理论体系的逻辑得以展开和完成的最初规定。用黑格尔的话说，就是“必须用什么作科学的开端”。黑格尔在其《逻辑学》中对逻辑起点提出了3条规定性。

第一，逻辑起点应该是一个最简单、最抽象的规定，它不以任何东西为前提，不以任何东西为中介。马克思和恩格斯都认为，逻辑起点是最简单的范畴。逻辑上所说的最简单，是说它只是用来说明其他事物，而本身是不需要说明的，一旦要对它进行说明，就会引入比其自身更复杂的东西。例如，在《资本论》中，商品是最简单的范畴，要对商品进行说明就要引入劳动。理论体系的概念推演过程，就是不断地丰富开端的规定性的过程。

第二，逻辑起点应该揭示研究对象的最本质规定，以此作为整个体系赖以建立起来的根据和基础，而科学理论体系的全部发展都包括在这个萌芽中。作为逻辑起点的范畴，必须以“胚芽”的形态内在地隐含着所有后继规定的内容，一切后来的东西都可以而且必须从中合理地、有顺序地演化出来，因此它一定是整个体系赖以建立起来的客观根据和实在基础。概念的逻辑推演和展开，就是把内蕴于开端中的内容充分展示、发展起来。

第三，逻辑起点与研究对象在历史上最初产生的东西相符合，逻辑的起点同时也是历史的起点。历史和逻辑的统一，理论地再现历史，是建立一门科学或学科理论结构体系的一个根本原则，也是确定教育学逻辑起点时要遵循的一个根本原则。就是说，逻辑上最初的东西应表明它在历史上也是最初的。

任何一门科学或学科的出现，一般应该具备4个条件：一是有确定的对象和范围，不与其他学科相混；二是自身成为系统，不前后矛盾，不犯论证上的谬误；三是有客观、确切的事实供科学研究，不是妄测臆断；四是有相当的普遍性与永久性。

由此，笔者认为逻辑起点包含以下三层含义。第一，逻辑起点是与一门科学或学科的理论体系紧密联系的，是理论体系中思维的起点，离开一门科学或学科的理论体系谈逻辑起点，就失去了依托和根据，也就失去了意义。第二，逻辑起点表现为一门科学或学科的一个范畴，并且是一个起始范畴，而不是“关系”“矛盾”以及“取向”等。黑格尔曾说，逻辑的开端，应该是一个最简单、最抽象的规定，它“不能是一个具体物，不能是在本身以内包含着一种关系那样的东西”①。这里所说的逻辑开端本身不能包含着一种关系，是指在它本身内部不能有相联系的两个不同的事物。第三，逻辑起点是一门科学或学科的理论体系的本原、开端，是理论体系赖以建立的基础。“一个哲学的本原，当然也表现了一种开端，但并非主观的，而是客观的，即一切事物的开端”②。很多时候人们在讨论某一门学科的逻辑起点时，往往冠以“元”学科的尊称，如“元科学”“元教育学”等，意思是科学的本原、教育学的本原等。

二 技能训练——职业教育学的逻辑起点

（一）作为职业教育学中一个最简单、最抽象的规定

如前所述，逻辑起点应该是一个最简单、最抽象的规定和最简单的范畴。对照职业教育的质的规定性，我们认为“技能训练”（skill training）是职业教育学的逻辑起点。

“技能训练”在逻辑上之所以是职业教育学中最为简单的范畴，是因

① ［德］黑格尔：《逻辑学》上卷，杨一之译，商务印书馆1966年版，第51、61页。
② 同上书，第51、61页。

为它可用来说明其他事物，特别是“教学”“培训”“课程”甚至“就业”等，而其本身是不需要说明的。这一点有些像数学上不证自明的公理一样，一旦要对它进行说明，就会引入比它复杂的东西。在职业教育学中，要对“技能训练”进行说明与阐释，引入的范畴与事物无一不比“技能训练”更为复杂。

“技能训练”所表现出的“最简单”，为它作为职业教育学逻辑起点提供了量的规定性。而其“最基本”性，则为它作为逻辑起点提供了质的规定性。“技能训练”作为职业教育学中最简单、最基本的范畴，可以从两个方面来说明。

1. “技能训练”是职业教育学中必不可少的一个基本范畴

前文逻辑基项与逻辑始项（逻辑起点）的关系已经表明，逻辑基项作为中心范畴，是一门科学或学科赖以存在的基础，它与逻辑起点是一种前提与结果的关系。我们不妨看看“技能训练”是不是职业教育学的逻辑基项——职业教育的前提与基础。普通教育（普通高中和普通大学）重点培养学术型、理论型人才，这种人才所从事的工作研究以设计为主，因此对人的思辨性、创造性和开拓性的培养要求较高；而职业教育反之，其培养目标为懂技术、会操作、应用性、实干型人才，这种人才所从事的工作以具体操作为主，因此对技能、技巧掌握能力的培养就显得特别重要。李岚清同志在谈到职业教育与普通高中的区别时说：“普通高中教的是各学科的基础知识和基本技能，学科是相对稳定的，学科教学不延伸到专业领域；职业学校则属于‘订单教育’，除了向学生教授必要的基础知识和专业知识之外，大量的是训练他们的动手能力、实际操作能力，社会需要什么人才，学校就培养什么人才。”① 可以说，职业教育存在的基础是培训学生的技能技巧，培养学生的就业能力，培养能够满足社会生产力发展需要的合格的劳动者。

2. “技能训练”在职业教育学中不以其他范畴为根据和前提

一提到“技能训练”，人们自然会想到某种动手能力、操作能力的学习与训练，想到工厂企业对学徒工的培训。其实，大工业生产的初期，工厂企业除了生产产品，还是最早的职业教育场所，这种培训和训练对

① 李岚清：《教育访谈录》，人民教育出版社2003年版，第415页。

企业的生存发展来说，完全是生死攸关的，因而是自然而然的，不以其他范畴为前提的。另外，人们把对技能、技巧的掌握理解为求知、学习、钻研的活动。在许多情况下，“技能训练”的确是与学生对知识技能的获得密切相关的。但是，“技能训练”并不限于求知。今天的职业教育学认为，学生在获得知识、技能、技巧之外，还须获得能力、情感、意志，以及对待职业的认知和态度，还须了解生产方式的发展变化和人口、贸易、经济等方面的内容。

（二）揭示职业教育的最本质规定，并作为整个体系赖以建立的根据和基础

我们首先从最基础的“职业”谈起。

“职业”一词最早见于《国语·鲁语》：“昔武王克商，通道于九夷百蛮，使各以其方贿来贡，使勿忘职业。”古代的“职”和“业”各有其指，“职”指官事，“业”指农、牧、工、商，“官有职，民有业”。《现代汉语词典》对“职业”的解释是“个人在社会中所从事的作为主要生活来源的工作”。《教育大辞典》的解释是“个人在社会中所从事的并以其为主要生活来源的工作的种类”。职业教育可以从广义和狭义两个方面理解：广义是指“一切增进人们的职业知识和技能，培养人们的职业态度，使人们能顺利从事某种职业的教育活动”；狭义是指“在一定普通教育的基础上，通过职业学校和职业培训机构对劳动者进行的从事非专门性的职业知识、技能和态度的教育”。①

职业教育是为适应现代社会的大工业生产方式和市场经济的发展而出现的，职业教育学与教育学在基本原理方面有许多共同点。职业教育学是在普通教育学基础上分化、发展起来的，首先是以普通教育学原理为基础，然后才是将教育与人们的职业活动联系起来，服务于人们的职业活动，最终形成研究这种活动的理论——职业教育学。

从职业教育的属性来看，职业教育与人们的其他教育活动一样具有双重性，既有上层建筑的性质，又具有生产力的性质。职业教育的政策、法规、理论、观点、培养目标等具有较强的社会性、阶级性，以及意识

---

① 刘春生、徐长发：《职业教育学》，教育科学出版社2002年版。

形态的性质，属于上层建筑的范畴。职业教育为现代社会的大工业生产和服务业直接培养具有熟练技能的劳动者，将可能的生产力（科学技术知识）转化为现实的生产力，因此又属于生产力的范畴。在某种意义上，职业教育更多地体现了教育的生产力性质，即将可能的生产力转化为现实的生产力。

从职业教育的功能来看，培养熟练掌握专门生产技能人才的教育活动乃是职业教育的功能，因为这是决定职业教育之所以存在和发展的根本所在。因此，职业教育学的逻辑起点，应该是近代资本主义大工业生产兴起之后，迫切需要受过一定职业技术训练的、具备基本技能技巧的熟练工人，从而导致职业教育活动的产生。其中，熟练技能技巧的掌握是关键，也是今天的职业学校（无论是中等职业学校还是高等职业学校）学生最主要的任务。

（三）职业教育的逻辑起点同时也是历史起点

因为科学的逻辑所包含的“理论体系的内在联系或理论的逻辑顺序”与“历史的东西”所包括的“客观事物本身的运动和发展过程或规律和人类认识的发展史这两方面的内容”① 是对应同构的，所以“在科学上最初的东西，也一定是历史上最初的东西”②；逻辑的研究方式实际上也是历史的研究方式，历史从哪里开始，思想进程也应当从哪里开始。由此可见，运用逻辑方法寻找职业教育学的逻辑起点，实际上也就是运用历史方法追寻职业教育的最初生长点和贯穿于整个人类社会历史的基本形态。

下面从“逻辑起点也是历史的起点”的角度，考察“技能训练”是否符合职业教育学逻辑起点的要求。职业教育的逻辑起点，实际上包括两方面的含义：其一，逻辑起点是人类认识教育现象的起点，是人类思维中最早出现的认识对象；其二，逻辑起点是人类教育发展史上最早出现的现象，是现实活动本身。因此，从职业教育起源的角度开始探索职业教育学的逻辑起点，这种形态在一定程度上就是它的最简单形态。

---

① 张悉泽编著《黑格尔〈逻辑学〉一书摘要评析》，中国人民大学出版社 1982 年版。

② 《列宁全集》第 38 卷，人民出版社 1959 年版。

中国的职业教育产生于19世纪中叶。当时，西方列强的坚船利炮打破了中国闭关锁国的大门，清政府在力图抗拒外来侵略而又一次次遭受重创后，不得不学着与西方打交道，先后创办了北京同文馆、上海广方言馆等培养翻译人才的西文学校，以适应外交及引进西艺的需要，其中设于1862年的北京同文馆可谓中国文科职业教育之始。同西方列强军事冲突中的一次次惨败，使统治阶层中的部分先进人物认识到中国“器物”上不如人，西方的“奇技淫巧”确有可取之处，于是开始对西方工业进行引进，先后创办了安庆军械所、江南船政局、福州船政局等军事工业。同时，为适应军事工业的需求，开设了中国最早的学习西方科技的学校。理工技术类职业教育在我国诞生的标志是1866年左宗棠在福建船政局附设的船政学堂。其他著名的学校还有天津电报学堂、南京陆师学堂附设矿务铁路学堂等。

随着殖民统治者对中国的侵略日甚一日，中国民族危机日益加深。当时的一些先进人物认识到，要反抗侵略不仅要“练兵将、制船炮”，增强军事实力，还必须大力发展国内农、工、商各业以增强经济实力，“习兵战不如习商战，商战之本在学战”成为当时包括洋务派和维新派在内的各种政治力量的共识。洋务派代表张之洞提出的“中学为体、西学为用”的教育方针，将学习外国自然科学、工业技术的实业教育界定在“用”的层面，认为广设实业学堂以兴农、工、商各业，训练国民务工、务农的技能和技巧，便可实现富国裕民、实业救国、实业教育救国的愿望。可以说，最初的职业教育就是劳动者的“技能训练”。在这种认识下，一批农工商实业学校纷纷建立起来，如杭州蚕学馆、端平化学学堂、广东商务学堂等。

1902年8月，清政府颁发的“壬寅学制”（《钦定学堂章程》）是中国第一个由国家正式发布的近代学校系统。在这个系统中，职业教育以实业学堂的形式构建了初、中、高三个逐级递升的层次。“壬寅学制”虽经公布，但并未实施。全国实行的第一个完整的近代学校系统是1904年1月清政府颁布的“癸卯学制”（《奏定学堂章程》），初步构建了以普通教育、师范教育和实业教育为三条主干的国民教育体系。在实业教育体系中有高、中、初三级实业学堂，教育内容以“西政”“西艺”为“用”，即以资本主义大工业生产的技能技巧为主。

1912年，中华民国第一个《学校系统令》公布，史称“壬子学制”。在这个学制中，实业学校分为甲乙两种，程度分别等于中学三年级及高小毕业水平，可视为中初级职业教育。为充实学制，教育部从学制公布至1913年8月，又陆续颁布了各种学校令，如《实业学校令》《实业学校规程》，明确了实业学校的宗旨是“教授农、工、商业必需之知识与技能”，并将实业学校分为甲乙两种，甲种是“施完全之普通实业教育”，乙种是“施简易之普通实业教育”之学校，[①] 其教育程度分别相当于清末的中、初等实业学堂。

1922年11月，黎元洪以中华民国大总统名义颁布“壬戌学制”，亦称“六三三四”学制。就职业教育而言，独立设置专门学校，此类学校有两个接口，一是与中职接口，这类专门学校为5B；二是与高中接口，这类专门学校为5A。

1928年以后，伴随生产教育思潮的兴起，职业教育陡然升温。这一时期职业教育的重要特点是民间力量与政府力量相结合，以解决国家和社会面临的危机，其中政府对职业教育的大力推进发挥了关键性作用。国民政府于20世纪三四十年代颁发了一系列职业教育法规，最重要的是1932年的《职业学校法》，其第一条规定职业学校“应培养青年生活之知识与生产之技能”。[②] 当时的国民政府对职业教育不遗余力推进的目的，在于通过发展职业教育以促进生产力的发展进而维护其统治。1947年颁布的《修正职业学校规程》中，虽然仍旧注重增进生产知识与技能以养成职业之能力，但主要是由于个人生计问题不解决，政权统治难以巩固，因此这一时期教育归标的走向逐渐向社会本位转移。

1949年，中华人民共和国成立，新政权接管了旧学校，并对其进行了改造，职业教育随之发生了重大变化。1952年，《政务院关于整顿教育和发展中等技术教育指示》指出：“我们的国家正在积极准备大规模的经济建设，培养技术人才是国家建设的必要条件，而大量地训练和培养中级与初级技术人才尤为当务之急……积极整顿与发展中等技术教育以解

---

① 朱有瓛：《中国近代学制史料》第三辑（下），华东师范大学出版社1992年版，第83—192页。

② 李蔺田：《中国职业技术教育史》，高等教育出版社1994年版，第164页。

决国家建设所迫切需要的中级和初级技术干部问题。”[1] 这表明新中国的职业教育是为国家建设服务的，人才培养定位于技术干部。1954 年的《中等专业学校章程》提出中等专业学校的教育目标在于“培养具有马克思列宁主义基础知识、普通教育的文化水平……全心全意为社会主义建设服务的中等专业干部”。[2] 技工学校的培养目标是有计划地培养技术工人，以保证国家经济建设的需要。当时职业教育结构上的分化只是人才培养定位有了分化，而培训直接满足国家经济建设需要掌握的熟练技能、技巧的中级和初级人才的目标并没有分化。

20 世纪 90 年代，就业上的计划分配体制逐渐解体，职业学校毕业生需要自谋出路。这给职业教育的教育目标提出了新课题，因此为学生谋生计的内容被提到了很重要的位置上，民办职业教育的兴起更激发了这种势头。随着全面发展教育方针的落实和对学生主体地位认识的不断提高，职业教育在重视技能、技巧培训的同时，也更加重视个人兴趣、需要和个性的发展。21 世纪初，职业教育培养目标应该以科学发展观为指导，坚持以人为本，即以实现人的全面发展为目标，培养“为社会主义现代化建设服务”的掌握熟练技能的劳动者，又要使这些劳动者的个人生计、个性发展得到保障，这充分反映了人们对职业教育理论认识的深化。

三 “技能训练”的展开过程是职业教育产生与发展的主线

“技能训练”这一范畴以一种简单的形式存在着，反映着具体的多方面的联系。“技能训练”是一种动作或心智习惯化定式的养成活动，是人获得（动作或心智的）实际操作能力的一种活动。在这种活动中，凝结着三个方面的关系：一是人与外界环境之间的关系，表现为人在与外界事物的相互作用中产生的联系与矛盾；二是人与人之间的关系，表现为人与人在相互交往中的作用与联系；三是人与社会之间的关系，表现

① 李蔺田：《中国职业技术教育史》，高等教育出版社 1994 年版，第 242 页。

② 同上书，第 286 页。

为人的个体化需求与社会需求之间的联系与矛盾。这三方面的关系体现了职业教育的运动、变化、发展过程，制约着职业教育中其他方面的关系和矛盾。

职业教育的产生、变化、发展与“技能训练”所包含的三个方面的关系是密切联系的。

第一，在职业教育发展初期，人们主要是在家庭作坊或具有师徒关系的环境中接受技能训练。学生（徒）在各种各样的手工操作中，通过尝试、模仿甚至偷窥等方式学习某种手艺，掌握一些有限的经验、技能和技巧。这一时期的“训练”或者因为兴趣，或者因为家庭压力，但更多的是因生计，这也是人们为摆脱农业劳动、力图掌握“独门绝技”进而生活得更好一些而接受某种技能、技巧训练的原因。此时的“技能训练”虽然简单、有限，但它是职业教育这种形态产生的前提与依据。

第二，人与人之间的交往是“技能训练”的另一种形式，这种形式的发展要晚于前者。原始社会初期，首先是与自然相对抗，占主导地位的是人与物的关系，而不是人与人的关系。随着人类经验的不断积累及思维、语言等方面的相应发展，人与人相互之间的交流成为可能，在这种交往中进行的学习、模仿、训练自然成为人类生产力发展的主要动力和方式。在这种广义的学习中，有些属于无意识的，是一种自发的影响；有些则属于有意进行的，是一种带有目的性的影响。“上施下效”的职业培训模式由此产生。

第三，在农业社会和小手工业生产时期，人们多采用群体劳动、村落家族生活和家庭作坊生产等方式，每个人都很少意识到个体的存在。但是由于资本主义机器大工业生产方式的兴起，群体的共同劳动分裂为私人劳动和社会劳动，个人与社会遂构成主导性矛盾，人与社会的关系取代人与自然的关系并成为占统治地位的关系。在这种情形下，个体的“口耳相传”的学徒式培训不可能解决人与飞速发展的社会之间的矛盾。职业教育要处理的关系主要是人与社会的关系，它需要训练大量的、能够应付大工业生产的合格劳动力，在个体与社会之间求得协调。社会也要求职业教育机构将从农业生产中解放出来的大批劳动力训练成为大工业生产所需的合格的劳动后备军，将他们训练成为操作型、技能型、应用性人才，同时满足蜂拥进城者就业的需要。

可见，“技能训练”的展开过程是职业教育产生、发展过程的一条主线。在三种关系中，前者较为简单，而后两者较为复杂，后者包容前者，前者是后两者发展的不完备形式。职业教育学范畴体系的展开、推演过程，实际上就是对“技能训练”所包含的这三方面胚芽的发挥、对“技能训练”的规定性不断丰富的过程。

随着职业教育以服务为宗旨、以就业为导向办学方针的落实，制造业和现代服务业技能型紧缺人才培养培训计划、农村劳动力转移培训计划的实施，以及大量培养技能型、操作型人才战略的实施，职业教育对广大现实劳动者或潜在劳动者开展“技能训练”的重要职能不仅没有降低，反而更有必要加强，这是今后若干年职业教育工作的一个重点，是一项硬任务。

逻辑起点是随着学科的成熟，特别是范畴体系研究的深化而逐步清晰的，同一学科不同理论学派对逻辑起点选择往往是不同的，因而在职业教育学理论体系建设过程中，不存在一个唯一的、静止不变的逻辑起点。但对于任何一门成熟的学科来说，逻辑起点的选择和确立都是非常重要的，因为不同的逻辑起点不仅决定着理论体系的逻辑主线，而且形成不同学派各自独特的研究范式。这种不同学术思想的争鸣，显然是职业教育学理论体系建设发展的内在动力。

原文刊于《职业技术教育》2005 年第 16 期

论职业教育的内涵与本质属性

王 川*

摘 要：职业教育活动虽然古已有之，但现代意义上的职业教育是随着资本主义大工业生产方式的产生、发展而产生、发展起来的，其内涵必然要反映社会生产方式的发展变化。职业教育的本质属性除了具有其他教育活动具有的一般的、共同的属性之外，还应该具有自身的特殊性。代表社会生产方式发展要求的、培养具有非专门性职业知识、技能和态度的劳动者的职业教育目标，与尚未达到这一目标要求的有限职业教育资源之间的矛盾，就是职业教育活动的特殊矛盾。同时，职业教育的本质属性在不同社会生产方式形态下还具有不同的表现形式。

关键词：职业教育；内涵；本质属性

随着国家综合国力的增强和经济结构的调整，职业教育在社会发展中的作用越来越重要，其地位和作用日益提高与增强，教育理论界对职业教育的研究也越来越深入。但是，相对基础教育、高等教育和成人教育来讲，职业教育的理论研究滞后，笔者挂一漏万地检索了近十年的理论文章，发现就事论事的应景文章多，深入理论探讨的少；注释政策、文件的八股文章多，发表自己独立见解、有一家之言的少；生吞活剥外国经验"借鉴"来"开药方"的文章多，实地调研、解剖麻雀、具有中

---

* 王川，教育学硕士，教授，广东省教育厅政策法规咨询委员会委员、广东比较教育学会常务理事，代表作：《西方近代职业教育史稿》。

国特色的少。在此，笔者不揣谫陋，抛砖引玉，对职业教育的内涵、本质属性等基本问题作一探讨，以期引起同行专家的讨论。

一 职业教育的内涵

职业教育（Vocational education）可以说是随着资本主义大工业生产方式的产生、发展而产生、发展起来的一种教育活动。在此之前，职业教育的萌芽是以师徒制为特征的职业技巧传授模式，在尚未出现专门职业学校前，几乎都是学徒教育模式。此后，随着生产方式的发展变化，以传授某种职业或生产劳动知识和技能的教育形式也随之发生了变化，其称谓有“职业技术教育”“技术职业教育”“技术教育”等。

先回顾一下我国职业教育的历史发展。

我国职业教育的兴起当属近代洋务派的努力。同治五年（1866 年）左宗棠奏请在福建马尾开办的马尾造船厂附设的福建船政学堂，是我国近代第一所职业技术学校。光绪二十八年（1902 年）清政府颁布了《钦定学堂章程》（壬寅学制），其中规定了一套比较系统的职业技术教育制度，当时称为实业教育。光绪二十九年（1903 年），张百熙、张之洞、荣庆等人重新拟定的《奏定学堂章程》（癸卯学制），把实业教育分为三级三类，三级为：初级实业学堂，学制 4 年；中等实业学堂，学制 5 年，分为本科和预科，本科相当于现在的大专班，预科相当于现在的职业高中班；高等实业学堂，学制 3—4 年。三类为：正式实业学堂；补习实业学堂；实业师范。

辛亥革命推翻了清王朝，建立了中华民国。1912 年 9 月至 1913 年 8 月，国民政府教育部陆续颁布了各种学校规程，综合成一个完整的学校系统，即《壬子癸丑学制》。这个学制把实业学堂改为实业学校，分甲乙两种，甲种与中学平行，乙种与高小平行，以教授农工商必需的知识技能为目的，均三年毕业。1922 年 11 月，以范源濂为总长的教育部公布了《学校系统改革令》（壬戌学制）。在这个学制中，职业学校的名称取代了过去的实业学校。“职业学校”第一次名副其实地出现在我国教育史上。1928 年、1933 年，南京国民政府先后颁布了《职业学校法》等法律条文。

新中国初期，按照《共同纲领》中“有计划、有步骤地实行普及教育，加强中等教育和高等教育，注重技术教育”的规定，共产党接管、整顿和改造了旧有的职业学校，合理地调整了学校布局和专业设置，为发展职业技术教育奠定了基础。1951 年 10 月，政务院做出关于改革学制的决定，将职业学校改称为中等专业学校。1958 年 3 月，当时的中宣部部长陆定一重新提出了“职业教育”这一概念，要求动员群众的力量办各种职业中学。直至 1996 年 5 月，《中华人民共和国职业教育法》颁布后，才将“职业教育”这一称谓规范化。

其实，职业教育是一个历史范畴，时代不同，所指不同，在历史长河中发生过许多重大变化，具有时代性的特征。另外，国家不同，教育制度不同，职业教育所指也不同。对任何一个国家来说，仅文化传统、地方习俗、教育制度、经济社会条件之间的相互作用，就足以产生一个在许多方面都是这个国家特有的职业教育形态。

就我国而论，根据教育内容、层次和年龄三重标准，将教育划分为普通教育、高等教育、职业教育、成人教育四大类，使职业教育与其他类别教育出现交叉或重叠，原因在于职业教育的内涵不清。

首先来看看职业教育（Vocational education）与技术教育（Technical education）的异同：二者传授的内容都是以专门技术为基础，目的是让受教育者形成一定的职业技能技巧。技术泛指根据生产实践经验和自然科学原理而发展成的各种工艺操作方法与技能。现代大工业生产的技术来自两个方面，一是生产实践，二是自然科学原理，来自生产实践的称为经验技术，来自自然科学原理的称为理论技术。掌握经验技术的教育称为职业教育，掌握理论技术的教育称为技术教育。在培养对象上，前者是为技术工人做准备的，部分课程是专门职业理论和实践；后者是为技术人员做准备的，大多在中学后进行，如高等专科学校、高等职业技术学院、多科技术学院等。

其次，职业教育与职业技术教育的异同是“职业技术教育”在苏联专指为国民经济各部门培养技术工人的教育。在我国是指“宽口径”的职业技术教育，而且此称谓在我国改革开放以来至 20 世纪中期以前曾被广泛使用。德国、美国等国外教育发达国家将基础教育、普通高等教育、成人继续教育排除在外的、为培养职业能力而进行的教育称为职业教育或产业教育。中国自20世纪90年代后期开始正式将职业教育代替职业技术教育、技术和职业教育、产业教育等称谓。

虽然《职业教育法》第13条将我国现行的职业教育划分为初级、中级和高级三个层次，但随着我国九年义务教育制的普遍实施，我们认为，初级职业教育应该退出职业教育市场，过去人们在小学毕业之后所接受的初级职业教育逐步转化成为基础教育、通识教育，成为义务教育的一部分了。所以，今天的职业教育应该仅包括中级和高级两个层次。中等职业教育包括中专、技校、职业高中及成人中专；高等职业教育包括职业大学、职业技术学院、高等技术专科学校、成人高校、高级技工学校以及普通高等学校中设置的二级学院——职业技术学院。

从中国职业教育历史发展和国外职业教育含义的发展来看，我们认为职业教育可以从广义和狭义两个方面来理解：从广义上说，它泛指一切能增进人们的职业知识和技能，培养人们的职业态度，使人们能顺利从事某种职业的教育活动；从狭义上说，即在普通教育的基础上，通过职业学校和职业培训机构，对劳动者进行的从事非专门性的职业知识、技能和态度的培训，以使他们现在或将来能顺利获得职业的活动。其特征有以下四点。

第一，职业的非专门性职业教育中的职业，是指非专门职业、一般职业（Vovation），而不是专门职业（Profession）。明确这一点非常重要，否则容易使职业教育内涵模糊不清，混淆职业教育与其他类型教育的界限，从而消除职业教育的本质属性，将职业教育发展引向歧途。目前，由于人们对职业类型缺乏清楚的认识，认为所有类型教育的受教育者最终都要就业，因此，从这种意义上说，所有类型的教育都可称为职业教育。这种观点为职业教育培训机构的盲目升格提供了借口，同时也混淆了职业教育（尤其是高等职业教育）与高等教育的区别。

第二，导向的就业性职业教育以获得某种职业为主要目的。职业是获得性的，而不是继承性的，获得职业是职业教育的主要目的。古今中外的职业教育，无不以学生获得职业为自己的主要目的。黄炎培曾说，职业教育“使无业者有业，有业者乐业”。美国的社区学院校门口都写着：“就业教育是我们的宗旨。”我国“十五”教育振兴计划指出：职业教育要以就业为导向。

第三，内涵的相对性和外延的包容性。职业教育是教育体系中的一个组成部分，其概念的内涵是相对其他教育，如基础教育、高等教育而言的。与职业教育比较，基础教育是使受教育者掌握具有永恒一般价值的知识、观念、工具和方法，促使受教育者身心全面和谐发展的基础性教育。在普通教育中的职业教育为非定向的，称为“劳动技术教育”，主要是培养受教育者的职业意识和劳动态度。职业教育的外延又与其他教育范畴有重合，如高等教育、成人教育，存在一定的包容性。

第四，过程的终身性在变革时代，职业是不断变化的。职业教育不应该培养青年人和成人从事一种特定的，终身不变的职业，而应该培养他们对职业的态度和转岗再就业的能力。因而，职业教育是一种终身教育。在这一点上，职业教育与成人教育互相包容。

二　职业教育的一般本质属性

通过以上讨论，基本清楚了职业教育内涵之后，我们便可以进一步讨论职业教育的本质属性了。根据人们对“本质”这一概念的理解，本质一般包括了四个方面的内容：（1）事物的本质是由该事物必然具有也必须具有的最一般、最普遍、最稳定的共同属性；（2）事物的本质是由该类事物内部所固有的特殊矛盾决定的，是该事物不同于其他一切事物的特有属性；（3）事物的本质又是规定和影响事物各种非本质属性的存在和发展的根本属性；（4）事物的本质是表现事物内部深处发生的过程，反映事物内部各要素间内在联系的属性。

以下就从这四个方面来对职业教育的本质进行分析。

（一）职业教育的一般本质属性

因为事物的本质是该类事物必须具有也必然具有的，最一般、最普遍和最稳定的共同属性。这就需要我们对职业教育的类现象进行考察。也就是要从不同层次、不同形式、不同内容、不同对象、不同时代以及不同社会形态等多种不同的职业教育活动的现象中去考察，看看是否有一种最一般、最普遍、最稳定的东西。尽管职业教育现象千差万别、千姿百态，但这些活动都存在着如下共同的因素。

第一，在职业教育活动体系中，存在着这样几个基本要素：职业教育主体（教育者、受教育者）、职业教育目标、职业教育内容、职业教育形式和职业教育结果等五大要素，无论职业教育现象多么复杂，也无论过去、现在，还是将来，这“五大要素”就是它们当中必然也必须具有的东西，并且这五大要素构成一个整体，作为一个要素系统，是相当稳定的，在任何职业教育活动中缺一不可。

第二，职业教育作为一种活动，它是人类社会一种有目的的培养人的活动。职业教育系统的行为是有目标性的行为。任何职业教育活动过程总是指向一定的目标，并为实现一定的目标服务。如果缺乏目标性，职业教育活动就会处于盲目无序的状态。

第三，职业教育是对受教育者进行职业培训。它具有职业教育的一般特性，其过程是人、财、物、信息、时空等教育资源的利用，因此，任何职业教育都要通过对这些资源进行分析、利用，使之得到合理有效的配置，力求以最少的教育资源获得最大的社会与经济效益。

第四，职业教育过程具有一般教育过程的属性，同时又具有其自身的特点，即它是一个由教育者根据一定社会要求和人的身心发展规律，对受教育者进行有目的、有计划、有组织的实施非专门性的职业知识、技能和态度的教育过程。可以说，任何职业教育活动都是依靠教育者和受教育者的双边活动，使整个教育过程得以完成。

（二）职业教育的特殊本质属性

因为事物的本质是该事物不同于其他一切事物的特有属性，而该属性是由该类事物内部所固有的特殊矛盾所决定的。所以，我们可以从“类”事物的“特殊矛盾”着手来考察职业教育的特殊属性。任何一个复杂的事物，都是一个由多个矛盾构成的统一体，其中有主要矛盾和次要矛盾，有根本矛盾和非根本矛盾，事物内部的这些矛盾，又都是该事物区别于其他事物的特殊矛盾，是事物自身所特有的属性。

职业教育活动也存在着许多自身具有的特殊矛盾，如教育者与受教育者之间的矛盾、职业教育对象与社会需要之间的矛盾、职业教育目标的要求与人们认识水平和有限的教育资源之间的矛盾等。职业教育区别于其他活动的这些特殊矛盾决定了它有自己的特殊性。那么，职业教育的特殊性是什么呢？职业教育是在教育领域内所进行的一种技能培训和谋生就业活动，直接任务是为社会生产培训合格的劳动者，为经济发展服务，从而为促进社会的发展服务。衡量任何教育活动的根本标准是培养人才的数量和质量，所以，职业教育服务于社会，实际上就是为教育目标的实现服务，促进社会生产方式发展，最终达到为社会发展服务，这就是职业教育区别于其他活动的特殊性之所在。职业教育的这一特殊属性，决定了在进行职业教育活动时，还必须遵循教育的规律。如教育对象活动的规律、学生身心发展的规律、教师授业传道的规律等。

（三）职业教育活动的特殊矛盾

由于事物的本质是由事物的根本矛盾所决定的，而且事物这种根本矛盾是贯穿事物运动过程始终的，并在事物的发展过程中起决定和支配作用，它的存在和发展规定和影响着其他矛盾的存在和发展。因此，我们可以根据“事物的根本矛盾决定事物的根本性质”这一哲学原理，从分析职业教育活动内部所具有的根本矛盾入手来揭示职业教育的本质属性。我们知道，职业教育内部存在着各种各样的区别于其他事物的特殊矛盾。在这些特殊矛盾中，必定有一个能贯穿职业教育过程始终并起决定和支配作用的根本矛盾。这一根本矛盾才是确定职业教育本质的根本所在。那么，就职业教育活动内部而言，哪一个矛盾才算是起决定和支配作用的根本矛盾呢？我们认为，代表社会生产方式发展要求的、培养具有非专门性职业知识、技能和态度的劳动者的职业教育目标，与尚未达到这一目标要求的有限职业教育资源之间的矛盾就是起决定作用和支配地位的矛盾。它决定职业教育活动的方向，贯穿职业教育过程的始终，而且影响和支配着其他矛盾的存在和发展。如果这一矛盾消失，那么，整个职业教育过程就不复存在了。

在职业教育活动中，教育者总是依据社会生产方式的要求提出一定目标进行教育，要求被教育者能按社会生产方式的要求开展各项工作，要求充分利用各种资源以实现职业教育目标。然而，在具体活动中，现有的教育资源不一定能满足教育过程及目的的需要，因而体现社会生产方式要求的教育目标与有限教育资源之间就构成了一对矛盾。为了解决这一矛盾，教育者总是会采取一定的措施和手段，根据教育资源的状况，使有限资源能得到合理利用，从而实现职业教育目标。由此可见，职业教育的目标要求与有限教育资源之间，一直是矛盾运动着的两个方面。在这一矛盾中，“职业教育目标”实际上是代表社会生产方式的发展对有限的职业教育资源的利用提出要求，一方面，社会生产方式的发展总是否定已有的教育资源的利用程度，不断地对有限资源提出新的要求；另一方面，职业教育资源被合理地利用也就意味着对社会生产方式发展水平要求的否定。

（四）职业教育中人的作用

事物的本质是表现事物内部深处所发生的过程，是把事物各组成要素联系起来、统一起来使之成为有机统一体的内在原因和根据。因此，我们可以从职业教育的各组成要素之间的内在联系入手，通过分析其成为一个有机统一体的内在根源来把握职业教育的本质属性。如前所述，职业教育具有“五大要素”，它们在职业教育活动过程中各自从不同的方面参与进来，并发挥其特有的作用。“职业教育主体”包括教育者和受教育者，前者指具有一定知识技能，在活动中起主导作用的人，后者指在活动中获得职业知识、技能、态度，具有主观能动性的人；“职业教育目标”就是职业教育者所期望达到的结果，就是按照一定社会的目的要求来办职业教育、发展职业教育；“职业教育内容”就是指相关的人、财、物、信息、时空等教育资源；“职业教育方式”包括职业教育者所采取的措施，通过一定的教育环节去行使教育职能；“职业教育结果”就是职业教育活动所给予学生或在职人员从事某种生产、工作所需的知识、技能和态度的教育效果。

上述这些要素之间是相互联系的、动态的、整体的存在，在这个过程中，职业教育主体中的人是这一整体的核心。职业教育目标是“人”所期望的目标，“人”在职业教育目标确立中的作用是显而易见的，职业教育的方式也是通过人来确立和实施的，职业教育的效果也是职业教育主体对职业教育客体作用的结果。职业教育归根结底就是对人、对人的行为的培养、训练。因此，人是职业教育活动中最活跃、最积极、最能动的因素。

通过以上四个方面的分析，我们认为，职业教育是指“职业教育者按照一定社会的要求和教育规律，为引导学生掌握在某一特定的职业或行业或某类职业或行业中从业所需的实际技能、知识和认识，通过一定的职业教育方式对有关资源进行有效利用，达到为促进社会生产方式发展和人类自身再生产的一种实践活动”。职业教育的这一属性包含了事物本质属性的四个基本特征：（1）包含了一切职业教育活动必须具有也必然具有的最一般、最普遍和最稳定的共同属性；（2）包含了职业教育活动区别于其他一切活动的特有属性（给予受教育者从事某种生产、工作所需的知识、技能和态度）；（3）包含了使职业教育的其他一切属性得以产生和发展的根本矛盾（职业教育的目标与有限教育资源之间的矛盾）；（4）包含了职业教育各个组成要素紧密地联系在一起并发挥整体作用的内在原因——人的作用。据此，我们可以确定，上述职业教育的属性就是职业教育的本质属性。

三 职业教育本质属性在不同社会生产方式中的表现形式

马克思在论述关于人的本质研究时曾指出，“首先要研究人的一般本性，然后要研究在每个时代历史地发生了变化的人的本性”，这是研究事物本质的具有普遍指导意义的马克思主义方法论。在这里所讲的“人的一般本性”，就是指人的普遍本质；而“历史地发生了变化的人的本性”，则是指不同时代、不同环境的人的本质所展现的特殊表现形式。马克思关于人本质研究的这一思想，为我们研究职业教育本质提供了方法论的依据。因此，在研究了职业教育的一般本质之后，还要进一步研究不同生产方式中历史地发生了变化的职业教育的表现形式。

职业教育的主体、职业教育的目标、职业教育的形式、职业教育的内容和职业教育结果等因素深刻地受到社会生产方式的制约，社会生产方式决定着社会生存方式。按照历史唯物主义的观点，社会生产方式经历了游牧—农耕—小手工业—机器人工业生产等阶段，直至今天的后工业或信息社会，职业教育本质在每一个历史时期的表现形式都不尽相同。

在机器人工业生产之前的游牧、农耕和小手工业生产阶段，以师徒制为特征的学徒技巧的传授是职业教育萌芽，或称前职业教育时期。这一时期社会生产方式中的前职业教育目的仅局限于子承父业、继承绝技，教育方式是耳濡目染、口耳相传，教育结果在于获得一种生存方式或是个人兴趣的发挥，前职业教育活动在整个教育体系中处于可有可无的从属地位，对社会政治、经济制度几乎起不了多大的作用。

在机器人工业生产时期，社会生产方式从竞争走向垄断，又从垄断（在社会主义机器人工业时期表现为计划经济模式）走向竞争（市场经济模式），这一特征制约着职业教育一般本质的表现形式。如前所述，职业教育的一般本质属性是“根据一定社会要求和人身心发展规律，通过职业培训机构对有关社会资源进行有效利用，从而为社会生产方式和人类自身再生产服务”。这种本质属性表现在三个层面。一是职业教育是按照一定社会的要求和教育规律所进行的活动；二是职业教育是通过一定的教育机构对社会相关资源进行利用的活动；三是职业教育是一种为社会生产方式和人类自身再生产服务的一种活动。比如，资本主义生产方式的职业教育与一般职业教育的不同，主要反映在资本主义社会职业教育的要求不同以及由此而产生的职业教育的目的不同上；同理，社会主义生产方式的职业教育与一般职业教育的不同，主要反映在社会主义社会职业教育的要求不同以及由此而产生的职业教育的目的不同上。这是因为，一切教育包括职业教育都是按照一定社会的目的要求为一定社会服务的。有什么性质的社会，就有什么性质的职业教育。这就是说，职业教育作为一种社会现象，其性质是由社会性质来决定的，而社会的性质则是由社会关系所决定的，所以职业教育的性质实际上是由社会关系所决定。在阶级社会里，职业教育是由一定阶级的生产关系决定的，资产阶级的职业教育是资产阶级生产关系的产物，无产阶级的职业教育是无产阶级生产关系的产物；资本主义职业教育是由资产阶级物质关系所决定的，社会主义职业教育是由无产阶级物质关系所决定的。正如马克思、恩格斯在《共产党宣言》所强调的，“支配着物质生产资料的阶级，同时也支配着精神生产的资料……占统治地位的思想不过是占统治地位的物质关系在观念上的表现”。因此，在职业教育活动中，对教育目的的确定，教育思想的选择，教育方针、政策的制定，无不是为了维护和巩固统治阶级的生产关系。

即使在大工业生产和后工业社会里，由于其生产方式还有计划经济与市场经济之分，职业教育本质属性也就有计划经济条件下职业教育属性的特殊表现形式和市场经济条件下职业教育属性的特殊表现形式之分。回顾新中国的历史，我们不难看出，从1949年到党的十一届三中全会召开，我国社会主义生产方式的特征是计划经济，这一时期的教育和职业教育特征有一个共同点，那就是都体现和维护了社会主义制度下的教育与社会的关系，其目的是为社会政治、经济制度服务，为计划经济下的工农业生产服务。

纵观我国50年来职业教育发展的基本脉络，不难发现计划经济体制下职业教育所呈现的特质是，在按社会要求和教育规律这一层面上，注重按社会的要求办事而忽视按教育规律办事；在管理方式及对资源的有效利用上，强调“服从性”“计划性”“统一性”，忽视了人的因素，压抑了广大教育工作者的积极性、创造性；在促进社会生产方式的生产和人类自身再生产上，把受教育者培养成为听话的驯服工具作为育人质量的标准，突出教育为社会的政治、经济制度服务的功能，而忽略了掌握熟练技能的劳动者的培养。据此，我们可以将计划经济条件下职业教育本质的特殊表现形式表述为：职业教育者按社会主义计划经济的要求、以计划经济的法则对社会相关资源进行配置和利用的，达到为培养听话的“工具人”，从而使职业教育为社会政治经济制度服务的一种活动。

市场经济是一种新的体制。市场经济体制下的职业教育，一方面具有一般职业教育所具有的共性，另一方面又要与这种新的经济体制相适应，具有特定的职业教育个性。市场经济社会不同于计划经济社会，它对教育方式的要求是要教育主体的民主参与，对教育内容的要求是必须与社会生产方式紧密结合，对教育资源的配置和利用也是按市场法则进行的。因此，它所需要的人不是“工具型”，而是具有高素质、有个性、有创新意识的国际化人才。这种新型的人才必须具有自主性、能动性、创造性等主体性特征。市场经济的竞争性，需要人具有能动性、创造性；市场经济的有序性和规范性，需要人的自觉性。因此，这种新型人才所具有的特征，是适应市场经济需要的，具备这种特征的人是可以为促进市场经济的发展服务的。据此我们认为，我国市场经济体制下职业教育本质的特殊表现形式是，职业教育者按照社会主义市场经济的要求和教育规律，以市场经济的法则对有关资源进行配置和利用，达到为培养具有主体性特征的人，从而使教育为社会主义生产方式发展服务的一种活动。

综上所述，我们认为职业教育是在普通教育的基础上，通过职业学校和职业培训机构，对劳动者进行的从事非专门性的职业知识、技能和态度的培训，以使他们现在或将来能顺利获得职业的活动。其特点是职业的非专门性、导向的就业性、内涵的相对性和外延的包容性、过程的终身性。职业教育的本质属性是职业教育者按照一定社会的要求和教育规律，为引导学生掌握在某一特定的职业或行业或某类职业或行业中从业所需的实际技能、知识和认识，通过一定的职业教育方式对有关资源进行有效利用，达到为促进社会生产方式发展和人类自身再生产的一种实践活动。在机器人工业生产方式产生之前的前职业教育时期，职业教育主体（教育者、受教育者）、职业教育目标、职业教育内容、职业教育形式和职业教育结果，是与其社会生产方式相适应的。而机器人工业生产方式下的职业教育与社会生产方式紧密结合在一起，其本质属性被社会的政治、经济制度所决定，并为统治阶级的政治、经济制度服务。在计划经济体制下的职业教育是按计划经济的要求、以计划经济的法则对有关资源进行配置和利用的，达到为培养听话的“工具人”，从而使教育为社会政治经济服务的一种活动；市场经济体制下职业教育是根据市场经济的要求，以市场经济的法则对有关资源进行配置和利用，达到为培养具有主体性特征的人，从而为社会主义市场经济的生产方式发展服务的一种活动。

参考文献

1. 刘春生、徐长发：《职业教育学》，教育科学出版社 2002 年版。
2. 顾明远等：《教育大词典》，上海教育出版社 1998 年版。
3. 教育部等：《出台意见进一步加强职教》，《中国教育报》2004 年 9 月 24 日第 1 版。
4. 李蔺田：《中国职业技术教育史》，高等教育出版社 1994 年版。

原文刊于《职教论坛》2005 年第 16 期

论科学发展职业教育应解决的思想认识问题*

陈潮填**

摘　要：“十一五”期间将是我国职业教育的大发展时期。能否有效促进我国各地各级职业教育的科学发展，首先取决于各级领导和职教工作者，乃至社会对职业教育的思想认识。本文从职业教育的发展形势、社会作用、培养目标、人才待遇、学校特色等方面进行了论述，期望能够引起进一步的探讨，并借此提高人们对职业教育规律及其重要性的认识。

关键词：职业教育；科学发展；思想认识

2005年11月全国职教大会在北京召开，温家宝总理在会上指出：“必须把职业教育和基础教育、高等教育放在同等重要位置，要合理调整教育结构，重点加强职业教育”，“各级政府要把发展职业教育作为关系全局的大事来抓”。因此，各级党委、政府要提高对发展职业教育重要性的认识，从“抓职教就是抓经济、促经济”的战略高度来审视职业教育。与此同时，有关职教研究专家的理论、教育管理者和职教工作者的思想、

---

* 本文是广东省哲学社会科学规划教育学项目“广东职业教育科学发展的内涵体系、结构机理与保障机制研究”（项目编号：05SJY011）的系列论文之一。

** 陈潮填，博士，二级教授，校党委委员、中国社会经济系统工程学会副理事长，享受国务院特殊津贴专家，曾主持国家自然科学基金项目，主持获省自然科学奖二等奖，获省哲学社会科学优秀成果奖。

学生及其家长的观念、社会的舆论尤其是媒体的宣传等多方面都要提高对职业教育的认识。因此，深入讨论并认真思考以下几个认识问题极有必要。

一 职业教育的形势——前所未有的发展机遇

（一）中央高度重视职业教育

从中央的重视程度看，2002 年 7 月至 2005 年 11 月三年多的时间里，我国先后召开了三次全国职业教育工作大会，其中由国务院召开的就有两次，并相应制定了一系列政策措施，如国务院分别于 2002 年和 2005 年出台了两个关于发展职业教育的《决定》，2004 年教育部等七部门又发布了《关于进一步加强职业教育工作的若干意见》等。这些会议和文件提出，发展职业教育是“经济社会发展的重要基础”，并将其作为近几年我国“教育工作的战略重点”，对职业教育工作的重视程度从“加强”提升到“重点加强”和“大力发展”，并提出 2010 年“中等职业教育与高中教育相当，高等职业教育要超过普通高校本科教育”的明确目标。可以看出，职业教育已引起国家的高度重视。

（二）职业教育的招生规模逐年增大

从职教的招生幅度看，2004 年，全国中职招生 550 万人，仅占高中阶段的 40%，2005 年中职扩招 100 万人，2006 年又计划继续增招 100 万人，计划到 2010 年达到 800 万人的规模，比 2004 年增长 45%，从而达到与普通高中招生规模大体相当的目标；就高职高专生来说，2004 年全国招收 237 万人，已占普通高校招生数的 53%。因此，职业教育已占据我国高中阶段以至高等教育的半壁江山。

（三）国家的政策扶持力度大

从政策扶持力度看，近年国家相继出台了一系列有一定力度的政策措施，如国务院建立职业教育工作部际联席会议制度；把职业教育纳入地方政府考核的指标；中央财政计划“十一五”期间对职业教育投入 100 亿元以建设实训基地、购置教学设备和资助贫困生；从 2006 年起，城市教育费附加安排用于职业教育的比例，从原来的不低于20%改为“一般地区不低于20%，已经普及九年义务教育的地区不低于30%”的标准；除了要求“一般企业按照职工工资总额的1.5%足额提取教育培训经费”外，还要求“从业人员技术要求高、培训任务重、经济效益较好的企业，可按2.5%提取”等措施，这些措施是一个政策导向，国务院已要求“地方政府也要增加对职业教育的投入”。因此，最近几年将是我国职业教育大发展的良好机遇。

二　职业教育的作用——既解决技能人才短缺，发展经济，又提高全民素质，推动社会发展

随着社会的发展和现代化进程的推进，人们已逐渐意识到发展职业教育既是产业结构升级、科技进步、走新型工业化道路的现实推动，又是当前解决技能人才短缺、化解“三农”问题、促进经济发展的迫切需要，还是舒缓高校扩招压力的现实途径。然而，要真正大力发展职业教育，还必须从可持续发展和构建和谐社会的高度来认识其意义。而教育又具有教导、提高、修炼，以至内化的功能，所以还应该从提高全民族素质、增强国家核心竞争力和综合国力，以至推动社会发展的战略高度来认识职业教育的作用。只有认识到位，才能够制定出可持续发展的政策措施，才能采取切实可行的决策行为。

三　职业教育的培养目标——要区分层次，既有“就业教育”，也有“就业教育+素质教育”

职业学校学生在获取技能、知识和就业机会的同时，个人的潜力和价值也得到发掘，并逐渐塑造成为对国家有用、对社会有责任感的人。所以，职业教育既要培养学生的技能，也要同时铸就其毕业以后继续发展的能力根基。因此，职业学校要“以就业为导向”，但不宜笼统地定位为“就业教育”。随着我国科技的进步、自动化程度的提高，尤其是加入WTO的全面放开，企业的生产设备越来越先进、技术含量也越来越高，如果没有相应的理论知识，就不可能适应技术升级和岗位转换的实际工

作需要，自主创新也就无从谈起，因此，单纯提“就业教育”，恐怕会出现许多负面作用，需要区分层次、时间和区域，从长远的角度通盘考虑。所以，我们要引导职业学校重视培养学生的动手能力，也要重视提高职业学校的管理水平加强校风、教风、学风建设；既不要鼓励素质较弱的职校生去盲目追求高学历，也不宜切断学有余力的职校生的升学希望。职业教育有办学层次之分和办学水平之别，笔者认为，普通职中和技工学校可以提“就业教育”，但高职院校和重点职校应该提“就业教育＋素质教育”。

四 职校人才的待遇——关键是要形成重视实际能力、水平和贡献的氛围

由于长期形成的传统观念，社会上已经形成一种固定看法，把职业教育当成次等教育。学生宁愿读普通本科院校的网络学院和独立学院，也不愿意读高职院校，职校毕业生在求职岗位与薪酬、公务员条件门槛、职称评审的类别与年限等诸多方面受到许多限制。职业学校的优秀教师在经费分配、社会认识、项目评审、干部使用等很多方面受到不公平的对待，这导致职业学校很难吸引和留住真正优秀的人才。因此，要重视职业教育，关键是要在全社会形成重视实际能力、水平和贡献的良好氛围。学校要“以就业为导向”，社会要“以用人为导向”，既不宜以普通高中的教学要求去衡量中职学生，也不要用研究型大学的条件指标去评价职校教师；既不能单纯追求高学历，也不要一提重视技能人才，就刻意重视职业学校毕业生而不管优秀的高层次人才，防止有的单位矫枉过正。政府有必要采取专门措施，给职校的优秀毕业生和教师创设能够参与公平竞争的机会和条件。

五 职业学校的特色——必须以质量为基础，不可脱离质量去标新立异求特色

职业学校的特色是学校在竞争中取胜的重要因素。但职业学校一定要分辨主次、档次和层次，必须在保证质量的前提下求特色，避免本末

倒置。目前很多职业学校所谈的特色主要是“人无我有”的特色，很多是体现在专业设置和财力投入上，这样的特色，仅仅是财力的支持或者领导理念的创新。这固然是一种特色，然而，仅从表面上去追求新和少，固然在短时期内有弥补不足的功效，但生命力不长。职业教育更需要的是那些“人有我精”的特色，需要的是学生具备硬功夫和高技能，这才是职校学生的真正特色。所以，特色也要有层次之分，普通职中和技工学校可以寻找“人无我有”的特色，但高职院校和重点职校就应在“人有我精”的特色上下功夫，而优秀的高职生则要追求“两者兼有”的特色。

以上几个思想认识问题，有必要从理论上进行深入探讨，即使短期内不能达到统一，但也有助于全社会提高并深化对职业教育内在规律、社会作用和发展路径的认识。只有从理论上深入探讨，从思想上加深认识，才能有效促进职业教育全面、协调、可持续的发展。

参考文献

1. 王晓辉：《对我国职业教育发展的若干思考》，《教育研究》1995 年第 6 期。
2. 杨金土：《职业教育兴衰与新旧教育思想更替——百年职业教育回顾》，《教育发展研究》2004 年第 2 期。
3. 郎群秀：《以国际视野审视中国职业教育发展》，《职业技术教育》2003 年第 7 期。
4. 梁春晶：《高等职业教育的发展与定位摭谈》，《黑龙江高教研究》2005 年第 6 期。
5. 陈潮填等：《落实科学发展观，推进广东职业教育的大发展》，广东省政协 2005 年度重点提案，2006 年。

原文刊于《教育与职业》2006 年第 32 期

试论促进职业教育与科技协调发展的对策

陶　红*

摘　要： 本文从科技基准、科技导向、科技依据等三个方面，密切结合职业教育发展的现实状况，提出了与之相适应的终身职业教育体系的构建；高技能、复合型人才的培养；综合职业能力的培养以及职业教育的课程体系和教学内容的改革等具体措施，对促进职业教育与科技的协调发展具有重要理论及实践意义。

关键词： 职业教育；科技；协调发展；对策

现代社会中，科技已越来越成为各国经济发展的驱动力，科技在经济增长中所占的比重，在 80 年代的发达资本主义国家中就已占 60%—80%，成为第一生产力。科技是促进经济发展必不可少的一个环节，就是科技成果的转化、推广与应用，而完成这一转化的重要途径就是职业教育，即通过职业教育使科技凝结为劳动者的基本素质，从而完成作为知识形态生产力的科学技术向现实生产力的转化。然而，中国的职业教育在教学内容、教学手段、教学方法，以及人才培养目标、教育观念等方面在一定程度上还滞后于科技的发展水平。为了更好地促进职业教育与科技的协调发展，笔者提出如下具体对策。

---

* 陶红，教育学博士，教授，硕士研究生导师，教育科学与技术学院院长，广东省高等职业教育研究会秘书长，广东省本科高校教师教育教学指导委员会委员，代表作：《广东职业教育与科技发展互动研究》。

一　构建终身职业教育体系

终身教育思想自古有之，但其理论体系的形成是在20世纪60年代。1965年联合国教科文组织在巴黎召开的第三次成人教育会议上正式提出了终身教育思想。其主要观点是，教育应成为与人一生相伴的活动，即人必须终身学习；教育应成为国家与社会对每个公民所承担的终身责任，即对每个公民实施终身的教育。从终身教育的观点看，职业教育是整个终身教育体系的一个组成部分。职业教育要转变那种培养“终身制”学生的观念，要明白受教育者今后不会仅接受一次性教育，也不可能终身从事一种职业。为此，职业教育必须构建终身职业教育体系，其中要做好两方面的工作。

（一）建立完善的现代职业教育体系

2005年《国务院关于大力发展职业教育的决定》曾明确指出：进一步建立和完善适应社会主义市场经济体制，满足人民群众终身学习需要，与市场需求和劳动就业紧密结合，校企合作、工学结合，结构合理、形式多样，灵活开放、自主发展，形成有中国特色的现代职业教育体系。所以，纵向上，要解决好职业教育内部的自行衔接问题，也就是在办学层次上，要建立职高、中职、高职、各种短期培训、社会培训等多层次的办学体系，以满足经济和社会发展对不同层次人员的需求，最大限度地为人们提供学习的机会。横向上，职业教育要加强与普通教育的沟通，这种沟通不仅仅是教育体系的衔接、沟通，而且更重要的是各类教育在培养人的全面素质上的相互衔接。建立这样的职业教育体系，可使受教育者既具有职业能力与资格，又具有学习深造的可能，为其发展个性、更新知识、实现自身内在要求创造必要的条件。

（二）构建灵活的职业教育办学体制

我国的职业教育基本上是正规的学历教育，形式单一，这已不能满足经济社会发展的需要。随着科技的进步，劳动密集型产业逐步向资本密集型和知识密集型产业转移，人才逐步从第一产业流向第二、第三产业，劳动力在行业、职业和岗位之间的流动将更趋频繁，社会迫切需要各种类型的职业教育和培训，为转岗就业提供服务，而解决这个问题最有效的手段就是大力加强职业培训。职业院校要制定长短并行的学制模式，充分利用学校职业教育资源，面向社会举行职业培训，并使之有效渗透到就业、再就业、转岗，职前、职中、职后培训和专项技术培训的各个环节，积极主动争夺职业培训的市场份额；职业院校还要切实推行学分制和弹性学制，拓宽学校职业教育功能，构建适应社会经济发展、科学技术进步、面向个体生涯全程的开放式学历教育与职业培训并行的现代职业教育体制。根据“公正、自由、竞争和开放”的原则，建立开放灵活的职业教育市场，把满足社会成员多种多样的高中后教育需求作为职业教育的目标，使职业院校成为社会成员终生学习的场所，逐步改变人们单一追求学历的错误倾向，树立终身学习的观念。

二　培养高技能、复合型人才，重视综合职业能力的培养

目前，我国技术技能人才短缺成了困扰企业发展的一个突出问题，高素质技能型人才极其短缺。上海有40万技术人才的缺口；广州10万元年薪难觅高级技师，技能人才严重短缺。深圳著名企业飞亚达公司的手表设计和数控加工与世界先进水平相去不远，但是无论价位还是销售，飞亚达都无法和世界一流品牌相争。专家们认为，问题的关键是后续精密处理能力低劣，这反映出其技术工人的技术水平与世界一流相差甚远。据有关方面统计，深圳目前有67.39万初级技能人才、19.3万中级技能人才，而高级技能人才仅占技能劳动者的7.5%，远远低于发达国家35%的水平。近年来，深圳企业纷纷向高新科技型转变，技术技能型人才的短缺已经成为企业发展不可回避的“瓶颈”。现代社会中，高科技在生产中广泛运用，使得岗位的技术幅度加大、技术层次提高，初级技工已无法胜任现代科技条件下的生产任务，客观上要求提高从业人员的业务规格，由低层次向高层次转变。这就要求职业教育与培训要由主要培养“工艺型”的初级技术人才转变为主要培养“高技能型”的中级技术人才，和比例适当的“科技型”“智能型”高级技术人才。因此，为了增强

学生专业适应性和就业竞争力，满足未来社会科技、岗位多样化的需求，笔者认为，职业教育应当突破培养“单一技术型”工人的局限，多培养“一专多能”的复合型人才，从“专才”教育逐渐过渡到“通才”教育，这是职业教育人才培养的必然趋势。

职业院校的教学要通过对职业能力的开发下大力气培养学生职后继续学习、职业发展、创业所必需的“四学”：“学知”（Learning to Know）——掌握认识世界的工具；“学做”（Learning to Do）——学会在一定的环境中工作；“学会共同生活”（Learning to Live Together）——培养在人类活动中的参与合作精神；“学会发展”（Learning to Be）——适应和改造自己的环境。换言之，职业教育必须注重对学生综合职业能力的培养。

（一）获取、分析和处理信息能力的培养

20 世纪 90 年代以来，多媒体和网络技术飞速发展，使人们所掌握的知识以每 5—7 年衰减一半的速度老化。所以，科技时代最主要的财富，已不仅仅是物质产品或自然资源，而是运用和掌握信息的方式，即获取、分析和处理信息的能力。

（二）创新能力培养

科技时代，创造性的活动将成为人们活动的主要形式和社会发展的强大杠杆。在社会、技术各层面不断变革的过程中都存在创新，都需要创新。因此职业教育必须加强对学生创新能力的培养。

（三）应变能力及职业心理准备

在高科技发展的时代，企业、各种组织及个人得以成功的重要因素是“调适”。为了使职业学校的毕业生能面对未来不可知的变化，职业学校应教育学生去接受或预计他们日后职业生涯中可能的改变，教会他们如何面对未来就业市场的激烈竞争，同时也要让他们了解，自己所从事的第一种职业未必是终生或最后的职业，使他们认识到在快速变化的科技社会里，职业转换是一种正常而必要的现象。只有具备这样一种健康的应变心理与能力，职业学校的毕业生才能在频繁变动的职业世界中灵

活应付各种问题。同时，职业教育也不能忽略其他能力的培养，如学习能力、与人合作能力、人际交往能力等。只有这样才能满足科技发展对人才的需求。

三 改革职业教育的课程体系和教学内容

（一）实现课程体系的多样化

科学技术更新速度的加快，使得社会对人才的需求将由目前的“单一技术型”向多样性的方向发展。传统的课程模式已不适应社会经济发展对人才规格多样化的需求。不同职业领域对应用性技术人才规格要求的不同，不同地区主导产业群和新兴产业群的不同，其所需要的应用性技术人才的特点也不同，因此，必须密切关注社会的实际需要，根据相应的职业岗位或岗位群的特点，进行课程内容的选择与取舍。职业教育的课程模式必须从单一性走向开放，要根据不同类型、不同规格的人才培养目标，制订不同的教学计划，使课程设置多样化；要减少必修课，增设选修课，同时实行更加灵活的学分制。

（二）实现课程体系的综合化

随着科学技术加速发展，社会工作岗位的内涵也在不断发生着变化，大量的教学内容融进职业技术教育课程的视野，如技术、外语学习、外国文化、道德养成、心理素质、环境、企业管理、信息技术、创业教育、创新教育、休闲等。这些新增加的内容对已有的课程结构形成了冲击，所以学校要保证教育教学质量，就必须开发相对稳定的综合性课程。反映到职业教育人才培养中，就是综合化课程的开设及课程体系的综合化。21世纪的职业教育，应改变传统课程设置上的“学科中心型”模式和为特定专业岗位方向服务的做法，顺应国家产业结构和社会经济发展的趋势，增设综合化程度不同的跨学科课程，建立综合化多学科立体交叉的课程体系。职业教育的课程设置要形成宽基础、多方向的课程结构，体现理论基础扎实、专业知识面宽且新的特点，这样才能应对科技的不断变化。

（三）实现教学内容的现代化

职业技术教育的课程内容还要跟上社会经济发展的步伐，及时调整更新教学内容，增加职业技术教育课程的科技含量，使课程内容符合新的职业需求。必须在课程中删去陈旧过时的内容，正确处理经典内容和知识更新的关系，努力使经典内容更精。各职业教育院校要及时编印反映最新工艺、方法和技术及最新科技成果、科学技术发展动态的补充教材，更新、改革教学内容。笔者认为，在职业技术教育课程中应引入通识教育，并将其贯穿于课程体系和教育教学中。在这里，所谓的“通识教育”是相对于“专业教育”而言，其强调的是每个专业应具有的宽厚的知识基础，使专业在精深的同时能汲取更广阔的发展养分。

参考文献

1. 李金松：《中外职业教育论》，广西教育出版社 2000 年版。
2. 周毅：《21 世纪中国两大支柱：科技教育化与教育科技化》，福建教育出版社 2001 年版。
3. 王玉仓：《科学技术史》，中国人民大学出版社 2004 年版。
4. 《国务院关于大力发展职业教育的决定》，《中国教育报》2005 年 11 月 10 日。
5. 陶红：《职业技术教育课程改革的思考》，《广东经济管理学院学报》2006 年第 2 期。

原文刊于《中国职业技术教育》2006 年第 36 期

论职教研究机构的组织文化创新

刘合群*

摘　要： 当前，我国职业教育研究工作已引起社会广泛关注，形成了一定的人员优势、成果优势与管理经验，但在研究取向与管理模式上还存在一定问题，其关键在于未能形成特有的组织文化。职教研究机构特色组织文化构建的核心元素是学术创新，包括创新学术管理的观念与模式，建立学术秩序，培养学术忠诚。

关键词： 职业教育研究；组织文化；学术创新；管理创新；学术秩序；学术忠诚

学术组织机构承担着对学术研究的组织和管理，其运行的效率和形成的文化氛围，直接决定着学术研究的状况。中国的职教研究机构虽成立时间不长，但已经形成了特有的管理体系，其特色在逐步彰显，组织文化的形成已露端倪。然而中国职业教育的弱势状态，决定了职教研究机构的先天不足，加上后天营养失调，致使职教学术组织要形成有特色的组织文化显得困难重重，因此，必须创新。笔者结合广东技术师范学院高教职教研究所（以下简称“高职所”）的建设情况，分析学术组织与学术创新的关系，探讨职教学术组织的发展路径，提出职教研究机构组织文化创新的基本思路，以期对职教研究机构的发展壮大有所裨益。

---

* 刘合群，硕士，教授，广东技术师范学院教育学院原院长，江西师范大学兼职教授，广东省课程与教学论研究会副理事长，代表作：《职业教育与职业培训是现代城市发展的支点》。

一　职教研究机构的组织现状

从学术管理的层级上看，中国的职教研究机构完备而富有效率。国家级有中国职业技术教育学会，教育部职教中心研究所；省级有省职业技术教育学会，省职教研究所（中心）；市级、校级上也往往有相应的研究机构。

广东技术师范学院高教职教研究所就是中国职教研究机构的基层组织。它建于大学，又承担部分省职教研究机构的组织功能（广东省尚未成立省级职业教育研究机构）。目前，“高职所”已升格为“教育学院”，有职业技术教育学硕士点；有学前教育系、职教研究所、高教研究所、心理研究所等机构；在编人员 17 人，正教授（研究员）3 人，副教授（副研究员）6 人，讲师（助理研究员）8 人，博士7 人（在读3 人）；兼职人员 16 人。高学历、高职称成为这个基层组织的文化亮点之一。2003 年以来，“高职所”由 2 个人，发展到现在 14 人，已发表论文 102 篇，出版著作 14 部，获得纵向和横向课题31 项，产生了一定的社会影响。参加了广东省职业教育发展规划和实施纲要等重要文件的制定，为世界有关金融组织在广东省的职业教育投资活动进行论证，为有关厅局的职业教育决策提供咨询，为有关地市拟订职业教育发展规划，等等。

当然，“高职所”仅仅只是众多职教研究机构中的一个，毫无疑问，它们的存在为繁荣职教学术、创新职教理论、培养职教人才，做出了巨大的贡献。窥一斑而知全豹，由此我们可以看到中国职教研究机构的组织现状有以下几方面特征。

（一）职教学术研究引起社会关注

因为中国职教研究机构的存在，所以其学术研究成果方能以团队、群体的方式引起社会和政府的关注和重视，这已是不争的事实。大到国家政策，如职教扶贫计划、职教解决“三农”问题政策的出台；小到一个企业的人力资源规划、学生的职业生涯设计，无不彰显着职教学术研究的成效。又如职业教育的战略地位、历史责任等重大命题，正是由于有职教学术组织的团队声音，方才引起政府的重视，进而成为政府的战略决策。

（二）职教学术机构聚集了大批学者

毋庸讳言，职教研究的学术地位尚不尽如人意，曾有一段时间里从事职业教育研究的人数比较少，而且分散，形成不了团队作战的影响。如“高职所”曾经在长达 8 年的时间里，仅仅有 2 个人，完全处于边缘状况。20 世纪末，恰好是中国职教研究机构的系统完善之时，凝聚了人心，一大批志同道合的专家、学者走到了一起，深化着中国职业教育理论的研究和实践的探索。学术研究的核心是人，学术组织的首要任务就是把人凝聚在一起，中国的职教研究机构发挥了应有的作用。

（三）以行政管理模式来实施管理

学术需要组织，组织需要管理，而职业教育的学术组织管理已是客观存在。事实上各级职教研究机构不少实行的是行政管理模式，虽然，其也能在注重团队作用的同时，以课题做纽带，开展学术活动，如欧阳河组织的职业教育基本问题研究是成功范例，但实施有效的还是行政管理。行政管理模式的运行机制是自上而下的垂直管理形式，难免有长官意志的阴影会浮现在学人面前，故在建立学术秩序，培养学术忠诚上，就更需要较好的学术氛围。而这正是亟待我们研究的学术组织如何实施科学管理的问题，也就是组织文化的建设问题。

二　职教研究机构应该正视的问题

问题之一在于声音过于单一，缺少应有的争鸣。例如，职业教育就是就业教育的观点，赞成的多，质疑的少。就行政管理而言，自有其合理的一面；从学术研究而言，则有商榷的余地，就需要争鸣。争鸣是学术组织的活性元素，是学术繁荣的表征，是学术组织文化的必然反映。

问题之二在于重纵向课题研究，轻横向课题开发。中国职教研究机构的垂直管理系统，重视纵向课题的立项和研究，这是体制使然，但不可忘记职教研究的应用性特色。职业教育研究面临的往往是企业、行业、社会所亟须解决的现实问题，恰好需要学术组织引导学者直面现实问题，积极拓展横向研究课题，然而“重纵而轻横”的现象，似乎有误导之嫌，也有失科研公平。

问题之三是重学科理论研究，轻实践问题探讨。理论问题必须研究，而且研究得还不够，可这并不等于就有理由轻视实践问题探讨。例如，评奖的时候，论文、著作所占比例远远超过规划设计、论证报告、调研报告、实验报告等，有一种学术研究趋同和攀高的心理，害怕别人说理论性不强，故努力向其他学术组织的评价标准靠拢，模糊了自己的文化特色。

总之诸多问题，究其原因，就是缺少一种学术组织本身特有的组织文化。

三　职教研究机构的组织文化

组织文化是组织的成员共同认可的、可以传承的价值观念、道德规范、行为准则和组织形象标准的总称。正如人们对“文化”概念的多种理解一样，“组织文化”的定义也多达几十种，而我们所认同的仅仅只是其中一种。然而，不管人们的理解有多大不同，“组织文化”作为各种价值观、结构和权力的混合体，始终体现在组织内部的运作和与外部联系的各个方面，直接影响着组织的建设和发展。

作为学术组织的职教研究机构与其他教育研究机构相比，所具有的文化共性是一样的，但所具有的特殊性，则由其工作对象——职业教育决定。为此，笔者认为职教研究机构受企业文化的影响和市场经济的制约，对行业信息的关注和人员结构的重视，是形成其组织文化的先决条件。

（一）企业文化的浸润和影响

企业的价值观念、管理模式和权力结构，对于职教研究机构的影响是一种客观存在。“高职所”的成员上班和参加集体活动必须签到，深圳职业技术学院职教所的“打卡上班”等管理形式都直接受到企业文化的影响，而一般大学学术研究机构却并不一定赞同。当然这里列举的例子只是形式上的，内涵层面上的则是纪律的、系统的、有序的、忠诚的等文化影响。

（二）市场经济的要求和适应

中国的教育研究机构具有典型的计划经济特征，计划拨款、规划立项、层层审批、统一评价，因此大家特别重视在行政指挥棒导引下的纵向课题研究。可职教研究机构所面临的问题，却是具有市场经济的特征，要适应市场经济的要求，如行业新标准如何实施，需要职业教育的回应；企业的技术革新，需要职业教育人才的参与；新职业院校的规划，希望职教研究机构承担；专业设置的创新和课程的改革，需要与市场需求相适应等，绝大部分是横向的研究任务，是市场经济的必然诉求。职教研究机构假如不能适应这样的要求，其被边缘化的概率将大大增加。

（三）行业创新标准信息的捕捉和运用

职教研究机构虽不直接承担行业标准的创新问题，但它要研究行业标准的创新信息，因为新行业标准直接影响着职业学校的专业改造和课程开设。倘若企业的技术标准不能为职业学校所了解，那职业学校所培养的技能型人才，就不能符合就业岗位的要求。如何避免这种尴尬局面的出现，职教研究机构的介绍和推行就显得特别重要。深入行业、企业和职业院校，捕捉职业教育研究信息，研究实践中的职业教育问题，是职教研究机构的使命，也是一种文化使然。

（四）人员结构的复合和兼容

职教研究机构的人员构成，是复合和兼容的模式，即以专门的研究人员为主，辅之以企业的兼职人员，所遵循的是“流水不腐，户枢不蠹”的组织文化理念。如人员结构的规范原则，有企业的背景是基本要求，能活性流动是必然条件，双重身份是一般条件。职教研究机构的人员可以是教授，也可以是高级工程师；可以是工厂技术人才，也可以是大学兼职教师；可以来自高校，也可以来自生产一线。又如从校门到校门的研究人员，必须到企业去工作 3 个月是基本要求，为的是让其具有一定的企业背景，因为企业文化绝对不同于大学文化。复合和兼容的人员构成模式，为职教研究机构人员的学术自由营造了一个氛围，为学术争鸣搭建了一个平台。

职教研究机构的文化特色是多方面与多层面的，但所反映出的价值观是学术创新。创新是学术的生命，是学术组织文化的内核。作为学术组织的管理来说，要为职业教育创新喝彩，要容许职业教育创新的失误，要敢于创新研究方法，要大力倡导职业教育的学术自由。这一切都是职教研究机构组织文化的追求——学术创新。

四 职教研究机构的组织文化内核——学术创新

学术组织的文化建设，其目的就是提炼、提升和构造以价值观为中心的组织理念体系，并使其成为组织和个人发展的指导模式，从而更好地完成组织任务，实现组织的使命。对此模式，艾德加·希恩有表述："组织文化就是一个基本模式的假定，即某一组织在尝试着解决外在适应和内部整合过程中出现的种种问题时，发明、发现或者开发出一种基本模式，并且这种模式相当有效，因此，它被作为一种正确的方法传授给新的成员，去思考或感受与之相关的一些问题。"① 广东技术师范学院高教职教研究所在凸显组织文化内核——学术创新，注重组织文化建设上，在学术组织管理、学术自由、学术秩序、学术忠诚等方面进行了有益的尝试。

（一）学术组织管理的创新观念

广东是一个经济十分发达的省份，市场经济的触角早已伸进职教研究机构，学术组织的管理面临着管死与管活的选择。按计划经济的管理模式，学术组织摆脱不了大锅饭的困境，只有死路一条；完全按市场经济的管理模式，个人可以活得好，组织却形同虚设。为从困境中突围，"高职所"提出了"和而不同、争而不斗、倡导包容、学术自由"管理观念，鼓励个人和组织一起创新。

和而不同：强调组织里的团结与和谐，但允许有不同意见，乃至不服气。学术研究没有一股气，是出不了创新成果的。学术组织里追求的

---

① 阎光才：《识读大学——组织文化的视角》，教育科学出版社 2002 年版。

应该是人际关系的和谐、和气、以诚待人，可学术观点不能强调求同而应存异，使不同思想、不同观点能够得以充分展示。如研究中等职业学校的专业设置改革，如何调查论证，似乎不是问题，可实施起来是以到人才市场调查为主，还是以到企业调查为主，意见就不同。解决的办法是不争论，各自去做就是了。

争而不斗：学术组织里要和气，但不等于放弃竞争，当然，肯定不要斗争，这是管理的基本原则。学术史上有一个称谓“犬儒”，抨击的就是没有独立思想的知识人。现实中这种现象依然存在，其表现形式是学术上的唯唯诺诺，只点头，不摇头。这种学术上的老好人可能就是一种学术腐败的隐形表现。唯官唯上的随声附和，助长的是官本位意识，丧失的是学术自由、学术独立，损失的是学术创新，出不了开创性的研究成果。其实学术必须争鸣，可以通过学术沙龙的形式，争得热热闹闹。

倡导包容：文人相轻是学术组织中的客观存在，正视它的目的，是要营造包容的学术环境。组织文化建设中提倡，不仅要包容不同的学术观点，更要包容学者们的不同个性。很多特立独行的研究者，往往具有与众不同的观点，他们的个性也许不合群，可独立思想却常常从他们中间产生，学术史上不乏其例。例如，职业教育的本质是什么，学者们尽可发表意见，“高职所”不一定就需要统一的观点，各人坚持己见，反而催生了一批科研成果。

学术自由：职业教育的研究，尚处于成长阶段，正在形成自己的研究体系，正在创造自己的研究方法，特别需要一个自由的学术环境。“高职所”提倡学者们自由思考，要求结合职业教育的实际，拿出自己的学术观点。具体做法是，在积极申报纵向课题的同时，必须主动获取横向课题，两个渠道来的研究任务受到同样重视，以体现科研公平，不让来自社会的课题有矮人一等的感觉。31 项课题中，就有 12 项横向课题，纵横的相互促进，营造了自由的学术氛围。

（二）建立学术秩序，培养学术忠诚

学术组织的管理任务之一是建立学术秩序，培养学术忠诚。“高职所”在学术组织的建设中，提出的管理理念是“立足校内，面向社会，

服务企业，走向世界”，倡导做一个专心于职业教育的研究者。

1. 学术秩序是学术研究的保障

学术组织所需要的学术秩序是合作的秩序，只有合作，才能出创新的科研成果，才能创造先进文化。著名记者梁衡先生说：“先进文化的构成有4个条件：一是要有超越前人的积累；二是要有对错误或落后的批判；三是要有新的个性的创造；四是要经得起实践检验，能推广普及，即积累性、批判性、创造性和普及性。”[①] 诚如其言，先进文化有4性，而这4性在学术研究中的彰显却需要学术秩序的保障。

学术秩序是为合作服务的。学术组织里特别强调学术公平、学术平等，这就为合作带来难题，假如人人都想当领头人，还有什么学术秩序可言呢？“高职所”合作开展横向课题研究是其工作特色，也是建立学术秩序的基本做法。“高职所”在做横向课题“关于创办东莞职业技术学院的论证”时，聚集3个单位的人员一起开展工作，有总负责人，有专题负责人，有合有分，团结合作，做出了令东莞市政府满意的论证报告。更重要的是规范了学术秩序，树立了合作研究的典范，为区域大职教观念的提出和认同，打下了基础。

学术秩序是为了落实管理理念。“高职所”是一个大学研究机构，要处理好为学校、企业、政府、社会服务的关系，需要合理的学术秩序。同样是做学校发展规划，就要先校内而后校外。“高职所”在做延安职业技术学院发展规划的时候，一定是先帮助完成校内的研究任务，然后再集中人力完成校外的任务，二者的关系不能颠倒。有了这样的管理思想，就可以做到学科建设和学术创新并重，出高水平成果和出人才并重，服务企业和服务政府并重，重视地方和走向世界并重。

学术秩序是为了学术创新。学术管理和学术自由、学术平等和学术竞争、学术合作和学术个性等之间的关系，是构成学术秩序的基本元素。这些元素的活力迸发，是新秩序的建立和学术创新的保证。“高职所”在发展中，不断打破旧的秩序，组成新的秩序，一切都为出创新性学术成果服务。笔者以为，具有创新的学术秩序是一种形散而神不散的组织形式，是一种个人与团队的和谐，是一种学术创新的必然要求。

---

① 梁衡：《一个记者的责任和成功》，《当代传播》2007年第1期。

2. 学术忠诚是学术组织可持续性发展的保障

学术忠诚是组织文化的亮点之一，是学术组织成熟的标志。显然，这是针对学术队伍的建设而言的。首先，反对学术腐败需要学术忠诚。当前学术界里时常爆出学术造假的丑闻，直接影响了学术组织的形象。反思之后，可以看到，学术浮躁是现象，缺少学术忠诚才是实质。中国市场经济的快速发展，使学术研究的环境有了变化，关于学术研究的价值观也有了不同的理解。“板凳要坐十年冷，文章不写一句空”的学术忠诚思想受到冷落，急功近利的思想则有一定的市场，因而学术造假就频频见于报端。故有识之士呼吁学术打假之时，必须要培养学术忠诚。有学术忠诚的环境，才能促使专家学者致力于职业教育研究，乃至献身于职业教育研究。其次，学术组织的可持续性发展需要学术忠诚。学术史上有“皓首穷经”的表述，笔者以为是对学术忠诚的赞誉。一个学术组织中，假如有几个这样的学者，必定能留下彪炳史册的学术功绩，如《中国大百科全书》《汉语大词典》《汉语大字典》等编写组中，就因为有大批的专家、学者几十年的专心合作，所以才有能留下皇皇巨著，才能留下学术忠诚的精神。借鉴学术史上成功的经验，当今的职教研究机构要想可持续性发展，不但要聚集人气，更要培养学术忠诚。这是一种先进组织文化的创新必然。

总之，职教研究机构的组织文化之所以日益受到人们重视，是因为学术组织是一个文化共同体，而不是经济共同体，也不是政治共同体，人们认识到一定的价值取向，并且认同它，它就能决定一个组织的性质，优劣及成败。为达此目的，职教研究机构的组织文化就要创新，要凸显出先进文化的意义和价值，即要有超越前人的积累，要有对落后和错误的批判，要有个性的张扬，要能指导实践和经受得住实践的检验。至于其所形成的效应，会影响社会、政府、企业、学校，最终影响到职业人才的成长。

原文刊于《职业技术教育》2007 年第 28 期

我国高等职业教育规模与经济增长关系的实证研究*

——基于1992—2010年的数据分析

许　玲**

摘　要：分析我国1992—2010年高等职业教育规模变化与经济增长之间的关系，结果表明，在这个阶段我国经济增长水平与高等职业教育之间关系的密切程度要大于普通高等教育。同时，高等职业教育与同期的经济增长之间的关系呈现出阶段性特征。

关键词：高等职业教育；经济增长；教育规模

职业教育是与经济社会发展联系最紧密、服务最贴近、贡献最直接的教育类型。探寻我国高等职业教育规模变化与经济增长之间的关系，对我国高等职业教育的规模调整和结构优化，具有重要意义。

一　样本选择

本研究所讨论的“高等职业教育”概念限定在学历教育范围内。教育部对于高等职业教育中学历教育的统计口径为高等职业技术院校的教

---

*　基金项目：本文系全国教育科学规划教育部重点课题“硕士层次中职师资培养模式探索”（项目批准号：GJA094001）的成果之一。

**　许玲，教育学博士，教授，硕士生导师，广东技术师范学院副院长。

育。根据研究目的，在本研究中“普通高等教育”界定为我国高等教育体系中本科层次的学历教育，不含研究生教育。

本研究选取1992—2010年19年间高等职业教育在校生数作为描述和测量高等职业教育规模的主要指标，用同期普通高等教育在校生数做对比数据，以反映高等职业教育和普通高等教育相比，前者的变化趋势。本研究以人均国内生产总值来反映我国经济增长情况。

二 我国高等职业教育规模发展分析

（一）我国高等职业教育发展历程

1994年召开的全国教育工作会议提出，主要通过现有的职业院校、部分高等专科学校和独立设置的成人高校，举办高等职业教育仍不满足时，经批准可利用少数具备条件的重点中等专业学校改制或举办高职班等方式作为补充，即“三改一补”政策。[①] 1999年教育部出台了《试行按新的管理模式和运行机制举办高等职业技术教育的实施意见》，明确提出高等职业教育由以下机构承担：独立设置的职业技术学院、民办高校、普通高等专科学校、本科院校内设定的高等职业教育机构、经教育部批准的极少数国家级重点中等专业学校、办学条件达到国家规定合格标准的成人高校等。此后，我国高等职业教育的办学主体得到了明确。

1999年6月，中共中央国务院公布《关于深化教育改革全面推进素质教育的决定》，提出到2010年，我国同龄人人口的高等教育入学率要从现在的9%提高到15%左右。1999年，高校本专科招生155万人，比1999年的108万人增加47万人，较1999年增长43%，成为新中国成立以来高校招生数量最多、增幅最大、发展最快的一年。此后连续几年，我国高校招生以年均约20%的比例增长。2011年全国教育事业发展统计数据显示，我国高等职业院校在校生数已经占高等教育在校生总数的一半左右，高等职业教育已经成为我国高等教育中不容忽视的重要力量。

从图1可以看到，我国普通高等教育与高等职业教育的在校生数从

---

① 彭彧华：《对高等职业教育政策的分析》，《北京教育》（高教版）2006年第1期。

1999 年开始加速上升，1999—2008 年，两者保持着相同的增加速率。从 2009 年开始，高等职业教育的在校生数增幅小于普通高等教育在校生。

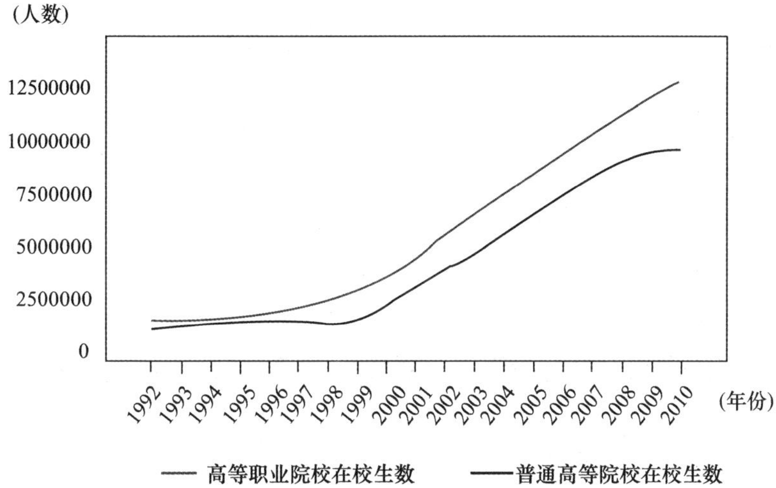

图 1　我国高等教育规模发展趋势

说明：数据来自中国教育统计年鉴（1992—2010）。

（二）我国高等职业教育在高等教育体系中的比重分析

我国的教育体系中有两次主要的教育分流。通过这两次分流，形成了普通教育与职业教育两个教育体系。第一次分流是初中后分流，分流后的学生分别进入普通高中或者是中等职业学校；第二次分流是高中后分流，分流后的学生分别进入普通高等学校或者高等职业学校。据《中国教育统计年鉴》的数据，我国高等职业教育占整个高等教育的招生比例从 2003 年的 23. 13% 增加到 2009 年的 37. 64% （见表 1）。高等职业教育在整个高等教育体系中的比重逐渐增大。由于高等职业教育主要属于专科层次的教育，由此可见，我国高等教育的重心在逐步下移。①

① 许玲：《教育公平视野下中等职业教育师资队伍建设的思考》，《职教论坛》2012 年第 1 期。

表1　　我国2003—2009年高等职业教育占高等教育招生比例

年份	高等教育招生规模（万人）		高职占高等教育招生比例（%）
	高等职业教育	总数	
2003	88.38	382.17	23.13
2004	118.43	447.34	26.47
2005	144.40	504.46	28.62
2006	177.09	546.05	32.43
2007	182.62	565.92	32.27
2008	203.91	607.66	33.56
2009	240.72	639.49	37.64

注：基础数据来源于《中国教育统计年鉴》（2003—2009），比例根据基础数据计算得来。

三　高等职业教育规模变化趋势与经济发展水平相关性分析

（一）变化趋势分析

在本研究中，由于描述我国高等职业教育规模的指标是高等职业教育在校生数，它的单位为人；经济发展水平的指标是人均国内生产总值指数，单位为元（本币），这两个指标的单位不一致，不具有可比性。因此，先对数据进行转换，以达到在同一视图可比的效果。具体方法是以500人为一个标准单位将高等职业教育在校生进行等比例转换，然后使用SPSS软件，将我国高等职业教育规模及经济发展水平的变化趋势用图2表示。

从图2能够看出，我国高等职业教育规模的变化趋势与经济发展水平的发展趋势总体上一致，两条曲线的拟合度较高。但是如果分阶段来看，可以发现，从1999年开始，表征我国高等职业教育在校生数的曲线变陡，说明我国高等职业教育规模明显增加；而表征我国人均国内生产总值的曲线在2002年才开始变陡。职业教育规模扩大发生在经济增长之前可能是受政策的影响。教育部1998年年底颁布的教育振兴行动计划推动了包括高等职业院校在内的高校扩招。另外，可能的原因是1999年招生的学生，于2002年才毕业进入劳动力市场，形成高等职业教育的产出与经济增长之间具有一定的滞后性。

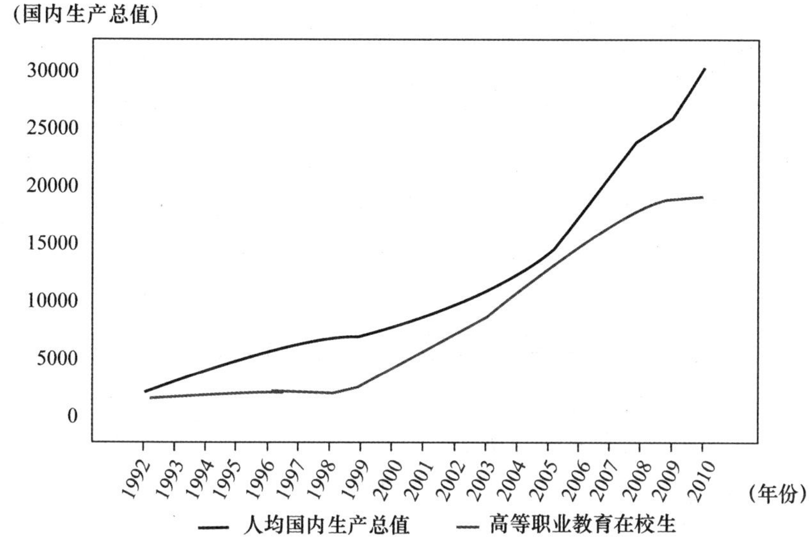

图2 我国高等职业教育规模与人均国内生产总值趋势

（二）相关性分析

表2 高等职业教育和普通高等教育与经济增长的相关度分析

相关分析		高等职业教育在校生年增长率	人均国内生产总值年增长率	普通高等教育在校生年增长率
高等职业教育在校生年增长率	Pearson 相关性	1	0.033	0.660**
	显著性（双侧）		0.897	0.003
	N	18	18	18
人均国内生产总值年增长率	Pearson 相关性	0.033	1	-0.536*
	显著性（双侧）	0.897		0.022
	N	18	18	18
普通高等教育在校生年增长率	Pearson 相关性	0.660**	-0.536*	1
	显著性（双侧）	0.003	0.022	
	N	18	18	18

注：** 表示在0.01水平（双侧）上显著相关，* 表示在0.05水平（双侧）上显著相关。

本研究采用SPSS进行相关分析，采用Pearson法来分析各维度之间关系的密切程度。从分析结果可以看出（见表2），经济增长指标（人均国内生产总值增长率）与高等职业教育在校生增长幅度在0.01水平上呈显著正相关关系，相关系数达到0.897，而人均国内生产总值增长率与普通高等教育的相关度小于其与高等职业教育的相关度。虽然相关分析并不能回答经济增长与职业教育发展孰因孰果的问题，但足以揭示两者之间具有密切联系。

四 高等职业教育弹性系数分析

（一）高等职业教育弹性系数

弹性系数用来衡量一个变量 x 的变化幅度对另一个变量 y 的变化幅度的依存关系。[①] 高等职业教育弹性系数用来衡量高等职业教育规模的变化对经济发展变化的反应程度。本研究采用每年高等职业教育在校生数作为高等职业教育规模指标，以人均国内生产总值作为经济增长水平的指标。高等职业教育弹性系数的含义是人均国内生产总值每增长1个百分点，高等职业教育规模会增加或减少的百分点数。

高等职业教育弹性系数公式为：

E_i = 职业教育规模变化的百分比/经济增长变化的百分比

$E_i = H_i / G_i \quad H_i = [T_i - (T_i - 1)] / (T_i - 1)$

$G_i = [U_i - (U_i - 1)] / (U_i - 1)$

其中，E_i 为高等职业教育弹性系数，Hi 为高等职业教育规模增长率，G_i 为人均国内生产总值增长率，T_i 为当年的高等职业教育在校生数，$T_i - 1$ 为上年的在校生数，U_i 是当年的人均国内生产总值（本币），$U_i - 1$ 是上年的人均国内生产总值（本币）。

本研究截取了1992—2010年我国高等职业教育在校生数及人均国内生产总值指数来进行研究，将表3的基础数据代入上述公式，通过SPSS软件进行处理后，得出我国高等职业教育弹性系数（见表3）。

从表3可以看出，在1992—2010年，我国高等职业教育在校生数年

① 米红、孙静：《美国高等教育规模与经济关系演变的实证研究》，《教育与考试》2009年第1期。

均增长率的特征是波动较大，最高增长年份为2000年，比1999年增长了37%，最低增长年份是1996年，比1995年负增长3.4%。我国高等职业教育弹性系数在-0.5—5，大部分年份在0—2之间波动，只有个别年份，如1996年、1997年、1998年高等职业教育弹性系数小于0，1999—2002年的弹性系数大于2。

表3　　　　我国高等职业教育弹性系

年份	高等职业教育在校生数（人）	年增长率（%）	人均国内生产总值（元）	年增长率（%）	高等职业教育弹性系数
1992	854949	2311			
1993	1118160	23.5	2998	12.7	1.85
1994	1281768	12.8	4044	11.8	1.08
1995	1268229	-1.1	5046	9.7	-0.11
1996	1226449	-3.4	5846	8.9	-0.38
1997	1188237	-3.2	6420	8.2	-0.39
1998	1174117	1.2	6796	6.8	-0.18
1999	1361453	13.8	7159	6.7	2.05
2000	2160719	37.0	7858	7.6	4.87
2001	2946914	26.7	8622	7.5	3.56
2002	3762786	21.7	9398	8.4	2.58
2003	4368273	13.9	10542	9.3	1.49
2004	5483019	20.3	12336	9.4	2.16
2005	6593215	16.8	14185	10.7	1.57
2006	7457703	11.6	16500	12	0.97
2007	8194161	9.0	20169	13.6	0.66
2008	8820505	7.1	23708	9.1	0.78
2009	9341836	5.6	25605	8.6	0.65
2010	9428895	0.9	29748	9	0.10

注：基础数据来源于《中国教育统计年鉴》（1992—2010）与《中国统计年鉴》（1992—2010），比例根据基础数据计算得来。

（二）高等职业教育弹性系数与普通高等教育弹性系数的比较

本研究还截取了1992—2010年我国普通高等教育在校生数及人均国

内生产总值，通过SPSS软件进行处理后，得出我国普通高等教育弹性系数（计算过程略）。下面将高等职业教育弹性系数与普通高等教育弹性系数进行比较（见图3、表4）。

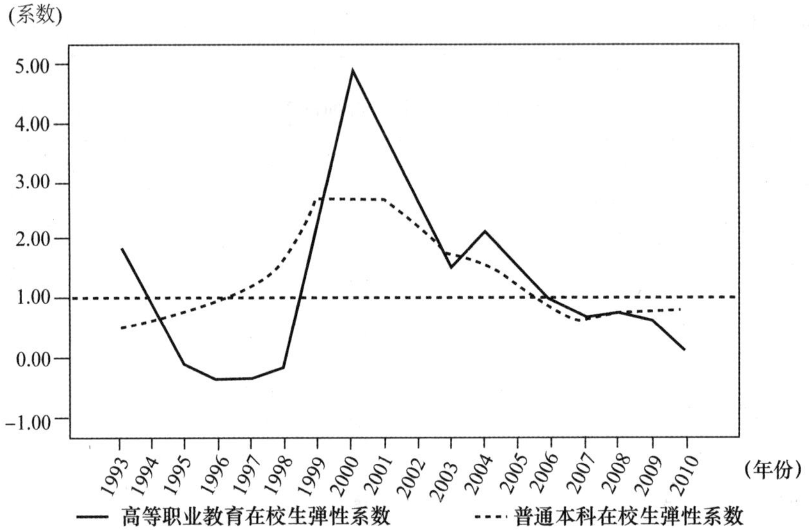

图3　高等职业教育与普通高等教育弹性系数

表4　高等职业教育弹性系数与普通高等教育弹性系数

年份	高等职业教育弹性系数	普通高等教育弹性系数	年份	高等职业教育弹性系数	普通高等教育弹性系数
1993	1.85	0.49	2002	2.58	2.32
1994	1.08	0.56	2003	1.49	1.73
1995	-0.11	0.76	2004	2.16	1.56
1996	-0.38	0.98	2005	1.57	1.22
1997	-0.39	1.18	2006	0.97	0.84
1998	-0.18	1.64	2007	0.66	0.59
1999	2.05	2.68	2008	0.78	0.8
2000	4.87	2.62	2009	0.65	0.75
2001	3.56	2.65	2010	0.10	0.75

根据高等职业教育弹性系数的含义，若弹性系数大于1，则表明高等职业教育变化速度快于经济增长速度；若弹性系数等于1，则表明两者实现同步发展；若弹性系数小于1，则表明高等职业教育发展速度慢于经济增长速度。显然，我国1998—2006年的高等职业教育弹性系数是大于1的，表明这个阶段我国高等职业教育的发展快于同期的经济增长。但是值得注意的是，从2006年之后，我国的普通高等教育在校生弹性系数与高等职业教育在校生弹性系数都小于1，显示了这个阶段我国普通高等教育与高等职业教育的发展都慢于同期的经济增长速度。造成这一阶段性现象的原因有两点：一是我国高等教育的大扩招在2006年前后已经进入尾声，高等教育扩张速度放慢；二是为了应对国际金融危机对我国经济的冲击，我国政府于2008年年底推出的投资4万亿元刺激经济方案以及一系列扩大内需的刺激措施，使我国经济增长出现新峰。虽然需要更具体细致地研究揭示我国特定阶段经济与职业教育发展的关系，但分析这一阶段我国普通高等教育弹性系数与高等职业教育弹性系数都小于1的现象，不能不考虑已走上全球舞台，自身又在转型的中国，经济社会及教育发展都受到国内外复杂因素影响的现实。

从图3还可以发现，与高等职业教育弹性系数相比，普通高等教育弹性系数变化幅度比较小。这个变化幅度的大小指其对经济增长变化做出反应的程度。因此可以得到的结论是，与普通高等教育弹性系数相比，高等职业教育与经济增长相关度更大，对经济增长的敏感性更高。

五　研究结论

通过本研究的分析，可以初步得到以下结论。

（1）在我国1992—2010年的经济发展阶段中，经济增长水平与高等职业教育的规模增长呈正相关关系，并且经济增长水平与高等职业教育之间关系的密切程度要大于其与普通高等教育的关系。换言之，与普通高等教育相比，高等职业教育与经济增长的相关度更大，对经济增长的敏感性更高。

（2）我国高等职业教育规模的扩大与同期经济增长之间的关系呈现阶段性的特征：1998—2006年高等职业教育的发展快于同期的经济增长；

从2006年之后，我国高等职业教育发展慢于同期的经济增长速度。

（3）在我国1992—2010年高等教育规模扩大的过程中，高等职业教育在整个高等教育体系中的比重逐渐加大。由于高等职业教育主要属于专科层次的教育，故而可以认为，我国高等教育的重心在逐步下移。

六　政策建议

（1）在我国现阶段，在发展高等教育的策略上，要优先发展高等职业教育。因为高等职业教育与普通高等教育相比，它与国家的经济增长关系更密切。这是由当前我国的经济发展阶段所决定的。因此，优先发展高等职业教育应该成为当前一个时期内我国高等教育发展的基本政策倾向。

（2）我国高等职业教育发展与同期经济增长之间的关系呈现短期阶段性波动的情况显示，我国高等职业教育发展受政策的影响太大。在一个阶段内，应该有一个相对稳定的高等职业教育发展政策，以避免短期内高等职业教育与同期经济增长之间关系的大幅度波动。

参考文献

1. 彭彧华：《对高等职业教育政策的分析》，《北京教育》（高教版）2006年第1期。
2. 许玲：《教育公平视野下中等职业教育师资队伍建设的思考》，《职教论坛》2012年第1期。
3. 米红、孙静：《美国高等教育规模与经济关系演变的实证研究》，《教育与考试》2009年第1期。

原文刊于《高教探索》2013年第5期

政府应如何主导职业教育

喻忠恩*

摘　要：政府主导职业教育发展不是政府过度干预或介入职业教育办学活动。政府发挥合理的主导作用，应该是综合利用法律、政策、经济、管理等手段，引导并确保职业教育各相关要素积极参与职业教育，从而推动职业教育可持续发展。

关键词：职业教育；政府；主导；引导

《国家中长期教育改革和发展规划纲要（2010—2020年）》（以下简称《纲要》）提出，我国职业教育将“建立健全政府主导、行业指导、企业参与的办学机制”。这一提法不仅为我国构建现代职业教育办学体系明确了基本方向，而且从宏观层面将职业教育发展中三大要素各自承担的义务与角色进行了清晰分工。然而，在具体实践中，如何科学地构建新体系、合理体现各要素的角色仍是一个有待深入讨论的问题。尤其是如何理解、落实“政府主导”的问题，目前学术界、实践界以及教育主管部门仍未达成共识。因此，合理理解“政府主导”、探索合理的政府主导方式、方法，对于我国职业教育的改革与可持续发展有着重要的理论与现实意义。

一　政府介入的限度

《辞海》对“主导”一词的解释是“主要的并且引导事物向某方向

---

* 喻忠恩，教育学博士，副研究员，职业教育研究院专职副院长，代表作：《民国时期广东国语教育》。

发展的”。据此可以推定，“主导”主要包含三层意思：其地位在各相关要素中是“主要的”而非次要的；其主要地位的实现方式方法是“引导”而不是强制；其目的是使得事物向符合处于主要地位的要素所规定的方向发展。相应地，根据这一内涵，应该将政府主导职业教育理解为：在职业教育发展各要素中处于主要地位的政府，利用引导的方式方法促成职业教育依据其所确定的方向发展。很显然，政府对于职业教育发展方向的把握，很大程度上是通过对作为职业教育发展中基础要素的行业、企业以及学校的引导来实现的。

职业教育不仅关涉一个国家的整体经济社会发展，同时也是一项公益性与惠民性极强的事业，当今世界各国政府均给予了高度重视，并且在推动其发展过程中发挥着不可或缺的作用与影响。从这个意义上讲，并不存在完全意义上的与“政府主导”相对应的“市场主导”职业教育办学机制。当然，在具体的操作上各国还是存在着明显差异，主要体现在对于“主导”尺度的理解不同，并由此导致政府对职业教育发展的干预以及介入程度呈现明显差异。比如，有些国家较多采取直接的、具体的行政举措干预职业教育的发展，社会力量参与度相对较低；而有些国家政府的干预程度较低，社会力量参与度相对较高。这些差异主要基于各个国家不同的政治经济社会结构以及教育文化管理传统。但总体来说，职业教育欠发达国家的政府直接干预与介入程度往往较高，而职业教育发展越成熟的国家其政府干预与介入越少。

作为一个职业教育尚处于规模扩张时期的发展中国家，我国职业教育发展的主要特征是政府干预与直接介入过多、社会力量参与程度偏低，主要体现在五个方面。一是在办学属性上以公办院校为主体的发展格局。我国职业教育机构中相当一部分由原来行业管理的学校改制而来（目前还有一部分保留），一部分由公办普通中学分化或改造而来。这两部分公办院校占学校总数的大多数。近些年出现了一批由企业或私人投资的职业教育机构，但为数不多且以培训为主。二是在资金投入上政府成为职业教育的投资主体。这与上述以公办为主体的办学属性是相联系的。三是从教育政策的制定、实施、监督到各个层面的教育改革行政性极强且缺乏社会力量的参与和支持。在当前的教育体制以及办学体制之下，政府成了职业教育教学改革的主导者。四是社会力量参与举办职业教育的积极性未能被激发起来。五是现有的以社会力量身份参与职业教育的办学机构处于相对弱势地位，尤其是在招生、享受政府补贴等方面。很显然，我国当前职业教育的办学机制是计划经济体制时代的产物。尽管我国社会主义市场经济已基本确立，经济社会结构发生了巨大变化，但职业教育的这种发展格局尚未得到根本改变。

政府的强力干预与介入有其自身的优势，比如：可以对职业教育发展规模和结构进行总体控制，可以在发展初期利用较短的时间取得较明显的成效，可以在一定程度上避免无序竞争及其导致的混乱等。如前所述，政府干预是世界各国职业教育发展的普遍特征，尤其是在职业教育发展的初期。事实也表明，我国改革开放以来，在政府干预与介入之下，职业教育得到了快速发展，尤其是规模的发展。

但是，政府过度干预、介入职业教育的弊端更是显而易见的。办学资金和办学质量是职业教育健康发展的两大关键因素，也是严重制约我国职业教育发展的两大“瓶颈”。而目前的这种办学机制无助于从根本上解决这两大瓶颈问题。从资金投入来看，根据我国目前的经济社会发展水平，政府能够为职业教育所提供的资金支持有限，而且这种状况在短时期内难以有效改观。包括两方面原因：一是以公办院校为主体的办学格局，使得绝大多数职业院校难以感受到来自社会的外部压力；二是我国产业发展处于劳动密集型阶段，转型升级的动力不大，因而对职业教育机构形成的直接压力也不大。从办学质量的角度来看，目前我国职业院校办学规模巨大，占整个教育系统的半壁江山，但并不意味着学生、家长对于职业学校质量的信任。事实上，我国绝大多数学生不是主动去职业院校就读，而是考试淘汰的结果。因此，企业及社会的压力不是直接由学校承担的。同时，由于缺乏有效的竞争导致以提高人才质量与办学效益为目标的教育教学改革缺乏必要的内在动力，教育教学改革呼声和口号很高，但基本上是形式多于实质。外部压力与内部动力的缺失，最终使得整体教育水平难以得到有效提高。

如前所述，所谓主导的“导”是“引导”之意。这意味着合理的政府主导不是采取强力干预与直接介入的方式，政府过多介入已经偏离了政府主导的本意。关于这一点，国外早有学者对后发国家提出忠告，“各国政府，特别是发展中国家政府，无力迅速适应急剧变化的技术要求，或无法培养出具有最新技术水平的人才”，而“制造业在80年代后期和整个90年代的发展趋势清楚地表明，私营部门参与未来劳动力的培训是当务之急”。①

当然，这并不意味着政府在职业教育发展中可以无为而治。事实上，即便在一些被学术界称为“企业为主体”型的职业教育国家，政府的影响依然是不可或缺的。以德国、澳大利亚为例，他们的职业教育可以说是企业主体的典型，但同样有许多研究发现，其实这两个国家的职业教育有着鲜明的政府主导色彩。只是与典型的“以政府为主体”的国家不同，这些国家更多的是采用法律、法规等宏观制约下的“放权”发展形式，极少直接干预或介入职业教育活动。因此，政府主导问题不在于政府需不需要管、能不能管职业教育，而是政府如何理解“主导”的内涵，如何在“放权”与“调控”之间寻找平衡，从而最佳地发挥自己在推动本国职业教育发展中的作用。

二 政府主导的切入点

职业教育的健康发展有赖于行业、企业的真正参与。与其他教育类型不同，职业教育本身就是行业、企业发展的衍生物，因而与之有着天然的密切关系。事实上，欧洲早期职业教育的产生就是由行业、企业自身发展的需要推动的。可以说，正是由于行业、企业本身就是职业教育的最大和直接受益者，因而也势必是职业教育最有效的推动者。没有行业、企业的参与，职业教育只能是闭门造车，由此必然导致“出门不合辙”——人才培养难以适应行业、企业的需要，也难以满足学生的就业与发展需要。另外，职业院校脱离行业、企业办教育，不仅耗费大量资金，也不能有效利用社会力量，本质上也是一种巨大的资源浪费。

为解决职业教育滞后于经济社会发展要求这一难题，《纲要》提出“健全多渠道投入机制，加大职业教育投入”。其用意很明显，即提高职业教育的总体投入规模，并实现资金投入的多元化。而在当前的实践中，人们尤其是各级地方政府对此的认识并不充分。尽管近几十年来，我国

① 鲍尔：《21世纪世界职业教育》，《教育展望》（中文版）2001年第1期。

一直强调行业、企业参与职业教育的重要性，但是具体的、实质性的、有效的政策导向并不充分。究其原因，固然与认识不到位有关，更是由于长期以来行政权力过度干预与介入必然衍生的一个后果。因为政府一旦习惯于运用直接的行政职能来发展职业教育，并能取得显著的短期成效，势必导致其淡化在教育立法、政策导向、信息服务等方面的职能，从而导致行业、企业既缺乏真正参与职业教育的动力，也缺乏压力。可以说，这正是我国职业教育虽耗费大量的人力、物力以及财力而难以取得明显成效的症结所在，无疑也是当下职业教育改革必须解决的根本性问题。

我国职业教育目前应解决的首要问题是正确理解政府主导的含义，正确把握政府的角色，解决有所为有所不为的问题。鉴于古典自由主义在经济危机中遭遇失败、凯恩斯主义在滞胀困顿中偃旗息鼓、新自由主义对于解决现实问题效微力乏，人们开始意识到了一个本质性问题，即“究竟什么样的政府是有效的”。从行政生态理论的观点来阐释，有效政府“就是要使政府不断适应生态环境发展变化的要求，不断满足社会不同的需要，提高政府管理的效率和效益”①。

一方面，所谓有效政府应该是一种“有限政府”，即政府作为国家意志的体现，固然应发挥其重要作用，但其作为是应该有限度的，而不是无限制、无度的。结合我国职业教育发展过程中的教训，认真汲取职业教育发达国家的经验，政府应该对“不应该做什么，不合适管什么，不能做好什么”有一个基本的共识，对于不合理的行为、政府行政干预、介入过度的行为应该及时纠正。有论者提出，现代行政的一个理念是在社会能自治的领域，政府应该抽身而退，将有限的资源集中于靠市场机制无法提供的公共领域。② 具体到教育，“政府的责任是构建教育服务体系，并予以监管和调控，建立规则、标准和法规，以此指导和监管管理过程。政府将逐步从一切具体的教育管理事务中退出”③。

---

① 张忠祥：《从有限政府到有效政府：价值·过程·结果》，《南京社会科学》2001 年第 3 期。

② 高家伟：《教育行政法》，北京大学出版社 2007 年版，第 380 页。

③ 范国睿：《政府·社会·学校——基于校本管理理念的现代学校制度设计》，《教育发展研究》2005 年第 1 期。

另一方面，政府应该在“应该做什么、能做什么”上切实做文章。职业教育发展要处理好政府、学校以及行业企业的角色及其关系问题。事实上，在那些政府、学校以及企业角色明晰、关系处理较好的国家，职业教育必然发达；反之亦然。职业教育发达的国家，其政府、学校以及企业角色明晰、关系处理也较和谐。因此，我国政府在贯彻《纲要》基调的基础上，应以更明确的顶层设计为中层乃至基层设计指明方向，切实调动其他各要素参与职业教育的积极性，使得政府、行业、企业以及学校形成一种合力，进而逐步形成更合理、更完善的职业教育办学体系。在这一体系构建过程中，政府应该选好合理的切入点。具体来说，政府应该在以下五个方面有所作为。

（一）在教育立法方面，明晰政府、行业、企业以及学校等要素在职业教育发展中的义务

所谓政府的义务，是指各级政府必须对发展职业教育负有更大的责任；所谓企业义务，是指企业支持、参与以及举办职业教育的社会责任。同时，应确保社会力量办学具有与公办教育机构平等的法律地位。目前，我国社会力量举办的职业教育在事实上处于边缘地位。这无疑是社会力量尤其是行业、企业不愿意参与职业教育的一个重要原因。

（二）在发展策略上，积极培育第三方组织

政府对于公办职业学校的管理与评价，成效不好。究其原因，首先是政府评价的主观性过强。其次是专业性的社会组织，如专业技术协会、教师协会、教育评估机构、教育基金会等，在教育评价方面往往具有更强的专业优势，并因此具有更强的客观性。因此，政府应积极培育真正意义上的、独立于政府之外的第三方组织的行业协会。

（三）在政策导向上，建立合理的职业教育内部竞争与淘汰机制

对于目前的职业教育办学格局，无论是扶优还是助弱，都有其不合理性，很难保证资金投入的效度——扶优固然体现效率但缺失公平，助弱固然公平但缺失效率。在合理的竞争体制之下，政府的支持力度可以偏向办学效果好的机构。对于一些生源不足、教育教学效果差的学校应

该实行关闭、停办等措施，从而确保人才培养水平的整体提升。在开放的竞争态势之下，职业院校必然自觉树立危机意识、市场意识，从而专注于人才培养质量的提高，切实推进人才培养模式的改革创新。政府的目的不是维护某一类办学群体的利益，而是致力于实现满足整体经济社会对技能型人才需求的目标。

（四）在资金投入上，出台激励企业、私人乃至外国资金参与及举办职业教育的相关政策，促进教育投入多元化

一方面资金急缺，另一方面资源浪费。改变这种不合理局面的办法是，鼓励社会力量投资职业教育。但无视企业的基本利益诉求，一味要求企业履行义务是不合理的，也很难行得通。研究表明，企业缺乏参与的积极性，固然与其对于社会责任的认知不清晰、“公民意识”不够强有关，但本质上是缺乏有效的利益驱动。因此，政府应该保证企业在参与职业教育的过程中获得合理的收益，并且通过税收、政策或奖励等形式激发与保护企业的参与积极性。一些经济基础较弱的地区，则可以由企业对职业教育机构承办，或实行股份制的办学方式，吸引民间投资，帮助那些弱校走出困境。

（五）在监督管理方面，政府与社会组织合理分工

一方面，从政府主要教育行为的合法性、规范性入手，对职业教育各要素进行严格、有效监督。对于积极参与职业教育并有成效者给予奖励，对于不遵守相关法规的企业、学校进行相应处罚。企业对于政策的规避，很大程度上是地方政府在监督上不平衡所造成的结果。另一方面，对于职业教育机构办学的合理性、科学性的监督与评价职能，则应该由第三方性质的相关社会组织来实施。这样做，避免了教练员与裁判员身份重叠的问题，能够保证监督与评价的客观性、专业性以及有效性。

参考文献

1. 鲍尔：《21 世纪世界职业教育》，《教育展望》（中文版）2001 年第 1 期。
2. 张忠祥：《从有限政府到有效政府：价值·过程·结果》，《南京社会科学》2001 年第 3 期。

3. 高家伟：《教育行政法》，北京大学出版社 2007 年版。

4. 范国睿：《政府 · 社会 · 学校——基于校本管理理念的现代学校制度设计》，《教育发展研究》2005 年第 1 期。

5. 喻忠恩：《论校企合作中的政府角色》，《职业技术教育》2009 年第 22 期。

原文刊于《职业技术教育》2014 年第 7 期

“人的存在”哲学观视域下的我国高等职业教育

任　平[*]　周　柳

摘　要：人的存在是一切存在的出发点，这是雅斯贝尔斯教育思想及其哲学观的核心要义，据此反观我国高等职业教育的培养目标、教育过程、教育方式、教育内容、师生关系等五个方面，提出高职教育应回归人性发展、促进人际交往、尊重个体差异、健全制度体系、加强人文教育、提升专业能力、建立平等师生关系、促进共同发展等建议，以期达到高职院校改革内外兼修的目的。

关键词：人的存在；雅斯贝尔斯；高等职业教育

卡尔·雅斯贝尔斯（Karl Jaspers，1883—1969，以下简称雅氏）是德国著名的存在主义哲学家和教育家。他经历了世界大战的灰暗时期，感受到了整个社会因不断恶化的社会经济危机而笼罩在浓厚的悲观主义情绪中。当时出现的极端集体主义强烈地压制了人们的思想，使人的独立性和创造性几乎消失；到后期，甚至连大学也逐步丧失了精神上的独立和自由。因此，雅氏教育思想强调对人的精神和灵魂的关怀，对当今我国高等职业教育的发展具有指引作用。

---

* 任平，教育学博士，教授，教育科学与技术学院副院长，广东省中等职业学校德育指导委员会委员，广东教育学会课程与教学论专业委员会常务理事，广东省教育硕士教学指导委员会委员，代表作：《晚清民国时期职业教育课程史论》。

一 雅氏哲学观中的“大全、存在和交往”

教育和哲学这两者有着非常紧密的联系，教育问题原本就是哲学问题，哲学问题也是教育问题，它们都是关乎人的问题。雅氏教育思想与其存在主义的哲学思想有着根本的联系，他对教育的理解直接来源于存在主义哲学思想中对人的认识和理解。存在主义认为，人不同于物的根本特性在于人具有主观性，人先存在着，然后再通过自己的选择创造自己的本质。[①] 雅氏存在主义哲学观有三大特征：大全、存在和交往。

大全在雅氏哲学的体系中是“无所不包者”的意思，他提出这个概念是为了说明“存在”：“存在是不能做任何规定的，那么，就必须用一个词来指称它，这就是大全。”[②] 在提出大全之后，他又进一步解释了大全的内涵，他认为“它不是我们某一时候的知识所达到的视野边际，而是一种永远看不见的视野边际，不仅如此，一切新的视野边际又都是从它那里产生出来的”。[③]

雅氏认为个人的存在是一切存在的出发点，哲学研究应重视个人存在。个人存在分为三个层次：现实存在、自我存在、自在存在。现实存在指个人通过外在客观世界的观察所认识到自己的存在；自我存在指个人在生存过程中所感受到的人生体验和选择；自在存在指个人体验到自我存在之后超越世界和认识其他世界的境界。[④]

而个人获得存在的途径是交往。雅氏认为“只有通过人与人的交往，只有了解事物的本性，才能获得真理”[⑤]。交往可以从三个方面进行：个人与世界交往感受现实存在，这需要自然科学教育；人与人的交往体验自我存在，这需要哲学教育；人与神的交往中实现自在存在，这需要宗

---

① 黄亮：《存在主义视域下的职业教育问题与变革策略》，《河南科技学院学报》2013 年第 4 期。

② 徐崇温：《存在主义哲学》，中国社会科学出版社 1986 年版。

③ ［德］雅斯贝尔斯：《生存哲学》，王玖兴译，上海译文出版社 2005 年版。

④ 王爱玲：《述存在主义与存在主义教育》，《教育理论与实践》2006 年第 6 期。

⑤ ［德］雅斯贝尔斯：《什么是教育》，邹进译，生活 · 读书 · 新知三联书店 1991 年版；刘洪文：《存在主义教育哲学观及其对高职院校辅导员工作的启示》，《科教文汇》2012 年第 7 期。

教教育。

虽然存在主义哲学并没有对教育提出系统的理论，但存在主义思想代表了现代人本主义思想，突出了人的主体价值、对人文精神给予密切关注，这种“以人为本”的关注尤其对开展职业教育活动具有启发意义。

二 “人的存在”哲学观视域下的我国高职院校发展

从雅氏“人的存在”的教育思想及其哲学观来思考我国高职院校发展中所面临的问题，我们不难发现问题集中出现在高职院校的培养目标、教育过程、教育方式、教育内容、师生关系等方面，而这些问题的症结大多在于没有正确理解“人的存在”，甚至是忽视了“人的存在”。

（一）高职院校的培养目标

教育目的是国家对教育应该培养怎样的人的总要求，是教育活动所要培养人才的质量标准和规格要求，是教育工作的出发点和归宿，对一切教育工作具有指导意义；培养目标是教育目的下位概念，是教育目的在各级各类学校的具体体现。高职院校的培养目标指的是高职院校培养人才的具体要求。

随着职业教育快速发展，关于我国高职教育培养目标的表述也在不断更新。2000 年《教育部关于加强高职高专教育人才培养工作的意见》（教高〔2000〕2 号）中指出：“高职高专教育是我国高等教育的重要组成部分，培养拥护党的基本路线，适应生产、建设、管理、服务第一线需要的德、智、体、美等方面全面发展的高等技术应用性专门人才。”2006 年《关于全面提高高等职业教育教学质量的若干意见》（教高〔2006〕16 号）中，高职教育培养目标的表述为“高等职业教育作为高等教育发展中的一个类型，肩负着培养面向生产、建设、服务和管理第一线需要的高技能人才的使命……”2014 年《国务院关于加快发展现代职业教育的决定》（国发〔2014〕19 号）中指出“要加快现代职业教育体系建设……培养数以亿计的高素质劳动者和技术技能人才”，要创新发展高等职业教育，“专科高等职业院校要密切产学研合作，培养服务区域发展的技术技能人才”。

对高职院校培养目标的表述从"高等技术应用性专门人才"到"高技能人才"再到"高素质劳动者和技术技能人才"的转变，可以看出高职教育越来越重视提升人才综合素养的培养水平，注重与社会需求紧密对接，从而适应技术进步、生产方式变革以及社会公共服务的需要。

但实际上人们对高职教育培养目标的理解存在一定误区，使其定位和发展出现了一定的偏差。主要体现在三方面。一是受职业教育职业特性的影响，我国高职院校的培养目标偏重实用主义，过于强调以就业为导向、忽视个体素质的培养，在职业技能与职业道德、职业素质和人文素养等取向上出现严重偏差。二是高职院校自我定位不够准确、培养计划不够全面、忽视学生终身学习能力的培养。他们在教育过程中过于强调学生某种职业技能的习得，对人可持续发展所需要的基本能力的习得往往重视不够，诸如创新能力、学习能力、获取和处理信息能力、沟通能力、应变能力、环境适应能力等综合能力。三是学生长期在不恰当培养目标指导下的教育环境里接受职业教育，误将接受职业教育的过程当作获得谋生技能的过程、将日后的职业生涯简化为生存的过程，没有完善自我、提升自我的学习动机，无法在日后的职业生涯里准确把握自身定位，实现自我价值。

（二）高职院校的教育过程

教育作为一种培养人的活动，是以过程的形式存在，并以过程的方式展开的，离开了过程就无法开展教育活动，更无法实现教育目标。[①] 教育过程既是一种交往的过程，也是一种发展的过程。

教育过程是一种交往的过程，是师生在教育情境下围绕着活动主题进行交互作用的过程。为了提高教育活动的有效性，在教育过程中需要构建双向的认识关系，即师生之间建立一种双向的、直接的、互为主客体的关系。但事实上部分高职院校忽视了学生的主体性，将整个教育过程变成一成不变的单向输出过程，缺乏对学生问题意识、创造性和自主学习能力的培养。为了使师生共同实现自我发展，教育应该着眼于更长

---

① 郭元祥：《论教育的过程属性和过程价值——生成性思维视域中的教育过程观》，《教育研究》2005 年第 9 期。

远的目标，在过程中应该更注重全面性、系统性，循序渐进。

教育过程也是一种发展的过程，是师生之间教学相长、实现自我发展的过程。而在现实生活中，高职院校因为受实用主义、工具理性的影响，在专业设置、课程开发、教育教学等方面更多地关注眼前的需求或利益，忽视学生全面发展、教师自我完善、学校长期发展及高职教育发展的需求，造成各方发展不平衡。

（三）高职院校的教育方式

教育方式指的是学校为了实现培养目标而采取的方法和措施。高职院校的教育方式，指的是为了实现高职院校的培养目标而采取的一系列的方法与措施，其中包括课程设置、内容选择、教学策略的制定与应用以及学生考核评价机制的建立等方面。

受高职教育发展不平衡、基础不稳固等因素的影响，高职院校在开展教育活动过程中，时常因为采用的教育方式不当而影响教育成效。

首先，部分高职院校是由普通院校转型而来，学校自身本就缺乏职教特色；又因学校领导和教师的学科背景与专业能力多是受普通教育的影响，致使这些院校在转型后的发展依然按照普通教育的发展路径来规划，教师在教育过程中采用的教育方式与普通教育所采用的相差不大。这些高职院校仍然停留在传统的教育模式阶段，缺乏充分利用企业行业资源的意识，无法满足学生对实践场所和实践机会的需求，学生的思维逐渐僵化，缺乏自主学习的意愿，个性不足，怯于创造。

其次，部分高职院校的职业教育意识和创新教育意识不强，课程设置比例失衡，学校在课程设置、教学实施时没有充分考虑市场实际和学生需要，造成学而无用的现象；教师不重视教学设计，忽视教学方法的选取和现代教学手段的应用。学生对学习的兴趣逐渐减弱，认为学习就是枯燥乏味的任务，主动放弃夯实基础知识的机会，消极对待自身发展，更不重视日后的个人规划。

最后，学校缺乏职业技能与道德素养相统一的考核评价机制。对学生学业的考核评价主要还是采取传统的卷面考试，以考核学生接受知识的程度为主，对学生在学习过程中所反映出来的素质和能力的考核较少；对教师教学的考核评价，则过多地关注教师的课堂教学，忽视考核评价对教师教育教学能力促进和发展的作用，不利于教师教学风格的形成。

（四）高职院校的教育内容

教育内容是教育目的与培养目标的载体，体现了人才培养规格的差别，反映出教育目的的异同。[①] 高职院校的教育内容应该倡导理论知识的实际运用，强调职业能力的培养，注重职业态度的养成。

目前，高职院校的课程主要分为三类：公共基础课、专业理论课、专业技能课。其中公共基础课基本是普通本科院校课程内容的压缩，带有明显的学科中心偏向；部分教育内容脱离学生生活实际，学校师生对公共基础课缺乏应有的重视，甚至认为这部分内容无用。而在处理专业理论课和专业技能课的关系上，有些高职院校又较过于强调专业技能课，大量删减具有基础性质的专业理论课，致使学生专业理论知识不足，无法很好地习得专业技能，又因专业理论知识与专业技能的欠缺，学生在专业发展、岗位晋升和终身学习上受到阻碍。

另外，在对待人文学科的问题上，我国高职教育“重技术、轻人文”的现象一直存在。一些高职院校将职业能力作为人才培养的唯一标准，忽视了培养技术技能型人才应该将人文素养和职业技能相结合的要求，认为人文教育可有可无；又或者是将人文教育局限于课堂上人文知识的传授，忽视了其他人文教育的途径，弱化了人文教育完善人性、提升自我的内化功能。

最后，因为高职院校的教学任务繁重，教育对象较为复杂，教师缺乏内部驱动力，容易产生职业倦怠。这种消极怠工的心态使他们难以积极更新教学理念、提升教学水平和科研能力，学生学到的知识往往滞后于市场发展和行业进步，学生所学与所用不能很好地匹配。

（五）高职院校的师生关系

师生关系是教师和学生在共同的教育教学、班级管理等过程中，通

---

① 张弛：《关注人的生存、生长与生成：现代职业教育目的解析》，《中国职业技术教育》2012 年第 36 期。

过"教"与"学"相互的认知、情感和交往而形成的一种特殊人际关系。[①] 高职院校的师生关系是整个高职教育过程中最基本的人际关系，直接影响教育成效。如果从人的角度出发，就目前来看，影响高职院校师生关系的因素主要有以下三方面。

一是市场经济发展冲击师生关系。随着社会主义市场经济发展，人们的意识形态在不同程度上受到了冲击，实用主义、个人主义、利己主义等意识形态开始影响师生关系。一方面部分教师因为追求经济利益，在教育过程中抱有利己心态，没有公正处理教育事务，引发学生不满；另一方面经济社会的发展让学生的社会化程度加深，他们总是带着批判的眼光看待教师，学生尊师重道的意识也逐渐被淡化。

二是师资队伍水平制约师生关系。目前高职教育的配套设施并没有与其发展速度相匹配，其中师资队伍建设的问题最为突出。第一，教师自身专业技能有限，在面对高职院校扩招、师生比越来越大的情况下，无法高效有序地开展教育活动，致使学生对教师教育教学缺乏信心，影响学习的主动性。第二，教师队伍的专业素养和职业道德较弱、言谈举止欠妥，给学生带来负面影响，阻碍了学生专业素养和职业道德的形成。第三，师资队伍整体水平良莠不齐，教师受量化考核、职称评定等影响，不得不将主要精力放在职业晋升上，忽视了对学生的关心和了解。

三是生源质量影响师生关系。目前我国高等教育步入大众化阶段，高职院校的生源质量相对下降，学生普遍存在基础知识较差、动手能力不强、习惯养成有问题等特点。他们当中相当一部分学生对学习缺乏兴趣、对教师缺乏尊重，不愿意与教师交流；这部分学生的自我认同感较弱，自觉将自己纳入一个没有得到社会大众普遍认可的群体。这种消极的心态使得他们对自己失望，看不到职业教育的价值，找不到自己在社会中的位置，陷入自我存在的迷茫期。因此，教师在教育教学过程中困难重重，除了准备烦琐的教育教学工作，还要面对教育对象各种频发的状况，经常弄得焦头烂额。

---

① 钟启泉等：《为了中华民族的复兴为了每位学生的发展》，华东师范大学出版社 2000 年版。

三 “人的存在”哲学观指导下我国高职院校教育问题的应对策略

从“人的存在”哲学观出发应对我国高职院校教育问题时，我们首先应该明确，“以人为本”并不是以个人为本、以我为本。[①] 如果简单地把“人”理解为个人，那么以人为本就容易走向唯我主义，社会秩序就会失衡。

（一）高职教育的目的：回归人性、完善自我

雅氏认为：“教育须有信仰，没有信仰就不成其为教育，而只是教学的技术而已。教育的目的在于让自己清楚当下的教育本质和自己的意志，除此之外，是找不到教育的宗旨的。”[②] 教育的中心是“人”，教育的目的是培养“全人”，在于使学生获得全面发展，是实体、一般意识、精神和生存形式的集合，说到底就是培养“有教养的人”。

我国职业教育的奠基人黄炎培根据其对职业教育的理解，提出了一个比较完备的概念，即“职业教育的定义，是为用教育方法，使人人依其个性，获得生活的供给和乐趣，同时尽其对群之义务。其目的：一为谋个性之发展；二为个人谋生之准备；三为个人服务社会之准备；四为国家及世界增进生产力之准备”。由此可以看出，职业教育的目的首先是人的个性发展，其次才是能力的发展。人性是人所特有的区别于动物的属性，它表现为人的自然属性和社会属性。回归人性发展，即关心人身心发展的需求，遵循人的可教育性、可接受性和可发展性的自然规律。[③] 高职院校应该首先关注学生的个性发展，再培养其职业技能，让他们从立业到乐业，在这一过程中发现自我、实现自我，并通过实现自我为社会服务、为国家服务。

而根据存在主义哲学观，职业教育的目的又可以分为三个层次：基

① 李仕武：《论高职院校学生教育管理以人为本》，《职教论坛》2005 年第 6 期。

② 王爱玲：《述存在主义与存在主义教育》，《教育理论与实践》2006 年第 6 期。

③ 陈新文：《论高等职业教育的目的》，《职业技术教育》2001 年第 2 期。

础目的、高级目的、终极目的。基础目的关注人的生存能力，即培养受教育者具有专业定向性的基本职业能力；职业教育的高级目的是关注人的生长，即非专业定向性综合职业能力；职业教育的终极目的是关注人的生成，即培育真善美统一的人格。[①] 高职院校的教育发展要按梯度、全方位进行，关注受教育者的基本职业能力和综合职业能力，处理好职业技能与职业道德、职业素质与人文素养的关系，培育全面发展的人、有教养的人。

从高职教育自身来看，因为它是教育与技术、职业相结合的产物，既具有职业性的特点，又指向教育性发展；既要实现社会需求的功利性目标，又要实现个性需求的人本性目标。因此它必须遵循以人为本、和谐发展的规律。

（二）高职院校的教育过程：人际交往、心智成长

雅氏认为："只有通过人与人的交往，只有了解事物的本性，才能获得真理。""教育不是知者随便带动无知者，而是师生共同寻求真理"。[②]"教育过程首先是一个精神成长的过程，然后才成为科学获知过程的一部分"。[③]

教育目的和教育成效之间发生的真实教育活动就是教育过程。在教育过程中，首先，应该引导师生之间构建和谐的交往关系，加强相互认识和理解。教育过程不能是单向输出的过程，而应该是在师生之间相互交流的基础上，培养问题意识、启发创新意识、加强自主学习能力的过程。只有在师生互相了解的前提下，才能够有效地开展教育活动、实现培养目标，让大家共同学习、教学相长。其次，教育是一个精神成长的过程，要促使学生自由而全面的发展，知情意相互统一。自由的发展，即学生根据自身意愿选择自己的人生，并为自己的选择负责。有了属于个体的意识形态和价值观，才不会成为别人意志的工具。全面发展，指

① 张弛：《关注人的生存、生长与生成：现代职业教育目的解析》，《中国职业技术教育》2012 年第 36 期。

② ［德］雅斯贝尔斯：《什么是教育》，邹进译，生活·读书·新知三联书店 1991 年版。

③ 同上。

学生接受的教育应该是全方位的，这当中需要兼顾个体身心发展，人文素养与职业素质、职业技能与职业道德相统一。在这种教育环境下培养出来的人，才是真正自由的人。最后，教育是个体自我教育和自我实现的过程，它让受教育者在实践中自我学习、自我实践和自我成长。高职院校应该注重教育对人的启发功能，关注学生的发展潜能，激发学生的兴趣，引导其在正确的道路上实现自我，不要轻易对他们“盖棺论定”。

（三）高职院校的教育方式：尊重差异、健全体系

雅氏认为：“真正的教育绝不容许死记硬背，也从不奢望每个人都成为有真知灼见、深谋远虑的思想家。”① “如果有人能准确地复述着我所说出的一切，并能理解我所思考的事物，然而却从来不准备有些微怀疑精神和自主意识，那么，这样的思考者是可有可无、于事无补的”。②

首先，高职院校教师在教育过程中应该充分重视学生的个体差异，采用灵活有效的教育方式。雅氏推崇苏格拉底式的教育，他认为师生之间应该处于平等位置，教育是师生共同发展、充分发挥各自的主观能动性；教师不是被动的传授者，教师的作用是提供知识而不是传授知识；要善于给学生留白，通过不停地与学生对话来促进其思考和成长。在当下，我们要善于将现代技术与职业教育相结合，向学生直观多样地展示所需内容，激发其学习兴趣；善于利用教学课堂、社团和活动、社会实践等平台锻炼学生的实践能力，培养他们的自身创造力、批判思维、问题意识；善于利用各行各业资源，让学生了解相关行业最前沿的信息，与时俱进，学会自主性学习和探究性学习，明确努力方向。

其次，高职院校的课程设置、专业建设应该有明显的侧重点，避免不同类型课程间的比例失调、同类课程之间重复设置。应该根据市场要求、学生需求和教育规律设置课程，建立核心课程体系，综合培养学生作为社会人的基本能力和职业素质。

再次，完善多元评价体系。教育是分层次的，最低层次是分数本位的应试教育，最高层次是文化育人的精神教育。科学的教育评价体系应

---

① ［德］雅斯贝尔斯：《什么是教育》，邹进译，生活·读书·新知三联书店 1991 年版。

② 同上。

该包含多方面，无论是教师教学质量的评价，还是学生学业水平的评价，都应该采用多维度交叉评价。不仅要把握形成性评价、重视师生教育过程，也要关注终结性评价、注重教育成效。另外，还要合理运用评价体系对教育教学的反驳作用，提升教师教学科研能力和巩固学生知识技能体系。

最后，要充分利用企业行业资源，巧用工学结合、校企合作的培养模式。通过双方不同领域、不同层次的合作，以社会需求为运作平台，提升高职院校学生实际动手能力，加深对相关行业的认识，实现人才培养与职业岗位的无缝对接。

（四）高职院校的教育内容：加强人文、提升能力

雅氏认为："大学里要有充满着精神的活动作为思想活动的背景。"① "教学要以研究成果为内容，……最好的研究者才是最优良的教师。……只有自己从事研究的人才有东西教别人，而一般教书匠只能传授僵硬的东西"。②

第一，对于高职院校而言，要重视学历教育与职业教育相结合，建立以学历证书和职业资格证书相结合的"双证"融通制度。"双证"融通既可以促进高职院校教育教学改革，优化课程设置，避免重技术轻理论的现象，又是提高高职院校学生职业能力的有效途径。

第二，人文学科是以人的自身为研究对象，以个体自身的发展和完善作为精神探索活动的出发点与归宿。③ 高职院校应该重视塑造学生的精神世界，有意识地为学生构建人文教育的学习氛围，培养学生的人文素养。人文教育不应局限于课堂，更需要在日常学习生活以及教育活动中体现。学生通过对人文知识的学习与体验，能够增长智慧、完善人格、通晓人生的目的和意义，并且进一步明确自己应该承担的责任。

第三，高职院校教师应该积极提升自身的教育教学能力，及时了解

① ［德］雅斯贝尔斯：《什么是教育》，邹进译，生活·读书·新知三联书店 1991 年版。

② 同上。

③ 刘洪文：《存在主义教育哲学观及其对高职院校辅导员工作的启示》，《科教文汇》2012 年第 7 期。

所在专业行业的最新动态，将市场需求与学生需求相结合，做好全面、切实可行的教学计划，确保学生接受教育的内容是及时有效、全面有用的。在理论知识学习牢固扎实的基础上，加强校内的真实场景实训、职业技能培训和校外的顶岗实习、社会实践等实践教学环节。

第四，高职院校的教育内容除了重视理论知识的实际运用、职业技能的习得，还应该包含职业态度的养成，帮助学生获得广泛的知识、技能以及树立良好的态度和价值观，加强学生的社会适应能力和就业能力。

（五）高职院校的师生关系：平等相处、共同发展

雅氏认为："教育者不能无视学生的现实处境和精神状况，而认为自己比学生优越，对学生耳提面命，不能与学生平等相待，更不能向学生敞开自己的心扉。……然而现行教育本身却越来越缺乏爱心，以至于不是以爱的活动——而是以机械的、冷冰冰的、僵死的方式去从事教育工作。"①

首先，高职院校和谐师生关系的首要前提是师生平等。教师需要重新审视教师权威，在教育过程中建立民主、平等、友好的师生关系。实际上，在高职院校当中，教师的权威并不来自教师的地位，而是教师自身的学识、品行，德才兼备、富有亲和力的教师往往更受到学生的喜爱和尊重。教师要尊重每一位学生的存在价值和人格尊严，加强与学生的相互理解，避免学生产生抵触情绪。

其次，高职院校的教师应该积极地面对自己的职业生涯和职业对象。耐心了解教育对象的特性，不能因为学生是受教育者而无视学生的主体意识，要引导学生积极参与教育教学活动，并根据不同的教育对象、不同的教育程度有积极的回应。

最后，教师要主动提高自身教育教学能力，提升自身修养。一位优秀的教师，其能力和人品都应该得到他人的认可。教师要根据实际需要，改革教育教学方式，促进师生之间的良好互动；要积极寻找自我提升的途径，为学生树立良好榜样，注重细节渗透，主动培养亲密的师生关系，给学生以积极的引导，为后续的合作学习打下良好的基础。

---

① ［德］雅斯贝尔斯：《什么是教育》，邹进译，生活·读书·新知三联书店1991年版。

雅氏认为：“大学改革的任务：一是大学组织和建设的外部改造，二是为赢得大学观念新形态的思维方式的内在转变。”①

对高职院校进行外部改造，最直接有效的方法是促进校企合作、产学研结合。校企合作、产学研结合对于促进区域经济发展、提升高职院校自身的办学实力、促进高职教育的发展具有重要意义。他们将教育科研与企业需求、教师教学与学生实践、教师理论与企业实际问题等进行有机结合，有效地促进高职院校更好更快的发展。

转变高职院校的内部观念，要清楚高职教育的本质不在于学习一技之长、培养就业能力，而在于领悟生命、传递传统优秀文化，对绝对真理的虔敬。首先，应该接受多元化办学理念、多方合作。其中包括多元主体办学、多种形式办学、多渠道筹措资金、多来源的教学队伍、多种分配形式等。将多方资源整合，让受教育者享受各种资源带来的便利，提升学生综合素质的同时，也带动了高职院校的发展、高职教育的进步。其次，要加大对高职教育的投入，完善经费投入机制、内部管理制度、科研保障体系、教师培养系统等制度建设。完好的制度体系是高职院校在正确轨道上发展的有力保障。最后，教师要有正确的教育观，用积极的态度、有效的方式培养学生的综合职业能力和人文素养，树立正确的价值观和职业态度，建立平等和谐的师生关系。

参考文献

1. 黄亮：《存在主义视域下的职业教育问题与变革策略》，《河南科技学院学报》2013年第4期。
2. 徐崇温：《存在主义哲学》，中国社会科学出版社1986年版。
3. ［德］雅斯贝尔斯：《生存哲学》，王玖兴译，上海译文出版社2005年版。
4. 王爱玲：《述存在主义与存在主义教育》，《教育理论与实践》2006年第6期。
5. ［德］雅斯贝尔斯：《什么是教育》，邹进译，生活·读书·新知三联书店1991年版。
6. 郭元祥：《论教育的过程属性和过程价值——生成性思维视域中的教育过程观》，《教育研究》2005年第9期。

---

① ［德］雅斯贝尔斯：《什么是教育》，邹进译，生活·读书·新知三联书店1991年版。

7. 张弛：《关注人的生存、生长与生成：现代职业教育目的解析》，《中国职业技术教育》2012 年第 36 期。
8. 钟启泉等：《为了中华民族的复兴为了每位学生的发展》，华东师范大学出版社 2000 年版。
9. 李仕武：《论高职院校学生教育管理以人为本》，《职教论坛》2005 年第 6 期。
10. 陈新文：《论高等职业教育的目的》，《职业技术教育》2001 年第 2 期。
11. 刘洪文：《存在主义教育哲学观及其对高职院校辅导员工作的启示》，《科教文汇》2012 年第 7 期。

原文刊于《职教论坛》2015 年第 30 期

职教政策

加入 WTO 后我国职业技术教育发展趋势的思考

马世品*

摘　要： 我国加入 WTO 后，职业技术教育的发展将增添原动力，同时也面临着新的挑战，高职教育的根本对策是加速现代化建设。

关键词： 职业技术教育；WTO；国际挑战；现代化

加入 WTO 后我国职业技术教育的发展趋势如何？这是我们高等职业技术教育工作者必须研究的课题，我们应努力学习思考，积极投身到职业技术教育的改革和发展之中，为职教事业的发展做出新的贡献。

一　加入 WTO 将给我国职业技术教育增添原动力

我国加入 WTO 的目的，意在使本国经济融入世界经济主流中去，分享经济全球化所带来的效率收益，提高经济国际化水平和市场化程度，加速产业结构的升级和调整，增强国际竞争能力。当然，这种经济的变化必然影响到教育的变化，影响到我国的职业技术教育，而给我国职业技术教育带来最大的机遇和挑战则是就业问题。根据专家们预测，将在三个层面上产生重大的影响和变化。

---

* 马世品，研究生，教授，广东技术师范学院原院长，广东省自然辩证法学会副会长。

第一个层面是全国经济的快速增长，将快速增加就业的机会。经济的快速增长，进出口贸易和外资引进规模的扩大，将带来几百万人的就业机会。根据“十五”计划，预计到2005年，我国国内生产总值和社会福利收入在目前的基础上将分别提高1995亿元和1595亿元，分别占该年经济增长率的1.5%和1.2%，进出口分别增长25.8%和26.9%；外资引进将达到1000亿美元，中国国内生产总值大幅增加意味着将增加几百万人的就业机会。

第二个层面是产业结构的调整，促使职业技术教育要承担岗位技术培训的繁重任务。加入WTO后，中国要并入全球经济的轨道，必须加快调整产业结构。第三产业持续上升，第一产业逐步下降以及第二产业缓慢增长或停滞不前；与六大门类新技术相关的新兴产业（朝阳产业）蒸蒸日上，与日俱增；传统产业（夕阳产业）日落西山，日渐减少；还有，所有产业都向技术密集型转化。经济结构的变化、产业结构的调整，使现代社会职业岗位结构变成一个动态大系统，而且是一个不断向高新技术趋近的动态系统。加入WTO后，必然加速社会职业岗位体系演变为向高新技术趋近的动态系统，这就给职教，特别是高等职教提出了特别繁重的岗位培训任务。研究资料表明，国际上从20世纪60年代开始，正日益明显地体现出这种影响。例如，美国近5年中，有7000多个职业岗位消失了，但又新增了8000多个职业岗位，这些岗位都具有较高技术含量。我国专家预测，今天人类职业面临着15年更换20%的岗位，我国加入WTO之后，在经济全球化的影响下，职业岗位变更和提升比全球这个速度还要快。

第三个层面是把城乡大量的剩余劳动力转化为有效的劳动力，让失业者和新增劳动力学会新的生存本领，职业教育责无旁贷。加入WTO后，随着农产品关税大幅度下调（按规定凡属双边贸易的要下调50%），将迫使农村出现大量的剩余劳动力。据测算，今后10年左右，农业转移出来的劳动力将达960万人。而这一段时间又恰逢我国的就业高峰。因此，一大批新增劳动力和转移劳动力要提高自身的就业能力，适应新岗位，迫切需要学习和掌握一门或几门新的生产技术与管理服务方面的技能。因为我国是农业大国，农村尤其是老少边穷地区，经济又特别落后，青年的文化素质不高，所以我国今后对农村人口尤其是山区劳动力培训和就业的任务特别繁重。这无疑将给职业教育提供发展的机遇。

二 我国加入 WTO 后职业技术教育将面临新的国际竞争

加入 WTO，扩大开放，就意味着面临新的国际竞争。因为技术落后，人才缺乏是我国的突出矛盾，因此，我国加入 WTO 之后，在各类专业所需要的能适应参与国际经济活动的高级技术、管理、服务人才，包括培养和培训，竞争将更加激烈。对于我国来说，当然希望国内和外国企业所需要的应用型人才，主要由我们的高职、高专来培养。但我国加入 WTO 之后，外国的教育集团将会更加瞄准中国的人才市场，和中国展开人才培养培训的竞争。通过这几年对外国职业技术教育的考察我们了解到世界发达国家的职业教育普遍都比我国先进，竞争能力比我们强，在很多方面值得我们借鉴。

一是英、美、德、法、日、加拿大、澳等，这些国家政府重视职业教育，20 世纪 80 年代以来，职业技术教育蓬勃发展，已成为高等教育重要的组成部分，为国家经济发展和高等教育大众化做出了重要贡献。高等教育是综合国力和国际竞争力的支柱和后盾。综观世界，凡是教育发达的国家，其综合国力必定较强；而综合国力强大的国家，则教育必定发达；而教育发达的国家其职业技术教育，尤其是高等职业技术教育必定发达。因此，发达国家普遍实现或正在走上教育大众化的轨道。目前全世界已有 47 个国家达到了高等教育大众化的要求，美国、日本、加拿大已实现高等教育普及化。我国经过这几年扩招，含成人高教，高教入学率才有 13%。由此可见，与世界发达国家相比，我们的高等教育，特别是高等职业技术教育还是不发达的。在加入 WTO 之后，尽管我们希望国内企业和外国企业需要各类专业高中级技术人才，应该由我们自己来培养，但事实是发达国家高等教育特别是高等职业技术教育发达，必然在人才市场上与我国展开激烈的竞争。经济全球化、技术没国界，技术人才也没有国界了。美国、加拿大、英国、澳大利亚都在放宽政策，大批引进技术移民。连日本这个长期比较封闭的国家，也在放宽政策引进技术人才。所以对我国来说，加入 WTO，技术人才有进也有出，进来和出去都将对我国需要人才方面带来激烈的竞争。

二是发达国家职业技术教育办了多年，经过不断的改革，建立了一套比较成熟的办学机制，包括办学形式、专业设置、教学模式、人才标准、评估体系、高教管理等都各有一套符合他们本国经济和社会发展需要而行之有效的制度。随着经济全球化，他们把这些教育制度、规定、标准，也带到各国去。中国加入 WTO 之后，这些经济贸易国家必然也把他们教育的一套规定、要求和做法拓展到中国来。这就要求我国在加入 WTO 后，在职业技术教育培养人才的规格质量方面应按国际标准来衡量。在这一点上，比较国外的职业技术教育，有五点是特别应引起注意的：（1）发达国家的职业技术教育层次持续高移，不仅由专科升上本科，而且普遍达到硕士层次了，这是由社会的发展和技术水平的不断提高所决定的；（2）专业设置比较注重面向与高技术直接有关的职业岗位，而且“复合型、宽口径”即以相近的若干新技术所构成的技术群为专业基础，这样就可以做到“一专业多岗位”；（3）重视技术训练。他们做到“少讲多练”，普遍是专业基础理论在学校，课程技术实操在工场，专业技术实习在企业，实操和实习的时间普遍占总学时的一半以上；（4）对专业技术证书管理比较严格。例如英国，由国家统一制定 NVQ 和 GNVQ 的标准，统一制定每个层次的每种工种的教学模块，把教育培训、考证发证和教学评估分开，政府再根据教学评估情况去评判办学实体的办学水平，进而给予拨款。这种做法就保证了各层次各专业各技术岗位证书的质量；（5）办学经费充足设备先进。普遍都是还没有投产的新机器、新设备，先作为教学设备，供学生观摩和实操。

三是外国普遍把教育作为产业实体，融入市场经济，对外开放，有的直接到我国投资办学，有的与我国大学、学院联合办学，有的来我国招留学生（本科和研究生两个层次），职业技术学院直接从我国高中和中专毕业生招留学生的也不少。这几年外国经常来我国举办教育博览会、展示会、交流会，经常派使团来我国，深入学校进行洽谈，招揽生意。特别应注意的是外国是把教育与经济紧密联系在一起，把职业教育当作为产业来办，与企业紧密结合，他们的市场经济意识很强，竞争意识也很强，在我国加入 WTO 之后，外国的办学实体会更多地进来我国联合办学、招留学生，或直接承担我国的外国企业人才的培训任务，与我国高职形成更加激烈的竞争态势。对此，必须引起我们的足够重视，以新的姿态和策略去迎接挑战和竞争。

三 我国加入 WTO 后高职教育的根本对策是加速现代化建设

第一，树立现代教育观念，提高职教办学层次。

党中央和国务院非常重视职业技术教育。1996 年，我们国家颁布了《职业教育法》，这是我们国家第一部关于发展职教的立法。1997 年 6 月 18 日，李岚清副总理为深圳职业技术学院题词："办好高等职业技术教育，培养具有高尚职业道德和熟练职业技能的优秀人才。"1998 年，国家教委学习贯彻党的"十五"大精神，研究制定了《面向 21 世纪，深化职业教育教学改革的原则意见》所提的十三点原则意见，对深化职业教育教学改革，提高教学质量很有针对性和指导意义。1999 年，国家制定了《21 世纪振兴教育行动计划》，在这个计划中，对发展我国职业教育，采取了两项重大措施：一是实施面向 21 世纪职业教育课程改革和教材改革，中央拿出 2000 万元作为启动资金，通过 2—3 年努力，抓好 80 个骨干专业的 1000 种教材出版；二是在全国重点建设 50 个职教师资培养培训示范基地，中央也拿出 2000 万元，分期分批培训职教师资，最后，实际是批准了 53 个基地。同年，在第三次全国教育工作会议上，江总书记发表了重要讲话，号召全党和各级政府要做好职业技术教育这篇大文章。

必须看到，尽管党和国家高度重视职业技术教育，但社会上鄙薄职业教育的观念还是相当严重的。最突出的问题是把职业教育看成"低层次的""低人一等的"。对此，除了要加大力度继续宣传贯彻党中央、国务院的指示，转变社会鄙薄职业教育的传统观念之外，针对加入 WTO，必须采取切实措施，提高职教的办学层次，要把高等职教提高到本科和研究生的层次上来。当然，在这方面应花大力气办好大专，在办好专科的基础上敢于对内容新、技术性强、要求高的专业，提高到本科层次，甚至研究生层次。这里，特别是要重视打通职业教育和非职业教育，职业教育的大专可以升入普高本科，职业教育本科毕业的也可以直接考普高的研究生。绝不能像现在这样，职业教育系列一般读到大专就结束了。

第二，改革高职教育的办学模式，提高教学质量。

要确立以“能力为本位”的教学指导思想和教学模式。能力为本位，就是要根据职业教育的特点，把增强学生的职业技术能力和就业能力放在突出的地位，使职业教育的教育、教学更好地适应经济发展和劳动就业的需要。这种“能力为本位”与普通高校“学科为本位”有不同，也与单项技术的技能为本位有区别。高职教育培养的学生要求具有五种能力：（1）创业能力；（2）职业道德；（3）专业知识和技能；（4）分析解决问题的动手能力；（5）与专业相关行业的管理知识和能力。

要突出能力本位，下列几个实际问题必须解决好：一是专业设置要充分进行调查。专业是学校的基础，关系到学校的生存和发展。一定要经过充分的调查，从社会行业、企业的需要出发，确定办什么专业，招多少学生，根据人才预测，要敢于不断进行调整。在研究过程中，要注意放宽口径，找出一些相关职业技术的共性，选办具有“职业技术群”特点的新专业。这种专业具有生命力又相对比较稳定。应该邀请行业、企业专家参加论证，千万不能关起门来办学。二是课程设置要特别下功夫。课程是培养学生能力的主渠道，学生的专业能力要好，主要是通过课程进行培养。课程设置是办好高等职业技术教育的重点和难点，也是和普通高校的“学科本位”区别的焦点。大家熟悉的“学科为本位”的课程设置，一般来说，是根据学科知识结构的内在逻辑体系展开的，将课程分为基础课、专业基础课和专业课三大块。而以“能力为本位”的高职课程设置一般来说，不再强调专业理论知识的系统性、完整性，而是强调其针对性和实用性。对课程的总体划分也不再是三大块的模式，除了公共课以外，工科将课程分为两大类，即专业理论课和专业技能课（专业技能课再分为基本技能训练课和专业技能训练课两类）；文科将课程分成理论课、实务课和综合训练课三大类。

第三，加大投入，提高教学设备的现代化水平。

职业技术教育培养的人才是应用型技术人才，要求所学到的知识和技术技能都是各专业用得着的。但由于现在越是新的专业、新的技术，更新换代越快，而我们办学，就算大专也要三年，才能毕业上岗位，如果实验设备和各种教学设施陈旧，甚至过时的话，学生毕业后就不适应专业岗位的需要。所以政府部门和学校应该十分重视职业技术学院的建设，加大投入，使实验设备具有一定的先进水平。为此，还有必要采取一些措施，让学生学到新的知识和技术。比如，结合课程教学，带领学生到设备先进的企业参观或实习，让学生接触实际，接触先进设备，“百闻不如一见”，学生见过摸过就不一样了。又如，充分发挥各个“工业实训中心”的辐射作用，有计划地分期分批组织学生到省和对口行业的工业中心专题短期培训，使学生学到新的技术。必须指出，在实训方面，我国各类职业技术教育都要加强。现在，外国教育专家对我国教育有一种看法认为我们的学生考试（理论考试）能力很强，很会考试，但动手能力（动手搞创作）不够强，我们要在动手创造能力的培养方面下大功夫，从而使我们的学生素质更高，在加入 WTO 后更有竞争力。

参考文献

1. 睦平、马万全：《中国“入世”：职教面临新的机遇与挑战》，《职教通讯》（常州）2000 年第 2 期。
2. 上海课题组（吕鑫祥执笔）：《加入 WTO 后的中国职业教育技术》，《教育发展研究》2001 年第 1 期。

原文刊于《广东职业技术师范学院学报》2002 年第 2 期

中国高等职业教育跨越式发展的体制创新问题研究

刘合群*

摘　要：高教体制创新，是中国高等职业教育跨越式发展的保障。破解高教管理的体制性障碍，消解计划经济的办学情结，淡化精英化的评价观念，能促使中国高等职业教育完成向优质教育等方面的跨越，从而适应全面建设小康社会的要求。

关键词：高教体制；创新；中国高等职业教育；跨越式；发展

中国高等职业教育的跨越式发展是全面实现小康社会的必然诉求，而高教体制创新是保障。众所周知，高等职业教育是工业化社会的产物，世界发达国家的高职教育已走完了由萌芽到成熟的历程。中国的高职教育仅仅发展了二十年，便和世界发达国家一道迎来了知识经济的新时代。中国的高等职业教育若走西方发达国家的发展老路，必然落伍，唯有跨越式发展才能获得生机。观念上的理解，人们已有共识；问题的解决，却要破解体制上的障碍。目前，我国高教体制创新的基本思路应是，改革指令式行政管理体制，按照教育与社会发展的规律，重构有利于高职发展的高教新体制；改革计划经济性的大学办学体制，按照市场运作规律营造高职办学新环境；改革精英化的高教质量评价体制，重塑社会欢迎的多维度质量评价新体系。通过体制创新，使中国高职教育实现由二

---

* 刘合群，硕士，教授，广东技术师范学院教育学院原院长，江西师范大学兼职教授，广东省课程与教学论研究会副理事长，代表作：《职业教育与职业培训是现代城市发展的支点》。

流教育向优质教育、由单一领域向综合领域、由学科型模式向技术应用型模式的跨越。

一 破解高教管理的体制性障碍，重构有利于高职跨越式发展的新体制

（一）问题：高等职业教育是优质教育还是二流教育？

民间的答案是后者。官方的回答当然是不赞成世俗的见解，可现行的高教管理体制已将高等教育分为三六九等，高等职业教育很难有合适的发展定位。

（二）高教管理的三大体制性障碍，造成高职教育的发展失衡

其一，观念性障碍，显现出高职教育的二流色彩。老百姓说，普通高等教育培养的是白领，所谓劳心者治人者也；高等职业教育培养的是高级蓝领，所谓劳力者治于人者也。这本不足为怪，可高教管理却从经费投入、高校级别、招生就业诸多方面强化了读书做官的就是优质教育；读书做工的就是二流教育。其实这正是中国几千年来读书做官的思想观念在高教管理观念上的曲折反映，因此，观念不更新，高职教育发展难。

其二，运行性障碍，制约了高职教育的自由发展。行政部门的指令性管理运行模式，把高职教育的发展定位在专科上，希望它为普通高等教育拾遗补缺。其实这是把高职院校当作行政派出部门来指挥，无视其自由发展的重要性，忽视了其中市场经济发展中的灵活性，因此，它的运行当然就困难重重。

其三，发展性障碍，未将高职院校看作学术组织。假设高职院校不是学术组织，该如何发展？高等职业教育活动应该是在相应的学术组织中开展活动的，不能因为将其定位在较低层次而忽视了它的学术组织特性，否则高等职业教育的发展始终会摇摆不定，只能看着普通高等教育在社会中心热闹发展，而自己一直游离在社会边缘。

（三）构建新体制，高等职业教育实现向优质教育的跨越

新的高教管理体制应是中央调控，地方均衡支持；分类发展，强化院校自治；依托市场，鼓励有序竞争的管理模式。它促使高职教育以凸显地方特色为抓手，实现向优质教育的跨越。

首先，淡化中央指令性管理，而加强方针、政策、法规上的调控，如尽快促使《高等职业技术学院法》出台，就能从客观上保障高等职业院校的发展，进而要求地方加大均衡支持的力度，在重视普通高教的同时，重视职业高教。

其次，新体制要转变读大学当白领的观念，树立读书做工的观念，缩短普通高校与高职院校在育人观念上的差别，力争使高职教育也成为社会认同的优质教育，为建设小康社会培养更多的优秀劳动者、建设者。因为优秀的劳动者，往往要靠优质教育来培养，高职教育正在此点上要实现跨越式发展。

优质的教育资源，即能实践终身学习理念，能让人永远生活得幸福的教育。优质的高等职业教育资源是提高就业率、提高就业满意率的教育。它是以人才的培养质量取胜，以适应社会发展需求而取胜的。优质的高等职业教育是不断提高层次的教育。它不再是单一的专科教育，还有本科教育、研究生教育，形成了一个高级应用人才的培养链，能有效地促进创新人才成长。优质的高职教育是不断创新专业的教育。科学知识的增长、技术科学的日新月异，要求现实社会中的新职业需要有新人才来承担，而培养能胜任新职业的人才之教育，便是优质的高职教育。

高等职业教育只要依靠创新体制，依靠自治的条件，利用自身的特色优势，就能上升为优质教育。

二　消解计划经济的大学办学情结，营造高职办学的新环境

（一）问题：职业高等教育能否享受普通高等教育等同的待遇？

建大学城，是当今中国城市建设的一个亮点。然遍观全国已建或在建的大学城，却很少接纳高职院校入城。究其原因，政府官员习惯于按计划

经济的思维模式办大学是关键。他们为了保优质教育——普通高等教育，不惜在政策上给予倾斜，在土地资金上给予优惠，在人力上提供帮助，但对于高等职业教育则重视不够。故有人呼吁：像重视普通高等教育一样重视职业高等教育，不要人为地使高等职业教育陷入不平衡的办学环境中。

（二）高职办学呼唤高等教育发展的公平环境

对于公平的理解，从经济学领域看，强调市场公平是指竞争机会均等，竞争者站在同一起跑线上，按约定的规则比赛。“在伦理学上，公平（equality）更多地被理解为公平、正义（justice），在近现代的西方思想家那里，公平概念越来越多地被专门用作评价社会制度的一种道德标准，被看作社会制度的首要价值”。① 由此推之，公平环境，不仅有伦理学上的意义，更有社会制度的内涵。

中国是一个高等教育快速发展的国家，不同类型、不同层次的高等教育都是需要的。高等职业教育是高等教育大众化的构成要素之一，受到重视，应是不言而喻的。由于社会观念的影响，尤其是对读书做工的漠视，高职办学便受到挑战。优秀生源的缺乏早已是不争的事实，加上政府在高教投资上的马太效应行为，无疑又给高职办学造成了压力。处于弱势地位的高等职业教育，面对以上双重压力，渴望摆脱发展环境的失衡状况，心情是十分迫切的。

因此，为解决高职教育的发展环境，必须从管理体制的创新入手，淡化政府对普通高校的指令性扶持，强化市场竞争的良性互动机制，从招生、就业、质量评价等多方面着手，给高职办学营造一个公平的环境。从观念、管理、措施上来缩小优质高等教育与二流高等教育之间的距离，使中国的高等职业教育，能在大众化的进程中，紧密结合社会的进步而实现跨越式发展。

（三）新经济增长点使高职办学实现由单一领域建设向综合领域发展的跨越

已走入社会中心的高等教育，社会的每一点发展变化都牵动着高校

---

① 翁文艳：《教育公平的多元分析》，《教育发展研究》2001 年第 3 期。

发展的每一根神经。如城市文化建设现已成为发达地区的新经济增长点，高等职业教育如何呼应社会的这个诉求呢？靠计划经济的指令性模式显然已落后于时代，必须靠市场经济的竞争性模式。新经济增长点的开拓，为高职教育发展提供了新机遇。

全面建设小康社会是21世纪初我们的伟大目标，这个目标的提出，加快了我国城市现代化的进程，也为高等职业教育的发展提出了新使命。这个新使命集中体现在要适应城市文化的需要。高等职业教育必须拓宽自身的发展空间，由单一为工业生产服务跨越到为城市现代化建设服务。

其一，新经济增长点使就业岗位增加，高职专业建设要创新。例如，在城市文化建设中，旅游业、烹饪业等服务行业的发达，要求高等职业教育在应用型专业的基础上提高层次，要做到高、精、深，要培养出有绝活的人才。

其二，新经济增长点，使服务范围交叉化，高职发展要综合化创新。城市现代化，包含有工业、经济、文化建设的现代化，各个领域均通过"城市文化建设"这个新经济增长点而交叉相融，高等职业教育当然不能只局限在工业领域中，而要在培养工业领域的高级应用型人才基础上，向综合化方向发展，培养城市文化建设所需要的高级应用型人才。

高等职业教育要适应新经济增长点的发展需要，只能靠市场，而不能靠计划经济的指令式扶持。公正、公平的发展环境是高职发展的关键。为此，消解计划经济的指令性扶持模式，促使高职教育走由单一向综合发展的跨越之路。

三　淡化精英化的评价旧观念，架构多维度的评价新体制

（一）问题：教育行政部门公布的毕业生就业排行榜可有高职一席之地？民间搞的大学排行榜是否关注高职院校？

答案的差强人意，自然是意料之中的事。原因在于精英化的评价标准，强化了高教体制的精英高等教育管理特色，眼睛只盯着普通高等教育，而忽视了高等职业教育的存在。其实，当中国高等教育步入大众化

高等教育行列后，再用单一的精英化的评价标准来衡量所有高校，显然已跟不上历史前进的步伐。

（二）精英化评价的狭隘性与大众化高等教育的普适性

中国的高等教育，一直处于精英高等教育阶段，因此人们习惯于用精英化的评价标准来衡量高等教育质量。但毋庸讳言，当中国高等教育步入大众化阶段后，精英化评价的狭隘性就逐步暴露出来了，与大众化高等教育的普适性形成了矛盾对立关系，尤其不利于高等职业教育的发展。

精英化评价标准的狭隘性一般表现在以下方面：一是面窄，二是量小，三是类型单一，因此很难用它来评价大量的一般高校。虽然如此，但人们一说到评价，不论哪类高校，必以211大学为仿照标准。其结果是质量下降的喊声，此起彼伏，严重阻碍了高等职业教育的发展。

而高等职业教育则有面宽、量大、类型众多的特色，主要是针对不同层次、不同追求的人群来展开的高等教育，因此其普适性的特征明显。既然是面向大众的高等教育，那评价标准就应根据培养目标来制定，既给人们指明明确的努力方向，有利于学生就业，同时也有利于社会认可高等职业教育的培养质量。

总之，高等职业教育要在普适性特点的基础上，淡化精英化的评价标准，架构科学的评价体系。

（三）多维评价体系的构建，使高职实现由学科型教育向技术应用型教育跨越

精英化的评价基础是学科型的教育模式，是以知识的多少为衡量标准的，而技术应用型的教育模式更注重动手能力的训练和提高。高等职业教育本应是后一种模式，但在指挥棒的指挥下，却走上了学科型的老路，完全陷入精英高等教育的旧圈圈之中，失去了高职的自我。为此，高等职业教育为适应市场对应用型人才的需求，应注重知识能力和实践技能的同步提高，故评价体系的构建应是多维度、多层面的，并不是单看知识一项。

空间维度：学校评价在新评价体系中占有较大比重，但还有校后评

价，即学生毕业后的社会评价，这种教育阶段后的教育评价更易看出我们高等职业教育的利弊之所在。如高职毕业生的动手能力，社会评价效果远胜过学校中的评价。

时间维度：既注重终结性评价，更重视阶段性评价。终结性评价，对于学生来说只是结论性的，对于学校来说不利于改进教育，而阶段性评价则可以有利于教育的改进，二者的结合，可以更客观地评价高职的质量。

至于从文化素质、职业道德、实训技能、终身学习能力等方面评价体系的构建，更是应用型高职教育的特色。

多维度的评价有利于打破学科型教育模式，摒弃只以知识学习作为唯一的评价标准的旧观念，构建全方位、多维度的评价体系，促使高等职业教育完成向技术应用型教育模式的跨越，让高等职业教育的优势被社会所认可。

中国高等职业教育的跨越式发展，要有理论作保障，即解决形而上的问题；在高教体制创新时，也必须有问题意识，即解决形而下的问题。通过理论研究、体制创新来解决实践问题，是高职教育发展的需要，是全面建设小康社会的需要。当高职教育成为被社会认可的优质教育之时，高级蓝领们的终身学习理念也会在实践中得到实现，那么高职教育就会通过培养优秀的社会主义建设者而实现新跨越，促使学习型社会与小康社会合为一体。

参考文献

1. 翁文艳：《教育公平的多元分析》，《教育发展研究》2001 年第 3 期。

原文刊于《庆祝中国高等教育学会成立 20 周年大会暨 2003 年高等教育国际论坛论文集》

大力发展职业教育的策略探析*

陶　红** 曲　涛

摘　要：进入21世纪以来，职业教育在经济发展与社会进步过程中的作用日益凸显，成为促进社会经济发展、推动科学技术向现实生产力转变的重要切入点与着力点。本文从社会经济发展的实际需要出发，在分析大力发展职业教育重要性的基础上，从加强政府统筹，充分发挥其主导作用；构建现代职业教育体系；加强职业培训三个方面提出大力发展职业教育的应对策略。

关键词：职业教育；经济发展；产业调整

1995年7月，在津巴布韦首都哈拉雷举行的世界教育大会上，职业教育的重要作用已经被世界各国所关注与认可。100多个国家的与会代表认为：职业教育在一个国家或地区的经济发展与社会进步中发挥着不可或缺的重要作用，是实现国家或地区经济发展与社会进步的重要基础与前提。目前，我国正处于经济发展方式转变的重要时期，伴随产业结构升级，人才的需求结构也随之发生变化。因此，必须大力发展职业教育以满足经济发展方式转变与产业升级对人才的需求。

早在1985年5月颁布的《中共中央关于教育体制改革的决定》中，

---

* 本文系2010年广东省普通高校人文社会科学项目“中等职业教育人才培养模式研究——以珠三角洲地区为个案”（项目编号：10WYXM015）的阶段性研究成果之一。

** 陶红，教育学博士，教授，硕士研究生导师，教育科学与技术学院院长，广东省高等职业教育研究会秘书长，广东省本科高校教师教育教学指导委员会委员，代表作：《广东职业教育与科技发展互动研究》。

我国就已经确定了大力发展职业教育的方针、政策。1991 年颁布的《关于大力发展职业技术教育的决定》与 1996 年颁布的《中华人民共和国职业教育法》都提出应大力发展职业教育。2002 年与 2005 年国务院先后做出了关于大力发展职业教育的决定。2007 年 10 月 15 日，胡锦涛总书记在党的十七大报告中指出："优化教育结构，促进义务教育均衡发展，加快普及高中阶段教育，大力发展职业教育，提高高等教育质量。"2010 年出台的《国家中长期教育改革和发展规划纲要（2010—2020 年）》再次重申了大力发展职业教育的重要性与必要性，强调应将职业教育发展放在更加突出的位置，发展职业教育已经成为推动我国社会经济发展、实现社会充分就业以及解决"三农"问题的重要途径。同年广东省出台的《广东省中长期教育改革和发展规划纲要（2010—2020）》提出应从建设现代职业教育体系、推动职业教育战略性结构调整、加强职业教育基础能力建设、建设我国南方重要的职业教育基地四个方面来发展壮大广东省职业教育。

一 加强政府统筹，充分发挥其主导作用

世界各国在发展职业教育过程中的成功经验已经充分证明，政府统筹的作用是否得到充分、有效地发挥是职业教育能否获得快速、高质量发展的重要保障。因而，要促进职业教育的发展，就要加强政府统筹，充分发挥其职能。

首先，政府应加强对职业教育发展的整体统筹与规划，应结合不同地区的实际情况制定相关的政策、法律法规，一是优化职业教育的整体布局，二是合理配置职业教育资源，三是提供法律依据与保障。具体应做好以下几方面的工作：（1）统筹职业教育与普通教育的发展，合理配置教育资源，加大对职业教育的投入力度；（2）统筹职业教育的城乡发展，农村职业教育的发展对于解决"三农"问题、实现农村富余劳动力的转移以及推动社会主义新农村建设具有十分重要的作用，因而要关注与重视农村职业教育的发展，加大对农村职业教育的政策扶持与资金投入力度；（3）统筹中等与高等职业教育的发展，构建中高职教育有效衔接的职业教育体系。

其次，政府应“供职业教育发展之需，补职业教育发展之缺”，从职业教育发展的现实需求出发，为职业教育营造宽松的发展环境，保证职业教育快速、稳定、持续的发展。如为职业院校开拓更为多元化的筹措资金的渠道，满足职业院校发展对资金的需求；为职业教育搭建交流、合作的平台，促进职业院校办学水平与人才培养质量的提高。

最后，政府应加强对社会各方面的统筹协调。职业教育快速、高质量的发展是与社会各界的广泛关注和充分参与分不开的，因而政府应加大对职业教育的宣传力度，加强对社会舆论的引导，使社会各界对职业教育的作用与重要性形成科学、正确的认识，充分调动社会各方支持、参与职业教育发展的积极性与主动性，营造有利于职业教育发展的良好氛围，集社会各界的力量共同促进职业教育的发展。

二　构建现代职业教育体系

经济发展方式转变和产业结构升级调整要求相适应的现代职业教育体系，构建由初级到高端的应用型、技能型人才的完整培养链条。为了能够构建适应产业结构升级与调整需要的人才培养体系，职业教育应重点加强专业设置与师资队伍建设。

首先，应加强职业教育的专业建设。（1）加强专业设置的针对性、适应性。与普通教育相比，职业教育的突出特点在于能够根据社会需求的变化对专业设置进行适时调整。因而，各职业院校在专业设置方面不仅要“与时俱进”，更要未雨绸缪，力求能够走在时代之前。这就要求职业院校在进行专业设置时一方面要从社会经济发展、产业结构调整与优化升级的现实需求出发，对需求迫切的专业优先、重点建设；另一方面要能够敏锐地洞察、捕捉经济与社会发展的趋势，建设未来有较大需求的专业。（2）加强特色品牌专业的建设。如今，与经济发展紧密联系的职业教育存在着激烈的竞争，要在竞争中生存并取得发展，必须具备相当的竞争力，而突出自身特色则成为职业院校在竞争中“克敌制胜”的重要法宝，建设特色品牌专业便是其中之一。特色品牌专业建设要兼顾稳定性与灵活性，同时也要充分考虑社会经济发展和产业结构升级与调整所引发的人才需求变化，不断创立新的特色品牌专业，增强职业院校可持续发展的能力。

其次，要加强职业院校的师资队伍建设。（1）要注重职业院校师资队伍的建设，一方面要为职业院校师资队伍的建设提供良好的政策环境；另一方面要加大资金投入力度，为职业院校师资队伍的建设提供坚实的物质保障。（2）逐步完善职业院校教师的引进与培训机制。要建立科学、合理的教师引进机制，设立严格的进入门槛，加强对教师的考核与审查，提高新进教师的质量，为职业院校的师资队伍注入新鲜的活力，保障职业院校师资队伍的持续发展；要重视对现有教师的培养与培训，教师的培养不应仅仅局限在校园内，而应让教师更多地进入社会、企业，实现理论与实践的充分结合。因而，职业院校应定期选取教师外派进入企业，参与企业的实际生产过程，使教师在企业的实践过程中检验已有的理论与经验，并将其与具体的实践经验相结合，提高教学与科研水平。（3）完善职业院校师资队伍的结构，包括年龄结构、学历结构、专兼职教师的比例等，从整体上提高师资队伍的教学与科研水平，同时为师资队伍提供持续发展的动力来源。（4）加强“双师型”师资队伍建设，提高人才培养的质量。（5）建立健全激励与竞争机制，为师资队伍整体水平的提高创造良好的环境，最大限度地调动教师的积极性与创造性。

三　加强职业培训

2004年以来，有关广东珠三角地区“民工荒”问题的报道一直充斥着人们的视线。“民工荒”问题的出现究其原因在于广东省正处于经济发展方式转变、产业结构优化升级的重要时期。“民工荒”实质上反映了企业对人才尤其是高层次、高素质人才日益高涨的迫切需求。目前，仅仅依靠学历教育无法满足广东省经济发展对人才的现实需求，因而需要大力发展职业教育，加强职业培训，将职业培训与学历教育有机结合，充分发挥职业培训在人才培养方面的针对性、灵活性、社会性的特点与优势，从而弥补学历教育的不足，满足广东省经济发展方式转变与产业结构优化升级对人才“质”与“量”的需求。

职业培训是对有意就业者和在职劳动者实施的以培养与提高职业素养与职业能力为目的的教育和训练活动。我国有关职业培训的相关法律已经明确规定，职业培训的实施主体应实现多元化。因而，相比于学历教育，由多元主体共同实施的职业培训更具社会性、灵活性、针对性。一是培训对象的多元化，职业培训的进入门槛较低，对于参与培训项目学员的年龄、工作经历、受教育状况等没有严格的要求，只要是期望增强职业能力、提升自身素质者都可以选择相应的培训项目参与其中。二是在时间方面，考虑到培训学员的实际情况，职业培训机构大多将提供的培训服务安排在晚上或周末时间进行，并且培训周期也可根据参与培训项目学员的不同需求或长或短，从而为学员提供了更多的选择与便利。三是在培训内容方面，职业培训能够根据社会需求的变化做出适时反映，对培训内容进行合理调整，培训内容多是以模块化或能力单元的形式呈现，学员可根据自身的实际需求选择一个或多个培训模块或单元，增强了职业培训的灵活性。此外，职业培训通常是与相应的职业资格考核紧密结合的。通过参加指定职业培训项目可以获得相应的职业资格，这使得待就业者或从业人员能够根据自身的实际需要更加自由、灵活地选择所要参加的培训项目。

加强职业培训，通过岗前培训、在职培训、再就业培训和创业培训等多种方式，使参与职业培训项目的待就业人员和从业者一方面提高已有的职业技能，同时能够获得新的职业能力，促进其就业能力与创新能力的增强。因而，职业培训不仅能够提高待就业人员与从业者的岗位适应能力，而且能够使他们拓展自身的就业能力，拓宽就业范围，为其实现就业、转换职业岗位、自我创业提供机会与保障。

参考文献

1. 何文明：《构建现代职业技术教育体系的思考》，《职教论坛》2010 年第 13 期。
2. 苏敏：《关于建立健全我国现代职业教育体系的思考》，《职教论坛》2010 年第 13 期。
3. 陆素菊：《试论职业培训的基本问题》，《职教论坛》2009 年第 7 期。
4. 刘尧：《我国职业教育发展现状、问题与对策》，《职业技术教育》2008 年第 19 期。
5. 向才毅、王勇、马世州：《加强政府统筹以促进职业教育持续健康发展》，《教育与职业》2008 年第 18 期。

6. 茹英杰：《大力发展职业教育实现充分社会就业》，《中国职业技术教育》2008 年第 8 期。
7. 陈嫦娥：《论职业教育与构建和谐社会的关系及其发展途径》，《教育与职业》2008 年第 5 期。

原文刊于《中国职业技术教育》2012 年第 1 期

政府在校企合作中的作用探析*

——基于协同论的视角

苗素莲** 祝 春

摘 要： 从世界各国职业教育的发展经验和教育模式来看，校企合作是实现学校教育与用人单位对人才需求无缝对接的关键。目前，我国职业教育已进入从追求数量发展到提升内涵发展的转型时期，校企合作成为职业教育发展的核心战略，各职业院校积极争取与企业合作办学。然而，在实践过程中，相应的监督保障的有效机制收效甚微。因此，本文基于协同理论视角，通过对政府在校企合作中的作用分析，提出几点建议，促进校企有效合作以发挥1 +1 >2的整体效应。

关键词： 协同理论；校企合作；政府作用

《国家教育事业发展“十二五”规划纲要》指出，要加快发展职业教育，提高劳动者素质，努力使城乡劳动力人人有知识、个个有技能。职业教育是面向大众的教育，因此发展职业教育的主要责任在于政府。在校企合作过程中，政府应该扮演调整与协调的角色，使校企合作制度化，

---

* 本文系广州市哲学社会科学发展“十二五”规划2011 年度课题“中国高等学校组织特性历史演变与当代变革研究”（项目编号：11Y56）及广东省哲学社会科学“十二五”规划2012 年度项目“当代我国高等学校组织变革研究”（项目编号：GD12CJY04）的阶段性研究成果。

** 苗素莲，教育学博士（博士后），广东技术师范学院教科院教授，不列颠哥伦比亚大学教育（UBC）研究系客座教授，代表作：《中国大学组织特性历史演变研究》。

保证学校、企业相互支援，共同受益。但目前，政府有关部门虽然积极倡导职业教育校企合作，但还缺乏有效推动和规范校企合作的法律、法规等制度安排；相关部门还没有建立专门的校企合作机构负责组织、协调、监督、考核等，也就是说校企合作的自组织系统远未形成，导致校企合作并未取得理想效果。因此，本文试图结合协同理论，探析政府在校企合作中的职能作用，从而推动校企合作的深度发展。

一 协同理论

协同思想源远流长，从词源上分析，“协同”（synergy）一词最早来源于古希腊，意为“协调合作”。管理学界，有关协同的概念最早由H. 伊戈尔·安索夫（H. Igor Ansoff）在1965年出版的《公司战略》一书中提出，他认为协同是公司战略的一个要素，同时提出了协同的经济学意义。即协同表达了1+1>2的理念，也即企业的整体价值大于企业各独立组成部分价值的简单总和。作为一门独立的学科——协同学，则是由德国著名物理学家赫尔曼·哈肯（Hermenn Haken）创立。哈肯把“协同”定义为：系统的各部分之间相互协作，使整个系统形成微观个体层次所不存在的新质的结构和特征。[①] 协同学主要研究远离平衡态的开放系统在与外界有物质或能量交换的情况下，如何通过自己内部协同作用，自发地出现时间、空间和功能上的有序结构。任何复杂系统，当在外来能量的作用下或物质的聚集态达到某种临界值时，子系统之间就会产生协同作用，发挥出1+1>2的协同效应。协同论主要有两个观点：（1）协同效应，指的是在复杂性系统中，各要素之间存在着非线性的相互作用，当外界控制参量达到一定的阈值时，要素之间相互联系、相互关联代替其相对独立、相互竞争占据主导地位，从而表现出协调、合作，其整体效应增强，系统从无序状态走向有序状态，即“协同导致有序”；（2）自组织原理，协同论的自组织原理旨在解释系统从无序向有序的演化过程，实质上就是系统内部进行自组织的过程，协同是自组织的形式

① ［德］赫尔曼·哈肯：《协同学：大自然构成的奥秘》，凌复华译，译文出版社2005年版。

和手段。协同系统要实现自组织过程，就必须具备自组织实现的条件：(1) 系统必须具有开放性，能与外界进行物质、能量和信息的交流，确保系统具有生存和发展的活力；(2) 各子系统的相互作用必须是非线性的协调合作，减少内耗，充分发挥各自的功能效应。

依据协同学理论，我们可以把校企合作看作一个协同系统，企业、科研院所和高校则是组成这个协同系统的众多子系统，而政府独立于系统之外，是校企合作协同系统的外部控制参量。在中国，政府作用则是校企合作最重要的外部控制参量。根据协同理论，当外界控制参量达到一定的阈值时，系统内部各要素之间就能互相协调与合作，整体效应增强，从无序走向有序的状态。[①] 换句话说就是，在现实中校企合作还没有形成我们所期待的自动自发合作的自组织的情况下，我们可以通过强化政府的作用这一外部控制参量来帮助系统内部各要素行为的改变，促使系统自组织的逐步形成。与世界很多国家相比，中国政府历来是很有权威的。强化政府作用无疑应成为促进校企合作自组织形成的首选。因此，政策推动、资金扶持、激励措施等一系列政府在校企合作中的作用都可以作为控制参量，来促进校企协同自组织的形成。

二 政府在校企合作中的作用分析

从协同理论分析，当系统外界控制参量达到一定的阈值时，系统就会从无序发展到有序。因此，要促成校企合作协同发展，促进校企合作深度融合发展，发挥出 1 +1 >2 的协同效应，通过改变校企合作的外部条件政府的作用，将是一个很好的切入点。校企合作中政府的作用主要包括宣传引导，投入保障，组织协调，创建平台，监督评估。[②]

(一) 宣传引导

由于“重文轻技、学而优则仕”的传统观念根深蒂固，职业教育从

---

① 肖艳：《协同学在研究生培养中的应用——基于“上海研究生联合培养基地”的研究》，《教育发展研究》2007 年第 1 期。

② 李芹、谭辉平：《政府在高职产学合作教育中的角色分析》，《职业技术教育》2006 年第 4 期。

诞生之日起就一直处于弱势，职业教育的社会认可度很低。要改变职业教育的这一处境，政府的宣传引导作用不可少。

1. 舆论宣传

充分利用广播、电视、报刊、网络等新闻媒体，广泛宣传党和政府关于大力发展职业教育的政策措施，宣传职业教育在促进经济社会发展和劳动就业等方面的重要性，积极地表彰先进技术工人，提升技能型人才的社会地位，以便形成尊重劳动、崇尚技能的社会氛围，从观念上改变人们对职业教育的认识。

2. 政策引导

国内外职教发展经验表明，对校企合作的推动，要在市场机制下充分发挥政府的作用，在政府的指引下，完善校企合作的各种法制法规，通过实行税收减免政策、银行贷款上的政策倾斜等方式，鼓励企业、行业积极开展校企合作，主动为职业院校提供实习实训基地，主动与高职院校共同商讨人才培养方案、共同培养高技能人才，为校企合作的顺利进行提供良好的环境土壤。

（二）投入保障

经费严重不足，是制约我国职业教育发展，遏制校企合作深度发展的主要因素之一。《国务院关于大力发展职业教育的决定》中指出，各级人民政府要加大对职业教育的支持力度，逐步增加公共财政对职业教育的投入。解决高职教育资金投入问题，可以利用市场机制多渠道筹措，但政府公共财政的投入应该发挥主导作用。各级政府要建立发展职业教育的资金投入机制，如建立职业教育发展基金，从教育附加或企业的职教经费中提出适当比例，专项用于职业教育产学研合作实训基地的建设。

（三）组织协调

从校企合作的执行情况来看，多数是校方一头热，企方积极性不足，加之政府保障措施不到位，校企合作处于浅层次、狭广度、短时间的一种合作形式，难以形成一种成熟且长效的运行模式。从校企合作的目的来看，职业院校需要从企业获得资金的投入、高级技术人才的教学指导、学生实习的安排；而企业则希望通过提供实习机会削减用人成本，获得校方技术研发上的支持等。校企双方存在不可避免的矛盾，从而需要政府的介入，也只有政府部门直接参与校企合作，通过建立相应的组织机构，组织、协调校企合作教育，才能使企业和学校都从校企合作中获益，才能促进校企合作深度融合可持续发展。

（四）创建平台

在校企合作中，学校和企业来自两个不同的系统，校企双方的互动过程需要中介平台的支持。美国创办“美国高校大学—企业关系委员会”，法国成立“教育—企业工作线”和“教育—经济高级基金会”，英国专门成立“培训与企业委员会”（TFC）等，以促使企业积极参加职业教育。因此在校企合作办学过程中，地方政府可以根据当地经济的发展需求，拓展政、校、企沟通平台，共建信息中心、技术创新中心、人才交流中心、专项资金管理中心等，实现资源共享，完善校企合作平台，促进地方经济发展。

（五）监督评估

校企合作是职业院校培养人才水平评估的重要指标。政府的监督职能作用，不仅可以保证校企双方沿着既定的合作目标、内容、方式等运行，督促校企双方承担自己的合作职责，履行自己的义务，还可以通过对校企合作成果的评估验收，对校企合作过程中出现的问题进行咨询与指导，为校企双方提供咨询服务和必要的协调，促使校企双方实现自己的利益，确保工学结合人才培养目标的实现。

三　政府促进校企合作的几点建议

随着校企合作集团式发展模式的不断推进，学校、企业、行业、政府已形成了紧密的四方联动机制。政府引导对校企合作协同发展，有着巨大的推动和保障作用。在此，对政府参与校企合作办学提出几点建议。

（一）通过立法对校企合作予以支持

在立法上，中央政府、教育部出台的一系列引导、鼓励高职院校开展校企合作教育的政策，仍然停留在宏观政策层面上，还没有建立起权威的、完整的校企合作教育的法律法规，更没有具体的规则或指导手册等操作层面的东西。特别是对校企合作教育中企业行为、企业责任权利如何界定，更没有明确规定。健全的政策主要包括财政、税收、信贷、价格、奖励等方面，使校企合作项目能得到较大的财政支持、优惠的税收、低息的贷款、灵活的价格，并制定《校企合作法》等相关法规，把校企合作纳入法制化管理，用法律法规来限制校企合作中的不良行为，用立法来推动科技成果转化，保障各方的合法权益，特别是要注意知识产权的保护，处理好校企合作中创新成果的产权归属，保护创新者的利益。

（二）通过设立基金拨出专款对校企合作予以支持

政府专项资金是校企合作中资金的重要来源之一。由政府直接投资，一方面可以减小企业技术创新的风险，增大企业参与创新的动机；另一方面也能缓减校企合作中资金的缺乏。在资金投入上，虽然国家在“十一五”规划中承诺，由国家财政拿出 140 亿元用于支持职业教育发展，地方政府还有配备资金出台，[①] 但是这些资金主用于职业院校的实训中心建设，对校企合作教育的资金支持没有明确的规定。因此，地方政府对中央投入的专项资金给予配套，对积极参与校企合作的企业给予税收与政策优惠，建立职业教育发展基金，职业院校、企业和地方政府共同成立校企合作基金管理小组，制定《地方政府校企合作基金使用管理办法》，校企合作基金管理小组按照《地方政府校企合作基金使用管理办法》负责对校企合作基金进行管理和使用，并定期向学校、企业、地方政府提交年度工作总结报告。

（三）通过积极组建职教集团对校企合作予以支持

各级政府还没有建立专门的校企合作教育的组织协调机构。仅仅依靠教育主管部门的沟通是不够的，因为校企合作教育涉及众多的企业、

---

① 姚静、马秋林：《发挥政府职能作用加快职业教育发展》，《职业教育探讨》2008 年第 3 期。

众多的政府主管部门。因此，在政府统筹、规划指导下，组建职教集团，由若干个学校、行业与企事业单位组成，各参与成员都有独立的法律地位，实行会员理事会制。集团设最高权力机构理事大会、执行机构常务理事会和秘书处等机构。集团成员以来自政府为主的正副理事长、正副秘书长和职业院校的招生、教学、科研、就业、生产基地和实训基地负责人为主，吸收行业、企事业单位的负责人组成，在理事大会的领导下开展工作。秘书处设在职业院校，是集团的常设机构，具体负责集团的日常工作事务。职教集团各成员身份平等，互担风险，利益共享，有效地促进校企合作的可持续发展。

（四）通过建立对话交流平台对校企合作予以支持

在目前社会中介和科技服务机构还不完善的情况下，政府要及时发布人才需求信息和趋势、地方产业的发展状况与趋势、校企合作项目等信息，用以指导职业院校的改革和发展以及校企合作工作。校企双方合作应在政府主导下，利用政府强大的信息网络优势，加强校企信息交流的创新网络环境的建设，建立和完善科技信息平台和科技中介服务机构，加强信息共享平台搭建工作。同时应以政府为主导，促进校企联席会议制度的创建，统筹校企合作规划、资源配置、经费保障、督导评估等方面的作用，定期研究、沟通协调解决校企合作中存在的困难和问题。进一步促进校企合作中信息的流通和传递，提高校企合作的效率。

（五）通过完善评估监督机制对校企合作予以支持

为保证校企合作取得良好的效果，政府在监督和保障校企合作时，必须成立校企合作评估中心，完善评估监督机制。一是建立一套科学的质量监控与评价体系，包括评估内容、评估标准、评估统计方法等。二是要建立评估组织机构。以政府部门为主，企业、学校、行业等单位组织成立专门的机构来负责实施。三是规划评估的实施过程。校企合作是一个复杂的大系统，评估实施过程需要合理地设计、规划和组织。只有合理、有效、有序地组织评估工作，才能使评估产生良好的社会效益和利益价值。

“校企合作、工学结合”是职业教育内涵建设的必由之路，也是高职教育发展的必由之路。校企合作通过第三方政府的介入，进行统筹规划、指导、协调和监督，并提供政策和财力支持，这是校企合作深度融合、地方经济可持续发展的根本保证。

参考文献

1. ［德］赫尔曼·哈肯：《协同学：大自然构成的奥秘》，凌复华译，译文出版社2005年版。
2. 肖艳：《协同学在研究生培养中的应用——基于“上海研究生联合培养基地”的研究》，《教育发展研究》2007年第1期。
3. 李芹、谭辉平：《政府在高职产学合作教育中的角色分析》，《职业技术教育》2006年第4期。
4. 姚静、马秋林：《发挥政府职能作用加快职业教育发展》，《职业教育探讨》2008年第3期。

原文刊于《全球教育展望》2013年第9期

教育公平视域下中职经费投入的问题与对策

李　宁[*]　林　婷

摘　要： 中等职业教育事业的发展离不开教育经费的投入，它推动了我国中等职业教育的快速发展。然而，我国中等职业教育经费还存在着教育经费投入不足、区域间差异比较明显等不公平现象。中等职业教育经费投入的公平性是实现中等职业教育公平的起点，也是实现社会公平的重要手段。在“教育公平”理念下研究中等职业教育经费投入，有助于国家正确认识中等职业教育对社会经济发展的作用，制定出更公平的中等职业教育财政政策，促进中等职业教育的全面发展。

关键词： 中等职业教育；教育经费投入；政策建议；教育公平

教育公平作为社会公平价值在教育领域的延伸和体现，不仅是教育现代化的基本价值和基本目标，也是社会公平的重要基石。教育公平是人们对现有教育资源分配情况的一种主观评价。① 只要有不公平现象的存在，人们就会产生相应的公平诉求，并且通过制定相关的政策和原则把它体现出来，以期得以实现教育公平在现实生活中的演进，不仅在理论上有不同的理论和流派，而且在实践中也呈现出不同的阶段和侧重。

---

* 李宁，心理学博士，副教授，广东技术师范学院硕士生导师，代表作：《汉字输入码的认知加工研究》。

① 杨东平：《中国教育公平的理想与现实》，北京大学出版社2006年版。

1948 年 12 月，联合国大会通过了《世界人权宣言》，将“受教育权”确认为一项人权，教育公平原则逐渐成为国际社会普遍公认的教育思想，而且已成为各国制定教育法规与政策普遍遵循的基本原则。

从社会学和经济学的视角看，教育公平是指一定社会给予全体社会成员自由、平等地选择和分享当时、当地公共教育资源的状态。中等职业教育是教育系统中教育公平的重要组成部分，既具有教育公平的普遍性，也具有自身的特殊性，它是指平等地满足每个人在人生发展的不同阶段不断接受职业教育和培训需求的基本平等和对差异发展的尊重，以保障个人的生存权和发展权的实现和自由幸福的生活。

如今，“教育机会均等”成为教育公平、教育民主化的核心问题，教育机会均等的原则主要是为了改变处于不利地位的弱势群体的接受教育的状况。通常认为，教育机会均等包括三个层面：教育起点平等、过程平等和结果平等，而中等职业教育经费的公平就是教育机会均等的重要组成部分。① 《国家中长期教育改革和发展规划纲要（2010—2020 年）》明确提出要大力发展职业教育，并强调指出：“发展职业教育是推动经济发展、促进就业、改善民生、解决‘三农’问题的重要途径，是缓解劳动力供求结构矛盾的关键环节，必须摆在更加突出的位置。”2010 年，《国务院关于大力发展职业教育的决定》中提出，依靠行业企业发展职业教育，推动职业院校与企业的密切结合。除此之外，还动员全社会关心支持职业教育发展；提倡多渠道增加经费投入，建立职业教育学生资助制度等。职业教育经费是职业教育发展的物质前提，然而，现实中的中等职业教育经费投入面临着公平危机。由此可见，在“教育公平”理念下研究中等职业教育经费投入，有助于人们改变对职业教育的偏见，关心和支持职业教育发展，制定出更加公平的中等职业教育财政政策，促进中等职业教育的可持续发展。

一 中等职业教育经费投入中的公平问题

中等职业教育经费是中等职业教育发展的物质前提。目前，我国中

---

① 杨东平：《中国教育公平的理想与现实》，北京大学出版社 2006 年版。

等职业教育经费投入还存在总量不足、生均经费偏低、区域投入不均衡等教育不公平问题。中等职业教育不公平表现在中等职业教育经费投入方面，主要有以下三个层面：一是中等职业教育在教育系统内的经济地位偏低；二是中等职业教育经费的投入与它的高成本不相适应；三是区域中等职业教育投入不均衡。①

（一）中等职业教育在教育系统内的经济地位偏低

虽然我国的中等职业教育经费投入总量呈逐年增长的趋势，但是在整个教育经费体系中所占的比例偏低，全国的中等职业教育经费投入不足，不能满足教育事业发展的需要。② 中等职业教育在整个教育系统内的地位偏低表现为以下三个方面。

表1　2009—2011年中等职业教育与普通高中的经费收入、在校生数的情况

年份	中等职业教育		普通高中	
	经费收入（亿元）	在校生数（万人）	经费收入（亿元）	在校生数（万人）
2009	1198.87	2195.17	1779.44	2434.28
2010	1357.31	2238.50	2003.35	2427.34
2011	1638.50	2205.33	2494.36	2454.82

数据来源：中国国家统计局（www.stats.gov.cn）。

1. 与普通高中相比，中等职业教育的经费投入相对不足。由表1可知，2011年，我国普通高中教育经费收入2494.36亿元，中等职业教育经费总收入为1638.50亿元，普通高中教育经费总量是中等职业教育的1.52倍，而从规模上看，2011年普通高中在校生规模为2454.82万人，中等职业教育在校生数为2205.33万人，普通高中在校生规模仅超过中等职业教育的11.3%。③

① 苏敏：《我国职业教育经费投入的成绩、问题与政策建议》，《职教论坛》2012年第25期。

② 教育部、国家统计局：《中国教育经费统计年鉴》，中国统计出版社2010—2012年版。

③ 同上。

对比中等职业教育与普通高中的情况，2009—2011 年，普通高中的在校生数比中等职业教育的高出 200 万人左右，但是 2009—2011 年的普通高中教育经费比中等职业教育的分别高出 580.57 亿元、646.04 亿元、855.86 亿元。[①]

纵观这三年的中等职业教育经费，尽管经费逐年增加，但投入仍然比普通高中的投入低得多。由此可见，中等职业教育经费的投入远远低于普通高中教育，投入相对不足。这也表明了中等职业教育在整个教育系统内的地位偏低，得不到该有的教育公平对待。[②]

2. 中等职业教育占教育经费投入的比例逐年降低。从近几年中等职业教育经费的投入来看，我国中等职业教育占全国教育经费投入的比例逐年降低。由表 2 可知，2010 年，中等职业学校占比 6.94%，比上一年减少 0.32 个百分点，2011 年，中等职业学校占比 6.86%，比上一年减少 0.08 个百分点。就中等职业教育经费而言，其所占比重与 20 世纪 90 年代的 10% 有较大距离。2011 年，整个职业教育占全国教育经费的比重为 12.1%（其中高等职业教育占全国教育经费的 5.24%）。而国际惯例认为职业教育经费占全国教育投入的一般比例应为 25%、高标准为 35%。[③]现阶段，我国职业教育经费投入，包括中等职业教育经费投入在内都还远远达不到国际标准。由此可见，在经费投入方面，这也是整个中等职业教育受到不公平对待的一个表现，中等职业教育阶段的投入严重不足。

表 2　　2009—2011 年中等职业教育经费投入情况

年份	2009	2010	2011
全国教育经费总投入（亿元）	16513.36	19561.85	23869.29
其中：中等职业教育经费投入（亿元）	1198.87	1357.31	1638.50
中等职业教育经费占全国教育经费的比例（%）	7.26	6.94	6.86

数据来源：中国国家统计局（www. Stats. gov. cn）。

① 教育部、国家统计局：《中国教育经费统计年鉴》，中国统计出版社 2010—2012 年版。

② 马树超、张晨、陈嵩：《中等职业教育区域均衡发展的成绩、问题和对策》，《教育研究》2011 年第 5 期。

③ 刘溶：《我国职业教育经费投入问题研究》，《现代交际》2013 年第 5 期。

3. 行业企业和社会投入不足。近年来，我国中等职业教育经费的构成中，国家财政性教育经费投入和事业收入是两个主要来源，其中，事业收入主要是学杂费（见表3）。[①] 分析2011年中等职业教育经费收入情况，全国中等职业教育经费中，国家财政性教育经费和事业收入二者之和为96.53%。由于实行了较为有力的资助政策，学杂费比例有所降低，但仍然占了总收入的16.28%。21世纪初，发达国家的教育支出平均已达到国内生产总值的6.1%，[②] 但是我国教育支出占国内生产总值比重4%的目标直到2012年才达到，在总体教育经费投入不足的情况下，中等职业教育占全国教育经费投入比例偏低，更显不足。这种中等职业教育经费投入现状说明了职业教育经费来源相对单一且投入不足，行业、企业和社会力量对中等职业教育的投入尤显不足，社会传统观念“万般皆下品，唯有读书高”也影响着社会力量对中等职业教育办学的投资。这种情况下，学校正常运作所需的经费平摊到接受中等职业教育的学生身上，无法体现中等职业教育的公益性，这体现了中等职业教育在现阶段的社会受到的不公平对待，这也是中等职业教育不公平的一个方面。

表3　中等职业学校教育经费收入情况（2011年）

<table>
<tr><th colspan="2">经费来源途径</th><th>经费数额（亿元）</th><th>百分比（%）</th></tr>
<tr><td colspan="2">1. 国家财政性教育经费</td><td>1259.06</td><td>76.84</td></tr>
<tr><td rowspan="3">其中：</td><td>预算内教育经费</td><td>1 037.93</td><td>63.35</td></tr>
<tr><td>各级政府征用与教育的税费</td><td>211.39</td><td>12.90</td></tr>
<tr><td>企业办学中的企业拨款</td><td>6.37</td><td>0.39</td></tr>
<tr><td colspan="2">2. 事业收入</td><td>322.76</td><td>19.70</td></tr>
<tr><td colspan="2">其中：学杂费</td><td>266.84</td><td>16.29</td></tr>
<tr><td colspan="2">3. 民办学校中举办者投入</td><td>12.87</td><td>0.79</td></tr>
<tr><td colspan="2">4. 社会捐赠</td><td>2.48</td><td>0.15</td></tr>
<tr><td colspan="2">5. 其他收入</td><td>41.43</td><td>2.52</td></tr>
<tr><td colspan="2">总计</td><td>1638.60</td><td>100</td></tr>
</table>

数据来源：中国国家统计局（www.stats.gov.cn）。

① 冯跃霞：《我国中等职业教育经费投入现状及政策建议》，《河南科技学院学报》2012年第8期。

② 刘溶：《我国职业教育经费投入问题研究》，《现代交际》2013年第5期。

（二）中等职业教育经费的投入与它的高成本不相适应

中等职业教育主要培养应用型、技术型的人才，重视学生动手操作能力的培养，不同于普通高中的黑板加粉笔的讲解模式，这就从本质上决定了职业教育是高投入、高成本的教育类型。但是我国传统观念认为“学而优则仕”，轻视职业劳动技能，使得培养技能型专业人才的中等职业教育得不到社会的重视，国家对其投入也不足，没有得到很好的发展。

2011 年，普通高中生均教育经费为 10000. 69 元，中等职业教育生均教育经费为 10399. 52 元，仅仅比普通高中高出 398. 83 元。普通高中生均国家财政性教育经费为 7332. 42 元，中等职业教育生均国家财政性教育经费为 5731. 88 元，比普通高中生均教育经费低 1600 多元。普通高中生均预算内教育经费为 6263. 81 元，中等职业教育生均预算内教育经费为 4725. 15 元，比普通高中生均预算内教育经费低 1538. 66 元。中等职业教育生均成本远远高于普通高中是国际上普遍公认的事实。然而，世界银行 1998 年的一项研究规定，发展中国家的中等职业教育一般比普通高中的生均经费高 153%。[①] 现阶段，我国中等职业教育生均经费比普通高中的还要低，远远达不到国际标准。以上数据表明，要把中等职业教育中的实践部分如实习、实训落到实处，突出职业教育特色，提高应用型人才培养的质量，教育经费的投入不足是一个很大的缺口，也是国家层面对中等职业教育不够重视的一个表现。

（三）区域中等职业教育经费投入不均衡

均衡配置中等职业教育经费有助于保障社会公平，促进社会的和谐与稳定。现阶段我国中等职业教育经费投入呈现出严重的区域间不均衡，直接影响了区域间中等职业教育的平衡发展。

1. 区域中等职业教育均衡发展的现状

中等职业教育为社会经济发展培养高素质的技术型和应用型人才，为区域经济发展做出巨大贡献，同样不可避免地呈现与经济发展类似的某些特征，在发展模式上存在均衡发展与非均衡发展的问题。中等职业

① 刘溶：《我国职业教育经费投入问题研究》，《现代交际》2013 年第 5 期。

教育的均衡发展既包括区域间中等职业教育的均衡发展，也包括区域内中等职业教育的均衡发展。由于我国地域辽阔，各地区的经济条件、自然环境和文化历史传统等差异很大。特别是20 世纪80 年代以来，我国政策的基本价值取向是“效率优先，兼顾公平”，国家对区域社会经济发展采取了让一部分地区先富起来的非均衡发展战略，对东部地区给予了政策倾斜，促进了这些地区经济的快速发展，也使得东、中与西部地区经济发展水平的差距进一步扩大。由于教育经费的短缺，教育发展在一定阶段也坚持了“效率优先，兼顾公平”的原则，重视教育规模和教育发展速度，对部分学校投资倾斜，造成区域之间、城乡之间和学校之间中等职业教育发展水平的不均衡。中等职业教育均衡发展追求教育平等的原则，就是要为更多的人提供接受中等职业教育的机会，尤其要为社会弱势群体创造接受中等职业教育的机会；此外，还要保证不同地区的中等职业院校有必需的校舍、师资、实验实训设备等基本办学条件。[①]

目前，区域经济发展的不均衡导致社会公平问题凸显，并影响到经济的持续增长，政府开始强调公平的重要性，教育政策的价值取向由“效率优先，兼顾公平”转为效率与公平二者的并重。党的十八大提出，要真正落实权利公平，最重要的是加紧建设对保障社会公平正义具有重大作用的制度，如公共财政制度、收入分配制度和社会保障制度。围绕建设社会主义和谐社会的目标，在公共政策领域，贯彻落实科学发展观要更加重视社会公平问题，更加关注弱势群体的社会权益，更加关注保障弱势群体的教育权益。

现阶段，我国职业教育的管理体制是“分级管理、地方为主、政府统筹、社会参与”，财政投资体制采用“谁主办、谁投资，地方为主”的方式。地方财政统筹是我国职业教育经费主要支柱，中等及中等以下职业教育由区县负责或通过行业部门投入。我国区域间经济发展水平存在很大差异，这种办学地方化的制度必然会造成各地职业教育投入水平的差异。中等职业教育经费投入呈现出严重的区域间不均衡，直接影响了区域间中等职业教育的平衡发展，中部地区由于经济不如东部地区发达，

① 冯跃霞：《我国中等职业教育经费投入现状及政策建议》，《河南科技学院学报》2012 年第8 期。

又没有西部的中央财政转移支付的大力支持，因此，中部地区成为职业教育发展的软肋，东部与中部地区“两极化”现象严重。中等职业教育不健康的发展直接或间接影响地区的社会经济发展。中等职业教育投资较少的中部省份陷入了产业经济缓慢发展的恶性循环，导致我国区域发展更为不平衡，社会公平问题更加凸显。

表 4　2011 年全国 31 个省、自治区、直辖市中等职业教育预算内生均经费情况

单位：元

地区		预算内生均经费	离差	地区		预算内生均经费	离差
东部	北京	19410.65	11876.36	中部	山西	6607.56	-926.73
	天津	13409.42	5875.13		吉林	8778.32	1244.03
	河北	4953.92	-2581.29		黑龙江	7213.01	-321.28
	辽宁	8610.53	1076.24		安徽	4908.04	-2626.25
	上海	15438.71	7904.42		江西	6012.58	-1521.71
	江苏	6215.22	-1319.07		河南	5210.58	-2323.71
	浙江	7961.90	427.61		湖北	3944.59	-3589.7
	福建	5712.39	-1821.9		湖南	4809.67	-2724.62
	广东	5435.21	-2099.08	西部	四川	5125.24	-2409.05
	海南	6541.24	-993.05		重庆	4962.05	-2572.24
西部	宁夏	6263.51	-1270.78		贵州	5211.49	-2322.8
	新疆	10986.90	3452.61		云南	6702.81	-831.48
	广西	6166.05	-1368.24		西藏	12887.17	-6246.12
	甘肃	5402.07	-2132.22		内蒙古	10700.86	3166.57
	青海	8799.44	1265.15				

2. 我国中等职业教育预算内生均经费的区域间差异较大

（1）省际差异明显。从表 4 中 31 个省份、自治区、直辖市中等职业教育生均经费情况可以看出，预算内生均经费最高的是北京市，生均经费达到 19410.65 元，最低的是湖北省，生均经费 3944.59 元，相差约 4.9 倍。省际的差异较大，加剧了省际经济发展的不平衡。（2）东、中、西部区域间差异呈现“中部凹陷”的趋势。由表 4 可知，东、中、西部的预算内生均经费的平均值分别为 9144. 50 元、5936. 74 元、7521. 63 元。从平均值来看，东部和西部差距不是很大，预算内生均经费最高的 5 个省（区、市）分别为，北京、上海、天津、西藏、新疆，东部占三个，西部两个。而中部地区由于经济发展比不上东部，国家扶持的力度比不上西部，导致中部地区的预算内生均经费是三个区域中最低的，仅为 5936. 74 元，比全国平均数 7534. 29 元低 21. 20%。此外，预算内生均经费最低的 5 个省（区、市）分别为湖北、湖南、安徽、河北、重庆，其中，最低的 3 个均为中部地区省份，不足 5000 元。（3）区域内部差距较大。从表 4 所示各地区的经费离差来看，东部地区的内部差距比中部、西部都大。东部地区最高的是北京为 19410. 65 元，是最低的河北 4953. 92 元的 4 倍左右。西部地区次之，最高的西藏为 12887. 17 元，最低的是重庆 4962. 05 元，前者是后者的 2. 59 倍。中部区域内差异最小，最高的是吉林 8778. 32 元，最低的是湖北 3944. 59 元，前者是后者的 2. 23 倍。

表 5　　区域内中等职业教育经费极差分析　　单位：元

	最低值	最高值	极差	平均数
全国 31 个省（区、市）	3944. 59	19410. 65	15466. 06	9534. 29
东部地区	4953. 92	19410. 65	5987. 73	9144. 50
中部地区	3944. 59	8778. 32	4833. 73	5936. 74
西部地区	4962. 05	12887. 17	7925. 12	7521. 63

资料来源：中国国家统计局（www. stats. gov. cn）。

表 5 中的极差为最高值与最低值之差，平均数为全国或地区的平均教育经费。根据表 5 可看出，现阶段，我国区域中等职业教育的均衡发展应科学分析当地经济发展的状况，明确中等职业教育的发展对区域经济的贡献。此外，中央政府不应该只重视对西部地区的中等职业教育的投资而忽视对东、中部，特别是中部地区的投入。只有区域中等职业教育发展均衡了，才能推动区域经济的发展，更好地实现区域教育公平。

二 教育公平视域下中等职业教育经费投入的政策建议

切实提高中等职业教育经费公平，应该以中等职业教育中政府方面的改进为切入点，努力做好以下三方面的配套制度设计。

（一）发挥政府在中等职业教育投资中的主要作用

作为“准公共产品”的中等职业教育，除了受教育者个人和接受毕业生的单位之外，社会就是最大的受益者，中等职业教育的毕业生为区域经济发展做出了巨大的贡献，所以，政府应该成为中等职业的主要投资方。

1. 政府加大对中等职业教育的投入比重

国际惯例认为，发展中国家中等职业教育经费应比普通高中高出153%，而我国中等职业教育经费比普通高中的低，这个现实表现了中等职业教育受到国家层面的不公平对待。建议政府部门通过比较中等职业教育和普通高中教育在培养人才的成本差异基础上做出合理的结构调整与规划，增加中等职业教育投入经费的结构比例，以确保中等职业教育在整个教育系统中得到公平对待与可持续发展。根据我国中等职业教育经费来源，国家财政性教育经费占了整个教育经费收入的70%左右，特别是中等职业教育实行的免费教育政策之后，政府应承担更多的财政投入。中央政府和省级政府都应该加大对中等职业教育经费的支付力度，明确各级政府在中等职业教育经费中应该承担的责任。

2. 建立适应当地经济发展的经费投入体系

改革开放以来，政府对区域经济发展的政策倾斜使得区域经济发展不均衡，同样，这也体现在中等职业教育的区域发展中。东、中、西部三个地区由于经济发展水平不一样，各级政府承担的经费比例应该也不同。东部地区的发达省市，应以省级与县级政府为主要的投资主体。在中部地区，建议以中央和省级政府作为投资主体。西部落后地区，建议实行以中央财政为主、中央与省级政府一同负责的经费投入体制。这样中等职业教育经费的来源才能得到保障，区域中等职业教育也能得到均衡发展以实现中等职业教育的公平发展。[①]

（二）加快制定和推行中等职业教育生均经费标准

中等职业教育生均经费投入不足是一个受多种因素影响的、长期存在的历史现象。从教育公平的视角来看，我国中等职业教育应该制定出与本省市经济发展水平相适应的生均经费标准，规定生均经费标准的构成内容。各地政府要依法加快推动省级政府制定并落实中等职业院校的生均经费基本标准和生均财政拨款基本标准的研制工作。由于中等职业教育因有其经济性和教育性双重身份，在制定生均经费标准时，有其特殊的准则遵循。首先，要考虑地域经济差异性，各省、市应根据当地人均国内生产总值、人均工资收入水平、人均可支配收入、人均消费指数等主要经济发展指标来制定生均经费标准。建议中等职业教育生均预算内经费不低于本地的普通高中标准的2倍。[②] 除此之外，政府还需依照标准，足额拨付经费，保证生均经费和生均公用经费稳定增长以改善中职学校的办学条件，加强中职学校的基础能力建设，为中职学校的可持续发展提供物质保障基础。[③]

（三）鼓励社会力量加大对中等职业教育的投资

虽然政府资金投入是我国中等职业教育主要的办学经费来源，但社会力量参与也不容忽视，毕竟政府财政性投入增长极其有限，无法跟上招生规模的增长比例。教育的成本必须由多个受益主体共同分担，必须建立中等职业教育成本分担机制，鼓励社会力量对中等职业教育的投资，扩大教育经费的来源渠道，填补政府财政支持的不足。作为市场经济中重要主体的企业是职业教育发展的受益者。各级政府应制定鼓励和引导企业投资职业教育的政策，为校企合作人才培养模式创造有利的企业环境。根据《中华人民共和国民办教育促进法》，社会力量可以直接创办民

---

① 马树超：《区域职业教育均衡发展》，科学出版社2011年版，第95—100页。

② 郭国侠、向才毅、庞青：《职业教育财政经费保障机制建设研究》，《中国职业技术教育》2012年第12期。

③ 张万朋：《对我国中等职业教育经费现状的分析及相关思考》，《清华大学教育研究》2010年第2期。

办职业学校，对于民办职业教育应与公办学校一视同仁，给予政策支持和法律保障，使其可以参与校企合作，通过为中职学校提供实习基地、实习设备，建立长期的校企合作机制；也可以通过捐款、提供职业教育培训的相关费用等多种方式参与职业教育。

参考文献

1. 杨东平：《中国教育公平的理想与现实》，北京大学出版社 2006 年版。
2. 苏敏：《我国职业教育经费投入的成绩、问题与政策建议》，《职教论坛》2012 年第 25 期。
3. 教育部、国家统计局：《中国教育经费统计年鉴》，中国统计出版社 2010—2012 年版。
4. 马树超、张晨、陈嵩：《中等职业教育区域均衡发展的成绩、问题和对策》，《教育研究》2011 年第 5 期。
5. 冯跃霞：《我国中等职业教育经费投入现状及政策建议》，《河南科技学院学报》2012 年第 8 期。
6. 马树超：《区域职业教育均衡发展》，科学出版社 2011 年版。
7. 张万朋：《对我国中等职业教育经费现状的分析及相关思考》，《清华大学教育研究》2010 年第 2 期。

原文刊于《职教通讯》2015 年第 7 期

职业教育的革命性变革：从政府办学到企业办学*

喻忠恩**

摘　要：实现职业教育学校办学到企业办学的转变，是《国务院关于加快发展现代职业教育的决定》作为我国职业教育顶层设计的重要内容。通过办学体制、管理体制改革，实现办学主体转变，将极大地推动我国职业教育的现代转型。

关键词：职业教育；政府办学；企业办学

2014年6月，《国务院关于加快发展现代职业教育的决定》（以下简称《决定》）在全国职业教育工作会议结束后随即发布。《决定》就职业教育的改革发展提出了一系列指导性战略，明确提出“政府推动，市场引导”的办学原则，同时强调企业应发挥“重要办学主体作用”。[①] 这一系列的提法与2010年颁布的《国家中长期教育发展和改革规划纲要（2010—2020年）》（以下简称《纲要》）强调政府主导下职业院校改革发展模式相比有着明显的不同。无疑，这意味着我国职业教育改革方向将发生重大调整，也标志着我国职业教育将进入一个新的发展阶段。本文

---

* 2013年广东省教育科学研究重大课题“现代职教体系下广东中等职业教育发展研究”（项目编号：2013JKZ007），主持人：许玲。

** 喻忠恩，教育学博士，副研究员，职业教育研究院专职副院长，代表作：《民国时期广东国语教育》。

① 国务院新闻办公室：《国务院关于加快发展现代职业教育的决定》，http：//www.scio.gov.cn，2014年6月24日。

结合对《决定》的理解，结合我国职业教育发展的实际，就职业教育办学主体变革的相关问题进行尝试性分析，以期为推动我国职业教育的新探索与新实践做一些基础性的工作。

一 企业办学是我国职业教育改革的新方向

从教育发达国家的历史和经验来看，企业参与职业教育是职业教育健康、可持续发展的重要前提和基础。与其他教育类型不同，现代职业教育本身就是工业化发展的产物，是行业、企业发展到一定阶段的必然衍生物。换言之，现代职业教育的产生、发展是由行业、企业自身发展需要而建立的，并由行业、企业推动其发展的。只是随着社会生产力的不断提高，社会分工越来越细化，作为独立形态的、制度化的学校教育才开始成立。同时，随着现代政府的社会职能越来越完善，政府开始介入职业教育，并在职业教育发展中发挥越来越重要的作用。

较长时期以来，我国职业教育一直在探索如何改进企业与学校的关系问题。中央政府、地方政府不断出台关于促进校企合作、产教融合等相关法规、条例，但我们不得不承认，在校企如何深度合作这个关键性问题上始终没有探索出一条有效的路子。尽管这些年许多地方院校结合自身的实践，总结出来许多所谓校企有效合作的模式，但实践表明，这些所谓模式至多只具有校本的意义，并不具备推广的条件。至于许多在政府主导下的为数众多的由学校、企业组成的所谓职业教育集团，无论在管理上还是在人才培养的运作上，都面临着诸多的难题，导致这些职业教育集团名实不符。此外，国内一些城市专门制定校企合作促进条例之类的政策，试图推进区域性企业深度参与职业教育的创新发展，但事实上效果也非常有限。这导致绝大多数职业院校在技能型人才培养的道路上只能孤军奋战，同时导致行政主管部门主导的职业教育改革只能局限在职业院校内部进行反复的、意义不大的调整。

如前所述，现代职业教育本身就是行业、企业发展到一定阶段的必然衍生物。为什么在我国会出现企业与学校的关系问题呢？

笔者认为，这源于我国职业教育关系要素之间没有形成合力。一般来说，职业教育内部关系要素的拓展，即由原来的企业与学校之间的关系扩大为政府、企业以及学校之间的关系，表明职业教育的社会化程度不断地提高，职业教育可以得到来自社会各方面的支持与推动，从而是有利于职业教育发展的。但是，如果政府、企业以及学校之间的关系处理不当，职业教育的发展反而会受到极大的制约。事实上，只有那些政府包揽职业教育的国家里，才会面临企业参与职业教育的问题。进一步说，只有在那些政府对职业教育介入、干预过度的国家里，才会面临企业参与职业教育的积极性的问题。关于这一点，国外早有学者对后发国家提出忠告，“各国政府，特别是发展中国家的政府，无力迅速适应急剧变化的技术要求，或无法培养出具有最新技术水平的人才”，而“制造业在80年代后期和整个90年代的发展趋势清楚地表明，私营部门参与未来劳动力的培训是当务之急”。①

随着我国政府对于企业在职业教育中所处地位的认识在不断地深化和清晰，如何有效推进企业深度参与职业教育，如何正确处理职业教育各要素之间的关系，开始成为近年来职业教育改革探索的重心，这表明我国政府对于职业教育发展规律越来越深刻的认识。从《纲要》到《职业教育法》的修订再到《决定》的颁布，我们不难看出，我国政府对于上述两个问题认识的变化。

在如何处理政府、企业以及学校的关系问题上，《纲要》提出，职业教育要“建立健全政府主导、行业指导、企业参与的办学机制”②。很显然，《纲要》强调的是“政府主导、企业参与”，这无疑可以看作对此前我国职业教育发展策略和方向的延续。《职业教育法修正案（草案）》（征求意见稿）体现了国家对企业参与职业教育的鼓励，《修正案》在第二十三条提出，“国家鼓励企业、事业组织、社会团体、其他社会组织及公民个人等社会力量，依法举办民办职业院校和职业培训机构”。至于如何鼓励，在同一条中提出，“各级人民政府应当采取税收减免、政府补贴、购买服务、提供助学贷款、建立奖学基金以及捐资激励等措施，支持民办职业院校和职业培训机构的发展”。很显然，与原《职业教育法》

---

① 鲍尔：《21世纪世界职业教育》，《教育展望》（中文版）2001年第1期。

② 《教育部、中共中央、国务院关于印发〈国家中长期教育改革和发展规划纲要（2010—2020年）〉的通知》，http：//www.moe.edu.cn，2010年7月29日。

相比，《职业教育法修正案（草案）》（征求意见稿）明显体现了认识上的一种进步。但是，我们不得不承认，这种进步并不大。这是因为，在调整政府、企业以及学校关系的问题上，这还仅仅是做了一点修修补补的工作，其理论与实践意义均非常有限。

笔者始终认为，我国职业教育改革与发展的核心问题在于处理好政府、企业以及学校的关系，而《决定》的重大突破就在于重新厘定了这三者之间的关系，尤其是明确了政府在职业教育发展中的地位与角色。一是《决定》明确提出"政府推动，市场引导"的办学原则，没有继续沿用较长时期一直坚持的"政府主导"原则。这显然不表明政府在职业教育发展过程中毫无意义，而是突出了政府应该扮演更合理的角色，从而在职业教育发展中发挥更有效的作用。同时，《决定》强调企业应发挥"重要办学主体作用"，不再强调现有的以公办职业院校为主体的办学格局。这意味着，我国政府已经认识到，目前我国职业教育以政府主导下的公办职业教育为主体的办学格局是不利于职业教育长远发展的。正如李克强总理在2014年2月26日国务院常务会议上部署加快发展现代职业教育时指出："完全由政府主导的职业教育，很可能偏离社会需求。"①

很显然，从政府办学到企业办学这一认识的转变不是偶然的，是对我国近十余年来职业教育改革发展教训的总结，也是对当代国际社会职业教育发展经验的借鉴。其最大的意义在于为我国职业教育改革找到了真正的切入点。这意味着我国职业教育改革方向将发生重大调整，也标志着我国职业教育将进入一个新的发展阶段。因此，笔者认为，《决定》是一份非常值得重视的职业教育改革纲领性文件，是对此前职业教育改革效率低下反思与总结的结果，标志着我国高层对于职业教育发展规律的认识达到了一个新的高度，可以成为我国将来较长一个时期内职业教育改革的顶层设计。

二　办学主体转换的体制改革要求

如前所述，较长一个时期以来，我国对如何完善企业参与职业教育

① 刘亚荣：《政府主导，为何会偏离社会需要》，《中国教育报》2014年4月8日。

进行了大量的研究、探索，一些地方还制定了《校企合作促进条例》之类的地方法规。这么多年来，我国关于促进企业参与职业教育为什么没有成功呢？那么，未来的改革是在这个方向上继续发力，还是改弦易辙，这是个需要认真思考的问题。笔者认为，这是因为没有找到合适的切入口和着力点。我国职业教育的改革发展过于强调职业院校的主体地位，始终把企业作为“被合作者”，没有把企校合作与自身的短期利益或长远发展有机地结合起来，是企业“有限”参与职业教育的重要原因。只是，长期以来人们对于政府主导下的职业院校改革盲目迷信，面对这些问题没有给予足够的关注。

笔者认为，就企业参与职业教育而言，应该激发企业内在的动力。单纯的法规约束企业参与是最低层次的，以利益来激励企业参与次之，而让企业作为职业教育的办学主体才是根本之道。唯其如此，企业才能真正介入职业教育中来，职业教育人才培养才能真正与企业自身发展融为一体。因此，《决定》对企业办学主体的强调，无疑为我国职业教育找准了改革与发展的切入点。

尽管在职业教育发展中企业是关键，但政府的着眼点不应仅局限于企业。事实上，我国职业教育改革之前的一个重要缺陷就在于，尽管意识到了企业的重要性，但只是就企业论企业，没有从更深刻、更本质的层面寻求解决问题之道。笔者认为，新一轮的职业教育改革，应该通过体制变革激发企业参与、举办职业教育的动力和积极性，从而实现企业成为职业教育的重要办学主体。这意味着，企业成为职业教育办学主体，必须改变长期以来政府主导下公办学校为主的职业教育办学格局。唯有如此，作为技能型人才的使用者和人才培养的“旁观者”——企业才能从后台转为前台，才能真正实现企业、学校的融合。也唯有如此，新一轮的改革才能体现真正突破、超越以往改革，才能体现《决定》作为新一届中央政府实现加快现代职业教育发展目标顶层设计的意义。

具体来讲，新一轮改革应先从办学体制改革入手，辅之以管理体制改革，解决职业教育的办学主体问题，使得企业真正深度参与职业教育。

（一）职业教育办学体制改革

如前所述，企业是早期职业教育的发起者和承担者，同时又是职业教育的直接获益者。但是企业尤其是发展中国家的企业并不会自然成为职业教育的办学主体。这与这些国家的传统、社会发展阶段尤其是现代企业发展所处的阶段是密切相关的。当前，从顶层设计的角度，制定相关法规、政策，逐步推开职业教育的办学体制改革，是职业教育改革的首要着力点。

要实现新一轮改革目标，首要的是改变以公办学校为主体、民办教育为补充的计划经济体制下的思维方式，确立在办学体制上实行开放办学、多元化办学的观念认识。我国职业教育改革滞后的一个很重要的表现就是，原来依附于行业、企业的职业教育办学格局，在我国建立社会主义市场经济体系的改革之后，没有进行相应的变革，导致职业教育由政府兜底，使得职业教育与行业、企业渐行渐远，二者之间无法协调发展，即职业教育既不能很好地适应行业、企业的发展需要，也不能发挥支持与引领行业、企业创新发展的应有作用。

实现企业成为职业教育的重要办学主体，应该确立企业办学的法律地位。目前，我国由大中型企业举办的职业教育院校还很不够，而许多民营性质的职业教育机构自身也缺乏技能型人才培养的条件和能力。这是造成我国职业教育办学机构过于单一的原因，也是我国职业教育改革只能局限于公办职业院校内部的重要原因。因此，政府充分利用市场机制，支持各类企业利用自身优势，通过独资、合资、合作等形式举办职业教育机构，从而实现形式多样、主体多元的职业教育办学格局。由此，新一轮改革应首先明确、鼓励符合职业教育办学标准的行业、企业以及社会力量举办职业教育。政府制定职业教育办学的准入条件，凡符合要求的均能获得办学资质，各级地方政府不得以任何理由进行限制。

同时，政府应该对职业教育的各类办学主体一视同仁，保证各办学主体的平等办学、招生等各项权利。其中，现行的职业教育招生制度亟须进行改革，依据市场配置的原则放开招生。这是企业成为职业教育办学主体的重要前提和保障。另需说明的是，目前我国大规模开展“现代学徒制”的试点工作，其中一个很关键的瓶颈在于如何实现招生即招工，如果企业独立举办职业教育，此一问题便会迎刃而解。

在目前我国职业教育系统体量已经足够大的情况下，如何处理好职业教育增量与存量的关系，显然是一个需要解决的实际问题。《决定》提出，“探索发展股份制、混合所有制职业院校，允许以资本、知识、技术、管理等要素参与办学并享有相应权利”。尽管“混合所有制”这个提法在学术界的认识还不一致，在实践过程中也还会面临诸多问题，但笔者认为，股份制、混合所有制职业院校的办学方式，是现有条件下把企业、学校各自利益以及他们共同的长远利益有机地结合起来的最佳方式，也是职业教育办学主体稳定、顺利转变的一种重要过渡形式。

（二）职业教育管理体制改革

如前所述，过于集中的政府主导模式是我国职业教育管理体制的重要问题。尽管这种体制的初衷在于强调在政府主导下促进职业院校与企业、行业之间的互动，推动教育与社会的共同发展，但实际上已经成为阻碍职业院校与企业、行业互动的力量。前述李总理的讲话表明了政府高层对于当下职业教育发展模式的反思，同时也表明了对职业教育改革的切入点有了清晰的认识。因此，新一轮改革需要政府依据这一思路，逐步突破体制性的障碍，切实从职业教育发展的关系要素入手，明确三者尤其是政府在职业教育发展过程中所处的地位及其应承担的角色。

在社会主义市场经济体制下，行业、企业以及其他社会力量作为职业教育的办学主体，必然要求市场化的管理体系与这种办学体系相适应。这是新的职业教育办学体制充满生机与活力，实现自我更新、自我完善的重要前提和保证。因此，当下职业教育管理体制改革的核心是，改变长期以来的计划经济时代特征的政府—学校关系，认真借鉴职业教育发达国家的基本经验，政府必须改变长时期以来以普通教育思维发展与管理职业教育的做法，实行“简政放权”，充分发挥市场在职业教育资源配置中的基础性作用，减少对各种形式的职业教育办学具体行为的不合理干预与介入。

为适应新办学体制实施以及新办学格局形成的需要，政府应制定相关的法规、政策，明确政府尤其是教育行政主管部门在职业教育发展中的角色定位，对“应该管什么，不应该管什么；应该做什么，不应该做什么”有一个清醒的认识和厘定，对于不合理的政府行政干预、介入过度的行为应该及时纠正。在合理的竞争体制之下，政府的支持力度可以偏向办学效果好的职业教育机构，从而确保人才培养水平的整体提升。在开放的竞争态势之下，职业院校必然自觉地树立市场意识、危机意识，从而专注于人才培养质量的提高。

三 企业办学的职业教育发展前瞻

如前所述，职业教育本来就是现代企业发展的衍生物。因此，企业举办职业教育机构实际上是实现了企业使命的历史性“回归”，同时也是职业教育发展和行业、企业发展的共同需要。从这个意义上讲，《决定》对于我国当前以及今后较长一个时期内职业教育改革的意义是不言而喻的。可以想象，如果按照《决定》这一顶层设计的规划开展相应的新一轮体制改革，我国职业教育在未来的五年至十年内办学格局将发生重大的变化，办学效益也会取得令人鼓舞的提高。当然，这种改革的力度之大，近乎颠覆先前的职业教育发展格局和发展模式；范围之广，几乎涉及我国整个教育系统的半壁江山。因而在改革、转换以及发展过程中也必然会遇到不少问题和困难。

（一）改革带来的成效

首先是人才培养质量会得到大幅度的提升。现有的职业教育人才培养由于缺乏企业的深度参与，人才培养很大程度上是在封闭或半封闭状态下进行的。在上述的系列体制改革实施后，职业教育的活力得到更充分的张扬，人才培养质量会发生根本性的改观。我国未来的职业教育不再局限于单体的学校或者企业，而是亦企亦校、亦校亦企，你中有我、我中有你。在这种情境下，职业教育发展与经济社会发展的融合程度会更高。职业教育办学主体尤其是企业，在无须过多的外力约束或激励之下，就会将企业生产与技能型人才培养深度结合起来；同时优化人才培养的专业结构、层次结构，破解当前比较严重的人才培养与社会需求脱节的现象。这样，技能技术型人才的培养与使用不再是两张皮。同时，在新的职业教育办学格局之下，职业教育的社会地位会得到极大的提高，更多更优秀的人才会参与其中，使得人才培养、科技创新、企业发展之间形成良性循环，从而最终实现职业教育与经济社会发展的良性互动。

其次，可以较好地解决职业教育发展的资金难题。资金紧缺是我国职业教育发展中一直存在的重要问题，而且长期得不到很好地解决。一些职业院校尤其是经济欠发达地区的职业院校，由于缺乏必要的办学资金，设备和师资都远不能适应教育教学的基本要求。尽管我国政府在职业教育发展方面进行了大量的投入，但面对体量巨大的职业教育，政府资金投入始终捉襟见肘，而且在分配的过程中缺乏合理的论证，因而效果甚微。对于职业教育办学而言，资金主要是解决人才培养过程中的实训设备、设施、场所以及师资等问题。而对于企业而言，这些办学所需的资源恰恰正是他们的优势所在。因此，企业成为职业教育办学主体后，资金紧缺始终作为制约我国职业教育发展的瓶颈性问题会迎刃而解。在这种办学体制之下，不仅企业可以充分利用自身的办学资源优势，政府还可以节约大量原用于职业教育机构的基础设施建设的资金。如是，整个国家的职业教育办学成本相应地也会大大降低。

此外，企业成为职业教育办学主体后，还会产生一系列的良性效果。比如，由于职业教育资源主要依靠市场来配置，职业教育机构可以聘用到高素质的师资人才，从而将极大地提高职业教育的产出；同时，政府的管理职能也就相应地发生转变，从而大大降低职业教育的管理成本。

（二）改革带来的问题

新一轮改革面临的最大问题是如何安置现有职校教职员工。毋庸讳言，职业教育办学体制改革后，竞争机制的引入，会导致相当一部分职业院校尤其是办学实力较弱的公办院校，由于缺乏足够的竞争力而出现规模缩减甚至停办的现象，并由此造成这些院校教职员工的失业，从而对社会稳定可能会造成一定程度的影响。事实上，这也是我们虽然清楚办学体制改革势在必行，但实质性改革的启动不断推迟的根本性原因。一般而言，改革在一定程度上就是利益调整的过程。从这个意义上讲，部分现有职业教育机构的淘汰以及这些机构人员的失业，其实是新一轮改革所必须付出的代价。另外，如果不改革这种低效的办学体制，任其发展下去，由此衍生的问题应该会更多、更复杂。因此，这需要我们正视这个问题，并尽可能做好预案。

同时，新一轮改革实施后的一个时间段，职业教育现存的问题可能会更加突出。其中，比较显性的是招生问题。众所周知，由于近年来职业教育尤其是中职教育规模开始下降，部分学校招收生源不足，由此导致招生过程中比较严重的违规违法招生现象。尽管我国各级教育部门多次颁布相关法规，试图进行严格规范，但这种招生乱象还是比较普遍地存在。尽管从长远来看，随着办学主体的进一步多元化、指令性乃至指导性招生计划放开，职业院校招生由于依靠市场的调节，最大限度地克服了现实中的诸多弊端而变得更加有序，但在改革的最初一个时期内，这种违规违法招生的问题不仅不会得到缓解，反而会变得更加突出。

为保证改革顺利进行，减缓改革所带来的冲击，新一轮改革可分步实施。考虑到现有职业教育机构的承受能力，可先进行一定数量的增量改革，即首先通过相关政策、法律手段，支持企业、行业举办职业院校，与现有公办职业院校同台竞争、共同发展；其次，对现有公办职业院校进行管理方式的改革，支持企业、行业对现有职业院校实行控股，实施职业教育混合所有制改革，以不断增强职业院校的生存与发展能力。最后，政府通过改革职业院校财政拨款方式，改变职业教育政府办学的发展模式，从而建立多元竞争的办学格局。

需要说明的是，由于我国职业教育积弊较多，新一轮改革在短时期内不会起到立竿见影的效果，提升职业教育的办学水平需要一个较长的过程。这对于那些过于急功近利的改革者或那些力求稳健的改革者来说都是一个考验。而教育发达国家和我国职业教育改革实践的经验与教训从正反两方面表明，坚持这一改革方向无疑是必要的，由此付出一些代价也是值得的。

参考文献

1. 国务院新闻办公室：《国务院关于加快发展现代职业教育的决定》，http：//www.scio.gov.cn，2014 年 6 月 24 日。

2. 鲍尔：《21 世纪世界职业教育》，《教育展望》（中文版）2001 年第 1 期。

3.《教育部、中共中央、国务院关于印发〈国家中长期教育改革和发展规划纲要（2010—2020 年）〉的通知》，http：//www. moe. edu. cn，2010 年 7 月 29 日。
4. 刘亚荣：《政府主导，为何会偏离社会需要》，《中国教育报》2014 年 4 月 8 日。

原文刊于《职教论坛》2016 年第 27 期

优化职业教育结构布局助推粤东西北地区经济发展

郭 杰[*]

人才资源建设的根本路径是发展教育，特别是应该大力发展与经济社会密切相关的职业教育，以职业教育推进粤东西北振兴战略。如何发展粤东西北职业教育，为振兴战略提供充足的人才资源保障呢？我们认为，广东应该从全省协调发展的战略高度来优化粤东西北职业教育的结构布局，提高职业教育的人才培养质量。

我省职业教育的人才培养体系主要由应用型本科高校、高等职业技术院校、中等职业技术学校、技工学校和职业培训机构等组成。从目前的发展现状来看，职业教育的优质资源绝大多数分布在珠江三角洲经济发达地区，无法直接为粤东西北地区供给数量充足的人才资源。以高等职业教育为例，85%以上的应用型本科高校和高等职业技术院校位于珠江三角洲经济发达地区。更严重的是，粤东西北地区除汕头大学外，竟没有一所高校被列入高水平大学、高水平理工大学或一流高职院校建设计划。中等职业技术学校的情况也大体如此。我省职业教育的结构布局出现严重的区域性失衡。这种职业教育结构布局的不平衡从根本上制约了粤东西北地区人才资源的供给，严重阻碍了粤东西北地区的振兴和发展。也许，这就是粤东西北振兴行动计划“时间过半，而发展目标不过半”现象存在的重要原因之一。我省应做好顶层设计，以省级财政投入

---

* 郭杰，文学博士，教授，博士生导师，广东技术师范学院院长，兼中国诗经学会副会长等，代表作：《古代思想与诗的世界》。

带动粤东西北各地市资源配套，实施粤东西北职业教育“四大工程”，优化职业教育结构，扩大职业教育规模，提升职业教育质量，提高职业教育人才培养的综合效益。

第一，应用型本科高校省市共建工程。以省市共建为主要抓手，在粤东西北的中心城市（特别是还没有本科院校的地级市）引进省内外办学质量较高的高校，合作共建5—6所应用型本科高校或校区。将这些高校（或校区）建设成为当地的高层次人才培养中心、科技创新中心和科技成果转化中心，最大限度地引进高端技术人才，承接珠江三角洲和其他经济发达地区的人才资源溢出，同时也为当地产业发展培养高级专门人才，建设成为粤东西北的高端人才“蓄水池”，以科技和人才资源支撑粤东西北产业振兴和发展。

第二，产教融合的职教基地建设工程。以“产教融合”和“中高职一体发展”为引领，整合当地的高职院校和中职学校办学资源，在粤东西北的中心城市加快建设“产教融合职教基地”。以“产教融合职教基地”为依托，对接当地产业园区的骨干企业，实施产教融合发展工程，进行校企合作共建学院及其专业和课程，积极探索工学结合的产业人才培养新模式，重点培养产业和经济社会发展急需的技能型人才。

第三，完善县级职教中心建设工程。以省级财政投入为杠杆，在粤东西北地区建设或完善一批高水平的县级职业教育中心。县级职教中心可以充分利用应用型本科高校、高职院校和中职学校的师资，除了适当承担中等职业教育学历培养责任之外，重点开展县域企业员工、退伍军人、社区居民和农民的再就业、创业技能培训，为县域经济发展提供技术人才资源保障。

第四，卓越职教师资培养培训工程。发展职业教育，职业教育师资培养培训必须先行。广东应该重点建设一所技术师范大学，着力培养教育硕士专业学位研究生层次的“双师型”职教师资队伍，为粤东西北的职业教育发展提供卓越职教师资支持。

原文刊于《广东教育职教版》2017年第9期

教育公平视域下高中阶段教育的普职结构研究

——基于广东省2003—2015年的数据

王　欣*

摘　要：以教育公平的视域看，普职分流是教育本身的应有之义，普职分流也是发展职业教育、调整教育结构、实现职业教育公平的必要措施。普高与中职是高中阶段教育的一体两翼，然而当前我国仍存在着高中阶段教育分流中普职结构性失衡的现象。本书以广东省为背景，从高中阶段教育的规模变化、普职比变化、两大关系的相关性等不同的分析维度对当前广东省高中阶段普职教育结构比例失衡的现象进行考察，并根据分析的结果提出一些建议。

关键词：教育分流；高中阶段；普职比；普职结构；教育公平；广东省

一　概述

（一）研究背景

高中阶段教育在义务教育和高等教育阶段起着承上启下的作用，是各级各类教育衔接和沟通的重要联结点，亦是职业教育与普通教育分流

---

* 王欣，广东技术师范学院2015级教育学研究生。

的重要阶段。[①] 高中阶段教育是我国第一次教育分流的结果，在我国经济发展程度无法普及普通高中教育（以下简称普高）的情况下，高中阶段的教育分流对于提高高中入学率，保证高中阶段的教育公平有着重大作用。当前，我国在初中后的教育分流总体上达到了大体相当，基本实现了高中阶段教育的教育机会公平，可人们要求的教育公平已经从最基本的教育机会公平转向对教育过程公平和教育结果公平的追求。目前，广东省经济发展已进入工业化中后期和现代化初级阶段，正处于转型升级的关键时期，同时，已基本普及九年义务教育，建成了全国最大规模的职教体系，中等职业教育（以下简称中职）的学校数、招生数、在校学生数都居全国前列。然而，如今广东省教育分流存在着理想和现实之间的矛盾，普职分流在数量上已达到大体相当，但在结构方面严重失衡，高中阶段教育公平难以保障，正严重影响着广东省职业教育的健康发展，制约了广东省人力资本整体质量的提升，不利于广东省经济社会的转型。

普职规模结构调整以实现普职比大体相当为国家中长期发展目标，我国在 1983 年《教育部、劳动人事部、财政部、国家计委关于改革城市中等教育结构、发展职业技术教育的意见》中首次对高中阶段教育在校生数的普职比保持“大体相当”提出了明确的要求。[②] 之后在 20 世纪的八九十年代、21 世纪初的多部文件以及 2010 年的《国家中长期教育改革和发展规划纲要（2010—2020 年）》，直至 2014 年的《国务院关于加快发展现代职业教育的决定》都明确提出要在相当长一段时期内保持高中阶段教育的普职比大体相当的政策目标，该政策为保障普高和中职的地位平等也起到过重要作用。通过梳理该项政策的发展历程可发现，该政策涉及职业教育学校数、招生数及在校生数，而笔者认为，既然“大体相当”政策是建立在普职地位平等的基础上，因此，应当从普高和中职的学校数量、学生数量（招生数、在校生数、毕业生数）、专任教师数量、校均规模、生师比等多方面进行二者的比较研究，当然，本文还是主要从“大体相当”政策出发，更侧重对招生数普职比和在校生数普职比的分析。

---

① 吴新业：《高中阶段教育普职结构问题探析》，《龙岩学院学报》2003 年第 5 期。

② 李红卫：《教育分流与职普比政策变迁研究》，《职教论坛》2012 年第 27 期。

（二）研究意义

本文主要通过对广东省 2003—2015 年高中阶段教育三类具体表现的分析，得出普职结构性失衡、显失教育公平的结论，进而提出相关的政策建议，对于丰富教育选择中有关高中阶段普高和中职学校选择的实证性研究内容具有重要的现实意义；同时，希望能进一步充实、完善教育结构理论，深化对教育结构的认识，因而，具有一定的理论意义；还能为省级高中阶段教育的普职结构调整提供参考和指导，为区域高中阶段教育的发展决策服务，具有较大的实践意义。

（三）相关概念界定

教育公平是指社会成员在其一生发展的不同阶段都能依据国家法律的规定，自由平等地享有国家教育资源，以确保每个人获得充分的生存能力和个人价值的实现。[①] 教育公平意味着教育不仅是每个社会成员实现社会公平的途径和手段，也是每个人拥有幸福人生的内容和过程。它不仅是公平在教育领域的体现，又是促进和实现社会公平的基础和条件。教育公平包括教育起点公平、教育过程公平和教育结果公平。[②]

教育分流一般有三个层次（宏观、中观、微观）的含义。本文所指的教育分流是国家教育制度宏观层次的教育分流，是指按照社会分工需要和受教育者个人特征、意愿，将具有一定教育基础的受教育者引导进入不同的教育体系，按照不同的培养目标、遵循不同的教育规律、实施不同的教育方案，有计划、分层次、按比例地培养他们成为不同类型和层次的合格人才，在经济社会发展中发挥各自作用。[③] 一般来说，我国通过两次分流形成了普通教育和职业教育两个教育体系。第一次发生在义务教育阶段完成之后的初中后分流，形成了普高和中职，本文中的教育分流即这类，这种教育分流形成了高中阶段教育的普职结构。第二次发

---

① 赵琳：《教育公平视阈下职业教育浅析》，《北京财贸职业学院学报》2012 年第 5 期。

② 翟博：《中国走向教育公平路径及发展取向》，《基础教育》2015 年第 3 期。

③ 孙善学：《教育分流要向职业教育加大倾斜力度》，《职业技术教育》2010 年第 27 期。

生在高中阶段教育之后的分流，形成了普通高等教育和高等职业教育。[①]

《教育大辞典》将教育结构定义为“教育总体的各部分的比例关系及其组合方式”[②]。从宏观来说，教育结构包含程度（层次）结构、类型结构、学制结构、布局结构和管理体制结构；从微观来说，教育结构主要指学校的办学形式结构、专业结构、课程结构和组织结构等。本文所称的高中阶段教育的结构，主要指类型结构，即普职结构问题，同时，也会涉及高中阶段教育内部的层次结构和区域布局结构。[③]

普职地位的平等关乎教育公平，因此，普职结构与教育公平之间存在着不可分割的联系。那么，高中阶段教育普职结构怎样才算做到教育公平呢？本文主要从高中阶段教育的起点公平、过程公平和结果公平来描述，若普高和中职在这三方面都实现了公平和均衡发展，则说明普职结构做到了教育公平，反之则存在着教育不公平。其中，高中阶段教育公平中的结果公平暂不是本文主要讨论的内容。

高中阶段教育主要包括九年义务制教育后的中等普通教育以及相当于高中阶段的各种形式的职业教育和成人教育，可分为普通教育和中职两大类别，简称为普高和中职（本文排列不分先后）。[④] 普高是高等教育的预备教育，是在义务教育的基础上进一步提高学生综合素质，并使学生的个性得到健康的发展，为培养社会主义建设者和接班人奠定良好的基础。而中职的培养目标则是为国民经济及社会发展提供初中级技术人员和技术工人，且主要培养面向生产、服务一线工作的高素质劳动者和技能型人才，[⑤] 这决定了中职在整个教育体系乃至经济社会发展中的重要基础地位及关键性作用。从两者的内涵来看，普高教育与中职是高中阶段教育中既相互联系同时又相互区别的两类教育，它们是高中阶段教育

---

① 孙善学：《教育分流要向职业教育加大倾斜力度》，《职业技术教育》2010 年第 27 期。

② 程方生：《论高中阶段教育结构的优化》，硕士学位论文，江西师范大学，2004 年。

③ 同上。

④ 邢晖：《试论高中阶段职普教育关系及其协调发展策略》，《河北师范大学学报》（教育科学版）2001 年第 4 期。

⑤ 于光照：《“中等职业教育”培养目标定位及教学实施的研究》，硕士学位论文，河北师范大学，2005 年。

的“一体两翼”。[①] 高中阶段教育结构比例，亦称为普职比，或教育类别比，是监控和调整高中阶段教育的重要指标，也是衡量其教育公平的指标之一。普职比的计算方式有两种，一种是普高的普职比 = 普高在校生数或招生数/中职在校生数或招生数；另一种为（普高在校生数或招生数/高中教育在校生总数或招生总数）×100：（中职在校生数或招生数/高中教育在校生总数或招生总数）×100。

（四）数据来源

本文的数据主要来自三个渠道：国务院发展研究中心信息网统计数据库（以下简称国研网统计数据库）、教育部官网统计数据、广东统计年鉴。以上数据有直接引用的数据，也有通过间接计算而得的数据。

本文起讫时间的界定。由于2002 年 8 月国务院颁布的《关于大力推进职业教育改革与发展的决定》明确了中职与普高招生规模大体相当的要求，扭转了中职之前因普高热带来其招生规模萎缩的现象，使中职招生呈现出恢复增长的局面，而且，从 2003 年开始，在中职在校生的统计口径中合并了职业高中、普通中专和成人中专，因此，本文选取 2003—2015 年这一时间段作为研究范围。

二　广东省高中阶段教育的规模变化分析

以下我们从高中阶段普职规模的学校数量、学生数量、专任教师数量、校均规模和生师比五个方面进行比较分析。其中，学生数量中的招生数主要用来测量高中阶段教育是否起点公平，其余方面则用来测量高中阶段教育是否过程公平，即普高和中职在基础性资源的配置方面是否平等。如果说，普高和中职的学校数、在校生数、毕业生数和专任教师数差别较大，校均规模不一致，生师比有高有低，那就说明广东省高中阶段教育在资源配置方面是有失公平的，或说明没有做到过程公平。广东省 2003—2015 年的普高和中职的学校数、在校生数、毕业生数、专任

---

① 王海棠：《我国高中阶段普职教育结构现状分析及优化》，《教学与管理》2008 年第 27 期。

教师数分别见表 1、表 2。

表 1　　广东省 2003—2015 年普高规模

年份	学校数（所）	毕业生数（万人）	招生数（万人）	在校生数（万人）	专任教师（万人）
2003	995	27.50	44.26	113.72	6.62
2004	998	31.82	50.81	131.31	7.53
2005	981	37.44	56.98	148.99	8.61
2006	1005	42.99	60.77	163.46	9.56
2007	1019	47.99	60.69	172.43	10.34
2008	1018	53.49	66.81	181.76	11.07
2009	1020	56.89	71.79	192.44	11.85
2010	1026	56.76	75.59	208.95	12.51
2011	1012	63.09	77.75	220.41	13.71
2012	1017	68.85	77.32	225.93	14.18
2013	1015	72.37	73.08	220.45	14.48
2014	1012	72.87	69.68	214.02	14.83
2015	1019	72.67	66.44	205.40	15.09

表 2　　广东省 2003—2015 年中职规模（含技工学校）

年份	学校数（所）	毕业生数（万人）	招生数（万人）	在校生数（万人）	专任教师（万人）
2003	873	21.85	33.30	87.04	4.25
2004	870	24.51	36.05	93.65	4.33
2005	832	25.97	40.85	103.82	4.40
2006	803	27.98	47.76	119.00	4.61
2007	812	31.65	54.69	136.57	5.16
2008	816	34.79	60.15	153.62	6.36
2009	812	40.29	79.74	184.57	5.98
2010	812	45.97	102.33	230.34	6.33
2011	784	49.81	85.22	237.18	6.63
2012	765	56.04	79.71	238.09	6.70

续表

年份	学校数（所）	毕业生数（万人）	招生数（万人）	在校生数（万人）	专任教师（万人）
2013	745	61. 54	74. 79	228. 50	6. 52
2014	738	59. 92	61. 95	190. 48	6. 60
2015	644	56. 19	59. 48	176. 07	6. 60

注：本文所有中等职业教育的数据均包含技工学校的数据。

（一）学校数量

由图 1（该图根据表 1、表 2 数据制成）可见，2003 年以来，在高中阶段教育结构的调整过程中，普高的学校数一直大于中职的学校数，二者的学校数没有保持数量平等，且二者学校数的差距有逐年扩大的趋势。

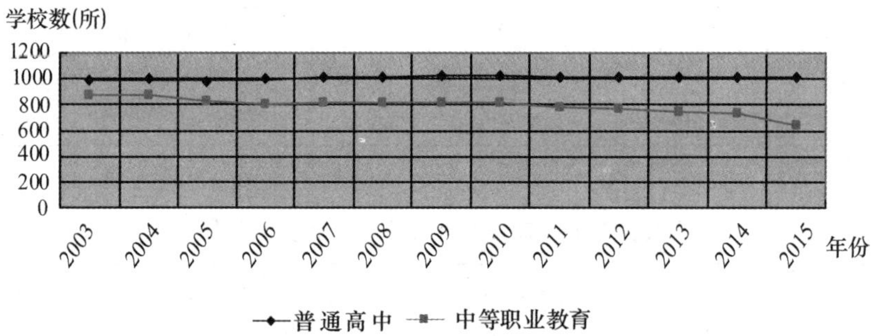

图 1　广东省高中阶段教育学校数（2003—2015 年）

（二）学生数量

1. 招生数

运用表 1、表 2 的数据可算出，2003—2015 年，广东省普高的年均招生数为 65. 53 万人，中职的年均招生数为 62. 77 万人，二者的年均招生数相差不大。而二者招生数的差距经历了先缩小、再扩大、后缩小、现扩大的趋势（见图 2，该图根据表 1、表 2 数据制成）。

虽然普高与中职的招生数在过去的 13 年间分别扩大，但是扩大的幅度并不同步，如图 3 所示，广东省高中阶段教育招生数的构成比例在

2003—2010 年的变化是显著的，基本趋势是普高教育所占的比例逐年下降，中职比例逐年升高，2010 年，中职招生数所占的比例达到一个阶段性的高点之后开始缓慢下行，从 2011 年开始，普高招生数所占的比例则开始缓慢回升，自 2014 年起，普高招生数所占的比例又开始大于中职的比例，至 2015 年，广东省高中阶段教育招生数的普职比是 52.76% ：47.24%，基本符合“大体相当”政策的要求。

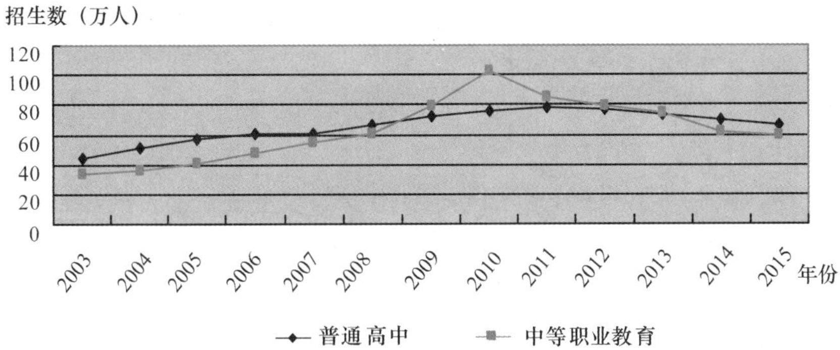

图 2　广东省高中阶段教育招生数（2003—2015 年）

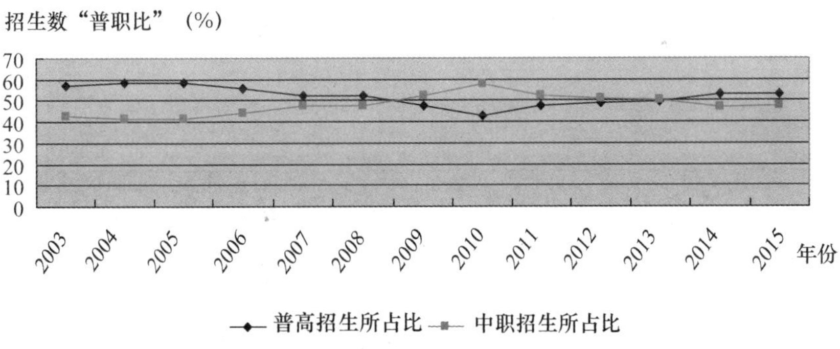

图 3　广东省普高与中职招生数的比例（2003—2015 年）

2. 在校生数

运用表 1、表 2 的数据可算出，2003—2015 年，广东省普高的年均在校生数为 184.56 万人，中职的年均在校生数为 167.61 万人，二者的年均在校生数相差较大，没有保持数量平等。而二者在校生数的差距也呈现出先缩小、再扩大、后缩小、现扩大的趋势（见图 4，该图根据表 1、表

2 数据制成）。

虽然普高与中职在校生数在过去的 13 年间分别扩大，但是扩大的幅度并不同步，如图 5 所示，广东省高中阶段教育在校生数的构成比例在 2003—2010 年的变化是显著的，即普高所占的比例逐年下降，中职比例逐年升高，2010 年，中职在校生数所占的比例达到一个阶段性的高点之后开始缓慢下行，同时普高在校生数所占的比例则开始缓慢回升，自 2014 年起，普高在校生数所占的比例又开始大于中职的比例，至 2015 年，广东高中阶段教育在校生数的普职比是 53.84% ：46.16%，也基本符合“大体相当”政策的要求。

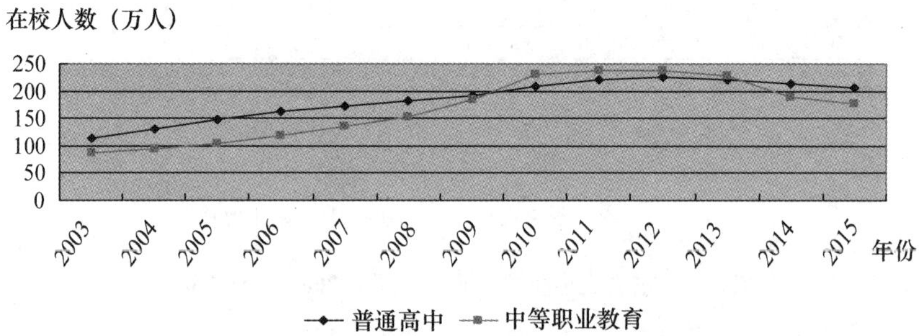

图 4　广东省高中阶段教育在校生数（2003—2015 年）

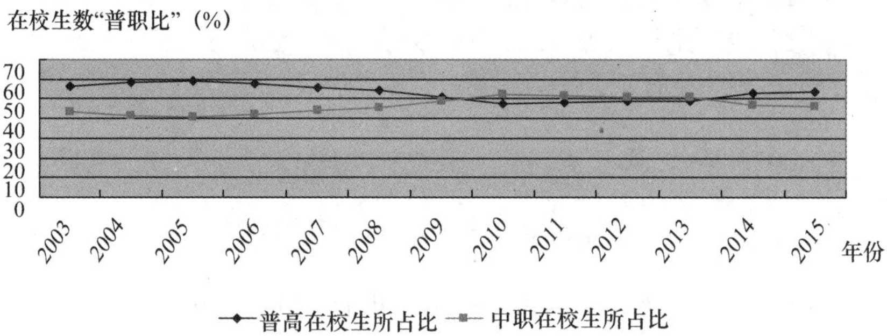

图 5　广东省普高与中职在校生数的比例（2003—2015 年）

3. 毕业生数

运用表 1、表 2 的数据可算出，2003—2015 年，广东省普高的年均毕业生数为 54.21 万人，中职的年均毕业生数为 41.27 万人，二者的毕业生数相差略大，没有保持数量平等。从图 6（该图根据表 1、表 2 数据制成）可见，广东省高中阶段教育的普高与中职毕业生数在 13 年间均是持续上升的，同时，我们可发现，普高的毕业生数一直大于中职的毕业生数，且二者毕业生数的差距自 2013 年起有逐步扩大的趋势。

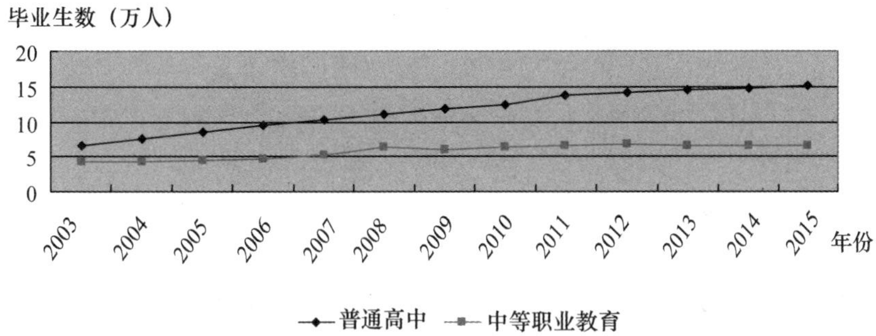

图 6　广东省高中阶段教育毕业生数（2003—2015 年）

（三）专任教师数量

如图 7（该图根据表 1、表 2 数据制成）所示，广东省高中阶段教育的普高与中职专任教师数在 2003—2015 年均是持续上升的，同时，我们可发现 13 年间普高的专任教师数一直大于中职的专任教师数，且两者专任教师数的差距趋于逐年扩大。

（四）校均规模

通过图 8 可发现，2003—2007 年，普高的校均规模大于中职的校均规模，而自 2008 年开始，则是中职的校均规模大于普高的校均规模，且二者校均规模的差距表现出先扩大、再平缓、后缩小、现扩大的趋势。

（五）生师比

从图 9 可见，13 年间，普高的生师比一直小于中职的生师比。根据此发展趋势可发现，到 2015 年，广东省中职专任教师生师比降到 20：1 以下的目标未实现，且普高和中职的生师比差距较大。

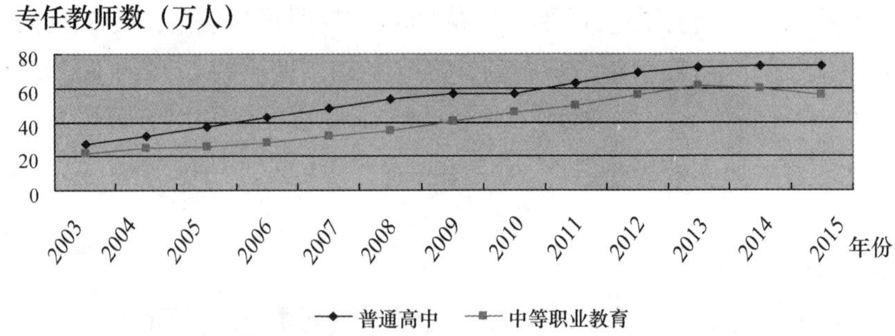

图7 广东省高中阶段教育专任教师数（2003—2015年）

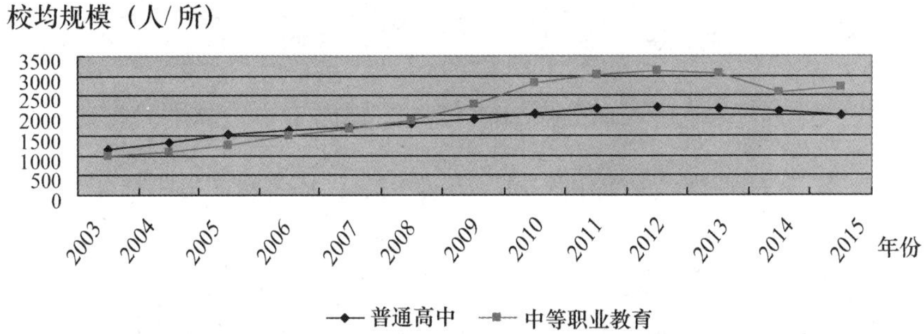

图8 广东省高中阶段教育校均规模（2003—2015年）

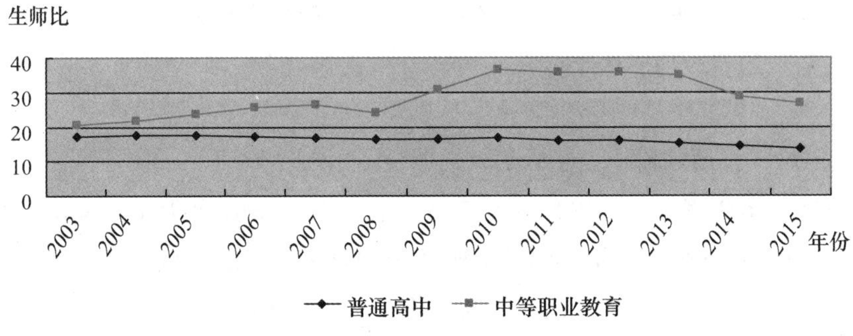

图9 广东省高中阶段教育在校生与专任教师比（2003—2015年）

三 广东高中阶段教育的普职比变化分析

（一）从内部分析

按经济区域分，由图10可见，2015年广东省高中阶段教育的在校生普职比总体上虽为53.84%：46.16%，但各区高中阶段教育的在校生普职比均大于5：5，结构明显失衡。其中，粤西最不均衡，在校生普职比高达74.08%：25.92%，其次是北部山区和粤东。尽管珠三角高中阶段教育的在校生普职比在四区中差距最小，但也有57.44%：42.56%，勉强满足"大体相当"的政策要求。究其原因，与各区域的经济发展水平、教育经费投入、人口分布与办学条件的差异是分不开的。

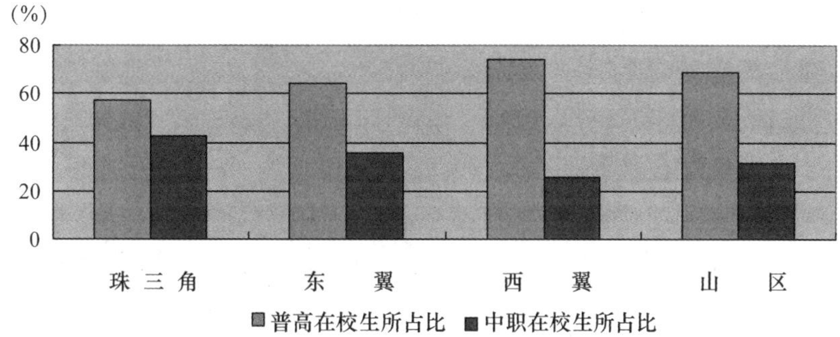

图10 广东省各区域普高与中职在校生数普职比（2015年）

按地市分类，如图11所示，2015年广东省各地市高中阶段教育的在校生普职比总体上虽为53.84%：46.16%，但除广州的42.87%：57.13%和揭阳的53.13%：46.87%外，其余地市的在校生普职比均大于5：5，甚至有潮州的81.68%：18.32%和汕尾的80.09%：19.91%，结构明显失衡，大部分地市高中阶段教育的在校生普职比已超出了"大体相当"的政策要求。

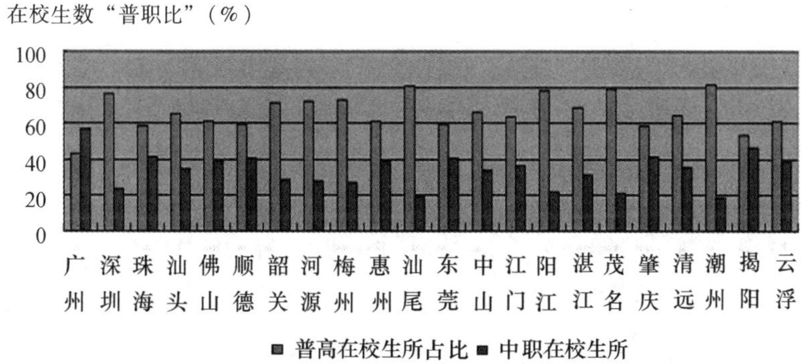

图11 广东省各地市普高与中职在校生数普职比（2015年）

（二）从外部分析

1. 在校生数

2014年，包括广东在内的全国31个省（自治区、直辖市）高中阶段教育中普高与中职在校生数的比例如图12所示，有13个省已超出“大体相当”的比例，大部分省份的普高在校生数略大于中职在校生数，只有广西是普高在校生数小于中职在校生数。

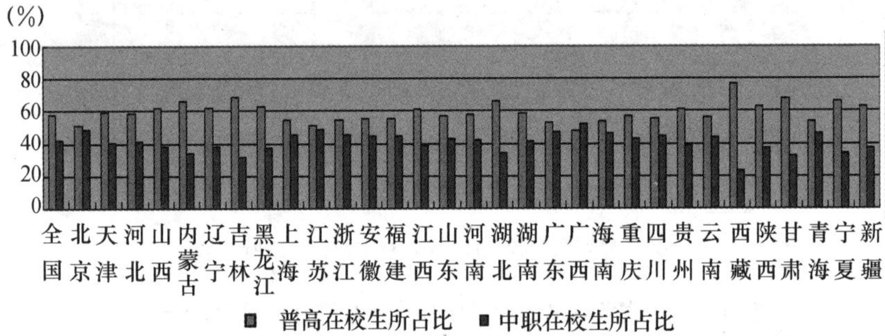

图12　我国各省（自治区、直辖市）高中阶段教育在校生的比例（2014年）

2014年，广东高中阶段教育的在校生数普职比是52.91%：47.09%，而2014年全国高中阶段教育的平均在校生数普职比为57.76%：42.24%，广东中职在校生数占高中阶段教育的比例比全国中职在校生数所占的比例高。与2014年人均地区生产总值相近省份的高中阶段教育的在校生数普职比相比（辽宁省、福建省、山东省的普职比各为62.12：37.88、55.02：44.98和57.27：42.73），可发现，广东中职在校生数占高中阶段教育的比例比这三省中职在校生数所占的比例高。

2. 招生数

2014年，包括广东在内的全国31个省份（自治区、直辖市）高中阶段教育中普高与中职招生数比例如图13所示，有11个省已超出“大体相当”的比例，大部分省份的普高招生数略大于中职招生数，只有广西和江苏两个省是普高招生数略小于中职招生数。

2014年，广东招生数普职比是52.94：47.06，而2014年，全国

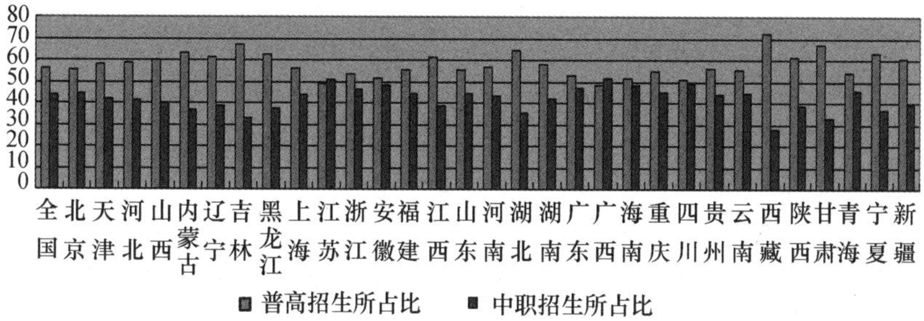

图13 我国各省（自治区、直辖市）高中阶段教育招生数的比例（2014年）

高中阶段教育的平均招生数普职比为56.24：43.76，广东中职招生数占高中阶段教育的比例也比全国中职招生数所占的比例高。与2014年人均地区生产总值相近省份的高中阶段教育的招生数普职比相比（辽宁省、福建省和山东省的普职比各为61.51%：38.49、55.42：44.58和55.57：44.43），可发现，广东中职招生数占高中阶段教育的比例同样比这三省中职招生数所占的比例高。

四 两大关系的相关性分析

（一）人均地区生产总值与高中阶段教育普职比的关系

高中阶段教育的普职比是否与经济发展程度存在密切联系呢？表3给出了广东省2003—2015年的人均地区生产总值与高中阶段教育普职比的变化趋势。由图14可见，在13年间，广东省人均地区生产总值与高中阶段教育的普职比（在校生数普职比、招生数普职比）在SPSS软件中的散点图中未呈现出相关关系，因此，两者没有明显的相关性。

对于广东省高中阶段教育的普职比与人均地区生产总值没有明显的相关性，笔者分析，其主要原因是教育部政策的影响过于刚性，对历年经济发展程度不同的广东省高中阶段教育没有弹性空间，随着人均地区生产总值的逐年增长，广东省多年来在“大体相当”政策的要求下，高中阶段教育的普职比都在1上下浮动。

（二）适龄人口数与高中阶段教育普职比的关系

适龄人口的变化也是广东省高中阶段教育结构调整中一个重要的考虑因素。那么，高中阶段教育的普职比是否与常住人口中0—14岁的总人数存在密切联系呢？表4给出了广东省2005—2015年的常住人口中0—14岁的总人数与高中阶段教育普职比的变化趋势。由组图15可见，11年间，广东省常住人口中0—14岁的总人数与高中阶段教育的普职比（在校生数普职比、招生数普职比）在SPSS软件中的散点图中未呈现出相关关系，因此，两者没有明显的相关性。

表3　广东省2003—2015年人均地区生产总值和高中阶段教育普职比

年份	人均地区生产总值（元）	在校生数普职比	招生数普职比
2003	17798	1. 31	1. 33
2004	20876	1. 4	1. 41
2005	24647	1. 44	1. 39
2006	28534	1. 37	1. 27
2007	33272	1. 26	1. 11
2008	37638	1. 18	1. 11
2009	39446	1. 04	0. 9
2010	44758	0. 91	0. 74
2011	50842	0. 93	0. 91
2012	54171	0. 95	0. 97
2013	58833	0. 96	0. 98
2014	63469	1. 12	1. 12
2015	67503	1. 17	1. 12

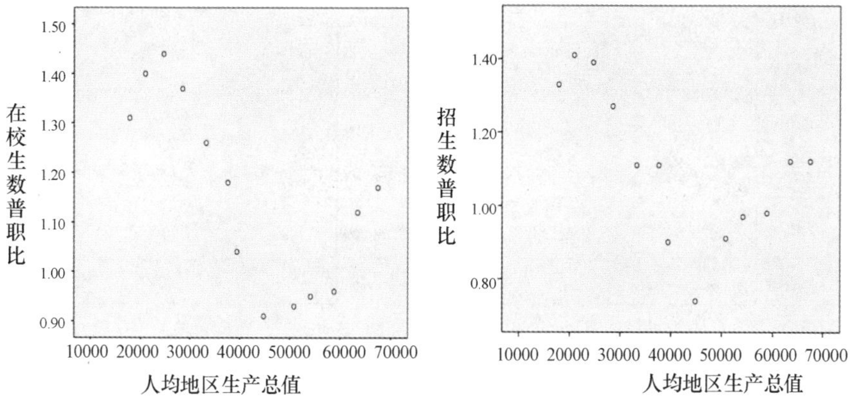

图 14　广东省人均地区生产总值高中阶段教育普职比的散点图

表 4　　广东省 2005—2015 年 0—14 岁人口数和高中阶段教育普职比

年份	0—14 岁 人口数（人）	在校生数 普职比	招生数 普职比
2005	1958	1. 44	1. 39
2006	1907	1. 37	1. 27
2007	1899	1. 26	1. 11
2008	1949	1. 18	1. 11
2009	1955	1. 04	0. 9
2010	1765	0. 91	0. 74
2011	1775	0. 93	0. 91
2012	1695	0. 95	0. 97
2013	1558	0. 96	0. 98
2014	1649	1. 12	1. 12
2015	1884	1. 17	1. 12

对于广东省高中阶段教育的普职比与常住人口中 0—14 岁的总人数没有明显的相关性，笔者分析，其主要原因是广东省教育适龄人口基本上处于持续下降状态，在此期间，中职发展的规模压力减小，中职在规模稳定的情况下将更加强调质量、结构和效益问题。

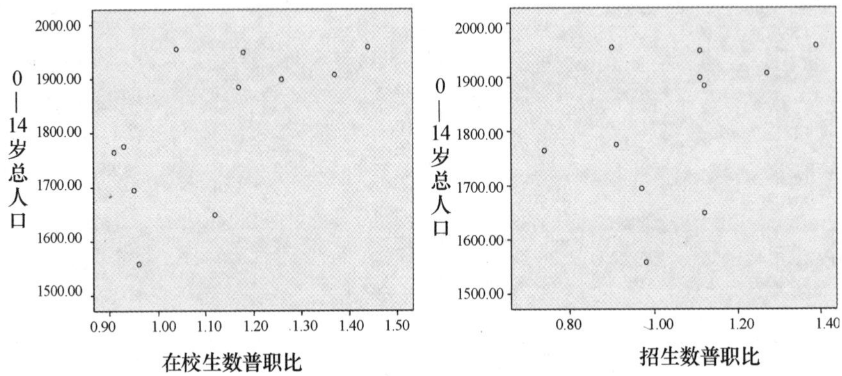

图 15　广东省人均地区生产总值高中阶段教育普职比的散点图

五　结论与建议

综上可见，广东省普高和中职总体上实现了大体相当，但中职的规模和发展水平明显落后于普高，存在普职结构性失衡、显失教育公平的现象。由此，在广东省高中阶段教育的三类具体表现中，可得出以下三点结论。

1. 广东省高中教育阶段的规模变化分析

2003—2015 年，广东省普高的学校数、毕业生数、专任教师数一直大于中职，且二者学校数、毕业生数、专任教师数的差距逐渐扩大。虽然中职的招生数和在校生数在 2010 年前后曾超过普高，且二者招生数的普职比和在校生数的普职比在 2015 年符合“大体相当”政策的要求，但二者招生数和在校生数的差距也有渐趋扩大的趋势，不可不注意。另外，中职的校均规模自 2008 年起大于普高以及中职的生师比 13 年间一直大于普高，都说明了当前广东省普高和中职在基础性资源的配置方面不平等，学生在接受高中阶段教育的过程中存在不公平且起点公平也有难以保障的趋势；同时，也表明，当前中职的教育质量和人才培养质量难以得到保障，广东省需要加大对中职规模的投入，并加强中职师资队伍建设。

2. 广东省高中教育阶段的普职比变化分析

从广东省内部分析，2015 年，广东省高中阶段教育在校生数的普职比虽符合“大体相当”政策的要求，但大部分地区和地市没有满足这个要求。经济发达的珠三角地区，普职比明显比广东其他地区均衡，珠三角地区的广州、珠海的普职比又明显比其他珠三角城市均衡。在广东省中职教育内涵式建设和特色化发展的过程中，各经济区域内普高和中职发展不平衡、高中阶段教育不公平的现象日益凸显，这与各区域实现普高和中职教育协调发展，为地方经济服务的需求相悖。解决普高和中职区域发展不平衡的问题，是高中阶段教育发展中的重点。

值得庆幸的是，从广东省外部分析，2014 年，广东省中职在校生数和招生数占高中阶段教育的比例高于当年全国平均水平，也大于当年人均地区总值和广东省相当的省份的比例，且和当年大多数省份一样，广东省高中阶段教育在校生数和招生数的普职比实现了“大体相当”。

3. 两大关系的相关性分析

广东省高中阶段教育的普职比与人均地区生产总值、常住人口中 0—14 岁的总人数没有明显的相关性，这充分说明，当前高中阶段教育的普职比不符合目前广东省经济人口的实际情况，中职的发展水平明显偏低，尚没有满足广东省经济社会的发展需求。

基于上述发现的问题，我们为现阶段广东省中职的发展方向提出三点建议。（1）继续落实中职优先发展战略，目前，广东省技术人才短缺现象仍然严重，中职培养的应用型人才依然没有完全满足广东省经济发展的需要，要发挥中职规划的宏观调控功能，继续扩大中职的招生规模，建立公平的中职招生环境，加大对中职的资金投入。（2）扩大中职学校的平均办学规模，提升中职的办学质量，加强师资队伍建设，并为广东省内各种类型和层次的中职学校和普高配置公平的甚至优于普高的办学资源。通过扩大中职学校的平均办学规模，进一步提高教学设备和人力资源的使用效率，从而提高办学质量和办学效益。（3）面对广东省内大多数地市高中阶段教育普职结构发展不均衡、中职教育发展的区域差异性明显的现状，需要促进各区域内普职结构的协调发展，根据各区域经济社会的发展水平，不断满足各区域经济社会发展对中职的各种合理需求，培养出一批能适应各区域经济社会发展所需的人才，方能缩小区域间发展差距，加快社会公平进程，最大化地为广东省内各区域经济社会贡献力量并得到自身的最优发展。

参考文献

1. 吴新业:《高中阶段教育普职结构问题探析》,《龙岩学院学报》2003 年第 5 期。
2. 李红卫:《教育分流与职普比政策变迁研究》,《职教论坛》2012 年第 27 期。
3. 赵琳:《教育公平视阈下职业教育浅析》,《北京财贸职业学院学报》2012 年第 5 期。
4. 翟博:《中国走向教育公平路径及发展取向》,《基础教育》2015 年第 3 期。
5. 孙善学:《教育分流要向职业教育加大倾斜力度》,《职业技术教育》2010 年第 27 期。
6. 程方生:《论高中阶段教育结构的优化》,硕士学位论文,江西师范大学,2004 年。
7. 邢晖:《试论高中阶段职普教育关系及其协调发展策略》,《河北师范大学学报》(教育科学版)2001 年第 4 期。
8. 于光照:《"中等职业教育"培养目标定位及教学实施的研究》,河北师范大学,2005 年。
9. 王海棠:《我国高中阶段普职教育结构现状分析及优化》,《教学与管理》2008 年第 27 期。

原文刊于《职教通讯》2017 年第 7 期

职教德育

论高职院校思想政治理论课的“难为”与“可为”*

张敬斌**

摘　要：新课程设置方案下的高职院校思想政治理论课既有“难为”也有“可为”之处。“难为”之处主要在于社会环境的变化、传统观念的偏差、办学理念的滞后和师生素质偏低。解决问题的根本出路在于化“难为”为“可为”。针对性、实用化的教学内容，互动性、灵活化的教学方法，多环节、开放化的实践教学，“双师型”、多样化的师资队伍是高职院校思想政治理论课积极“可为”的新内容。

关键词：高职院校；思想政治理论课；难为；可为

高职院校思想政治理论课（以下简称思政课）“难为”是不争的事实。课程改革后面对课程少、学时短的实际使“难为”又增加了新的难度。破解高职院校思政课“难为”之题已成为切实改进和加强高职院校思政课的教学关键。

---

* 本文系广东省高校思想政治理论课教学研究课题“高等技术师范院校思想政治理论课程建设研究”（课题编号：2006M008）的研究成果之一。

** 张敬斌，法学硕士，教授，广东技术师范学院学报编辑部主任，代表作：《价值导向：大学生认同社会核心价值的关键》。

一　高职院校思政课的教学现状
——剖析“难为”探根源

引发高职院校思政课“难为”的原因是综合性的，难就难在目前其既有内部因素的制约，又有外部环境的困扰，致使高职院校思政课难以收到实效。

（一）学校内部难适应

首先，高职院校培养目标定位的偏差性，离散了高职院校思政课的教学力度。有些高职院校对人才培养目标的内涵尚缺深层次的思考，“人才”素质构成的核心——思想政治素质，在教育实践中往往因突出“技术”“能力”而被忽视。[①] 导致一些高职院校思政课出现了领导不重视、管理不得力、设备不更新、大量减学时、大班图应付等问题，使得思政课的核心地位受到排挤。其次，思政课教师的素质差异，弱化了高职院校思政课的教学效果。大部分高职院校的思政课教师呈现出兼职多、专职少，非专业的多、本专业的少等特点。这势必造成高职院校思政课教师存在数量严重短缺、结构不尽合理、理论功底不厚、知识结构老化、教学方法单一、实践能力不强等问题，严重影响了思政课教学的针对性和实效性。最后，高职院校教育对象的特殊性，增加了高职院校思政课的教学难度。高职院校学生特殊性主要现状表现有：学习态度、学习动机、职业理想和成就抱负等方面差异较大；生活态度世俗化，如自我意识强、功利心强、集体观念弱、社会公德弱；心理自卑感强，成才意识弱化；总体素质与普高生比存在较大差距。可以说，高职学生总体素质不高的事实增加了高职院校思政课教学的难度。

（二）传统观念的惯性难消除

“重智能、重技能、轻品德”的用人价值观念，客观上消解了高职院

① 吴太胜：《职院校思想政治教育的特性、困境与改进策略》，《九江职业技术学院学报》2005 年第 2 期。

校思想政治理论课教学的效果。某些用人单位所持的“重技能、轻素质”用人价值取向，使原本“难为”的高职院校思政课的生存空间受到空前的挤压。在这种重才轻德价值取向的影响下，“技能”成为判别学生是否成才的标准，使一些学生产生思政课对于智能与技能的形成没有直接关系的想法。这无形中消解了高职院校思政课教学的实效性。

（三）外部环境难把握

首先，从现实社会变化来看，在西方多元的思想文化渗透影响下，一些学生的人生观、价值观、道德观发生了扭曲和错位；现实社会生活强化了人们对利益关系的关注程度，一些学生产生了重索取轻奉献、重金钱轻道德、重个人轻集体的思想。其次，从虚拟世界来看，信息的跨国传播和舆论的多向与自由表达，导致在良莠不齐的信息包围中，部分学生感到茫然迷惑、无所适从。现实与虚拟社会大落差，引发了学生对思想政治教育的逆反心理和排斥情绪等，削弱了思政课的教学效果。

二 高职院校思政课的教学改革——力争“可为”求创新

高职院校思政课的教学改革，需要在积极争取减少“外部环境”困扰的同时，努力消除“内部因素”的制约，实现化“难为”为“可为”，必须从领导重视、队伍支撑、条件保障和氛围营造以及不断创新高职院校思政课的内容、方法和途径等方面努力，才能化解“难为”，真正地有所作为。

（一）“可为”之基础：教学内容的针对性、实用化

首先，教学内容要贴近职业生活，强化职业道德教育。高职院校思政课要结合生产第一线对高职人才素质的要求，选择并突出那些社会急需的、具有针对性的教学内容，如要突出职业道德教育、社会主义市场经济思想教育、创新教育、就业创业教育等内容。职业教育绝不是单纯地传授职业技术和技能，它还必须对受教育者进行思想政治教育和职业道德教育，培养学生敬业爱岗、乐于奉献、安心基层、吃苦耐劳的优良

品质，这样他们才能适应现代化大生产及和谐社会发展的需要。因而，以敬业和诚信为重点的职业道德教育，应是高职思政课一项重要的必不可少的内容。可以适度引入优秀企业文化来创新高职的职业道德教育环境。① 优秀企业文化是职业道德的有效载体，它有利于优化学生对企业伦理和社会道德的认知结构，为学生的成功就业构筑桥梁。学校还可以邀请企业界人士共同研究制订职业道德教育的教学计划、课程设置、教材安排和实践方式等。其次，教学内容要贴近实际，分析解答社会热点。一是赋予教学内容时代性。要始终把社会主义核心价值体系作为课程的统领和主线；还要根据国际环境和我国社会生活的变化来及时调整教学内容，使大学生能及时了解国情，把握时代特征和历史使命。二是及时吸纳相关学科领域的合理新成果为我所用，从而不断提高思政课的说服力。三是找准理论教育的思想切入点，把学生理论学习中的重点、难点问题与我国改革开放及和谐社会建设中大家普遍关注的社会问题结合起来，及时解答热点问题、社会现象等，从而在理论上帮助学生解决想而不深、思而不解的迷惘。最后，教学内容要贴近学生，引导学生成人成才。高职学生与本科生有所不同，与本科生相比，他们自卑；面对高额的学费，他们苦恼；面对“高职”两个字，他们困惑；面对将来的就业，他们又迷惘。因而思政课的教学必须针对高职学生特点来进行。要联系高职学生的思想实际，及时指导他们正确处理生活中可能遇到的学习、交往、情感、就业、成人、成才等问题，帮助他们解决思想困惑，提高思想认识。

（二）“可为”之根本：教学方法的互动性、灵活化

实现教学方法的互动性、灵活化，要在坚持主体性、互动性原则的基础上，不断探索构建更接近一线实际工作需要的、以就业为导向的、以学生为中心、以体验为中心、以活动为中心的“新三中心”的教学模式。首先，突出学生主体地位，开展参与式教学。高职院校思政课教学改革的关键是要以学生为中心，充分调动学生的主动参与性。要通过导

---

① 吴太胜：《职院校思想政治教育的特性、困境与改进策略》，《九江职业技术学院学报》2005 年第 2 期。

向法、研究法、辩论法等教学形式使学生参与到教学中来，在教师的引导下，更多地由学生自主来完成学习任务。这样可以使学生在参与中培养敏捷的思维能力、即兴反应能力、良好口头表达能力和创造性地解决问题的能力等。其次，理论联系实际，开展案例式教学。在思政课的教学中基本上每章、每节都能涉及案例教学。在教学中要对中外历史上、现实生活中的经典案例，对近年来大学生中发生的一些鲜活事例，特别是注意对学生身边的典型案例进行深入剖析、分析论证，从而增强理论的吸引力、说服力和感染力。最后，尊重学生情感需求，开展咨询式教学。咨询法教学重情感，以伦理为中心，使学生在求教中学。现在的高职学生不少在心理上存在着自卑、偏激、焦躁、狭隘、嫉妒等问题。针对这些问题，教师应在课内外与学生交朋友，用电子邮箱、QQ 号等隐名性特点的交往方式与学生交流和提供咨询，对各种问题给予解答与指导的同时了解他们的思想状况，减少学生的心理压力。咨询法既能起到思想引导的作用，又能对学生进行心理辅导，在交流和交往间有助于教师开展针对性教学，从而提高思政课的实效性。

（三）“可为”之特色：实践教学的多环节、开放化

高职院校思政课要顺应“突出学生动手能力和职业技能的训练”的高职院校的教育特色，在教学实践中把理论知识学习和实践能力培养融合为一体，努力使学生达到“知”与“行”的统一，实现实践育人的目的。强化教学的实践性，在实践中培养学生的敬业精神、动手能力和创造能力，是高职院校思政课教学大有可为的鲜明特色。首先，与课堂理论教学同步，积极开展课内实践，加强认识性环节。即利用课堂讨论、辩论、演讲、播放影视片等方式，创造条件以学生为主体让学生参与教育和教学过程以提高学生的学习积极性和认识问题、分析问题、解决问题的能力，达到主动实践、自我教育的目的。其次，与学生社团活动同行，开展校内课外实践，加强理解与体验性环节。校内课外实践是课堂教学的延伸与补充，通过组织学生开展观看录像、演讲比赛、征文等活动，以及引导学生参与校园公益活动、社团组织、校园文化建设，将课程中的思想政治教育在更为广泛的空间和层面上展开，使学生在切身体验和感受中提高实践能力。最后，与社会和专业实习联手，开展校外社

会实践，深化运用性环节。一是建立思政课实践基地。积极接纳社会各方面的思想政治教育力量，利用高职产教结合、校企联合的优势，依靠高职专业委员会的成员单位等，把思想政治教育辐射到校外实践教学中去。[①] 二是与团委、学生工作部门联手开展好学生寒暑假的社会实践活动，形成对学生进行思想政治教育的合力机制。思政课教师负责制定学生社会实践的调研选题、实践指导、调查报告评定和实践的理论提升、分析总结。通过组织学生进行社会调查、参观访问、社会服务、志愿者服务等社会实践活动，可以引导学生将书本知识与社会实践相结合、外部教育和自身体验相结合，从而培养学生品德践行能力，做到知行统一。三是在学生专业实习中、在学生参与企业技术革新过程中渗透思想政治教育。要创造条件使高职生更多地参与社会生活，更多地开展技术服务。通过富有深度的专业实践，让学生较全面地、完整地认识和理解个人与社会的关系，验证、反思所学的思想政治理论的科学性。

（四）“可为”之关键：师资队伍的“双师型”、多样化

首先，以“双师型”结构为特色，提升高职院校思政课教师的整体素质。一是提高教师的实践技能，培养“双师型”的思政课教师。高职教育质量能否提高，关键取决于能否建立一支能适应职业院校以就业为导向、强化技能性和实践性教学要求的“双师型”教师队伍。思政课虽然是基础课，但其教师也必须不断拓展业务范围，提高职业技能水平，从而既能胜任理论课教学，又能在指导学生社会实践、技能训练中发挥核心作用。二是夯实基础理论，构建合理知识结构。要加强马克思主义理论学习，开展科学研究。还要不断改变知识结构，以课程专业知识为核心，广泛涉猎各门具体学科知识，尤其是教育学、心理学等，形成广博的知识结构。三是坚定信念、完善人格。高职院校思政课教师对马克思主义要“真学、真信、真教、真做”，要以全身心投入教学工作的敬业精神、较高的学识水平和良好的师德形象展现在学生面前，以身立教，为人师表。其次，以“多样化”构成为路径，建设结构合理的专兼职相

---

① 吴太胜：《职院校思想政治教育的特性、困境与改进策略》，《九江职业技术学院学报》2005 年第 2 期。

结合的教师队伍。高职教育要培养“技能型”“应用型”人才，必须实行开放办学。因此，高职院校思政课教师队伍结构也必须多样化、社会化，如可以聘请生产生活第一线的优秀企业家、劳动模范、先进工作者等做思政课兼职教师，主要由他们承担实践教学的任务。他们开拓进取的创新勇气、精益求精的敬业精神、严谨务实的工作作风、乐观向上的生活态度以及丰富纯熟的实践技能是对学生最有说服力、吸引力和感染力的教育。

原文刊于《教育与职业》2008 年第 18 期

全球化时代职业院校学生忧患意识缺失原因分析

刘绮婷*

摘　要：当今世界已进入一个全球化时代。受到全球化这一特定时期各方面因素的影响，职业院校学生忧患意识缺失的现状令人担忧。文章试从政治、经济、文化、社会生活等四个视角对全球化时代职业院校学生缺乏忧患意识的原因进行探析。

关键词：全球化；职业院校学生；忧患意识

忧患意识是指“构建在对现实社会的各种现象进行理性判断基础上的对国家和民族的前途和命运的牵挂和担忧，并深刻警惕历史进程中出现危机、问题和困难的爱国主义情感”，带有强烈的历史使命感和社会责任感，体现出积极参与社会变革的忧国忧民的精神。忧患意识直接关系到一个民族、一个国家的兴衰，具有极其紧迫和重要的意义。但是，目前我国职业院校普遍存在规模大、类型多、生源杂、素质低的情况。这使部分职业院校学生自卑感较强，觉得自己“低人一等、矮人一头，是二等公民”。一入校就有“选错了路、入错了门”的心情，不思进取。一部分学生缺乏斗志、意志消沉、纪律松弛、作风散漫，思想上解除了武装，陶醉于社会初步繁荣，沉湎于安乐，对国家的前途、民族的振兴、人民的幸福淡而忘之，爱国主义情感、历史使命感和社会责任感淡化，

---

* 刘绮婷，法学硕士，副教授，马克思主义学院形势与政策教研室主任，代表作：《从突发事件看大学生忧患意识教育的契机》。

对社会变革的参与不积极，忧国忧民思想淡薄，缺乏艰苦奋斗精神。

一 从政治视角探析全球化时代职业院校学生忧患意识缺乏的原因

（一）和平环境使部分学生滋长了和平麻痹思想，这是职业院校学生忧患意识缺失的环境因素

目前，从国内看，随着战争年代的远去，特别是剥削阶级作为阶级被消灭以后，阶级斗争不再是我国现阶段的主要矛盾。经过二十多年的改革开放，我国的经济建设取得了举世瞩目的伟大成就，人民生活有了很大的改善，综合国力不断增强，国际地位日益提高。国际上，和平与发展成为世界各国人民的共同愿望，是世界的两大主题。这种国内国际的和平环境，是我们加快社会主义现代化建设的有利条件，是我们党、国家和各族人民所梦寐以求的历史机遇。但是，由于身处和平环境，部分职业院校学生只看到世界主题是和平与发展的一面，而看不见潜在的局部战争危险的一面，不容易看到挑战，不能直接感悟到危机和压力及现实的威胁，不知道“敌人”在哪里，因而滋长了和平麻痹的思想，淡薄了国家利益观念和国防安全意识。

（二）改革开放后思想政治教育工作的严重滞后是部分职业院校学生缺乏忧患意识的重要原因

在改革不断向深度推进，开放不断向广度拓展的过程中，我们中不少人，尤其是领导干部经不起冲击和考验，用“大利大干、小利小干、无利不干”的价值观念取代大公无私、全心全意为人民服务的宗旨，用“一切向钱看”的功利性追求取代共产主义的远大理想，用“今朝有酒今朝醉”的糜烂生活取代勤俭节约、艰苦朴素的作风。而且，多年来，职业院校在进行思想教育的过程中，特别是在政治教育、历史教育和国情教育中已涉及过忧患意识教育，但由于认识的偏差和重视的不够，忧患意识教育还不够全面、系统和深入，在内容和形式上，特别在方法上缺乏创新，针对性不够，缺乏震撼力，失去了应有的效果。这在职业院校学生中产生了一定的影响：他们中一些人对马列主义、毛泽东思想知之

甚少，而对西方的政治制度、意识形态特别欣赏。他们虽然经历过高考，并在大学中学过哲学，但过去学习的马列主义知识只是为了应付考试，考过就置之脑后了，进入大学后又由于侧重实践操作而忽视了基本理论的学习。由于基本理论欠缺，在一些重大是非问题上难免头脑不清。在西方价值观和市场经济等价交换法则的影响下，部分学生形成了利己主义和实用主义的价值观。他们对共产主义理想和信念产生了怀疑和动摇，许多学生读书不再是“为中华之崛起”，而是把它作为追逐权力的手段，从而在现实生活中缺乏艰苦创业的精神，追求安逸舒适的生活，缺乏脚踏实地的工作作风。

（三）西方国家推行“和平演变”战略直接导致了部分职业院校学生忧患意识的缺失

近几年，西方国家利用各种方式、手段，分化、西化社会主义国家，以自由、平等、人权为核心的西方政治思潮冲击着大学生的政治方向意识，这些都会对我国的意识形态产生冲击。特别是在对外开放的特定历史条件下，许多职业院校学生认为与西方各国的经济往来是在互惠互利、平等自由的基础上进行的。所以，意识形态中的信仰、价值观、道德观等没有本质上的差异。这种缺乏社会主义政治立场观点的错误认识和失去政治警觉的处世态度，销蚀了资本主义与社会主义的根本界线，从而导致部分职业院校学生的社会主义信念不坚定，并由此而产生道德准则的混乱。

二　从经济视角探析全球化时代职业院校学生忧患意识缺乏的原因

（一）经济调整和产业结构调整对职业院校学生忧患意识的影响

随着经济调整和产业结构调整力度的不断加大，大批国有企业转制、合并甚至破产，由此带来了劳动力结构的重大调整，使得大批职业院校学生毕业后进入非政府机关、国有企业工作或从事个体经营创业。他们更多地关注自身的生存和利益，远离政治环境，以与父辈截然不同的方式生活和工作，对社会变革的参与不积极，这必然会造成他们政治观念的淡薄，从而淡化忧患意识。

（二）社会主义市场经济的负面效应对职业院校学生忧患意识的影响

社会主义市场经济是一把双刃剑。市场经济的利益原则、竞争机制、等价交换原则，对培养职业院校学生自立、自强精神，强化竞争拼搏意识，树立求真务实精神，以及敢于维护群众正当利益的行为都有着积极的作用。但是，市场经济自身的盲目性、自发性特点和利益原则、等价交换原则的消极方面，直接或间接地影响到他们的人生价值取向，是他们拜金主义、享乐主义、极端个人主义错误价值观、政治观滋生的根源。

三　从文化视角探析全球化时代职业院校学生忧患意识缺乏的原因

（一）多元文化对职业院校学生忧患意识产生了极大的影响

在全球经济、文化交流日益发展的情况下，除了正统社会主义文化及西方文化，各种宗教文化思想都有复兴之势。各民族、各地区、各人群亚文化层出不穷，这些都在一定程度上造成了当前职业院校学生思想文化的多元化和不稳定化。近十年，无论是高雅文化、大众文化还是流行文化都表现出与正统意识形态疏离的倾向，在以培养应用型人才为目标，忽视传统文化培养的职业院校学生中表现得更为明显。在对外开放和学习西方先进技术和文化的过程中，西方的实证主义、历史主义、实用主义、存在主义等被介绍到中国，成为一部分大学生的处世哲学，西方民主、自由、平等、人权等观念为当代大学生所认同。广告文化、营销文化、服饰文化、西方文艺作品等对大学生的影响更是不容忽视。他们有计划地通过电视、广播、电影、书刊及音像制品等手段对我国意识形态进行有目标的渗透侵蚀，宣扬资本主义的美好，歪曲、诋毁、攻击社会主义、共产主义，进行文化侵略，引发了一部分大学生对终极性理想信念的蔑视和鄙弃，产生信仰和信念危机。更多的职业院校学生把实用主义奉为圭臬，成为讲实惠的一代，这直接导致道德失范、拜金主义等现象的泛滥，一定程度上淡化了职业院校学生的忧患意识。

（二）信息革命对传统社会结构、行为模式与价值观产生的重大影响直接影响了职业院校学生忧患意识的形成

信息革命对当代大学生成长的影响，远远超出了历史上任何一代人。网上空间具有的即时性、虚拟性、交互性、开放性与匿名性已经或正在成为许多青年人特别是部分思想散漫的职业院校学生迷恋的生活方式。对信息技术的过度依赖、大众文化的泛滥、高雅文化的消退、色情及消极文化的侵袭、消费心理的盛行等，会对部分职业院校学生造成一定的心理、思想影响，使他们淡漠国家民族观念甚至是非观念，影响忧患意识的形成。

四 从社会生活视角探析全球化时代职业院校学生忧患意识缺失的原因

（一）社会结构的转化对职业院校学生忧患意识的影响

一方面，“国家—个人”的两层型社会结构转化为“国家—民间机构—个人”的三层型结构，社会流动性不断加大，相对减弱了国家对个人的控制力，使个人对行政机构及其衍生物的依赖性大为降低，单位人正向社会人转变。社会个体可以更多地从个人兴趣出发去选择个人的生活方式，这势必会造成包括职业院校学生在内的广大青年政治观念淡薄、社会参与意识不强。另一方面，贫富两极化加剧。富有人数增加出现了中产阶级；贫困人口数巨大，失业人数不断上升。富人与中产阶级的价值取向、思维方式和行为方式对社会价值观影响越来越大。职业院校学生面对各种不同甚至相悖的价值取向存在理想和现实间的矛盾，感觉无所适从，以至于他们更注重眼下的现实，缺乏远大的理想。

（二）变革中产生的社会矛盾对职业院校学生忧患意识的影响

首先，改革开放对于全体人民来讲，是“第二次解放”。过去严重的失误使人们产生了急于致富的补偿心理，一些不正确的舆论导向使人们对改革开放的期望值过高。于是，不少人只要权利，不要责任，只想索取，不想奉献，把利益的获得视为天经地义，而对责任与义务的付出则视为可有可无。其次，改革开放产生了一些人们不愿看到的分配不公现象。与暴发户阶层相比，劳动阶层还相对贫困；许多大中型国有企业的

日子不好过；知识分子政策写在报纸上比落在实际中要华丽得多；等等。这种极不平衡的心理感受直接导致价值观念的转变。最后，对那些只拥有计划经济体制经验，没有经过市场经济培育的职工来说，要一下子从强烈的消极、依赖、被动中解脱出来，立即成为富有竞争的、充满主动的、积极的、创造型的人十分困难。有的因惰性太强跟不上形势，有的因缺乏竞争意识被淘汰，有的因不遵守"游戏规则"受到惩罚，这些社会转型中的不适应者对改革开放前后出生的职业院校学生价值观的形成有着非常重要的影响，从而也影响了他们忧患意识的形成。

另外，当前不少职业院校学生为独生子女，其家庭环境优越，从小被溺爱，形成自私自大心理，这就使他们当中不少人不可避免地在人生价值观方面出现种种弱点，如只讲索取、不愿奉献，价值取向急功近利；好逸恶劳、学习松弛、自私自利、不肯付出、敬业意识薄弱；害怕艰苦、贪图享受、爱慕虚荣、追求高消费等。这样，全球化下政治、经济、文化、社会生活的影响和职业院校学生个人自身存在的弱点和特点，就使职业院校学生对当前政治、经济、文化、社会生活等各个层面的现象不能进行理性的判断，造成了他们在一定程度上缺乏忧患意识。

参考文献

1. 蒋太福：《让学生有点忧患意识》，《基础教育研究》2000 年第 5 期。
2. 袁贵礼、邢建辉、田毅：《必须加强对大学生的民族忧患意识教育》，《中国高教研究》2001 年第 8 期。
3. 牛继玲：《数字鸿沟与大学生忧患意识教育》，《经济师》2003 年第 6 期。
4. 李瑢瑢：《论爱国主义中的忧患意识》，《求索》2004 年第 8 期。
5. 周亚越：《试论培养大学生忧患意识》，《思想教育研究》1998 年第 3 期。
6. 梁红敏：《邓小平的忧患意识与思想政治工作理论》，《毛泽东思想研究》2003 年第 4 期。
7. 詹文都：《论切实加强对青少年的忧患意识的教育》，《广西青年干部学院学报》2003 年第 5 期。
8. 邓小平：《邓小平文选》第 3 卷，人民出版社 1993 年版。

原文刊于《教育与职业》2008 年第 14 期

论职业院校思想政治理论课教学团队的培养*

李冬娜** 张 辉

摘 要：新时期面临的挑战对职业院校思想政治理论课教师的要求更高，因此，组建教学团队，切实提高教学实效性，具有重大意义。文章探讨了师范教育模式和校本学习模式两个基本培养途径。

关键词：职业院校；思想政治理论课；教学团队

职业院校思想政治理论课是大学生思想政治教育的主渠道。思想政治理论课是大学生的必修课，是保证职业院校为社会主义现代化建设培养高素质技能型专门人才的重要课程。众所周知，无论多么好的教学内容、教学方法、教学手段，都必须通过教师去掌握、运用与实施，才能体现其价值。2008 年 9 月，《中共中央宣传部 教育部关于进一步加强高等学校思想政治理论课教师队伍建设的意见》（教社科〔2008〕5 号）就高等学校思想政治理论课教师队伍建设提出了明确的要求。因此，在加强大学生思想政治教育过程中，建立起一支结构合理、素质精良、充满活力的思想政治理论课教学团队，提高教学实效性，具有重大意义。

---

* 本文系广东省高校思想政治理论课第一批名教师培养对象教学研究课题“高等技术师范院校思想政治理论课程建设研究”（课题编号：2006M008）的部分研究成果。

** 李冬娜，法学硕士，马克思主义学院副教授，广东省中职德育中心课程建设部主任，代表作：《高校道德教育模式溯源及其对当前道德教育的启示》。

一 新时期职业院校思想政治理论课教师面临的严峻挑战

（一）来自高等职业教育大发展的挑战

高等职业教育是于20世纪90年代末期才在我国兴起进而蓬勃发展起来的，虽然它在培养高素质技能型专门人才、丰富高等教育体系结构、顺应人民群众对高等教育的强烈需求等方面做出了重要贡献，并形成了自身的体系框架。但总体来看，由于发展时间短、投入不足、自身基础薄弱等多方面原因，其办学机制以及人才培养的规模、结构、质量还不能适应经济社会发展的需要，教学团队建设更是处于起步和探索阶段。当前职业院校思想政治理论课的教学主要以教研室为单位进行，教学团队还停留在一种形式上的组建阶段，甚至还没有组建，所以算不上有真正意义的思想政治理论课教学团队。我国高等职业教育呈现出跨越式的发展，尤其是在落实思想政治理论课“05方案”后，职业院校思想政治理论课教师所承担的对大学生进行思想政治理论教育和人文素质培养的重任更加强化了，相应地，对职业院校思想政治理论课教师的素质要求就更高了，这对他们来说是一个严峻的挑战。

（二）来自职业院校人才培养模式改革的挑战

社会主义高等教育更要体现国家的性质，贯彻社会主义教育方针，培养社会主义事业的建设者和接班人。我国的高等教育是全方位、多类型的教育，不同类型的高等教育具有不同的定位和使命。高等职业教育既不同于中技中专、职业高中教育，也不同于普通本科教育，它是位于两者之间的、顺应社会经济发展的一个新的高等教育类型。这种高等教育类型的独特性就在于它以“职业”为定向、以“技术”为定性、以“学院”为定格。职业定向表明职业教育不是向高一级教育机构输送新生的教育，而是为劳动者在上岗之前进行的高层次职业培训；技术定性表明它不应一味强调大学生专业理论知识的学习和研究，而是要培训职业所需的高层次专业知识和培养准熟练的应用型人才；学院定格表明它既不是中专教育，也有别于本科教育，培养的是具备扎实的专业理论知识、较强的专业实践能力和较高的综合素质的德才兼备、素质全面的人。职业院校思想政治理论课教师依据这个培养目标，理论传授要“精讲、管用”，实践环节要“心到、手到”。

（三）来自价值观念多元化的挑战

伴随着经济全球化，我国的思想文化领域基本形成了东西融合、多元发展之势，西方一些价值观念、生活方式给大学生带来冲击，我国大学生的价值取向发生了深刻的变化。从整体来看，当代大学生价值取向的主流是健康向上的，自立、竞争、公平、效率等时代意识明显增强；从个体看，由于他们正处于发展成熟期，身心塑造性大，其感觉器官和心理机能为“未特定化”。部分大学生尚未形成完整的、稳定的人生价值观念，对复杂性事物还缺乏正确的分析和判断能力，在一些问题上常常出现矛盾或多变状态。面对这一现实，要加强思想政治理论课的教育导向功能，大力弘扬爱国主义、集体主义、社会主义教育主旋律，切实提高大学生思想道德素质，思想政治理论课教育教学任务将更为艰巨，思想政治理论课教师必须具备全面而过硬的素质。

（四）来自现代信息技术的挑战

在网络时代，思想政治理论课教师与整个思想政治教育过程都面临着许多压力。在传统教育模式中，教师因为对信息的垄断性占有而生成了一种权威，处于相对优势地位。而网络的发展使大学生可以通过上网，方便地搜索到与思想政治教育内容有关的各种信息，有的甚至超越了课本和教师所讲的范围，改变了教师传递和发布信息的方式，使教师所拥有的话语霸权、优势地位受到了挑战。而且随着科学技术的发展，学科理论和方法的交叉、科学技术和经济社会的联系更加紧密，新的学科和技术的产生等，都使得思想政治理论课教师无论是在知识的传授、学术的研究，还是教育技术的运用上越来越依赖教师之间的紧密合作。另外，科技的飞速发展引起教育内容、教育方式、教学手段的更新，要提高教学效果和质量，不能依靠教师的“单兵作战”，而必须依靠“集团军”。

可见，新时期对职业院校思想政治理论课教师的要求是越来越高了，但当前职业院校思想政治理论课师资队伍建设还存在一定不足：教师队伍数量不足、素质有待提高、优秀中青年学术带头人缺乏；一些职业院校不同程度地存在认识不足、重视不够、管理不到位的情况等。因此，教学团队的组建，对切实提高职业院校思想政治理论课教学实效，具有重大的理论意义和现实意义。

二 职业院校思想政治理论课教学团队培养的基本途径

组建职业院校思想政治理论课教学团队的目的是通过向大学生传输马列主义、毛泽东思想和中国特色社会主义理论，对大学生进行基本理论的教育，引导大学生领会理论的精神实质，掌握科学的立场、观点和方法，进而帮助大学生树立正确的世界观、人生观、价值观，成为社会主义事业的合格建设者和可靠接班人。职业院校思想政治理论课教学团队的培养指的是两个方面，一方面是对职业院校思想政治理论课教学团队成员的补充；另一方面是在职教师的培养提高。

（一）师范教育模式

师范教育模式是师范院校对“准教师”进行教育的基本模式。师范教育作为一种社会现象和实践活动，是伴随着大工业的发展和教育的普及而产生的。从世界师范教育的发展历程来看，它经历了从初等师范教育到中等师范教育再到高等师范教育发展和变化的三个阶段，它是提高职业院校思想政治理论课教学团队成员素质的重要途径。

1. 改革高等师范思想政治教育的培养定位，由单一面向普通教育转变为同时面向普通教育和职业教育

目前，全国高等师范院校已建立起师范教育体系，有思想政治教育专业的设置，该专业承担着培养思想政治理论课教师的任务，但其培养的是面向普通高等学校的教师，没有专门面向高等职业教育。因此，高等师范思想政治教育必须改变以往面向普通教育培养师资的做法，要同时在培养目标、课程建设、教材教法等方面采取有力措施，保证职业院校思想政治理论课教学团队成员提高素质。

2. 设立师范教育资格认证，确定职业院校思想政治理论课教学团队

成员的入职标准

20 世纪末以来，职业院校思想政治理论课教学团队成员一般具有硕士研究生及以上学历，博士毕业生的比例逐年提高。就学科专业知识来说，这些新教师已经具有较高水平。但由于部分教师是非师范专业的毕业生，而且一毕业就走上教学岗位，没有受过教师职业的培训，其教育专业知识基本上是空白的。针对这一情况，国家教育管理部门推行了新任教师岗前培训制度。但这种培训偏重理论学习，只能初步提高相关的教育专业知识，忽视了与新任教师日常工作实际的联系，且相关课程多集中在较短时间内完成，还存在着很大的局限。从实践来看，大多数新任教师仍是自己在教学实践中摸索前行，往往要花费较多的时间，通过不断“试错”的学习方式，逐渐获得经验，从而达到本职业的基本要求。所以，职业院校思想政治理论课新任教学团队成员原则上应是中国共产党党员；应具备与思想政治教育相关专业硕士以上学位；应接受并通过师范教育的相关培训，教学内容除了教育学、心理学以外，还要有教材教法的内容，以及进行教学实习；工作期间应兼职从事班主任或辅导员工作；在事关政治原则、政治立场和政治方向问题上，不能与党中央保持一致的，不得从事思想政治理论课教学。

3. 推行在职继续教育，提高职业院校思想政治理论课教学团队成员的专业化水平

要根据“05 方案”的要求，有针对性地确定教学团队成员继续教育的内容，不断更新知识，大力提高专业素质，并使教学团队的整体和个体都形成合理的知识、技能结构及教学能力、科研能力、创新能力与管理学生的能力。培训的内容包括专业知识和现代教育技术两个方面。其中专业知识的培训可采取多种途径：支持教师报考博士、硕士研究生；选派教师参加以同等学力申请硕士学位课程进修班学习；选派教师作为国内外访问学者进行访问进修；选派教师参加有关学术会议、教学经验交流活动等。

（二）校本学习模式

校本学习模式是“以学校为定向”的在职培训模式，其初衷在于解决教育理论与实践之间的分离。

事实上，一些调查报告已经表明，国家开展的各种在职继续教育虽然对教师提高水平有积极作用，但对于一些边远地区的广大普通教师而言，能够获得的学习机会毕竟很少（不仅是机会，而且是次数以及较高级别的专业学习活动），其覆盖面也不大。如果说师范教育模式是受教育者基于角色（教师角色）认同而进行的一种外塑的行为，那么，校本学习模式就是教师基于个人职业成长所进行的一种内化行为。校本学习模式就是教师以学习者的身份，根据自身学习、工作的特点、需要、目的以及学习的内容、条件、性质而常常在学校里进行的学习，其目的主要是促进教师专业可持续高质量的发展。[①] 以本校校情、职业特点和职业院校思想政治理论课教学团队成员自身实际需求为出发点，有利于发现问题、解决问题，避免一些培训隔靴搔痒的弊病，有效而又省力地改进教学团队成员的素质，使全体成员都能不断取得发展和提高。[②] 因此，本文认为，这是职业院校思想政治理论课在职教师培养提高的主要途径。

1. 建立专业学习共同体

专业学习共同体是指一个由学习者及其助学者共同构成的团体，他们彼此之间在学习过程中进行沟通、交流，分享各种学习资源，共同完成一定的学习任务。针对职业院校思想政治理论课的教学，可以基于成员的学术背景、研究方向、学习期望、需要、兴趣、动机、能力、专长等组建教学团队，并学以致用，促进教师将教学信息转化为教学知识，再转化为教学能力、教学行动、教学素养以及学习共同体的集体竞争力和发展力。在一个具体的学习情境中，某一教学团队成员既是学习者，同时也充当引领者。如在“思想道德修养与法律基础”课的法制观教育部分，可由法律专业的教师充当引领者的角色，引领其他教师进行这方面的专业学习；“思想道德修养与法律基础”和“毛泽东思想和中国特色社会主义理论体系概论”都有社会主义核心价值体系的内容，可由研究这一方面的教师来担任引领者，引领其他教师进行学习，还可以对两门课的这一内容进行协调，避免重复讲或都不讲。专业学习共同体可以有各种类型，如有丰富专业知识型的学习共同体、交流经验技术型的学习

---

① 李志：《教师校本学习论》，广东高等教育出版社 2006 年版，第 4 页。

② 同上书，第 74 页。

共同体、反思教学思想型的学习共同体，也有承担课程或教学改革型的学习共同体，还有进行行动研究型的学习共同体等。

2. 开展电子化学习

电子化学习也叫 E-learning，是运用网络和信息技术管理、设计、传递、选择、交换、教学、支持、拓展各种学习的一种方式，是一种由互联网驱动的不受时间、地点、人员身份限制，开放、自主完成的大众化学习。电子化学习在全社会的普及面相当广泛，许多企业用于员工的培训和产品的推广，可以大大降低培训成本，提高效率。教师通过电子化学习，可以更方便、更及时地更新旧知识，获取新知识，增加知识量等。而在职业院校思想政治理论课教学团队培养中实施电子化学习，除了具有以上优点外，还更具有规范性、可操作性，可取得更高的效益。在实施时，由于有特定的目标，对对象所应具备的基本知识和专业技能有特定的要求，所以，对电子化学习整体设计，教学资源的设计、搜集、组织管理以及教学管理模式都要有一个规范的指导。电子化学习可以基于联入 Internet 的校园网，教师可以在校园网中得到对本专业极具针对性的、规范的、具有指导意义的指导方案和学习资源，又可以在 Internet 广袤的世界里探索无穷的知识。电子化学习相对于传统学习形式、培训方式，成本更低，学习时间更灵活，参与人员更广泛，信息获取更有时效。电子化学习除了需要计算机、网络以及其他电子学习的设备等这些硬件外，更重要的是教师还需具备参与电子化学习的技术条件。

3. 举办观摩课堂教学活动

教师通过观摩他人或自己的教学，可以获得自我的知识，形成对自己清醒的认识；基于对他人的观察，可以形成、重新建构和修正自己的教学，形成多种教学方式。尤其是新教师和年轻教师，通过观摩他人和自己的教学过程，能增强教学意识，更快地获得专业发展。

参考文献

1. 中共中央宣传部、教育部：《关于进一步加强高等学校思想政治理论课教师队伍建设的意见（教社科〔2008〕5号）》，2008年9月23日。

2. 李湘黔、李志远：《对政治理论课教学团队建设的几点思考》，《高等教育研究学报》2006年第9期。

3. 谢晓平：《高校思想政治理论课团队教学模式探讨》，《理论界》2007 年第 12 期。
4. 曲士英：《对高职院校思想政治理论课教师素质的深层思考》，《黑龙江高教研究》2006 年第 11 期。
5. 董杰：《论新时期思想政治理论课教师队伍建设》，《清华大学学报》2006 年第 S2 期。
6. 刘代成：《关于提高高职院校思想政治理论课教学实效性的思考》，《教育探索》2007 年第 7 期。
7. 李宗玲：《高职高专院校改进思想政治理论课实践教学与建立评估体系的研究》，《教育探索》2007 年第 9 期。

原文刊于《教育与职业》2009 年第 35 期

用科学发展观引领中职学校德育工作迈上新台阶

汪永智*

摘　要： 中等职业学校学习实践科学发展观，就是要坚持以学生成人成才为第一要义，强化立德树人意识，坚持以学生为本，做好教育管理服务工作，坚持学生全面协调可持续发展，充分发挥学生潜能，坚持统筹兼顾，构建合力育人机制。从而用科学发展观引领中等职业学校德育工作迈上新的台阶，促进中等职业教育事业蓬勃发展。

关键词： 科学发展观；中职学校；德育

中职学校学生的思想道德状况如何，直接关系到我国产业大军的素质，关系到国家和民族的未来。怎样把他们培养成为高素质劳动者和技能型人才，培养成为中国特色社会主义事业的合格建设者和可靠接班人，是摆在全党全国人民面前的一个重要任务。笔者认为，中职学校要充分利用深入学习实践科学发展观活动这个契机，认真贯彻落实全国第一次中职学校德育工作会议精神和教育部等六部门颁发的《关于加强和改进中等职业学校学生思想道德教育的意见》精神，深刻理解和把握科学发展观对中职德育工作的指导意义，深入研究加强和改进中职德育工作的

* 汪永智，教授，硕士研究生导师，律师，广东技术师范学院马克思主义学院院长，广东省中职学校德育研究与指导中心主任，代表作：专著《中职德育调查与研究》和受教育部委托主持起草的《中等职业学校学生公约》。

有效措施，促进广大中职学生健康成长，促进中职德育工作迈上新的台阶，促进中职学校各项事业取得新进展。

一 坚持以学生成人成才为第一要义，强化立德树人意识

科学发展观的第一要义是发展，落实在中职学校德育工作中就是坚持以学生成人成才为第一要义。坚持这个第一要义就需要摒弃单纯强调技能教育而忽视或轻视德育的狭隘发展观念，强化“育人为本、德育为先”的理念。一是把学生成人成才作为第一要务。中职学生的年龄和生理特征、学习基础和行为表现特点，决定了他们的成长处于人生观、价值观和世界观形成的关键时期；中职学生的职业性又决定了他们毕业后主要的发展方向是就业，这样就使得中职学校德育工作使命光荣、任务艰巨。因此，中职学校德育工作落实科学发展观中的第一要义，就是要根据中职学生思想道德和行为习惯特点，努力引导他们学会做人、学会学习、学会生活、学会合作、学会工作，强调学生先成人再成才，改变一些学校重技能素质培养、忽视职业道德养成教育等错误思想观念，通过多种途径促进中职学生“扬长补短”“德技双高”，使他们成为高素质劳动者和技能型人才。二是树立立德树人的德育工作理念。现实中许多用人单位在选拔中职毕业生上岗时更看重职业道德水平的高低和做人的基本素质。很多人员被用人单位“炒了鱿鱼”，主要原因不是技能问题，而是品德、素养问题。因此，无论是从国家发展的角度，还是学生个人成才就业的角度，中职学校都必须切实把德育放在教育工作的首位，并贯穿于学校教育教学的一切活动中，始终把学生思想道德素质作为第一位的素质，把学校德育工作作为第一位的工作。

二 坚持以学生为主体，做好教育管理服务工作

科学发展观的核心是以人为本，落实在中职德育工作中，就是要以育人为本，一切为了学生的发展，彰显学生的主体作用，努力做好学生的教育、管理和服务工作。一是要加强师德建设和学校各项建设，满足

中职学生成长和成才的实际需要，充分体现“教育以育人为本，以学生为主体”的原则。二是明确中职德育工作的标准。中职学生思想道德状况的主流是昂扬向上的，思想和行为特点鲜明，个性差异很大，有一部分学生学习基础相对较差，有个别学生日常行为习惯不良。怎样把每个中职学生都教育好、培养成才，怎样让学生学得顺心、开心，怎样让家长放心、舒心，怎样让用人单位满意、乐意，是检验中职学校德育工作实效的重要尺子，是考量中职学校办学水平的试金石。学习实践科学发展观，就是要在今后的工作中，以是否真正以学生为本、学生成人成才来判断德育工作的实际成效，来检验德育工作的进展情况。

三 坚持学生全面协调可持续发展，充分发挥学生潜能

科学发展观的基本要求是全面协调可持续发展，落实在中职学校德育工作中，就是要结合中职学生的实际，按照“扬长补短”的原则，促进中职学生的潜能得到不断开发，学生创造力得到不断激发，学生素质得到全面发展，各方面能力得到全面提升，并在心理等方面协调发展、和谐共进，奠定良好的素质基础，努力实现可持续发展。温家宝总理曾明确指出：“我们既要培养全面发展的人，还要培养和谐发展的人。”这对中职学生来说更加重要，必须通过教育和锻炼，提高其素质。一是要加强政治、思想、道德、法纪等素质的培养教育，特别加强职业道德教育，帮助学生形成良好的职业素养。二是要加强公共文化、专业技能等素质的培养教育，特别是要让学生有一技之长，为他们顺利就业、努力创业奠定扎实的专业技能基础。三是要加强身体、心理等素质的培养锻炼，特别是要加强心理健康教育，为学生面对复杂的社会生活做好抗挫等心理准备。四是要加强审美素养和艺术才能的培养教育，提高审美情趣，引导学生树立正确的荣辱观。同时，中职学校一定要结合中职学生的特点，坚持“扬长补短”的原则，充分挖掘其潜能，彰显其优势，弥补其不足，使育人的共性要求和学生个体需求有机结合，使各方面素养有机地融为一体，促进中职学生全面发展、成人成才。

四 坚持统筹兼顾，构建合力育人机制

科学发展观的根本方法是统筹兼顾，落实在中职学校德育工作中，就是要努力构建合力育人机制，整合学校、家庭、社会等各方面的资源，调动一切积极因素，共同做好中职学生的思想道德教育工作，努力做到“全员育人”“全程育人”“全方位育人”。“全员育人”是指中职学校的所有部门、所有教职工都负有育人职责，主要包括学生思想道德教育主体工作队伍的育人职责、学生各职能部门的育人职责、全体教师的育人职责。坚持“主渠道与多渠道交流，主课堂与大课堂交融”的工作方针，一方面充分发挥德育课的主阵地、主渠道作用，另一方面通过课外活动、社会实践等多种途径引导、促进学生成人成才。“全程育人”是指在中职学生学习成长的全部过程中都要加强德育工作，认真研究和掌握中职学生从入校到毕业、由低年级到高年级逐步成长的基本规律，精心规划和实施不同阶段的教育重点和方法措施，在学生每周、每天学习和生活的全过程中渗透思想道德教育的内容，使德育无处不在、无处不有，达到遵循规律、循序渐进、富有针对性和实效性的目的。“全方位育人”就是指在学校、家庭、社会的大环境中，通过各种途径、各种措施，多渠道、全方位、立体化地对中职学生实施德育，主要包括营造良好的社会环境，重视发挥家庭亲人对中职学生亲情教育的影响和作用，等等，积极探索学校、家庭、社会有机结合的育人机制。

原文刊于《中国职业技术教育》2010 年第 10 期

论高职院校思想政治理论课程建设的创新[*]

余 翔[**] 张 辉

摘 要：高职院校思想政治理论课程建设近些年取得了巨大的成就，但毋庸置疑的是，当下高职院校思想政治理论课程建设也面临着诸多挑战。只有充分认识高职院校思想政治理论课程的内涵和本质，以及其面临的各种挑战，采取切实有效的创新举措，才能使高职院校思想政治理论课程在改革创新中获得旺盛生机与活力，从而真正实现思想政治理论课的育人功能。

关键词：高职院校；思想政治理论课程建设；创新

高职院校思想政治理论课程建设近些年取得了巨大的成就，但不可否认的是，当下高职院校思想政治理论课程建设也面临着诸多挑战。只有充分认识到加强高职院校思想政治理论课程建设的重要性，采取切实有效的创新举措，才能使高职院校思想政治理论课程在改革创新中获得旺盛生机与活力，从而真正实现思想政治理论课的育人功能。

---

* 此文为广东省高校思想政治理论课第一批名教师培养对象教学研究课题“高等技术师范院校思想政治理论课程建设研究”（课题编号：2006M008）的研究成果之一。

** 余翔，法学博士，副教授，马克思主义学院副院长，广东省中等职业学校德育研究会副会长，代表作：《中国特色社会主义：概念演变与内涵升华》。

一 高职院校思想政治理论课程的内涵及本质

所谓课程，属于学校教育的范畴，是指学校设置的教学科目。从广义上讲，是学校所有教学科目的总和，或者说是学生在教师指导下各种活动的总和。从狭义上说，是指一门学科，或者说是一门科目教学内容的完整体系。

从“课程”的概念看，“课程”主要服务于教学，其侧重点在于教学和教育，着力方向在于“教”，而“教”至少包含着四层意思，即教什么、怎么教、教育谁、谁来教，实际上就是教学内容、教学方法、教育对象和施教者。课程建设包含人、财、物、方法和手段等要素，它是围绕课程的教学体系各相关要素进行的基础建设。[①] 从课程类型的划分来看，高职院校思想政治理论课程属于一种学科课程。也就是以学科知识或理论知识为基础建立起来的课程。高职院校思想政治理论课程是一种对大学生直接进行马克思主义理论与思想政治教育的课程。高职院校思想政治理论课程对学生思想政治观念起着直接指导作用，其课程学习不能停留在理论知识学习本身，而必须把它内化成个体内在的思想道德素质，并外化成自身的行为和行为习惯，进而在现实的社会实践中发挥作用。由此可见，高职院校思想政治理论课程具有很强的实践特点，是一种理论与实际相结合的十分紧密的特殊的学科课程。从高职院校思想政治理论课程的性质来看，思想政治理论课是一种集中无产阶级和广大人民群众意志、反映马克思主义意识形态要求、体现社会主义大学的本质特征的课程。从高职院校思想政治理论课程学科内容来看，高职院校思想政治理论课程讲授的具体知识内容是马克思主义学科研究形成的具体知识，其主要任务是对学生进行马克思主义理论教育，进行正确的世界观、人生观、价值观教育，其教育的主要指向是学生内在的思想政治结构，着眼于思想政治素质的提升，思想政治理论课程是“以学生为中心”的课程。从课程教学过程来看，高职院校思想政治理论课程的教学过程

---

① 罗建平、杨书萍：《论高校思想政治理论课程建设与学科建设的必要性》，《郑州航空工业管理学院学报》（社会科学版）2007 年第 1 期。

本质是教师和学生以思想政治理论课程教学内容为中介的特殊的教育活动。思想政治理论课程教学过程既是对学生精神世界的建构过程，或者说特殊的认识过程；同时也是一种思想政治教育过程，即对学生有计划地、系统地施加教育影响的过程。从高职院校思想政治理论课程设置情况来看，高职院校思想政治理论课程是一种国家课程，因为思想政治理论课程是体现社会性质和统治阶级意识形态要求的课程。[①]

综上所述，高职院校思想政治理论课程的本质可以归纳为三个方面：它是一种直接学科课程或者以理论形态为主要特征的课程；是一种体现社会主义大学本质特征和要求的德育课程；是一种国家统一制定和实施的、每一个大学生必修的公共基础课。

二　高职院校思想政治理论课程建设环境的现实挑战

思想政治教育环境是构成思想政治教育过程的要素之一，是思想政治教育系统的外部条件，是人的思想品德形成和发展的客观基础。一定的思想政治教育总是与一定的环境联系在一起并形成互动。在传统社会，环境的同质性、稳定性和封闭性比较突出；在现代社会，环境的多维性、复杂性和开放性进一步增强，并出现了媒介环境、虚拟环境和竞争环境等新的环境因素。环境的发展与思想政治教育的发展是相互的。环境的变迁决定了思想政治教育的改革和创新；思想政治教育的改革与创新反过来又优化和丰富了环境。[②]

正视新形势下的各种挑战以及由此产生的一些困境，是实事求是地评估高职院校思想政治理论课程建设成败得失，并在新形势下促进高职院校思想政治理论课程建设进一步创新的必然起点。

（一）国际国内环境变化带来的挑战

从20世纪90年代至今，国内外情势已经和正在发生着广泛而深刻的变化，这对高职院校思想政治理论课程提出了许多新的挑战。

---

① 骆郁廷：《高校思想政治理论课程论》，武汉大学出版社2006年版。

② 张耀灿、郑永廷、吴潜涛、骆郁廷等：《现代思想政治教育学》，人民出版社2006年版。

从国内环境来看，我国正处在社会转型期。随着改革开放的深入和社会主义市场经济的发展，社会经济成分、组织方式、就业方式、利益关系和分配方式日益多样化。与此同时，人们的行为习惯、思维方式、价值观念、生活方式等也随之发生重大变化，这必然会影响到高职院校思想政治理论课程。随着市场经济的推进与深化，多样化经济成分的并存、经济利益的驱动等，都使各种利益团体形成并出现多元化，人们的社会生活方式和社会组织形式也会呈现出多样化。这决定了在意识形态领域，多种思想观念会相互碰撞，使人们特别是青年大学生产生思想的困惑或混乱，因此会给思想政治理论教育带来一定的困难。

在社会转型时期，新的价值观、制度模式与法律体系还没有得到重构与完善，价值失落、道德失范等，会导致社会混乱和无序现象增多。社会转型一方面会引起人们树立竞争意识、民主意识、平等意识、参与意识、效益意识、法律意识等，促进全社会思想的解放和观念的更新；另一方面，在社会转型促进人们思想解放的同时，思想意识形态领域的多元、多样和多变现象会增多。

市场经济的功利性，使高职思想政治理论课的影响力受到挑战。市场经济的功利性如同一把“双刃剑”，它在唤醒人的主体性，给我国注入无限生机和活力的同时，其强调物质利益、追求利益最大化的特点也不可避免地带来了许多负面效应。市场经济的唯利性容易导致学生在利益选择上偏重物质利益而忽视政治、道德利益；在思想道德目标和内容选择上，注重个体目标忽视社会目标，注重多样性内容，忽视主导性内容，学生容易滋生拜金主义、享乐主义和极端个人主义。

就国际环境而言，经济全球化和现代高科技的迅猛发展使高职院校思想政治理论课教育面临着诸多挑战。① 首先，政治多极化、经济全球化对思想政治理论课教育带来的重大影响。在政治多极化与经济全球化进程日益加快的背景下，东西方思想文化的交锋，西方国家对我国加紧实施“西化”“分化”的战略图谋，通过多种途径加紧进行思想和文化渗透，大肆鼓吹和推销他们的文化价值观，坚持文化霸权主义，大搞文化殖民主义，占领社会主义的意识形态阵地，搞乱人们的思想。其次，国

① 方世南：《高校马克思主义思想政治理论课程改革创新研究》，人民出版社 2007 年版。

际共产主义运动的挫折对职业院校思想政治理论课教育的影响。苏联解体东欧剧变，国际共产主义运动遭到重挫，社会主义的前途与命运遭到质疑。随之而来的是不同程度的“信仰危机”的出现，有关“社会主义失败论”“共产主义破产论”与“马克思主义过时论”等论调不时出现。在这种背景下，思想政治理论教育的难度与复杂性会进一步增加。最后，信息网络对思想政治理论课教育提出的新挑战。现代信息革命使互联网络日益得到普及，网络已成为传播思想文化的新重要途径，而大学生便是其最大的参与主体。网络技术的普及和发展，拓展了思想政治教育的渠道和手段，为思想政治教育的创新和改进带来机遇的同时，也不可避免地会带来负面效应。网络的快捷性、虚拟性、交互性、平等性、自由性、非正式化、去权威化等特点，直接影响着大学生的思想观念、价值取向、思维方式、行为模式、个性心理等，很容易导致大学生的思想混乱，价值观的倾斜，道德人格的缺失，尤其是西方非马克思主义在互联网上的强势地位对大学生会产生严重的误导和操控作用。正如阿尔温·托夫勒在《权力的转移》中讲道：“世界已离开暴力和金钱控制的时代，而未来世界政治的魔方将控制在拥有信息强权人的手里，他们会使用手中掌握的网络控制权、信息发布权，利用英语这种强大的语言优势，达到暴力、金钱无法达到的目的。”①

（二）高等职业教育发展问题带来的挑战

尽管新世纪以来我国职业教育有了很大发展，但总体而言仍是我国教育工作的薄弱环节，面临的困难和挑战还很多。比如说，社会上还存在鄙薄职业教育的观念；各地区职业教育发展还很不平衡，投入仍显不足，办学条件较差的问题还比较突出；职业教育的管理体制、运行机制、办学模式、人才培养的规模、结构、质量等还不能很好地适应我国经济社会发展的需要，等等。在实际工作中，最突出的困难和问题是职业教育经费投入不足，职业院校办学条件较差，严重制约了职业教育的改革发展。统计数据显示，2006 年全国中等学校生均校舍面积仅 12.7 平方米，生均仪器设备价值 1890 元，生均图书 21.6 册，师生比为 1∶23.9。

① ［美］阿尔温·托夫勒：《权力的转移》，中央党校出版社 1991 年版。

而某些省份中职生均教育经费、生均公用经费都出现较大幅度下滑的问题，已经引起了领导和有关部门的高度重视。这些问题的存在也使得高职院校思想政治理论课程建设捉襟见肘。

高等职业教育是适应大工业生产而兴起和发展起来的，旨在以适应社会需要为目标，培养高等技术应用型专门人才。因此，高职教育在专业理论上以“够用”为原则，强化学生的技术操作。这在某种程度上增强了学生的就业竞争力，但其缺陷也显而易见，即将理论“够用”原则套用在思想政治教育上，压缩思想政治教育的内容和深度，从而弱化了对学生的思想政治教育。与高职教育模式相适应，大部分高职院校都能做到加大对学生的专业技能知识的学习力度，却容易忽视对学生的思想道德教育。高职高专教育的特点给思想道德教育工作带来了一定难度。

（三）高职院校学生的特殊性带来的挑战

高等职业教育作为高等教育的重要组成部分，其教育模式和教育主体都具有不同于普通高等教育的特殊性。因此，高职学生的思想政治教育既面临严峻的挑战，同时又具有一定的复杂性。作为教育主体，目前高职院校的学生与普通高校学生相比有着一定的特殊性。①

首先，生源类型层次复杂。高职生源有高中毕业生、中专毕业生、职高毕业生，以及五年高职毕业的学生等。虽然同样是作为计划录取的学生，但从成绩上看是普通高校招生的最后一个层次。这些学生学习基础相对较差，对专业知识的接受存在一定难度；在行为上自我约束力不强，思想活跃却相对散漫；思想认识上的肤浅性使得他们对思想道德教育存在一定的逆反心理。

其次，从学生心理上分析，自卑心理成为思想道德教育亟待解决的突出问题。从国家教育政策上看，高等职业教育是我国社会经济发展的必然要求，其兴起和发展成为人才培养的重要方式。但是从人们对职业教育的认识上看，高职教育一直在低层次教育中徘徊。他们认为进入高职院校是学生考不上“名牌”大学的无奈选择，而且在就业时还要面临单位的“不认同”甚至是“歧视”。这种观念给学生造成一种心理压力，

① 《当前高职高专学生思想道德教育新论》，《文秘知音》，www. wm338. com。

加上学习基础的差异，使学生产生自卑心理。这种心理问题的出现使得学生在处理问题时或者过分不冷静，走极端，或者逆反心理较强，形成某些过激行为，从而导致道德知行分离。

最后，高职院校的学生普遍存在道德认知和道德行为脱节的现象。作为青年大学生，他们同样处在知识水平、认识能力日渐提高、自我意识和人生观日渐成熟的关键时期，他们道德观念日益增强，道德评价能力逐步提高。但由于自身心理上的不独立或者没有独立的社会角色定位及社会风气影响等，又使得他们对道德行为的要求和监督还不严格，一些高职生还没有养成良好的社会公德习惯，从而出现道德认知和道德行为的脱节。

（四）应对挑战是加强高职院校思想政治理论课程建设创新的必然要求

进入新世纪，高职院校思想政治理论课经受着严峻的挑战，思想政治理论教育的环境、任务、内容、渠道和对象都发生了很大的变化。我们只有不断加强高职院校思想政治理论课程建设，才能使思想政治理论教育在引导大学生坚定对马克思主义的信仰、对社会主义的信念、增强对改革开放和现代化建设的信心、对党和政府的信任等方面发挥其应有的重要价值功能。学校教育，育人为本，德育为先。大学生是民族的希望，祖国的未来。只有加强高职院校思想政治理论课程建设，才能真正实现学校的育人功能。

加强高职院校思想政治理论课程建设，是新时期应对各种挑战的必然要求。改革开放以来，高校马克思主义思想政治理论课教育取得了很大成绩，在引导人、教育人等方面，发挥了重要的作用。但不可否认的是，当下高职院校的思想政治理论课教育也面临着前所未有的挑战。高职院校思想政治理论课在加强学科建设、完善课程体系、加强教材建设、改进教学方法、加强师资队伍建设、改善宏观指导方面，特别是在加强马克思主义思想政治理论课的针对性、实效性和吸引力、感染力方面，还存在不少亟待解决的问题。如何引导大学生正确认识当今世界错综复杂的形势，把握国际局势的发展变化和人类社会的发展趋势；如何引导大学生正确认识国情和社会主义建设的客观规律，增强在中国共产党领导下全面建设小康社会，加快推进社会主义现代化的自觉性和坚定性；如何引导大学生正确认识肩负的历史使命，树立正确的世界观、人生观和价值观，努力成为中国特色社会主义事业的建设者和接班人，是摆在高职院校思想政治理论课面前必须认真研究和解决的重大而紧迫的课题。只有保持清醒的认识，采取切实有效的课程建设措施，才能有针对性地加强和改进思想政治理论教育工作。

三　高职院校思想政治理论课程建设创新的路径分析

高职院校思想政治理论课程必须根据时代的要求不断进行创新，紧跟时代发展的潮流，不断研究新情况，解决新问题，形成新认识，开辟新境界，这是增强思想政治理论课程的吸引力、感召力、生命力的根本。所以，高职院校思想政治理论课程建设只有适势而行，努力走创新之路，围绕高职院校思想政治理论课程建设的总体目标，按照思想政治理论课程的价值功能，根据教书育人的原则，从课程教育载体和条件、课程教育教学环节、师资队伍建设等方面全面创新，才能切实增强思想政治理论课程的针对性、实效性和说服力、感染力。

（一）课程教育载体和条件的创新

1. 教材和课程体系建设

要坚持教育“三个面向”的发展方向，落实学校的办学理念和办学方针。要以理想信念教育为核心，以爱国主义教育为重点，以思想道德建设为基础，以大学生全面发展为目标，解放思想、实事求是、与时俱进。要坚持以学生为本，贴近实际、贴近生活、贴近学生，努力提高思想政治理论课的针对性、实效性和吸引力、感染力，培养德智体美全面发展的社会主义合格建设者和可靠接班人，使本部门各课程成为提高学生的思想政治素质、人文科学素质、身心健康素质和创新素质的重要课程。

教学内容的改革是思想政治理论课改革的核心。要根据中国社会政治经济的基本特点和青年学生的特点，改革不适应形势发展要求的教学内容，吸收和反映建设中国特色社会主义伟大实践中所产生的新的科学理论成果。要立足于对大学生进行系统的马克思列宁主义、毛泽东思想、邓小平理论和“三个代表”的重要思想教育，进一步推动邓小平理论和“三个代表”重要思想以及科学发展观进教材、进课堂、进大学生头脑的工作，帮助学生掌握中国特色社会主义理论的科学体系和基本观点，我们应把各课程作为德育教育和全面素质教育整体来建设，从教学内容、课时安排上作整体研究。核心是避免两个重复，一是避免与中学所教内容重复；二是避免各门课程内容的相互重复和自身重复。

要以马克思主义中国化的理论成果——毛泽东思想、邓小平理论和“三个代表”重要思想、科学发展观为中心内容，完善思想政治理论课课程体系。要开展马克思主义人生观、价值观、道德观和法治观的教育，引导学生树立高尚的理想情操和养成良好的道德品质，树立体现中华民族优秀传统和时代精神的价值标准和行为规范。要开展党的路线、方针和政策的教育，帮助学生正确认识国内外形势。通过充实教学内容，完善课程设置，形成结构合理、功能互补、相对稳定的课程体系。

要积极开设人文社会科学选修课程，拓宽思想政治理论课教育教学的领域。在开设好思想政治理论课必修课的前提下，根据高职院校学生特点，创造条件，开设相关的人文社科类选修课，使之与思想政治理论课教学相互配合，形成功能互补的思想政治理论课教育新体系。人文社科类选修课，既是对大学生进行人文社科知识的教育，调整改善学生知识结构的重要途径，又是思想政治理论课在形式和内容上的延伸和扩展，尤其在高职院校的德育中发挥着重要的作用，它寓德育于学科知识的传授之中，对大学生的思想产生潜移默化而又积极有力的作用，对培养和提高大学生的创新精神和科学实践能力发挥着不可替代的作用。尤其是在对大学生进行素质教育方面的作用更是显而易见的。高职院校应把加强人文社科类选修课的建设和管理，纳入整个教学管理与改革工作中，由教务处统一安排并实行开放式教学，规定学生必须选够一定学分课程，考核合格，方可毕业并取得学士学位。

2. 教学方法和手段的创新

要努力改进教学方法，广泛运用现代化教学手段，积极探索在新形势下有效进行思想政治理论教育的新形式和新途径。要充分发挥教师的主导作用，提高马克思主义理论的说服力和感染力。要充分发挥学生学习的主体作用，激发学生学习的积极性和主动性。教学方式和方法要努力贴近学生实际，符合教育教学规律和学生学习特点，提倡启发式、参与式、研究式教学。要研究分析社会热点。要多用通俗易懂的语言、生动鲜活的事例、新颖活泼的形式，活跃教学气氛，启发学生思考，增强教学效果。要精心设计和组织教学活动，认真探索专题讲授、案例教学等多种教学方法，积极推广名师大班讲授和小班辅导的教学经验。

要大力推进多媒体和网络技术的广泛应用，实现教学手段现代化。要建立教学资料数据库，实现资源共享。要革新教学手段，采用情景教学、模拟教学、案例教学、电化教学、多媒体教学、网络教学、实验教学、实践教学、社会调查等手段，增加吸引力，提高教学效益。要实施全程多媒体教学等现代教学手段，形成自己的多媒体教学课件体系。

（二）课程教育教学环节的创新

1. 备课（大纲、教案、课件等）

结合高职院校实际情况认真制定教学大纲。教学大纲将严格按照中宣部、教育部组织编写的高职院校思想政治理论课的内容进行编写，按照教育部的统一要求来确定课堂教学时数、课外实践教学时数，合理进行各章节的时数分配。根据教学大纲，认真组织集体备课，讨论教学内容，在厘清教材逻辑结构、体系，搞清楚教材重点、难点的基础上，要求各任课老师编写教学周历（教学计划）、教案、讲稿。在编写讲稿、教案的基础上，要求任课老师精心制作高职院校思想政治理论课的多媒体教学课件，保证每次课都能采取现代化的多媒体教学手段，以保证现代教学手段能在课堂得到运用，从而达到提高课堂信息量、提高学生听课兴趣、不断增强学习效果的目的。要利用校园网，开设高职院校思想政治理论课的网络课堂，既为学生课后自学提供一条重要的路径，也为解决学生问题、增强师生交流提供一条通道。要加强实践教学，并制订相应的教学计划，采取各种措施，与党团、社团、学生会等组织合作，不断增强学生参加社会实践的积极性、自主性。要切实加强资料室建设，通过采购一批最新的高质量的图书、适于高职院校思想政治理论课用的视频资料、参考性的多媒体教学课件等，为任课老师提供备课的有利条件。

2. 课堂教学

关于课堂教学，各任课老师在上课时要做到教学大纲、教学周历、教学讲义、教学教案等教学材料齐全，并根据教学大纲，结合教材，制作多媒体教学课件。为了提高学生的学习兴趣，增强教学效果，鼓励运用多种形式的课堂教学活动，如运用多媒体课件系统讲授法、影视教学法、主题演讲法、主题辩论法、学生上台讲课法等。所有课堂教学活动，均应精心设计，认真组织，确实有效。为进一步提高学生课堂教学的参与热情、活跃课堂气氛、保证课堂教学效果，各任课老师在教学中应把握好以下三个方面：一是结合高职学生成长过程中经常遇到的政治思想、道德心理、法律等方面的问题，有的放矢地开展教学，帮助学生解疑释惑，提高学生学习兴趣；二是紧密联系社会现实，不回避矛盾，运用马克思主义理论和其他相关学科的知识对典型事例进行有理有据的分析和阐述，增强说服力和感染力；三要坚持理论联系实际原则，引导学生运用正确的立场观点方法，分析和解决现实问题。

3. 实践（实训）教学

“实践能力强”是在高职思想政治理论课教学中渗透创新精神和创业精神教育的结晶；“能吃苦”体现了在学生意志品质训练上的正确引导，是思想政治理论课教师既教书又育人的硕果之一；“扎根一线”离不开细致的敬业精神的教育。这也是素质教育对思想政治理论课提出的重要任务和教育目标。

高职院校思想政治理论课所有课程都要加强实践环节。要建立和完善实践教学保障机制，探索实践育人的长效机制。要围绕教学目标，制定大纲，规定学时，提供必要经费。要加强组织和管理，把实践教学与社会调查、志愿服务、公益活动、专业课实习等结合起来，引导大学生走出校门，到基层去，到工农群众中去。要通过形式多样的实践教学活动，提高学生思想政治素质和观察分析社会现象的能力，深化教育教学的效果。

要加强实践教学，建立社会实践的长效机制。社会科学教学部的各门课程都要组织实践性教学，不断深化教育教学的效果。一是课程教学计划要安排实践性教学环节，从内容、课时到活动方式都要做出安排；二是要建立德育教学实践基地，在本地的革命纪念地和一些先进工矿企业和农村社区挂牌，组织活动；三是加强教师的实践活动，提高教师的理论水平和实践能力。

（三）“双师型”师资队伍建设

根据专业课“双师型”教师队伍的定义，结合思想政治理论课的特点，我们认为高职思想政治理论课“双师型”教师队伍就是以“双素质”教师为主体，以思想政治工作专职干部和辅导员为重要组成部分，以外聘教师为补充的教师队伍。思想政治理论课的“双素质”教师是指具有讲师（或以上）教师职称，能指导课程实践活动，具有企业政工师和学校政工干部素质并持有“双证”的思想政治理论课教师。培养“双素质”的思想政治理论课教师和建设“双师型”的思想政治理论课教师队伍，是由实现新形势下高职思想政治理论课教学目的所决定的。

高职院校思想政治理论课程建设的主要依靠和基本保证，在于优化队伍结构，建设一支专兼结合、功能互补、政治坚定、业务精湛的教师队伍。要按照专兼结合的原则，不断优化和充实高等学校思想政治理论课教师队伍。思想政治理论课教师队伍要向职业化、专业化、专家化发展。选人要坚持“高门槛、高素质、高待遇”，要以德取人。要加强中青年教师的培养和教师的社会实践活动，加强专兼职教师队伍的建设。

参考文献

1. 罗建平、杨书萍：《论高校思想政治理论课程建设与学科建设的必要性》，《郑州航空工业管理学院学报》（社会科学版）2007 年第 1 期。
2. 骆郁廷：《高校思想政治理论课程论》，武汉大学出版社 2006 年版。
3. 张耀灿、郑永廷、吴潜涛、骆郁廷等：《现代思想政治教育学》，人民出版社 2006 年版。
4. 方世南：《高校马克思主义思想政治理论课程改革创新研究》，人民出版社 2007 年版。
5. ［美］阿尔温·托夫勒：《权力的转移》，中央党校出版社 1991 年版。
6. 《当前高职高专学生思想道德教育新论》，《文秘知音》，www. wm338. com。

原文刊于《广东技术师范学院学报》2010 年第 2 期

论中职学校职业道德教育中兴趣教学法的运用*

李 琴**

摘　要：在中职学校职业道德教育中运用兴趣教学法不仅有利于提高课堂教学的实效性，还有利于提高中职生自我终身教育能力和创新能力。因此，必须积极探索兴趣教学法对整个教学环节的科学规划，实现学生知、情、意、信、行的相互统一和转化。

关键词：中职学校；职业道德教育；兴趣教学法

乐学是古往今来学者追求的最高学习境界，也是教书育人的最高目标。然而不少中职学校的职业道德教育课却常常被人认为与乐趣绝缘，洋溢在课堂上空的是严谨教条、呆板沉闷的气氛，这正是德育课实效性不高的一个重要原因。所以如何打破职业道德教育沉闷的学风和学生厌学的情绪，让学生乐学，是提高中职职业道德教育的重要手段。

所谓兴趣教学，是指教师为激发学生的好奇心、求知欲，使学生在情感愉悦中接受知识、掌握技能，以达到最佳教学效果，而对教学内容、教学活动、教学环节、教学手段及方法的整合与灵活运用。兴趣教学法

---

* 本文系全国教育科学规划“十一五”规划2010年度教育部重点课题“构建中职学校职业道德教育体系研究”（课题编号：GJA104003）的阶段性成果。

** 李琴，博士，历史学教授，硕士研究生导师，广东省中职德育研究会常务副会长，目前主要研究方向为马克思主义理论与思想政治教育、职业教育德育研究，广东省思政课骨干教师，代表作：《科学发展观视域下的中职学校职业道德课程体系创新》，承担多个省部级课题研究。

与中职学校职业道德课的契合能有效解决教与学中的困惑与难题，因此必须积极探索兴趣教学法与职业道德教育课有机结合的有效途径。

一　职业道德教育课运用兴趣教学法的必要性

目前中职学校对学生进行职业道德教育的主体课程有“职业道德与法律”“职业生涯规划”等，许多学校在实习实训中也适时开设一些职业道德教育课。在这些课程中运用兴趣教学法意义十分深远，对教师而言，是解决了教学中困境和难题的重要手段；对学生而言，是学生形成自我终身学习能力和具备创新意识的重要途径。

（一）兴趣教学法有利于提高职业道德课教学实效性

在目前中职学校职业道德教育中常面临着几大难题：一是现实社会的多元化对课程浓厚的主导性和社会意识形态的冲击，降低了学生对理论的信服度；二是市场经济和实用主义思潮对职业道德课价值的冲击，使学生对理论课程的实用性产生怀疑；三是职业道德课中较多的政策性、指令性、文件式的教学内容，使学生对理论课学习产生了望而生畏的情绪；四是职业道德教育课教学内容的严谨性和较强的社会意识形态控制对任课教师教学思维的冲击，使任课教师的教学方法单一、古板，导致中职学生对职业道德教育课的学习兴趣荡然无存。

而扭转这一局面的一个有效途径是运用兴趣教学法。当学生被多方面的智力兴趣和要求的气氛所包围的时候，他们就会产生强烈的学习愿望和探索精神，就会爱上职业道德课教学，从而提高职业道德课教学效果。

（二）兴趣教学法有利于中职学生自我终身学习习惯的养成

兴趣教学法有利于中职学生良好的自我终身学习习惯的养成，包括两层含义：一方面是自我学习意识的养成；另一方面是终身学习习惯的养成。

1. 兴趣教学法有利于中职学生自我学习意识的萌芽

人的自我学习意识不是与生俱来的，只有随着个体在不断的教育成长中，与他人、社会、环境的各种关系交往中，才能逐步形成真正独立、自主、自律、自强、能动的学习意识。受中国传统文化和教育模式的影响，多数中国学生从小就在父母和教师的安排下被动地学习，学生没有选择自己学习内容的权利，甚至无权选择考试志愿。在缺乏高考高压机制的约束下，没有明确自我学习意识的中职学生对学习漠不关心，注意力涣散，无精打采，整日逍遥自在，无所事事，上网聊天、看视频成了他们主要的功课。而“要唤醒那种无动于衷的学生，把他从智力的惰性状态中挽救出来，就是要使这个学生在某一件事情上把自己的知识显示出来，在智力活动中表现出自己的人格”①。“在智力活动中表现出自己的人格”就是指学生要拥有自我学习的能力。而这种自我学习的意识则来源于兴趣。人只有在从事符合自己的需要或感兴趣并由自身支配的活动时才会积极投入。这种主体意识的提高才会引起主体自主的学习。个体在学习过程中才会专心致志、全力以赴地投入。因此，持久的兴趣是促使学生形成主体性自我学习思想政治理论知识的基础条件。

2. 兴趣教学法有利于中职学生形成终身学习的习惯

21 世纪是“知识爆炸”的时代，任何人都不可能一劳永逸地拥有足够的知识，因此需要终身学习。而“终身学习的实现在很大程度上取决于个人对学习的兴趣、态度、习惯和能力”②。因为兴趣是刺激和推动学生学习的内部动机，它一旦形成和稳固，就不会因外部动机的消失而中断学习和求知。如果通过兴趣教学法使学生对职业道德课产生浓厚兴趣，并随着教师不断强化这种兴趣，将会使学生养成自觉学习和践行职业道德的行为习惯，从而促成学生终身学习理论知识的良好行为举动。

（三）兴趣教学法有利于中职学生创新能力的提高

创新是一个民族进步的灵魂，是国家兴旺发达的不竭动力。21 世纪的国际竞争主要表现为创新人才的竞争，因此把培养中职学生的创新能力作为教育改革的核心。研究表明，人的创新能力来源于创新思维，而

---

① ［苏］苏霍姆林斯基：《给教师的建议》，教育科学出版社 2005 年版，第 64 页。

② 郝克明：《跨进学习社会——建设终身学习体系和学习型社会的研究》，高等教育出版社 2006 年版，第 25 页。

创新思维的产生与兴趣是紧密联系在一起的。心理学研究证明，在学习过程中，如果大脑中有关学习的神经细胞处于高度兴奋，而无关的部分高度抑制，神经纤维信道的有关部分则保持高度畅通，“神经噪声”大大降低，信息传递达到最佳状态，人的思维最活跃，这时候人的创新思维也最活跃。兴趣教学法则有利于促使中职学生大脑中有关学习的神经细胞处于高度兴奋中，有利于创新思维的产生。

二 职业道德教育运用兴趣教学法的途径

道德教育的过程是一个让学生知、情、意、信、行相互转化统一的过程，因而在职业道德教育教学中运用兴趣教学法，并不是指单纯的教学方法，而是要对整个教学环节的各个阶段进行科学规划，通过合理地知识结构安排、有序地教学程序组织、灵活地教学手段和方法来实现学生行为能力的养成。

（一）以趣激志——课前学生求知动机的挖掘

这一环节要求教师在课前进行周密部署，巧妙设置兴奋点，激发学生强烈的求知欲。职业道德教育课教师要在上课之前做足功课，设法开启学生对本门课程的学习欲望。

1. 组建兴趣小组

组建兴趣小组是概论课开展兴趣教学的一个组织上的保障。分组一般按照自愿的原则组合，主张将志同道合的同学组织起来成为一个兴趣小组，这有利于今后各种兴趣教学活动的顺利开展。并引入激励机制，每个学习小组的表现将在期末公布，成绩最高的小组平时成绩将给予加分奖励。

2. 找出能激起学生求知欲的兴趣点

课前激发学生学习兴趣的方法很多，教师要根据不同的教学内容在上课前布置不同的预习功课。如可通过视听资料激起学生学习兴趣，还可通过问题讨论、汇报交流等方式来提高学生兴趣等。

（二）以趣增信——学生在课堂上情感认同的培养

这一环节主要是通过兴趣教学法培养学生对教学内容的情感认同，是前一个阶段的深入。课堂是教学的主阵地，也是充分运用兴趣教学法的主要场所。课堂教师要根据不同的教学内容采取灵活的教学方法。

1. 内容激趣法

内容激趣法是指教师在符合教学大纲的基础上，通过对教学内容进行优化组合、使之详略得当、重点突出、脉络清晰、具有前沿性、先导性和趣味性，能引起学生对教学内容产生强烈兴趣和求知欲得到最大满足。这是兴趣教学法中最重要的类型。一堂好课的标准永远都是“内容大于形式”，如果教学内容不够充实和引人入胜，教学方法再丰富，也难以获得学生认可。因此职业道德课教师要在符合教学大纲的基础上整合教学内容，对教材进行合理的增减归类，寻找出契合学生需要的兴奋点和兴趣点。对教学内容进行优化组合常用的方法有案例教学法、故事教学法、理论综述法、专题讲授法等。

2. 感观激趣法

感观激趣法是指教师通过掌握和运用必要的多媒体教学技能，利用文字、动画、漫画、图形、图像、实物、声音和视频等多种媒体元素设计教学过程，让学生处于立体感观的刺激中，从而极大地提高学习兴趣和学习效率。心理学研究表明，学习时参与感官越多，思维效率越高，学习效果越好，也越容易引起学生强烈的兴趣。因此在职业道德课教学中要尽量多地调动学生的听、说、看、写各种感官。

3. 情感激趣法

情感激趣法要求教师充分发挥自己的教学特长，用自己的情绪和情感去感染学生的情感，使之达到共鸣。职业道德课的说服力、感召力与教师的语言力度、语言技巧、语言风采密切相关。如果一个教师经常用严谨、简洁、精练、准确、风趣、抑扬顿挫的教学语言，就能拨动学生的心弦，促进记忆的持久、思维的活跃、想象的丰富，提高学生学习的兴趣。

4. 活动激趣法

活动激趣法是指教师通过开展不同的趣味教学活动，让学生参与到教学过程中来，激发学生的兴趣，同时加强理论与现实的联系。职业道德课的趣味教学活动种类很多，常用的有以下几种。（1）辩论法。辩论能培养中职学生树立正确的职业道德是非观念，提高学生的思辨能力，还能寓教于乐，培养学生分析社会现象和适应社会生活的能力。（2）讨论法。课堂讨论法分为随机讨论和专题讨论。随机式讨论可以采取答辩式，由学生敞开思想就这门课涉及的理论和实际提出问题，教师回答问题，学生直接和教师展开思想交锋。专题式讨论是针对带有普遍性的问题，教师出好题目并主持讨论，特点是讨论深入并且集中，学生之间不同认识的交锋，可以相互启发，调动每个学生参与活动的积极性。（3）角色互换。在一些难度适中、比较容易理解的章节教学中，教师可以适当与学生进行角色互换，让学生走上讲台讲课，教师坐在下面听课提问。最后再由教师对各组讲的内容做一一点评，指出不足之处，加以补充说明和阐述。

以上这些活动都可以采用竞赛的方式进行。总之，活动教学法的目的就是让学生的主体地位得到充分发挥和体现，在做到以生为本的同时，也会赢得学生的认可和喜爱。

5. 问题激趣法

问题激趣法是指教师通过创设问题情景，使学生达到激疑引思的效果。在职业道德教学过程中，教师要根据教材内容的要求适时、适当地向学生提出问题，或鼓励学生大胆地质疑，主动发现问题，提出问题。部分章节可以完全采用问题法进行教学。

（三）以趣促行——学生在课后行为习惯的养成

这一环节主要是通过兴趣教学法在巩固学生对教学内容的情感认同的基础上，促进学生的行为习惯养成，是前两个阶段所指向的终极目标。前两个阶段教学对学生进行的新奇刺激只是起到激活“兴奋点”的功效和“动机”阶段，要想这种“兴奋点”持久，并形成习惯，还要通过不断地实践。所以在职业道德教育课后，教师要善于巧妙布置作业，让学生在乐趣中不断回味和体验。这些作业形式很多，主要有：影视书籍作业，在讲述完相关章节后，布置一些视频作品让学生观看，以加深对课本知识的理解和研究；社会实践作业，让学生通过课后广泛的亲身实践，在实践中逐渐养成行为习惯，如让学生到工厂进行职业道德调查，撰写调查报告，召开专题社会调查汇报会；网络互动作业，教师在课前建立一套新型的师生互动网络平台系统，将学生必须看的补充课外资料、视频、论文、案例、作业都提前挂在网上，让每个学生凭学号登录浏览并完成各种作业；各类丰富多彩的课外活动作业，中职学校各种社团活动十分活跃，教师要及时指导或带领学生参加其中对职业道德课教学相关的课外活动。

总之，良好的兴趣是学习的强大动力。在兴趣教学法中，职业道德教育课教师要学会在课前有效地激发学生求知欲；在课堂上陶冶学生情感，增强理论说服力；在课后要通过各种活动使学生将理论付诸实践，真正做到知、情、意、信、行的有机统一，提高理论教学的实效性。

三 兴趣教学法在职业道德教育中要注意的几个问题

（一）初级兴趣与稳定兴趣的关系

兴趣的发生是有层次性的。有学者将之分成有趣、乐趣、志趣三个层次，还有学者将之分成直接兴趣、间接兴趣和稳定兴趣三种。无论何种划分都是认为兴趣的产生是由低到高逐层递进的。

第一个阶段一般是外界事物给人的感官以强烈的刺激，引起大脑的兴奋喜悦或情感的冲动，从而使人们对它们产生兴趣，但这一阶段兴趣虽然发生得很快，却不持久。第二个阶段，兴趣的产生不再单纯依靠外在的刺激，而是人内在个体已经形成了对某一客体比较稳定的特殊的爱好，它主要来自人的思维。这时人们的兴趣会向专一的、深入的方向发展。第三个阶段是兴趣的最高阶段，也是兴趣最稳定的阶段，它不会因外界的变化而改变，而且通常与崇高的理想和远大的奋斗目标相结合，其持续时间长，甚至终身不变。因此，这一阶段的兴趣是我们兴趣教学法的终极目标。

以上这三个阶段的发展是逐层递进不断向前发展的。前一个阶段的兴趣得以不断巩固刺激就会向更高层次的兴趣转化。教师在职业道德课的课堂教学中采用兴趣教学法引起学生的兴趣一般属于第一和第二个层次。如果教师不继续加以引导、刺激、巩固，就很难让兴趣发展到最稳定的阶段，甚至有可能半途而废。因此，职业道德课教师要制定兴趣教学的长效机制，只有不间断地让学生对学习保持强烈的兴趣，才能过渡到第三个阶段即稳定时期，这时的兴趣已完全内化到学生的意识之中，成为学生终身受益的学习行为习惯。

（二）兴趣教学的“浅”与教学内容“深”的关系

兴趣教学法一般在小学教学中运用得比较多，而在中职学校职业道德教育中，许多教师不屑提倡兴趣教学法，认为其过于形式化，甚至与教学内容的理论性、系统性、深入性的特点格格不入，兴趣教学法有可能会降低教学内容的难度、深度和广度。其实这是一种误区。小学阶段采用的兴趣教学法的途径和方式由于受到学生年龄和认知水平的限制，往往很单一。但到了中职阶段的兴趣教学法采用的形式和手段大大超过中小学阶段。如中职阶段的兴趣教学法中可以用专题讲座、社会实践调查、网络互动教学，这些都是在小学阶段难以实施和开展的，而这些手段和方式却是对教学内容的深化。所以在运用兴趣教学法的过程中要经常选用符合中职学生身心发展水平的兴趣模式，才更能激发中职学生的学习兴趣，使教学取得实效。

总之，良好的兴趣是学习的强大动力，职业道德教育课要想取得实效必须激发学生的学习兴趣，这样才能使课堂教学形成强大的教学磁场，提高中职学校职业道德教育的实效性。

原文刊于《教育与职业》2011 年第 30 期

科学发展观视域下的中职学校职业道德课程体系创新*

李　琴** 汪永智

摘　要：科学发展观为中职学校职业道德课程体系的创新提供了理论源泉和新的要求。本文认为在课程体系的构建中要遵循科学的原则，在此基础上将课程体系各组成要素合理优化组合，形成相互衔接、相互促进、结构合理、功能互补的创新型课程体系。

关键词：科学发展观；中职学校；职业道德；课程体系；创新

胡锦涛同志在十七大报告中明确指出科学发展观“是我国经济社会发展的重要指导方针，是发展中国特色社会主义必须坚持和贯彻的重大战略思想”。这给中职学校职业道德课程体系的构建提供了理论源泉。科学发展观视域下的课程体系是指在科学发展观的指导下，依据相关教育理念，将课程的各个构成要素加以排列组合，使各个课程要素在动态过程中统一指向课程体系目标实现的系统，从而做到把握规律性、体现时代性、富于创造性、注重实效性。

---

* 本文为全国教育科学规划课题2010年度教育部重点课题“构建中职学校职业道德教育体系研究”（课题编号：GJA104003）和广东省教育科学规划2010年度教育厅委托课题“强化中职学校德育工作时效性对策研究”（课题编号：TJW2010002）的研究成果之一。

** 李琴，博士，历史学教授，硕士生导师，广东省中职德育研究会常务副会长，目前主要研究方向为马克思主义理论与思想政治教育、职业教育德育研究，广东省思政课骨干教师，代表作：《科学发展观视域下的中职学校职业道德课程体系创新》，承担多个省部级课题研究。

一 科学发展观指导中职学校职业道德课程体系创新的必要性

（一）科学发展观为中职学校职业道德课程体系创新提供了新的理论源泉

首先，科学发展观既是中职学校职业道德课的指导思想，又是其重要内容。科学发展观是马克思主义中国化的最新理论成果，是当代中国共产党人关于发展的本质、目的、内涵和要求的总体看法与基本观点，是指导中国发展全局的世界观、价值观和方法论，因而也是中职学校职业道德课程体系创新的指导思想。与此同时，科学发展观又是中职学校职业道德课的重要内容。新中国成立以来的历史证明，中职学校职业道德教学内容的调整总是与当时最新理论成果密切相关，总是体现马克思主义中国化的最新理论成果。中职学校职业道德课程体系的方方面面都要反映和体现科学发展观。

其次，科学发展观为中职学校职业道德课程体系的构建与创新提供了强大的理论源泉。十七大报告指出："科学发展观，第一要义是发展，核心是以人为本，基本要求是全面协调可持续，根本方法是统筹兼顾。"这些理论是我们构建中职学校职业道德课程体系的理论指南。

第一，科学发展观要求中职学校职业道德课程体系必须坚持不断发展创新。中职学校职业道德体系是一个不断发展的动态体系，需要不断根据时代的发展需要而及时做出调适，做到与时俱进。同时，发展的动力是创新，创新是科学发展观的重要内容。在科学发展观这种创新品质的指导下，中职学校职业道德课程体系在发展中要不断创新，不仅要解放思想，冲破思维定式，由被动向主动转变，而且要积极努力探索新形势下中职学校职业道德课程体系的规律和办法，提高破解难题的本领，增强职业道德教育的实效性。

第二，科学发展观要求中职学校职业道德课程体系构建要坚持以生为本。以人为本是科学发展观的核心。以人为本全面回答了为谁发展、靠谁发展、发展成果如何分配，是我们党的根本宗旨和执政理念的集中体现。中职学校职业道德课程体系的建设也要坚持以人为本的理念，反映在教学中就是必须坚持“以生为本”的理念，把促进中职学生发展作为一切工作的出发点、落脚点，在课程体系的构建中要理解学生、尊重学生、帮助学生，既要为学生的就业着想，也要为学生终身发展服务，努力构建生本课程体系。只有这样，才能增强职业道德教育的针对性和有效性。

第三，科学发展观要求中职学校职业道德课程体系构建要坚持协调意识及全局意识。科学发展观的基本要求是全面协调可持续性，根本方法是统筹兼顾。反映在中职学校职业道德课程体系的构建中就是要坚持协调意识和全局意识。协调意识是指职业道德课程体系各构成要素要和谐统一。课程体系的构建是一个系统工程，需要协调好各构成要素，才能发挥整体大于局部的作用。全局意识是指中职学校职业道德课要立足于党和国家工作中心，保证职业道德课程体系发展方向，同时又要立足于时代需求，把职业道德课面临的新情况、新问题、新矛盾，从全局上、战略上谋划工作的长远规划，跟上时代步伐。

（二）用科学发展观指导中职学校职业道德课程改革是解决课程实际问题的迫切需要

目前，中职学校职业道德课程体系建设在国家的方针政策指引下，已走向正轨，为国家和社会培养了大批思想品德过硬的建设者。但也存在一些不科学、不合理的问题。

首先，课程设置过于大众化和滞后性。2009 年在新的一轮中职学校德育课改之后，虽然中职学校职业道德课的设置加入了较多职业特色，但课程内容仍然有些缺乏针对性，忽视学生专业、个性，考虑学生的年龄、心理特点、家庭背景、文化基础等个性内容较少，反映学科前沿的东西不多。

其次，课程体系各要素组织不合理，课程配比不当。目前不少中职学校职业道德教育各类课程的比例搭配不合理，如必修课程与选修课程比例不当，多数中职学校仅开设了职业道德与法律、职业生涯规划等必修课，而忽视选修课程的设置；显性课程与隐性课程比例不当，忽视隐性课程的建设；理论课程与实践或活动课程比例不当，忽视了活动课程的设置等。

再次，教学手段方法单一。在目前中职学校职业道德课程体系实施中，仍以教师讲授理论为主，不能综合运用多种教学方法和多媒体手段教学的教师还大有人在，这就使得教学效果不佳，学生兴趣不高。

最后，课程保障机制不到位。如多数中职学校为了生存，本着“以就业为导向”的教学目标，增加实训教学和实践教学时间，而不断压缩德育课这类与学生就业关联不强的课程。还有一些中职学校教师队伍建设不完善，从事职业道德教育的教师异常缺乏，导致相关教师教学任务重，教学效果难以保证。

要解决以上问题必须解放思想，必须在科学发展观的指引下，将中职学校职业道德教育课程体系各个构成要素进行合理科学的组合。

二　科学发展观指导下中职学校职业道德课程体系创新的原则

科学发展观的根本方法是统筹兼顾，要求我们在中职学校职业道德课程体系的构建中要做到总揽全局、协调各方、统筹谋划、兼顾全面，妥善处理各种关系。为此，要努力遵循以下几个原则。

（一）主导性与多样性相结合的原则

主导性是指在中职学校职业道德课程体系的构建中要坚持社会主义方向，坚持马克思主义意识形态的统治地位，必须以马克思列宁主义、中国特色社会主义理论体系为指导，决不搞指导思想的多元化。

多样性是指在中职学校职业道德课程体系的构建中要坚持教学内容的多样性。多样性的教学内容是指“一切有利于解放和发展社会主义社会生产力的思想道德，一切有利于追求真善美、抵制假丑恶、弘扬正气的思想道德，一切有利于履行公民权利与义务、用诚实劳动争取美好生活的思想道德”。而且每个中职生的生活背景不同，心理素质、生理素质、社会素质、学习风格不相同，尤其是专业不同，使他们对学习生活期望、发展潜力、道德素养等各个方面的要求也表现出较大的差距；再加上各个企业对人才职业素养的侧重点也不尽相同，这就要求中职学校职业道德课程体系要根据学生和社会的实际需求和状况，开设对学生身心发展有益的多样化课程。

（二）稳定性与时代性相结合的原则

稳定性原则就要求中职学校职业道德课程建设必须要配合党的各项方针政策，为社会主义革命和现代化建设服务，并与社会主义道德的原则相统一，保持职业道德课程体系的相对独立性和稳定性。

时代性原则，就是要求中职学校职业道德课程体系的构建要把握规律性，体现时代性特征，积极适应形势的变化，契合企业需求，随时间的发展而发展。一方面，职业道德与市场紧密相连，随着市场经济的不断完善，职业道德的内容必然会不断发展变化；另一方面，职业道德还与职业紧密相连，随着一些新的职业的诞生，职业道德内容也会不断增加。如近年出现的信用管理师、网络编辑员、黄金投资分析师、微水电利用工和智能楼宇管理师等新的职业，一旦经过劳动和社会保障部的认定，就会有新的职业道德要求。

（三）整体性与层次性相结合的原则

中职学校职业道德课程体系的构建具有整体性，是指将课程体系视作一个由各要素按科学规律组成的有机整体。在中职学校职业道德课构建过程中，要科学配置各种要素，合理规划和处理核心主导的课程和日常多样的课程的关系，必修课、选修课和拓展性课程的关系，充分发挥“整体大于局部的功能”。

层次性原则是指在中职学校职业道德课程体系构建中要了解学生和教学内容的层次性，从教学规律和学生的不同个性及成长规律出发，制定不同层次的课程。首先，从纵向看，要科学、合理安排课程授课时序。职业道德的教学过程通常经过由浅入深的三个阶段：职业道德规范教育、职业道德意识培养、职业道德活动形成。其中职业道德规范由于比较直观，是学生最容易接受的教育内容。职业道德意识是在系统学习职业道德规范的基础上，经过学生反复思考、认真领悟，才能逐渐将职业道德规范内化为自我意识，达成情感上的共鸣，从而形成坚定的意志和信念。这一过程具有一定的难度。职业道德活动是学生将内化的职业道德意识通过实际行动表现出来，这必须在前两个层次有效教育的基础上才能形成。这些教育内容呈现出由低到高、由浅入深的发展趋势（图 1）。所以在中职学生的职业道德教育中要根据不同年级学生身心发展的特点开课。一年级学生注重职业道德规范的学习，二年级学生注重职业道德意识的培养，三年级学生注重职业道德实践活动的锻炼。可见，职业道德教育过程就是一个“知、情、意、信、行”不断转化、统一的过程。

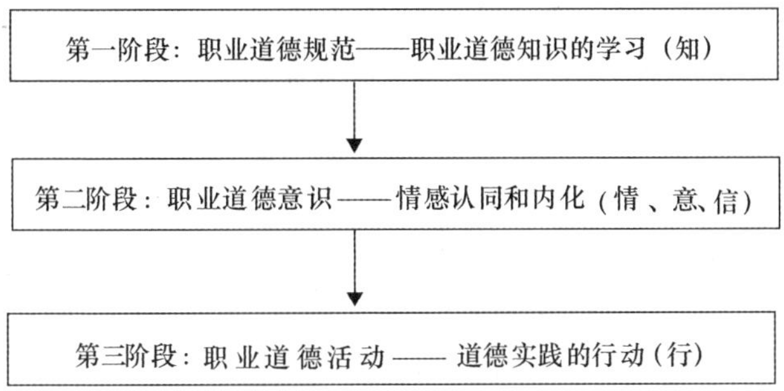

图 1　职业道德教育的纵向层次

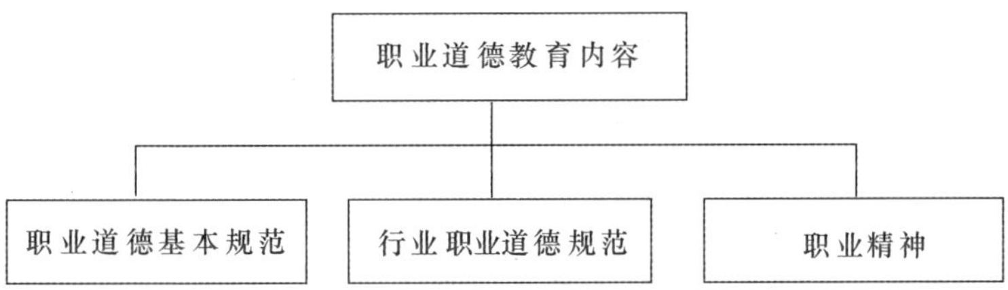

图 2　职业道德教育的横向层次

其次，从横向上看，职业道德教育的内容也十分丰富，应根据学生的实际情况分层次、分重点地进行。职业道德就是在一定的职业活动中所应遵循的，且具有自身职业特征的道德原则和规范，它的具体内容包括（图 2）：其一，职业道德基本规范，是指各行各业共同遵守的职业道德规范。2001 年 9 月，中共中央印发的《公民道德建设实施纲要》指出：要建设以“爱岗敬业、诚实守信、办事公道、服务群众、奉献社会”为主要内容的社会主义职业道德。这是每一个从业人员都应遵守的基本行为准则。其二，行业职业道德规范，是指不同行业的特殊职业道德要求。恩格斯曾指出：“每个阶段，甚至每一行业都各有各的道德。”随着社会主义市场经济的日益发展，越来越多的行业都制定了不同的道德规范，成为规范本行业职工行为的特殊约束力。其三，职业精神，是从业人员对职业的价值观、态度和行为规范的总和，包括职业信念、价值观念、行为准则及对本职业的归属感、责任感和信誉等内容。职业精神和职业道德都是社会意识形态，特定的职业道德总是包含着特定的精神涵养和情操，而职业道德是职业精神的外在表现。职业精神虽然没有职业道德规范那种强烈的约束力，但它影响着从业者形成具有导向性的职业心理、职业习惯和职业精神风貌。因此，在进行职业道德教育时，要对学生进行职业精神教育。

三 科学发展观指导下的中职学校职业道德课程体系的创新

课程体系是一个具有特定功能、特定结构，开放性的知识、能力和经验的组合系统，它包括教师、学生、教学内容及载体、课程教学方式与教学手段、教学环境条件、实验实习实践条件、课程质量监督与效果评价、课程管理等诸要素，其中最重要的可以归纳为课程理念要素、结构要素和实施保障要素。科学发展观强调全面协调发展，因此在科学发展观的指导下，中职学校职业道德课程体系创新必须是课程理念要素、结构要素和实施保障要素三方面的统筹兼顾和协调发展。

（一）科学发展观指导下的课程体系构建理念的与时俱进

科学发展观是与时俱进的马克思主义发展观，同时科学发展观也具有与时俱进的理论品格，深入学习实践科学发展观，需要深刻领会它的创新思维，牢固树立创新观念，以改革创新精神推动中职学校职业道德课程体系的创新。

首先，要明确中职学校职业道德课程体系创新的特殊性。不同的人才培养目标有不同的课程体系的价值取向。长期以来，不少中职学校在职业道德教育过程中，常陷入是培养“社会人”，还是培养“企业人”的矛盾冲突中。传统的教学模式主要培养的是“社会人”，职业道德课程设置比较全面和系统。而“企业人”的培养模式是指与某些企业的职业道德诉求联系在一起，是一种单一、适用的教学体系。在当前实用主义和功利主义的影响下，“企业人”培养模式受到不少中职学校的青睐。然而从中职教育的基本任务来看，是培养与我国社会主义现代化建设要求相适应的，德、智、体、美等方面全面发展，具有综合职业能力，在生产、技术、服务和管理第一线工作的高素质劳动者和专门技术人才。这种综合型、复合型人才培养目标就决定了学校不能将职业道德教学内容设置得过于实用化和专业化，必须在遵循学校教育的特殊功能和规定的基础上，与社会和企业道德需求紧密联系，不能只培养“企业人”，而是将培养“社会人”和“企业人”统一起来，培养具有较强适应性的高素质人才。

其次，在中职学校职业道德课程体系构建过程中，要善于吸收新的课程理念或模式以及学术界最新的研究成果和实践成果，始终保持课程理念位于时代前列。唯有这样，才能真正构建出符合时代要求的课程体系，培养出高素质的技术应用型人才。

（二）科学发展观指导下的课程结构的创新

内容要素也称为结构要素，主要是指课程体系的组成成分、课程的联系方式和组织形式。目前许多中职学校职业道德课程体系在许多方面进行了改革实践，但大都局限于开设有限的辅助性单一课程方面，对课程的整体构想和建设缺少比较系统和科学的研究。所以我们必须以科学发展观为指导，重新构建职业道德教育课程体系结构框架，将各类课程相互衔接，相互促进，良性互动，既要考虑学生当前发展的需要，也要考虑学生未来发展的需要，从而呈现出结构合理、功能互补、相对稳定的结构态势。

1. 以必修课程为主渠道

首先，要以职业道德必修课为主体。2008 年 12 月教育部印发了《关于中等职业学校德育课课程改革与教学安排的意见》（教职成〔2008〕6 号），新一轮中等职业学校德育课课程改革方案正式启动。这次课程改革规定必修课包括“职业生涯规划”“职业道德与法律”“经济政治与社会”“哲学与人生”4 门课程。其中与职业道德课程有关的课程是“职业生涯规划”和“职业道德与法律”。这两门必修课是整个职业道德课程体系中的核心课程，职业道德课程体系的构建必须围绕这两门必修课展开。

其次，还要以学生专业必修课为两翼。除了上好职业道德必修课外，还要在学生专业必修课教学中渗透职业道德教育。目前，在发达国家中，在专业课中渗透职业道德教育是一种较普遍的做法，如德国中职学生1—2天在学校学习，3—4天参加实际工作，学校仅开设宗教课、公民课两门德育必修课，而职业道德教育主要在渗透到专业课程的教学和实习中。职业道德与专业学习是紧密相连的，不同专业在发展中总是体现了某种道德和职业道德精神。所以要改革现有的专业教学模式，逐步形成在专业课教学中开展职业道德教育的新模式。

2. 以选修课程为辅助

中职学校职业道德课程体系中除了加强必修课的建设外，还要开设丰富的选修课。首先可开设基础理论选修课，这是提升中职学生职业道德基本素养的选修课程。如可开设职业道德与职业素养、中职学生职业道德与礼仪实训、职业道德史等。其次还可开设突出中职学校特色的选修课。课程设置应力求体现高职教育特色和专业特点。结合不同的专业实际，分别编写经济类、工程技术类、教育、艺术类不同专业选修课。如经济师的职业道德、教师职业道德、顶岗实习期的职业道德养成等。此外，还可开设一些契合学生成长规律的选修课。如针对不同年级的学生成长发育中的不同问题，开设不同的选修课。

3. 以专题讲座为补充

在构建合理的必修课和选修课的基础上，中职学校职业道德课程还要根据教学目标和学生的要求，灵活开设专题讲座。中职学校的专题讲座应有别于普通院校的专题讲座，应重点突出实用性和职业性。一方面由本校教师定期向不同专业的学生开设不同系列的专题讲座，以提高学生学习理论知识的针对性。另一方面还可以邀请校内外知名企业为中职学生开设职业道德专题讲座，不断提高学生职业道德综合素质。

4. 以实践课程为巩固

马克思在《〈政治经济学批判〉导言》中提出人类掌握世界的方式有四种：科学的方式、艺术的方式、宗教的方式和实践精神的方式。道德就是以实践精神的方式把握世界的方式之一。实践课是中职学校生存和发展的生命线，中职学校职业道德课必须加强实践课教学环节。

其一，要与课堂理论教学同步，积极开展第一课堂实践。在职业道德课堂理论教学的过程中，要利用课堂讨论、辩论、演讲、播放影视片等方式，创造条件让学生参与教育和教学过程，以提高学生学习的积极性和分析问题、解决问题的能力，达到主动实践、自我教育的目的。

其二，要与校园文化建设同行，有计划地以职业道德教育为中心开展系列社会活动，使学生在各种社团活动中提高职业道德实践能力。职业道德教师在课余时间应加大对学校各种学生社团的指导力度，引导学生积极参与校园公益活动、社团组织、校园文化建设等实践活动，指导学生养成良好的职业道德习惯，培养学生的职业兴趣，锻炼学生的意志品质，发扬积极进取、团结协作精神。

其三，要与社会和专业实习联手，开展第三课堂社会实践。一是建立课程实践基地。可以把课堂设在工厂车间、企事业单位服务场所和田间地头，请生产第一线的优秀专家和企业家、劳动模范、先进工作者做德育兼职教师，通过他们以身示范、典型感染来达到对学生进行职业道德教育的目的。二是借鉴和引进职业道德素质拓展项目，建立职业道德实训基地。教师和培训机构要通过精心设计职业道德相关活动对学生的集体意识、团队意识、拼搏精神、挑战自我精神等进行训练。三是积极开展好学生寒暑假的社会实践活动。中职学校职业道德课教师可利用节假日或寒暑假，组织学生围绕相关职业道德主题开展调查研究，并写成报告。四是在学生专业实习中渗透职业道德教育。如将专业实践教学基地纳入职业道德实践课的基地群，使职业道德课实践教学和德育课的实践课达到双赢的局面。

（三）科学发展观指导下的课程实施保障要素的创新

科学发展观指导下课程体系的实施保障要素的创新是指职业道德教育教师队伍的建设、资金投入、课程体系实施场所，以及作为实施反馈的课程体系评价等要素的综合全面、平衡协调的发展。

首先，要建设一支具有创新精神的教师队伍。中职学校要配备足够数量且思想道德、专业理论素质过硬的职业道德教育专职教师从事教学。要求教师根据时代的发展变化及时更新教学内容和方法，创新的职业道德课程需要有创新精神的教师才能更好实施。

其次，要保证课程创新的资金和场地投入。在资金投入方面，中职学校应该在全校课程计划中调拨专门的经费，支持职业道德课程体系的教学和建设。还要有职业道德课程创新的场地。目前有些中职学校已建立了大型的职业道德课实训室，为中职学校职业道德课程的创新奠定了物质基础。

最后，要创新课程评价体系。课程的评价体系是保证课程创新的重要措施。评价体系的完善与创新必须包括教育行政部门的评估、学校的督导检查、本单位及教师的自我检查、学生的评价、家长及社会媒体的监督与反馈等5个主体的积极配合。

总之，中职学校职业道德课程体系的创新是在科学发展观的指导下，科学合理地将课程体系的各个要素有机组合，做到合力创新，才能突破旧有的课程体系和框架。

参考文献

1.《中共中央关于加强社会主义精神文明建设若干重要问题的决议》，中央文献出版社2002年版。
2.《马克思恩格斯选集》第4卷，人民出版社1995年版。
3.《马克思恩格斯选集》第2卷，人民出版社1995年版。

原文刊于《中国职业技术教育》2011年第35期

浅谈职业院校思想政治理论课教学方法创新的原则与路径*

李志安**

摘　要：职业院校思想政治理论课教学方法创新的迫切性随着我国社会主义事业的发展与日俱增，也因而具有重要的意义。它不仅能有效地提升教师传授思政课的效率，也能改善学生学习的效果，更能从整体上促进职业院校整个教学模式的创新。但开放的思政课教学方法创新必须遵循社会主义方向的思想性、实效性及时代性三个原则。就职业院校思想政治理论课创新的路径来说，它虽然无法摒弃学校的课堂时空设定，但在课堂讲授方法、实践方法以及政治经典文本的解读方面都具有广阔的探讨空间。

关键词：职业院校；思想政治理论课；教学方法；创新原则

思想政治理论课教学方法的创新是一个普遍性兼具时代性的开放性话题，关于它的探讨由来已久却收效甚微。随着中国特色社会主义事业的飞速发展，职业院校成为我国培养新一代工人阶级队伍的中坚力量。其培养出来的学生不仅要求技术合格，能够参与社会生产并为自己谋求生存与发展的条件；而且政治素质要求过硬，能够成为中国特色社会主义事业的建设者和接班人。职业院校的思想政治理论课因而显得尤为必要。遗憾的是，职业院校思政课教学方法与我国当前的时代特征、社会

---

* 本文系全国教育科学规划“十一五”规划2010年度教育部重点课题“构建中职学校职业道德教育体系研究”（课题编号：GJA104003）的阶段性成果。

** 李志安，马克思主义理论与思想政治教育博士，讲师，马克思主义学院教师。

需求以及学生特点不符，这弱化了该课程应有的效果和功能，降低了学生的社会适应能力，也不利于我国社会主义事业的发展。由此，必须从教学方法上进行创新，以切实提高职业院校思想政治理论课的教学效果。

一 职业院校思想政治理论课教学方法创新的意义

教学方法创新是指教师在教学过程中为了实现知识的有效传播，而对教学内容、手段以及课时安排等进行的优化整合。职业院校强调学生职业技能的培养，课程偏向于理工科，如财会、机床、动漫、计算机、信息工程等一些实用型技术，而思想道德教育及人文素质的培养普遍不受重视。同时，思政课教学模式传统老套、缺乏实效，难以得到学生的认可。职业院校的思想政治理论课似乎走进了“死胡同”。要打破职业院校思政教育这种缺少活力的凝固僵化状况，教学方法创新首当其冲，具有重要的现实意义。

（一）教学方法的创新可以有效地提升教师传授思政课内容的效率

高效率地向学生传授思想政治课的内容是职业院校思政课教师教学工作的主要任务。但职业院校的思政课教育对象缺乏扎实的理论基础和思维能力，教师也难有深厚的理论功底和多角度的理论传授方法。这导致思想政治理论课教学的效率低下，教学的内容停留在表面、空间停留在课堂、目的停留在告知，因而造成学生在接受思政课内容时，知道的不深刻、学到的不适用、理解的不认可。职业院校思政课教学方法的创新可以从这三个方面提升职业院校思想政治理论课的教学效率。

教学方法的创新一方面可以加强讲授的深刻性。当学生在思维深刻性上接受了思想政治理论内容，就会在行动中能动地选择和遵守它，思想政治理论课也由此提升了教学的效果；另一方面可以加强实践的针对性。职业院校课程日常的高度实训性特征，以及我国当下普遍采用的“2 +1”办学模式都为其思政课加强实践针对性提出了要求、提供了条件；同时，可以加强理论的合法性。职业院校教学方法的创新可以在向学生传授党的普遍的抽象的政治理论的同时，进行内容的具体化补充和新角度的论证，以加强其合法性。

（二）教学方法的创新可以有效地改善学生习得思政课的效果

学法与教法是教学过程中直接对应的不同主体间的互动行为，而学法在更大程度上是对教师教法的因应，有什么样的教法就有什么样的学法。有效的学法配合高效的教法，学生习得思政课的效果自然会十分良好。就职业院校学生思想政治理论认知水平普遍不高而言，职业院校思政课教学方法的创新可以从完善学生思想政治理论知识，改善思想政治理论心理，加强思想政治理论效用等方面完善习得效果。

职业院校思政课教学方法的创新可以修整学生零碎式的思想政治理论知识。教师通过对传统教学方法的优化使职业院校学生获得广泛而完整的思想政治理论知识体系，使其不再以零星半点、一知半解的知识来评价全部完整的、自洽的思想政治理论内容；思政课教学方法的创新调动了职业院校学生知与行的积极性，能有效调节学生厌烦思想政治理论课的情绪；教学方法创新可以让学生感受到伦理与价值是未来获得与创造财富的根本力量之源这一实效化目标。虽然职业院校的直接目标是使学生掌握技能并成为熟练工人，获得生存的物质条件，但具有德性的人在此方面显然更胜一筹。

（三）促进职业院校思想政治理论课教学模式的创新

教学模式创新是我国思政课教学的普遍性要求，其中职业院校该方面要求尤为迫切。因为思政课教学模式远离社会现实和原生态的马克思主义而在形式上固化并退化为宣读中央文件、阅读书本教材。教学方法的创新可以从直接到间接地表现为促生教学模式、学习模式以及管理模式三个方面的创新。

教学过程的探讨模式意味着课堂中的一切知识并不是既定的，而是可以通过和学生展开探讨获得的。它不仅改变了教师在课堂中的绝对权威以及无上的地位，在更深的意义上也改变了传统的思政课教学模式；学习过程的探索模式意味着学生可以探索与自己相关的德行知识和行为模式，这不仅是职业院校学生接受思政知识的模式，更是发挥其能动性，对所学的思想政治理论知识进行再创造的过程；管理过程的配合模式表现在它促使学校所有教职员工在更普遍层面上关注学生，即思政教育不仅是思政教师的事，也是所有教职员工的事。

二 职业院校思想政治理论课教学方法的创新原则

职业院校思政课教学方法的创新可以是对传统思想政治教学方法进行的优化整合，也可以是按照教师自身具体优势对教学方法进行多侧面的创造革新。只有把握住职业院校思想政治理论课教学方法创新的原则，才能使创新工作在正确的方向上展开并收到良好的效果。具体而言，职业院校思想政治理论课教学方法的创新原则有三个方面，即社会主义性质的思想性原则、思想政治教育的实效性原则和现代化中的时代性原则。

首先，把握社会主义方向的思想性原则。思想政治理论课的本质在于其意识形态性质，为自己的利益言说，为自己的合法性代言。职业院校的思想政治理论课也必须把握政治教学的社会主义原则，这意味着无论如何进行创新，其宗旨都是要达到向学生传递和阐释社会主义政治思想道德意识形态目的，培养出社会主义事业的接班人和建设者。可以从教学过程和教学效果两个方面把握思政课教学创新的社会主义思想性原则。

教学过程中把握社会主义方向的思想性原则意味着职业院校思想政治理论课教师在课堂上必须严格地按照中央的基本路线、方针政策等意识形态性的要求进行讲授，不能违背中央的精神，否则不是一个合格的思政课教师。这个原则不能允许因为教育对象是基础差、底子薄的职业院校学生而打任何折扣。职业院校思想政治理论课教学法的创新首要的原则就是把握社会主义性质的思想性，更好地宣传和灌输党的意识形态。

教学效果中体现社会主义方向的思想性原则意味着职业院校要培养出思想素质过硬的学生。它们不仅能够理解和认同社会主义的意识形态，而且未来能够为我国的社会主义建设贡献力量。这需要教师在思想政治理论课教学方法创新中多从学生未来的职业情境角度入手，思考学生在其中所面临的思想政治困境并对其做正确有效的引导，如具体利益与道德原则冲突时，如何合理地协调二者之间的关系。这一切都必须秉持社会主义方向的思想性原则。

其次，把握思想政治教育的实效性原则。职业院校思想政治理论课教学方法要把握实效性原则，表明思想政治理论课的目的不是教学本身，而是通过教学切实地达到思想政治理论课所要实现的目标。教学方法的创新就是为了更好地实现思政课的教学目标进行的，不是为了创新而创新的形式主义。实效性是思想政治本身能够存在的根据，即人在追求思想政治道德时真的能够为自己带来功利性的效用。这首先表现为它是社会所倡导的能够有效处理各种纷繁复杂社会关系的规则，在切实带来功利性效用的前提下，为社会所普遍提倡和遵守，在实用性基础上演化出对社会道德思想规范的尊崇成为人的美德。这是思想政治、道德理论的体与用两个方面的相互支撑与作用。

职业院校思想政治理论课教学方法的创新要把握实效性原则，即对用的强调。这意味着教师要提升学生运用思想政治理论处理实际问题的能力，学会如何在遵守或不违反思想政治要求和社会道德规范条件下的社会适应能力、职业发展能力和人生完善能力。即学习思想政治理论不是一味地政治高调和喊口号，对它的把握与运用能为人生带来受用。这种效用性不仅表现为物质上，也同样表现在精神上。及时地发现学生的日常良好的思想以及行为并及时地给予鼓励，是提高思想政治效用性的有效手段。总之，把握住思想政治理论课内容本身的体与用的两个侧面，并不断地发挥其在不同层面上的效用，是职业院校思想政治理论课教学方法创新的落脚点。

最后，把握世界现代化中的时代性原则。时代性就世界而言是 21 世纪的全球化，就我国而言是改革开放。改革开放的全球化时代要求职业院校培养出具有世界视野的、能够适应经济全球化趋势的技术人才。这不仅要求学生具有良好的科学技术素质，而且要有能够与世界产业技术接轨的能力，从而在文化及道德观念上适应全球化的经济及技术发展与创新。职业院校只有培养出技术过硬以及政治合格的人才，我国的国际竞争能力才会有坚实的人才基础。职业院校思想政治理论课教学方法创新的时代性体现在两个方面，一是教学的时代性，一是学生的时代性。

改革开放的时代需要与之相适应的人才，这表现为人的创新意识和能力。职业院校思想政治理论课教学方法的创新可以从培养学生的创新意识着手展开。改革开放要求社会主义劳动者能够实事求是在自己的事业中开拓创新，奋发进取，既有脚踏实地的作风，又有敢于冒险的勇气，把自己的人生投入火热的社会主义现代化建设的过程中。职业院校培养出来的学生绝大部分是我国新一代的职业技术人才，他们应该是我国社会主义现代化建设中的中坚力量，既要有放眼未来的勇气，又要有社会主义以及全新的阶级情怀。

就教学对象而言，学生身上总打着深刻的时代烙印。职业院校教师在思想政治理论课教学方法创新中对时代性特征的把握也是与教学对象的时代属性相吻合的。学生的时代性有积极性的方面，也有消极性的方面。他们基本上都是90后，接触社会的机会较多并保有强烈的新鲜感和理解力。但由于成绩不理想，在义务教育阶段多次受到过不同程度的批评，甚至是同学和老师的歧视，因而具有自卑感和自暴自弃的心理倾向。他们对学习、老师、同学等抱有排斥心理，甚至敌意。加上独生子女地位或单亲家庭等原因，就读于职业院校的学生总有不尽如人意的问题。学生是时代的产儿，也是时代问题的承担者。这需要在职业院校思想政治理论课教学方法创新过程中，多了解学生的特点和时代性特征，以及由此造成的问题，对症下药，多加引导。

三 职业院校思想政治理论课对传统课程教学方法的优化与整合

任何创新都离不开传统，创新是对传统的扬弃。只有充分地尊重与整合传统教学方法，才能体现出教学理念发展的连贯性，更易于被学生和学校接受，教师在实际的教学过程中利用创新的教学方法也会得心应手。传统的思想政治理论课教学方法在广受诟病的同时，其合理性却被忽视。职业院校思想政治理论课教学方法的创新应该在原有教学法的基础上，充分发掘传统教学方法对当下社会、时代的针对性和适应性，这应该是方法创新最直接、最简便也最有效的模式。对传统思想政治理论课教学方法进行优化与整合可以从讲授方法、实践教学以及经典文本阐释等三个角度展开。

（一）对传统思想政治理论课讲授教学方法的优化

传统思想政治理论课讲授方法受到普遍的质疑不是讲授方法本身的

问题，而是讲授方式的问题。讲授方法是思想政治理论课教学的主要方法，也是被普遍采用的方法。学生之所以不喜欢思想政治教学中的讲授方法，并冠之以“道德说教”，主要是由于教师在具体讲授时没有注意方式，即讲什么和如何讲。简单地说，讲什么是对教材的既定内容给予适当的选择和添加；如何讲是要发掘出内容的标准意义和相关的教育意义。

首先，讲授内容的选择性。就讲什么而言，由于部分内容在教材或中学思想政治课程中会有多次重复，学生有比较深的印象，教师应该有针对性对此加以选择。选择原则是以教材和学生已有的政治理论知识之间能够形成有效的互补关系为目标。这不仅使学生对课程内容有新鲜感，也使学生形成完整的思想政治理论知识的体系，更可以使教师的讲课过程简单明了，避免拖沓冗长。

其次，教材内容的逻辑性与再写性。就如何讲而言，可分为两个方面。一方面讲解知识本身的标准意义。这些意义在教材中已经被规定了的，它是传统思政课讲授方法的主要任务；另一方面，在更深刻的意义上阐释教材的内涵。在不违背政治理论原则下，教师可以把教材当作文本，发挥能动性以发掘出文本背后的意义和内涵。该工作也可以从两个角度展开，一是发掘出教材本身的内在逻辑。思想政治理论教材的内容是按照一定的逻辑被组织起来的政治和道德理论体系。由于教材的角色局限了内容逻辑的清晰度，即教材只在最抽象的层次给出逻辑，如章、节、目等，而没有更细致的逻辑。思想政治理论课教学不可能停留在对章、节、目等大逻辑的梳理上，更关键的工作应该是对教材具体知识点之间的逻辑进行梳理。这是在更高的层面掌握与理解教材的内涵，它们是在教师对教材文本精确解读之后获得的。二是发掘教材内部具有再写功能的内容，并针对职业院校学生的具体情况进行文本的重写。这个工作不仅贯彻了思想政治理论课本身的要求，而且充分发掘了教材的内部意义和最大的应用效益。

对传统讲授方法进行优化整合，既能够贯彻思想政治理论课的原则精神，阐释与讲透教材的内容，又能够反映时代的特征，满足学生的要求。这是对传统思想政治理论课讲授方法在继承基础上的创新。

（二）对传统思想政治理论课实践教学方法的整合

职业院校思想政治理论课注重实践教学是由该课程本身的实践性特征和职业院校本身的办学方向决定的。思想政治理论是一个直接指导人们处理个人与一切社会关系的实践性理论，它的本体性存在不是理论本身，而是规范理论向规范行为的转化。从这个意义上说，注重实践教学应该是职业院校开展思想政治理论课教学的主导性教学方法，以使思想政治理论扎根在现实中。职业院校传统思想政治理论课实践教学方法的创新可从以下两个方面展开，即内容的实践性导向和教学的实践性操作。

首先，内容的实践性导向。内容的实践性导向要求教师在选择与阐释思想政治理论课时要强调它的实践性功能。实践性导向可以泛指也可以特指，泛指强调它在处理与协调一般的社会关系时所起的作用，包括人与自身、人与人、人与社会、人与自然等方面的关系；特指强调它在调适自身与专业、技术以及职业之间的关系，即职业伦理，这是职业院校思想政治理论课在实践教学中所应重点强调的部分。因此，职业院校的思想政治理论课教师不仅要从教材中发掘出理论对职业方面的指导性，更要在此二者之间建立起密切的联系。

其次，教学的实践性操作。一般学校的思政课教学都有社会实践基地，学生从这些基地中可以直接地获取实践性知识。这是实践教学比较形式化的部分，它的内容需要进一步发掘和深化，效果需要进一步完善和提升。此外，实践性操作还有直接参与社会活动的本体性部分，即它直接的是人的社会实践。这需要思政教师在学校管理人员的配合下，组织学生走入社会以实践和体验课堂上的相关知识，如艾滋病日上街参与宣传，加入志愿者组织，等等。这是促使学生社会化、提高社会适应力的有效步骤。职业院校思想政治理论课的实践性操作集中地反映在学生的顶岗实习阶段，这一阶段既是学生直接接触社会时期，又是学生处于理论与现实之间的巨大落差和冲突时期，也是职业院校思政教育脱节时期。抓住学生顶岗实习阶段的思政教育工作是职业院校思政课教学的关键环节。

（三）对传统经典政治文本的现代性阐释

思政课绝大部分内容来自马克思主义经典理论与我国具体实践的结合，课堂中阅读传统的马克思主义经典文本是必要的。它可以使学生从原生态的角度把握我国思政课内容与马克思主义经典文本之间的来龙去脉，在更深的理论层面为思政课提供合法性支撑。思政课堂缺乏对马克思主义经典文本的阅读和阐释，会使课堂本身缺乏深度，也会使课堂中向学生灌输的马克思主义理论缺乏说服力。职业院校的教师可以按照自己的能力，对小篇幅马克思主义经典文本或节选某段进行有针对性的解读。但要注意忠于原著、结合现实和突出个性三个方面。

首先，忠于原著。忠于原著不仅要求教师对经典文本的意含有准确把握，也要求针对学生的具体状况进行选择和阐释。在这个意义上，马克思主义实现了向自身主体的回归。马克思主义理论本身是无产阶级的话语体系，是为无产阶级谋求自身解放的理论。职业院校培养出来的学生基本上都是技术工人，是新时代的无产阶级，他们需要自己的政治语言和话语体系。马克思主义理论未来实践者的主体应该就是这些尚在职业院校中的学生。

其次，结合现实。时移世易，在马克思主义经典文本中所描述的资本主义和无产阶级状况已经完全不同于现代社会，但问题的本质并没有改变，改变的仅仅是资本主义和无产阶级的时代表现。这不仅是对马克思主义经典文本进行阐释的根据，也是阐释马克思主义经典文本当下的意义所在。就其整体的现实而言，马克思主义需要在全新的世界全球化情境下进行阐释。职业院校思想政治理论课堂如果能就此对马克思主义经典文本成功地进行短而精的解读和阐释，将是职业院校思想政治理论课堂中的一道亮丽的风景。

最后，突出个性。突出个性是在形式上避免马克思主义经典文本解读退化为千篇一律的教科书。理论被普遍地理解为公正的、理性的、没有情感的。但优秀的教师在教授经典时总是可以营造出良好的课堂情绪性氛围，这首先需要他的情感投入，且理性导致的结果一定是个人的感性触动与道德选择。教师在课堂上正面的情感表达不仅是思政课教学的必然结果，也更能让学生在日常思政教育中多次产生道德触动，从而在面临道德选择时，能够形成正确的刺激感应模式。

思政课教学方法创新是实现向学生有效传授思想政治理论内容，达到教育目标的关键环节，也是最具开放性的话题。开放的职业院校思政课教学方法创新尚需在教学实践中大胆地摸索。唯其如此，我国职业院校思政课教学才能呈现出新的风貌，新一代的无产阶级队伍也必将在其中臻于更高的境界。

参考文献

1. 李康平：《新世纪德育的创新与发展》，中国青年出版社 2001 年版。
2. 管德明：《高职院校改革发展研究》，上海交通大学出版社 2006 年版。
3. 田新来：《高职院校“两课”教学改革研究与实践：21 世纪初天津市高等学校教育教学改革项目》，天津科学技术出版社 2005 年版。
4. 沈央珍：《高职学院思想政治理论课教学改革探析》，《宁波大学学报》2005 年第 4 期。
5. 张瑛：《新形势下高职院校两课教学创新研究》，《湘潮》（下半月）（理论）2009 年第 8 期。

原文刊于《教育与职业》2012 年第 15 期

中职学校职业道德教育实效性评价指标及维度探讨*

邝邦洪**

摘　要：研究中职学校职业道德教育实效性评价指标及维度对社会、教育及个人的发展具有重要意义。中职学校职业道德教育实效性评价指标体系涵盖德育目标、德育理念、德育内容、领导机制、师资队伍、德育途径、德育特色等多方面指标。其实效性评价方面需要综合考虑社会、教育、个体三方面的因素。

关键词：中职学校；职业道德教育；实效性；评价指标；评价维度

职业道德教育是中等职业教育的重要内容，是促进中职学校职业道德教育（以下简称中职职业道德教育）迅速发展的有力保证。随着我国社会经济的迅速发展，中职学校就业制度和渠道的不断变化，以及企业运作日益标准化、国际化，中职职业道德教育的评价反馈机制也需要不断与时俱进。因此我们要针对当前中职德育体系的重点和难点问题，构建出一套针对性强、实效性高的中职职业道德教育评价体系。

---

* 全国教育科学规划课题2010年度教育部重点课题“构建中职学校职业道德教育体系研究”（课题编号：GJA104003）。

** 邝邦洪，教授，硕士生导师，曾任广东技术师范学院党委书记，代表作：《新时期小说研究》《新时期小说创作潮流研究》。

一　研究中职职业道德教育实效性评价指标及维度的重要意义

研究中职职业道德教育实效性评价指标及维度不仅具有教育价值，还具有社会整合和个人发展价值，能满足多方面的需求。

（一）研究中职职业道德教育实效性评价指标和维度能满足社会发展的需要

研究中职职业道德教育实效性评价指标及维度的主要目的是促进中职德育工作的全面发展，从而提高中职德育的实效性发展，满足我国社会主义政治、经济、文化发展的各方面需求。

一是中职职业道德教育实效性评价指标及维度能满足我国政治发展的需求。在中职职业道德教育实效性评价过程中，将全面考察中职学校职业道德教育对社会政治生活的影响，考察并提出针对中职学校生源的复杂性和良莠不齐现状如何开辟多种渠道的教学模式，能促进中职学生树立正确的世界观、人生观和价值观，保持积极向上的政治追求。二是研究中职职业道德教育实效性评价维度能满足我国经济发展的需求。中职职业道德教育实效性评价维度将结合我国当前经济建设中强调的“调结构”“促升级”“保民生”三大经济任务，全面考察中职德育与经济发展的契合程度，为政府在“调结构”“促升级”“保民生”过程中形成正确的发展方向、培育旺盛的精神动力提供理论支持，促使职业道德教育成为推动我国经济发展的内在动力。三是研究中职职业道德教育实效性评价维度能满足我国文化发展的需求。研究中职职业道德教育实效性评价维度有利于中职生形成正确的价值观和文化观，培养学生健全的人格及良好的道德情感，如是非感、责任感、义务感、自尊感、羞耻感、荣辱感等，并引导学生做出符合道德规范的行为。

（二）研究中职德育实效性评价指标和维度是职业道德教育发展的需要

当前缺乏职业道德教育的实效性评价指标和维度是中职职业道德教

育实效性不高的主要症结之一。由于没有一套科学的职业道德评价体系，一些中职学校在职业道德教育过程中目标不明确，没有形成强有力的管理监督机制和科学的综合量化标准。职业道德评价往往运用道德理念来检验，局限于对学生职业道德课程的考核，侧重于学生对书本知识点认知程度的评价，强调考察的是中职学生职业道德的应试能力。这些做法不利于中职职业道德教育的健康长远发展。而建立一套科学的职业道德评价体系，能使中职学校收集到关于中职学生职业道德状况的各方面信息，从中找出职业道德教育中存在的优点和不足，做出科学的决策，使职业道德教育能得到及时的调适，从而提高职业道德教育的实效性。

（三）研究中职职业道德教育实效性评价指标和维度是中职生健康成长的需求

建立一套科学的职业道德评价体系还有利于促进学生全面自主的发展。人的全面发展既包括人的物质生活和精神生活全面协调的发展，也包括人的世界观、人生观、价值观的全面发展，身体素质和心理素质的全面发展，人格、智力、能力、体力和创造力的全面发展等。其中职业道德素养是人全面发展的重要内容。职业道德对塑造人全面发展的能力起着关键性的作用。职业道德教育的任务是要赋予每个学生个体科学的职业价值观、职业道德原则和行为规范，这对个体生存及各方面能力均衡、持续地发展提供了动力源泉。而科学的职业道德评价体系的反馈机制能够使中职学生全面知悉自身职业道德状况，并针对自己的不足有针对性地调节自身的职业道德认知、情感与行为，从而提高自己的综合素养。

二 中职职业道德教育实效性评价的指标体系

中职职业道德教育实效性评价指标体系是一项复杂的系统工程，至少包括职业德育目标、职业德育理念、职业德育内容、职业领导机制、职业师资队伍、职业德育途径、职业德育特色七个方面的指标。

（一）职业德育目标设置的合理性

职业道德教育目标设置是否合理是检验中职德育实效性的首要指标。职业道德教育目标的设置是否合情、合理、全面、完整，决定着中职德育教育的发展方向。因此中职职业道德教育目标的制定不能偏离国家制定的中职德育总体目标和总体任务；不能违背我国社会主义初级阶段的指导思想、各项方针政策；不能设置得过高或过低；不能忽视中职德育和学生的特殊性。

（二）职业德育理念的先导性

德育理念是职业道德教育工作的灵魂，决定着职业道德教育工作的方向。因此是否积极创新德育理念是检验职业道德教育实效性的理论指标。德育理念的先导性是指职业道德教育思想要做到与时俱进，建立与知识经济时代相适应的现代科学德育观。与传统灌输德育理念不同，知识经济的创新特征要求充分尊重学生，最大限度地发挥、挖掘学生的才能。因此要树立与时代相一致的“以生为本”的职业道德教育观，注重从学生个性出发，因材施教，达到德育的个性与社会性高度统一。此外还要树立全人德育观。职业道德教育工作就是要培养全面的、完善的道德品质和人格，包括思想、政治、道德、心理品质等。此外，还有快乐德育理念、赏识德育理念、多元智能开发理念等也值得学习借鉴。

（三）职业德育教学内容和方法的科学性

考察职业道德教育的教学内容和方法是否科学合理、是否做到与时俱进，是检验职业道德教育实效性的内涵指标。中职职业道德教育教学内容除了完成国家规定的基本教学内容，还要考察时代发展对中职学生职业道德的新要求，着重分析当前中职职业道德教育与社会企业需求存在脱离现象的原因，构建具有生命力的教学内容体系。同时在中职职业道德教育过程中，要积极改革教学方法，优化教学手段，采用反映社会前进方向和中职生特点的教学方法。只有这样才能提高中职职业道德教育效果，才能跟上社会发展的步伐。

（四）职业德育领导机制的完善性

职业道德教育领导机制和评价机制是否完善是决定各校职业道德教育实效性的组织和机构指标。中职职业道德教育工作离不开德育领导机制和评价机制的支撑。加强领导机构的建设和管理机制的完善、制定学校职业道德教育评价的内容与标准、形成各部门齐抓共管的工作机构和机制，是德育工作正常、有序开展的保障。因此要考察中职学校是否成立了相应的领导机构和形成了学校党政各部门各负其责、相互配合的局面；是否落实职业道德教育教学、社会实践、专项经费保障等方面的政策和措施；教学管理制度和教学质量监控制度是否健全；是否能认真执行各项管理规章制度及检查、评价制度等。

（五）职业德育师资队伍建设的合理性

考察职业道德教育师资队伍建设是检验职业道德教育实效性的队伍指标。中职职业道德教育发展离不开德育师资队伍的建设。因此要全面考察中职学校是否拥有专业的职业道德师资队伍；学校是否重视教师队伍的培训、课程培训或骨干研修培训；是否有职业道德教育教师队伍培养规划与措施；教师编制是否满足授课需要；教师是否具有敬业精神，履行教书育人的职责；学生对教师的评价是否满意；是否积极优化教师学历与职称结构，保障教师的经济待遇；等等。

（六）职业德育途径开设的广泛性

德育途径是否广泛开辟是衡量职业道德教育实效性的途径指标。中职职业道德教育除了广泛开展德育课、实训、实习与社会实践活动、心理健康教育与职业指导、班主任工作、党团组织、学生会工作、家庭与社会等常规德育途径外，还要积极探索新的职业道德教育途径，如开辟全员德育、全程德育和全方位育人途径，形成以职业道德教育课主渠道为核心、广泛的职业道德教育途径相配合的良好局面。这决定着中职职业道德教育发展的深度和广度。

（七）职业德育特色的鲜明性

职业道德教育的特色项目是衡量职业道德教育实效性的个性化指标。每个中职学校都有自身的特殊性，因此在考察职业道德教育实效性时，还要考察各学校的职业道德教育是否积极进行改革与创新，并取得显著成果，其经验是否值得推广，等等。

中职德育实效性建设体系是一个庞大体系，需要我们不断梳理、规划、逐步展开，只有这样才能使中职德育的教学产生最大化的效果。

三　中职职业道德教育实效性的评价维度

中职职业道德教育实效性的评价是一种主观评价，虽然很难用直观方式进行展示，但也并非不可观测衡量，因为一些主观性的价值观点和思想总会依附在人们的言论、行动等外在表现中，让人们的观测有据可依。这使得我们在实际生活中，可以捕捉这些外化的行为习惯，对照一些指标进行评价。我们可以从以下三个维度进行评价。

（一）社会维度

社会维度包括社会认同度的提高和社会职业道德的提高两大内容。

1. 社会认同度的提高

这是指社会对中职职业道德教育所传授的职业道德价值观念和教育效果的认可与赞同的程度。目前社会对中职职业道德教育内容和效果的认同程度褒贬不一，一些人更是指责中职职业道德教育内容空洞、脱离社会实际。一旦中职职业道德教育实效性得到充分发挥，并产生积极效果，就会使社会成员切身感受到并加以赞许。所以社会成员对中职职业道德教育的评价和认可度可以成为一个评价指标。

2. 社会公德和职业道德素养的提高

职业道德教育的价值主要体现在通过提高学生的职业道德素质，促进整个社会公德和职业道德水平的提高。道德的内容通常包括社会公德、职业道德、个人品德三个层次。第一层次是“社会公德”，属于社会层次，通常指社会公共生活领域内的道德行为规范。第二层次“职业道德”，属于群体（或行业）层次，是指组织生活中的道德行为规范。第三层次是“个人品德”，属于个体层次，是由个人私人生活领域内的道德行为规范内化而成的。第三层次属于私德，不属于社会维度的考察范围。因此考察德育实效性社会评价指标时应着重探讨社会公德和职业道德的提升。

（1）社会公德的提高。职业道德教育工作做得好，实效性高，培养的学生职业道德水平就高。大批高素质、有着良好职业道德素养的新型工人会产生良好的社会效应。正如鲇鱼效应一样推动整个社会道德文明的提高，因为榜样的力量是无穷的。学生良好的职业道德表率行为不仅对公民个体道德形成有着潜移默化的影响，还有利于提升整个社会政治、经济和文化制度的文明程度，并使社会和谐融洽，呈现出安居乐业、尊老爱幼、扶贫济困、礼让宽容的人际关系祥和的景象。因此社会公德的水平也是分析中职德育实效性大小的重要因素。

（2）公民职业道德素养的提高。中职生职业道德的高低能直接影响整个社会公民职业道德素养的形成。中职学生毕业后，他们在工作中所表现出来的职业道德素养高低会对周围的员工产生辐射力。其积极向上的人生态度、兢兢业业的工作态度、诚实守信的职业操守都会成为引领企业文化的有效因素。所以考察企业员工的整体职业道德素养水平，尤其是中职毕业生所在企业的职业道德现状，也有利于我们分析中职德育实效性的大小。

（二）教育维度

职业道德教育实效性评价的教育维度相对社会维度而言，更容易观测和衡量，因为其考察的对象围绕教育行政部门、学校展开。对学校的职业道德教育实效性工作的评价必须考虑投入与产出的关系。教育经济学认为，教育作为生产劳动力的生产，其支出是一种投资。这正如马克思所提出的：“要改变一般的人的本性，使它获得一定劳动部门的技能和技巧，成为发达的和专门的劳动力，就要有一定的教育或训练，而这就得花费或多或少的商品等价物，劳动力的教育费随着劳动力性质的复杂程度而不同。”[①] 投入是指各地教育系统对职业道德教育人、财、物的付出及重视程度和采取的具体措施的执行力度，产出是职业道德教育效果的提升度，即学生职业道德素养的提升。从教育的维度考察职业道德教育实效性必须是这两个方面的统一体，即如何做到在投入最小的情况下产出最大化。

1. 德育投入充分到位，措施全面执行力强

职业道德教育投入的主体是多元化的，投入的内容和项目也是庞大而复杂的，所以职业道德教育的投入充分到位包括多项指标。各级教育行政机构和学校制定职业道德教育目标与工作措施的合目的性、规律性、可实施性，是实效性的前提。不同的教育主体对职业道德教育的重视程度和投资力度，是职业道德教育实效性发挥的保障。各级教育行政机构和学校采取的职业道德教育措施是否全面到位，是德育实效性发挥的基础。各级教育行政机构和学校采取的职业道德教育措施的执行力度大小，是职业道德教育实效性发挥的关键。

2. 职业道德教育产出率最大化，教育效果显著提高

职业道德教育产出最大化是指用最少的人、财、物、时间投入，而获得最大、最好、最快的产出。所以要考察学生的职业道德素养提升转化的比例、校风学风好转周期、学校为教育学生具备良好职业道德与所投入的时间、师资、财力之间的关系等。

（三）个体维度

职业道德教育实效性研究的最终目的是提高受教育者的职业道德水平，是一个让学生将道德规范内化的过程。“思想品德的内化就是个体对一定社会思想、社会道德的认同、筛选、接纳，将其纳入自己思想品德结构之中，变为自己的观点、信念，成为支配、控制自己思想、情感、行为的内在力量。”[②] 这也是中职学校职业道德教育的首要职责，但这种内化的过程是难以用肉眼观察或指标衡量的。就德育知、情、意、信、行五个教育内化的步骤来看，比较容易测量的是“知”和“行”两类属

---

① 《马克思恩格斯全集》第23卷，人民出版社1972年版，第195页。

② 鲁杰、王逢贤：《德育新论》，江苏教育出版社1997年版，第273页。

于“外化”的活动。“情、意、信”三个步骤则属个人思想和意志活动，是“内化”的行为，虽然不易观测，但内化的程度常常要依附于言行表现出来。所以实际上可通过考察学生的“外化”言行对学生职业道德教育的效果进行评价。

1. 学生职业道德认知能力和是非鉴别能力程度的考察

学生职业道德认知能力和是非鉴别能力是职业道德水平提高的前提。所以必须考察：第一，学生对基本职业道德规范的熟悉和记忆情况；第二，学生具有正确的是非观念和较高的辨别善恶的能力，能对社会上的各种行为进行合理的职业道德辨析。

2. 学生职业道德行为的表现考察

第一，学生的言论是否合乎职业要求、精神风貌是否积极向上、职业行为是否恰当等；第二，学生行动上是否能自觉地遵纪守法，勤奋学习，是否具有诚实守信、疾恶如仇、从善如流的职业道德自觉性和行为自警能力。只有以上道德品行在学生身上得到充分的表现，我们才可以认为学生的职业道德知、行能力在不断提高。

3. 学生职业道德持久性和表率性

评价学生的职业道德教育是否有效，还要考察学生职业道德水平的持久性。道德行为习惯是一个人由偶然、零星的道德行为转化为稳定、成熟的道德品质的关键因素。① 只有稳定持久的习惯化的行为才真正能体现一个人职业道德素养的高低。这不仅是职业道德教育所要达到的最终目标，也是其评价指标。所以不仅要考察学生在校期间的职业道德行为，还要追踪考察学生工作后的职业道德行为习惯的持续性。此外，还要考察学生职业道德行为的表率性，即职业道德教育是否通过提高学生的职业道德素质促进整个社会文明水平和职业道德风尚的提高。如果学生能通过自己的优良品德带动整个社会职业道德风尚的提高，就是职业道德教育实效性达到最大化的重要表现。

4. 重视家庭和社会对学生的职业道德评价

在职业道德教育实效性的评价过程中要重视家庭、社会对学生的评

---

① 陈郁编：《所有权、控制权与激励：代理经济学文选》，上海三联书店 1998 年版，第 148 页。

价。因为学校无法对学生的言行进行全方位跟踪考察。学生职业道德素养的提高感受最敏感和最快的应该是家庭成员，尤其是父母在养育孩子的过程中，最容易捕捉到孩子职业道德素养变化情况。社会成员尤其是企业在与学生交往过程中也最容易感受到学生的职业道德素养的高低，所以也应成为考察的对象。

总之，要研究中职职业道德教育实效性问题，必须研究中职职业道德教育的特殊性及其构成体系、评价体系等问题，这是中职德育工作的重要理论基础。在职业道德教育实效性建设过程中，我们只有做到“理论先行”，职业道德教育实效性的实践活动才能有据可依，才能使我们的研究站在更科学的层面进行。

参考文献

1.《马克思恩格斯全集》第 23 卷，人民出版社 1972 年版。

2. 鲁杰、王逢贤：《德育新论》，江苏教育出版社 1997 年版。

3. 陈郁编：《所有权、控制权与激励：代理经济学文选》，上海三联书店 1998 年版。

原文刊于《河南科技学院学报》2012 年第 10 期

高职院校关怀型德育教师队伍建设的研究

林幸福*

摘　要：高职院校德育教师队伍“关怀者”角色、德育工作实效现状和高职学生的群体特性迫切需要高职院校德育教师队伍树立良好的关怀意识、形成良好的关怀能力。内尔·诺丁斯关怀道德教育理论中关于关怀地位及作用、教师关怀及其榜样作用、关怀能力等的精辟论述，对于高职院校培育关怀型德育教师队伍有着重要的借鉴与启示作用。

关键词：高职院校；关怀型；内尔·诺丁斯关怀道德教育理论；德育教师

教师是教育事业发展的基础，是提高教育质量、办好人民满意教育的关键。2012年《国务院关于加强教师队伍建设的意见》① 就如何加强教师队伍建设作了政策规定，为我国各类学校教师队伍建设作了重要指引。

德育教师队伍是高职院校教师队伍的重要组织部分，承担着对学生进行思想道德修养、良好行为养成、心理健康成长、职业生涯规划和心

---

* 林幸福，硕士，副教授，广东技术师范学院财经学院党委副书记，广东省中职学校德育研究会理事，代表作：《职校德育工作者的职业精神现状分析及培育方略探究》《回顾与展望：近15年来我国教师职业精神研究述评》。

① 《国务院关于加强教师队伍建设的意见》（国发〔2012〕41号），2002年8月20日。

理健康等精神引导与价值养成的重要育人任务。当前，要切实提高高职院校德育工作实效、促进高职生全面健康发展，关键是要建设一支符合职业教育办学和高职生成长需要的高素质德育教师队伍，培育具有关怀特质的高职院校德育教师队伍是优化教师队伍建设、促进高职院校德育教师专业化发展的重要视角。而在众多的伦理学流派中，美国哥伦比亚大学著名的哲学家、教育家内尔·诺丁斯经过几十年研究探索建构的以关怀为核心的道德教育理论（简称关怀道德教育理论），因其内涵的深度与系统性，对关怀型高职院校德育教师队伍的培育有着重要借鉴与启示。

一 内尔·诺丁斯关怀道德教育理论的精髓

（一）关于关怀的内涵

诺丁斯关怀道德教育理论的核心概念是关怀，她在认同关怀与被关怀是人最基本的需要的基础上，[①] 认为关怀是一种投注或全身心投入的状态，即在精神上有某种责任感，对某事或某人抱有担心和牵挂感；关怀是与责任、期望相关的，是一种富含积极关注、尊重、宽容与爱等伦理主题的价值取向，其目的是在于增进被关怀者的福祉，有益于被关怀者的全面发展。[②] 诺丁斯还认为学校教育可以存在多个教育目标，但学校教育的主导目标应该定位于培养健康的、有能力的和有道德的人，这就要求学校应以培养学生的关怀品质为目标，引导学生充分实现与挖掘自身潜能、感受作为平等主体的尊严，并学会将其他人作为平等主体去尊重与关怀。此种以关怀为核心的道德教育理论是对传统的、纯粹的知识逻辑理性的一种超越，作为新的伦理范式特别适合新形势下职业教育的道德教育工作。

（二）关于教师关怀及榜样作用

诺丁斯站在教育人性的角度，指出关怀是教育职业的基本特点，因

---

① ［美］诺丁斯：《学会关心——教育的另一种模式》，于天龙译，教育科学出版社 2003 年版，第 23 页。

② 侯晶晶、朱小蔓：《诺丁斯以关怀为核心的道德教育理论及其启示》，《教育研究》2004 年第 3 期。

为一个人一旦进入教师职业，首先就是进入了一种关怀关系，“关怀先于、重于做事和职业技能”① ……换而言之，今日为师者首先就要成为具有良好关怀意识和关怀能力的教育者。诺丁斯还特别强调教师在实施关怀过程中的榜样示范作用，她认为“关怀型教师的榜样作用是年幼者学会关怀的无言向导和动力之源”②，教师的人格魅力直接影响着学生在日常教育实践活动中对教师关怀的认同与理解。

（三）关于关怀能力

德育效果取决于教育者实施关怀的能力。然而，诺丁斯认为并非所有的人都具备了天然关怀别人的能力，也不是人人都学会了关怀的知识、其他生命以及客观物体，她认为很多“智力高度发展的人对其他人和其他生命形式毫无兴趣、漠不关心”③，关怀能力是需要培养与学习的。诺丁斯依此也指出教师的专业发展和成长不能简单定位于日常教学能力与常规管理，如教材教法的改革创新，常规性活动组织，教学手段与载体的使用等简单层面上，而应该是具备发自内心的、有意义的伦理关怀能力。

（四）关于关怀的特性

诺丁斯眼中的关怀有以下特性。

一是关怀的情感性。关怀理论的一个首要特征就是重视情感基于理性④，其主张是教育要以教育者情感为出发点，目的在于发现与洞察受教育者的情感。

二是关怀的情境性和实践性。情境性是指关怀主要因时空、场景不同而对关怀行为与关怀能力有不同的要求，真正有效的关怀，要求关怀

---

① 侯晶晶、朱小蔓：《论基于关怀式道德教育的道德学习》，《当代教育科学》2004 年第 5 期。

② 侯晶晶、朱小蔓：《诺丁斯以关怀为核心的道德教育理论及其启示》，《教育研究》2004 年第 3 期。

③ ［美］诺丁斯：《学会关心——教育的另一种模式》，于天龙译，教育科学出版社 2003 年版，第 23 页。

④ Noddings Nel, “Care and Moral Education”, In W., Kohli (Ed), *Critical Coversations in Pholosphy of Education*, New York: Routledge, 1995.

者（教师）依据具体的生活场景（教育场景）和具有个性的被关怀者个体（学生）以及被关怀者的正当需要出发,[①] 这反映关怀是必须通过实践才能取得成效的。

三是关怀关系的主体间性。诺丁斯认为关怀最重要的意义在于它的关系性，这是一种主体间性的关系，是建立在师生平等基本上的“你—我”间的情感对话，只有这样，师生才能在关怀中换位思考、创造幸福、体验幸福、收获感动。

二 关怀型德育教师队伍建设的紧迫性

（一）德育教师队伍“关怀者”角色期待

诺丁斯认为“关怀者虽说不必然都是教师，但是教师则必然应成为关怀者”[②]，一项师德调查中发现“学生普遍认为教师最重要的品质是关怀”[③]，关怀对于承担重要育人重任的德育教师来说更是一种内在要求与角色期待。德育教师队伍作为高职院校教师队伍的重要组织部分，其主要包括德育管理队伍、辅导员队伍、班主任队伍、德育课任教老师等，在现行“全员德育”难以达到理想状态的困境下，他们是从事学校德育工作的专门德育主体。与学校其他专业学科教师相比，他们与高职生接触时间更多、接触空间更广，作为能第一手了解高职生的心理状态、价值理想，从而引导其积极应对问题、正确走出困境、合理调整心态的重要引航人，他们的教育观念、人格魅力、德性素质、工作能力直接影响着高职院校的德育工作实效、影响着学生的全面健康成长成才。德育教师队伍的工作职责与理论角色要求高职、教师要具备良好的关怀品质与关怀能力，这正是高职院校德育教师专业成长的重要取向。

（二）提升高职院校德育工作实效

高职院校德育工作实效性低一直是个难题，主要表现在以下几方面。

---

① 刘涛、晏璐：《基于诺丁斯关怀道德教育理论对教师幸福的思考》，《天津市教科院学报》2008 年第 4 期。

② 苏静：《论教师的关怀素养》，《教师教育研究》2006 年第 6 期。

③ 同上。

一是高职教育作为培养技术型、应用型高级专门人才的教育类型，其办学过程中表现出来的工具主义与功利主义较重，在此影响下的高职院校教育强调的更是专业技术训练而非学生品格与道德教育。

二是受社会环境多样化影响，德育教师考虑更多的是政策体制下标准化德育目标的实行，忽略了教育对受教者本人人格完善和身心发展的作用。①

三是在繁重的工作压力下，德育教师现实身份的多重性导致他们无法从内心深处用情用心顾及学生的道德教育和道德关怀，导致本应是丰富的师生情感互动、心灵与精神交流的德育演变为传统知识说教、管理规训或机械的技术训练，导致师生关系的冷漠、紧张与远离、错位。要改变学校现有德育价值取向偏离、德育“苍白”“无力”以及师生关系紧张之现状，迫切需要建设一支“关怀型”德育教师队伍。

（三）高职学生是一个极需关怀的群体

乌申斯基曾说过：教育的主要目的在于使学生获得幸福。教师的一项重要工作（或责任）就是对学生的关怀，既要关怀学生现时的幸福，更要关注学生一生的幸福。② 当前，高职院校学生主要源于普通高中、部分来自中专或职中，这些学生大部分是高考的次等录取者，学习成绩相对较差，在高中阶段往往被贴上“后进生”“双差生”的标签。长期应试教育下教师对后进生关怀的缺失倾向，使其无法深刻感受到学校与教师育人之氛围，加上家庭教育对青少年成长与心理关照的缺失，使得高职生在成长过程中出现许多德育缺失问题，他们迫切需要一支有别于普通高中阶段教师队伍的出现。

三　关怀型德育教师队伍的建设途径

高职院校关怀型德育教师队伍的建设是指在遵循职业教育德育规律

---

① 邹磊磊：《关怀理论视角下的高校学生管理工作》，《安顺学院学报》2009 年第 8 期。

② 刘涛、晏璐：《基于诺丁斯关怀道德教育理论对教师幸福的思考》，《天津市教科院学报》2008 年第 4 期。

和高职生规律基础上，充分理解和借鉴诺丁斯关怀道德教育理论，从营造学校关怀氛围、建构关怀能力培训体系、丰富教师德育实践和完善德育教师人格素质四个方面进行系统性建构。

（一）积极营造学校关怀氛围和关怀文化

诺丁斯认为，人的关怀意识和关怀能力强弱与他们所受的关怀经历以及工作氛围文化有着很强的相关性。当前高职院校德育教师大部分都接受过高学历教育，有着较深厚的专业学科知识，“学术性”特征强，但“师范性”特征却有些不足，这种教育经历导致他们育人能力和育人艺术较为欠缺；同时，学校管理如果缺乏对教师应有的关怀，教师关怀学生的能力也将被抑制。鉴于此，要培养关怀型德育教师，高职院校在办学过程中，以关怀作为核心来建构一种新型德育体系，重视教师的自我关怀意识和关怀学生能力的培育，重视关怀氛围和关怀文化的形成，并使这种关怀渗透到学校日常教育与管理、教师日常教学行为、教育环境等工作过程中。在学校浓郁的关怀氛围下，教师的关怀情意与行为逐步成为一种行事风格与习惯、一种自觉行动和一种价值追求。

（二）建构以情感为核心的情景训练德育培训模式

诺丁斯道德教育理论指出，关怀是需要技能的，而教育者关怀能力关乎学校关怀教育的成效和学生提升关怀能力的进度，同时，她还指出教育者的关怀能力特别是基于专业的伦理关怀并非与生俱来的，而是需要后天学习与培育的。鉴于培训是高职德育教师队伍素质提升的重要方式，当前要提升德育教师关怀效度，学校就要在关怀道德教育理论的指导下，合理学习与借鉴美国教师教育机构中“情景训练”的培训方式，设计一整套科学有序的模拟关怀情景培训体系，让教师在受训过程中体验关怀、实践关怀，提升尊重学生的能力、情感表达力、良好的专注力与共情力、基于学生内心需求的接纳力、关怀的沟通与表达的艺术力、感受学生的心理与精神需要能力和换位移情动机的把握力等。

（三）鼓励教师积极参与学生实践活动

诺丁斯强调，关怀的经验是不会自动出现的，关怀的态度和观念是由经验形成的，而实践的目的是积累经验。① 与普通高等院校大学生相比，高职院校学生更喜欢也更乐意参与大量的非知识性的实践活动。在这样的现实背景下，教师只有积极主动地参与到学生关怀实践活动中，才能提升自己的职业态度、职业情感和专业精神，才能拉近与学生的情感和交流距离、更好地了解学生的真实想法，才能形成自由、平等、和谐的师生关怀关系。与此同时，德育教师在与学生一起科学设计与规划实践活动项目的过程中，可以发挥主体优势，更好地帮助与指导学生去精确活动主题、丰富活动形式，使原来简单甚至形式化的活动变得生动活泼、富有情趣。与此同时，教师也在参与指导过程中提升了关怀能力。

（四）教师应加强自我人格素质更新

诺丁斯非常强调教师在关怀中的榜样作用。德育作为一项以德育德、以心育心的教育劳动过程，有着价值性与示范性特性，教师作为教育者，其本身的人格素质与魅力对教育过程和教育效果的影响是极为重要的。具体到德育教师实施关怀教育过程中，教师人格素质只有丰富了，践行关怀的能力与效果才能提高，学生才会真正去理解与体悟教师的关怀行为。教师要提升人格素质，除需要组织上给予政策影响外，教师的自我更新与自主建构是极为关键的。一是强化学习，通过学习不断更新与丰富专业知识，提升自身的文化与知识优势，树立良好的育人形象，发挥教师在关怀教育中的主导作用；二是养成良好的关怀研究与反思习惯，树立良好的关怀实践个案反思与研究习惯，善于把反思与从事的职业、把职业要求与实际相联系，善于按照职业特性去调整自我、重构自我、完善自我，最终实现理想自我，通过不断的学习、反思与研究，提升工作艺术与工作智慧，提升工作的吸引力与感染力。

参考文献

1.《国务院关于加强教师队伍建设的意见》（国发〔2012〕41 号），2002 年 8 月 20 日。

① 蒋茵：《关怀理论：教师专业成长中不可忽视的内容》，《台州学院学报》2006 年第 8 期。

2. ［美］诺丁斯:《学会关心——教育的另一种模式》，于天龙译，教育科学出版社2003年版。

3. 侯晶晶、朱小蔓:《诺丁斯以关怀为核心的道德教育理论及其启示》，《教育研究》2004年第3期。

4. 侯晶晶、朱小蔓:《论基于关怀式道德教育的道德学习》，《当代教育科学》2004年第5期。

5. Noddings Nel，“Care and Moral Education”，In，W.，Kohli（Ed.）*Critical Coversations in Pholosphy of Education*，New York：Routledge，1995.

6. 刘涛、晏璐:《基于诺丁斯关怀道德教育理论对教师幸福的思考》，《天津市教科院学报》2008年第4期。

7. 苏静:《论教师的关怀素养》，《教师教育研究》2006年第6期。

8. 邹磊磊：《关怀理论视角下的高校学生管理工作》，《安顺学院学报》2009年第8期。

9. 蒋茵:《关怀理论：教师专业成长中不可忽视的内容》，《台州学院学报》2006年第8期。

原文刊于《中国职业技术教育》2013年第18期

人才培养

关于职业教育对教育技术专业人才要求的分析*

董武绍**

摘　要： 本文通过对职业教育特征的研究和对职业教育部门的调查，分析职业教育对教育技术专业人教授基本要求，提出了服务于职业教育的教育技术专业人才能的培养目标。

关键词： 职业教育；教育技术人才；要求；分析

随着我国经济的快速发展，职业教育得到了高度的重视。目前，职业教育发展很快，专业涉及面广、教育层次多、教育形式灵活多样。然而，在我国教育信息化的进程中，职业教育的改革与发展迫切需要现代教育技术的支持和参与，需要大批教育技术专业人才的服务。为满足这一形势发展的需要，近年来我国已有多所职业技术师范学院先后开办了教育技术学专业，为各级各类职业教育培养教育技术专业人才。但是，职业教育对教育技术专业人才的需求怎样，与普通教育有什么区别，这是职业技术师范院校办好教育技术学专业必须研究的重要问题之一。为此，我们针对这些问题进行了一些研究与探讨。

---

* 本文是全国教育科学"十五"计划重点课题"信息化进程中的教育技术发展研究"子课题的部分研究成果。

** 董武绍，本科，教授，曾任教育技术与传播学院院长，中国教育技术协会信息技术教育专业委员会理事，代表作：《数字媒体技术与创作系列教材》。

一 分析职业教育的特点，把握服务于职业教育的教育技术专业人才培养的大方向

职业技术师范院校开设教育技术学专业的主要任务，就是为各级各类职业教育部门培养教育技术专业人才，促进职业教育信息化，以适应职业教育改革与发展的需要。那么，职业教育的特点是什么，职业教育与基础教育、普通高等教育的主要区别何在，这将成为职业技术师范院校教育技术学专业开办者必须研究的方向性问题。

《中华人民共和国职业教育法》明确规定：“为了实施科教兴国战略，发展职业教育，提高劳动者素质，促进社会主义现代化建设”，“职业教育是国家教育事业的重要组成部分，是促进经济、社会发展和劳动就业的主要途径”，“实施职业教育，必须贯彻国家教育方针，对受教育者进行思想政治教育和职业道德教育，传授职业知识，培养职业技能，进行职业指导，全面提高受教育者的素质”。一般的理解认为，职业教育是培养人们能从事某种职业的一种专门化教育，是以传授各类产业技术及其相关理论为主要内容的，培养生产现场的各级技术、管理和操作人员的教育。

职业教育其教育目的的生产性、教育内容的职业性、教育环节的实践性，是职业教育区别于普通教育、高等教育的本质特征。职业教育作为现代教育的重要组成部分，是教育中与经济、生产最为紧密的结合部分，是工业化和生产社会化、现代化的重要支柱，与普通教育的基础性、高等教育的专业性相比，职业教育更为突出的是生产服务的功能。职业教育的职业性，无论是对劳动后备力量就业前的准备教育，还是在职提高教育以及转岗教育，都是为了使受教育者掌握各类职业所需要的实用知识和技能、技巧。职业教育的实践性，是职业教育生产性、职业性的基本保障，离开了实践性，对受教育者的技能、技巧的培养就会成为空谈，其生产性和职业性也无法实现。因此，对服务于职业教育的教育技术专业人才的培养，应该着重把握为职业教育的生产性、职业性和实践性特征服务的大方向。

二 调查分析，了解服务于职业教育的教育技术专业人才的基本要求

在分析职业教育的特点，把握教育技术专业人才培养服务于职业教育大方向的前提下，为深入了解职业教育部门对教育技术人才的基本要求，我们采取了问卷调查与实地考察相结合的方式，分别对广东经济发达地区、一般地区和边远山区的高职院校和职业高中及职业培训机构进行了抽样调查。调查内容主要有三个大的方面，即职业教育对教育技术专业人才的知识结构要求、技能水平要求和基本素质要求。

（一）知识结构要求

根据我国目前教育技术学科所涉及的知识内容，结合职业教育的特点，设计了10个方面的知识：（1）教学理论；（2）教学设计原理；（3）硬件维护知识；（4）软件设计原理；（5）计算机网络原理；（6）电子技术知识；（7）有线、无线电视系统原理；（8）多媒体开发知识；（9）摄影电视制作知识；（10）常规媒体电路结构原理。为方便被调查单位的选择，每方面的知识又分为三种要求，即熟练、一般了解、不要求。通过对问卷调查的反馈统计，职业教育对教育技术专业人才知识结构要求（见表1）。

表1 职业教育对教育技术专业人才知识结构要求统计 单位:%

要求 / 所占比例 / 知识内容	熟练掌握	一般了解	不要求
教学理论	82	17	1
教学设计原理	78	21	1
硬件维护知识	66	25	9
软件设计原理	73	23	4
计算机网络原理	52	40	8
电子技术知识	52	40	8
有线、无线电视系统原理	56	34	10

续表

知识内容 \ 所占比例 \ 要求	熟练掌握	一般了解	不要求
多媒体开发知识	81	16	3
摄影电视制作知识	58	33	9
常规媒体电路结构原理	53	37	10

对上述调查统计进行分析，不难看出职业教育部门对教育技术专业人才知识结构要求具有以下显著特点：（1）对教育技术专业人才掌握的知识面要求较宽。在调查表中所列的10个方面的知识，要求熟练掌握的比例均在50%以上，一般了解的比例在16%—40%，而不作要求的比例均在10%以内；（2）对教育技术专业人才，要求掌握教学理论多媒体开发知识和教学设计原理方面知识的比例最高，体现出职业教育对现代教学理论教学设计和多媒体教学应用的要求较高；（3）对教育技术专业人才要求掌握多媒体计算机和网络方面知识的比例较常规媒体方面知识的比例高出许多。反映出多媒体计算机和网络教学在职业教育中应用的重要程度。

（二）技能水平的要求

根据我国目前教育技术人员所从事的工作范围，结合职业教育的特点，将技能水平分为10个方面：（1）常规媒体维护能力；（2）多媒体系统应用能力；（3）多媒体系统平台开发能力；（4）CAI课件开发制作能力；（5）计算机网络组建能力；（6）计算机网络维护能力；（7）摄影技术；（8）电视节目制作能力；（9）语音教学系统操作与维护能力；（10）职业教育综合应用能力。对每个方面的技术能力又分为三个不同的掌握层次（见表2）。

表2 职业教育对教育技术专业人才技能水平要求统计

常规媒体维护能力	拆装及故障排除能力	91%
	拆装及维护能力	9%
	一般维护能力	0
多媒体系统应用能力	多媒体操作故障排除能力	85%
	多媒体系统维护能力	15%
	多媒体系统操作能力	0
多媒体系统平台开发能力	开发综合性多媒体教学平台	25%
	开发简易多媒体教学平台	33%
	运用现有的平台进行课程开发	42%
CAI 课件开发制作能力	独立开发并指导学科教师开发课件	75%
	协助学科教师开发课件	25%
	了解 CAI 课件制作知识	0
计算机网络组建能力	能规划设计校园网	72%
	能组建网络教室	28%
	不要求	0
计算机网络维护能力	承担校园网管理与维护	92%
	能承担网络课室的一般维护	8%
	不要求	0
摄影技术	掌握拍摄和后期加工技术	70%
	掌握一般拍摄技术	30%
	不要求	0
电视节目制作能力	掌握摄、录、编技术	71%
	一般掌握摄、录技术	29%
	不要求	0
语音教学系统操作与维护能力	熟练掌握语音教学系统操作，及时排除故障	73%
	掌握语音教学系统操作及维护	27%
	了解语音教学系统操作及维护	0
职业教育综合应用能力	能创造性将教育技术与学科教学综合应用	92%
	一般性综合应用	8%
	不要求	0

从职业教育部门对教育技术专业人才的技能水平要求统计情况可以

看出。

（1）职业教育对教育技术专业人才的技能水平要求较高，在所列的10项能力中有9项能力一级指标要求的比例均在70%以上，而三级指标要求的比例有9项为零。这也充分反映出职业教育的实践性特点。

（2）对教育技术专业人才各项技能一级指标要求由高到低的顺序是：综合应用能力、计算机网络维护能力、常规媒体维护能力、多媒体系统应用能力、CAI课件开发制作能力、语音教学系统操作与维护能力、计算机网络组建能力、电视节目制作能力、摄影技术、多媒体平台开发能力。这一顺序也基本反映出了各种技能在目前职业教育中的重要程度。

（3）对教育技术专业人才的多媒体平台开发能力的要求，是三级指标（即运用现有平台进行课程开发）的比例最高。这反映出目前职业教育对教育技术人才运用现有平台进行课程开发的要求。

（三）基本素质要求

对服务于职业教育的教育技术专业人才的基本素质要求，主要是通过实地调查进行了解。针对职业教育的不同层次，我们分别选择了具有代表性的两个高职院校、三个职业高中、两个职教培训中心进行走访调查。经过综合分析，对教育技术专业人才的基本素质要求主要有以下几个方面。

（1）思想政治素质要求：应具有强烈的社会责任感，明确的职业理想和良好的职业道德，具有理论联系实际、实事求是、言行一致的思想作风和任劳任怨的工作态度。

（2）知识素质要求：具有扎实的专业基础知识和较为宽泛的文化基础知识、现代科技知识。

（3）能力素质要求：能较为全面地掌握本专业的各项技术能力，具有较强的工作能力、协调能力和创新能力。

（4）身心素质要求：具备良好的身体体能和良好的心理素质。

（5）劳动素质要求：具有正确的劳动观念，掌握劳动知识技能，勤于劳动实践。

三 综合分析，确立服务于职业教育的教育技术专业人才的培养目标

综合上述分析，服务于职业教育的教育技术专业人才的培养目标是：培养掌握现代教育理论和现代信息技术，具备在现代教育技术环境下对教学系统和教学资源进行设计、开发、利用、管理和评价的能力；培养适应社会和教育发展需要的应用型、复合型教育技术学科高级专门人才，为高等职业技术院校、职业中学、各级职业培训中心培养信息技术课程的教师，从事教育技术工作的研究、开发、管理。

参考文献

1. 郑国强：《高等职业技术教育办学特色的理论与实践》，华龄出版社 2002 年版。

原文刊于《电化教育研究》2004 年第 4 期

职业技术类本科层次计算机教学改革的探讨*

魏文国** 谢桂园

摘 要：职业技术类本科层次计算机教学应以实用、必需为度，适时调整教学大纲，加强教材建设和教学方法的改进；以提高学生就业和创新能力为指导，优化实践教学环节；应做到产学结合，提高学生实践能力；改革考评形式，检验学生的综合应用能力。

关键词：教学改革；产学结合；实践教学；创新能力培养

一 引言

高等职业教育必须突出以培养职业技术应用能力为核心的教学思想，必须打破单纯追求学科完整性的倾向。实践表明，本科层次职业院校的计算机教学，不能简单地照搬普通高校的教学模式，而应认真地开展市场调研，根据经济、社会的发展需要和就业状况以及本校的实际来确定教学目的和任务，并按照职业资格标准的要求，围绕培养计算机应用能力对教学内容和教学计划作相应调整。将证书课程考试大纲与专业教学大纲衔接起来，创新人才培养模式，强化学生技能训练。做到在计算机

---

* 本论文受中国职业教育学会科研规划项目（项目编号：200611）的资助。

** 魏文国，工学博士，教授，硕士生导师，现任广东技术师范学院科研处处长，广东高校移动信息工程研究中心主任，广东省“电子信息类专业计算机核心课程”教学团队负责人，代表作：《职业技术类本科层次计算机教学改革的探讨》。

教学内容和课程体系的改革中体现基础课教学以应用为目的和以必需、够用为度，专业课教学要加强针对性和应用性，这样才能符合现代高等职业教育教学改革的方向，培养出国家建设需要和受社会欢迎的人才。

二　不断调整教学大纲，加强教材建设和教学方法的改进[①]

第一，教学大纲是教学的科学性和规范性的必要保证，教学工作应围绕教学大纲进行。计算机教学的内容应随着计算机技术的发展而有所调整，以适应社会发展的需要。因此，对教学大纲也要适当修改，使之不断完善。大纲的编写既要有普遍性，又要兼顾先进性，应反映出计算机领域新的科技成就及应用水平。第二，还要重视选用合适的教材，教材是教学内容的具体实施，是搞好教学工作的基础。每门课的教材选取既要保证基本的知识要点，又要适合学生的专业特点。第三，要重视改进教学方法，实行启发式、案例式、项目驱动式教学。变学生被动接受知识为主动探索的过程，提高学生的思维能力和发现问题、解决问题的能力。利用多媒体课件教学，学生获取知识的途径增加了，学习的自主性就增强了。改变传统的以教师为中心的课堂讲授式的格局，代之以教师对学生的启发引导，为学生学习主动性的发挥创造更加充分的条件。

三　信息时代的职业技术类计算机教学改革[②]

按照教育的素质化、社会化、国际化、超前化和终身化的要求，计算机教学必须进行一系列相应的改革。

老师的角色是“老师 + 师傅”，学生要“三会”（会用、会修、会学）。

职业类本科院校教师的角色是“老师 + 师傅”，即除了具有普通本科院校老师的素质外，在动手能力方面应该起到表率作用，特别是计算机

---

① 朱懿心：《高职高专教师必读》，上海交通大学出版社 2004 年版。

② 甘丽、田利娟：《知识经济与计算机教学改革》，《集团经济研究》2005 年第 8 期。

专业的教师，只有自己能够熟练地完成每个实验，才能更好地训练学生的实操能力。另外，学生应该“三会”，即会熟练地使用相关的设备、软件和系统；会修理、设计相关的仪器和系统；会根据已有的知识学习新的知识。为此，在计算机教学改革方面应关注以下几点。

（一）网络教学与传统教学相结合

信息时代教师作为学生的引导者，应有效利用多媒体与网络学习环境进行教学，拓展教学时空，节省教育成本，教师应培养学生主动选择和运用信息的能力，而不仅是让学生被动接受一定的信息。也要重视教师面授、学生间的直接讨论与综合实践等现实的教学，加强直接交流与即时反馈，也可以避免虚拟学习中的情感冷漠与情景变异。

（二）以就业为导向设计教学内容

传统的教育过分强调学习的阶段性与维持性，强调在一定时期用确定的模式培养某一类型人才，而没有看到今天职业转换频率的不断加快与继续教育周期的不断缩短，这种转变要求从应用的角度选择教学内容，强调实用性和先进性，大胆删除陈旧过时的、偏多偏深而又不实用的教学内容，强调课程的综合化，努力实现课程内容、理论与实践、传统技术与高新技术在专业教学中的综合。

（三）重视计算机教学中的研究性学习

研究性学习的显著特征是坚持学生在学习过程中的自由选题、自主探究和自由创造。重视学生自主学习的行为和过程，强调学生的动手动脑，与以往学习方式相比，研究性学习更有利于培养学生创新能力。

（四）运用项目驱动式教学

项目驱动把教学目标隐含在任务中，使学生通过完成任务达到掌握所学知识的目的。通过探索问题来推动和维持学习者学习的兴趣和动机，创建真实的教学环境。

（五）精心设计能够反映学生应用能力和创新能力的实验

传统的计算机实验只是对学生所学知识的验证、重复和再现。这种实验教学，虽然使学生初步掌握了计算机的基础知识、基本方法和基本技能，但在知识的灵活运用上，以及培养学生的应用能力等方面都存在着严重的不足。这样培养出来的学生往往只会生搬硬套，缺乏灵活性和创造性，很难适应未来的实际工作。因此，要改革传统的实验教学，在设计计算机实验时，应力求设计一些与人们日常生活密切联系、学生感兴趣的实验，而且要具有一定的综合性和难度，以便培养学生综合运用所学知识和实验技能解决实际问题的能力。

（六）重视培养学生的信息素养

信息素养是指获取信息、处理信息、分析信息和呈现信息的能力。信息素养是成功自主学习的保证，而自主学习又是终身学习的前提条件，是提高教学质量，实现人才培养模式改革的有效途径。

四　以提高学生就业和创新能力为目的，优化实践教学环节①

本科层次职业院校的办学目标是提高学生运用知识分析和解决问题的能力，加强实践教学，充分体现本科层次的职业院校特色。为此要加强实践能力培养和实践环节的设计，以及实验室和实训平台的建设。实践教学应占本科层次的职业院校教学计划的较大比重，实践性教学环节应按学生必须掌握的基本技能、专业技能设计并组织。还应注意的是，随着经济社会和科技发展，对学生知识结构、能力水平的要求培养模式及口径不应一成不变。从培养计划、教学组织与管理到专业建设、课堂教学、考试改革，都要根据社会对本科层次职业院校的质量要求进行调整和完善，努力实现教学与生产及与学生就业的有机结合。

计算机学科是一门实践性很强的学科，本科层次职业院校的培养目

① 朱懿心：《高职高专教师必读》，上海交通大学出版社 2004 年版。

标是应用型高等专门人才，因此，本科层次职业院校的计算机教学要建构不同于普通高等教育的计算机教学模式，围绕培养学生创新能力和专业应用能力设计实践教学。根据本科层次的职业院校计算机教学的目的和要求，计算机的各门课程应始终围绕计算机应用这条主线，在打好基础的前提下，拓宽学生的知识面，让学生及时了解计算机在各行各业的最新应用状况和发展水平，使之融会贯通，灵活运用。

教学要走出校门，到生产、服务和管理第一线，结合工程和生产实际问题，进行开放式毕业实践教学，搞好毕业实习和毕业设计，培养和锻炼学生综合运用所学专业理论和技能独立工作能力与开发学生的创造能力，并培养学生良好的职业道德、意志品质、心理承受能力和团结协作精神。

五　改革考评形式，检验学生的综合应用能力

在考试的内容上，不仅要包含知识记忆性和技能技巧性的内容，还应包括没有标准答案，可以让学生发挥想象力，以表现学生综合应用和创新能力的题目。使得学生在平时学习时注意培养自己这方面的能力。在考试形式上，可以采用上机抽考的方式，能够比较客观地反映出学生的计算机实践应用能力。

参考文献

1. 朱懿心：《高职高专教师必读》，上海交通大学出版社 2004 年版。
2. 甘丽、田利娟：《知识经济与计算机教学改革》，《集团经济研究》2005 年第 8 期。

原文刊于《广东技术师范学院学报》2007 年第 7 期

职业教育人才培养模式的反思与重构

——基于"全人教育"的视角

赵　珲[*]　张　云

摘　要：基于"全人教育"的视角，反思职业教育人才培养模式，提出职业教育八大"全人教育"板块，即军体训练、心理调控、义工服务、逆境磨炼、开放视野、社会体验、人文情怀和人际沟通。

关键词：全人教育；职业教育；人才培养模式

近年来，职业教育的发展呈现良好的态势，从招生、就业、培训等方面来看较前几年有很大改善，办学针对性、灵活性明显增强，适应了人才市场的需要。然而，从人才质量上看，我国职业教育的整体水平依然不高，与欧美发达国家相比仍处于简单的技能传授和岗位培训阶段，"工具化"的职业教育培养模式有强化的趋势，这无疑影响了我国整体国民素质的提高。本文试图引入"全人教育"的理念，结合职业教育，探索一种新的职教人才培养模式。

一　现状的批判

我国职业教育人才培养中的工具化倾向多遭诟病。有学者甚至认为，职业教育培养的人只是"工具化"的人，认为："教育中的教育性连同那

---

* 赵珲，教育学硕士，助理研究员，数学与系统科学学院党总支副书记。

活生生的‘人’一起被淡漠了，教育者没有努力使学生向一个完全的人、高尚的人、真正的人的方向迈进。”① 教育活动从根本上说是“一个影响人身心发展”的过程。② 当前，知识的专业化程度越来越高，使得职业教育的课程设置和岗位培训项目相对单一，学生难以汲取人文学科、基础学科等相关学科的知识，使得学生非专业知识浅薄，偏重于专业课、技能课和工具课，成为一个单一的工具人、技术人。限于狭窄的专业领域，走上工作岗位，在处理各种现实的复杂问题时，学生通常因对相关学科的无知而无法在工作中提升自己。另外，高职学生在学习专业理论、方法和技术的同时，形成了相应的思维定式。根据近几年的教学经验来看，高职学生更多地满足于机械模仿，不易产生情感与兴趣，缺乏开拓意识与创新意识，这与现代化建设所需要的复合型技能人才有很大差距。

在职业教育中，还存在着较为严重的“急功近利”现象，以就业为导向，把“职业教育”单纯看作就业教育，是对公民教育的极大损伤。在这种观念影响下，职业教育在很大程度上成为单纯服务于职业需要与经济发展的工具，忽视了学生精神和文化的需求与发展，导致学生在科学理性与人文精神上的失衡与冲突，出现信仰困惑、精神空虚等“人文危机”。另外，我国当前职业教育还存在以下两个重要问题，第一，知识结构陈旧，发展潜力不足；第二，综合能力偏低，难以适应市场需求。就业市场的反馈说明传统的职业教育人才培养模式已经滞后，与《中共中央关于构建社会主义和谐社会若干重大问题的决定》提出的“注重增强学生的实践能力、创造能力和就业能力、创业能力”的目标也不一致。

“随着社会的发展，职业分化越来越细，职业技术教育也随之细分。这对于提高效率和发展经济有着重大的贡献，但对于社会和个人的全面发展来说却有莫大的缺陷。”③ 本文要解决的就是一个与之相适应的在职业教育中如何推进“全人教育”理念的问题，并设计相对应的职业教育人才培养模式。

---

① 文辅相：《文化素质教育应确立全人教育理念》，《高等教育研究》2002 年第 1 期。

② 叶澜：《教育概论》，人民教育出版社 1991 年版。

③ 王晨：《职业技术教育中的通识教育》，《职业技术教育》2000 年第 22 期。

二 概念的引入

全人教育（the whole person education）是和通识教育（the general education）、博雅教育（the liberal education）并行的三大教育理念，对现代教育产生深远的影响。其中，全人教育是20世纪六七十年代从美国兴起的一种以促进人的整体发展为主要目的教育思潮，对各级各类教育产生了重要的影响。作为一种教育思潮，全人教育的一些思想实际上可以追溯到"轴心时代"（Axial Period）的哲学巨匠，① 无论是古希腊哲学家亚里士多德等对人之所以为人的价值和目的的讨论，还是东方的哲学先贤孔子提出的"礼、乐、射、御、书、数"六艺，都在本质上体现了全人教育的理想。文艺复兴时期的蒙田（Montaigne）、伊拉斯谟（Erasmu）等人文主义教育家将人的身心或个性的全面发展作为教育的培养目标。20世纪60年代以来，建立在人本主义心理学基础之上的人本主义教育思潮兴起，为全人教育的发展注入了活力。马斯洛、罗杰斯等教育学者要培养"完整的人"（the whole man）的主张直接推动了全人教育的开展。20世纪70年代末，全人教育的主要倡导者隆·米勒（R. Miller）正式把这种理论称为全人教育（holistic education）。1990年6月，80位支持全人教育的学者在芝加哥签署《教育2000：全人教育的观点》（*Education 2000: A Holistic Perspective*），提出全人教育的十大原则。这标志着全人教育从一种教育思潮变成了一项教育改革运动。全人教育的理念核心集中反映在《芝加哥宣言》上，该宣言对现行教育制度以及人类社会所发生的政治、文化、社会、生态危机表示担忧，提出十大教育改革原则，即为人类发展而教、将学习者视为独立的个体、承认经验在学习中的关键角色、以整全观为切入点的教育、教学者的新角色、选择的自由、为参与式民主社会而教、为文化及伦理的多元性、地球公民权而教、为地球的人文关怀而教、灵性和教育不可变性。教育学家们希望通过教育改革来建设一种新的文化，解决人类面临的共同危机。总之，全人教育以培

① ［德］雅斯贝尔斯：《历史的起源与目标》，魏楚雄、俞新天译，华夏出版社1989年版，第14页。

养“完整的人”为目标，强调教育应看重人的每一个方面，并使其充分发展，这些方面包含技能、精神、社会、道德、伦理与创造等。

“职业发展在个人生活中是一个连续的、长期的发展过程。职业技术教育已经形成跨越终生的连续的体系。它通过适当的形式和方法，帮助人在一生中保持其掌握的专业理论知识和技能的连续性、适应性和前瞻性。”① 从“半人”教育走向“全人”教育，应该成为职业教育培养目标的改革取向。因此，职业教育要在培养一个人全面发展的基础上推行。职业教育首先要把学生作为一个有情感、有智慧的人，同时，力求把他们培养成为一个具有与他们所受教育层次相称的有文化教养的人，一个在生理、心理、智力、情感等方面协调发展、具有较高综合素质的人。当前的职业教育为了专门化的需要，使青年人本来应该具备的全面素质残缺不全。因此，传统的职业教育只重视知识传授和专业技能，培养技术型、技能型的专业人才，与倡导培养完整的全人教育理念相背离，都不是围绕培养完整的人这一目标设计。而全人教育的核心思想在于教育培养目标的转变，全人教育的理念对职业教育目标的影响是根本性的。

三 模式的构建

职业教育的人才培养不仅要关注个体各项素质指标的量化进步，也要关注个体人格养成的动态发展过程。在“全人教育”理念指导下，应确立以培养职业应用能力为主线、以推进“全人教育”为目标，提高实际应用能力和综合素质的教育思想，并对学生的知识、能力、素质结构进行综合分析，制订专业人才培养规格和培养方案。

为了实现职业教育的培养目标，在研究“全人教育”理论和职业教育培养模式以及探索产学活动规律的基础上，设计了如图 1 所示的职业教育八大“全人教育”板块。分别通过军体训练（physical training）、心理调控（self-concelling）、义工服务（volunteer service）、逆境磨炼（adversity-practice）、开放视野（open-visual field）、社会体验（social experience）、人文情怀（humanity-caring）、人际沟通（inter personal communi-

① 叶肇芳：《论职业教育与人的全面发展》，《职教论坛》2000 年第 5 期。

图1　职业教育八大"全人教育"板块

cation）等八个专题有针对性的但又不是孤立的锻炼学生某个方面的能力，充分发挥第二课堂的作用，坚持第一课堂与第二课堂并重，通过第一课堂的理论教学和第二课堂的素质培训，并在第一课堂中融入相关板块的课程，实现"全人教育"的目的。

第一，军体训练对于锻炼健康体魄、展现精神面貌有重要的意义。通过参与军事训练和体育活动，可以培养学生公平竞争、自强不息、坚韧不拔的道德品质，培养他们承受挫折和战胜困难的顽强意志以及积极向上、勇于创新、开拓进取、敢于冒险和超越自我的精神。在职业教育中，可以通过严格的军事训练、举办运动会、各类球赛以及定向越野比赛等来实现这一培养目的。

第二，心理调控是现代人应该具备的素质之一，在竞争激烈的市场经济社会中，如何正确面对各种挑战和压力，保持健康的心态，是21世纪新型人才必备的特质和能力。锻造出情商与心智俱佳的人才应该成为职业教育人才培养的主要目的。在心理健康课程中，应重点培养学生的心理调节能力，旨在让学生具备情绪的自我认知能力、自我控制能力和自我激励能力，感染他人情绪的能力以及建立和谐人际关系的能力。

第三，义工服务是"全人教育"的一项重要内容，旨在让学生透过直接参与志愿者服务，培养学生服务社会和关爱他人的义工精神，增强学生对个人、家庭和社会的责任感，使其在未来的工作岗位上具有奉献精神和行业道德，其内容包括义工服务培训课程、国际志愿者日活动、志愿者服务等。

第四，当今社会是竞争型的社会，在逆境中如何承受压力并谋求生存和突破是一项热门课题，“逆境突破”（Adversity Quotient，简称“AQ”）有利于学生提高生存能力和专业竞争力。因此，通过挫折教育、抗逆生活训练营及心理测试等方式，教授学生勇敢面对挫折，学会自我处理抑郁、焦虑等不良情绪，从而有效解决工作中的难题。

第五，拥有广阔的国际视野是21世纪人才必备的素质之一。身处一个全球化的时代，公司运作、商业准则等开始与国际接轨，国际视野是新世纪职场竞争的制高点。双语教学、邀请海外学者讲座、扩大与海外大学的合作交流都可以扩大学生的视野。

第六，社会体验是人对当代国际社会和国情的具体体验和认知，职校学生需要通过社会体验来提高自己对人类所处时代、所在地域的感性认知，进而内化为自己对社会的感知，提高自己应对和处理社会事务的公关能力。可以通过组织开辟“文化之旅”、课外实践活动以及假期“三下乡”活动来实现。

第七，对人文的感知和自觉接受艺术的熏陶是个人修养很重要的一个方面，高素质的人才需要具备人文的欣赏和艺术的鉴赏能力，可以通过组织学生参观旅游胜地、引导宿舍创意文化潮流等方式培养学生此方面能力。

第八，人际沟通已成为企业公关以及创造和谐人际关系的重要学问，开放的社会需要人有开放的心态，善于表达和沟通，善于与人合作，善于处理上下级以及同事之间的人际关系，拥有良好的合作意识和团队精神。沟通与交流已经超越个人的需要，成为工作、生活的需要。可以通过礼仪讲座、学生领袖计划等来提高学生此方面的能力。

在全球化趋势不可逆转的今天，职业教育所培养的人才不仅要参与全球性经济与科技的竞争与合作，而且不可避免地要承担起价值澄清和文化选择的使命，这种使命和价值又将成为影响公司、企业运作的重要元素，因而，“全人教育”就成为全球化时代职业教育新的使命和新的目标。

参考文献

1. 文辅相:《文化素质教育应确立全人教育理念》,《高等教育研究》2002 年第 1 期。
2. 叶澜:《教育概论》,人民教育出版社 1991 年版。
3. 王晨:《职业技术教育中的通识教育》,《职业技术教育》2000 年第 22 期。
4. [德] 雅斯贝尔斯:《历史的起源与目标》,华夏出版社 1989 年版。
5. 叶肇芳:《论职业教育与人的全面发展》,《职教论坛》2000 年第 5 期。

原文刊于《职业技术教育》2008 年第 19 期

高职实训教学质量评价指标体系研究与实践

赵先美*

摘　要： 高职院校实训教学质量评价指标体系的构建应遵循人本性、科学性、发展及前瞻性、系统性、可比性、综合性及过程性等原则，根据高职教育规律确定实训教师教学态度、实训教师水平、实训教材、实训设备等10个评价指标，并采用权值因子判断表法确定各指标的权重，各类指标两两配对比较，确定其重要程度。在评估工作中，要认真做好评估的组织工作，充分认识实训教学的特点，精练评价内涵及评价标准，简化评价项目和过程环节。

关键词： 高等职业院校；实训教学；评价指标；教学质量

目前，我国有关高职实训教学质量评价指标的探讨还处在定性层面，缺少可操作性，评价内容不统一，指标缺乏层次性信度和效度。为此，亟须建立科学可行的高职院校实训教学质量评价指标体系。

一　评价指标体系构建原则

以人为本。评价指标体系要遵循高职教育规律和高等技术应用型人才培养规律，突出高职教育的基本特征。学生是教育的主体，在制定评

* 赵先美，教授，硕士，电工电子工程训练中心主任，研究方向为机电一体化及职教研究，已主持多项广东省及广州市科技计划项目。

价体系时，必须以提高学生的综合素质和能力为出发点。

科学性。每项评价指标都须经过科学论证，要能直接反映高职实训教学质量特性，各指标名称、概念要科学确切。建立的评定数学模型也要科学合理，充分运用现代科技对实训教学环节质量进行定量评定。

发展及前瞻性。立足于本校实训环节的实际状况，但同时也要考虑今后行业的发展和企业的真实环境。

可操作性、客观性。指标应尽可能定量化，便于准确描述实训教学环节的客观状态，及数据采集和运用数学模型进行处理，尽可能排除人为因素影响。评价方法要合理，应客观真实地反映教育质量的真实情况，使得评估结果真实可靠，可信度高。

系统性、可比性。设计评价指标体系须明确评价目标，在此前提下全面系统地设计、确定评价原则和评价要素。整个实训教学质量评价指标要自成体系，各项评价要素应有可比性。

综合性。指标体系是由若干个指标构成的有机整体，每个指标都从一个侧面反映实训教学环节质量状况，各独立指标之间相互联系、相互制约、补充完善，形成指标的最佳组合，综合所有指标能科学反映出实训教学环节总体质量。

过程性。实训教学质量的提高是在教学实践中逐渐形成的，评价指标体系应反映出学校对实训教学过程的动态控制。

二　评价指标体系的构建

（一）实训教学评价指标的确立

评价结果的客观准确首先依赖于完备的评价指标。该指标体系包括三部分，即指标体系的组成、结构及各指标的权重。在广泛征求实训教师和管理人员意见基础上，结合其他院校实训教学评估经验，参照课堂教学质量评估方法，设计实训教学评估指标体系，包括 10 项指标。将评价分为 4 个等级，即 A、B、C、D。各等级分别表示：A——很好；B——好；C——一般；D——不好。

（二）各评价指标权重的确定

1. 权重确定原则

首先，把整体最优化作为出发点和追求目标，合理分配各评价指标的权重。其次，评价者的主观意图应与客观情况相结合。评价指标权重反映了评价者和组织对人员工作的引导意图和价值观念，但现实情况往往与主观意愿不完全一致，应把引导意图与现实情况结合起来。最后，要坚持民主集中制的原则，权重往往受个人主观因素影响，不同的人对同一件事情有不同的看法，有合理成分也有偏见，这就需要群体决策，综合相关人员意见形成统一的方案。

2. 各指标权重的确立

采用权值因子判断表法确定各指标的权重，各类指标两两配对比较，能确定其重要程度。由于指标权重直接影响实训教学质量评价的最终结果，因此本文用权值因子判断表法确定指标权重，并经过专家审核和讨论，以确保指标权重的分配合理。确定指标权重的步骤：第一步，请实训教学和理论研究工作经验丰富的专家组成评价小组。第二步，制定指标的评价权值因子判断表。第三步，专家填写评价权值因子判断表。各位专家将各因子进行比较。采用4分值，非常重要的指标为4分，比较重要的指标为3分，重要的为2分，不太重要的为1分，很不重要的为0分，每位专家填写一份。第四步，将统计结果折算为权重，根据计算出来的指标权重作相应调整，最终得出高职院校实训教学质量评价指标体系（见表1）。

表1　实训教学质量评价指标体系

序号	评价指标	权重	评价指标说明	评价等级 A、B、C、D
1	实训教师教学态度	0.05	遵守教师教学工作规范、热情饱满、认真投入、言传身教、教书育人、遵纪守时	
2	实训教师水平	0.10	实训教师能力及素质高，经验丰富，为双师型或多师型教师	

续表

序号	评价指标	权重	评价指标说明	评价等级 A、B、C、D
3	实训教材	0.05	教师能自主开发实训教学大纲、实训课教材或实训指导书，能根据实训教学要求积极选用最新规划实训教材	
4	实训设备	0.15	确保实训设备仪器完好，性能可靠，满足实训教学要求。教师对实训仪器设备很熟悉	
5	实训教学内容	0.15	实训教学内容科学先进、实用创新，富有职业特色。对实训内容很熟悉，能很好地把握实训内容的重难点	
6	实训教学方法	0.15	因材施教，灵活多样，联系实际，行动导向法、任务驱动法、项目教学法、案例教学法、工学结合、产学研一体等教学方法均有采用	
7	实训教学形式	0.15	教学形式多样，含实训、实验、实习、创新训练、研究及开发设计、综合训练、毕业设计等，开发设计性、综合性实训	
8	实训教学组织	0.05	实训教学组织严谨、适时、调控，教学纪律严明	
9	实训教学评价	0.10	能认真、及时批阅实训报告，实训教学评价考核公正合理，科学新颖，突出专业实践及创新技能	
10	实训教学效果	0.05	按时完成实训教学任务，学生能力与素质均得到提高，教学效果好	

（三）评价结果的统计与分析

以2002级、2003级、2004级、2005级学生为评价主体，选择“制冷与空调实训”课程进行试点。学习该课程的760名学生以填写评估表的方式参加了评估，共收回有效评估表636份。对评估表分类统计，并对采集的数据进行分析，见表2，应用模糊数学方法对模糊关系矩阵R=（rij）进行归一化。

评价指标权重向量为：

$A=(a_i)=(0.05, 0.10, 0.05, 0.15, 0.15, 0.15, 0.15, 0.05, 0.10, 0.05)$

采用加权平均型综合评判法，引入算子对（·，+），即：

$b_j=\sum a_i r_{ij}$，（i=1，…，10；j=1，2，3，4）

则评语集 $B=(b_j)=(0.63, 0.27, 0.08, 0.02)$

根据最大隶属原则，向量 B 中最大值是 0.63，对应于表 2 中评估等级的第一列“A”，可知学生对“制冷与空调实训”课程教学质量评估等级为“A”。如果对评估等级 A、B、C、D 确定相应的赋分范围 4.5 ~5、3.5 ~4.5、2.5 ~3.5、2 ~2.5，则可计算出评估得分 M 的范围。如果取 A =5、B =4、C =3、D =2，则可计算出评估得分：

$M=5\times 0.63+4\times 0.27+3\times 0.08+2\times 0.02=4.51$

即 A 为“－”，说明学生对“制冷与空调实训”教学质量总体评价是满意的。本方法也可用于教学督导、同行教师及任课教师个人对实训教学质量的评价。

表 2　“制冷与空调实训”教学质量评价统计

指标序号	评价等级			
	A	B	C	D
1	437	151	26	12
2	394	191	37	14
3	422	179	27	8
4	438	112	68	19
5	385	191	46	16
6	368	197	56	15
7	396	189	29	12
8	425	162	26	13
9	386	175	60	15
10	430	121	65	20

归一化 ⇒

$$R=\begin{vmatrix} 0.69 & 0.25 & 0.04 & 0.02 \\ 0.62 & 0.30 & 0.06 & 0.02 \\ 0.66 & 0.28 & 0.04 & 0.01 \\ 0.69 & 0.18 & 0.11 & 0.03 \\ 0.61 & 0.30 & 0.07 & 0.02 \\ 0.58 & 0.31 & 0.09 & 0.02 \\ 0.62 & 0.30 & 0.06 & 0.02 \\ 0.67 & 0.25 & 0.06 & 0.02 \\ 0.61 & 0.28 & 0.09 & 0.02 \\ 0.68 & 0.19 & 0.10 & 0.03 \end{vmatrix}$$

三　讨论与展望

（一）认真做好评估的组织工作

学生的评估仅是教学质量评估的一个主要方面，要全面了解教师的实训教学效果，还需结合实训过程监控、教学督导及院系领导评估、同行教师评议、学生评议等各方面的结果加以综合、分析和判断。学生重需求与兴趣的满足，同行重内容的科学性与阐述，督导重实训课的组织与方法，领导重实训的效果与气氛。只有将不同的侧重点综合起来，才能全面真实地反映整个实训教学的质量。同时，在评价过程中，仅用分数难以全面准确地进行评价，还需用文字详细叙述被评实训教学过程的优缺点及改进事项，以促进实训教学质量提高。

（二）充分认识实训教学的特点

实训设备、场地条件、数据记录等因素影响实训效果，也影响到对教师的认同程度。另外，实训本身不同于基础课或专业课的验证性实验，而是两人或多人一组的专业综合性实训，实训教学模式是开放式的，这些因素也影响着学生对教师及实训课程教学质量的评价。

（三）实训教学质量评价指标体系还需进一步探索

评价指标体系还需要进一步的试评和进行标准化，各指标间的相关项还需进一步检验和回归分析，精练评价内涵及评价标准，简化评价项目和过程环节，有的指标内涵较复杂，尚需进一步分解。

参考文献

1. 查吉德、工晓敏：《高职院校实践教学评价初探》，《职教论坛》2004 年第 17 期。
2. 俞仲文：《高等职业技术教育实践教学研究》，清华大学出版社 2004 年版。
3. 景滨杰、师振华：《高职教育教学质量监控与评价指标体系分析研究》，《山西经济管理干部学院学报》2005 年第 1 期。

原文刊于《职业技术教育》2009 年第 2 期

对高等职业技术师范学院人才培养的思考*

罗文华**

摘　要：文章阐述了高等职业技术师范学院人才培养的层次、规格，并围绕人才培养的改革，提出了学科专业结构调整优化、建立“平台课” + “模块课”的课程体系、加强师资队伍建设的构想，最后指出人才培养改革的成功决定于学校整体改革的力度，尤其是人事制度改革的成功。

关键词：高等职业技术师范学院；人才培养

一　引言

高等职业技术师范教育（以下简称“职技高师”）在我国诞生于20世纪70年代末80年代初，是为了适应我国大力发展职业教育而出现的一种特殊高等教育类型。目前独立建制的“职技高师”有8所，办学定位是为各级各类中职、高职院校培养师资。“职技高师”培养了一大批高素质的应用型人才和职业技术教育师资，一定程度上缓解了我国职教师资数量不足和质量有待提高的问题。与此同时，“职技高师”也存在一些缺

* 本文系广东技术师范学院教学改革研究项目“技术师范学院应用型高级人才培养模式研究与实践”（项目编号：2007－1）和“技术师范学院课程体系改革与实践”（项目编号：2008－1）的研究成果。

** 罗文华，新闻传播学硕士，副研究员，图书馆信息咨询部工作。

陷，各级各类中职、高职院校需要的教师既要能传授专业理论知识，又要能具体指导学生进行生产实践。由于就业的双向选择，没有工作经验的“职技高师”毕业生在对口就业上没有优势。在新的历史时期，把握机遇进行人才培养改革，提升学生的就业核心竞争力，直接关系到“职技高师”的可持续发展。

二 立足人才市场需求，开展多层次人才培养

兴办职业技术教育是实现我国社会经济快速发展的必然要求，办学只有以人才需求为导向，以经济科技发展为切入点，才能合理定位，进而优化人才培养方案，办出“职技高师”的特色。有数据显示：“到2010年，中职教师缺口至少为10万人，中等职业教育要保持当前生师比21∶1，至少还要补充40万新教师。”① 而近年来，“职技高师”的对口就业率不断下降，从20世纪80年代末期至90年代中期的80%以上到90年代末期的不足20%，近年更低。根据职教人才缺口大和高职高专、中职中专、技校对人才需求层次上移的情况，学校应以培养职业教育师资为特色，开展多层次、多规格的人才培养。

（一）本科教育以培养技术应用型高级人才为主，重视职业教育师资的培养

职业技术教师的关键能力是专业技能和师范技能，其中，专业技能是核心。本科四年制教育，学时是个常量，在目前严峻的就业压力下，学生毕业前半年都忙于找工作，实际的在校学习时间只有三年半。其间，若要求培养的学生专业技能和师范技能都强，从人才成长过程的规律分析并不科学，学生可能专业技能和师范技能都弱，最终导致学生缺乏核心竞争力。

基于此，“职技高师”需要对本科教育人才培养的性质和规格进行斟酌。一要明确四年制本科教育应以培养应用型高级技术人才为主，重点培养学生的专业技能，提升学生的核心竞争力。同时发挥学校的职教特

① 邢晖：《职教师资：“扩量保质”的关键环节》，《中国教育报》2007年12月20日。

色优势，尊重学生的个人兴趣和专长，创造条件，让有志于从事职业教育的学生选修“教师教育模块”课程，让学生有机会考取教师资格证书。二要突出“职技高师”特色。例如，目前广东技术师范学院正在重点开展的“3+2”（专升本）职教师资人才培养，具体做法是在高职院校招收专升本的优秀学生，单独编班，培养高素质的职业教育师资。在两年的时间里，重点提升学生的专业理论水平，同时重视学生师范技能的培养，让学生成为受欢迎的职教人才。

（二）加快硕士研究生教育的发展步伐

经济全球化和高新技术的应用促使教育重心提高，职教师资任职资格明显上移，高职高专、中职中专及技校也要求教师具备硕士学位。经过二十余年的发展历程，目前大多数“职技高师”都已经有硕士点的基础，有先进实验室和实训教学装备。“职技高师”研究生教育应抓住“职技高师”的特色和办学规律，立足于技术型、应用型和职教师资研究生的培养，以硕士点为平台，整合各应用型、服务型专业的学科优势，培养专业课程教学法的硕士研究生，并针对高职高专、中职中专及技校教师提升学历的迫切需求，面向他们招收在职工程硕士，成为名副其实的培养职业技术教育师资的平台。

（三）依托培训基地，做好职教师资培训服务工作

建设一支数量适当、结构合理、素质优良、专兼结合、相对稳定的职教师资队伍，是提高职业教育质量和水平的关键。提升职教师资水平，学历教育作用固然很大，但职业教育培训也不可忽视。“职技高师”分批建立了“全国职业教育师资培训重点建设基地”，如广东技术师范学院负责职教师资和管理人员培训，在培训模式、培训方法、培训管理诸方面都积累了很多成功的经验。在大力发展职业技术教育的新形势下，在科学发展观的指导下，依托“全国职业教育师资培训重点建设基地”“全国高职高专教育师资培训基地”等基地和中心的优势，合理配置和利用现有资源，扩大培训规模，提高培训水平与培训质量。

三 人才培养的核心因素——学科专业内涵建设

（一）根据学科大类，调整优化学科专业结构，实行三级教学管理，促进学科专业建设

按学科大类来办专业，实行三级教学管理，即学校、学院、系（专业），有利于发挥学科优势，集中学科专业力量来优化课程，提高教学质量。“职技高师”须适应新形势，根据地方经济发展需要，全面调整学科结构、专业结构和课程结构，优化人才培养方案。例如，广东技术师范学院根据《珠江三角洲地区改革发展规划纲要（2008—2020年）》，分析广东经济发展需要，开展优化学科专业结构和人才培养方案的调研，对专业建设进行分类指导。同时，加强专业内涵建设，突出学生实践能力培养，积极探索“3+2”（专升本）职教师资人才培养模式。

（二）建立“平台课” + “模块课”的课程体系，进行模块化教学

专业建设的质量是靠课程建设质量支撑的，在调整优化学科专业的基础上，创建课程模块，进行模块化教学，建立“平台课” + “模块课”的课程体系，将必修课分为公共基础平台课、学科基础平台课和专业基础平台课，选修课分为专业方向模块、实践教学模块、专业技能考证模块和教师教育模块。其中，选修课和实践教学环节须占较大比重，学生科技文化实践活动和专业技能考证都列为专项学分。按照学科大类招生，学生入学时不分专业，统一进行基础课程的学习，两年后根据市场对人才的需求以及个人兴趣、专长来确定专业。这种课程体系不仅可以使学生牢固掌握基础知识，而且能灵活地应对市场需求和就业压力，还能在一定程度上缓解考生填报专业志愿的盲目性。

（三）加强师资队伍建设的力度

师资队伍水平作为高校教育质量和学术水平的决定性因素，在高校办学中的地位和作用已被公认。提高教育质量，增强毕业生就业核心竞争力的关键在于教师，因为教师直接影响着课程建设质量。加强师资队伍建设是落实科学发展观、搞好教育教学工作、保证人才培养质量的关

键。“职技高师”应高度重视师资队伍建设，在观念、制度、机制等方面加大创新力度，加快师资队伍建设的步伐，不断优化师资队伍，如以人为本，科学设岗；构建教师聘任新机制；建立健全激励竞争机制；积极创造条件，大力加强中青年骨干教师和学科带头人的引进和培养工作。

四　人才培养的落实——学校层面的综合改革

人才培养的改革、学科专业结构的调整优化、先进课程体系的建立直接影响人才培养的质量。它需要依靠学校高层领导的集体智慧和魄力，构建学校的整体改革方案，抓住人事制度改革这个主要矛盾，理顺各方关系，强力推动落实全面教学改革，如在人事制度改革中，实行岗位责任制，定岗定编，全员竞聘上岗，优劳优酬，奖罚分明，增强教职员工的危机意识，激发其工作热情，调动其工作积极性。

参考文献

1. 唐玉凤：《浅谈职技高师人才培养模式的构建》，《吉林工程技术师范学院学报》（教育研究版）2003 年第 11 期。
2. 任新平、潘书阁等：《职技高师人事分配制度改革实践及思考》，《教育与职业》2004 年第 26 期。

原文刊于《教育与职业》2009 年第 33 期

以职业能力为目标的网络环境下任务驱动式教学

陈　雅*

摘　要：培养学生的职业能力是职技高师教育教学的重要内容。网络环境下的任务驱动式教学是以引导学生完成一定任务为目的的，教学要求与学生职业能力的培养具有较强的契合性，能有效地帮助学生形成职业能力。

关键词：职业能力；职技高师生；任务驱动网络环境

一　职业能力培养与网络环境下任务驱动式教学的关系

职业能力是人们从事某种职业活动的基础。职技高师院校的一项重要任务就是培养职技高师生（面向中职、高职的师范生）的初步职业能力。

“任务驱动，是指学习者在问题动机下围绕具体的任务，解决相应教学问题、完成任务的活动过程。”①“任务”是教师围绕学科的教学内容，设计出一个个学习任务形成的任务集，把学科各知识点的概念、原理、技能分别融入各任务中，使教学内容聚焦定位，使学生明确该做什么。学生在任务完成过程中，需要经过讨论、协商、阅读、探究、实验、动

---

* 陈雅，本科学历，硕士学位，教育技术学教授，硕士生导师。

① 胡小勇：《问题化教学设计——信息技术促进教学变革》，教育科学出版社2006年版。

手制作等环节，无形中能使学生的职业能力获得有效的培养。在具体的教学中，通过任务驱动，把学习的主动权交给学习者，使学习者负起完成任务的责任，迫使学习者把思维注意力集中于解决任务所需的策略、方法寻找上，任务完成后，不仅使知识得到综合的应用，而且使解决问题的独立决策和实施能力、协调能力等得到锻炼。网络环境下任务驱动式教学，是指利用网络环境作为课堂教学及学习者学习的助教助学支架，为学习者提供任务解决的信息、资料，以弥补课堂学习的不足，并为学习者使用信息技术进行自主、探究、协作式学习提供支持的平台。学习者在这样的学习环境支持下完成任务，不仅便于完成学习任务，掌握学科的理论知识与操作技能，而且使计算机的操作技能、信息的寻找与筛选能力得到训练。

网络环境下任务驱动式教学中，驱动的任务、支持助教助学的网络环境、教学活动过程等需要在教育理论的指导下，经教师精心设计与指导，加学生的主动参与，才能达到培养职业能力的目的。

二 网络环境下任务驱动式教学的基本理论及其对以职业能力为培养目标的意义

（一）以职业能力为培养目标的网络环境下任务驱动式教学的理论依据

1. 建构主义学习理论

建构主义认为，学习者的知识是在一定情境下，借助于他人的帮助，如人与人之间的协作、交流、利用必要的信息等，通过意义的建构而获得的。并认为理想的学习环境应当包括情境、协作、交流和意义建构四个部分。

根据建构主义学习理论的指引，教学设计过程中，教师应重视网络学习资源、问题情境、教学任务的设计，把解决任务贯穿于整个教学过程。在网络学习环境的支持下，教师引导学生通过主动地与老师、同伴协作、交流，解决任务完成学习目标，达到培养职业能力的目的。

2. 最邻近发展区理论

维果斯基认为学习者发展有两种水平：一是现有的发展水平；二是

在有指导的情况下借助外界的帮助可以达到解决问题的水平，或是借助于他人的启发帮助可以达到的较高水平。两者之间的差距就是最邻近发展区。

根据最邻近发展区理论的指引，教学任务的设计要从学生现有实际知识水平出发，任务的难度要适中，不能太容易解决，要有一定的挑战性，但在教师指导及同伴的帮助下能完成，使认知结构发展到较高水平。

3. 巴班斯基的教学过程最优化理论

教学过程最优化理论的基本观点：教学效果取决于教学诸要素构成的合力，对教学应综合分析、整体设计、全面评价。①

根据教学过程最优化理论的指引，教师应关注影响教学效果的诸要素，如教学目标、师生主体、教学策略、技术工具、教学评价等。

（二）以职业能力为培养目标的网络环境下任务驱动式教学理念

以职业能力为培养目标的网络环境下任务驱动式教学强调以教师为主导、学生为主体的“双主”教学理念。

（三）网络环境下任务驱动式教学对学生职业能力培养的意义

1. 有利于激发学生学习的兴趣、动机，发挥认知主体的作用，促进职业能力的培养

网络环境下任务驱动式教学是教学内容所含有的知识以任务为聚焦，以任务形式来进行转化或引导，通过整合信息技术，使任务设计的情景特征能包括涉及学科知识的复杂情境，使任务的呈现能真实或拟真，更能表现其具有的挑战性与趣味性。同时，由于有信息技术作为评价工具或载体，使任务完成的评价更具有过程性和说服力，有助于向学习者反馈学习得失。因此，学生在这样一个具有真实场景和具有真实用途、富有弹性化的教学环境中学习，没有恐惧畏缩的心理，只有沉浸于学习情境中的热情。通过对学习情景的观察、分析、思考，能主动地获得任务的方向与要求，清楚任务业绩水平的期望，使学生产生责任感和压力感，从而激发学生学习的兴趣、动机，发挥认知主体的作用，顺利地完成学

① 张剑平、熊才平：《信息技术与课程整合》，浙江大学出版社2006年版。

习任务，促进职业能力的培养。

2. 有利于学生对知识的获取、保持与迁移，有效地提高职业能力

任务驱动式教学其实是教师在教学活动过程中，事先均有详细的准备，将教学内容中概念、程序或原理等置于循序渐进的实际任务中，去掉不必要的干扰因素，把相关的信息形成一个有内在联系的整体，缩短信息的摄取与加工之初始状态与终点状态的距离，使学生能在知识、技能等各方面容易由此达彼。加上有网络学习资源的支持，“任务”的呈现、“任务”解决的策略、“任务”评价的资料不受时空的限制呈现在网络环境中，学生不管在课堂内或课堂外可根据自己的情况随时通过计算机网络进行多次分步练习，这种“间时复习”习得的知识与技能有利于对知识技能的巩固与迁移，[①] 有效地提高职业能力。

三 以职业能力为培养目标的网络环境下任务驱动式教学的设计

网络环境下任务驱动式教学的设计应根据教学目标、教学对象的现状，以有利于学习者掌握教学任务的心理行为和身体行为的先后顺序为原则，步步推进，合理有序，才能确保向学生提供达标的全部机会，达到培养学生的职业能力。

（一）教学目标的分析

教学目标是教学任务设计的基础，是教学任务实施的依据。在进行教学任务设计之前，应先进行教学目标的分析。教学目标的分析从 3 个方面来进行：知识目标（就是应该了解、掌握的知识与技能）、能力目标（如培养学生利用信息技术自主学习和探究新知识的能力）、情感目标（如创设问题情境，激发学生学习热情和兴趣，强化自主学习的求知意识等）。因为，同一门课程在不同年级，不同的专业，教学目标的这 3 个方面是不同的。因此，根据不同的教学目标，教学任务的设计也是不

---

① 吴疆：《现化教育技术与理工科课程整合方法与实践》，人民邮电出版社 2007 年版。

同的。[①]

（二）教学对象的分析

有了教学目标，教学对象的不同，教学任务设计也一样不同。因为，新知识的学习总是离不开旧知识的，旧知识是新知识学习的基础，因此，必须分析教学对象已了解及掌握与新教学内容相关的知识结构，实践能力、年龄兴趣，才能把任务的难度设计居于学生临近发展区内，任务才能具有可操作性，才能有利于职业能力的培养。

（三）教学任务的设计

1. 任务从易到难

任务驱动式教学是“通过任务的驱动，教学者以问题来引发和维持学习者的学习兴趣和动机，并在真实的教学环境中让学生带着真实的任务开展学习”[②]。因此，任务是整个教学开展的基础。任务设计的内容应源于课程的内容，但也不全都拘于课程的内容，也可以是本学科与它学科知识整合而成的知识内容。把所需了解、掌握的概念、技能巧妙地隐藏于任务中。任务的设计从易到难，按知识点分别设计成具有单个知识点的简单任务，又有多个知识点的复杂任务，形成任务集，且任务要具有投入性、挑战性，达到有效地培养学生的思维技能及解决问题的技能。

2. 任务应真实具体

依据教学目标，从学习者的原有知识结构与认知能力的实际情况出发，把任务设计接近现实生活的真实情景，任务的难度居于学生临近发展区内。任务明确、具体，使学习者易于了解任务的针对性，激起学习者的责任感和适度驱动感，[③] 调动已有的认知经验，顺利地完成任务，达到掌握所需的知识与技能。

3. 任务的设计应考虑组织策略

教学设计与实施应注重有利学生的自主学习能力与团队协作能力的

---

① 吴疆：《现化教育技术与理工科课程整合方法与实践》，人民邮电出版社 2007 年版。

② 胡小勇：《问题化教学设计——信息技术促进教学变革》，教育科学出版社 2006 年版。

③ 同上。

培养，因为，这些能力也是职技高师生应具备的。因此，任务设计既要有适合独立完成的，也要有适合多人协助完成的，同时也要适当设计一些适合具有竞争性质的，以利于激发学习者积极参与的热情，以实现教学任务与后继活动的高效。

（四）信息资源的设计

网络资源的设计应以学习者解决任务的需求为导向，以适合职技高师生职业能力培养为目标。旨在网络环境的支撑下，使任务驱动式教学的助学信息与资料有序化、动态化、情景生动化，学习内容更加结构化及定焦，使学习者容易地找到自己所需要的资料及理解其内容，及时做出自我改正错误的策略，实现内在反馈与激励。并在认知倦怠时，还能激励学习热情，持续关注任务。设有任务成果展示平台，使学生能互相评价，互相借鉴。同时也要考虑到为师生提供广泛交流与深度沟通的平台，以增强学习者主动投入与热情参与的积极性，从而实现高效快速地完成任务，[①] 同时也使学生的信息技术应用能力得到有效的提高。

支持任务驱动式教学的信息资源可选用网络课程、专题学习网站。以此为学习者提供各种形式学习的支持以及实现师生、生生之间交流的平台。

（五）教学活动的设计

根据“双主”教学理念，在任务实施的过程中，既要充分体现教师的主导作用，又要体现学生的主体地位，以使“双主”的教学理念落到实处。任务驱动式的教学活动是以任务为引导，以任务的完成过程贯穿整个教学过程，所以教学中所有活动都是围绕解决任务而展开的。任务的完成是从易到难，学习者在接受并着手解决任务前，教师先呈现任务的要求，对于有一定难度的任务给予演示或给出指导性提示。随着教学的深入，任务的难度越来越大，提供指导的辅助材料，并创设必要

① 林铭：《网络环境下基于专题的协作知识建构教学设计》，《电化教育研究》2009年第1期。

的实践条件，以便学习者能顺利地开展活动。对于一些设计采用竞争或协作策略解决的任务，由于这类任务需要时间较多，引导学生在课外通过信息资源提供的交互平台进行竞争或协作，充分利用信息资源完成这些任务。

任务驱动式教学是把学习主动权还于学习者，使学习者产生责任感的同时也产生压力感，而且任务的挑战性不可避免地为学习者带来一定程度的困难。这些困难必须有交流、互动才能解决，因此，交互性设计也是至关重要的。教学活动过程中，可在适当的时间段设置师生、生生互动的环节，以及引导学生与资源工具之间的互动，以实现信息分享及信息的反馈，使学生遇到的困难得到及时的帮助与解决，也使教师能及时地掌握教学活动的动态，做出策略调整。

（六）教学评价方法

1. 评价的方式多元化

教学评价是学科教学过程中不可缺少的环节。传统的教学评价通常是置于教学过程之后，且评价功能单一，只重视测试与考试，并且是以学习者测试与考试分数为主，不能如实地、全面地反映学习者的真实能力，对职业教育教学的评价失去科学性与效用性。任务驱动式教学是以任务为导向，解决任务是学习者学习的过程与目标，任务完成的质量与效率体现了学习者解决问题的能力、高级思维技能、学习能动性的强弱。因此，对学习的评价，不但要评价任务完成的结果，而且也要评价任务完成过程中的各因素，如解决任务的策略、手段等，因此，评价的方式应多元化，如档案袋评定法、苏格拉底研讨法、学习日记、情境测验等。①

2. 评价主体多元化

评价是为了认可学习者现有的任务完成能力以及学习者对自己现有认知水平的认识和提升自我，并且上面提到要将评价融入整个教学过程中，因此，评价不能按传统的教学方式只由教学者单一方面来实施，评价主体应实行多元化，如学生自评、学生互评、教师评价等，才能实现

---

① 胡小勇：《问题化教学设计——信息技术促进教学变革》，教育科学出版社 2006 年版。

将评价融入整个教学过程中，从多角度、宽范围考察课程的教学过程，使学习者得到多角度的评价反馈，有益于学习者的全面发展，实现职业能力的培养。

3. 评价信息技术支持化

网络环境下任务驱动式教学是在网络环境支持下进行的，任务完成过程的很多细节、因素都发生在信息资源教学环境中，如任务的要求、任务完成所需的辅助资料、任务的作品提交等，因此，评价也有必要借助信息技术的支持，以此为评价主体、评价方式提供条件，促进评价的顺利进行。

（七）教学反思

任务驱动式教学的最后环节是反思，不仅教师需要反思，而且学生也需要反思，反思存在于任务驱动式教学活动每个环节，如学生反思完成任务所使用的方法是否正确，存在什么样的问题，是否还有更好的方法等。教师则根据任务实施的过程中，学生完成任务过程中各种情况的反馈进行反思任务设计及实施策略的可发扬与不足之处，以便总结经验教训，扬长避短，改善教学方法，进一步提高教育教学水平。反思的方法是写反思日记，每个任务完成后或是每节课后，师生把教学、学习的情况记下，以便分析与总结。

四 结束语

以职业能力为培养目标的网络环境下任务驱动式教学是一种在网络环境支撑下，通过任务驱动完成教学目标的教学方式。这种教学方式既有先进技术的支持，又有先进的教育理论可寻，可以说是符合当今素质教育、培养创新型人才，是适合职技高师生职业能力培养的教学方式。但一种教学方式在不同的学科，或在同一学科，不同的教学对象中使用，其教学意义及教学设计也是不同的，因此，需要把教学设计的研究与应用结合起来，把研究付诸实践，反过来又从实践找出不足，从不足点出发，进一步研究找出更适合的方法，如此研究—实践—再研究—再实践，才能使教学方式更有成效。

参考文献

1. 胡小勇：《问题化教学设计——信息技术促进教学变革》，教育科学出版社 2006 年版。
2. 张剑平、熊才平：《信息技术与课程整合》，浙江大学出版社 2006 年版。
3. 吴疆：《现化教育技术与理工科课程整合方法与实践》，人民邮电出版社 2007 年版。
4. 林铭：《网络环境下基于专题的协作知识建构教学设计》，《电化教育研究》2009 年第 1 期。

原文刊于《职教论坛》2011 年第 11 期

在实践教学中发展学生的能力*

——对职业学校的教学规律认识之二

王　川**

摘　要：在当前职业学校加强内涵建设、提高教学质量的核心攻坚任务中，如何处理知识传授、技能训练和能力发展三者之间的关系，是职业教育理论必须研究、解决的重要问题。职业教育的培养目标、教学任务、教学过程、内容与方法、形式与环节，乃至师生关系等，都与普通教育存在着巨大差异，质言之，二者所遵循的教学规律亦有不同。依据职业教育教学过程中的四个基本因素所构成的矛盾运动，职业学校教学规律之二是：在教学活动中，学生在实践教学中发展能力。

关键词：职业学校；教学规律；实践教学；技能训练

教学的基本任务是“不仅使学生获得知识技能，也发展他们的认识能力，同时培养他们的思想品德”①。在广义的学校教育教学中，包括普通学校教育和职业学校教育，除了书本知识（间接经验）与实践知识（直接经验）的关系之外，知识（书本知识和实践知识）与能力（智力）

---

* 广东省教育厅委托项目“职业院校课程评价体系的研究”（项目编号：粤教高〔2012〕KT03），主持人：王川。

** 王川，教育学硕士，教授，广东省教育厅政策法规咨询委员会委员，广东比较教育学会常务理事，代表作：《西方近代职业教育史稿》。

① 《辞海》（教育、心理分册），上海辞书出版社1980年版，第5页。

的关系是研究教学规律另外一对十分重要的范畴。普通教育学对这一范畴的表述是："掌握知识和发展智力的必然联系"，"（1）智力的发展依赖于知识的掌握，知识的掌握又依赖于智力的发展"，"（2）引导学生自觉地掌握知识和运用知识才能有效地发展他们的智力"，"（3）防止单纯抓知识教学或只重能力发展的片面性"。①

一 职业学校的知识传授与能力发展的辩证关系

有人把知识分成认识世界的知识和改造世界的知识，前一种知识主要描述"是什么"或解释"为什么"的问题，即"科学"（理论）知识；后一种知识则主要回答"怎么办"或"如何做"的问题，即"实践"（经验）知识。也有人将其分为"陈述性知识"（declarative knowledge）和"程序性知识"（procedural knowledge）。陈述性知识属于认识（解释）世界、认识事物和认识人自身的知识，它的对象是客观事物，这种关于认识事物、揭示事物之间的关系与规律的理论性知识，实际上就是通常所说的"科学"知识；程序性知识则属于改造世界、改造事物和人的行为的知识，它的对象是物质的实践活动。这种关于改造事物、有效地进行物质的实践活动的知识就是"经验"知识。

在普通学校里，学生最主要的任务是学习以文字、图表、公式、定理、法则等形式保存下来的"陈述性知识"，是人类社会积累和保存下来的物质文化和精神文化遗产，一般称为书本知识，也称为间接经验。学生学习这些书本知识和间接经验的目的是在前人的基础上实践和创新。教师的责任是培养学生理解、记忆、巩固书本知识的逻辑思维能力，以及伴随的解题和考试能力。书本知识与考试能力是相互依存、相互促进的，知识是能力的基础，能力是知识的外在表现。在学习书本知识的同时能提高考试能力，考试能力的提高又加速着对书本知识的掌握。

在职业学校里，学生最主要的任务是学习以技能操作、问题解决、经验获取等个人知识和个人体验等形式保存下来的"程序性知识"，一般称为实践知识，也称为直接经验。学生学习这些实践知识和直接经验，

① 王道俊、王汉澜：《教育学》，人民教育出版社1999年版，第12、208—210页。

目的是将来在社会生产活动中高质量高效率地履行职责、完成任务。实践知识的学习与理论知识的学习，在形式上和教学方法上迥然不同。理论知识的学习方法和形式主要是理解、记忆、复诵，能否运用是次要的；实践知识的学习方法和形式则主要是探索与操作活动。所以职业学校的教学特别强调操作、实训，教学设备、实训车间、实验室、一体化教室、操作工位等硬件条件不能或缺。

在职业学校里，实践知识与实践能力也是相互依存、相互促进的。尽管学生也学习书本知识、也接受间接经验，但此时，他们学习书本知识不是为了在实践中探索，在理论上创新，而是为了尽快地掌握运用书本知识的方法，应用间接经验的操作技能，形成自己的工作实践能力，与普通学校发展学生的解题能力和答题能力完全不同。职业学校的学生学习书本知识、接受间接经验的目的不是背诵记忆人类积累下来的宝贵文化遗产，而是运用这些知识来掌握一门技能，形成自己的能力。

在基础教育阶段之后的职业学校教育阶段，学生已经具备了起码的“基础知识”，如运用母语进行口头交流和书面交流的知识技能、读写算和初步形式逻辑思维能力、一般的社会交往常识和人际相处规则等。进入职业学校的主要学习任务是了解某个专业或职业方面的知识，一方面是专业基础知识和基本理论，另一方面是专业技术常识、技能运用与操作。前者如专业基础知识和基本理论是思考专业问题的背景知识和指导知识，这种知识掌握得越扎实、越系统，专业思考能力就越强。这种知识与相关学科或相关专业知识发生交叉、渗透与综合，往往比较容易形成创造性思维能力。后者如专业技术常识是操作性知识，它在科学思想的验证过程中，也就是科学思想的物化过程中发挥作用，在实验科学中，它是实验设计与实施的关键因素之一。技术知识的实践过程是技能的形成与发展过程，即动手能力的形成与发展过程。

改革开放之初，许多职业学校是从普通中学转型而来，教学中沿袭普通应试教育模式，注重学生书本知识学习和考试能力提高，忽视实际动手与实验操作能力训练。多数教师都是在普通教育中学习成长起来的精英，很少有人了解、研究职业学校教学规律与普通学校教学规律有什么不同。导致当时的职业学校实际教学状况是学生对书本知识不愿学（他们本身就是书本知识学习的失败者），技能操作学不会，办学口碑和效果都很差。

20 世纪 90 年代中期之后，许多人认识到职业学校教学中技能训练的重要性，开始减少纯理论知识的教学，增加实训实操的教学安排，开辟顶岗实习的教学形式。随着发达国家职教理念的引进，以及对国外“双轨制”学校教育体制的重新认识，“双元制”“三明治”“教学工厂”等名词概念逐渐被人们认识和接受，“校企合作”“工学结合”成为职业学校办学“先进”与“落后”的硬指标，进而确立了“实践”为职业学校的核心教学概念。

在目前职业教育教学话语体系中，人们往往认为“实践教学”是相对于“理论教学”而言的一种教学形式，它是在课堂教学之外进行的、特殊形式的教学活动，如实训实操、顶岗实习等就是“实践教学”，将其等同于“教学实践”了，其作用似乎仅仅是提高教学质量、改善教学效果、促进学生能力发展的有效形式。这种将实训实操和顶岗实习的“实践教学”内涵界定为只具备体力活动的单一正当性的阐释，实际上是把“实践教学”简单化为肢体运动，或者说“实践”的价值被严重地肢体化了。

我们要强调的是，在个人知识的继承中，经验性知识不可忽视，尤其在实践性较强的专业和职业中更是如此。这是因为，第一，经验性知识是形成和创立新理论的感性认识的基础；第二，经验性知识是理论过渡到实践的桥梁。因为对理性知识的理解、消化和吸收，必须有经验性知识的参与才能发生，并随着经验性知识的积累而深化。一切知识，尤其是理性知识，只有被真正理解、消化和吸收，才能变为认识问题和解决问题的能力。目前在职教理论界和学校实际教学中，实训实操和顶岗实习作为中心话语几乎无所不在地渗透进了职业学校的各个角落，甚至泛化为一种“实习实训中心主义”。对这种“实践”价值的认同发展到极端形式就是消弭“知识”与“能力”之间的界限，否认知识作为一种实践形式能够产生价值，甚至贬斥由人的经验产生出的“实践知识”同样具有“实践”的含义。

二 职业学校的课程观是实践知识和实践能力的辩证统一

相对于普通教育，职业学校的教学目标是培养具有较强操作能力的技能型人才，书本知识的学习成绩不是评价学生优劣的唯一标准，会操作、动手能力强，能在实践知识基础上形成能力，才是职业学校教学的主要目标。改革开放三十年来，职教课程理论发展的脉络就是厘清“书本知识→实践知识→技能操作→实践能力”发展关系的历程。我国职教界前前后后相继引进了不下十余种国外发达国家的课程理论，粗略梳理一下，目前课程价值取向主要有以下几种。

（一）核心阶梯课程

核心阶梯课程（Core Ladder Course）是以职业活动为核心，将知识、技能建立在宽厚的专业训练基础之上的、综合性的阶梯式课程结构。从20世纪50年代开始，德国“双元制”职业教育机构大多采用这种课程，因此也叫“双元制”课程。核心阶梯课程分为基础培训内容、专业培训内容和专长培训内容三个层次，且呈阶梯式逐渐上升。无论哪一阶梯的课程都是围绕专业实践活动（包括实训、实验和工厂实习），从泛到精、由浅入深地开展，实践活动在整个课程体系中占主导地位。

核心阶梯课程指导思想是将企业与学校、理论知识和实践技能教育紧密结合起来，是一种主要以专业技术工人为培养目标的职业教育课程体系。本质是“企业和学校相结合，以企业为主；理论和实践相结合，以实践为主”。其特点是：第一，培养目标以职业能力为本位；第二，专业设置以职业分析为导向；第三，课程设计以职业活动为核心；第四，课程编制以基础面宽为基点；第五，课程实施以双方合作为基础；第六，教学活动以受培训者为主体。双元制课程的最大特点是，企业和社会各界共同参与进行职业分析，确定课程内容，按核心阶梯职业课程进行课程设计，使受训者在企业和学校，且以企业为主的环境下接受学习和培训。

核心阶梯课程打破了学科本位课程的“桎梏”，将学生学习的专业知识与技能、专业基础知识和文化基础知识综合起来，不强调各学科知识的系统性和完整性，着重于学生综合能力的培养，具有广泛性、融合性和实用性的优势。核心阶梯课程不仅表现在课程设置的价值理念上，从实施形式上也真正做到了企业和学校联合起来培养人才的课程形式。

（二）CBE 课程

CBE 直接翻译过来，就是以能力为基础的教育（Competency-Based Education），但按它的实质可译为“以胜任岗位要求为出发点的课程体系”。CBE 课程起源于二战期间的美国，是因当时军工生产急需熟练工人而出现的一种培训高技能操作人员的培训课程，后来虽经加拿大等国的完善和发展，但其培训的性质没有根本改变。

CBE 课程的指导思想是如何使受教育者尽快具备从事某一特定职业所必需的全部能力。所以，它以职业能力作为教学目标和评价标准的出发点与归宿，应用 DACUM 方法（Developing a Curriculum）来开发课程，课程开发的出发点是职业岗位而不是传统知识或技能，是岗位本位而不是学位本位，基本原则是满足工厂企业对劳动力对象的职业能力要求。CBE 课程以人的职业能力作为职业教育课程的逻辑起点，打破了以知识或技能为中心来确定课程内容和学时安排的传统思路。

（三）MES 课程

MES 是英文 Modules of Employable Skill 的缩写，意为“适于就业技能的模块组合”，所以又称“职业技能培训模块”。这种课程是国际劳工组织于 20 世纪 70 年代末 80 年代初，在收集和研究世界发达国家各种先进培训内容和方法的基础上，以对具体工种的任务和技能进行分析为前提，严格按照工种规范开发出来的职业技术培训模块课程。MES 课程把每种职业都划分为若干个模块，每个模块便是该职业一个相对独立的完整部分即技能与知识的结合体，然后通过模块化的课程选择方式，进行不同岗位能力的不同培训组合。对课程内容取舍的主要标准是看其是否与学生选定职业门类的学习直接有关，强调其工具性、针对性和实用性。

MES 课程是将职业技术培训视为一个相对独立的系统，以系统论、信息论、控制论为理论基础来开发的。这种职业培训系统观主要表现在两方面：一是课程开发过程。系统观的思想要求对系统内部各要素之间的内在联系必须作一体化考虑，各部分间的平衡、协调与统一是该系统具有高效率和高效能运行机制的保证。二是课程开发对象。MES 将某一职业领域作为课程开发的对象，通过分析全球职业标准分类和所有工作领域的模块总目录，使开发出的课程具有较广泛的普适性，从而使培训内容在各国之间能够转移。

MES 课程是在借鉴德国、瑞典等国的“阶段式培训课程”以及英国、美国与加拿大等国的“模块培训”等经验的基础上开发出的典型职业教育课程。我国从 1987 年开始引进该模式，之后逐渐形成了“宽基础、活模块”的课程实践操作，现在还有相当一些职业学校把这一模式作为学校教学实践的一种操作模式，把“模块课程”理论看作专业建设和课程改革的不二法门。

（四）BTEC 课程

BTEC 为“英国商业与技术教育委员会”（Business and Technology Educational Commission）的简写。1996 年，该委员会与伦敦大学考试与评估委员会合并成为英国爱德克思（Edexcel）国家职业学历与学术考试机构。BTEC 课程是以职业岗位所需能力和学生自我发展应具备能力为基础，以行业协会的业内人士为主来制定各行各业、各类工作岗位的职业资格标准，从学生发展和学习特点为出发点来开发课程。课程内容来自生产实践，目的是满足企业、产业和行业对高技能实用人才的需求；课程目标是发展学生的职业能力和通用能力，尤其是 18 项通用能力在 BTEC 课程开发中居于核心地位；教师的作用是评估、判断、建议和指导而不仅仅是信息与知识的传递；课程实施多采用课业方式的任务驱动教学法，学生通过完成“任务”来完成课程的学习，同时“任务”作为学生学习成果，是教学评价的主要依据。

每一门 BTEC 课程学习结束后，学生已掌握了一些行业知识，而且能对工作实践中遇到的问题进行自我评估并最终找到解决问题的办法。完成 BTEC 课程的学生能很好地将自己学到的知识运用到自己的职业和个人生涯中，运用他们学到的专业理论和职业技能对自己进行评估。BTEC 课程与历史上曾经一度活跃的“活动课程”和“做中学”理论有些类似，即课程应该是由一系列与学生生活经验密切相关的活动构成，学生通过亲自动手操作、尝试、“做”等活动来学习与获得经验、培养兴趣、解决问题、锻炼能力。

以上这些职业教育的课程观或多或少反映了后现代知识观的影响，成为实践教学的认识论基础。我们不反对职业学校也要传授基础知识、传授人类积累下来并抽象化符号化的知识，但这种传授必须是在“实践”的基础上，以传授“实践知识”为主的一种独特的知识，它具有实践性、情境性、模糊性、个人性的特点，而且常常难以用语言来表达，必须通过亲自动手操作来掌握、体认。

三 实践教学是实践知识与技能训练、实践能力相统一的教学观

职业教育的逻辑起点是“技能训练”，[①] 而普通学校的教学形式显然不适合在技能训练基础上发展能力的职业学校教学规律，所以迫切需要职业教育工作者探寻出一种全新的、有效的教学形式来促进当前职业教育的发展和改革。按照职业学校“学生以学习实践知识为主，以接受直接经验为主”的教学规律要求，实践教学在培养目标、课程内容、教学方法、教学形式、认知主体等方面，都是一种全新的教学观。

（一）实践教学的含义

马克思主义实践观认为，人和世界的关系首先不是认识的关系，而是实践的关系。实践作为人的活动方式、存在方式，能动地作用于外界对象，使之按人的目的发生变化，并成为人的本质力量的确证。马克思说：“环境的改变和人的活动或自我改变的一致，只能被看作是并合理地理解为革命的实践。”[②] 实践教学是职业教育特有的存在方式，是职业学校师生一切认识活动和学习的前提。它不仅仅是一种重要的教学形式，更是一种重要的职业教育教学观。

---

① 王川：《论职业教育学的逻辑起点》，《职业技术教育》2005 年第 16 期。

② 《马克思恩格斯文集》第 1 卷，人民出版社 2009 年版，第 500 页。

一是能有效发挥学生的主体性。人是实践的主体，实践教学体现了学生是教学的主体和自我发展的主体。职业院校学生有一定的实践能力，通过实践知识学习和教师的指导，他们在教学过程中动起来，动脑、动手、动口，积极参与教学过程，而不是静听、静观、死记，充分发挥主动性、能动性和独立性。实践教学中，学生是教学的参与者，知识的当局者。在实践的过程中，学生运用所学知识和理论发现问题、分析问题，尝试解决问题，使观察问题和解决问题的能力明显提高；在实践环节中发现新的现象和新的问题，再把这些现象和问题带到理论学习的领域来讨论，然后尝试解决问题，在实践过程中学到解决问题的方法。

二是能有效地促进人的发展。马克思认为，实践创造了人。人的发展的一切条件中最重要的是自身的活动，其他条件最终都要通过人的活动发生作用。个人所有素质的改善和提高要通过个人的实践活动。没有个人的积极实践活动，就谈不上个人的任何发展。马克思指出，人的劳动实践“不但客观条件改变着，例如乡村变为城市，荒野变为开垦地等，而且生产者也改变着，他炼出新的品质，通过生产而发展和改造着自身，造成新的力量和新的观念，造成新的交往方式，新的需要和新的语言”①。学生正是通过实践，实现个体与客体的相互作用，不断积累个人经验，扩大自己的认识范围，不断提高自己的能力，获得长足发展。

三是意味着变革和改造。实践教学可以改造师生的世界观，形成新的思想观念。也就是人们常说的在改造客观世界的过程中改造主观世界，改善和提高自己的思想道德素质。实践教学不仅可以验证知识，重演知识产生的过程，还可以生成建构新的知识。职业院校师生不是以主体表象的方式来认识世界，而是要作为行动者来把握、领悟他们借以发现自身的可能性。从表象转向操作，从所知转向能知，并不否认科学有助于揭示周围世界这一种常识性观点。

---

① 《马克思恩格斯文集》第 8 卷，人民出版社 2009 年版，第 145 页。

（二）实践教学的特点

1. 理论指导性

实践教学不仅仅是一种有效的教学活动，也不仅仅是一种教学形式，它更代表一种教育教学的理念贯穿于职业学校的教学全过程，具有理论基础和宏观指导的意义。从教学资源来看，实践教学本身是由一系列要素构成的，它包括教学目标、教学内容、教学形式、教学管理和教学保障等，在教学过程中，要对教学各要素进行整合、重组，以达到整体的最优化。从培养对象上看，实践教学对人的培养是全面的、完整的，它既重视学生实践知识、专业能力、方法能力与社会能力的发展，也要赋予他们面对新形势新问题时的职业应变能力，促使学生根据外界的变动主动地调试自己的思想观念、行为模式；关注学生职业素养的养成，具备质量意识、安全意识、创新意识等素质，同时也培养学生的职业情感、职业意志、职业道德及与人交往和协作的能力。

2. 宏观开放性

职业学校的培养目标和教学任务决定了实践教学必须向企业、行业、社会开放，一是教学内容的开放性，即必须关注企业行业和社会的需求，及时吸取企业行业的最新技术成果、最新工艺流程，并把它作为实践知识传授和职业能力开发的依据；二是教学形式的开放性，即学习者的参与性学习不仅局限于课堂内、学校里，更要探索工学结合、校企合作的人才培养模式，探索实习实训实操和顶岗实习的有效形式；三是师资队伍的开放性，即“建立职业教育教师到企业实践制度，专业教师每两年必须有两个月到企业或生产服务一线实践。制定和完善职业教育兼职教师聘用政策，支持职业院校面向社会聘用工程技术人员、高技能人才担任专业课教师或实习指导教师”（国务院关于大力发展职业教育的决定），形成专兼结合的师资队伍；四是人才培养标准和教学评价的开放性，即要把企业、行业和社会用人单位的招聘条件或要求、对职工人员的评价标准等，纳入实践教学评价的参照体系中来。

3. 主体能动性

实践教学既是主体与主体间双向互动的沟通交流分享的活动，也是学习主体对教学内容和教学方法等客体之间的相互作用过程。教学中的教师与学生之间的关系，不仅仅是一对多的单向师生关系，而且是呈网络状的师生、生生间的多极主体关系。实践教学鼓励学生直接参与教学活动，亲自做与思、论与辩，观察、发现、操作、训练，主动探究知识和参与学习的过程。美国学者埃德加·戴尔（Edgar Dale）说过：学生通过“听讲”方式学习，只能留下5%的内容；通过“阅读”方式学习，可以保留10%的内容；通过“视听”学到的内容有20%；通过“示范”记住的学习内容达30%；通过“小组讨论”可以记住50%的内容；“做中学”或“实际演练”的学习可以达到75%的效果；假如是“马上应用”或“传授给他人”，则90%的学习内容成为自己的东西了。学习效果30%以下的方式是个人学习或被动学习，50%以上的都是团队学习、主动学习和参与式学习。这就是戴尔著名的“学习金字塔”（Cone of Learning）理论。实践教学发挥了人的主观能动性，符合人们掌握知识技能的一般规律，符合学生的认知发展特点和身心发展规律。

（三）实践教学的形式

无论是在理论书籍文章中，还是在政府文件和职业学校教学实践中，目前“实践教学”的界定仅仅指向于“校内实操、校外实训、顶岗实习”的教学形式上，这是远远不够的。职业学校的理论课教学也应该注重实践教学，即教师注重“实践知识”的形成、转化、讲授，学生注重直接经验的获得、体验、感悟，教学评估检查注重课程教学设计、教学方法手段和考试/考核方法等与普通教育的区别，注重职业教育特点和规律的体现，而不仅仅是授课地点从教室里的书桌前转移到实验室、车间、企业里，授课方法从口耳相传、灌输背诵转变为操作练习、动作模仿、流程训练那么简单。

实践教学的落脚点是技能训练。从心理学角度看，技能训练是一种动作或心智习惯化定式的养成活动，是人获得（动作或心智的）实际操作能力的一种活动；从教育学角度看，技能训练是学生在教师（师傅）指导下，掌握胜任职业岗位（群）的能力所必须的基本经验技术和动作技能的一种教学活动，这一活动反映了人与人的关系、人与外界环境的关系和人与社会的关系。

在职业教育发展初期，学生（徒）主要是在家庭作坊或具有师徒关系的环境中接受技能训练，他们在生产生活实践中，通过尝试、模仿、甚至偷窥等方式学习某种手艺，掌握一些有限的经验、技能、技巧。稍后一段历史时期，随人类经验积累及思维、语言等方面的相应发展，技能训练更多的是在人与人之间的交流沟通中进行的，学习、模仿、训练、“上施下效”进而成为技能训练的主要形式和内容。随着资本主义机器大工业生产方式的兴起，社会需要大量受过基本训练的、能够应付大工业生产的合格劳动力，个人与社会的关系成为最重要的关系了。在这种情形下，职业培训机构首先要解决第一产业向第二产业转移的大批劳动力如何成为大工业生产合格的劳动后备军，将他们训练成为操作型、技能型、应用型劳动者的问题，技能训练就是最简单、最直接、最有效的活动。

实践教学的载体是以工作过程为导向，借助项目、案例等展开的教学形式。工作过程是分析复杂工作系统的一个结构化工具，是以职业的工作过程为参照系的职业教育教学过程，强调的是通过对工作过程的“学”的过程。它不单单着眼于问题设计的情境化，而且要求按照工作系统化的原则进行设计，某种程度上它更强调与职业实践密切相关的工程、流程的设计。所以，实践教学就是围绕有关生产设备、工具、工艺流程、加工方法的知识和操作技能等生产技术方面的学习和训练而展开，就是以工作过程中所包含的行动过程和学习领域而展开。因此，实践教学应该既是工作过程导向的，同时又是教学设计导向的，既要在“实然”条件下把握个人经验与生产活动、个人知识与学习领域课程的契合度，又要在遵循教学规律的基础上致力于对教学设计的改进。

职业学校各专业课程的学习形式，应该主要是实验实习、实训实操，做到把书本知识中相关内容与技能操作训练的教学内容融合在一起，使技能操作按相应的理论知识、操作规范和操作实践组织教学内容，使学生通过实际操作加深理解和掌握书本知识，形成具有独特个人印记的实践知识，然后又能用实践知识指导、解决实际操作中的问题，做到知其然，又知其所以然。这种将技能训练与理论知识糅合在一起、理论学习和技能训练一体化的模块教学，是职业学校遵循教学规律、突出技能型、操作型和应用型实用人才培养的重要措施。

实践教学符合职业学校教学规律，《中华人民共和国职业教育法》第

23条明确规定：职业学校是“培养实用人才和熟练劳动者”的机构，“以服务为宗旨、以就业为导向”是职业学校的办学定位，评价办学水平的高低、衡量教学质量的优劣，是用人单位对其毕业生的欢迎程度和社会对其声誉的赞扬訾毁，而不是升学率。所以，在职业学校的教学过程中，以实践教学理念为指导思想，以技能训练为逻辑起点，以传授实践知识为主要任务，以培养学生职业能力为教学主线，突出教学活动的实践性、开放性和职业性，最终是在实践教学中发展学生的能力。

参考文献

1.《辞海》（教育、心理分册），上海辞书出版社1980年版。

2. 王道俊、王汉澜：《教育学》，人民教育出版社1999年版。

3. 王川：《论职业教育学的逻辑起点》，《职业技术教育》2005年第16期。

4.《马克思恩格斯文集》第1卷，人民出版社2009年版。

5.《马克思恩格斯文集》第8卷，人民出版社2009年版。

原文刊于《职教论坛》2012年第33期

基于混合式学习的“中职课程设计与开发”课程学习效果研究*

赵　玉**

摘　要：文章以“中职课程设计与开发”课程混合式学习为例，分析了其设计需求，论述了其实施过程，运用问卷调查、访谈、双向评等量表模型等数据收集方法与F检验、卡方检验、X－S平面分析模型等数据统计方法，对学生的学业成绩和课程学习兴趣与满意度进行了分析，验证了课程混合式学习取得了较好的效果。对于混合式学习实施过程中遇到的问题提出了相应对策。

关键词：混合式学习；中职课程设计与开发；学习效果

一　引言

混合学习倡导将面对面学习与在线学习相融合。① 混合式教学整合了传统教学模式和网络教学模式的整体优势，成为稳步推进教学信息化进程中一个具有现实性和必要性的选择与过程。② 在有的教学情境中，以集

---

* 全国教育科学“十二五”规划教育部重点课题“基于云计算的区域职业教育资源公共服务模式研究”（课题批准号：DCA120190）。

** 赵玉，教育学博士，教授，教育科学与技术学院教育技术学系主任。

① Curtis Jay Bonk，Charles Ray Graham，*The Handbook of Blended Learning*：*Global Perspectives*，*Local Designs*，Michigan：Pfeiffer，2006，pp. 1 – 10.

② 李高祥：《论实施混合教学模式的必要性和现实性》，《现代远程教育研究》2006年第1期。

体学习为主要特征的课堂面授教学形式更适合；在有的教学情境中，以个别化学习为主要特征的在线学习形式可能更适合；而在更多情况下，可能需要二者混合使用。[①] 何克抗教授指出：课堂教学是学校教育的主阵地，教育信息化不能总是敲边鼓、打外围战，而必须面向这个主阵地打攻坚战。[②] 混合式学习的课程设计是班级授课制的必然要求，混合式学习设计是促进学生课外学习、发展学生专业技能的需要。[③] 目前，我国的高等院校和中小学都在积极地营造混合学习的教学环境，并鼓励教师将混合学习应用于课程的设计开发和实施中。[④] 本文以广东技术师范学院师范专业必修课程“中职课程设计与开发”混合学习的设计和实施为例，探讨职业技术高等师范院校课程混合学习的效果及实施过程中的问题与对策。

二 “中职课程设计与开发”课程混合式学习设计

“中职课程设计与开发”是职业技术高等师范院校面向师范生开设的教师教育模块课程。该课程基于“工学结合一体化”课程开发理念，由教师引导学生了解职业教育课程特点，掌握中等职业学校课程设计与开发的方法。

（一）“中职课程设计与开发”混合式学习设计前端分析

1. 课程学习目标

该课程的学习目标主要有：（1）知识目标。学生通过课堂学习，能说出职业教育的基本特点；能陈述中职课程设计与开发的基本步骤。

---

① 黄荣怀、周跃良、王迎：《混合式学习的理论与实践》，高等教育出版社 2006 年版，第 5—6 页。

② 何克抗：《从 Blending Learning 看教育技术理论的新发展》，《中国电化教育》2004 年第 3 期。

③ 黄荣怀、马丁、郑兰琴、张海森：《基于混合式学习的课程设计理论》，《电化教育研究》2009 年第 1 期。

④ Ronghuai Huang，Yueliang Zhou，*Designing Blended Learning Focused on Knowledge Category and Learning Activities*，Handbook of Blended Learning，2005，p. 296.

(2) 能力目标。通过调研学习，学生能准确分析中职学校课程特点，在调研与分析过程中提高观察、分析并解决问题的能力；通过小组协作学习，学生能撰写一门课程的设计与开发方案；通过展示与交流学习，学生能学会恰当表达自己，学会正确评价他人。(3) 情感目标。通过小组协作与探究，学生能加深对中职学校及学生的认识；通过小组协作，学生能逐步提升培养协作意识及团队精神；通过小组交流与分享，学生能学会正确认识自己和他人。

2. 学习者特征分析

学习者是教育技术学专业本科三年级学生，在此之前已经学过“教学系统设计”“教育学”“教育心理学”“多媒体教学软件的设计与开发”等课程，对于学习本课程有良好的理论与实践基础。该课程直接面向中职学校，与本专业的就业方向直接相关，因此容易引起学生的兴趣与注意力。大三学生具备了一定的小组协作与探究能力，他们愿意接受在真实情景中协作学习，探讨问题，提出自己的见解。另外，他们对网络学习环境也非常适应，腾讯 QQ 是最为流行的网上聊天软件，微博也是他们常用的记录交流分享工具。

3. 混合式学习的环境分析

开展“中职课程设计与开发”课程混合式学习的外部环境条件包括：教师主导的课堂教学与技能实践环境；基于 QQ 群、微博、E-mail 的学习交流、主题讨论、资源共享以及自主学习与小组协作学习环境；行业企业专业人员现场指导的学习环境等。协同利用教师、行业专家、学生资源，基于 QQ 群、微博、E-mail 网络环境开展交流学习，促进学生对知识的意义建构，培养学生自主学习、探究学习与协作学习的能力。

(二)“中职课程设计与开发”混合式学习活动与资源设计

1. 教学过程总体设计

实现一门课程的设计与开发，主要完成四大任务：行业情况分析、典型工作任务分析、学习领域分析以及学习情境设计。因此，在“中职课程设计与开发”教学过程中紧紧围绕四大任务，将理论讲解、小组学习以及演示交流穿插进行。(1) 理论讲解，4 课时。由教师讲解当前职业教育改革的理念、热点及趋势，引导学生分析职业教育面临的教育变革，帮助学生及时更新学习观念。教师讲解中职课程开发的指导思想及操作思路，讲解岗位分析、典型工作任务分析、学习领域分析以及学习情境设计等理论知识，为学生提供学习支架。(2) 小组学习，6 课时。小组通过网络查阅、实地走访、问卷调查以及访谈等方法获取中职课程的信息，了解与本专业直接相关的专业中职学生的毕业去向，从他们的工作岗位中了解工作岗位及其特点，并通过分析归纳典型工作任务，制定学习领域，确定学习情境。(3) 演示交流，6 课时。每个小组定期交流工作进展、工作成果以及工作困难。通过交流，教师和全班同学了解小组的学习情况，更重要的是能及时为小组工作提供必要帮助。

2. 学习活动设计

学习活动主要围绕行业情况分析、典型工作任务分析、学习领域分析和学习情境设计四项任务展开。课堂面对面学习活动主要包括教师讲解、小组汇报、交流评价。在线学习活动主要包括学生按照教师提示要求及任务要求，在网络环境下自主完成在线的个体学习和小组学习活动，完成教师布置的任务。

3. 学习资源设计

现有的学习资源包括教师的讲义、PPT、收集的部分中职学校相关专业的课程设计与开发案例资料，以及赵志群的《职业教育工学结合一体化课程开发指南》一书和严中华的《职业教育课程开发与实施——基于工作过程系统化的职教课程开发与实施》一书。其他相关资源由师生共建共享。

（三）“中职课程设计与开发”混合式学习教学评价设计

1. 学习过程的评价

主要评价学生参与面对面以及在线学习活动的积极性与效果，采用组内自评以及教师评价相结合的方式进行评价，主要考查出勤、小组阶段性成果汇报、个人发帖及组织讨论等情况，记入平时成绩，占课程总评成绩的 40%。

2. 学习结果的评价

主要评价学生对课程学习内容的掌握情况，包括期末小组总结性成果汇报和课程知识点的笔试，记入期末成绩，占课程总评成绩的60%。课程学习内容的学习水平包括知识、理解、应用、分析、综合等五个层次，从这五个层次上进行考试题目的设计。小组总结性成果汇报成绩折合成个人成绩，与笔试成绩各占期末成绩的50%。

3. 学习兴趣与满意度调查

在课程学习结束后，使用问卷对学生的学习态度、学习满意度等进行调查分析。

三 “中职课程设计与开发”课程混合式学习实施

根据前述设计方案，笔者于2012—2013学年第一学期给2010级教育技术学专业师范一班44名学生开设了“中职课程设计与开发”课程，开展了混合式学习教学试验。课程混合式学习实施过程主要包括课程导入、学习活动和评价测试等三个阶段。

（一）课程导入

课程导入主要是面对面学习，由教师介绍该课程的学习内容、学生需要学习的学习材料和需要完成的任务、课程的成绩评定方式以及课程学习的信息通道等。学生要设计并开发相应的中职课程的教学内容与教学策略，从工作过程到课堂教学，需要逐步推进：考虑职业→工作岗位→工作任务→学习领域→学习情境等。分析的基本思路是：行业情况分析→工作岗位分析→典型工作任务分析（确定典型工作任务的方法）。开发一门中职课程的思路是：专业调研→典型工作任务分析→学习领域→学习情境。

（二）学习活动

1. 行业情况分析

要完成某职业典型工作任务分析，需要学生去对职业进行探底，做好行业情况分析和工作分析。要求学生以小组为单位选定一个相关职业（职位）；选取该职业有代表性的企业（单位）；分析该职业重要岗位和工作任务，可初步确定其工作内容和工作要求，并对其进行结构划分。学生之间、师生之间、学生与调查对象之间可以利用面对面、课程实验 QQ 群、微博等线上线下作多种交流，做好 PPT 汇报，并提交纸质及电子文档分析报告。

小组第一次汇报，主要针对行业情况分析，为典型工作任务分析提供基础，全班进行交流评价。教师通过听取汇报提出修改意见及下一步的学习任务。教师指出各小组的共性问题。（1）自身角色定位。要把自己当作中职教师，为自己的学生（中职学生）去了解他的就业环境、就业职位，并在这一过程中锻炼自己的分析能力。（2）查找资料途径。寻找资料，可以通过网络，更多地还需要跟相关行业的专家去交流，比如实际中的软件程序员、幼儿园教师。（3）分析思路。本课程的终极目标是每个小组要提交一份一门课程的设计方案。思路是从宏观到微观，从实际工作到课堂，例如厨师、茶艺师。课程的设计方案包括行业分析、学习领域、具体知识点，由泛到细。回答出“典型工作任务”“学习领域”“学习情境”三个问题，方案才是完整的。

2. 典型工作任务分析

在小组做第一次行业情况分析汇报的基础上，教师提出第二个学习任务：提炼典型工作任务，并向学习领域转换，要求给出明确的典型工作任务和学习领域。重点在于如何把典型工作任务转到学习领域，如何确定学习领域，如何确定学习情境等，教师重点讲解学习领域和学习情境相关知识点内容。

小组第二次汇报，典型工作任务分析及典型工作任务与学习领域的转换。教师点评典型工作任务分析不够清楚，典型工作任务与学习领域的转换不够恰当。教师再次强调典型工作任务、学习领域和学习情境三个专业术语。

3. 学习领域分析

职业教育的学习领域课程，是以一个职业的典型工作任务和以工作过程为导向的，通过职业的典型工作任务、学习目标、学习与工作内容、学习要求、教学方法与组织形式说明、学业评价方式等内容确定的教学单元。[①] 学习领域分析主要是把典型工作任务转到学习领域，并按照以上思路对学习领域进行详细描述。

小组第三次汇报，学习领域分析，重点分析一项学习领域的设计内容。教师注意到学生很快进入了课堂教学的设计，但实际上应该先搞清楚学习领域。教师重申本课程的目的是开发一门课程，具体思路是：第一步，从市场、企业看一个具体岗位，知晓它的名称与典型工作任务(典型工作任务分析)；第二步，从典型工作任务转换到学习领域，二者内涵一致，但词语表述可以不一致，后者更精练、更科学；第三步，从学习领域中挑选具有代表性的学习单元做学习情境分析，学习情境（学习单元）积累起来是一门课程（学习领域），学习领域积累起来是一个专业。

4. 学习情境分析

学习情境也是一个学习单元，是能反映结构相对完整的工作过程的学习内容，所以既包括工作情景的描述，更包括工作情境中的所用到的方法，如行动导向教学法的设计与体现。[②] 典型的工作任务是在工作情境中完成的，学习任务相应地是在类似工作情境的学习情境中完成。

小组第四次汇报，期末汇报，以“中职‘×××’课程设计与开发”为汇报主题，按职业、岗位、典型工作任务、学习领域、学习情境等逐一汇报，其中重点是分析一项学习情境的内容。

（三）评价测试

1. 课程考核

按前述课程混合式学习设计中教学评价设计的方案，学生的课程总评成绩由平时学习过程的评价成绩和期末学习结果的评价成绩两大部分组成。

平时学习过程的评价成绩主要包括学生平时出勤记录、参与面对面学习阶段性汇报方面的评价成绩和在线学习活动的参与度成绩。由组内

---

① 赵志群:《职业教育工学结合一体化课程开发指南》，清华大学出版社 2009 年版，第 61—91 页。

② 同上。

自评及教师评价综合给出，主要记录评价学生线上线下参与混合式学习活动的积极性与效果。

期末学习结果的评价成绩主要包括期末汇报方面的评价成绩和课程知识的考试成绩。其中，在期末汇报时，每个小组上台陈述小组方案，教师及全班同学为其打分，所得平均分为每个小组的分数，每位成员在小组分数的基础上，根据每位成员对组内的贡献程度而相应调整得到个人分数。课程知识的考试成绩由卷面考试得来。在课程学习结束后，采用任课教师编制的“中职课程设计与开发”试题，对学生进行知识点掌握程度测试。具体试卷中各试题测验目的与内容的双向细目（见表1）。

表1　“中职课程设计与开发”试题测验目的与内容双向细目表

<table>
<tr><th colspan="2" rowspan="2">测验内容</th><th colspan="5">学习水平</th><th rowspan="2">Σ（%）</th></tr>
<tr><th>知识</th><th>理解</th><th>应用</th><th>分析</th><th>综合</th></tr>
<tr><td rowspan="2">典型工作任务分析</td><td>典型工作任务分析内涵</td><td>7</td><td>0</td><td>0</td><td>0</td><td>0</td><td>7</td></tr>
<tr><td>典型工作任务分析过程</td><td>0</td><td>0</td><td>10</td><td>0</td><td>0</td><td>10</td></tr>
<tr><td rowspan="2">学习领域设计</td><td>学习领域设计内涵</td><td>3</td><td>2</td><td>0</td><td>4</td><td>0</td><td>9</td></tr>
<tr><td>学习领域设计过程</td><td>0</td><td>0</td><td>10</td><td>0</td><td>0</td><td>10</td></tr>
<tr><td rowspan="2">学习情境设计</td><td>学习情境设计内涵</td><td>3</td><td>2</td><td>0</td><td>0</td><td>0</td><td>5</td></tr>
<tr><td>学习情境设计过程</td><td>0</td><td>0</td><td>10</td><td>0</td><td>0</td><td>10</td></tr>
<tr><td rowspan="2">中职课程设计原理</td><td>中职课程设计指导理念</td><td>0</td><td>3</td><td>0</td><td>0</td><td>0</td><td>3</td></tr>
<tr><td>对职业和课程的认识</td><td>9</td><td>11</td><td>0</td><td>0</td><td>0</td><td>20</td></tr>
<tr><td rowspan="2">中职课程开发过程</td><td>中职课程设计开发基本方法</td><td>0</td><td>3</td><td>0</td><td>0</td><td>0</td><td>3</td></tr>
<tr><td>中职课程开发过程</td><td>0</td><td>0</td><td>0</td><td>3</td><td>20</td><td>23</td></tr>
<tr><td colspan="2">Σ（%）</td><td>22</td><td>21</td><td>30</td><td>7</td><td>20</td><td>100</td></tr>
</table>

2. 学习兴趣与满意度调查

在课程学习结束后，采用笔者编制的“中职课程设计与开发”课程学习兴趣调查问卷对学生的学习态度、学习满意度等进行调查分析。此问卷主要是参考Keller课程兴趣调查（Course Interest Survey，CIS）问卷而制定的,[①] CIS 在过去的许多研究中被用以测量学生在特定课程中的学习动机和效能。[②] 问卷包含了 Keller 的 ACRS 模型的四个维度：专注（第1、第6、第10、第12题）、相关（第2、第3、第9、第11题）、信心（第4、第13、第15题）、满意（第5、第7、第8、第14题）。第16题是开放性的题目，由学生对本门课程的学习进行总体评价。

四 “中职课程设计与开发”学业成绩分析

卷面考试反映了学生对课程学习内容的学习掌握水平，本研究以考试成绩为主来分析学生的学业成绩，结果如下。

（一）测验成绩的统计描述分析

利用 SPSS 统计分析软件对 44 名学生的测验原始成绩进行统计，得到表 2 的统计数据。

表 2　“中职课程设计与开发”测验描述统计量

	N	极小值	极大值	均值	标准差
测试成绩	44	52.00	91.00	80.8511	7.01235
有效的 N（列表状态）	44				

利用 Excel 统计分析软件对 44 名学生的试题测验原始成绩进行统计，得到图 1 所示的频次分布图。

由测试成绩的统计分析和频次分布图可以看出，学生整体成绩分布比较合理。

---

① John M. Keller, *Motivational Design for Learning and Performance*: *The ARCS Model Approach*, Springer, 2009, pp. 46 – 47.

② 詹泽慧：《混合学习活动系统设计及其应用效果研究》，华南理工大学出版社 2011 年版，第 199 页。

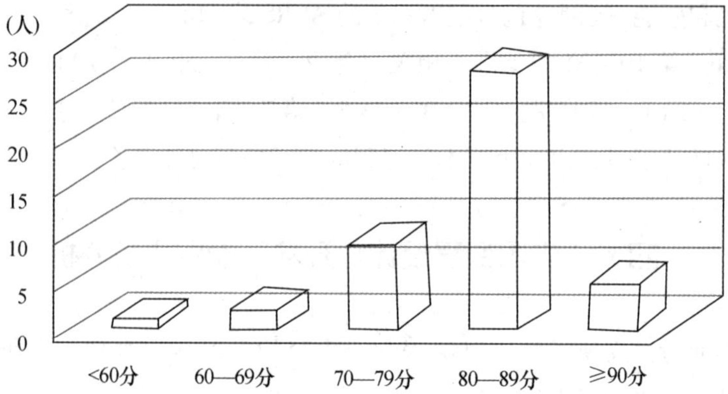

图1 “中职课程设计与开发”测验成绩统计

（二）综合达标程度分析

由表3可知，达标度满足 $0.75 \leq T < 1$，[①] 表示已达到预期目标，学生对课程相关知识的掌握程度已达到分析、综合水平，达到了预期的学习目标。

表3 学生各水平层次的得分率情况及综合达标度

平均分	学习水平	试题分值	实际平均得分	得分率	总体目标系数K	综合得分率H	达标度 T=H/K
81.9	知识	22	18.8	0.85	15	11.38	0.76
	理解	21	18	0.86			
	应用	30	25.5	0.85			
	分析	7	5	0.71			
	综合	20	13.6	0.68			

① 李克东、谢幼如：《多媒体组合教学设计》，科学出版社1994年版，第168—172、175页。

（三）总体特征的统计分析

由图2所示$\overline{X}-S$平面分析模型可以知道，[①] 学生测验成绩（80.85，7.01）处于第四象限，属于平均水平较高，且相对集中的状态。

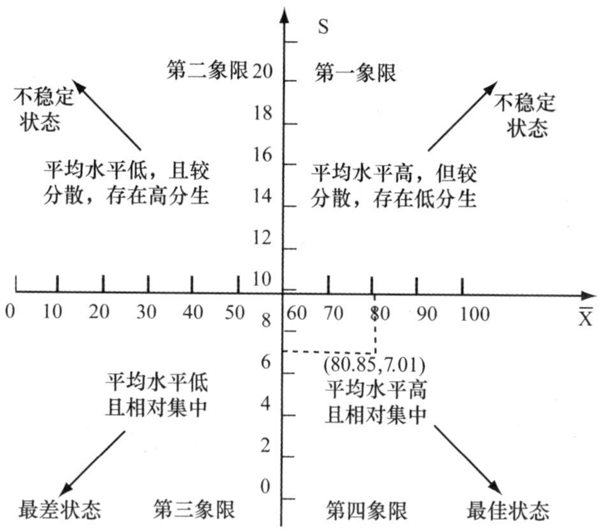

图2 $\overline{X}-S$平面分析模型——“中职课程设计与开发”测验成绩

五 “中职课程设计与开发”课程学习兴趣与满意度分析

课程学习结束后，向全部44名学生发放问卷，回收问卷42份，有效问卷42份，其中男生9名，女生33名。

（一）师范生对课程学习的兴趣与满意度总体情况

在SPSS17.0中对原始数据进行整理，并将15个问题按照四个维度归类，得到表4的分析数据。

① 李克东、谢幼如：《多媒体组合教学设计》，科学出版社1994年版，第168—172、175页。

表4 “中职课程设计与开发”课程学习兴趣与满意度

维度	问题项/样本量=42	非常同意 +2	同意 +1	一般 0	不同意 −1	非常不同意 −2	得分率 F_i
专注（A）	A1. 这门课程的内容非常吸引我的注意力	9	27	6	0	0	0.54
	A2. 同学们对这门课的内容充满好奇心	8	28	5	1	0	0.51
	A3. 老师上课用了很多不同的有趣的教学方法	11	26	3	2	0	0.55
	A4. 我的好奇心经常会被这门课上所提出的相关问题所激发	12	27	1	2	0	0.58
相关（R）	R1. 从本课程中学到的东西对我来说很有用	12	21	7	7	0	0.51
	R2. 老师让我觉得这门课程很重要	11	23	7	1	0	0.52
	R3. 同学们在课程学习中积极参与	10	26	3	3	0	0.51
	R4. 我很清楚这门课程对我的重要性	15	14	12	1	0	0.51
信心（C）	C1. 能不能学好这门课，关键在我自己	11	23	8	0	0	0.54
	C2. 我感觉这门课难度适中，既不太难也不太易	13	23	5	1	0	0.57
	C3. 在课程学习过程中我得到了足够的反馈	14	17	10	1	0	0.52
满意（S）	S1. 这门课给我很大的满足感	12	22	6	1	1	0.51
	S2. 我很高兴老师能针对我的自评对我的学习进行评价	8	30	2	1	1	0.51
	S3. 我对这门课所学到的东西很满意	16	20	4	2	0	0.60
	S4. 这门课的评价方式（包括分数、评语和其他反馈），让我觉得自己的学习得到充分的肯定	14	17	8	3	0	0.50

根据公式 $Fi = \sum a_j n_{ij}/2N$[①] 得到 F 值，由表 4 可知，试验对象对专注、相关、信心、满意四个维度的 15 个问题项的应答得分率 F 值均大于 0.5，说明他们对本次“中职课程设计与开发”教学试验的评价非常高，他们对课程的专注度较高，认为课程学习与自身发展相关性较高，对于课程的学习充满信心，并对课程的实施与效果感到满意。

（二）交叉分析

为进一步了解试验对象对“中职课程设计与开发”课程学习的兴趣差异及其产生的原因，以性别作为自变量与专注、相关、信心与满意四个维度 15 个因变量一一进行交叉分析。交叉分析的结果显示，男生和女生对课程学习的关注、相关、信心与满意等无显著性差异。即不管男生女生，学生均对本次“中职课程设计与开发”教学试验的评价非常高，他们对课程的专注度很高，认为课程学习与自身发展相关性很强，对于课程的学习充满信心，并对课程的实施与效果感到满意。

（三）学生反馈

问及学生对本门课程的总体评价，学生普遍反映较好，并就如何更好地开展混合式学习提出了建议。比较有代表性的观点如下。

学生甲：通过混合学习模式对“中职课程设计与开发”的学习，我学会了很多个模块的知识。包括职业分析、典型工作任务、学习领域、学习情境等。在这个过程中，虽然其间有较多作业，但还是会自发地用心去学习。这个学习模式是必不可少的。

学生乙：我觉得混合学习模式也算是教育进步的一种体现，学生上网的时间比较多，在线讨论对师生都比较方便，相比于课堂提问，我想大部分学生更愿意在群上提问，同时其他同学也能了解。不足的地方可能是相比于面对面，在线交流可能出现提问不够精准、回答不够详细的情况。总的来说还是值得推广的，本人也是支持这种混合学习模式的。

学生丙：QQ 群上的号召力不是很够，最好是老师能定时提问小组的

---

① 李克东：《教育传播科学研究方法》，高等教育出版社 1990 年版，第 106 页。

成员，有些同学虽然进了群，但并没有放心思，可能也不去理会。比如老师提问，“P&T”小组成员在吗？请帮助“开心 8”小组解决刚才所提的问题，好吗？这样同学们就会更专注了。回答之后老师再做补充或修改。这只是我个人意见，仅供老师参考。

六 结论与对策

通过混合式学习，“中职课程设计与开发”课程教学达到了预期的学习目标，学生也比较满意课程的学习效果。但在实施过程中遇到了课堂面对面的讨论时间不够、重点难点知识不容易理解、在线学习不够积极等问题。对于这些问题，可考虑以下对策。（1）对于课堂面对面讨论时间不够，一方面可在课堂讨论活动前将讨论主题和阅读材料在线共享，要求学生事先做好预习和准备；另一方面可在课后组织在线学习交流活动，利用课程 QQ 群、微博将课堂讨论或教师答疑延续到学生的课余时间。（2）对于不容易理解的重点难点，布置作业任务时，要求学生至少提出一个问题，发表在课程 QQ 群或微博上，或者给教师发 E-mail，一方面可以由学生共同思考解决问题，另一方面可由教师整理后更有针对性地在课堂上统一进行回答。（3）对于有学生在线学习不够积极，教师可改变评价方式，并在面对面与在线教学时注意提供尽可能多的反馈，对表现出色的学生进行表扬，对沉默的学生进行鼓励。

参考文献

1. Curtis Jay Bonk，Charles Ray Graham，*The Handbook of Blended Learning*：*Global Perspectives*，*Local Designs* ，Michigan：Pfeiffer，2006.

2. 李高祥：《论实施混合教学模式的必要性和现实性》，《现代远程教育研究》2006 年第 1 期。

3. 黄荣怀、周跃良、王迎：《混合式学习的理论与实践》，高等教育出版社 2006 年版。

4. 何克抗：《从 Blending Learning 看教育技术理论的新发展》，《中国电化教育》2004 年第 3 期。

5. 黄荣怀、马丁、郑兰琴、张海森：《基于混合式学习的课程设计理论》，《电化教育研究》2009 年第 1 期。

6. Ronghuai Huang, Yueliang Zhou, *Designing Blended Learning Focused on Knowledge Category and Learning Activities*, Handbook of Blended Learning, 2005.

7. 赵志群:《职业教育工学结合一体化课程开发指南》，清华大学出版社 2009 年版。

8. John M. Keller, *Motivational Design for Learning and Performance: The ARCS Model Approach*, Springer, 2009.

9. 詹泽慧:《混合学习活动系统设计及其应用效果研究》，华南理工大学出版社 2011 年版。

10. 李克东、谢幼如:《多媒体组合教学设计》，科学出版社 1994 年版。

11. 李克东:《教育传播科学研究方法》，高等教育出版社 1990 年版。

原文刊于《电化教育研究》2014 年第 5 期

论高职服装设计专业“互联网思维型”人才培养模式*

蔡　蕾**

摘　要：在互联网思维对服装企业传统的生产经营模式将产生颠覆性影响的背景下，提出高职服装设计专业“互联网思维型”人才培养模式，对“互联网思维型”服装设计人才培养模式的界定和主要特点进行了阐述，并对“互联网思维型”服装设计人才培养模式的几大构成要素进行了分析。

关键词：高职；服装设计专业；互联网思维；人才培养模式

随着网络信息技术（包括移动终端、云计算、大数据等技术突破和管理理念、模式创新）的快速发展以及智能用户端的普及，移动互联网蓬勃兴起。据统计，从 2013 年 7 月起，PC 的服务已经开始低于手机服务，移动互联网大有取代传统互联网的趋势。当今，互联网思维是媒体高度关注、出现频率最高的词。互联网思维给全球不仅仅带来的是技术上的突破，更是全新的具有颠覆性的一种思维模式。它改变了人们的生活方式和消费方式，颠覆了现有的商业价值坐标体系和参照物，从而对

---

* 广东省高等教育教学改革项目“基于互联网思维的服装设计与工程专业教学体系的构建完善”（项目编号：GDJG20141192），主持人：蔡蕾。

** 蔡蕾，硕士，教授，高级服装设计师，广东省十佳服装设计师，中国服装设计师协会学术委员会会员，广东省服装设计师协会监事，代表作：《基于互联网思维的职业院校服装设计与工程专业实践教学体系的构建》。

整个社会的发展产生巨大的影响和改变。服装行业这一传统行业，也受到了前所未有的冲击，其商业模式、消费模式的改变也将是颠覆性的。因此，如何及时调整服装设计人才培养模式，使其更快更好地适应新形式下对人才需求的新变化，转变教育培养理念，创新教学培养模式，既是重大挑战，更是一次战略性的机遇，尤其对于高职教育来说更为重要和紧迫。

一 “互联网思维型”服装设计人才培养模式提出的背景

（一）中国服装行业现状分析

当前，中国整体服装行业均面临着很大的困难，中国是世界服装制造大国，而非世界服装创新强国。整体还处于产业价值链的低端，依靠廉价的劳动力、低廉的土地价格，以及对环境的破坏等，赚取极其有限的利润。而且随着包括越南、印度等国家制造成本更低，以及美国的再工业化国家战略的实施，不少国际品牌转向别国加工，使得竞争加剧，利润空间进一步压缩，原有的发展模式已不可持续。因此，尽快对服装产业进行结构调整和产业升级转型，将传统意义上的低端制造业进行转变，加快向基于互联网的先进制造业、都市产业和文化创意业转型，已经成为迫切需求，走到了关键时刻。

（二）互联网思维对传统服装行业的颠覆性影响

移动互联网和高端智能终端的快速发展，使人们能够随时随地实现上网，智能手机和移动支付的便捷性进一步满足了人们的消费欲望。截止到2013年12月，中国移动电子商务市场交易规模达到2325亿元，同比增长141%，并依然保持快速增长的趋势。以天猫为例，仅仅“双11”一天，2009年交易金额是0.5亿元，2012年191亿元，2013年362亿元，而2014年则达到571亿元。2013年来自无线端的成交只占总量的15%，2014年就增到42.6%。

移动互联网颠覆了传统的商业渠道，电商企业要接地气，传统渠道要上网，打造“O2O”线上线下融合的平台。互联网思维对传统企业的生产经营模式已经或将产生巨大的影响。例如，小米手机基于互联网思维颠覆了传统手机企业的经营管理模式，取得了爆发性几何级数的增长和发展。华为、海尔等中国一流企业也都在进行着战略性的转移升级。而作为人们衣食住行首位的服装行业结构调整和产业升级也是迫在眉睫。

美国提出了“再工业化”的国家战略，正在打造具有产业革命意义的工业互联网。德国提出了国家战略层面的“工业4.0”创新。在此背景下，服装行业对服装设计人才的需求也将发生历史性的变化。具有互联网思维、国际视野的、拥有较强适应“互联网模式”实践能力的应用型人才将成为服装行业的战略性急需人才。

二 “互联网思维型”人才培养模式的内涵

关于人才培养模式的界定，学术界尚未形成统一的认识。有结构方式说、总和说和目标方式说三种。本文根据需要把人才培养模式定义为在一定的教育理论、教育思想指导下，按照特定的培养目标和人才规格，通过相应的教学内容和课程体系实施人才教育，并通过相应的管理制度和评估方式对培养过程进行管理、培养结果进行评价的一种运行方式。

（一）“互联网思维型”服装设计人才培养模式的界定

“互联网思维型”服装设计人才培养模式是基于互联网思维对传统服装企业的生产、管理和经营模式进行创新，以“开放、共享、共赢”为理念，以全新的零距离、网络化、合作共赢的生态圈为平台，创新服装设计新型人才培养模式为目标，促进服装行业的结构调整和产业升级。

（二）“互联网思维型”服装设计人才培养模式的核心理念

1. 用户思维

用户思维是互联网思维的核心，是指在价值链各个环节中都要“以顾客为中心”去考虑问题，其他思维都是围绕用户思维在不同层面的展开。在教学中，引导学生在服装设计时的首要任务是要真正了解用户需求，针对不同消费群体的消费习惯、消费特点进行分析判断，以设计出真正符合消费者需求的服装。

2. 碎片化思维

目前，消费者的碎片化思维主要包括购物地点的碎片化、购物时间的碎片化以及购物需求的碎片化。利用搭地铁上下班路上、等一等朋友、吃饭聊天休闲的一点点空隙时间上网购物已经越来越成为人们的一种生活状态，要让学生在学习过程中深入洞悉碎片化给消费者带来的新变化，针对碎片化带来的消费特点的改变进行服装设计和服务，学生必须思考：如何让消费者在碎片时间主动选择你、如何让消费者在一分钟内爱上你、如何在一小段时间里与消费者建立起令她心动的对话、如何在一个碎片的时间窗口提供令消费者尖叫的商品和服务、如何通过全渠道覆盖消费者更多的碎片时间，这已成为赢得消费者的关键。

3. 极致思维

就是要让顾客得到超越预期的东西。正如小米手机模式一样，用极限思维打造极致的产品。服装品牌定位要专注，给消费者一个选择你的理由，一个就足够。少即是多，大道至简，越简单的东西越容易传播，越难做。专注才有力量，才能做到极致。正如最近很火的一个网络鲜花品牌 RoseOnly，它的品牌定位是高端人群，买花者需要与收花者身份证号绑定，且每人只能绑定一次，意味着“一生只爱一人”，2013 年 2 月上线，8 月做到了月销售额近 1000 万元。

4. 大数据思维

海量的用户访问行为数据信息看似零散，但背后隐藏着必然的消费行为逻辑。要学习充分利用通过对大数据的分析，准确了解消费者的消费需求，为消费者提供其真正需要的服装产品和服务，从而有效快速地进行服装产品和运营的调整。

5. 粉丝思维

今天，移动互联网时代的法则是“得粉丝者，得天下”。粉丝就是生产力，聚粉丝之力量，参与品牌传播，便是粉丝经济。粉丝是远比用户更优质的目标消费者，一旦注入感情因素，有缺陷的产品也会被接受。未来，没有粉丝的服装品牌甚至都很难生存。设计不再是设计公司单方面的事情，要让粉丝参与设计，参与全流程的体验，激发粉丝的热情，提高粉丝的黏度。

6. 无边界思维

将来的优势企业将是平台型企业，企业的运营依靠整合全社会的资源来进行。将来的企业服装设计也将是无边界的整合全世界、全社会的资源来进行的一种创造性活动。

7. 迭代创新思维

在互联网时代，速度将是体现企业竞争力的关键之一。基于迭代创新将是服装产品的设计创新的主要方式。

三 “互联网思维型”服装设计人才培养模式要素构成

（一）目标

立足于当今社会经济建设和发展需要，针对当前移动互联网对现有的商业价值坐标体系和参照物的颠覆，面向国内服装服饰行业结构调整和产业升级发展的关键时刻与对人才的迫切需求，遵循艺术学学科发展的总体要求，提炼移动互联网思维，加强实践教学，创新教学模式，以培养适应移动互联网时代新特点、质量高、特色鲜明、高水平的服装设计专业人才。

（二）内容

1. 人才培养方案的修订

在人才培养方案的修订方面，要结合教育专家、资深教师、企业精英等共同制定，主要应围绕“互联网思维型”服装设计人才培养目标所必备的知识、能力、素质结构，建立以新型服装行业人才需求为导向、以互联网思维能力培养为主线的理论课程体系、以产学研结合为特征的实践教学体系和显性与隐性课程相结合的素质教育体系。采用开放式的以产学研相结合为主的教学模式与现代化教学手段，构架突出学生主体地位、能动作用的教学法体系。

2. “主题＋项目”的实践教学模式

依托产学研和实践教学基地，保持教学理念与互联网时代服装市场需求的相符，培养学生基于互联网思维的创新能力和实践能力，依托和发展校内外实训室和实训基地，实施“主题＋项目”的创新实践教学模式。

（1）“主题”教学。根据服装设计的特点，在专业实践课程环节中，开展主题教学。主题主要分为三种，一种是教师以自然风光和各个艺术门类包括绘画、建筑、手工艺品、音乐等为主题，引导学生从已有的各类艺术、自然界吸取灵感，激发学生的想象力和创造力；一种是针对当今社会的思潮做一些带有观念性的主题设计；还有一种也是最贴近市场的，就是针对目前市场流行的主题式服装销售模式展开，如年轻人热衷的十二星座主题，十二生肖主题，还有各种节假日主题，如情人节、端午节、农历新年等。

（2）设计运营一体化的“大设计项目”教学。目前，世界知名品牌服装企业的产品设计运营模式有一共同点，即其产品设计包括产品品牌的价值定位、市场的策划、营销、款式设计、生产模式的确定、供应链管理等，贯穿于整个产业链，运作高度一体化。因此，在实施项目教学时，不但要校企合作，把企业的真实项目引入课堂，更重要的是要创造适应用户从设计、选料、生产、着装搭配、销售等全过程参与体验的新型服装行业运营模式的教学新模式。选择和一些已经开展“O2O”模式运营的服装企业展开深度合作，使学生在项目过程中既能熟悉掌握传统线下实体店服装品牌的运作规律，又能掌握新型线上服装品牌运营全过程，以培养学生成为既能深刻理解传统服装的本质，又具有互联网思维，并具有较强实践能力的“O2O”两栖人才。

（三）方式

1. 加强校企合作

从高职特点考虑，校企合作的“学研产结合”是服装设计人才培养的一个重要方式和途径，能使学生在真实工作环境下得到职业综合能力的培养。通过校企深度合作，特别是一些已经开展“O2O”模式运营的理念先进的服装企业，把企业的真实项目引入课堂，使学生真真切切与市场零距离接触，了解互联网时代服装行业的发展变化，掌握互联网时代服装市场规律，熟悉互联网时代服装市场运作方式，学习互联网思维模式下服装设计的运作新方式。

2. 加强国际间的交流与合作

积极开展与国际相关专业院校的合作，开拓国际化办学新形式。在合作中，基于互联网思维，充分利用互联网时代的便利，引入“O2O”（线上和线下）模式优化现有的教学模式。一方面，在线下引入一些国内目前紧缺而市场急需的核心课程，如时装与纺织品购买管理、时尚传播推广、时尚设计与市场营销及制作等课程，通过引进国外优秀教师来校讲授国内授课、引进教材等多渠道多形式完成；另一方面，在线上整合两校学生共同做项目，包括两校教师共同制定的主题项目和国内外企业真实项的引入，利用网络，实现同步的“实时项目教学”；同时，引入合作企业的实际开发项目，尝试和探索引入用户从设计、选料、生产、着装搭配、销售、售后服务等全过程参与深度体验式的教学新模式。

（四）保障

教学运行机制是培养模式的关键。这一机制是为了实现高职培养目标，保障、监督、调控、优化培养过程中各有关要素的活动、行为及相互间作用的教学管理规则与行为系统，包括教学管理制度、校企合作制度、培养保障制度等及与之相关的管理方式，它指向教学的方向性制度，是培养目标实现的保证。教学运行机制的复杂性、相对稳定性、全局性，决定了一所学校的培养模式不可能太多。

1. 加强师资队伍建设，打造一支“互兼互聘”的高水平教学团队

要进行教学改革，教师是关键，从理念到实践能力的转变、提高必须先行。以“资源共享，紧密稳定，深度融合，校企共赢”为原则，采用企业精英和与学校教师互兼互聘新形式，具体来说就是企业聘请部分教师担任企业兼职工作，学校聘请部分企业精英担任学校兼职教师，通过深度融合，打造一支具有移动互联网思维、了解服装行业发展状况的、具有扎实的理论基础和很强的市场实践经验、具有创新精神和能力，由本院教师和相关企业精英共同构建的“互兼互聘”的高水平教学团队。

2. 建设特色专业教学运行机制和评价体系

教学运行机制是培养目标实现的保证。依托学校教务处、学院和专业三级教学管理体系，根据互联网时代对服装设计人才需求的新变化，建立规范化教学运行机制，包括教学管理制度、校企合作制度、培养保

障制度等及与之相关的管理方式，构建教学管理质量保证体系，如定期的教学改革研讨会，根据专业特色的需求提出问题，寻求解决方案，对教师教学情况和学生学习效果进行定期检查与反馈，及时进行适当的调整和修订，保证教学改革高效有序的进行。同时，探索建立学校、行业部门和用人单位共同参与的学生考核评价机制，构建科学合理的教学运行机制和评价体系。

许多与移动互联网相关的产业基于互联网思维企业已取得了突破性的快速发展，如小米手机等。更重要的是许多传统企业，如海尔、TCL、新希望集团等，同样也基于互联网思维正进行着战略性的转型发展，创造了或正在创造新的商业模式，具有互联网思维的服装企业也正在逐渐进入摸索创新阶段，正需要大量互联网思维型服装设计人才充实到企业中去，为企业的转型升级服务，为社会培养互联网思维型服装设计人才成为迫切之事。

参考文献

1. 赵大伟：《互联网思维独孤九剑》，机械工业出版社 2014 年版。
2. 陈光锋：《互联网思维：商业颠覆与重构》，机械工业出版社 2014 年版。
3. ［美］戴夫·柯本（Dave Kerpen）、［美］特蕾莎·布朗（Theresa Braun）：《互联网新思维：未来十年的企业变形计》，中国人民大学出版社 2014 年版。
4. 维克托·迈尔－舍恩伯格（Viktor Mayer-Schönberger）：《大数据时代：生活、工作与思维的大变革》，浙江人民出版社 2013 年版。
5. 周明星：《高职教育人才培养模式新论——素质本位理念》，天津教育出版社 2005 年版。
6. 丁金昌、梁耀相：《高职教育人才培养理论研究与实践》，国防工业出版社 2011 年版。
7. 陶红、王玉婷：《试论中等职业学校“经济适用型”人才培养模式》，《中国职业技术教育》2014 年第 9 期。

原文刊于《职教论坛》2015 年第 14 期

职业技术师范教育“机械工程专业概论”课程改革的研究与实践*

王晓军** 王 敏

摘 要：机械工程专业概论是引导学生进行专业学习的纲领性课程。传统的机械工程专业概论课程是学科本位的。本文面向职业技术师范教育机械工程专业概论课程进行改革，通过教材、课程内容教学方法的改革，提出了教材既要体现机械学科性，又要注重职教特色性。教学方法采用现场参观和现场教学，通过现场参观和现场教学，增加学生对先进制造技术的感性认识。

关键词：机械工程专业概论；职业教育；课程改革

一 引言

职业教育为生产一线培养所需的技术、管理、服务人才，职教师范院校则为高中职院校培养师资，师资水平的高低直接影响职业教育的发展。机械专业是高等职业技术师范院校的主要专业之一，目前职教师资机械专业教学存在一些弊端，如教材针对性不强，教学计划内容目标不清晰，学生生源质量参差不齐，教学模式单一，专业核心能力难以定位，

---

* 教育部、财政部、职教师资专业教师标准、培养标准和特色教材开发项目 VTNE007。广东技术师范学院“3+2”职教师资人才培养综合改革项目（项目编号：2010ZSZG29）。

** 王晓军，机械工程硕士，教授，广东工业实训中心副主任，广州市工业机器人智能驱控系统及部件重点实验室主任，在机械工程学报等发表论文 100 多篇，授权发明专利 18 件。

使得不能有效地开展和实施相关专业教育，基于这些问题，构建一套有效且适应于高等技术师范院校机械专业人才培养模式并与理论教学相互配套的实践教学体系是非常有必要的，也是促进高等职业技术师范院校机械专业教育持续健康发展和体现其教育教学特色的关键所在。

改革高等职业技术师范院校机械专业教学内容，制订专业核心的实践教学培养方案，建立具有高等职业技术师范院校特色、适合社会人才需求的实践教学新体系，对于提升学生的创新精神和创新能力、促进学生全面发展及提高我国整体职业教育水平，对高职教学改革研究具有重要意义。

二　机械工程专业概论课程改革的思路

传统的机械设计制造及其自动化职教师资人才的培养方式基本上还是学科本位的，与一般普通本科院校人才培养方式类似，职教特色不够鲜明、培养的毕业生技能不突出，与中职、高职所需要的“双师型”教师存在较大差距，不能很好地满足中职、高职院校的师资需求，高职（应用型）到本科（职教师资）人才培养的对接渠道尚不够通畅。因此，进行职教师资人才培养综合改革迫在眉睫。

机械工程专业概论是引导学生进行专业学习的纲领性课程，传统的机械工程专业概论课程是学科本位的，主要介绍机械工程的发展与人类社会进步的关系及机械工程发展方向；机械制图、工程力学、工程材料、计算机的基本知识，简述机械的组成原理、常用机械设计方法、刚度、精度的概念以及机械产品的制造技术、液压传动和气动技术、现代设计方法等相关内容。注重学科体系，强化了基础理论，对职业技能、教育学等未论述。

对于刚刚进入大学校门的机械类专业的学生来讲，“什么是机械工程”“机械工程包含哪些内容”“机械类（职教师资）专业学生要学习哪些课程”“机械工程（职教师资）专业学生将来可以做什么”等问题常使他们感到困惑，因此应该从理论和实践两方面改革机械工程专业概论课程内容。

三 机械工程专业概论课程改革实践

（一）教材改编

改编《机械工程专业概论》教材，突出“三性”：一是高教性，属于高等本科教育；二是师范性，主要教育目标是培养师资；三是职业技术性，培养的学生既要掌握基础理论，又要具有实践动手能力，因此应适当优化机械专业内容，增加教育技能内容。制定体现新的“知识+技能”“学科教育与技能教育”相结合教育理念的、以培养学生职业技能传授能力和职业发展能力为核心的课程体系与人才培养方案，教材既要体现机械学科性，又要注重职教特色性。

新编写《机械工程专业概论》教材共分6章。第1章绪论，介绍了机械工程的服务领域、工作内容、机械工程发展史、机械工程涵盖的内容、机械工程在国民经济中的作用和地位，以及21世纪机械工程的展望。第2章介绍了机械工程基础知识，把机械作为一个系统，从系统出发认识机器，了解机器的用途、功能、性能，机器的组成、机构、形状，制造机器的各类材料以及互换性与公差。第3章机械设计部分介绍了设计的基本方法、基本要求以及一般步骤，根据设计的发展介绍了设计理论与方法，并对现代设计技术有重点地进行了分类介绍；第4章机械制造工艺技术，主要介绍了毛坯制造、零件加工制造及机器装配、机械制造装备、现代制造工艺技术；第5章制造过程的生产管理模式，重点介绍了生产管理模式的演变过程及几种先进制造生产模式；第6章对机械工程人才的需求做了简要的分析，其中主要介绍了中国机械工程的教育与培训，并对面向21世纪的机械工程教育做了展望。机械工程专业概论的课程内容改编成专业基础课、专业课、专业+技能+素养课、个性+兴趣发展课程的内容（见图1）。

专业基础课程主要构成是机械制图、工程力学、机械设计、互换性与技术测量、机械工程材料。专业课程的主要构成是材料成型基本方法、材料热处理及表面处理技术、数控技术、液压与气压传动、CAD/CAM技术、机电系统技术。专业+技能+素养课主要构成是数控技术与编程、切削加工技术。个性+兴趣发展课程主要构成是心理学、教育学、职业教育教学法。

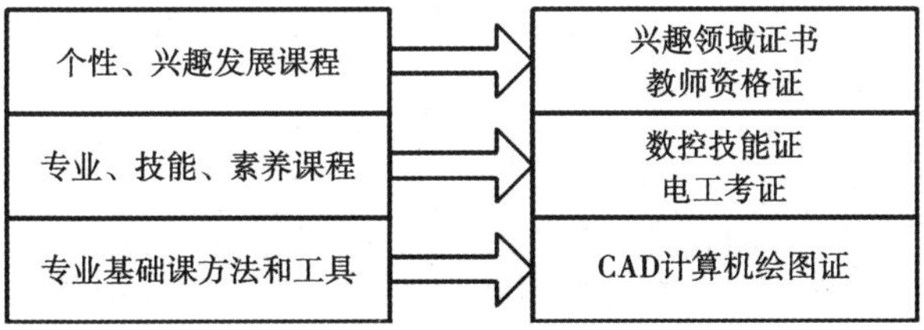

图1 机械工程专业概论的课程内容

（二）课程的教学模块

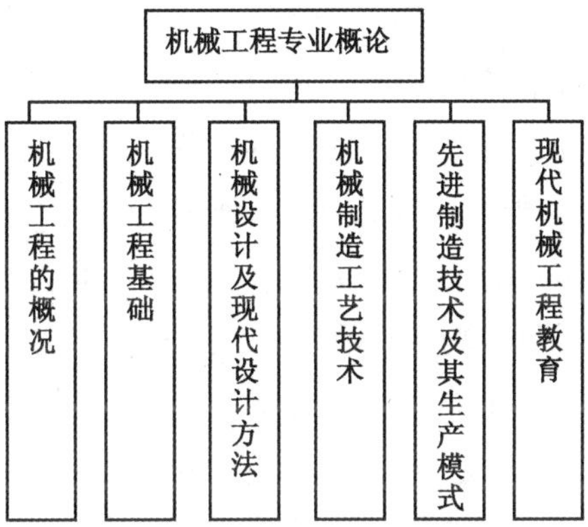

图2 机械工程专业概论的教学模块

主要章节基本内容如下。

1. 机械工程的概况

主要介绍机械工程的服务领域、机械工程的工作内容以及机械工程发展状况；我国机械工业的现状及21世纪机械工业的发展趋势。重点提出了现代机械设备及制造技术的发展趋向，如图3所示。

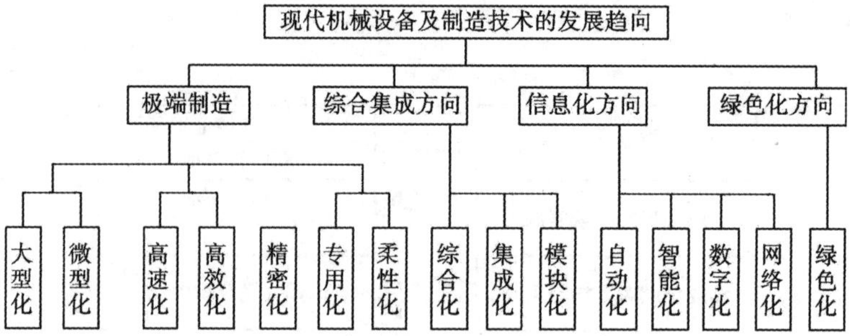

图3 现代机械设备及制造技术的发展趋向

2. 机械工程基础

各种机械实现其功能的性能要求大体可归纳为：（1）运动要求，如速度、加速度、转速、调速范围、行程、运动轨迹以及运动的精确性等。（2）动力要求，包括传递的功率、转矩、力、压力等。（3）可靠性和寿命要求，包括机械和零部件执行功能的可靠性、零部件的耐磨性和使用寿命等。（4）安全性要求，包括强度、刚度、热力学性能、摩擦学特性、振动稳定性、系统工作的安全性及操作人员的安全性等。（5）体积和质量要求，如尺寸、质量、功率质量比等。（6）经济性要求，包括设计和制造的经济性、使用和维修的经济性等。（7）环境保护要求，如噪声、振动、防尘、防毒、“三废”（废气、废水和废渣）的排放。（8）产品造型要求，如外观、色彩、装饰、形体及比例、人—机—环境的协调性和宜人性等。（9）其他要求，不同机械还可有一些特殊要求，如精密机械要求能精度稳定性好；经常搬运的机械要求重量轻、安装、拆卸、运输方便；户外型机械要求良好的耐蚀性、防护性；食品和药品加工机械要求不污染被加工产品、产品不容易变质等。

3. 机械设计及现代设计方法

许多科技工作者为了提高产品的设计质量，创新了各种机械设计方法，主要包括创新设计理论与方法、有限元方法与应用、优化设计、可靠性设计四大部分，同时获得了许多有重大应用价值的成果，并在产品的设计中发挥了良好的作用。

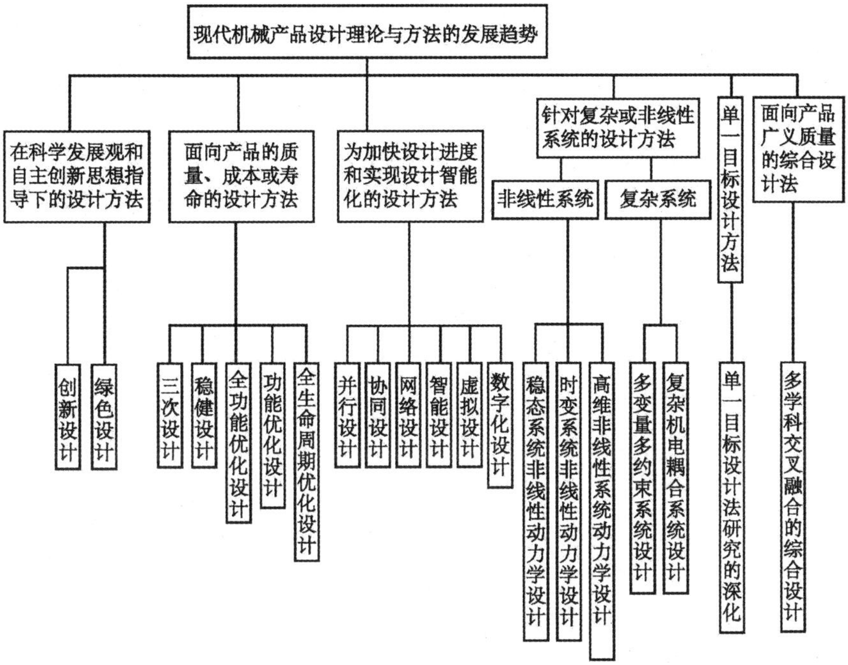

图4 现代机械设计理论与方法的发展趋向

就目前国内外的研究状况来看，产品的设计理论与方法正在向图4所示的几个主导方向发展。这些设计方法各有其特点和适用范围。综合设计理论与方法通常是以单一设计理论方法为基础的，所以对单一设计方法研究工作的深化是搞好综合设计方法的基础。

4. 机械制造工艺技术

直接改变工件形状、尺寸、性能以及决定零件相互位置关系的加工过程，它们直接创造附加价值，其中有：毛坯和零件成形；零件机械加工；材料改性与处理；装配与包装。

随着机械工业的发展和科学技术的进步，机械制造工艺的内涵和面貌不断发生变化，而且变化与发展速度越来越快，体现在：常规工艺不断优化并得到普及；原来十分严格的工艺界限和分工，诸如下料和加工、毛坯制造和零件加工、粗加工和精加工、冷加工和热加工、成形与改性等在界限上趋于淡化，在功能上趋于交叉；新型加工方法不断出现和发展，主要的新型加工方法类型有精密加工、超精密加工、超高速加工、微细加工、特种加工、高密度能加工、快速原型制造技术、新型材料加工、大件及超大件加工、表面功能性覆层技术及复合加工等加工方法。

5. 先进制造技术及其生产模式

先进制造技术已成为世界各国制造业发展的核心，本模块提出了丰富多彩的单元技术、制造系统和生产模式，如计算机辅助设计与制造（Computer Aided Design and Manufacturing——CAD/CAM）、柔性制造系统（Flexible Manufacturing System——FMS）、快速原型制造（Rapid Prototype Manufacturing——RPM）等，这些先进制造技术的出现必将对制造业的发展有着深远的影响。

（三）教学方法

以教师讲授和学生自学相结合，教师有重点的讲授，精心选择案例，开展课堂讨论，碰撞思想火花，升华思想方法。教学中注重理论联系实际，适当穿插一些视频，增加学生的感性认识。通过启发学生自学，激发学生的学习积极性和创造思维，提高学生的思考能力，学生借助讨论掌握的知识较为牢固，学生能逐渐掌握讨论技巧，增加学生之间的协作和交流及表达能力，形成相互合作的团队意识。

四 结论

“机械工程专业概论”是面向机械工程学科职教师资专业学生的一门专业素质课程，旨在通过对本课程的学习，使学生对机械工程的相关知识有一个较为全面的了解，增加对专业学习的积极性。因此，在教学过程中，还可以采用现场参观和现场教学。通过现场参观和现场教学，增加学生对先进制造技术的感性认识。

参考文献

1. 路甫祥：《工程设计的发展趋势和未来》，《机械工程学报》1997 年第 33 卷第 1 期。
2. 乌兰木其、邓家禔：《现代产品设计方法及其演进》，《机械工程学报》2000 年第 36 卷第 5 期。
3. 熊有伦、尹周平：《面向产品快速开发的几何推理和虚拟原型》，《中国机械工程》

2002 年第 13 卷第 4 期。

4. 钟廷修:《快速响应工程和快速产品设计的策略》,《机械设计与研究》1999 年第 15 卷第 1 期。
5. 乔进友、金忠孝、钟廷修:《支持快速变型设计的 PDM 系统研究》,《机械设计与研究》1999 年第 2 期。
6. 赵继云、钟廷修:《CBD 系统应用于产品变型设计的关键技术研究》,《机械设计与研究》1999 年第 2 期。
7. 曾庆良、熊光楞、范文慧等:《并行工程环境的面向成本的设计》,《机械工程学报》2001 年第 37 卷第 7 期。
8. 赵亮、冯培恩、潘双夏:《面向产品设计的成本工程系统方法与技术的研究》,《计算机辅助设计与图形学学报》2001 年第 13 卷第 3 期。
9. 施普尔、克劳舍:《虚拟产品开发技术》,宁汝新译,机械工业出版社 2000 年版。
10. 刘宏增、黄靖远:《虚拟设计》,机械工业出版社 1999 年版。
11. 阎楚良、杨方飞:《机械数字化设计新技术》,机械工业出版社 2007 年版。
12. 闻邦椿、张国忠、柳洪义:《面向产品广义质量的综合设计理论与方法》,科学出版社 2007 年版。

原文刊于《广东技术师范学院学报》2015 年第 2 期

国内职业教育行动导向教学研究发展综述*

杨素娟** 王洪雨

摘　要： 基于行动导向教学理论的职业教育教学研究自1997年引入我国以来，从理论研究和实践应用两方面经历了探索理解、尝试运用、总结提升、系统内化的过程。厘清近十年来国内职业教育行动导向教学研究发展脉络有利于系统、全面地把握该领域的研究发展轮廓和趋势。本研究以内容分析方法为主要方法，对于发表在国内期刊有关职业教育行动导向的期刊论文和优秀硕博士学位论文从文献总量、文献来源、研究类型三个维度进行数据统计分析。另外，还对职业教育行动导向教学领域的理论和应用两个层面已取得的研究成果进行简要述评，为职业教育行动导向教学领域的研究、发展提供一些参考和建议。

关键词： 国内研究；职业教育；行动导向；综述；内容分析法

一　引言

行动导向的职业教育理念最早萌芽于20世纪80年代初的德国，形成

* 广东省研究生教改项目“基于微课程的行动导向学习促进硕士研究生培养模式创新的研究”（项目编号：12JGXM_ MS42）。

** 杨素娟，职业教育学博士，教育技术学教授，代表作：《扎根理论指导下的远程教育教师能力要素研究》《网络教育课程论坛的社会性存在个案研究》等。

于90年代中期，[①] 近10年来成为国际职业教育界研究的热点。目前，我国职业教育界提及的“行动导向”译自德语“Handlungsorientierung”，英语国家称为“Action Oriented”，其核心理念是注重关键能力的培养。自20世纪80年代起，“行动导向”成为德国职业教育和培训领域教学改革的主流，1998年德国联邦州文化部长联席会议通过并发布“学习领域”课程方案，确定了“以行动为导向”的教学理念在职业学校教育改革中的基础地位，为提高教学成效开创了新的途径。[②] 关于行动导向教学的内涵，我国学界主流观点是“行动导向教学是根据完成某一职业工作活动所需要的行动和行动所产生和维持所需要的环境条件以及从业者的内在调节机制来设计、实施和评价职业教育的教学活动策略”[③]。职业教育行动导向教学自1997年由马庆发教授引入我国职业教育领域以来，学者和教师对它的研究逐年增多，从2002年国内发表第一篇有关“职业教育行动导向”研究的论文《德国职业教育教学改革的理论与实践》，到近年来国内多个省份的关于“职业教育行动导向”的课题的开展，都强有力地推动了国内职业教育行动导向教学的研究，为我国职业教育教学理念变革与职业教育教学实践改进提供了重要理论与实践的参考。然而，有关职业教育行动导向教学研究在我国近年来的发展脉络、发展特点、教师和学者具体开展了哪些工作，以及职业教育行动导向理念对解决职业教育实践问题和推动职业教育发展的影响等一系列研究的概况有待于梳理。“只有对一个研究领域已经产生和新产生的知识全面把握，才能深入地研究这个领域。”[④] 因此，笔者通过对国内职业教育领域与行动导向教学研究相关期刊文献进行分析、总结，以期揭示出我国职业教育近十年来关于行动导向教学研究的发展概况、研究特点、存在的问题，为以后职业教育行动导向教学研究提供启示。

---

① 徐涵：《以劳动过程为导向的职业教育思潮》，《职教论坛》2004年第7期。

② 姜大源、吴全：《全德国职业教育学习领域的课程方案研究》，《中国职业技术教育》2007年第1期。

③ 陈冰梅：《基于行动导向的教学设计研究——以柳州职业技术学院〈零件数控铣削加工〉课为例》，硕士学位论文，广西师范大学，2010年。

④ 魏顺平：《国外教育技术研究现状与趋势——基于国外教育技术研究领域期刊论文的分析》，《开放教育研究》2010年第4期。

二 研究设计

（一）研究样本

主要通过对中国知识资源总库（期刊全文数据库、博士学位论文全文数据库、优秀硕士学位论文全文数据库、重要会议论文全文数据库）2004 年 1 月—2014 年 7 月约 10 年间的文献进行检索，检索时选择高级检索，检索项选择“主题”，通过同时对“行动导向”“职业教育”2 个关键词进行检索，共计 384 篇文献，在此基础上，剔除一些与职业教育行动导向教学无关的文献，共检索出 296 篇论文作为研究样本。

（二）研究方法

本文主要采用内容分析方法。内容分析方法是一种主要以各种文献为研究对象的方法。它通过对研究内容进行客观的、系统的、定量的描述，以期实现本次研究的目的。

（三）研究维度

本研究主要从文献数量、文献来源、文献研究类型等三个方面着手，从细节处全面阐述职业教育行动导向教学的研究成果以及该领域的未来发展趋势。

（四）数据统计

本研究的各类数据统计和各种图表生成均采用 Microsoft Excel Professional Plus 2010 软件。

三 职业教育行动导向教学研究成果数量统计分析

（一）文献发表数量分析

从职业教育行动导向教学研究文献数量分布情况来看，首次涉及“职业教育行动导向”的文献是 1997 年马庆发的《行为导向：职业教育教学的新取向——职业教育教学论研究之二》。[①] 另据笔者分析，国内较为系统、正式的研究职业教育行动导向教学的文献出现于2004年。因此，本研究数据统计以2004年为时间起点。据笔者统计，从2004年到2010年的文献数量保持稳步增长，而从2011年至2014年7月（硕博士学位论文还未上传），文献数量变化趋势较为平稳。可以看出，国内职业教育行动导向教学研究成果数量经历了稳步增长之后，近年来保持平稳态势，如图1所示。

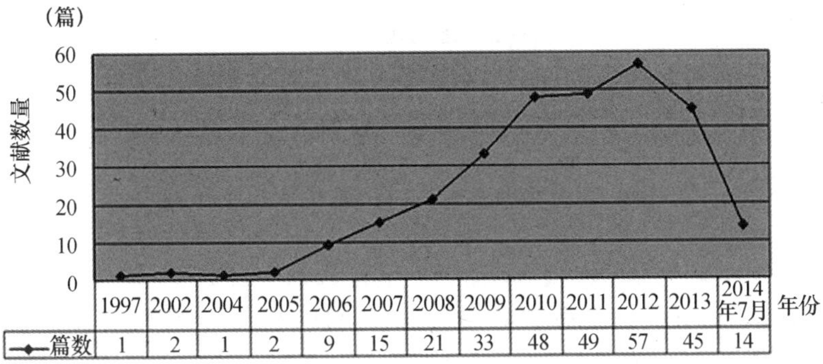

年份	1997	2002	2004	2005	2006	2007	2008	2009	2010	2011	2012	2013	2014年7月
篇数	1	2	1	2	9	15	21	33	48	49	57	45	14

图1 职业教育行动导向教学研究文献数量分布

（二）文献期刊来源分析

通过分析文献的期刊来源，可以了解该研究领域的被关注情况。笔者在此选取国内发表数量在前14位且具有影响力的期刊（外加硕博士学位论文共计15种期刊）来分析职业教育行动导向教学研究的发展态势。

从图2可以看出，职业教育行动导向教学研究的文献来源比较分散。其中，关于职业教育行动导向教学研究的硕博士学位论文数量最多（达到38篇，占分布图文献总量的33%），说明关于职业教育行动导向教学研究的主体是高校的教师和研究生。《职业教育技术》《职教通讯》《职教论坛》《中国科教创新导刊》《中国职业技术教育》《职业教育研究》

---

① 马庆发：《行为导向：职业教育教学的新取向——职业教育教学论研究之二》，《外国教育资料》1997年第4期。

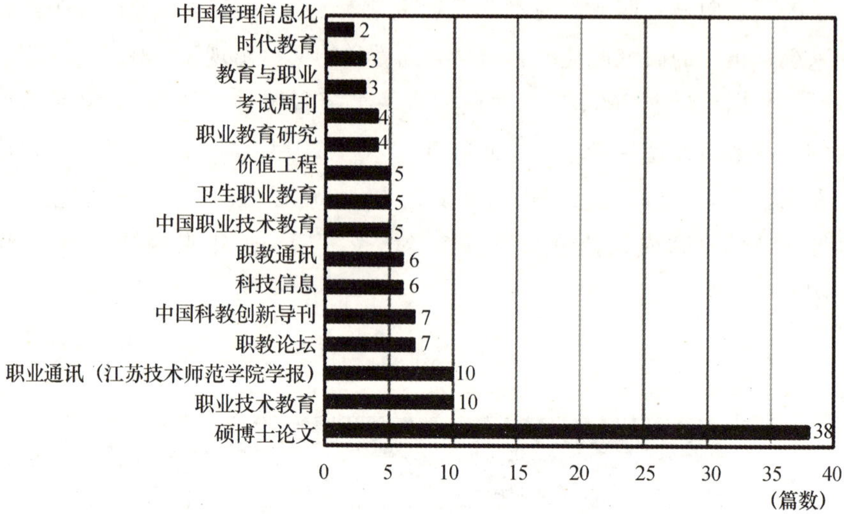

图2　职业教育行动导向教学研究文献来源分布

《教育与职业》都是我国职业教育领域的热门核心期刊，可以看出，涉及职业教育行动导向教学研究的杂志最多的是职业教育领域，也说明了职业教育领域的学者和教师是职业教育行动导向教学研究领域的主要群体，他们对当今信息时代如何在职业教育领域有效地开展行动导向教学的关注度较高。《科技信息》《价值工程》发表的相关研究则说明职业教育行动导向教学研究的另一个热门领域来自企业，也表明了企业在员工培训方面较早关注行动导向教学，随后迅速进入职业教育领域，成为“职业教育行动导向教学”。而职业教育领域对“职业教育行动导向教学”的研究又能促进企业培训对“行动导向”关注度的增长。《中国管理信息化》《时代教育》《考试周刊》则表明在教育界和企业界等其他研究领域也逐渐开始探索职业教育行动导向教学在普通教育、经济管理、教学评估等方面的规律。可以看出，“职业教育行动导向教学”的研究成果遍布教育、企业等众多领域，也说明了“职业教育行动导向教学”已经引起与职业教育相关研究领域的重视。

（三）研究类型分析

研究类型则是对科学研究活动总体研究方式的抽象概括，能集中反映研究者的研究方式、研究思路。[①] 从研究类型上可以大致看出文章的研究过程和研究的结果、形式教育科学研究的类型划分（见表1）[②]：

表1　　　　教育科学研究类型

分类方法	研究类型
研究内容	基础研究和应用研究
研究目的	描述性研究、解释性研究、探索性研究
研究性质	质性研究和量化研究

本研究主要按照表1中的分类方法对文献进行判定，最终得出关于职业教育行动导向教学文献的研究分析类型，如图3、图4、图5所示：

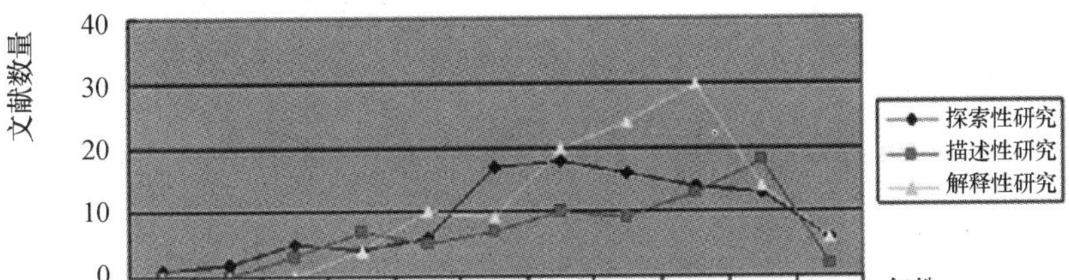

	2004	2005	2006	2007	2008	2009	2010	2011	2012	2013	2014
探索性研究	1	2	5	4	6	17	18	16	14	13	6
描述性研究	0	0	3	7	5	7	10	9	13	18	2
解释性研究	0	0	0	4	10	7	20	24	30	14	6

图3　职业教育行动导向教学文献类型按研究目的划分统计分析

从图3可以看出，2004—2006年由于国内研究人员刚开始对职业教育行动导向教学范式进行关注，因而这一时期的文献主要以探索性的研究为主，缺乏描述性和解释性的研究；在他人的研究基础上，2004年出现了第一篇学位论文，[③] 该研究主要从技术哲学这一角度对行动导向教学范式进行了深入的哲学思辨，提出了以实践（行动）为导向的职业教育

① 李世改、孙卫华、李红梅：《近五年教育技术学优秀硕士学位论文内容分析》，《电化教育研究》2008年第1期。

② ［英］Mark Bray等：《比较教育研究：路径与方法》，北京大学出版社2010年版，第10页。

③ 徐国庆：《实践导向职业教育课程研究》，博士学位论文，华东师范大学，2004年。

逻辑核心，为应对当时职业教育教学的窘境提供了哲学思想角度的应对策略；2006 年在探索性研究的基础上开始出现描述性研究①；解释性研究自 2007 年出现以后数量保持稳步增长，说明国内学者、教师开始深入研究职业教育行动导向教学范式的特点、影响因素以及实施策略等方面，从理论和实践层面推进了职业教育行动导向理念的本土化进程。

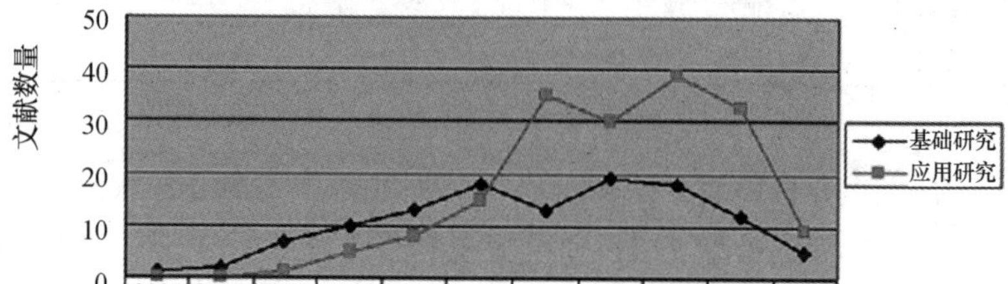

	2004	2005	2006	2007	2008	2009	2010	2011	2012	2013	2014
基础研究	1	2	7	10	13	18	13	19	18	12	5
应用研究	0	0	1	5	8	15	35	30	39	33	9

图 4　职业教育行动导向教学文献类型按研究内容划分统计分析

从图 4 可以看出，2004—2009 年在保持同步增长的同时，基础研究文献数量一直多于应用研究的数量，这说明国内对职业教育行动导向教学的研究多数仍然停留在对理论的探讨上，这也是由于国内职业教育行动导向教学研究起步较晚，还缺少一定的成熟理论支撑；但自 2010 年起，应用研究文献数量开始大幅领先于基础研究数量，对此，笔者在对文献来源及作者身份的统计分析之后发现，应用研究的文献来源主要组成部分是高等职业教育一线教师的研究成果。这些文献往往由教师本人根据自己所授课程的具体内容及环节，依照职业教育行动导向教学范式的指导思想进行设计实施，通过观察记录总结而产生。由于受教师的学术训练不足、研究水平低下等因素所限，此类研究成果水平参差不齐，多数研究成果的科学性、严谨性有待商榷。即便如此，我们也同样感到欣慰。在职业教育行动导向教学的应用研究成果数量不断增加的同时，笔者发现，大部分文献开始聚焦于具体课程背景下关于行动导向范式的

① 陈曦萌：《“行动导向”职业教育教学的沿革及内涵》，《职业技术教育》2006 年第 8 期。

探索，这类研究的目标小且具体，有意识地避免了国内职业教育研究泛而空的通病。同时，这也反映出一线学者、教师对职业教育教学效果、教学质量的重视，为我国职业教育教学改革做出了积极的思考和主动的探索。但不容否认，关于职业教育行动导向教学的应用研究还需进一步深入。

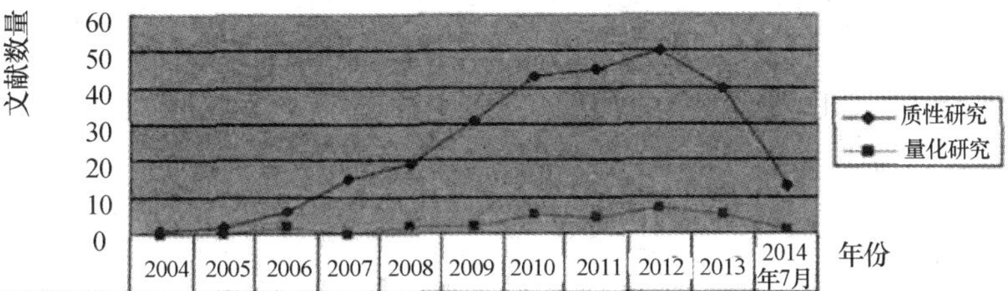

	2004	2005	2006	2007	2008	2009	2010	2011	2012	2013	2014年7月
质性研究	1	2	6	15	19	31	43	45	50	40	13
量化研究	0	0	2	0	2	2	5	4	7	5	1

图 5　职业教育行动导向教学研究文献类型按研究性质划分统计分析

从图 5 可以看出，2004—2012 年，质性研究文献数量一直保持稳步增长态势，而量化研究自 2006 年开始出现之后数量微小且时常波动。总体上，量化研究文献数量占总体文献数量的比例较小（0—33% 之间波动）。这说明国内多数学者、教师对职业教育行动导向教学研究仍停留在经验的总结和对问题解决的猜测层面，量化研究意识较为欠缺。笔者分析文献来源类别之后发现，量化研究方法的应用绝大多数集中在硕博士学位论文这类文献上，学术期刊鲜有涉及量化研究方法的文献。教育科学从哲学中分化出来，形成一门独立的学科已经有很长的历史，但在我国，教育科学研究却长期停留在传统哲学抽象辩证思维的水平上。因而可以看出，国内职业教育界学者、教师在关于行动导向教学研究方面与世界接轨程度、研究水平有待进一步提升。

综合以上分析，目前职业教育行动导向教学研究领域的研究主要以应用研究为主，基础研究较少，而描述性、解释性研究正在逐渐增多，研究性质也趋向于质性研究和量化研究相结合的方式。国内学者和教师对于职业教育行动导向教学的关注正在逐渐地由理论研究向应用研究发展。另外，笔者在对文献以“研究性质”为标准进行分类的过程中发现，由于现在很多的文献采用了质性研究和量化研究相结合的研究方式，所以对这些文献来说，其研究性质具备了双重属性，难以界定。但通过对文献的内容分析总结发现，质性研究往往成为量化研究获取数据的方式或方法，本质属于量化研究的一部分，因此笔者对此界定为量化研究。这也反映了当前职业教育研究的一个特点：将质性研究和量化研究有机结合，在研究过程中采用统计分析和逻辑分析方法，从而将研究对象的本质、特征以量化的形式揭示出来。

四 研究成果述评

对职业教育行动导向教学研究的文献进行数据统计可以从宏观层面反映该研究领域的发展态势，而对文献研究成果的分类总结则可以使我们全面了解该领域发展的具体情况。[①] 由前述得知，从研究的内容角度分析，目前职业教育行动导向教学研究领域主要集中在基础研究、应用研究方面。本研究主要通过对职业教育行动导向教学的基础研究和应用研究成果进行简要的总结、阐述，以期全面地表征国内职业教育行动导向教学研究领域现有的研究成果和发展趋势。

（一）职业教育行动导向教学基础研究成果述评

国内在职业教育行动导向教学研究的理论建设层面，不少学者和教师在研究探讨“行动导向教学”的内涵与特点、教学模式研究、教师角色定位等问题上进行了多角度的探讨，并且提出了一些相应的理论和建议。

1. 定义与内涵

“行动导向”一词源自德文“Handlungsorientieurng”，它在最初引进我国职业教育教学领域时，被译为“行为导向”[②]，但考虑到这一译法容

① 贾斌、徐恩芹、张景生：《国内学习绩效研究发展综述》，《电化教育研究》2013 年第 11 期。

② 薄跃萍：《德国行动导向教学理论研究》，硕士学位论文，天津大学，2010 年。

易和与之对立的教学理论，如华生、斯金纳等人提出的以“刺激—反应”为基础的“行为理论”和“行为主义”相混淆，后经姜大源教授改译为“行动导向”。但在目前，不同的学者、教师对行动导向教学的概念与内涵所持观点不尽相同。其中，刘佳萌、范琳、陈冰梅等学者从职业教育教学过程角度为行动导向教学给出了理解。刘佳萌认为，行动导向教学是一种以完成某项活动及在该活动指导下设计、实施和评价行动过程的教学活动。[①] 薄跃萍认为，职业教育行动导向教学是指由师生共同确定的行动产品来引导教学组织过程，学生通过主动和全面的学习，达到脑力劳动和体力劳动的统一。范琳认为职业教育行动导向教学是指以行动或工作任务为主导方向的职业教育教学模式，其目的在于培养学生的职业行动能力。[②] 陈冰梅认为，行动导向教学是根据完成某一职业工作活动所需要的行动以及行动产生和维持所需要的环境条件以及从业者的内在调节机制来设计、实施和评价职业教育的教学活动，其目的在于促进学习者职业能力的发展。[③] 徐书芝等从师生关系角度为行动导向教学给出以下定义：职业教育行动导向教学首先是一种以学生为中心，以培养学生行为能力为目标的教学理念，其核心思想是注重学生关键能力的培养；其次，行动导向还是一种教学模式，是在教师行为引导下，在教学过程中通过创设教与学、师与生平等互动的交往情景以及教学各要素的重新组合，引导学生在与岗位职业相匹配的情境中，手脑一体，自主学习，即做中学，学中做。[④] 喻宝义、王红英、谭明霞、谢淑润等学者从学习者知识能力获得的角度出发提出以下看法。喻宝义认为行动导向教学是以学生为中心，以能力为本位，以教会学生学会学习、学会工作为目标而开展的教学活动。[⑤] 王红英认为行动导向教学是在仿真、模拟或真实的情境

---

① 刘佳萌：《行动导向教学法在中等职业学校实训应用探究》，硕士学位论文，江西科技师范学院，2013 年。

② 范琳：《职业教育中常用行动导向教学法简介》，《山东工业技术》2013 年第 10 期。

③ 陈冰梅：《基于行动导向的教学设计研究——以柳州职业技术学院〈零件数控铣削加工〉课为例》，硕士学位论文，广西师范大学，2010 年。

④ 徐书芝：《基于行动导向教学的中职学校教学改革研究——以石家庄市第三职业学校教学改革为例》，硕士学位论文，河北师范大学，2012 年。

⑤ 喻宝义：《行动导向教学在中职建筑专业课堂教学中的应用》，《科技信息》2014 年第 3 期。

中以工作任务为驱动，以职业行动为导向的一种职业教育教学指导思想和策略，是由一系列的以学生为主体的教学方法所组成，通过现代教育所倡导的学生自主学习来促进学生职业行动能力的发展的范式。[①] 谭明霞认为行动导向教学是一种符合职业教育目标的教学模式，其基本内涵是通过行动产品引导教学过程，学生通过主动与全面的学习达到脑力劳动和体力劳动的统一。[②] 谢淑润、夏栋认为，职业教育行动导向教学的内涵在于：强调学生是学习过程的主体，教师是学习过程的组织者与协调人，在教学中教师与学生充分互动，通过一系列恰当的教学方法让学生通过“独立获取信息，协作制订计划、有序实施计划、客观评估结果”等环节，使学生在独立思考、团结协作的实践中，掌握职业技能，习得专业知识，从而构建属于自己的经验、知识和能力体系。[③] 王学明、王东伟、崔发周等人从职业教育教学理念角度对行动教学内涵给出了定义：王学明认为，行动导向教学法不是一种具体的教学方法，而是指导、组织整个教学过程的一种思路，包括以行动为导向的课程（模块）体系、以行动为导向的教学内容、以行动为导向的考核标准、以行动为导向的教学组织及行动导向的教学方法。[④] 王东伟认为，职业教育行动导向教学的内涵是指教师不再按照传统的学科体系来传授教学内容，而是按照职业工作过程来确定学习领域，设置学习情境，组织教学。[⑤] 崔发周认为职业教育行动导向教学内涵应包含以下几方面：教学目标是完成一项完整的工作任务，促进学生职业行动能力提升；在师生的交互关系中，学生处于中心地位；学习资源和学习情境在整个教学过程中处于中心地位；教学过程分化为学习过程和学习支持过程；行动导向教学是一种开放式教学；

---

① 王红英：《基于“行动导向”的职业教育理念和教学方法的高职〈电工电子技术〉课程改革》，《黑龙江科技信息》2013 年第 11 期。

② 谭明霞：《对职业教育行动导向教学的解读》，《新课程研究》（中旬刊）2013 年第 9 期。

③ 谢淑润、夏栋：《基于行动导向推进高职教育课程教学改革——行动导向教学法在铁路货运组织学习领域中的应用》，《时代教育》2012 年第 11 期。

④ 王学明：《在职业学校理论课教学中应用行动导向教学法的探索》，《中国职业技术教育》2009 年第 9 期。

⑤ 王东伟：《运动导向法在高职健美操教学中的实验研究》，首都体育学院，2013 年。

职业文化是行动导向教学的“软环境”。[①]

以上各位学者从不同角度对职业教育行动导向教学的定义可以看出，国内学者对行动导向教学的内涵的理解是一致的。我国学者基于国内职业教育现状基础考虑，将职业教育行动导向教学的内涵阐释得更加民族化、本土化，更适宜于我国教育研究中的应用。从不同学者的理解可看到一个共通之处，对职业教育行动导向教学含义的表述往往基于特定的教育教学实践情景，通过在具体教学实践中运用一些策略、工具来操控教学过程，最终产出新的教育理论和教学革新。以上研究在围绕职业教育行动导向教学的各种阐述中，虽然表达方式、方法不同，但其核心是相同的，即行动导向教学的内涵要素应包含以下几方面：一是基于实际工作流程创设任务情景；二是教师主导、学生主体；三是行动导向教学是职业教育的一种范式、理念，而非教学法。

2. 特点

关于职业教育行动导向教学的特点，国内学者、教师分别从不同的侧面对职业教育行动导向教学的特点进行了总结。其中，鄂甜、刘佳萌、周密等学者从教学设计角度总结了行动导向教学的特点：鄂甜认为，职业教育行动导向教学的特征应包括以下几点：学习单元设计以“情境化的学习任务”为载体；课程设置以“典型职业活动”为核心；课堂教学以“行动导向教学”为基本教学模式。[②] 刘佳萌认为职业教育行动导向教学的特点有四点：学生主动参与教学设计；教学设计的完整性；教学评价的多维性；行动的互助合作性。[③] 周密认为职业教育行动导向教学的特征包含四方面：以学生为中心；以培养学生的综合职业能力为宗旨；注重创设真实情境；教学手段的多样化。[④]

从师生角色扮演角度，王东伟、王荣兰等人对行动导向教学的特点

---

① 崔发周：《职业教育行动导向教学基本要素与结构模型》，《工业技术与职业教育》2013年第3期。

② 鄂甜：《德国工作过程导向职业教育的内涵与特征分析》，《河南科技学院学报》2014年第2期。

③ 刘佳萌：《行动导向教学法在中等职业学校实训应用探究》，硕士学位论文，江西科技师范学院，2013年。

④ 周密：《德国职业教育中的“双元制”与“行动导向”探析》，《北京财贸职业学院学报》2013年第6期。

做出了以下总结：王东伟认为，职业教育行动导向教学的特点有：学生是学习过程的中心；教师扮演学习过程的组织协调者一角；教学过程中师生互动；学生在教师辅助的实践中掌握职业技能、学习专业知识，将实践的真实体会和所学转化为属于自己的经验，构建专属自己的知识体系。[①] 王荣兰认为行动导向教学的特点有以下几方面：行动导向教学的本质特征是培养学生的创造性；行动导向教学内容具有综合性与实践性；行动导向教学主体特征是学生的自主性和探究性；行动导向教学目标和教学评价具有多维性和综合性；行动导向教学教师角色特征具有创造性和创新性。[②] 崔发周、谭志华、谭明霞等学者从教学组织要素角度对行动导向教学特征做出以下理解，崔发周认为，职业教育行动导向教学应包含以下几方面要素：学生；工作任务；工作情境；学习资源；教师；职业教育文化。[③] 谭志华认为职业教育行动导向教学的特征包含以下几方面要素：一是以任务为导向、以能力为基础来确定教学内容；二是以能力培养为目标，通过任务的完成过程培养学生的职业能力；三是以学生为主体，教师引导学生自主学习，将传统分数激励转变为工作质量控制和过程评价；四是以过程为导向来设计教学过程，一改以往讲授为主的教学过程，成为一个由资讯、计划、决策、实施、检查、评估六个环节组成的完整的“行为过程”。[④] 谭明霞认为行动导向教学的典型特征包含五个方面：教学内容方面，行动导向教学一般采用跨学科的综合课程模式，不强调知识的学科系统性，而重视“案例”和“解决实际问题”；学生方面，注重学生自我管理式学习，要求学生一开始就参与到教学过程的设计、实施和评价中，强调学生的合作与交流；教师方面，认为教师是教学活动的策划者，是学生的咨询师和专业对话伙伴，是教学评估的组织者和学生导师；教学组织方面，强调从学生的兴趣出

---

① 王东伟：《运动导向法在高职健美操教学中的实验研究》，首都体育学院，2013 年。

② 王荣兰：《中等职业学校行动导向教学应用状况研究》，硕士学位论文，河北师范大学，2011 年。

③ 崔发周：《职业教育行动导向教学基本要素与结构模型》，《工业技术与职业教育》2013 年第 3 期。

④ 谭志华：《关于职业行动导向教学法在体育课教学中的应用》，《科技致富向导》2013 年第 6 期。

发，创造机会让学生以小组或结对参与教学活动；教学方法方面，灵活多样，多种方法交替进行。[①] 从教学情景领域角度出发，蔡龙文、王翠苒、杨彩云等人提出以下观点：蔡龙文从三方面对职业教育行动导向教学的特征进行了总结，行动领域：工作任务的职业情境；学习领域：行动领域的教学归纳，即按照教学论要求对职业行动领域进行归纳后用于职业院校的教学行动领域；学习情境：学习领域的具体化。[②] 王翠苒从以下几点概括了职业教育行动导向教学的特征：强调学习者个体行动性；强调教学过程的完整性；注重学生的团队协作能力培养；注重教学评价的开放性。[③] 杨彩云认为行动导向教学的特征应包括：注重能力培养；注重学习行动的主动性；注重学习行动的合作性；注重教学过程的完整性；注重教学评价的多元性。[④]

通过分析以上学者的研究，可以看出，职业教育行动导向教学的特征有三方面：一是目标导向性较强。在教学的过程中，教师以学生能力增长为教学目标开展教学，通过多种教学策略对学生的学习方法及学习习惯进行引导。二是互动性较强：基于行动导向的教学互动主要包含师生之间的互动和学生与学生之间的互动。三是学生自主性较强：在行动导向教学中给学生呈现小组探究类的题目，由于对标准答案没有硬性的规定，这样可以使学生在最大限度上发挥想象力、创造力、合作能力。

3. 教学模式研究

在职业教育行动导向教学的模式研究层面，国内众多的学者、教师从不同维度将自己具体的课程教学、管理经验分别总结提升到了理论层面。程道明、赵智峰等人从内涵角度提出以下教学模式。程道明、杜迎新认为，体现“行动导向”理论内涵的教学模式主要有三种：基于真实

① 谭明霞：《对职业教育行动导向教学的解读》，《新课程研究》（中旬刊）2013 年第 9 期。

② 蔡龙文：《行动导向职业教育课程内容体系的建构与实践——以〈会展实务英语〉课程为例》，《韶关学院学报》2013 年第 5 期。

③ 王翠苒、李梦川：《对高职行动导向教学法教学质量评价的研究》，《中国科教创新导刊》2013 年第 3 期。

④ 杨彩云：《行动导向教学法在中职语文教学中的应用》，硕士学位论文，华中师范大学，2012 年。

任务的合作学习；基于问题解决的探究学习；基于案例辨析的讨论学习。[①] 赵智峰认为行动导向教学模式应围绕以下主线展开：项目任务—资讯（初识设备、设备认知、设备分类）—计划—检查与实施（设备使用）—考核评价。[②] 唐文晶、郑义丰、唐菀、刘东波等学者从教学流程角度出发，提出了以下教学模式：唐文晶认为职业教育行动导向教学完整的模式应包括：对课程教学内容进行梳理，确定学生对课程内容学习的兴趣点；把学生最感兴趣的部分作为工作目标，设计要完成的工作任务；将需要讲授的内容进行分类，对设计的工作任务进行分解，形成包含重要知识点的各子任务；工作任务资源准备；工作任务实施；工作任务考核与评价。[③] 郑义丰认为行动导向教学模式在落实的过程中，分为不同的阶段，具体步骤如下：分析→信息收集→计划决策→实施→检查→反思评价六个阶段。[④] 唐菀认为行动导向教学模式分六步：第一步是着眼能力；第二步是分组分工，明确任务；第三步是创设模拟，导入情境。第四步是案例研判，自主实训；第五步是自由讨论，成果展示；第六步是总结完善，巩固拓展。[⑤] 刘平从四阶段对职业教育行动导向教学进行了总结：导入教学任务；实施教师讲解、学生分组，分工搜索资料，解决问题，教师指导修改；成果展示；学生、教师点评。[⑥] 刘东波基于财经类高职教育的特点，按照职教专家提出的"工作过程系统化"课程方案要求，对行动导向教学模式提出以下设想：一是把企业岗位和其工作过程引申到市场变化形态和行业政策制定之中，使职业工作岗位规格标准与企业外部条件变化充分结合，更加准确地对完成企业岗位任务素质标准进行

---

① 程道明、杜迎新：《基于"行动导向"的教学组织策略探讨》，《江苏教育研究》2013年第8期。

② 赵智锋、施华：《德国职教模式在我国物流管理专业教学中的启示与探索》，《河北能源职业技术学院学报》2012年第6期。

③ 唐文晶：《"兴趣导向＋行动导向"教学法应用研究》，《工业和信息化教育》2013年第3期。

④ 郑义丰：《职业教育课堂教学中行动导向式教学模式的应用探究》，《学园》（教育科研）2012年第8期。

⑤ 唐菀：《基于行动导向教学法的高职文秘专业教学改革探研》，《安庆师范学院学报》（社会科学版）2012年第8期。

⑥ 刘平：《行动导向教学法在高职综合英语实训中的应用》，《太原城市职业技术学院学报》2012年第3期。

明晰；二是对工作活动周围技术性工作进行梳理和整合；三是把行动导向教学理论变为行动导向方案。[①] 另外，从系统教学设计层面，梁振辉、郑新源等人提出了分阶段、层层递进的教学模式。梁振辉、周向军在基于 Moodle 平台的行动教学设计中认为，教学模式主要包含以下环节：资讯；确定项目任务；制订计划；实施计划；检查评估；归档或结果应用。[②] 郑新源提出了以下教学模式。岗位分析：分析就业需求、确定专业岗位；工作任务分析：根据专业对应岗位及岗位群实施典型工作任务分析；确定学习领域、构建学习情景：根据认知及职业成长规律将行动领域转换为学习内容，将学习内容重构组合，选择合适的载体构建学习情景；组织教学：在分解工作过程、分析工作任务、确定学习领域、创设学习情景的基础上，采用案例教学、角色扮演、头脑风暴、项目教学等方法组织教学。[③]

从以上学者的观点可以看出，基于职业教育行动导向教学模式的提出往往是具体学科知识教学情境下新方法、新理念应用的结果。由于职业教育教学具有面向工作过程的特性，因此以上诸位学者提出的教学模式也与实际工作过程要求是相一致的。

4. 教师角色定位

职业教育行动导向教学范式为促成国内职业教育教师由传统的“传授者”角色向现代的“组织者”角色转变提供了深刻的启发。国内学者根据自己对职业教育行动导向教学理念的要求提出了自己的思考和见解。甘晓燕根据行动导向教学的“以学生为主体”的要求，提出教师应从“备课”（以教学内容准备为主）向“备学生”（以学生接受能力为主）转变；课堂教学要从“专业知识传授”向“方法能力培养”转变；传统课堂中老师的主体地位应从“告知式教学”向“建构式教学”转变，即变“老师做（讲）”向“学生做”转变；课堂教学关注的重点由“结果

---

① 刘东波：《行动导向教学理论与财经类高职课程建设》，《职教论坛》2011 年第 1 期。

② 梁振辉、周向军：《基于 Moodle 平台的行动导向教学模式设计》，《现代教育技术》2010 年第 5 期。

③ 郑新源：《“行动导向法”指导下的高职课程教学设计》，《会计之友》（中旬刊）2010 年第 1 期。

性主体”向“过程性主体”转变。[①] 刘家秀认为教师角色转变应包含以下几方面：由学科体系教育者转变为具有“以生为本”职教理念的培养者；由知识传授者转变为课程及课程资源开发者；由知识灌输者转变为重过程学习设计、组织者；由智力开发者转变为综合素质人才的培养者；由教师中心转变为师生平等关系的合作者。[②] 张晓娟认为教师的角色转变应该从以下几点着手：一是由重传授向重训练转变；二是由重教师“教”向重学生“学”转变；三是由重结果向重过程转化；四是由重教学向重育人转化。[③]

可以看出，基于行动导向教学范式的职业教育教师角色转换的研究目前在国内的数量较少，以上三位学者的研究多是以自己的教学实践经验为出发点，观点具有较强的针对性意义。然而缺乏一定的理论支撑也是值得研究人员关注的地方。因此，探索基于特定教育理论的职业教育教师角色转换的研究在职业教育行动教学背景下具有重要意义和价值。

（二）应用研究成果述评

任何一个理论价值的衡量和判断，要看对教育实践的推进程度和进化深度[④]。基于行动导向教学范式的职业教育课程开发和教学设计是将行动教学理念应用于职业教育实践教学的重要体现。国内学者、教师根据自己的研究和教学实践，针对不同学科从不同侧面提出了众多职业教育课程开发策略以及教学设计思路。

1. 基于行动导向教学范式的职业教育课程开发

从课程开发的完整流程角度，范蓉、蒋丽霞、商书明等人提出了以下课程开发步骤。范蓉认为，基于行动导向教学范式的职业教育课程开发应经历以下过程：分析课程—明确课程性质及属性；明确目标—归纳

---

① 甘晓燕：《对高职教育“行动导向”教学模式的再思考》，《淮北职业技术学院学报》2012 年第 6 期。

② 刘家秀：《行动导向教学视域下高职教师的角色定位与培养对策》，《职教通讯》2011 年第 12 期。

③ 张晓娟：《高职教育行动导向教学浅析》，《教育与职业》2010 年第 7 期。

④ 李琳、孙卫华：《基于设计的研究国内研究发展综述》，《远程教育杂志》2012 年第 4 期。

筛选课程的主要知识、技能考核内容；归纳主题—对照典型岗位工作任务，归纳学习主题；开发项目—根据学习主题选取开发相关联的学习项目；配套资源—根据教学项目、单元配套建设教学资源；完善考评—设计多元合理的考核评价方式及激励措施；课程优化—课程开发完成后，通过实施进行课程开发的反馈调整。[①] 蒋丽霞、蒋丽波提出基于行动导向教学范式的职业教育课程开发应具备以下三个步骤：首先，通过“专家—技术工人访谈会”等形式，确定某一专业所对应工作岗位及岗位群系列典型的职业工作任务；其次，由职业学校的教师、行业及课程专家对开发出来的典型职业工作任务，按照认知及职业成长规律重构整合，转换为专业学习领域（课程）；最后，职业学校教师根据教育学规律及现实教学条件，将某一学习领域的课程凝练成一些主题的学习单元（即学习情境）。[②] 商书明认为，行动导向教学的课程开发流程是：核心职业能力调研→核心职业能力分解→确定典型工作任务→确定项目内容→确定教学方法→开发项目任务单。并且他对此作了进一步的补充：前三步主要考虑的是培养学生的实际操作能力；第四步是将职教性与高教性融合的关键一步，要考虑到知识的系统性，将之与前三步的结果有效整合；第五步是项目教学内容顺利实施的保证；最后一步则是保障教学效果的重要举措。[③] 而蔡龙文、黄晓赟从课程开发要素角度提出，基于行动导向教学理论的工作导向课程开发应包含以下三个基本要素：确定行动领域；确定并描述学习领域；建构学习情境；[④] 行动导向课程开发过程是追求和实现学校教学实际、企业生产实际、社会和个人发展实际需求相结合的一个系统化的开发过程。[⑤] 郑晓梅从课程设计的原则角度指出，基于行动导向教学范式的职业教育课程开发包含以下五个环节：课程目标的教育

---

① 范蓉：《行动导向教学模式下的“项目式”课程开发路径设计》，《辽宁行政学院学报》2013 年第 6 期。

② 蒋丽霞、蒋丽波：《以学习领域课程塑造行动导向的职业教育——“会展法规”课程的开发与实践》，《职教通讯》2014 年第 1 期。

③ 商书明：《行动导向教学的应用与探索——以〈程控交换设备运行与维护〉课程为例》，《沈阳工程学院学报》（社会科学版）2012 年第 7 期。

④ 蔡龙文：《行动导向职业教育课程内容体系的建构与实践——以〈会展实务英语〉课程为例》，《韶关学院学报》2013 年第 5 期。

⑤ 黄晓赟：《基于行动导向的职业教育课程模式研究》，《考试周刊》2011 年第 4 期。

性原则；课程设计的情境性原则；课程结构、课程要素的协调性原则；课程开发主体的合作性原则；课程开发规模与范围的适宜性原则。[①]

从以上学者的观点中不难看出，基于行动导向教学范式的职业教育课程开发思想的核心是工作过程导向。基于该理念下课程开发除了注重面向实际生产流程的特点外，同时也兼具传授基础知识的特征。二者在课程开发过程中密切配合，彼此互补。共同奠定了课程开发的基础与重心。

2. 基于行动导向教学范式的职业教育教学设计

教学设计是课程设计在教学目标的指引下的具体实现。从职业教育教学原则角度看，王荣兰提出，基于行动导向教学范式的职业教育教学设计应该遵循以下几条原则：以学生为中心的原则；以实践为中心的原则；开放性原则。[②] 廖建梅认为，行动导向教学设计应遵循以下九条原则：相信学生具备理性、自由，甚至具备自我否定的能力；不求教师和学生是一个完美的人，而是一个会犯错误并能从错误中学习的人；推动和促进独立思考，而不是提前给出答案；提倡共同负责，而不是一个人对所有事物负责；提出和允许提出许多种建议，而不是只有一种答案；允许进行组织，而不是给出组织措施；允许学习者制定计划和控制学习过程，而不是所有的都由教师确定；允许学习者自已制定评价标准并检查学习成果；鼓励和赞扬，而不是指责和挑剔。[③] 崔倩提出，行动导向职业教育教学设计应遵循以下原则：科学性原则；以学生为中心原则；情境性原则；目标明确原则；合作学习原则；反思性原则；人本主义原则。[④] 从教学流程角度出发，周彦斌提出，基于行动导向教学范式的职业教育教学设计过程由以下步骤组成：课题的提出；对学生进行分析；参照培养目标；选择相应的教学方法；资料的准备与组织；教学组织实施

---

① 郑晓梅：《论工作过程导向职业教育课程开发的原则》，《职业技术教育》2010 年第 10 期。

② 王荣兰：《中等职业学校行动导向教学应用状况研究》，硕士学位论文，河北师范大学，2011 年。

③ 廖建梅：《高职〈思想道德修养与法律基础〉行动导向教学模式的思考》，《南昌高专学报》2010 年第 8 期。

④ 崔倩：《高职会计专业中行动导向教学模式应用研究》，硕士学位论文，浙江师范大学，2010 年。

与控制；教学效果评价与评估。[①] 吴青萍、张慧敏在模拟电子技术课程教学实践中提出以下教学设计思路。任务要求提出：教师提出各项目、模块及单元工作任务，学生明确任务的目的、要求及效果；任务分析：教师与学生一起分析任务、完成任务途径的合理性、总结基本规律并引申；相关知识：学生首先进行前续课程的回顾，加深对器件的认识，教师讲解实现工作任务所需要的知识点，解决“如何做”才能完成任务的问题；任务实施：以学生“做”教师“导”的学习模式，引导学生自主完成工作任务；总结拓展：根据学生提供的项目文档，检查本任务的完成情况和所能达到的效果。[②] 从教学活动要素角度看，陈冰梅认为行动导向职业教育教学设计过程由四部分组成：教学环境的分析；学习情境的创设；教学媒体的选择；教学方法的运用。[③] 彭飞、余胜泉、谭霓、刘军根据行动导向网络教学平台的体系结构提出，网络系统教学设计由以下子系统构成：学习活动序列设计子系统；学习活动序列学习子系统；学习活动序列监控子系统；学习活动工具库管理；学习活动序列模板库管理；学习活动序列管理；学习活动报表管理。[④] 梁振辉、周向军在基于 Moodle 平台的行动教学设计中提出，网络活动及教学资源设计应包含以下几方面：任务学习说明；自主学习资源；作品提交及评价意见反馈；讨论区；调查问卷。[⑤]

从以上学者的观点可以看出，教学设计相对于课程设计而言，更具实用性和实效性。以学生为中心、增强学生自主学习能力是教学设计的重点。因此学者的研究注重与传统课程设计的区别。由于职业教育课程种类众多，要求不一，因而针对于具体的职业课程，基于行动导向教学

① 周彦斌：《中等职业学校行动导向教学实践的探讨》，《内蒙古民族大学学报》2011 年第 1 期。

② 吴青萍、张慧敏：《对模拟电子技术课程行动导向教学的探讨》，《职教论坛》2010 年第 10 期。

③ 陈冰梅：《基于行动导向的教学设计研究——以柳州职业技术学院〈零件数控铣削加工〉课为例》，硕士学位论文，广西师范大学，2010 年。

④ 彭飞、余胜泉、谭霓、刘军：《面向职业教育的行动导向网络教学平台的设计》，《开放教育研究》2010 年第 6 期。

⑤ 梁振辉、周向军：《基于 Moodle 平台的行动导向教学模式设计》，《现代教育技术》2010 年第 5 期。

设计的基本原则也体现出“求同存异”的特点。这种“求同存异”的特征为职业教育教学设计贯彻行动导向思想提供了多种参考，因而具有重要意义。

五 总结与讨论

本文通过对296篇职业教育行动导向教学相关文献内容的分析梳理，得出以下几点结论。

（一）国内职业教育行动导向教学研究水平目前处于稳步提升阶段，发展空间较大

职业教育行动导向教学研究自2004年引入我国以来已经经历了十年时光。到目前为止，该领域的研究依次经历了介绍引进—快速发展—稳中提升三个阶段。纵观该领域的研究历程，笔者发现，一方面，职业教育行动导向教学研究由于自身属于西方发达职业教育体系的产物，与我国当前职业教育理念、学者和教师的接受度等方面存在一定的缝隙，加之我国的学者专家和一线教师长期受社会主义计划经济的思想束缚，缺乏国际间的沟通交流，职业教育思想与国际接轨意识淡薄；虽有少数学者努力介绍引进国外研究最新成果，但作为国内一线的实践者——职业教育教师整体上在行动导向教学范式的接受度上仍不理想。另一方面，通过分析文献内容产生的背景，笔者同时也发现，学者教师对于自己的国外参观经历（多数是参观德国职业教育、企业）的总结文献是该领域近年来文献的重要来源。此类文献多属于基于作者本人在国家项目支持下远赴德国等国家参观考察，回国后将自己的所见所闻等第一手资料总结成文、公开发表的文献。因此可以看出，在国家政策的支持下，一线教师深入实地考察国外先进职业教育教学的机会正在逐年增多。可以预计，未来国内职业教育行动导向教学领域的研究将更具深度和广度，国际间的交流合作将从根本上改变我国职业教育的传统理念和认识，最终会极大地推进我国职业教育行动导向教学范式的历史进程。

（二）研究范围广泛，研究缺乏深度

国内职业教育行动导向教学研究从开始的探索介绍引进到近年来的突破学科界限的研究，以及开始涉及普通教育研究文献的出现都说明该领域研究范围在不断地扩展。但不容否认，国内基于行动导向教学研究的深度不够：理论局限于少数学者的介绍引进，研究者自身探索的积极性欠缺；实践教学虽在真实情境下开展，但多数研究仅仅停留于教学法的生搬硬套，甚至单单介绍行动导向理念下的教学法（引文、项目教学、角色扮演、手册指导等方法）成为老生常谈；由于国家教育制度的局限性，研究的形式主义近年来有蔓延的趋势，部分研究的动机显然脱离学术目的的本身。由此可以看出，国内研究该领域的范围虽在不断开拓扩展，但研究深度和研究质量有待进一步提升。

（三）基于行动导向教学的职业教育教学设计和课程开发研究不够充分

基于特定教学理论的教学设计和课程开发是其应用研究水平的核心体现。通过本研究，笔者发现，在有关行动导向教学设计研究的文献中，对于理论探讨行动导向教学设计的内涵、原则、影响因素的文献较多，然而多数学者和教师在阐述教学设计方法的方面缺少进一步改进的策略。在此问题上，多数文献往往先列举行动导向教学设计的概念、常用方法、设计原则等相关铺垫性文字，然后通过相关的教学实践研究说明基于行动导向教学范式的教学方法的有效性，最后提出改进相应的措施。然而这些研究仅仅停留在描述和解释层面，缺乏后续的数据验证，也缺少相应的推广层面的研究。另外，对于课程开发研究，当前仅有少数学者在研究基于行动导向教学理念的课程系统的设计开发，但也由于缺少行动导向教学课程开发相关理论的支持，处于摸索阶段。随着国内广大学者、教师在该领域研究工作的进一步开展，可以预期，在后续的研究中将进入教学设计水平和课程开发水平的提高阶段，也将是国内行动导向职业教育教学设计、课程开发进步的关键时期。

六 研究展望

行动导向教学研究作为国内职业教育教学改革研究的重要领域，近十年来有力地推动了我国对职业教育行动导向教学的研究。它不仅给国内的学者和教师提供了一个重要的职业教育研究视角，同时也预示着未来职业教育教学理念发展变化、职业教育学习者学习方法的新取向。这也是行动导向教学范式在国内职业教育领域备受学者、教师追捧的原因所在。虽然职业教育行动导向教学在国内发展还处于发展提升阶段，研究质量不甚理想，但取得的研究成果还是可以见证国内众多学者、教师所做出的努力。本文通过对2004年1月到2014年7月的职业教育行动导向教学研究文献的分析，简要地描述出目前国内行动导向教学研究领域的发展轮廓和趋势，为后续的职业教育行动导向教学研究提供参考。

参考文献

1. 徐涵：《以劳动过程为导向的职业教育思潮》，《职教论坛》2004年第7期。
2. 姜大源、吴全：《全德国职业教育学习领域的课程方案研究》，《中国职业技术教育》2007年第1期。
3. 陈冰梅：《基于行动导向的教学设计研究——以柳州职业技术学院〈零件数控铣削加工〉课为例》，硕士学位论文，广西师范大学，2010年。
4. 魏顺平：《国外教育技术研究现状与趋势——基于国外教育技术研究领域期刊论文的分析》，《开放教育研究》2010年第4期。
5. 马庆发：《行为导向：职业教育教学的新取向——职业教育教学论研究之二》，《外国教育资料》1997年第4期。
6. 李世改、孙卫华、李红梅：《近五年教育技术学优秀硕士学位论文内容分析》，《电化教育研究》2008年第1期。
7. ［英］Mark Bray 等：《比较教育研究：路径与方法》，北京大学出版社2010年版。
8. 徐国庆：《实践导向职业教育课程研究》，博士学位论文，华东师范大学，2004年。
9. 陈曦萌：《“行动导向”职业教育教学的沿革及内涵》，《职业技术教育》2006年第8期。
10. 贾斌、徐恩芹、张景生：《国内学习绩效研究发展综述》，《电化教育研究》2013年第11期。

11. 薄跃萍：《德国行动导向教学理论研究》，硕士学位论文，天津大学，2010 年。
12. 刘佳萌：《行动导向教学法在中等职业学校实训应用探究》，硕士学位论文，江西科技师范学院，2013 年。
13. 范琳：《职业教育中常用行动导向教学法简介》，《山东工业技术》2013 年第 10 期。
14. 徐书芝：《基于行动导向教学的中职学校教学改革研究——以石家庄市第三职业学校教学改革为例》，硕士学位论文，河北师范大学，2012 年。
15. 喻宝义：《行动导向教学在中职建筑专业课堂教学中的应用》，《科技信息》2014 年第 3 期。
16. 王红英：《基于“行动导向”的职业教育理念和教学方法的高职〈电工电子技术〉课程改革》，《黑龙江科技信息》2013 年第 11 期。
17. 谭明霞：《对职业教育行动导向教学的解读》，《新课程研究》（中旬刊）2013 年第 9 期。
18. 谢淑润、夏栋：《基于行动导向推进高职教育课程教学改革——行动导向教学法在铁路货运组织学习领域中的应用》，《时代教育》2012 年第 11 期。
19. 王学明：《在职业学校理论课教学中应用行动导向教学法的探索》，《中国职业技术教育》2009 年第 9 期。
20. 王东伟：《运动导向法在高职健美操教学中的实验研究》，硕士学位论文，首都体育学院，2013 年。
21. 崔发周：《职业教育行动导向教学基本要素与结构模型》，《工业技术与职业教育》2013 年第 3 期。
22. 鄂甜：《德国工作过程导向职业教育的内涵与特征分析》，《河南科技学院学报》2014 年第 2 期。
23. 周密：《德国职业教育中的“双元制”与“行动导向”探析》，《北京财贸职业学院学报》2013 年第 6 期。
24. 王荣兰：《中等职业学校行动导向教学应用状况研究》，硕士学位论文，河北师范大学，2011 年。
25. 谭志华：《关于职业行动导向教学法在体育课教学中的应用》，《科技致富向导》2013 年第 6 期。
26. 蔡龙文：《行动导向职业教育课程内容体系的建构与实践——以〈会展实务英语〉课程为例》，《韶关学院学报》2013 年第 5 期。
27. 王翠苒、李梦川：《对高职行动导向教学法教学质量评价的研究》，《中国科教创新导刊》2013 年第 3 期。

28. 杨彩云：《行动导向教学法在中职语文教学中的应用》，硕士学位论文，华中师范大学，2012 年。
29. 程道明、杜迎新：《基于“行动导向”的教学组织策略探讨》，《江苏教育研究》2013 年第 8 期。
30. 赵智锋、施华：《德国职教模式在我国物流管理专业教学中的启示与探索》，《河北能源职业技术学院学报》2012 年第 6 期。
31. 唐文晶：《“兴趣导向 + 行动导向”教学法应用研究》，《工业和信息化教育》2013 年第 3 期。
32. 郑义丰：《职业教育课堂教学中行动导向式教学模式的应用探究》，《学园》（教育科研）2012 年第 8 期。
33. 唐菀：《基于行动导向教学法的高职文秘专业教学改革探研》，《安庆师范学院学报》（社会科学版）2012 年第 8 期。
34. 刘平：《行动导向教学法在高职综合英语实训中的应用》，《太原城市职业技术学院学报》2012 年第 3 期。
35. 刘东波：《行动导向教学理论与财经类高职课程建设》，《职教论坛》2011 年第 1 期。
36. 梁振辉、周向军：《基于 Moodle 平台的行动导向教学模式设计》，《现代教育技术》2010 年第 5 期。
37. 郑新源：《“行动导向法”指导下的高职课程教学设计》，《会计之友》（中旬刊），2010 年第 1 期。
38. 甘晓燕：《对高职教育“行动导向”教学模式的再思考》，《淮北职业技术学院学报》2012 年第 6 期。
39. 刘家秀：《行动导向教学视域下高职教师的角色定位与培养对策》，《职教通讯》2011 年第 12 期。
40. 张晓娟：《高职教育行动导向教学浅析》，《教育与职业》2010 年第 7 期。
41. 李琳、孙卫华：《基于设计的研究国内研究发展综述》，《远程教育杂志》2012 年第 4 期。
42. 范蓉：《行动导向教学模式下的“项目式”课程开发路径设计》，《辽宁行政学院学报》2013 年第 6 期。
43. 蒋丽霞、蒋丽波：《以学习领域课程塑造行动导向的职业教育——“会展法规”课程的开发与实践》，《职教通讯》2014 年第 1 期。
44. 商书明：《行动导向教学的应用与探索——以〈程控交换设备运行与维护〉课程为例》，《沈阳工程学院学报》（社会科学版）2012 年第 7 期。

45. 黄晓赟：《基于行动导向的职业教育课程模式研究》，《考试周刊》2011 年第 4 期。

46. 郑晓梅：《论工作过程导向职业教育课程开发的原则》，《职业技术教育》2010 年第 10 期。

47. 廖建梅：《高职〈思想道德修养与法律基础〉行动导向教学模式的思考》，《南昌高专学报》2010 年第 8 期。

48. 崔倩：《高职会计专业中行动导向教学模式应用研究》，硕士学位论文，浙江师范大学，2010 年。

49. 周彦斌：《中等职业学校行动导向教学实践的探讨》，《内蒙古民族大学学报》2011 年第 1 期。

50. 吴青萍、张慧敏：《对模拟电子技术课程行动导向教学的探讨》，《职教论坛》2010 年第 10 期。

51. 彭飞、余胜泉、谭霓、刘军：《面向职业教育的行动导向网络教学平台的设计》，《开放教育研究》2010 年第 6 期。

原文刊于《广州广播电视大学学报》2015 年第 2 期

职业教育新模式“准员工 2 + 1”人才培养探讨*

柏 晶** 尹 睿

摘 要：职业教育普遍采用的“准员工 2 + 1”模式被证明是一种有效的专业人才培养模式，这一模式推动我国职业教育人才培养能力的提高，然而目前高职教育在具体实施这一模式时还存在与企业合作不够深入、学生管理漏洞多、企业对学生实习重视不够等多种问题。职业院校必须在发挥“准员工 2 + 1”人才培养模式的优势效能的基础上，进一步结合“准员工 2 + 1”教育模式实践，探究其中隐含的问题，并针对这些问题提出优化策略。

关键词：“准员工 2 + 1”；新模式；人才培养

高职教育的特色和优势在于实用化，即以能用为度，以实用为本，在中学教育的基础上培养出具有一定知识水平和综合素质，同时又具备一定专业技术和技能的人才，重视实务学习，强调技能实践。随着我国社会主义经济建设的飞速发展，各行各业对专业人才的需求日益强烈，而在我国社会结构和教育体制深刻变革的背景下，如何高效地培养具有“即战力”的职教人才就成为我国高职教育和经济发展需要重点研究的

---

* 2014 年度广东省高等教育教学改革项目“协同培养应用型人才与职教师资的模式研究与实践探索”（项目编号：GDJG20141186）成果之一。

** 柏晶，在读博士，副研究员，教学改革与发展研究中心副主任，广东省高等教育学会教育技术专业委员会理事，代表作：《借鉴与超越：论德国职教师资人才培养模式在中国的适应性》。

课题。

一 校企合作和“准员工2+1”人才培养模式

(一) 高职院校校企合作人才培养模式

高职院校人才培养模式是指高职院校在自身发展和人才培养过程中形成特定的培养程序、目标、方式和结构体系，其目的是解决“培养什么样的人”以及“怎么培养人”这两个职业教育必须解决的根本问题，职业教育在自身发展过程中创新实践诸多教育模式，校企合作就是其中之一。校企合作模式的理论基础是合作教育，所谓合作教育，就是将课堂上教授的理论知识同工作中的实践知识相结合的一种实用主义教育方法。一方面，将知识应用于实际，深化理论认知，提升知识的实用性；另一方面，可以掌握社会对知识的真实需求，提升教育的针对性。所谓校企合作，即一方作为人才供给机构的学校，一方作为人才需求机构的企业，二者紧密合作，协同管理，互惠互利，共同参与到职业教育中来。校企合作人才培养模式一经推出就取得极大成效，深受职业教育各方欢迎，也因此成为我国高等教育体制改革的重要内容和现代职业教育的重要发展趋向。

(二) “准员工2+1”模式

“准员工2+1”模式是一种经过大量理论研究和实践探索检验而形成的新型校企合作人才培养模式，具体是指在高等职业院校实施教育教学期间，将三年学制划分为“前两年”和“第三年”两个阶段，其中前两个学年主要完成专业理论教学任务，着重提升学生的知识水平和综合素质；第三个学年则与用人企业合作，采用订单式人才培养方法，按照用人企业的岗位需求对学生进行有针对性的专业技能培训，着力培养岗位需求技术和适应能力，从而使学生能够在完成学业的同时第一时间入职，满足企业岗位需求，融入企业工作，为企业创造效益。考虑高职院校“实用性”这一根本教育目标，“准员工2+1”模式也在实践中有了更加深入的校企合作方式，即高职院校学生在第三学年以“企业准员工”的身份深入企业，以实岗操作的方式进行技能学习和实践，在实际工作中强化和深化理论知识，提升专业技能水平。一方面，可以使学生充分实践理论知识，锻炼实战能力；另一方面，学生还可以借此感受到企业同学校环境的差异，能够以“半社会人”的身份过渡，以更好地适应社会生活，适应企业文化，了解社会经济形式和企业相关的制度规范、岗位需求、企业生产模式、企业组织架构等，从而更加顺畅地完成由学校学生到企业员工的转换，更高效地融入企业并发挥能量。

二 “准员工 2 +1”人才培养模式效能及存在的问题

（一）“准员工 2 +1”模式效能分析

“准员工 2 +1”人才培养模式的本质内涵包括两层含义：其一，这一模式是建立在社会分工日益细化和科技飞速进步背景下的、教育和产业两个相互独立的体系之间的有机结合，这种结合的目标是合作共赢，其合作基础是遵循教育规律和经济发展规律；其二，这一模式是一种双向的、主动的互动和结合，是建立在供给方和需求方相互适应、相互依存、优势互补的基础之上，其本质是教育、社会、经济之间的融合统一。“准员工 2 +1”人才培养模式的本质内含也为这一科学模式的效能发挥提供前提基础和活力源泉。

1. “准员工 2 +1”模式促进职业教育集团发展

职业教育集团是由职业技术学校、行业企业及其协会等组织共同成立的教育团体，包括围绕区域经济特点和产业结构规划成立的职业教育集团、围绕行业人才需求成立的职业教育集团、跨行业和跨地区的复合型职业教育集团等，旨在实现教育和产业优势互补和资源共享，为不同组织间的合作协调提供平台。成立和发展职业教育集团是我国职业教育办学机制改革的重要环节，是现代职业教育体系发展的重要内容，而“准员工 2 +1”人才培养模式无疑契合职业教育集团主旨，并推进职业教育集团的深化和快速发展。

2. “准员工 2 +1”模式推进职业教育课程改革步伐

教育课程是学校教育目标的重要载体，是学生强化知识能力的主要渠道，近年来我国高等职业教育规模不断扩张，同时经济和社会结构也不断变化，然而与之相比，职业教育课程体系却明显滞后，教材内容陈旧，教育方法僵化，导致培养出的学生无法适应社会需求，无法融入经济发展。而“准员工2+1”模式的实施则很好地解决这个问题，通过校企合作，以“订单式”人才培养方法进行有针对性的课程设计，立足现实需求，更新教材内容，创新教学方法，普及改革示范教材，鼓励具有区域和职业特色的课程教材，不拘一格，学以致用，以此践行职业教育“实用性”的本质目标。

3. “准员工2+1”模式提高学校和学生的竞争力

“准员工2+1”模式立足校企合作，这本身就是对学生学习效果和兴趣的一种激励和肯定，这一模式下学校更加注重学生的综合能力和职业能力培养，并有针对性地契合经济发展形势和企业用人标准；学生也能够更注重发展专业技能，并能够尽早适应企业岗位需求，可以说是为企业量身打造人才，这显然增强学生在整个人力资源市场上的竞争力，可以极大提高学生的就业率，而这也必然会辐射到职业院校的竞争力和影响力，会使更多的学生乐于进入职业院校学习，也会有更多的企业乐于同职业院校开展合作，共同培养专业人才。

（二）“准员工2+1”培养模式存在的问题

尽管我国职业院校“准员工2+1”人才培养模式取得良好的教学效果和社会效果，能够很好地达成职业院校教育教学目标，极大地满足教育机构、学生及家长、企业和市场等的多方需求，但是就其发展现状而言，仍然存在一定不足需要完善，具体如下。

1. 校企合作深度不足

校企合作简单来说是学校和企业之间的合作，这种合作建立在自愿、平等、互利的基础上，并通过合同加以约束和规范。但就现状而言，校企合作仍然不够深入，不够彻底和不够规范，还存在诸多问题亟待厘清。一方面，有学校、企业和学生自身的原因，难免各自为利益考量而会有所保留，影响合作深入进行；另一方面，则在于宏观政策环境不利，对于一些争议甚至可能发生一些违约、违规甚至恶意欺骗的行为缺乏有效监管，严重影响校企双方合作的信心和热情。

2. 学校对学生的管理存在漏洞

就我国高职院校“准员工2+1”人才培养模式实践而言，其效果还远未能达到理论预期，其中学校管理欠缺和由此导致的学生认识不足是主要影响因素。一些学校在将学生推到实习岗位上之后，就完全将学生交给企业，学校和教师缺乏必要的跟踪、管理和关怀，在企业陌生环境之下很容易使学生产生失落感和不适应，其在岗位实训中出现的一些问题也得不到及时排解；另外，一些学生对“准员工2+1”模式在认识上也存在误区，尤其对第三学年的在岗实习积极性不高，往往只把其当成是“混学分”应付毕业的手段，不能完全掌握实训技能，达不到企业用人标准。

3. 企业对“准员工2+1”模式不够重视

企业缺乏主动性和配合度，尤其是一些好的企业，往往需要学校主动上门寻求合作，而即便一些实施“准员工2+1”人才培养模式的企业，其管理层对于校企合作本身也往往不能给予太多重视，仅将实习学生视为企业最底层的普通员工，大多不会为这些学生制定适合的管理策略，也不能专门为实习学生提供有针对性的、系统的培训方法，以及为这些学生提供必要的心理疏导和职业规划。还有一些企业更是将学生作为解决其“用工荒”的劳动力来源，甚至也有企业仅仅出于利用廉价劳动力目的而实施校企合作。而进一步探究其原因，企业对高职院校“准员工2+1”这一专业人才培养模式培养能力的质疑是主要影响因素。

三 完善“准员工2+1”校企合作模式的思考

“准员工2+1”人才培养模式极大地满足企业对专业型人才的渴求，也给高等职业教育指引明确的方向，因而得以在我国大部分职业院校推行，并取得很好的效果，深受学校、企业、学生和家长的好评，切实达成职业教育服务社会经济的根本目标。然而这一模式在实践过程中凸显出的问题仍需以切实有效的对策加以解决，具体应从以下途径着手。

（一）完善校企合作的政策制度，改善宏观环境

要想充分发挥“准员工2+1”人才培养模式的效能，达成校企双赢局面，就必须立足构建学校和企业的长效合作机制，从宏观视角着眼，以高瞻远瞩的战略眼光构建政策和法律法规体系支撑、推动校企合作的

深度合作。如前文所述，校企合作并不是简单的学校和企业之间的协议，而是涉及多个主体、多个部门、多方利益的综合性合作博弈体系，其关系教育产业、经济发展和社会和谐，因此需要多方共举，达成共识，共同参与，协调管理。具体而言，对于我国高职院校校企合作的宏观环境建设和政策支撑，无论是教育行政部门、劳动监察部门还是工商税务部门、行业产业协会等都应责无旁贷，专门针对校企合作具体形式及相关事宜做充分的研究和论证，制定相适应的政策规范，出台适用的法律法规，用以保障各方利益，解决争议纠纷，以此构建校企合作的长效发展机制，促进校企合作更加公平、合理和高效发展。例如，一些企业有自己的知识产权和技术优势，而在没有完善的制度规范前提下，企业考虑违约风险，往往不会轻易将这些具有竞争力的资产拿出来用于校企合作，用于教学实践和培训学生，这无疑就会影响校企合作的深度，而适时推出相关政策和法律规范保障企业利益，则企业显然会以更大的热情投身到校企合作中来。

（二）坚持以学生为核心，实施人性化管理

不可否认，教育的核心是学生，教育的本质目标是增强学生能力，职业教育也是如此，校企合作和“准员工2+1”人才培养模式的出发点也同样是增强学生自身的综合素质、强化其社会生存能力，因而，这一模式的实施必然要以学生为核心，一切为学生着想，一切为了学生的发展，只有学生得到发展提升，学校和企业才能从中收益，也必然会从中收益。在实施“准员工2+1”模式时，即便是对于在岗实训的学生，也应注意到这些学生本身还未毕业，无论自身学识和能力，还是心理和生理都还有诸多不成熟之处，此时一旦脱离外界的引导、帮助和管理，极可能因为环境和角色的改变而出现一些问题，因而教师和企业的持续人性化管理对于学生而言极为重要。学校和教师应该在“准员工2+1”模式实施过程中，保持与学生和企业之间的有效沟通交流，建立信息反馈机制和心理干预机制，以随时掌握学生的心理状态，了解其需求和期望，帮助其缓解压力，疏导情绪，及时解决工作和生活中的一些问题。另外，学校、企业和学生应展开积极的合作，在共同助力学生强化能力和适应岗位需求的同时，还应引导其做出科学合理的职业规划，树立正确的职

业理想和操守，树立正确的金钱观、社会观以及价值观、人生观，养成科学健康的生活和工作习惯。

（三）创新教学课程体系，适应现代化企业用人需求

就市场角度分析，职业院校人才培养是产品制造和供给，而企业是需求方，换言之，企业是职业院校的客户，因此，职业院校的人才产品生产应该围绕客户需求来进行，只要有好的“产品”，客户才会给予足够的关注和重视。产品质量主要看工艺流程，也就是职业院校的课程体系设置。高职院校应紧紧围绕“客户需求”原则，结合专业特点和岗位需求设置课程，注重实用性，尤其注重构建模块化的职业岗群式课程体系，即前两学年以基础知识和素质教学、基础技能教学为主，同时穿插适当的在校实训操作，如机电专业会安排机电维修实训，金工制造专业会安排金工实训；第三学年则以企业岗位培训教学模块为主，安排学生到企业第一线进行在岗实习，促使学生积极参与有利于他们能力尤其是创新能力培养的各类实践活动，从而达到提高学生创新能力的目的。学校在制定课程安排时，要立足专业人才培养目标，按照专业和岗位需求设置基本素质教育、专业素质教育和职业素质教育课程，以及设置专业技能培养课程、职业核心技能课程和学生职业发展培养课程、职业拓展课程等，构建以“素质教育、知识教育、能力教育”为核心的职业教育课程体系。同时在教学中实行“双证制度”，即除了毕业证之外，还应设置必考职业资格证条件，由此满足企业现代化发展的用人需求。

参考文献

1. 罗国莲、杨思东：《高职院校基于校企合作的课程体系构建》，《合作经济与科技》2013 年第 4 期。
2. 叶小明：《中国高职教育校企合作：模式特征与实践策略》，《现代教育管理》2011 年第 4 期。
3. 唐踔：《近年来我国农民工继续教育研究综述》，《继续教育研究》2011 年第 8 期。
4. 魏燕茹：《高职酒店管理专业校企合作刍议》，《河南农业》2013 年第 1 期。
5. 杨树奇等：《高职院校校企合作现状分析及对策研究》，《教育教学论坛》2015 年第 39 期。

6. 俞园园、唐建荣：《E-learning 在工业工程专业创新应用型人才培养中的应用》，《教书育人·高教论坛》2013 年第 5 期。

原文刊于《继续教育研究》2016 年第 1 期

“校政企校”协同培养“双师型”职教师资人才的探索与实践

许　玲[*]　李旭旦　向　凯　罗　平　柏　晶　闫　仙

摘　要：近年来，广东技术师范学院紧紧围绕“面向职教、服务职教、引领职教、特色发展”的办学定位，以“协同育人”理念为先导，以现有的国家级、省级、校级的职教师范专业为依托，探索并实践了学校与地方教育行政部门、行业企业、中等职业学校的协同育人机制，打造了大学与行业企业、大学与中职学校、大学教师与企业骨干、大学教师与中职教师之间的职业教育合作共同体，实施“校政企校协同、教学做教互融、职前职后贯通”的“双师型”职教师资人才培养与培训新模式，大大提高了职教师资人才的培养质量。

关键词：职教师资；校政企校协同；教学做教互融；双师型

一　“双师型”职教师资人才探索与实践的背景

职业教育是国家经济社会发展的“助推器”，是实现科技成果产业化的重要基础。《国家中长期教育改革和发展规划纲要（2010—2020 年）》、《国家教育事业发展第十二个五年规划》（教发〔2012〕9 号）等文件相

---

* 许玲，教育学博士，教授，硕士生导师，广东技术师范学院副院长。

继指出，要大力发展职业教育，不断增强职业教育吸引力。[①] 大力发展职业教育是广东省产业升级转型、产业结构调整和打造我国南方重要职业教育基地的迫切需要。《广东省职业技术教育改革发展规划纲要（2011—2020年）》（粤府办〔2011〕39号）提出：“探索建立学历教育与技能教育互通机制，着力推进职业技术教育的内涵发展和高端发展，打造我国南方重要职业技术教育基地，构建适应经济社会发展要求的现代职业技术教育体系。”[②]《广东省人民政府关于创建现代职业教育综合改革试点省的意见》（粤府〔2015〕12号）提出：“2018年，建成在国内外有较大影响力的现代职业教育综合改革先进省，形成具有广东特色、适应发展需要、基本达到世界水平的现代职业教育体系。”[③]

中等职业教育在现代职业教育体系中具有基础作用。[④]《珠江三角洲地区改革发展规划纲要（2008—2020年）》指出：“以中等职业教育为重点，大力发展职业教育。”[⑤]《广东省中长期教育改革和发展规划纲要（2010—2020）》提出，到2020年，广东省中等职业教育在校生人数达到200万人左右。[⑥] 然而，作为面向中等职业学校培养职教师资人才的技术师范学院，与中等职业教育具有基础作用越来越不协调，“还不能完全适应经济社会发展的需要，办学体制机制不畅，质量有待提高”。“仍然存在着发展理念相对落后、行业企业参与不足、人才培养模式相对陈旧等诸多问题，并集中体现在职业教育体系不适应加快转变经济发展方式的要求上。”[⑦] 因此，现代中等职业教育发展的新形式对中等职业教育教师和技术师范学院的职教教师培养提出了更高的要求。

① 中共中央、国务院：《国家中长期教育改革和发展规划纲要（2010—2020年）》，2010年7月29日。

② 广东省人民政府办公厅：《广东省职业技术教育改革发展规划纲要（2011—2020年）》，2011年6月27日。

③ 广东省人民政府：《广东省人民政府关于创建现代职业教育综合改革试点省的意见》，2015年1月23日。

④ 教育部等六部委：《现代职业教育体系建设规划（2014—2020年）》，2014年6月16日。

⑤ 国家发展和改革委员会：《珠江三角洲地区改革发展规划纲要（2008—2020年）》，2008年12月。

⑥ 广东省人民政府：《广东省中长期教育改革和发展规划纲要（2010—2020年）》，2010年10月26日。

⑦ 教育部等六部委：《现代职业教育体系建设规划（2014—2020年）》，2014年6月16日。

目前中等职业学校专业教师的主要来源：一是非师范专业的本科或硕士毕业生；二是企业人员转岗担任专业课教师。前者缺乏实践经验，后者专业理论匮乏。同时，两类师资来源都缺乏系统的教育教学理论学习和教育教学技能培养。目前广东省中等职业学校的教师人才供求出现较大错位和结构性矛盾，师资不足，实践教学能力和师范技能有待加强，急需一批既具有专业理论和教育教学理论又具有较强专业实践能力和教育教学能力的“双师型”职教师资人才。所以，培养高质量、专业化的职教师资队伍是目前中等职业教育发展亟须突破的“瓶颈”。

二 “双师型”职教师资人才探索与实践解决的主要教学问题

职业教育教师不同于普通教育教师。职业教育师资一般具有双重理论（专业知识理论与教育教学理论）和双重实践（专业实践和教学实践）的能力结构特征。长期以来，高等技术师范院校主要采用关门封闭式的办学模式，沿用“学科专业教育 + 普通师范教育”的简单复合叠加的课程体系，职业教育教师的“职业性”和“师范性”体现不充分，“专业性”、“职业性”和“师范性”的融合度不高，职教师资培养的适应性和针对性不强；职业教育教师职前职后培养体系相互脱节，严重影响了职教师资的职前培养质量和职后专业发展水平。

自 1998 年被确定为“技术师范学院”后，广东技术师范学院围绕面向中等职业学校培养职教师资积极进行探索和实践，特别是2010 年以来，为适应广东省经济发展方式转变、产业结构调整和大力发展现代职业教育的需要，依托学校作为广东省唯一的技术师范本科院校和全国重点建设职教师资培养培训基地，紧紧围绕“面向职教、服务职教、引领职教、特色发展”的办学定位，以“协同育人”理念为先导，在现有的国家级、省级、校级的职教师范专业中，探索并实践了学院与地方教育行政部门、行业企业、中等职业学校等“四位一体”协同育人机制，逐渐形成了“校政企校协同、教学做教互融、职前职后贯通”的“双师型”职教师资人才培养与培训新模式。该模式主要解决了以下教学问题。

（1）职教师资培养体制机体障碍，尤其是政府、行业企业及中职学校全方位、全过程协同培养职业教育教师的参与度不高，培养主体单一，优质教学资源不足。

（2）职教师范专业的课程体系的非“职业性”和非“师范性”，课程教学内容与中职教师岗位要求相脱节。

（3）重校内教育轻社会实践，重技能训练轻综合素质培养，重传统手段轻信息技术，重集中实习轻平时素养养成，职教师范生的教学实践能力有待提高；尤其是缺乏对职教师范生的教师职业道德品质、教师职业理想信念、教师人格修养和信息素养进行系统的培养与培训。

（4）职教师资人才培养效果与中职学校职教师资人才要求的契合度不高，职业教师教育职前与职后培养体系相互脱节。

三 “双师型”职教师资人才探索与实践解决教学问题的方法和途径

（一）创新构建“四位一体”（UGES）的职教师资人才协同培养机制

为突破职业教育教师培养体制机体障碍和壁垒，解决职业教育教师培养过程中理论与实践、培养与就业、职前培养与职后培训相脱节的问题，在不断地探索和实践中逐步完善了大学（University）、地方政府（Government）、行业企业（Enterprise）和中等职业学校（School）的“四位一体”（UGES）的“开放、集成、高效”的职教师资协同培养机制；在此基础上，构建形成了广东技术师范学院（职教师资培养单位）、地方教育行政部门（职教师资用人统筹单位）、行业企业（师范生校外专业实践基地和中职毕业生用人单位）、中等职业学校（师范生校外教育实践基地及师范生用人单位）等四轮驱动的“职业教育教师培养与培训联盟”（见图1）。

该联盟以培养适应中等职业学校需求的“双师型”职教师资为导向，“校政企校”联合组建职教师资人才培养与培训的三导师，协同制定职教师资人才的培养与培训目标，共同设计与开发课程体系，共建优质课程资源和实践基地，共同开展教育和教学研究，共同参与职教师资培养的

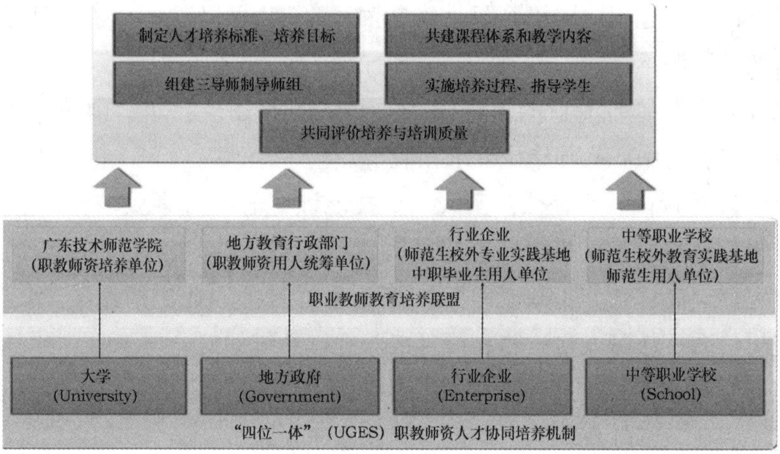

图1 “四位一体”（UGES）的职教师资人才协同培养机制

全过程，共同评价职教师资人才的培养与培训质量。自2009年以来，所开展“校政企校”协同培养职教师资人才的具体形式包括。

1. “校—政—企—校”协同培养卓越中职教师

依托学院现有的国家级、省级卓越教师培养计划改革项目，学院在美术与设计类专业、机械类专业、电气工程及其自动化专业、财务会计教育专业、汉语语言文学专业等国家级、省级卓越教师培养计划改革专业中，采取面向全校学生进行“二次招生”，遴选乐教适教、综合素质高、具有从教潜质的优秀学生组建卓越职教师资班。为确保卓越职教师资人才培养质量，创建了大学与中职学校、大学教师与企业骨干、大学教师与中职教师之间的职业教育合作共同体，探索和实践了学院与地方教育行政部门、行业企业和中等职业学校开展“协同教研”“双向互聘”“岗位互换”等教师发展新机制，不断强化行业企业、中职学校在我院职教师资人才培养中的主体地位，聘请地方教育行政部门、行业企业、中职学校的优秀教育工作者、高技能人才担任卓越职教师资班的兼职教师，行业企业和中职学校全方位、全过程参与卓越职教师人才培养工作。

2. 开办“3+2”专升本“双师型”职教师资本科人才培养班

自2009年以来，学院选择专业建设基础好、与中职职教师资人才培养符合度高的装潢设计与工艺教育、机械设计制造及其自动化、电气工程及其自动化、计算机科学与技术等四个专业，率先在国内开展“3+2”

专升本的"双师型"职教师资本科人才培养模式（简称"3 +2"培养模式）的探索与实践。"3 +2"专升本的"双师型"职教师资本科人才培养模式是指，高职生经过三年专科阶段学习，凡是已获得中高级专业技能证书的优秀毕业生，通过严格的专升本考试进入我院，按专业单独编班、进行两年的本科阶段的进一步学习，面向中职学校培养能够胜任理论和实践一体化教学的"双师型"职教师资人才。"3 +2"培养模式创新性地实现了"本科院校、高职院校、行业企业、中职学校"的协同培养，是一种高职起点的双师型本科职教师资人才培养新模式，将高职院校技术技能型人才培养的优势与技术师范本科院校学科专业、技术师范教育的优势有机结合起来。2012 年为了推广该模式，在"3 +2"专升本职教师资人才培养综合改革的经验基础上，学院在全校本科专业中遴选了计算机科学与技术等 12 个专业，进一步开展"3 +2"专升本职教师资人才培养的综合改革、探索与实践。

3. 开办高职本科"三二"分段、五年"一体化"贯通培养的"双师型"本科职教师资班

我院与河源职业技术学院、广东机电职业技术学院、广东工程职业技术学院、广州番禺职业技术学院、广东建设职业技术学院、广东省外语艺术职业学院六所高职院校联合开展高职本科协同育人，实施五年一体化贯通培养"双师型"职教师资人才的新模式，彻底解决了培养主体单一、四年学制不足、行业企业和中职学校缺位的问题。该模式实现了高职、中职、行业企业全方位、五年全过程参与的"双师型"职教师人才培养工作，显著地提高我校职教师资人才的职业竞争力与培养质量。

（二）组建"校政企校"（UGES）联盟式的"三导师制"教学团队

为提高职业教育教师的培养与培训质量，学院组建了由地方教育行政部门专家、中职学校专业负责人和骨干教师、行业企业高技能人才等人员构成的职业教育教师协同育人工作专家咨询委员会；实施了由我院教师与行业企业高技能人才、中职骨干教师"协同教研""双向互聘"，以及优秀的在读职教师范生与行业企业高技能人才、中职学校教师进行"岗位互换"的协同新机制；形成了依托职业教育教师培养与培训联盟，组建职教师资人才培养的优秀教学团队、制订科学的培养与培训方案、

创建“校校”“校企”置换培训等多种方式的职业教育教师培养与培训的新模式，培养与培训了一批“双师型”和“双能力（理论教学能力+实践指导能力）”的“三导师制”（高校教师+企业实践教师+中职学校教师）的职教师资队伍；创新构建了“专业核心课程群”“职业教育教师通识课程群”“职业教育教师核心课程群”等三类课程群，培育和组建了“专业核心课程群”教学团队、“职业教育教师通识课程群”教学团队和“职业教育教师核心课程群”教学团队。

（三）“校政企校”（UGES）协同探索确定“双师型”职教师资人才培养目标定位

根据广东省产业升级转型和大力发展现代职业教育的需要，“校政企校”（UGES）协同研制出《中职“双师型”教师能力标准、培养方案与培养质量评价标》，由此确定了“双师型”职教师资人才的培养目标定位于：培养“专业性、职业性和师范性”融合化的职教师资人才。具体如下。

1. 专业性

按照现代职业教育发展对中职教师的知识、能力、行为等方面的要求，依据《中等职业学校教师专业标准（试行）》，“校政企校”（UGES）协同制定了“知识、能力和素质”协调化的课程体系，增加了专业选修课、专业教学案例、专业前沿知识的比重，不断优化职教师范生的知识结构和能力结构，不断提高职教师范生的文化素养和职业素养，重点培养学生的终身学习与持续发展的意识和能力。

2. 职业性

为凸显职教师范生培养的“职业性”，促进职业教育教师培养与企业行业工作实践和中等职业教育实践的有效衔接：一是坚持把“专业理论与职业实践相结合、职业教育理论与教育实践相结合”，坚持“实践、反思、再实践、再反思”，不断提高职教师范生的实践能力。二是加强职教师范生教学实践能力培养的情境性、经验性、反思性、养成性的职业实践环境建设，着力培养学生的“专业能力、实践能力、教师执教能力、教育教学研究能力”。三是坚持“学历教育与职业资格教育”无缝对接，要求职教师范毕业生在毕业前获得至少一个及以上的职业（执业）资格证书或技能等级证书，由此面向中职学校培养了一大批“本科 + 技师 + 教师”的“双师型”职教师资人才。

3. 师范性

师范性主要侧重于不断加强职教师范生的师德教育和养成教育。一是采取多种途径，邀请中等职业学校校长、特级教师、教学名师来我院作个人成长历程报告，让学生现场感受职教名师的价值取向、人生追求、人格魅力，引导职教师范生牢固树立长期从教、终身从教、献身职业教育的理想信念。二是加大职业教育教师教学理论、教学方法和教学技能等师范技能课程的比重；将“师范生教案设计、板书和 PPT 制作、讲课、说课，主题班会设计与主持”等纳入教学计划的内容；在各门专业课程教学中，留出 15% 的教学内容和课时，由学生分组备课、设计教案和制作 PPT、学生在课堂授课、师生共同点评总结，夯实学生各类专业课程的教学基本功，提高学生的专业教学能力。三是强化书法、普通话、课件制作能力培训，每学期举办职业技能竞赛（教学设计、板书设计、多媒体课件制作、讲课、说课、主题班会设计与主持等竞赛）。

（四）实施“校政企校”（UGES）协同育人的“三三三三”的人才培养模式

根据上述“校—政—企—校”协同育人理念及相应的协同培养机制与措施，学院不断加强与行业企业、中职学校的沟通机制，进一步完善了“校—政—企—校”联盟式的协同培养机制，形成并实施了“三三三三”式的人才培养模式。具体如下：

1. 三基地

“三基地”是指“校内实践基地 + 校外专业实践基地（企业） + 校外教育实践基地（中等职业技术学校）”。进一步完善与社会各界的常态化协同沟通机制，形成“协同教研”“双向互聘”“岗位互换”等职教教师发展新机制。

2. 三导师

“三导师”是指“校内导师 + 校外专业导师（企业导师） + 校外教育导师（中等职业学校导师）”。“校内导师”，由学院聘请责任心强、专业水平高的具有副高级职称以上的教师担任，负责指导日常学习和第二课堂活动。“企业导师”，由学院从校外专业实践基地单位中聘请具有职业（执业）资格、具有较丰富的工作经验、较强的专业技术能力的机构或部门负责人担任，参与职教师范专业教学计划制订、审议，核心课程建设、课程标准建设及特色教材开发、相关课程授课任务和专业实践指导任务。“中等职业学校导师”，由中等职业学校（与我院共建校外教育实践基地的中职学校）中的教学名师、专业负责人和骨干教师等兼任，主要负责职教师范生从教能力培养，承担职教师范生的相关课程授课和教育实践指导任务，主讲学术报告，共建课程体系、教学内容、培养标准体系和评价人才培养质量。打造并形成了融通的“招生—职业培养—就业—职后培训”的“双师型＋双能力”的“三导师”。

3. 三突出

“三突出”是指培养“专业知识技能突出”“教师教育教学突出”“创新实践能力突出”的职教师范生。为此，探索和实践了“理论教学与实践教学融通合一、能力培养与工作岗位对接合一、实习实训与顶岗支教工作合一、教学做教合一”的教育教学模式，构建“四年一贯”的强化培养学生的“专业能力、实践能力、教师执教能力、教育教学研究能力”。即一年级进行专业基础和教育基本技能训练，二年级进行教育专门技能训练，三年级进行专业技能教育和教育执教技能训练，四年级进行专业综合和教育综合技能训练。

4. 三证书

职教师范专业着力培养“三证书”“一体化”的职教师资人才。“三证书”是指职教师范生在毕业前须获得“学历学位证书＋教师资格证书＋职业资格（技能等级）证书”。“一体化”是指职教师范生既具有扎实的专业理论知识，又具有较强的专业操作技能；既具有在中职学校从事相关专业理论课程教学的能力，又具备指导中职学生开展技能训练的能力。

（五）“校政企校”（UGES）协同开发“五模块”“三化特色”“四能力”的课程体系

“校政企校”（UGES）协同开发“通识教育模块＋专业核心基础课程模块＋专业与技能模块＋教师教育教学模块＋集中实践教学模块”等五

模块的课程体系。该课程体系包括“专业核心课程群”“职业教育教师通识课程群”“职业教育教师核心课程群”等三类课程群；该课程体系突出“知识、素质和能力”协调化、“专业性、职业性和师范性”融合化、“见习、实训和实习”一体化，着力培养学生的“专业能力、实践能力、执教能力、教研能力”。其中，“职业教育教师通识课程”和“职业教育教师核心课程”主要包括。

（1）职业教育教师通识课程，主要包括教育学、心理学、职业技术教育学、现代教育技术等课程。

（2）师范教育教学基本技能课程，主要包括教师口语技能、三笔字训练、中职课程开发与设计、教师教育教学实践项目、多媒体课件制作与开发等课程。

（3）专业课教学法课程，主要包括专业基础教学法、专业核心课程教学法、专业实践课程教学法等课程。

（4）班主任工作与德育类课程，主要包括班主任工作实务、中职德育等课程。

（六）“校政企校”（UGES）协同构建“三贯通”“四层次”“多方位”的实践教学体系

“校政企校”协同构建了“课内实践”“课外实践”“校外实践”的“三贯通”、“单项课程实训—综合实训—创新创业实训—研究型实训”等“四层次”、“认知见习、教育见习、教育实习和教育研习”等“多方位”递进式、“四年一贯、理实互嵌、赛训结合、习考并举、全程渗透”的实践取向的实践教学运行体系，为职教师范生提供了企业和中职学校的真实的工作场境和教学情境，大大提高了职教师范生的实践能力、教育教学能力和创新能力。

（七）实施“校政企校”（UGES）协同培养的“教学做一教”（TLD－T）教学模式

根据中职学校对“双师型”教师的要求，创新提出了以职教师范生能力培养为重点，紧密结合职教师范专业的“专业性、职业性和师范性”的人才培养规格定位，采用“校政企校”（UGES）协同培养的“TLD－

T”（教学做—教）一体化的教学模式，即教（教师教学）—学（学生学习）—做（学生实践）—教（学生教学）。在该教学模式下，在完成“教”与“学”，即“教师教学、学生学习”；学生在行业企业完成“做”，即学生在行业企业进行专业实习或实践；在“教学做”的基础上让学生在中等职业学校完成“教”，即学生在中等职业学校进行教育实习或实践。经过四年学习与实践，培养的职教师范生能在中等职业学校完全胜任“教”（教师从教能力）。该教学模式引导学生在“教学做”中会“做”（掌握专业技能）的基础上，培养学生会“教”（从教能力），从而实现了“专业性”“职业性”“师范性”的有机融合。

该教学模式就是“一个中心，两个一体化，三重培养，多种方法，全面评价”。“一个中心”即以培养学生的中职教师从教能力，尤其以职业技能执教能力为中心。“两个一体化”，即“校用一体化”和“教学做—教”一体化。“校用一体化”中的“用”指政府、行业企业、中职学校等用人单位。“校用一体化”体现了开放式办学，积极让用人单位参与职教教师培养的全过程，更好地培养职教师范生的从教能力。“三重培养”，即在职教教师的培养与培训教学过程，不仅以实现认知目标，更以实现行为目标（能力培养）为中心，更注重学生“动手、动脑、动口”等专业技能传授能力的培养，又注重实现教师职业道德、教师职业服务精神等情感目标的养成。“全面评价”是指“校政企校”共同开展对职教师资人才的培养与培训质量的全面评价。

四 “双师型”职教师资人才探索与实践的创新点

（一）创建性地构建了“四位一体”的协同培养机制

围绕构建大学（广东技术师范学院，职教师资培养单位）、地方政府（地方教育行政部门，职教师资用人统筹单位）、行业企业（师范生校外专业实践基地和中职毕业生用人单位）和中等职业学校（师范生校外教育实践基地及师范生用人单位）的“四位一体”（UGES）的“开放、集成、高效”的职教师资协同培养机制，构建了共同实施培养与培训过程、共同评价培养与培训质量的“职业教师教育协同培养与培训平台”；“校政企校”（UGES）共同组建了一批具备“双师型”和“双能力（理论教学能力＋实践指导能力）”的“三导师制”（中职学校教师＋企业实践教师＋高校教师）的教学队伍，并围绕“专业核心课程”“职业教育教师通识课程”“职业教育教师核心课程”等三类课程群，分别培育和组建了“专业核心课程群”教学团队、“职业教育教师通识课程群”教学团队和“职业教育教师核心课程群”教学团队。

（二）创新性地实施了“校政企校”协同培养的“三三三三”的人才培养模式

根据“校—政—企—校”协同育人理念及相应的协同培养机制与措施，创新性地提出并实施了“三三三三”的人才培养模式。即利用“三基地”（即“校内实践基地”＋“校外企业专业实践基地”＋“校外中等职业技术学校教育实践基地”），采用“三导师制”（即“校内导师”＋“校外企业导师”＋“校外中职学校导师”），培养“三突出”（即“专业实践技能突出”＋“教师教育教学突出”＋“创新实践能力突出”），具有“三证书”（即“学历学位证书”＋“教师资格证书”＋“职业资格或技能等级证书”）的“一体化”（即“既能从事理论教学，又能指导技能训练”一体化）的职教师资人才。

（三）创造性地建构了职教师范生培养的课程体系、实践教学体系和教学模式

“校政企校”协同研制出《中职“双师型”教师能力标准、培养方案与培养质量评价标》，确定了“双师型”职教师资人才培养的目标定位，协同开发出“五个模块”（通识教育模块＋专业核心基础课程模块＋专业与技能模块＋教师教育教学模块＋集中实践教学模块）、“三化特色”（“专业性、职业性和师范性”融合化、“知识、素质和能力”协调化、“见习、实训和实习”一体化）和“四能力”（专业能力、实践能力、执教能力、教研能力）的课程体系；构建了“三贯通”（“课内实践”“课外实践”“校外实践”相贯通）、“四层次”（单项课程实训—综合实训—创新创业实训—研究型实训）、“多方位”（认知见习、教育见习、教育实习和教育研习）递进式的“四年一贯、理实互嵌、赛训结合、习考并举、全程渗透”的实践教学体系；创造性地采用“TLD－T”（教学做—教）

一体化的教学模式。

五 “双师型”职教师资人才探索与实践的推广应用效果

（一）专业建设水平逐步提升，专业内涵与特色凸显

自2009年实施至2016年学院获批国家级特色专业建设项目2项，国家级专业综合改革试点专业项目1项，教育部卓越教师培养计划改革项目1项，广东省特色专业8个，广东省综合改革试点专业11个，广东省应用型人才培养示范专业8个，广东省卓越教师培养计划改革项目2项；“校—政—企—校”共建大学生校外实践基地191个（教育实习48个，专业实习143个），其中有，国家级大学生校外实践基地1个，省级大学生校外实践基地11个，校级大学生校外实践基地83个；获批广东省省级实践教学示范中心9个，广东省应用型人才培养示范基地3个，广东省人才培养模式创新实验区2个。“电子学科教学法”和“班主任与德育教育”2门课程入选教师教育国家级精品资源共享课。2014年，“魏晋风度”课程获批国家级精品视频公开课。省级精品资源共享课建设项目26门，省级精品视频公开课建设项目2门；校级精品资源共享课70门，校级精品视频公开课2门。获批2012年度教育部职业院校教师素质提高计划项目5项，经费850万元；2013年度教育部职业院校教师素质提高计划项目2项，经费400万元；2014年度教育部职业院校教师素质提高计划项目3项，经费600万元。相关理论研究和实践探索成果在全院30个职教师范生培养专业中得以应用，受益学生从150余人拓展到1200余人。

（二）教研教改成果丰硕，多项课题获得国家级和省级立项

截至2016年，学院开展卓越职教师资人才培养的实践探索，发表教研教改论文20余篇，主编出版卓越职教师资培养特色教材14部、即将出版5部，其中，3部入选高等教育“十二五”全国规划教材。获“职教师资人才培养模式综合改革”和“协同培养应用型人才与职教师资的模式研究与实践探索”等广东省高等教育教学改革项目9项，“机械学科教学法”等省级质量工程项目19项，“基于‘TLD－T’理念的

美术与设计类卓越中职教师人才培养模式的构建与实践”教育部卓越教师培养计划改革项目、“电子学科教学法”和“班主任与德育教育”国家级教师教育精品资源共享课、工艺美术国家级专业综合改革试点等国家级“质量工程”项目5项。组织教师参加全国教育教学信息化大奖赛和广东省计算机教育软件评审活动并取得优异成绩，作品获全国一等奖2项、二等奖15项、三等奖21项，广东省一等奖5项、二等奖14项、三等奖20项。

（三）职教师资“职前培养”效果良好，“双师”毕业生受到社会青睐

2009—2016年，我院职教师资毕业生实践技能和实践能力突出，学生在各级各类学科竞赛方面均取得丰硕成果，获得全国性奖项364个，其中，特等奖9项、一等奖100项、二等奖124项、三等奖131项；获得省级各类奖项872项，其中，16项获得特等奖、213项一等奖、276项二等奖、367项三等奖；职教师范专业毕业生的三证率达到90%以上，部分专业技师证书获取率达到80%以上。职教师资毕业生素质能力符合中职学校需求，培养的毕业生受到中职学校欢迎，一次就业率均在98%以上，对口就业率（教师岗位）达到30%左右，超出全国同类院校平均水平5个百分点。

（四）职教师资“职后培训”成效明显，在省内外产生较大的反响

把创建广东技术师范大学与增强社会服务功能有机统一起来，初步形成了特色鲜明的服务职业教育的新格局，与顺德区政府合作共建了首个校地协同创新平台——“广东顺德现代职业教育研究院”，与梅州市、潮州市、河源市、连南瑶族自治县等地方政府签署了校地协同创新战略合作框架协议。积极发挥师资培训中心“国家职教师资培养培训基地”的作用，通过国家级培训项目和专门化定制项目，截至2016年，共举办各级各类培训班738个，培训人数达31554人次。同时，还为青海、新疆、贵州、广西、海南等民族地区及粤东西北地区培训职业院校教师及管理人员，与英国、德国、新加坡等国以及中国台湾地区等境外教育机构开展中外合作培训。在2015年教育部组织网上评教中，培训效果、学

员满意度在全国名列前茅。依托广东省中职德育研究中心、广东高教职教研究所，积极开展广东职业教育发展研究与学术交流等工作，在省内外产生较大的反响。

（五）广泛受到媒体关注，在兄弟院校推广应用

学院职教师资人才培养模式改革相关探索成果取得良好成效，在省内外职教界产生较大影响，光明日报、南方日报、广州日报等媒体先后就我院职教师资人才培养模式改革作专题报道；成果在国际职教发展论坛、全国独立设置职业技术师范院校教学研讨会、广东省高等职业技术教育研究会学术年会、教育部卓越中职教师培养计划改革项目经验交流暨教指委工作会议和全国首届“中兴新思杯”职教师资培养院校青年教师教学基本功竞赛等相关国内外工作会议和研讨会上作交流推广；天津职业技术师范大学、河北科技师范学院、同济大学、岭南师范学院等高校先后赴我院对职教师资人才培养作专题考察和学习交流。

参考文献

1. 中共中央、国务院：《国家中长期教育改革和发展规划纲要（2010—2020 年）》，2010 年 7 月 29 日。
2. 广东省人民政府办公厅：《广东省职业技术教育改革发展规划纲要（2011—2020 年）》，2011 年 6 月 27 日。
3. 广东省人民政府：《广东省人民政府关于创建现代职业教育综合改革试点省的意见》，2015 年 1 月 23 日。
4. 教育部等六部委：《现代职业教育体系建设规划（2014—2020 年）》，2014 年 6 月 16 日。
5. 国家发展和改革委员会：《珠江三角洲地区改革发展规划纲要（2008—2020 年）》，2008 年 12 月。
6. 广东省人民政府：《广东省中长期教育改革和发展规划纲要（2010—2020）》，2010 年 10 月 26 日。
7. 教育部：《国家教育事业发展第十二个五年规划》，2012 年 7 月 23 日。
8. 中华人民共和国国务院：《国务院关于加快发展现代职业教育的决定》，2014 年 6 月 24 日。
9. 广东省人民政府办公厅：《广东省教育发展“十二五”规划》，2011 年 11 月 7 日。

10. 广东省人民政府：《广东省人民政府关于深化教育领域综合改革的实施意见》，2015 年 1 月 29 日。

原文刊于《广东技术师范学院学报》2017 年第 2 期

高等师范院校创新创业教育的发展现状及其对策*

李　峰**

摘　要：加强创新创业教育是高等师范院校深化教育综合改革，加快内涵式发展，提升大学生发展核心素养的重要举措之一。在高等师范院校推进自身发展方式转型升级的进程中，其创新创业教育也面临一些发展困境。要走出这一困境，可从目标定位、课程建设、师资建设、实践建设等四个方面来构建高等师范院校创新创业教育长效机制，确保其健康、有序、高效发展。

关键词：高等师范院校；创业教育；现状；对策

近年来"大众创业、万众创新"成为经济新常态下我国经济社会发展的重要"引擎"。在此背景下，许多高等师范院校顺应时代发展，在推进自身发展方式转型升级的同时，积极探索以人才培养为导向的创新创业教育体系。对高等师范院校创新创业教育展开深入研究，有助于进一步厘清创新创业教育在高等师范院校中的定位及发展思路，全面提升创新创业教育的科学化水平。

---

* 广东省教育科学"十二五"规划2015年度研究项目（德育专项）"创新大学生就业与创业指导工作方法"（项目编号：2015DYZZ013）阶段性成果。

** 李峰，教育学在读博士，讲师，外国语学院辅导员，代表作：《高等师范院校创新创业教育的发展现状及其对策》。

一 经济新常态下高等师范院校开展创新创业教育的意义

（一）深化高等师范院校教育综合改革，适应“互联网+教育”发展的必然要求

深化高校创新创业教育改革是我国推进高等教育综合改革的重要举措之一。当前，不少高等师范院校在办学方向上呈现出综合化的趋势。它们不断强化通识教育与专业教育，努力提高教学质量与治理能力，探索转型后教育模式的创新之路。而创新创业教育的本质恰是以培养创新创业人才为根本指向的全面的教育改革创新。[①] 所以，全面开展创新创业教育成为许多高等师范院校主动适应经济社会发展新常态，推进教育综合改革的突破口之一。

互联网信息技术深刻地影响高等师范院校的教育教学改革。“互联网+教育”的深度融合对高等师范院校大学生尤其是师范生的综合素质提出更高的要求。开展启发式、探究式的创新创业教育，提升互联网技术下教师发展的核心素养，是高等师范院校适应教育信息化趋势，开展教育改革的必然选择。

（二）实现高等师范院校内涵式发展的重要动力

在我国，师范生就业形势日趋严峻。大批高等师范院校走上以“质量”为核心的内涵式发展道路。“内涵式发展”相较于“外延式发展”，突出的是事物发展的内在要求，是以事物的内部因素作为动力的发展模式。[②] 而开展创新创业教育是实现高等师范院校内涵式发展的重要动力。一方面，对于师范类专业，将创新创业教育的理念与思想融入专业建设，可以有效地推动该专业的转型升级，建立规模、效益、质量均衡发展的良好教育生态；另一方面，对于非师范类专业，创新创业教育可以促使专业教育与社会需求有效连接，推动大学生实现更高质量的创业就业。

---

① 李亚员：《创新创业教育：内涵阐释与研究展望》，《思想理论教育》2016 年第 4 期。

② 赵春雷：《从“外延式发展”到“内涵式发展”——我国高等教育发展的战略转型》，《继续教育研究》2015 年第 2 期。

（三）提升高等师范院校大学生发展核心素养的关键举措

“核心素养”是近几年教育领域备受关注的热词之一。2016 年 2 月，“中国学生发展核心素养（征求意见稿）”出台，并向教育界人士广泛地征求意见和建议。学生发展核心素养主要是指学生适应未来社会发展以及终身学习的必备品格与关键能力。[①] 开展创新创业教育是提升高等师范院校大学生发展核心素养的关键举措。对于师范类专业而言，创新创业教育可以激励一大批师范生走上自我发展的道路，引导他们主动将创新创业意识融入日常学习中，不断提升自身就业核心竞争力；对于非师范类专业而言，高等师范院校的一些非师范专业在社会对应行业中的影响力可能与工科院校、综合大学相比还有一些差距，这在无形中增加学生的就业压力。于是，激发这类专业学生的创新思维，让他们学会从“找饭碗”到“造饭碗”，就显得格外重要。创新创业教育可以为他们勇于创新、大胆创业、提升就业创业核心素养，提供智力支持、资源支持与平台支持。

二 高等师范院校创新创业教育发展现状分析

（一）创新创业教育方兴未艾，但未形成特色化发展模式

在国家大力支持大学生创新创业的趋势下，很多高等师范院校高度重视大学生的创新创业教育，积极探索创新创业人才培养模式，普遍走上“校内起步、校内孵化、校外发展”的阶梯式发展道路。但是，受到向综合性高校转型以及本科生“免师减，非师增”的影响，高等师范院校的创新创业教育积累总体偏少，底子不厚，发展道路与其他高校基本雷同，未形成特色化发展模式，难以凸显“师”字特色。

“挑战杯”创业计划竞赛是国内目前最具有导向性、示范性和权威代表性的创业竞赛活动之一，设置金、银、铜奖，至今已举办九届。在 2014 年第九届赛事的 68 件金奖作品中，高等师范院校获奖作品有 8 件，

---

① 辛涛：《学生发展核心素养研究应注意几个问题》，《华东师范大学学报》（教育科学版）2016 年第 1 期。

占11.76%。其中，获奖作品主要为信息技术和电子商务（4件）、文化创意和服务咨询（2件）等领域的项目，与教育有关的作品仅1件；在教育部直属师范大学中，仅有北京师范大学的项目获金奖。由此可见，主打“教育”牌的创新创业项目还需要更大的创意与更多的实践，才能获得专家、客户的认可。而如何围绕“师”字探索特色化发展模式，仍需高等师范院校牵头进行深入探索。

（二）创新创业课程建设初有成效，但协同育人体系尚未真正成型

创新创业教育课程建设在近几年开展得如火如荼。高等师范院校纷纷通过开设创新创业相关课程、开办各类创业培训班等举措来夯实大学生创新创业能力，取得初步成效。2015年12月，教育部下发通知要求从2016年起所有高校均要设立创新创业教育课程，并纳入学分管理。这一举措为高等师范院校深入推进创新创业课程建设提供强有力的制度依据。但是，创新创业通识教育与专业教育有机融合、校内外创新创业资源有机对接的系统化、协同化创新创业课程教育体系尚未真正成型。

在校内，高等师范院校的专业教育与创新创业教育常常呈现“两张皮”的现象，创新创业的师资力量较为薄弱，表现为：部分师范专业教师易受其教育学单一学科背景及师范生传统就业模式的影响，对师范生创业这一话题了解不多、理解不深、无从教育；在非师范专业的师资队伍中，有创业经历或相关授课、指导经验的教师也偏少；因专职师资力量不足，有一部分创新创业主讲教师为“半路出家”甚至从未受过创新创业教学培训的二级学院（系）学工干部、辅导员等。

在校外，企业与地方愿意给高等师范院校这类偏文科院校提供学生创新实践条件的积极性并不是很高，社会资源在高等师范院校创新创业课程教育上的作用还有待加强等。以上因素均极易导致高等师范院校大学生难以从现有的课程教育体系中获得充分的创新创业知识及能力。

（三）大学生创业率有所提升，但创业实践能力较差

在高等师范院校营造的良好创新创业氛围下，近几年毕业生中选择自主创业的学生人数较以往有较大幅度的提升。以陕西师范大学为例，该校2015届毕业生在离校时开展自主创业的学生达33人，超过该校前五

年同期数据之和。虽然从总量上相较于2015届全国高校毕业生2.86%的创业率还有较大差距，但这也真实地反映很多高等师范院校毕业生就业心态的转变及开展创业实践的现实情况。虽然高等师范院校大学生创新创业意识增强了，但是创业能力总体较差，主要体现为以下三点。其一，对创业政策重视程度不高。北京师范大学于2015年在本校开展的大学生创业情况调查数据显示：仅有8.3%的毕业生认为创业政策知识重要，其中，35.25%的已创业毕业生认为需要熟悉政策，由此可见，学生对于创业政策的理解与使用程度总体偏低。其二，缺乏创业实战经验。以师范生为例，他们受自身专业与阅历的局限，普遍拥有师范技能层面的知识结构，而对企业的财务、人力资源、营销、公关等创业相关知识兴趣不大，知之甚少。其三，筹集创业资金困难。特别是对于师范生，以女生居多，在就业时往往以“求稳”为主，只想得到一份教师工作，而鲜有考虑为别人提供工作。即便有创业的意愿，她们也很难在短期内拿出大笔资金投入创业。

三　构建高等师范院校创新创业教育长效机制的对策

在遵循创新创业教育一般规律的基础上，构建适应转型发展要求的高等师范院校创新创业教育长效机制，可从目标定位、课程建设、师资建设、实践建设等四个方面不断探索创新。

（一）目标定位：依托优势资源，培养具有创新创业精神的教育人才与创业型人才

高等师范院校应立足校情，找准定位，将培养具有创新创业精神的教育人才与创业型人才作为创新创业教育目标，走特色化、差异化发展道路。一方面，擦亮“师范”招牌，善于依托特色鲜明、影响力较大的高等师范专业开展教育类创新创业项目的科研探索，培养具有创新创业精神的教育人才；另一方面，在培育优势明显、潜力巨大的非师范专业上狠下功夫，利用师范院校转型发展契机，加强师范专业与非师范专业在创新创业教育领域的交叉融合，围绕项目打通学科，横向联合，在校内搭建“组队寻才”平台，达到项目团队、指导教师、团队成员强强联

合的优化目标。例如，广东技术师范学院在近年举办“挑战杯”创业计划竞赛期间重视开展“组队寻才”活动。项目团队通过派发宣传单、介绍项目情况、现场答疑等形式吸引优秀学生，这让不少学生找到适合参赛的项目和志同道合的合作伙伴，形成各学科资源整合及双向选择的良好模式。

联合国教科文组织中国创业教育联盟主席、浙江大学教育学院院长徐小洲教授（2015）指出，大学生创业不能局限于创办企业，还应包括内创业。内创业是指以创业的精神和能力推动事业发展。任何人从事任何工作均具有无限的创业空间，均需要创业精神解决生存与发展问题。如意大利幼儿教育家蒙台梭利（Maria Montessori，1870—1952）开创的“蒙氏教育法”影响巨大，全世界有2万多所蒙台梭利学校至今仍采用该教育法，蒙台梭利可算是幼儿教育领域的创业家。[①] 因此，高等师范院校在进行创新创业教育的目标定位时，还应注重以创新为内核，以育人为导向，培育具有“内创业”能力的创业者。例如，东北师范大学近年在“尊重的教育”基础上，又提出“创造的教育”理念，目的是希望该校所培养的教师是自身具有创新精神，并且能够将这种创新精神传递给学生的卓越教师和未来教育家。

（二）课程建设：强化分层分类，贯穿“创新融入教学，创业融合专业”理念

创新创业教育课程设计是“创新创业”人才培养的核心。[②] 高等师范院校应结合自身办学定位与人才培养规模，秉持“创新融入教学、创业融合专业”的理念，将创新创业教育融入人才培养全过程，主动适应师范生与非师范生两类群体的创新创业需求，按照创新创业意识类、创新创业能力素质类和创业实践类等三个方面来分层逐级开展课程教学。

对师范生群体的教育是高等师范院校创新创业教育的难点之一，须

---

① 徐小洲：《创业教育要培养的不仅是企业家——徐小洲教授在华东师范大学的演讲》，《解放日报》2015年7月26日第6版。

② 李月云、杨文艺：《强化协同：新建本科高校创新创业教育改革的路径选择》，《国家教育行政学院学报》2016年第2期。

重点加以解决。首先，针对全体师范生，可围绕微观教育活动四要素（教育者、受教育者、教育内容和教育手段）的创新创业案例开设创新创业意识类课程，增强他们的“内创业”意识；其次，针对有创业意向的师范生，开设以“互联网+教育”时代教师发展核心素养为主题的创新创业能力素质类课程，引导他们重视在网络教育领域的创新、开发能力，如提升基于碎片化移动学习的教学设计能力、自我营销能力等。在当代，不少企业、教师将创业点放在在线教育上。2016 年 3 月，一则在线教师时薪 1.8 万元的新闻引起社会的关注与思考。《光明日报》于 2016 年 4 月发表文章指出：“2015 年中国从事在线教育的企业数为 2400 至 2500 家，专门从事在线教育的人员达到 8 万至 10 万人，拥有数十万门在线教育课程，用户达到了近亿人次。”① 专业、全面、优质的教学内容已成为在线教育市场的迫切需求，而这些只能靠教师来提供。以上案例与数据从一个侧面反映出师范生在网络教育领域创新、创业前景广阔。最后，针对选择创业的师范生，开设诸如在线教育专题调研、对接在线教育企业进行实习等创业实践类课程，指导他们边干边学、以学促干。

（三）师资建设：立足常态化机制，提升教师的职业“获得感”

由于师范院校一般担负为基础教育学校的创新创业教育培养合格师资人才的重任，所以，加强高等师范院校自身的创新创业教育师资队伍建设具有十分重要的战略意义，关键在于做到三个“常态化”。

1. 机构建设常态化，确保“机构、人员、经费、场地”四到位

华南师范大学、杭州师范大学等高等师范院校纷纷通过创建创业学院、创业中心等机构来统筹、协调创新创业教育师资建设。其中，与校外优质企业合作共建创业学院是一个有益探索，这将更有利于授课教师对接参与相关行业的创新创业实践，切实增强他们开展创新创业教育的意识与能力。例如，华中师范大学于 2015 年年底与中科招商投资管理集团股份有限公司签约共建创业学院，对接国际创业教育投资项目，共同研发创业课程，建立创业导师考评制度，遴选和培训创业教育师资。

---

① 储朝晖：《“互联网+教育”还是“教育+互联网”?》，《光明日报》2016 年 4 月 19 日第 14 版。

2. 外引内培常态化，组建融校内、校外、校友为一体的创新创业导师群体

高等师范院校可一方面吸收一批既有创业经验又有学术背景的人士参与到创业教育教学与科研工作，优化人才梯；另一方面，通过项目竞赛、专题培训等方式，甚至出台“创业经历可用于评职称”等鼓励政策，提升高校教师的创业素养与能力，让他们懂创业、会创业之后再来教创业。例如，北京师范大学在2015年专门开展针对高校教师与企业的创业引领赛。该赛事以促进学校教师科研成果转化、引入社会企业资源为目标，取得较好的效果。

3. 科研工作常态化，让教师拥有更多的职业“获得感”

将创新创业教育当作一门学问，让创新创业实践上升到学理研究层面，是增强创新创业教育师资队伍职业认同感与幸福感的重要前提。可考虑发挥高等师范院校自身在教育科研资源方面的优势，出台多项激励措施鼓励、支持教师尤其是中青年教师在“创业教育学”领域找准各自方向，进行课题申报与高水平论文发表，抢先在这一领域的前沿占得一席之地，不断提升科研的乐趣、创新的兴趣以及生活的幸福感。例如，东北师范大学邹云龙教授于2013年编写学术著作《创业发展论》。该书建构较为系统的创业发展学理体系，对丰富和完善创业学、创业教育学具有一定的参考价值。

（四）实践建设：推进协同创新、协同育人，提高大学生的创业成功率

高等师范院校的创新创业实践教育可基于但不限于高等师范教育资源，内挖潜力，外借资源，扶持社团，着力推进校内外合作，形成交叉融合、协同育人的创新创业实践教育机制。

1. 内挖潜力，共建共享创新创业实践教学平台，壮大校内支持创新创业的力量

高等师范院校各部门和院系应树立“一盘棋”思想，加大各类实践平台的开放力度，根据自身所掌握的软硬件资源，协同开展大学生创新创业活动，着力打通师范生与非师范生在创新创业领域的未来成长空间。

2. 外借资源，广泛搭建创新创业实训平台，强化项目指导与跟踪服务

当前，高等师范院校普遍积极与地方政府、兄弟院校、企业、投资公司和各类孵化器建立合作共建关系，广泛搭建创业实践（实训）基地，但也不容忽视对优质项目的指导与跟踪服务。对于有发展潜力的创业项目，尤其是入围“挑战杯”竞赛、“互联网+”大学生创新创业竞赛的项目，从项目的立项、孵化到落地成形，须有专人跟踪指导，帮助他们排解难题。对于刚毕业不久、正处于创业期的毕业生，学校可坚持“扶上马，送一程”，主动为其建立创业档案并在资金、场地、政策指导、培训辅导等方面强化跟踪服务，切实提升大学生的创业成功率。

3. 扶持社团，拓展创新创业类社团的服务功能，营造尊重、支持创新创业的氛围

北京师范大学于2015年在本校开展的大学生创业情况调查结果表明：在校生认为获益程度排在前三位的途径分别是创业计划大赛、就业与创业指导中心的指导与咨询以及丰富的创业社团活动。因此，高等师范院校应充分认识到，创新创业类学生社团是推动大学生学习创业知识、传播创业理念、示范创业行动的重要依托力量。通过资金扶持、个性指导等方式重点培育一些专业特色鲜明、学生认可度高的创新创业类社团，可以有效地分担高等师范院校创新创业教育在宣传、实践、培优等方面的一些职能。

参考文献

1. 李亚员：《创新创业教育：内涵阐释与研究展望》，《思想理论教育》2016年第4期。
2. 赵春雷：《从“外延式发展”到“内涵式发展”——我国高等教育发展的战略转型》，《继续教育研究》2015年第2期。
3. 辛涛：《学生发展核心素养研究应注意几个问题》，《华东师范大学学报》（教育科学版）2016年第1期。
4. 徐小洲：《创业教育要培养的不仅是企业家——徐小洲教授在华东师范大学的演讲》，《解放日报》2015年7月26日第6版。
5. 李月云、杨文艺：《强化协同：新建本科高校创新创业教育改革的路径选择》，《国

家教育行政学院学报》2016 年第 2 期。
6. 储朝晖：《“互联网 + 教育”还是“教育 + 互联网”?》，《光明日报》2016 年 4 月 19 日第 14 版。

原文刊于《继续教育研究》2017 年第 5 期

职教师资

21 世纪初的职技高师教育结构

郑国强*

摘　要：本文认为一个“规模适中、体系完善、专业设置合理、规格与素质适应、培养渠道多元、适应本区域经济和科技发展”的高等职业技术师范教育体系，是 21 世纪初我国与各地区经济建设及职业技术教育的紧迫问题。职业技术教育是一个复杂的体系，专业门类多，专业人才变化快，决定了高等职业技术师范教育体系是一个多形式、多渠道、以职技师院为中心与基地的多元发展的体系；要使这个体系能够正常运行，除有计划，统一协调进行外，同时还要制定必要的法规和予以一定的办学条件保证。

关键词：职教；职教师资；体系；职技师院

发展经济，既要依靠科技进步，又要依靠劳动者素质的提高，而劳动者素质的提高主要依靠职业技术教育。在科技发展突飞猛进的 21 世纪，职业技术教育更显出它的重要性。在 21 世纪，职业技术教育要适应经济科技与教育的发展，必须构建一个高素质的、结构合理的高等职业技术师范（以下简称职技高师）教育体系。这是一项战略性措施，它对全国及各省的区域工业、农业的发展和教育现代化有重要的意义，对我国职业技术教育的全面发展有重要的作用。

---

* 郑国强，研究员，研究生导师，曾任高教职教研究所副所长（主持工作），全国职技高师教育理论研究协作委员会委员，代表作：《创建面向 21 世纪的新应用型大学》。

一 职业技术教育的现状分析

（一）我国职业技术教育状况

1994 年全国有各类职业技术学校 17893 所，各类培养机构 40 万个，88 所具有一定规模的职业大学。职业学校年招生 342 万人，在校生达 829 万人，分别占高中阶段的 58%。1996 年的全国技工学校达 4467 所，企业培训机械 2.2 万个，成人技术培训学校和各种社会培训机构 2 万个。

江苏：1996 年各类中等职校 820 个，在校生 77 万人，占高中阶段的 58%以上。计划到 2000 年，各类职校在校生将达 105 万人，高职在校生 3 万人，初中生 50%—70%进入职校。

北京：1996 年中等职校 434 所，在校生 15 万。预计 20 世纪末，职校生将达 25 万人。

广东：1996 年中等职校（含成人中专）共有 1118 所，在校生 62 万人，占高中阶段在校生的 53%。计划 2000 年招生数达到 47.4 万人。2000 年，中等职校在校生将达 92 万人；高职在校生从 0.34 万人增加到 8.5 万人，占全省高校在校生人数从不到 1%上升到 19.1%。21 世纪，中职技能生年培训能力将为 100 万人以上。

河北：各类中等职校 798 所，在校生 55 万人，占高中阶段在校生的 57%。计划到 2000 年全省中心城市都要建起一所高等职业学校（1997 年石家庄、邯郸、张家口等五所院校已改建成高等职业学校）。

（二）全国职技高师发展状况

据 1996 年统计，全国职技高师有北京、天津、河北、河南、上海、江苏等 16 个省市 27 所院校，其中一级学院 10 所，二级学院 13 所，普通高校职技高师教育系、部 4 个。其中 10 所一级学院平均在校生 2000 人。从 1980 年不到 10 个本科专业扩大到现在的 43 个，专科专业有 53 个，其中 36 个本科专业制定了专业目录。

（三）职教师资结构分析

从我国 20 世纪末职业技术教育发展趋势、职教对师资需求及当前高等职业技术师范教育条件分析，目前职教师资结构不合理表现为以下几个方面：一是数量不足；二是师资素质结构不合理，或动手能力差，或理论水平低，或缺乏教师基本技能的训练；三是职称结构不合理，许多职校高级职称比例很少，初级职称与未评职称的人数比例偏高；四是教师思想观念、思维方法、教学方法和现代教学手段的使用、人文素质等跟不上职教发展的需要；五是职技高师专业设置不科学，布局不合理，滞后本区域经济发展步伐的难题没有很好地解决；六是职校多数由基础条件师资条件较差的学校改建，底子太差，加上职教发展规模过快，其师资补充渠道单一，没有稳定的、合格的师资来源，没有形成完善的职教师资培养体系；七是没有健全的制度体系等。

如从全国职校专业教师学历结构看，本科毕业：中专占 64%，职中仅为 31.2%；生产实习指导教师大专以下学历占大多数。而在职业技术大学和职技师院中，教师本身专业技能素质的低问题也与中等职校师资一样严重存在。学历低、素质低、知识老化，技能差是职教师资整体素质不高的主要表现。

如广东，现有职中教师 1.4 万人，专任教师占 50%，本科学历达标率为 38.9%。到 2000 年，计划须培养职中 21 个专业近 5000 名师资，平均每年 1200 名，其中 1997 年就须 22 个专业 1457 人“专升本”，数量与学历合格培养缺口大，师资需求量将以 10% 的速度增长。

如江苏，1997 年共有职中教师 1.95 万人，学历达标率（本科及以上文化程度）为 28.43%，不到普通中学教师学历达标率（58.82%）的一半。计划 2000 年全省补充新师资 4.15 万人。

同时，中等职校专业成千上万，仅仅依靠一两所职技师院，从数量上远远不能满足 21 世纪初的要求，在专业上不可能完全覆盖。目前的一级学院 2000 人的规模过小，不能满足需要。加上管理体制与立法滞后于职教发展和职教师资培养，各地对职教师资的培养规格、教师上岗资格制度、经费投入保障体系等看法不统一，措施不力、制度不健全，使职教师资培养问题成为 21 世纪初职教发展的“瓶颈”之一。另外，依照职教发展的特性（地域性、职业性），它与区域经济和科技发展的紧密联系，决定了职教师资培养体系以省为区域布局的基调。

可见，建设一个“规模适中，体系完善专业设置合理、规格与素质适应培养渠道多元的适应本区域经济和科技发展”的高等职业技术师范教育体系，是21世纪初我国与各地区经济建设与职业教育的紧迫问题。

二 21世纪的职技高师教育结构图

根据职技高师教育的整体布局和相互间关系，笔者设计了“职教师资培养体系结构图”。如图1所示：

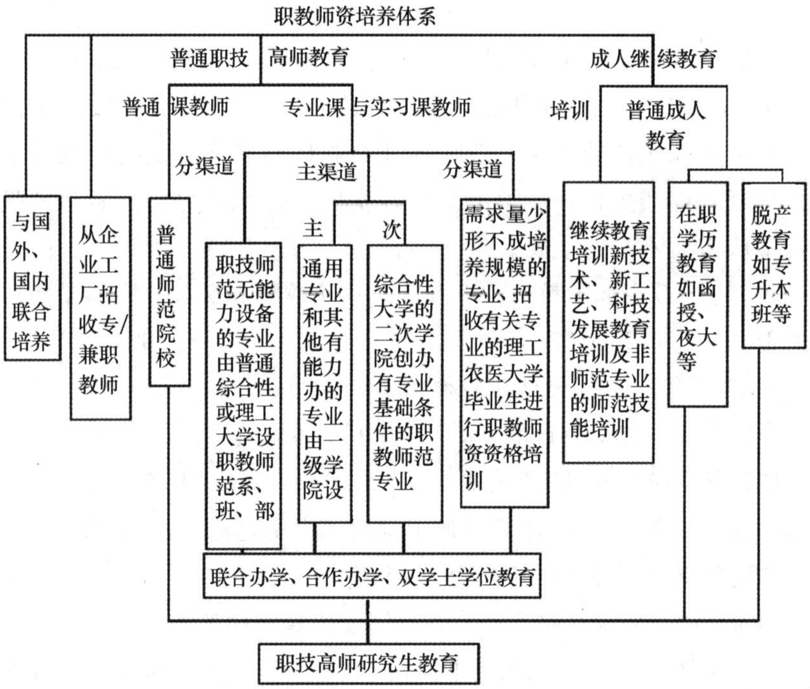

图1 职教师资培养体系结构

三 构建职技高师教育体系所涉及问题的思考

职业技术教育是一个复杂的体系。一是专业门类成千上万；二是专业人才随地域经济和科技发展不断变化，有些专业批量少、品种多、变化频率快，今年是热门专业，后年可能已经冷门。职技高师教育通过中等职校、高等职校这个中间渠道与经济发生联系，其师资培养的周期和效益，一是在时间上滞后于经济发展，二是难以预测人才需要的规模与数量，三是受投资效益的局限，在专业设置上往往不能或不能及时满足社会需求。职技师院虽然在通用专业上基本能满足需要，但仅仅依靠一两个职技师院，在数量上离需求差距大，在专业上不可能完全覆盖，这就决定了高等职业技术师范教育体系是一个多形式、多渠道，以职技师院为中心与基地的多元发展的体系。这个体系既确立职技师院主渠道培训中心、培养基地的地位与作用，又显示了它力不从心，必须把一部分培训任务交给其他有关院校的特性。根据地域经济发展和 21 世纪技术密集型产业必须依靠职教为基础的特点，在职技师院建设一批与重点经济建设的产业、行业相关联的重点、通用专业，是职技高师教育成规模、有重点、高质量、高效益的关键。以职技师院普通专业为依托，办好师资培训中心和技术技能训练中心、职教理论研究与信息中心是当前各省市的一项大事。抓住了职技师院这个主渠道建设，就能提高投资效益，有利于用少的钱办大事；有利于集中力量提高教学水平和职教研究理论水平，可对职教和职教师资培养起示范作用。目前许多省的职教师资培训工作，不仅从规模上，而且从专业设置上都与经济和职教发展水平不协调。当务之急是下大力气从办学条件、仪器设备、教学改革、教学质量上提高办学水平与教学水平，使职技师院能发挥其职教师资教育中心、培训中心、职教理论研究中心的核心作用。

对于职技师院无能力培养的、非通用的或培训不能上规模（需求量小或不能连续需求的）的专业师资的培训工作，应交给综合性大学或有关的理工农医学院去培养，或与之进行联合办学、合作办学，如在农业大学设立农技职教师范教学、学院，在工业大学设工业技术职教师范学院、系。

直接从综合性大学、理工农医大学毕业生中聘用职教师资，国际上绝大多数国家不采用直接上岗的办法。但是，招聘普通高校有关的专业毕业生经过半年至两年的职业技术教育专业课师资培训的经验并不鲜有，如韩国就招聘有关专业毕业生进行一年半的训练，取得职教教师资格，然后上岗；苏联在30多所高校专门附设职技教育专业课师资培训班，对生产教学技师进行4—6个月的短期培训，以提高他们的教学能力；德国从参加工作4—6年的有关专业毕业生中聘任职教师资，经培训半年以上后上岗。我国目前在职教师资学历合格率低、专业教师培训数量不够、专业不对口、职技师院专业覆盖面不够的情况下，招聘一批理工农医大学毕业生经过半年至两年的职业技术技能训练和师范技能训练后上岗非常必要，可短（教育时间短）、便（经费不多）、快（补充师资快）解决师资紧缺问题。今后，尽管职技师院及有关的职技师范教育系、班的专业覆盖面提高了，上述办法虽然不能作为主渠道，但仍应作为一条补充渠道进行。

鉴于21世纪初职教师资的需要状况，具体可按如下去做：

（1）根据情况，各省可在理工、农医大学中创办1至2个职技高师二级学院，培养与本院校专业接近的省内非通用专业师资，但不能与省职技师院重复设置，不宜布点太多，以免重复设置浪费资源。

（2）职技师院与有关的普通高校联合办学或合作办学。一种形式是共同使用师资、仪器设备、实习与实践基地等办学条件进行培养。一种形式是共同制订招生计划与教学计划、分阶段培养，前三年在普通高校（上普通基础课、技能训练课、专业课），后一年在职技师院（上师范技能课、教育实习、生产实习）。

（3）目前职教师资紧缺专业或形不成培养规模的专业，可在普通高校招收理工农医毕业生，进行职技专业技能与师范职业技能培训，取得教师资格后上岗。时间可长可短。一年左右的取得教师资格证后到一般中等职校中任教；两年左右的取得职技师范教育第二学士学位后到高等职校或重点中专、中技任教。

鉴于目前我国职教师资学历达标率低和专业技术技能达标率很低的状况，加强在职函授和脱产成人“专升本”、成人普通班等教育相当必要。目前职教师资“专升本”渠道不畅，许多专业在职技师院没有相应专业。必须设法开拓渠道。为了提高师资整体水平，必须加快培训速度。各省市应充分发挥职技师院作为该省职教师资培训中心的作用。

在21世纪初，新科技、新技术突飞猛进，许多在职职教师资上岗多年，知识陈旧、不能适应新形势的要求，必须及时进行新技术培训。

针对实习指导教师普遍学历低、理论知识缺乏，人数不足的问题，要有意识地加强实习指导教师的培养，如专门招收实习指导教师提高班，对他们进行学历、知识、教师职业技能的教育；可从企业、工厂招收一批文化素质较高的能工巧匠经过培训，补充到实习指导教师队伍；也可从高职院校优秀毕业生中招收实习指导教师，经过专门培训班加快培养。

必须对中等职校的领导、管理人员、教师进行职教理论知识培训、进修，提高他们对职教理论、职教教学规律、教学方法的了解和掌握，促进中等职教教学改革和发展。

招收一批企业、工厂的高级技术人员、管理人员担任高等职业技术学院和中等职校的专、兼职教师，是世界各国职业技术教育所通用的办法，是一条非常必要、不可缺少的渠道，也是职教与生产实践紧密联系的一条重要渠道，我国也不能例外。对这些专兼职教师也应进行职教理论和师范技能教育，以加强他们的教学水平和教师素质。今后仍应不断从企业、工厂中招收他们担任专、兼职的实习指导教师，甚至担任专业理论课教师。

职教师资培养坚持高质量、高起点，是职业技术教育摆脱二、三流的阴影和避免师资培养恶性循环的有效办法。浙江工业大学办职教学院就是一个很好的例证。

鉴于目前中等职校生与普通高中生总体素质不同的特点，以及职技师院大学生应有厚实的理论基础知识和一定的技术技能水平的要求，从高考中录取普通高中毕业生培养理论课教师，从职校优秀生中选录培养实习指导教师的做法是可行的、必要的。片面加大职校生培养理论课教师的份额，实践证明会削弱职教师资的整体水平，影响职教发展。坚持高起点才能保证高质量。坚持高起点，一是表现在招生上，应统一定为本科，原有的专科应创造条件上本科；一是在教学计划上，知识和技能要求不能偏废，都要高；一是在教学条件上上台阶，保证教学手段和学生技术技能训练基地设备仪器的先进性，保证技术和技能训练与理论知识教学的先进性，如重点建立一批大型的职教训练中心、技术技能培训与鉴定考核中心和试题库。

与国外、国内有名的职技师院联合办学，选派一批优秀生或优秀师资到那里学习、取经，也是一条可行和必要之路。

有些地方在没有这些高起点的情况下，片面要求实现“一体化”师资是不现实的。在短短的四年内，既要保证有厚实的理论功底，又要达到5、6级工的技术技能水平，无法解决有限时间与知识技能要求之间的矛盾，在目前情况下是难以实现“一体化”的，只能有所侧重。即“理论课教学为主，兼顾实习指导”或“实习指导为主，兼顾理论教学”有所侧重的培养模式。纯粹的“一体化”是实现不了的，只有对本科毕业生进行职教第二学位再教育或将学制加长至5年才有可能达到。

四 建立职业教育管理和制度体系，保证其体系的正常运行

理顺职教师资培训管理体制，改变职教多头管理（高教、普教、劳动部门管理）的局面，建立统一协调的管理机构，才能有计划、高标准的发展。

做好人才市场和专业设置的预测，有计划地培养。职技高师院校与地域经济的联系是以职校为中间媒介的。职技高师专业设置既要适应地域经济产业与行业的发展，又受教育滞后于经济发展的困扰。为了更好地培养适应经济发展要求的合格师资，职技高师教育一是要根据本区域（省）经济发展趋势（产业与行业）和中等职校师资需求预测，在做好论证的基础上建立新专业与调整专业方向（新的经济发展与投资热点，新的产业、行业的产生，可能是新的专业设置的依据）；二是专业教育应采取宽专业、窄方向的布局方法，既重视技术技能训练，又不忽视基础理论的教学，使所培养的师资具有厚实的功底以适应今后变化的专业要求。各省市应以本地域优势的产业、行业为依据，创建自己的职技高师重点专业。

实行教师证书制度和新的职业学校职称评聘办法，使职教师资上岗、任职、晋升评聘有法可依；保证教师质量，激励师资内在有效动力。如双师证和待遇挂钩，取得双师（讲师、工程师）资格者，工资待遇晋升

一级；取得继续教育证书者在晋级评聘时，同等条件下优先等。教师评聘职称可实行两条线，也可建立独立的职教师资评聘标准，如理论课教师——普高评聘制；专业、实习指导教师——工程、机制等。

加大投资，保证职教师资培养有高起点的办学条件。

一方面职技高师教育与其他职业技术教育一样投资大；一方面当前职教师资培养的人员数量缺口大；一方面当前技术技能训练基地的投资缺口大；加上职技师院起步晚，办学和专业建设底子薄，不加大投资力度就谈不上规模上效益成体系。

政府如何按照高等职业技术师范教育与教学规律去考虑经费投入问题，应进行认真的研究。职业技术教育投资应划入产业行业投资成本的范畴。除了政府资助、学校自筹外，必须通过企业、社会、个人等多渠道筹集经费。要建立法规，征收产业、行业教育税等用于职业技术教育，其中一部分划入高等职业技术师范教育体系。江苏征收职教附加税的做法值得参考。

总之，要建立起省级职技高师教育体系，有大量的理论、管理和教学实践问题要去做。坚持高起点、高质量、高标准，才能使我国及各省市（地域）职业技术教育跟上世界职教发展水平，才能保证21 世纪初职业技术教育不拖经济和科技、教育的后腿。

参考文献

1. 郑国强：《当前高职教育中的几个热门话题》，《广东成人教育》1997 年第 4 期。

2. 孙庆：《职校师资："跟不上形势"》，《服务导报》1997 年 10 月 4 日；《中国教育报》1997 年 11 月 19 日。

3. 1997 年 10 月天津 1997 高等职业技术师范教育国际研讨会论文集，朱爱胜、崔景贵：《略论跨世纪职教师资的培训》，臧文祥：《面向 21 世纪培养高素质的职业教育师资》。

4. 1996 年 10 月常州、全国高等职业技术师范教育委员会一届三次会议文集，徐炳亭：《浅议职教基地的职教师资培养工作》。

5. 江苏省教委职教办公室：《继往开来　再创新绩——江苏职教 1996 回顾与 1997 展望》，《职教通讯》1997 年第 1 期。

6. 广东省教育厅《1997 年职中专业课师资专升本需求情况统计表》和《"九五"期

间职中业课师资（本科）培养计划统计表》1997 年 1 月 5 日。
7. 广东省高教厅规划处编：《广东省高、中等教育统计分析资料——一九九六学年度》。

原文刊于《广东职业技术师范学院学报》（社会科学版）1999 年第 1 期

以科学发展观促进高职教师管理的三大转型

刘合群*

摘　要：高等职业学校的教师队伍管理是新形势下值得重视的一个问题，特别是由中职学校升格为高职学校之后，教师队伍的建设管理必须完成定位转型、特色转型、评价转型，促使高职院校组建起高水平的双师型教师队伍。

关键词：高职院校；教师队伍；管理；转型

中国高等教育大众化的进程，对高职院校的师资队伍建设提出了严峻的挑战。高职师资管理需要在科学发展观的指导下，通过完成三大转型来促进高职师资培养。本文试图从高职教师的定位转型、特色转型、评价转型等三方面展开论述，梳理高职教师管理的若干特色，为建设一支合格的高职院校教师队伍出谋划策。

一　高职教师管理的定位转型

（一）树立大学教师教育观

大学教师是以研究、传授高深学问，培养专业人才为己任的学者。管理者要促使教师形成大学的教育观念，按大学的教育规律从事教学工

* 刘合群，硕士，教授，广东技术师范学院教育学院原院长，江西师范大学兼职教授，广东省课程与教学论研究会副理事长，代表作：《职业教育与职业培训是现代城市发展的支点》。

作。蔡元培说："大学者，研究高深学问者也。"高职院校培养的是高级实用型技能人才，培养的是高级蓝领，教师传授和研究的一样是高深学问，故在教学中所体现的是高深学问观和专才观。高职教师不可妄自菲薄，要有自信心，在研究和指导上要主动按大学的教学规律来施教，根据高职院校的教育目标来安排教学内容，根据教学对象来制定教学策略和教学方法。

（二）建立大学教师发展原则

第一，大学教学制度的适应性原则。大学教师的发展原则是区别大学教师和中职教师的关键。大学教学制度采用的是适应性原则。大学实行的是选课制、学分制、导师制等教学制度，其实际效果在于培养人才上具有创新作用。那么，高职院校的教师如何适应这种教学制度以寻求发展呢？首先，要学习大学教学制度，要了解大学教学制度，既要保障培养的学生知之甚广，又要保障他们在某一方面又知之甚深，因此，教师的发展就需要不断地学习。其次，要熟悉教师学习的形式，了解大学师资管理的特点，做到不断学习。最后，有针对性地适应性学习，如大学导师制，教师就应不断学习其要求，了解其工作形式，因为这是一种成功的大学教学制度。加拿大文学教授斯蒂芬·利考克在访问牛津大学后说："学生所知道的一切都是从导师那里——或者不如说同导师一起学到的。"① 可见，这才是遵循适应性原则的大学教师。第二，教学与科研相结合的提升原则，这是大学教师水平提升的要求。其一，教学要以研究成果作为重要内容。大学教师的教学如果没有研究的内涵，教学内容就不会丰富，讲授就会缺少底气，很难给学生最前沿的新知识。其二，教师的研究体验会给学生以潜移默化的影响。教师在教学中融进科研的感受，能引导学生养成严谨的科学态度和求真的科学精神，帮助学生掌握做学问的方法。所以，雅斯贝尔斯说："最好的研究者才是最好的教师。"② 第三，学术研究与应用研究并重的原则，这是特色发展对教师的要求。技术改

① 裘克安：《牛津大学》，湖南教育出版社 1986 年版，第 86 页。

② ［德］雅斯贝尔斯：《什么是教育》，邹进译，上海三联书店 1991 年版，第 153 页。

造、专利申请、方法创新、技能实训等，都是高职教师研究的重点。目前，社会上缺乏的是科研成果的开发应用型人才，致使大量科研成果不能及时推广使用，从而阻滞了生产力水平的提高。高职教师在重视学术研究的同时，必须重视应用开发研究，这样才有利于培养高水平的技能型人才。第四，双师型教师发展原则。高职院校的教师，既是大学教师，又是工程师、高级技师、会计师、营养师、色彩师等。他们不同于普通高校的大学教师，而是特别重视职业技能的水平和专业动手能力。他们在双师型的成长道路上，所付出的往往更多。

（三）明确大学教师工作要求

高职院校的大学教师，其总的工作要求是定位于应用型大学，但又有自身的职业特色要求。一般来说，学术为基础，是大学之所以为大学的标志，即使是以培养技能型人才为主的高职院校也同样如此。不过，此处所讲的“学术”更多倾向于适应社会需要的应用研究、技术开发研究、高技能训练研究。在高等教育大众化的时代，应用研究成为高职院校形成特色的重要研究领域。第一，提倡个体劳动与集体劳动相结合。大学教师是以个体劳动为典型特征的，它要求在个人独自研究的同时，应该注意团队合作，培养团队协作的精神，否则将阻碍高校的科学研究与创新。第二，教学与就业指导相结合。大学教师通过教学帮助学生设计职业生涯，而高职院校的教师则是通过定位转型来帮助学生设计职业生涯。职业技术教育强调以就业为导向，并且要求落实在教育的全过程，这是高等职业技术学校教师的基本职责。第三，理论讲授与技能实训相结合。高职教师要有讲授的技能，也要有技能实训能力。讲要讲得清楚明白，做要做得干净利落，边讲边演示，以技能展示来加深学生对理论的理解。

二 高职教师管理的特色转型

高职院校教师的职业教育特色明显，这是毋庸置疑的。但遗憾的是，中国教育的知识传授模式在我国长期占有主导地位，长期束缚着中等学校执教教师。因此破解这个旧模式，转向以技能实训为特色的新模式是高职师资队伍建设的当务之急。高职教师管理要在提高认识、制定措施、建立标准的基础上，实现由高职院校的教师向有技能特色的大学教师的转向。

（一）新认识：高水平的技能也是高深学问的一部分

“君子不器”是孔子的观点，意思是说有学问的人不屑于学习手工匠人的技能技巧，其中包含了蔑视劳动者的意味。精英高等教育推崇学术研究，轻视应用研究。但是，在科学技术日益发达的今天，高水平的技能已经成为高深学问的一个组成部分，特别是高等教育大众化进程加快以后，这种认识已被人们所认识。因此，高职教师管理者在这一点上应提高认识。

（二）新措施：生产实践中的技能操练与科学研究

高级蓝领的培养，需要有高水平技能的大学教师的指点。大学教师的水平来自科研，来自生产实践第一线。美国学者特拉弗斯认为，教师角色的最终塑造必须在实践环境中进行。高职教师的角色塑造当然必须在大学和生产实践的环境中进行。演讲和听演讲、办沙龙和参加沙龙、发明和指导学生搞发明、写论文和论文交流等形式的活动都要紧密结合生产实践，在产学研的办学模式中培养出合格的高职教师。

（三）新标准：学术研究与技能实训相结合

教师从以知识传授型为特色向以技能科研型为特色转换，是高职院校管理发展的要求。因此，必须建立对高职教师的评价新标准，要将他们在技能水平上的高科技成果和培训高职生的实践成果纳入科研评价的体系之中。

三 高职教师管理的评价转型

高职教师队伍建设，能否做到以人为本，全面、协调、可持续性发展，管理评价是关键。首先，评价标准要坚持公平、客观、科学的原则。其次，设立科学的评价标准是正确评价高职院校教师的依据。最后，评价激励机制是教师队伍建设可持续性发展的保证。

（一）以人为本的评价理念

高职师资队伍的评价，强调以人为本，要从根本上改变评价的观念：不是管理，而是自理，让教师自我管理、自我评价。当定出合理的规章制度后，再将管理和评价的权力交给大学教师自己，让教师明确自己的发展方向，使教师自觉规范、自觉努力、自觉管理、自觉发展，这将成为教师成长的必然。

（二）人学特色的全面评价方法

要坚持以大学教师的标准来评价高职院校的教师。思想家罗素认为：“每个大学教师都应从事学术研究，并应当有足够的余暇和精力去了解各国学者关于自己所做的研究。”一个合格的大学教师应该熟悉自己的学科，并对该学科有浓厚的兴趣。同时他进一步明确指出：“我认为大学乃是为两个目的而存在的：一方面，为某些职业培养人才；另一方面，从事与眼前用途无关的学术研究。”① 这体现了大学学术研究的特征与职业特色的要求。因此，高职院校应该按照大学的办学理念来指导高职院校的教师队伍的建设发展。

（三）建立大学激励机制，保障高职教师队伍建设的可持续性发展

建立大学激励机制要防止“四重四轻”现象，即重论文轻设计、重知识轻技能、重研究轻应用、重理论轻实践。要做到严而有度、松而不散、目标明确；制度完善、评价科学、激励有方；组建团队、鼓励冒尖、特色鲜明；四轻四重、小心谨慎、持续发展。

美国哈佛大学原校长科南特认为：“大学的荣誉不在于它的校舍和人数，而在于它一代又一代的教师质量。”杨叔子先生说：“调动广大教师的积极性、主动性与创造性，竭力提高学校的学术水平，这是

---

① ［美］罗素：《论教育》，靳建国译，东方出版社1990年版，第190页。

办好大学的关键所在。”① 因此，高职院校师资队伍的建设管理，一定要以科学发展观作指导，转变观念，实现三大转型，探索出符合新世纪高职院校教师管理的规律，用高水平的教师队伍来保证高水平的教育质量。

原文刊于《教育与职业》2006 年第 8 期

① 杨叔子:《论教授治学》,《高等工程教育研究》2002 年第 1 期。

职教师范生的职业认知与干预措施*

唐芬芬**

摘　要：探察职教师范生的职业认知可以从生活史角度进行分析，师范生对于教师职业功能、职业环境、职业专业化程度、职业权威等的认识，主要受到主流社会倡导的教育理论或舆论、重要他人、重要事件以及自我分析的影响，师范教育应有的放矢地干预和引导学生的职业认知，提升从教意愿，锻炼从教能力。

关键词：高职；师范生；职业认知；教师教育

职业认知是指人在生活、学习、交往中形成的对某种具体职业的认识和评价。古德森（Goodson，U. K.）认为，教师的行动与个人过去的生活历史密不可分，过去发生的一切生活历史内容，都会慢慢发展成为足以支配教师日后思考与行为的“影响史”，从生活史层面了解职教师范生的职业认知，有助于师范教育有的放矢地进行职业认知的干预和引导，使职教师范生形成正确的职业认知，对职教师范生以后的专业发展产生长远的影响。

本文采用了内容分析的研究方法、“内容分析法是一种分析文本的方法。一般而言，内容分析法研究的主题是各种类型的文本，包括报刊文

---

* 本文系广东技术师范学院教学改革研究项目《创设实训教学情境，培养职教师范生的角色意识》项目（项目编号：广师教字〔2006〕42 号）部分研究成果。

** 唐芬芬，教育学硕士，副教授，硕士生导师，代表作：《教育资源的开发与职业教育教师的专业成长》。

章、访谈记录、图片内容、电视节目、回忆录等”①，旨在揭示相关内容背后隐藏的不为人知的人的行为、态度和价值观念。本文的调查对象是广东技术师范学院的教育技术、外语、注册会计3个师范专业5个班的职教师范生262人、调查设计的开放性问题有“你为什么选择师范专业?”“你愿意当教师吗？请列举原因”“你认为优秀的教师是什么样的?”“你有过家教、义教等类似经历吗?”“你觉得自己的性格适合当教师吗？为什么?”“你对职业教育有何看法?”等等，让学生以书面形式匿名回答，旨在保证内容的相对真实。研究者将学生的书面叙述收集起来，反复阅读，除了问题本身给出的主题外，尽量再归纳出叙述内容中呈现的其他主题，并构建相应的类别，本研究主要分析职教师范生的职业认知及影响因素，并思考师范教育相应的干预和引导措施。

一　职教师范生的职业认知

职教师范生的职业认知主要与职业功能、职业环境、职业专业化程度、职业权力及权威等内容有关，有积极和消极两个层面。

（一）职业功能

其一是教师职业的社会功能，持正面认识的学生占多数，侧重人才培养的作用，认为教师职业是“神圣和光荣的”，具体表现为“教师职业的最大责任在于培养祖国未来的希望”；“人必有师”；“热心奉献，教育下一代人的成长，很神圣”；“一直想为家乡落后的教育出一点力，让更多的孩子能上学，能上好学”。其二是教师自我价值实现的功能。如“教师能让更多的人学到更多的知识，能实现自我价值”；“自己也可以丰富知识陶冶情趣”；“感受学生们的青春活力，让自己的生活变得更充实”；“有时间发展自己的兴趣”。表明学生认识到了教师职业能达成自我价值实现的功能，并能由此得到愉悦的体验。“教师劳动比一般劳动更具有自我实现的价值、教师的劳动是培养人，具有特殊的复杂性和创造性。这

---

① 邱均平、邹菲：《国外内容分析法的研究概况及进展》，《图书情报知识》2003年第6期。

种劳动能有力地促进个人自身的完善和发展。”① 值得注意的是持此类“完善自身”观点的学生并不多，多数学生没有意识到教师职业对自我发展的助益。

（二）职业环境

职业环境主要指任职者的工作条件与社会经济权利的总和，包括职业工作的自然和社会环境，前者如工作的技术条件和空间条件，后者如劳动强度、工资福利、晋升机会。调查中，多数学生对教师的职业环境持认可态度，如“规律性很强的作息安排”；“有较长的假期”；“校园里宁静安详的生活”；“稳定，工作压力不会很大”；“与学生相处，不用要心机”。其中教师职业的工资福利是大多数学生关注比较多，也比较满意的，认为“待遇在提高”；“收入比较稳定”；“福利好”；“社会越来越重视职业教育，国家对职业教育的投资也在加大”。少数学生对教师职业环境持消极态度，主要有“同样内容讲很多遍，而且整天被学生背地里评价”；“生活太单调，缺乏挑战性”；“不能深入社会中，太平庸”；“生活圈太小”。在学校层次和类型的选择上，多数学生选择普通高等院校和普通中小学，少数学生愿意去职业类学校任教，普遍认为“职业学校学生素质不高”；“职业学校待遇较差”。很多学生表示对职业学校的环境并不太了解。调查中，很多学生非常看重教师职业的物质回报，而对教师职业带来的成就感和自豪感重视还不够，呈现出功利色彩。另外，对教师职业持消极态度的学生中，男生所占比例明显高于女生。无论是积极或消极的认识，都反映出对教师职业环境的认识过于简单和片面，尤其应引起注意的是要引导师范生多了解职业教育，纠正对职业教育的种种偏见。

（三）职业专业化程度

职业专业化程度主要与职业准入制度和条件有关，包括任职者应担当的责任和义务、应具备的知识和技能以及资格评估和考核制度等因素。学校层次越高，学生的认可程度也越高，但是学生普遍对教师职业的专

① 王道俊、王汉澜：《教育学》，人民教育出版社 1989 年版，第 562 页。

业化认识比较浅显，所言甚少，仅有个别学生表示“在大学里，教师要有很强的专业技术，我可以一边教学，一边获得更高学位。”

（四）职业权力及权威

教师权力是一种法定的权力，涉及拥有和支配学生、班级和课程等教育资源的权力。教师权威则是与教师个人的性格气质、道德品质、文化素养等因素相关。不少学生认可教师的职业权力和权威，如“教师是深受人民尊敬的职业”；“想以教师的身份体验受学生爱戴的感觉”；“渴望领略站在讲台上的那种感觉”；“教师在我的心目中是伟大的，站在讲台上显得那样神气”。但学生对教师应具备的责任感重视不够。

二 职教师范生职业认知的影响因素

（一）社会倡导教育理论以及舆论的影响

社会倡导教育理论“体现为社会群体的教育言行或大众媒体的教育舆论；也可以存在于专业的教育理论文本中，体现为那些社会主流价值取向所认可的教育理论论文、专著和教师教育的课程；还可以存在于政府与相关教育行政部门的教育文件中，体现为教育政策、法规与教育制度等”①。与教师职业相关的社会倡导理论有目的地从“应然层面”对教师职业以及教师角色做出要求和评价，将教师职业神圣化、理想化。这些理论都致力于从正面引导职教师范生了解教师职业、舆论在校园内外以非正规的形式存在并产生影响，多通过报纸杂志、电视电台、网络或民众的口头传播传递关于教师职业的信息、舆论往往由某些校内外事件引发，或积极正面，或消极负面，与主流社会倡导的教育理论可能一致，也可能会抵牾，积极或消极地对职教师范生的职业认知产生影响。

（二）重要他人的影响

重要他人是指在一个人心理和人格形成过程中起过巨大影响甚至是

---

① 易凌云、庞丽娟：《论教师个人教育观念与社会倡导教育理论的关系》，《教育理论与实践》2005 年第 8 期。

决定性作用的人物。调查中，影响到职教师范生职业认知的重要他人主要有任教教师、亲友、同伴群体。任教教师对职教师范生职业认知的影响有积极和消极两方面。有学者提出“旁观习艺”的理念，指学生由于长时间的持续受教经历，和其他教师的教育交往过程会形成有关褊狭而肤浅的教育观念，这样一种不经意的学习，常以隐默的方式进行，对于教师教学生涯的专业发展，形成有形或无形的限制或助长功能。[①] 在长期的受教经历中，学生常常会对自己的教师“评头论足”，这个过程影响着学生对教师角色的认同，同时也是对教师职业做出评价的过程。如“遇到知识丰富、幽默诙谐的教师时，想以后我也要这样”；“教师站在讲台上滔滔不绝地向学生讲授知识，我很羡慕，立志长大以后，一定要当一名教师”；“我是被一名教师改变过来的，所以希望自己能改变和帮助更多的学生。”父母亲戚也潜移默化地对师范生的职业认知产生积极或消极的影响。有学生提到“还未上高中前，我是非常愿意当教师的，我父亲姨妈都是小学教师，而且在我就读的小学就有不少好教师，那时确实觉得当教师不错。后来改变我想法的人是我父亲，他说现在的小孩越来越难教，多数独生子女恃宠生娇，野蛮任性，而且教师的工作也比过去要多，很容易得职业病，所以导致我不愿当教师，尽管这个职业很受人钦佩”。另外，父母亲戚也在师范生填报高考志愿过程中发挥着重要影响，很多师范生表示选择师范专业是得到了亲友的指导。若职教师范生本人认同亲友的意见，则会有良好的职业认知，值得注意的是，那些一味遵从亲友的意见或是被学校调剂到师范专业的学生中，不少人表示“教师并不是我所喜欢的职业，而是家长喜欢的职业”；“被动调剂的这个专业我并不喜欢”。这些学生的职业认知则容易倾向于消极，从教意愿也较低。同伴群体主要是学生时代同学间的相互影响。学生之间对教师职业的交流常会影响彼此对教师职业的认知。师范教育阶段，高年级学生对实习经历的介绍和评价对低年级学生的职业认知影响也比较大。

---

① 陈美玉：《生活史分析在新任教师专业发展上意义之探讨研究》，http：//study. naer. edu. tw/UploadFilePath/dissertation/l017_ 02_ 0761. htm。

（三）重要事件的影响

在个人生活史中，某些经验属于“重要事件”的性质，能刺激新的行为与新认知的形成。这些重要事件可能是外在的社会事件，也可能是个体专业发展上关键阶段的经验。[①] 影响职教师范生职业认知的关键事件主要是亲身经历的教育事件、填报志愿以及从事家教、义教等。如“填报志愿时是被家里的长辈逼着选了师范这个专业，那时完全不是自愿的，但到了学校，经历了一年的大学生活之后，很奇怪，就在这个暑假，我突然希望大学毕业后能从事教师这个行业了”；“参加了义教和家教后我喜欢上了师范专业”。

（四）自我认识的影响

自我认识主要指对自己知识、能力、性格、职业愿望等方面的认识，与职教师范生的从教愿望密切相关。认为自己的性格、能力、爱好适合当教师的，从教愿望往往会高，职业认知也积极正面，反之对自己能力不自信的、自认性格不适合的从教愿望就低。如“我觉得自己性格比较开朗，喜欢和学生相处，所以觉得当教师应该是个不错的选择”；“当工程师是我的理想，所以有机会我想改行”；“义教之后，我发现自己的表达能力还是不错的，是适合当教师的”。自我认识是会变化的，需要引导职教师范生正确认识自我，多参与实践活动，激发职教师范生的从教潜能，提升从教意愿。

三 高职师范教育的干预和引导措施

调查发现，学生们的职业认知呈现出模糊性、阶段性、不稳定性等特点，因此高职师范教育需要“能针对已存在的及个人的内在因素，重新进行理性的梳理与引导，否则与此种先前生活史及重大事件的影响力

---

① 姜勇：《女性主义教育学视野中的教师专业发展》，《教师教育研究》2004 年第 6 期。

量相比，正式的师资教育反而显得逊色”[①]。高职师范教育需要采取合理的干预和引导措施，引导职教师范生有目的、有计划、系统地吸收有关知识，锻炼从教能力，形成更明确的职业认知，稳定和提升从教意愿。

（一）抓好招生宣传和入学指导等工作

在调查中，从教意愿低的学生对“你为什么选择师范专业”的回答集中在三个方面：一是填报志愿时对专业认识模糊，如有学生表示“当初选择教育技术专业，以为毕业后是到教育局工作，是坐办公室的，当时我也问了一些人包括班主任，但他们对教育技术学这个专业都不了解”；“我填志愿时，以为教育技术专业是计算机专业”。二是服从学校专业调剂，被动选择师范专业。三是选择师范专业时态度不明确，因此师范类院校需要抓好招生宣传、录取调剂、入学教育以及就业指导等四方面工作。在招生宣传时，有必要结合当前我国职业教育的发展状况，清楚介绍各个师范专业以及各专业职教师资的培养定位和就业方向；录取时专业调剂尽量考虑与志愿填报相近的专业；新生入校后，入学教育需要各专业强调自身“准教师”的培养定位，坚定学生为职业教育服务的信念。就读期间，也应及时开展就业指导，为学生明确职业发展方向。

（二）进行系统的教育专业知识和技能的学习

师范教育应更多地从“应然层面”有目的地干预、引导，修正职教师范生对教师职业片面表浅的印象，系统地帮助他们了解教师职业的作用与意义、权利与义务、知识和能力、道德和素养等，以教师敬业精神为中心，使职教师范生产生对教师职业的认同感、责任感和自豪感，树立职业信念，成为职业准备的内在动力。应多从教师职业的“专业性”“艺术性”要求上改变学生认为教师职业“轻松安逸”“缺乏挑战”“平淡乏味”等刻板印象，唤起职教师范生追求教育事业真、善、美的热情。

---

① 陈美玉：《生活史分析在新任教师专业发展上意义之探讨》，http：//study. naer. edu. tw/UploadFilePath/dissertation/l017_ 02_ 0761. htm。

（三）客观分析我国职业教育现状

在调查中，职教师范生多从理想状态描述教师职业，同时职业理论更多是从“应然”层面提出教师的职业要求，这容易造成学生的想象或职教理论与教育实践的脱节、忽视教育实践的错综复杂和无穷变化，容易引起职教师范生走上工作岗位后不适应。另外，对职业教育的不甚了解甚至偏见也直接影响着师范生从事职业教育的积极性。因此，有必要帮助职教师范生了解职教现状，辩证地认识职教现实，使他们对现实的复杂和困难有一定心理和能力上的准备，可以多组织真实事件的案例分析和讨论，见习和观摩职业学校的教学实践，组织与毕业实习的同学的交流会等活动，让学生近距离接触职业教育活动。

（四）引导学生反思自己的信念

教师反思是教师成长的重要方式。“康迪恩建议有效促进教师专业发展的计划，其实质性第一步就是首先要让初任教师对其自身先前的教育信念进行检核。”[①] 因此，师范教育应提前让学生们进行自我教育信念的检核，如引导职教师范生依据自己的求学经历，分析“我最想成为的教师”“优秀教师的标准和要求”“好学生的标准”“一堂优质课的要求”等，反思职教师范生的职业观、教学观、学生观等教育理念，在教师的引导下进行加强或修正，这些理念对于学生以后的教育实践会产生重要的影响。

（五）创设“重要事件”让学生体验

“重要事件”往往能刺激新的行为与新认知的形成，职教师范生对于教师职业的认识不能停留在以旁观者的身份仅仅获取知识和技能，还应在情感上有角色体验。在调查中，职教师范生中有过家教和义教经历的学生对教学的体验更为真切。因此，可创设教育教学的仿真情境，让学生真实体验为师的感觉，如模拟教学、实习、家教、义教等活动都能提供试误机会进行体验，可借以重复训练教学技能、培养教育机智以及抗

---

① 叶澜等：《教师角色与教育发展新探》，教育科学出版社 2001 年版，第 272 页。

挫折能力，积累为人师的情感体验，产生一定的角色意识，体验教师的义务与权利、奉献与收获。

师范教育作为教师专业发展的重要环节，对职教师范生职业认知的了解和引导应有足够的重视。从生活史入手，定位职前教育，从各方面唤起“准教师”主动从教的热情、坚定从教信念、积累从教知识、锤炼从教能力将对职教师范生长期持续的专业发展产生深远的影响。

原文刊于《职业教育研究》2009 年第 10 期

技术性、学术性与师范性相结合培养“双师型”中职师资

王乐夫[*]　姚洪略

摘　要：本文从高等职业技术师范教育的人才培养目标出发，对高等职业技术师范教育的技术性、学术性与师范性进行了探讨，认为高等职业技术师范教育在培养“双师型”中职师资过程中，要强调技术性、学术性与师范性的结合。

关键词：“双师型”中职师资；技术性；学术性；师范性

目前我国中职教师队伍的数量和素质还不能适应中职教育发展的需要。据报道，在中职连年扩招的情况下，生师比也在逐年升高，2000 年为 16∶1，2003 年不到 18∶1，2005 年就已超过 21∶1，据测算，2010 年中职在校生可达到 2200 万人左右，即使按照生师比 21∶1 计算，至少还有 30 万人的缺口。① 众所周知，随着经济社会的快速发展，新技术不断涌现，设备和产品不断更新。因此，社会对生产、服务一线的专门技能人才的要求越来越高，同时对中等职业技术教育的师资要求也越来越高，要求具有“双师”素质（即既有一定的学术水平，又要有一定的技能水平）。作为培养中等职业技术教育师资的“摇篮”，高等职业技术师范教

＊ 王乐夫，工学博士，教授，博士生导师，国务院政府特殊津贴专家，广东技术师范学院原院长。

① 教育部：《职业教育师资不足　职教老师缺口 40 万》，www. xinhuanet. com，2008 - 07 - 14。

育应该如何适应中职教育发展的需要，培养出高素质的“双师型”职教师资，是值得我们进行认真探讨的问题。

一 关于高等职业技术师范教育的技术性、学术性与师范性

技术性强调应用能力，解决的是“如何做”的问题；学术性强调学科专业知识，解决的是“教什么”的问题；而师范性则强调教育教学方法，解决的是“怎么教”的问题。高等职业技术师范教育既属于职业技术教育，又属于高等教育，同时还是师范教育。从职业技术教育角度出发，强调其技术性，职业技术师范教育要与普通的师范教育有所不同，就应在技术应用能力上下功夫；从高等教育出发，强调其学术性，学术性是高等教育的根本所在，高等教育所有的活动都是围绕学术性来开展的；从师范教育出发，则强调其师范性，教育理论和教学技能的掌握是教师的基本要求。

关于师范教育的学术性和师范性，素有纷争，[①] 众说纷纭，莫衷一是。笔者认为，在高等职业技术师范教育中，技术性、学术性与师范性要有机结合在一起，其中，技术性是关键，学术性是基础，同时我们还应该强化师范性。

被毛泽东主席誉为“伟大的人民教育家”的陶行知先生在《生利主义之职业教育》中写道：“职业教师之第一要事，即在生利之经验。”“职业教师之第二要事，是为生利之学识。”“职业教师之第三要事，为生利之教授法。”同时，他还认为：“健全之职业教师，自必以经验、学术、教法三者皆具为标准。”他这里所说的“生利”应可理解为“生产、商贸与服务”，因为他认为：“生利有两种：一曰生有利之物，如农产谷，工制器是；二曰生有利之事，如商通有无，医生治病是。”在今天看来，“经验”指的是职业技能，“学术”指的是学科基础，“教法”指的是施

---

① 张正峰：《关于“学术性”与“师范性”之争的原因分析》，《黑龙江高教研究》2004年第5期；叶澜：《一个真实的假问题——“师范性”和“学术性”之争的辨析》，《高等师范教育研究》1999年第2期。

教方法（包括理论和技能）。高等职业技术教育是培养中等职业技术教育教师的，我们强调其技术性、学术性与师范性，目的就是培养中等职业技术教育教师的职业技能、学科基础和施教方法。

二 培养“双师型”师资，突出技术性是关键

陶行知先生在《教育者之机会与责任》中指出：“好教育应当给学生一种技能，使他可以贡献社会。换言之，好教育是养成学生技能的教育，使学生可以独立生活。譬如社会上的农夫、裁缝、商人、工人、教员……他们都有贡献社会的技能，他们个人贡献他们所做的事，可以使社会得着许多便利。倘若有一人没有能力，则此人必分大家的利，而造成社会的恐慌！所以教育的成绩，就是‘技能’；教育就是‘技能教育’。”陶先生把所有的教育等同于技能教育，在今天看来可能有些偏颇，但对职业教育而言，教育应以能力为本。

发达国家各具特色的职业教育模式和体系，如加拿大的 CBE 教学模式（以能力为本，Competency Based Education）、澳大利亚的国家培训框架体系（质量培训框架“AQTF”＋培训包“TP”＋资格框架“AQF”）以及德国的“双元制”，虽然形式不尽相同，但其核心都是以能力为本位，以培养行业技能为抓手。

陶行知先生说得好：“无治病之经验者，不可以教医；无贸易之经验者，不可以教商。凡百职业，莫不皆然。故职业教师之第一要事，即在生利之经验。无生利之经验，则以书生教书生，虽冒职业教师之名，非吾之所谓职业教师也。”这段话非常清楚地表明了一个观点：只有掌握了技能的教师才是一名合格的职业技术教育的教师。

要培养学生的技能，人才培养方案是重要指南，在这方面，可参考澳大利亚的“培训包”，把授课内容和课程直接对应各种技能等级，让“所学”与“所用”结合起来，并获得相应的技能或职业资格证书。另外，校内实践和校外实习活动是培养技能的重要环节，对校内实践，可考虑组建有特色的专兼职教师队伍，多聘请掌握生产服务一线最新技能的企业工程师担任兼职教师，以这些兼职教师为主担任实践课的教学；对校外的生产实习活动，则可借鉴德国的“双元制”（企业＋学校）的工

学结合模式，加强真实生产环境下的实习和实训，让我们的“准教师”能熟悉生产服务一线的实际情况，积累“生利之经验”。

三 培养“双师型”师资，以学术性为基础

大学素来被誉为“象牙塔”，是知识的殿堂，中外的教育学家也无不把学术性看作大学的立身之本，无论从纽曼先生在《大学的理念》里强调的博雅教育（Liberal Education），洪堡先生强调的培养学者（Scholar），Karl Jaspers 先生在《The Idea of the University》里认为大学是知识性的社会（intellectual community），克尔（Clark Kerr）在《大学的功用》认为大学已成为“知识工业”（knowledge industry），还是梅贻琦先生的“所谓大学者，非谓有大楼之谓也，有大师之谓也”。蔡元培先生的“大学为纯粹研究学问之机关”，都深刻地论述了学术性对大学的重要性。

技能是重要的，但技能的发展离不开学术性这个基础，不然，就会像陶行知先生所说的“无学识以为经验之指导，则势必故步自封，不求进取”。一方面，现代科技的发展是学术发展的结果，如机械加工技术由单纯的手工操作发展到简单机械加工再到高精密的数控加工，就是机械加工技术、控制技术和计算机技术等跨学科发展的结果。另一方面，学术又对技能的掌握提供支撑，如教机械加工技术，不仅要教机械设备的使用技术和加工技术，使学生很好地掌握“使然”，更应该教好机械原理、控制原理和 CAD/CAM 以及它们在加工技术发展中的重要作用，使学生扎实地掌握“所以然”。只有掌握了“所以然”，学生的“使然”才能更好地掌握。

高等职业技术师范教育在任何时候都不要忘记学术性这个根基，我们不仅要培养学生的学科专业知识，还要培养学生的研究能力和创新能力。只有把学生的理论基础夯实了，我们的“准教师”在将来的工作岗位上才能有很坚实的发展后劲。

四 培养“双师型”教师，必须强化师范性

师范性是师范教育区别于其他教育的独有的特点。自联合国教科文

组织1966年在《关于教师地位的建议》中提出“教育工作应被视为一种专业”以来，教师的专业化已成为现代教育改革与发展的方向和主题，而教师的专业化又必然要求教师教育的专业化。[①] 我国的《教师法》也规定“教师是履行教育教学职责的专业人员”，同时，“国家实行教师资格制度”。《〈教师资格条例〉实施办法》规定：“中国公民在各级各类学校和其他教育机构中专门从事教育教学工作，应当具备教师资格。”同时，对申请认定教师资格者的教育教学能力提出了三点要求，其中第一条要求申请者具备承担教育教学工作所必须的基本素质和能力，主要通过“试讲”来考察申请者的教学设计、教学方法、教学技能和教学效果，这就是对“师范性”的要求。

强化师范教育的师范性，可从一般教学法知识和学科教学知识两方面进行。一般教学法知识就是要通过教育理论、教学方法和教育技能等方面的学习，让学生熟悉教育科学基本理论知识，了解一般教育规律，从而培养学生的一般教育教学能力。而学科教学知识则是由曾任美国教育研究会主席的斯坦福大学舒尔曼教授（Shulman）提出来的，即教师将自己掌握的学科知识转化为学生容易理解的知识，它具体表现为教师知道如何通过演示、举例、类比等来呈现学科内容，也知道学生的理解难点，是区分教师和学科专家的一种知识体系。[②]

学科教学知识是师范性的核心，陶行知先生在谈到“生利之教授法”时，对这个“学科教学知识”早就做了精彩的论述，“盖教授生利之法，随业而异。有宜先理想而后实习者，有宜先实习而后理想者，有宜理想、实习同时并进者。为职业教育者自宜熟悉学者之心理，教材之性质，使所教所学皆能浃洽生利之方法，而奏事半功倍之效”。特别对技能训练而言，学科教学知识显得尤为重要，教师不仅要熟悉设备的使用，还要根据不同设备的特点采用不同的教学方法。

高等职业技术师范教育培养中等职业技术教育的“双师型”师资，不仅要有一定的学术知识基础和较强的动手能力，掌握一般教育教学方法，更重要的是要能与学科和技能特点结合起来，做到“三好”：“课上

---

① 刘湘溶：《简析教师专业化与教师教育专业化》，《中国高教研究》2004年第7期。

② 杨彩霞、杨彩梅：《对教师知识研究取向与发展的思考》，《教学探索》2006年第1期。

得好”“操作技能好”“为人师表好”，也就是说，既能在课堂上教好书，讲授理论知识，又能在车间熟练操作设备并指导好实习实训，同时还是学生的职业生涯规划及行为道德和心理生理健康辅导员。

在高等职业技术师范教育中，我们不仅要重视其技术性、学术性和师范性，更重要的是处理好三者之间的关系。首先是技术性与学术性的关系问题，只有在扎实的学术基础上，学生以后的发展才有后劲，同时也为技术和技能的掌握与更新提供支撑；高水平的技术训练又对学科基础提出新的需求，反过来促进学术的发展，可以说，两者是相辅相成的，需要注意的是技术性要注重“实际”，不能与生产服务脱节；而学术性则须注重夯实学生的学科和技术基础，培养发展后劲和创新能力。技术师范教育的师范性则应在于能够很好地把“技术”中的学科知识和技能体现以科学易懂的方法传授给学生。三者的有机结合就构成了高等职业技术师范教育为中等职业技术教育培养的“准教师”的素质：职业技能+学科基础+施教方法。

参考文献

1. 教育部：《职业教育师资不足　职教老师缺口40万》，www.xinhuanet.com，2008-07-14。
2. 张正峰：《关于“学术性”与“师范性”之争的原因分析》，《黑龙江高教研究》2004年第5期。
3. 叶澜：《一个真实的假问题——“师范性”和“学术性”之争的辨析》，《高等师范教育研究》1999年第2期。
4. 刘湘溶：《简析教师专业化与教师教育专业化》，《中国高教研究》2004年第7期。
5. 杨彩霞、杨彩梅：《对教师知识研究取向与发展的思考》，《教学探索》2006年第1期。

原文刊于《中国职业技术教育》2009年第3期

网络环境下“双师型”师资培训平台的构建[*]

袁南辉[**]　方超儿

摘　要： 随着我国职业教育的快速发展，各类职业院校越来越注重“双师型”师资队伍的建设，在提高理论教学水平的同时，寻求各种途径加强实践技能的培训。尽管目前开展“双师型”师资的培养、培训的方式很多，但成效并不显著。本文通过构建网络环境下的“双师型”师资培训平台，彰显信息技术在“双师型”师资培训中的优势，探讨网络环境下开展“双师型”师资培训的方式和途径。

关键词： 网络环境；双师型；师资；培训平台；构建

一　引言

建设高素质的“双师型”教师队伍是发展职业教育的有效途径之一。长期以来，我国在“双师型”师资培养过程中存在着较大障碍。探究其根源，问题主要来自“双师型”师资的培养模式、培养方法和“双师型”师资的能力评价等方面。虽然也有在网络环境下开展师资

---

* 教育科学“十一五”规划项目国家一般课题“网络环境下双师型师资培训模式创新研究”（课题编号：BCA090077）。

** 袁南辉，教授，硕士研究生导师，获安徽省科技进步荣誉奖，完成教育科学规划国家一般研究课题，代表作：《网络环境下职业教育教师培训模式实践研究》。

培训实践探索的，但由于技术、资源、管理、评价等诸多因素，效果不甚理想。

随着计算机技术与网络技术的快速发展，Internet 实现了各地资源的共享，网络环境下的"双师型"师资培训变成了现实。"双师型"师资的培训过程可以通过教学视频案例播放和学员训练视频录制的方式展开。学员在培训过程中录制自己的教学过程后上传，供指导教师和小组学员交流、点评，指导教师从中选择优秀的加入教学视频案例中，作为教学资源实现共享。这种网络环境下的培训模式使培训不受时间、地域的限制，利用学员自己的案例进行反馈教学和培训，亲切自然，更具有说服力，由此创建的虚拟情境学习平台就是一种很好的尝试。

虚拟情境学习平台是一种特殊的学习知识和解决问题的环境。利用虚拟现实技术在计算机中创建逼真的虚拟环境，学习者通过友好的人机交互界面进行虚拟化的操作，能够获得与真实世界中相同的体验。虚拟情境学习平台解决了现实实验中场地和时间的限制、精密设备拆装训练和危险环境下操作训练的局限，并为探究学习、教师指导、学生交流、学习评价、过程记录等活动提供技术支撑。

远程视频播放、基于虚拟情境的探究式学习、协作学习在网络环境下的实现，使得网络环境下"双师型"师资培训成为可能。[①]

二　网络环境下培训平台的构建

（一）培训平台的教学环境设计

网络环境下培训的教学环境设计，必须注重以人为本，树立以学习者为中心的现代教育理念，营造适应个别化学习和建构主义学习的环境。网络环境下的师资培训平台可以提供基于虚拟情境的探究式学习、基于

① 金智勇、宁敏等：《网络教学平台中协作学习的设计与实现》，《电化教育研究》2010 年第 2 期；张进、姚蕊等：《网络环境下微格教学的时空拓展》，《微格教学专业委员会第十三届年会论文集》，2010 年，第 160—162 页；袁南辉：《虚拟情境下探究式学习模式的构建》，《电化教育研究》2008 年第 2 期。

案例分析的自主学习、基于网络小组的协作学习、基于远程视频再现的播放与师生点评等师资培训网络学习环境等。

网络环境下培训的教学模块设计，必须注重学习者的特征，通过整合多种类型的学习资源来满足受训者的个别化需求。同时，还能提供师生之间的交流互动和多元评价的环境。

（二）“双师型”师资培训平台的构建

“双师型”师资培训平台的构建如图1所示，共由五个部分组成。

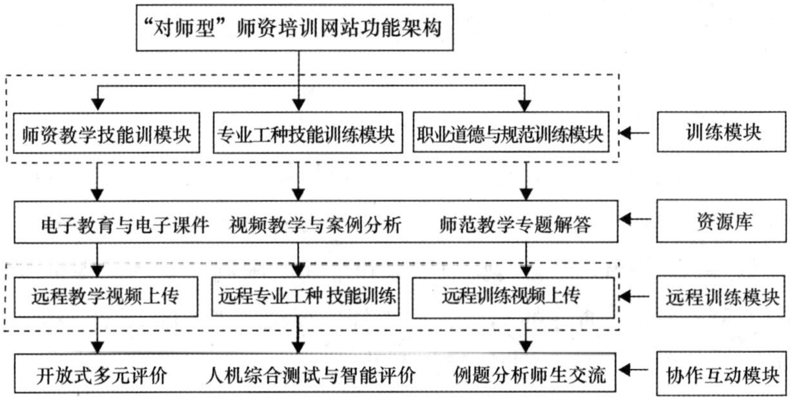

图1 “双师型”师资培训平台的构建

1. 基于案例分析与远程视频参与的师范技能训练模块

主要用于提高学员的课堂教学水平和信息化教育能力。训练内容主要包括：导入、结束、提问、板书、沟通、应变、演示等分解的教学技能；“三字一话”基本功及其应用技能；综合授课技能；说课和评课的技能；基于网络的授课、辅导、布置作业和作业批改，指导学生利用网络收集与处理信息，以及利用E-mail、QQ、博客等开展教学；开展多媒体教学的能力，即应用多媒体软件设计和制作简单的多媒体教学软件，在课堂上熟练使用多媒体教学仪器设备，充分发挥多媒体的教学功能；网络技术、多媒体技术、虚拟技术、仿真技术的综合应用能力。

2. 基于虚拟情境、虚拟与仿真操作、远程控制的专业工种技能训练模块

主要用于提高学员应用虚拟现实技术与仿真技术开展教学的能力,[①] 以及通过远程指导提高学员的专业工种职业技能水平。[②] 核心培训内容有基于虚拟技术或仿真技术的教学与训练，如何设计基于虚拟情境下的探究式学习环境，如何实现专业工种职业技能的远程操作、控制的训练等。

3. 基于知识管理的职业教育政策、理论、职业道德、安全意识学习模块

主要包括教师礼仪训练（包括站姿、坐姿、教姿、教态、服装、装饰、语言规范等）、职业道德训练［包括教师职业道德规范和专业（行业）工种职业道德规范］、班主任基本工作技能与技巧训练等。

4. 互动学习模块

基于网络提供一些实时和非实时的交流互动。采用电子邮件答疑、BBS讨论、在线语音答疑等方式。根据学习者的需要，安排适量的远程视频面授辅导。互动学习是网络环境下师资培训工作的薄弱环节，必须充分利用网络优势弥补远程培训的不足，从多元的研究角度探讨通过互动学习模块以调动学生的学习积极性，促进学生主动、探究、合作性学习及建立良好的交互学习环境。

5. 教学资源建设

教学资源网络化，一是将获取教学资源的方式途径扩展到网上；二是将已有的教学资源（如图书、教学录像带、课件等）数字化、网络化；三是将教学过程中的优秀案例积累到教学资源库中，在实践中可以组织学生围绕与学习课程相关的主题或是学生觉得有兴趣、有意义及值得讨论的专题，通过网络搜索，进行教学资料的收集汇编，以充实教学资源；四是建设互动网络课程，融入网络学习环境。

---

① ZHANG Jin, “Construction of The Inquisitive Learning and Evaluation Platform in The Virtual Scence”, 2007*ICCSE Proceedings*, No. 2, 2008, pp. 357 – 361.

② YUAN Nan-hui, “Interactive Distant Training System Based on Remote Control Technology”, 2007 *ISITAE Proceedings*, No. 11, 2007, pp. 233 – 236.

三 网络环境下“双师型”师资培训的实现

（一）以问题为导向开展教学

首先，构建基于问题学习的框架，提出基于问题学习的“双师型”师资培训的基本目标，结合案例描述基于问题学习的主要环节，并通过分析得出基于问题学习的师生角色；其次，明确基于问题的学习在“双师型”师资培训中的应用，进行“双师型”师资培训学习内容的选择，挖掘适用于该学习方式的培训内容；然后，从问题情境的创设、小组合作、学习方式、学习资源、评价反思等方面，提出基于问题的学习在“双师型”师资培训中的实施策略；最后，结合网络环境下的资源库案例，开展基于问题学习的教学实践。

（二）通过视频教学案例开展培训

培训学员在掌握了相关基本知识和分析技术的基础上，在教师的精心策划和指导下，根据教学目的和教学内容的要求，运用典型视频案例开展培训，将学生带入特定的现场进行案例学习。通过学生的独立思考和小组的协作、交流，不断创新，逐步掌握各种教学技能和专业工种技能。网络环境下的案例教学既可以实现自主学习，也可以实现个性化教学的开展。

（三）以小组讨论、协作学习深入研究

通过网络培训平台提供的协作小组、教学资源库、虚拟学习和训练环境，使教师与学生、学生与学生在讨论、协作与交流的基础上进行协作学习。在网络协作中，以学生为主体、教师为主导的基本模式给教师与学生最大化的学习空间。基于“双师型”师资培训平台，提供实时和非实时的交流互动。通过电子邮件答疑、BBS 讨论、在线语音答疑等交流方式，一方面辅导教师可以主动进行辅导，分阶段讲解课程学习中的重点和难点问题；另一方面学习者在学习过程中遇到的问题会及时得到解决，真正实现个性化教学。

（四）通过虚拟情境建构促进探究学习

通过基于虚拟情境、虚拟与仿真操作、远程控制的专业工种技能训练模块，给培训者提供实物演示情境、图画再现情境、音乐渲染情境、表演体会情境、语言描述情境、虚拟与仿真情境等产生的一种特有的心理氛围，充分调动学生的学习积极性，促使培训者自主学习和自主探究的积极性。

（五）以开放式多元评价鞭策学员进步

在网络环境下，通过建立教师、网友、小组学员和培训者自己等多主体共同参与、交互作用的开放式多元评价模式，既能加强评价者与被评价者之间的互动，又能提高“双师型”培训学员的主体地位，还可以促进学员主动参与、自我反思、自我教育和自我发展，形成了积极、平等、民主的评价关系。通过网络学习中的评价模块，还可以提高学员自我管理和自我约束的意识与能力，有利于师生双方共同监控“学习过程”，以达到及时调整培训目标的目的。

四　结束语

网络环境下的“双师型”师资培训平台是我们在职业技术教育中的一种有益尝试。通过师生远程共同构建教学与实践的视频案例资源库，通过设计虚拟情境的技能培训环境，通过应用开放式的多元评价，以及通过协同学习、自主学习、探究学习和研究性学习等内涵建设，实现“双师型”师资的远程培训。几年的师资培训实践证明，这一培训方式有利于学员的自主学习，有利于个性化教学的实施，也有利于受训学员的个性化发展。但培训工作仍然存在一些薄弱环节，诸如网上互动教学和反馈还不能完全实现有效控制，远程培训视频资源库建设还有待丰富，还需要细化筛选上传学员的自制视频，开放环境下的多元评价体系也需要更趋合理化，等等。这些我们在后续研究中将逐步解决。

参考文献

1. 金智勇、宁敏等：《网络教学平台中协作学习的设计与实现》，《电化教育研究》2010 年第 2 期。

2. 张进、姚蕊等：《网络环境下微格教学的时空拓展》，《微格教学专业委员会第十三届年会论文集》，2010 年。

3. 袁南辉：《虚拟情境下探究式学习模式的构建》，《电化教育研究》2008 年第 2 期。

4. ZHANG Jin, "Construction of The Inquisitive Learning and Evaluation Platform in The Virtual Scence", 2007 *ICCSE Proceedings*, No. 2, 2008.

5. YUAN Nan-hui, Interactive Distant Training System Based on Remote Control Technology, 2007 *ISITAE Proceedings*, No. 11, 2007.

原文刊于《电化教育研究》2010 年第 12 期

基于CDIO工程教育理念“3+2”职教师资人才培养模式探索*

肖政宏**

摘　要： 职业教育的迅速发展要求进一步完善职教师资人才培养的模式。分析、比较了国内外职教师资人才培养的现状，基于国际CDIO工程教育理念设计了一个“3+2”职教师资培养方案，包括学习能力的培养，学科能力的培养、教学能力的培养、沟通交往能力的培养、工程应用能力的培养以及在企业和社会环境中开发项目能力的培养。方案的目标是培养具有良好综合素质和专业能力的职教师资人才。

关键词： 职教师资；CDIO；工程教育；能力培养

随着我国经济的快速发展，市场对各类人才的需求日益加大，需要职业教育输送更多的高技能人才，而人才的培养离不开高素质的师资队伍，《国家中长期教育改革和发展规划纲要（2010—2020年）》预测未来十年，我国中职教育师资将有50万人的缺口。加强职业院校教师队伍建设，加大职业院校教师培养培训力度，已成为我国有关政府和高等学校

* 2011广东省教育综合改革试点项目“广东技术师范学院职教师资人才培养模式综合改革试点实施方案”、广东技术师范学院“3+2”职教师资人才培养综合改革项目（项目编号：2010ZSZG09）成果之一。

** 肖政宏，计算机博士，教授，计算机科学学院副院长，广东省软件工程专业教学指导委员会委员，广州市智能工程学会常务理事，代表作：《基于CDIO工程教育理念“3+2”职教师资人才培养模式探索》。

的共识。《珠江三角洲地区改革发展规划纲要》也提出珠三角要以中等职业教育为重点，大力发展职业教育，建设成为我国南方重要的职业技术教育基地。在此背景下，广东省教育厅提出了“3 +2”职教师资人才培养方案，即在高职院校招生经过3年学习的优秀学生，经过两年的本科教育，全面提升学生的综合素质和专业能力，毕业后到中职学校从事教学、管理工作。

一 国内外职教师资培养现状

职教师资队伍的建设是职业教育可持续发展的保障，大多数发达国家对职教师资的培养都有非常严格的规范。德国对职教师资的培养主要分两个阶段，[①] 大学教育阶段和预备阶段。大学教育阶段需要学生完成九个学期的学习，300学分，并参加第一次国家考试，内容包括第一专业、第二专业的理论、实践教学、专业教学法、职业教育学和经济教育学。预备阶段主要是进行为期一年的企业实践和大学阶段的教育实践，并参加第二次国家考试。通过两次国家考试才能获得职业教育教师资格证书，可见要求之严格。美国《国家证书委员会职业教育标准》提出了12条职教师资的培养标准，[②] 一般应在所教专业取得学士学位，具有2年以上的实际工作经验，每年假期教师还必须到工厂、企业一线工作。澳大利亚职教师资的最低要求是获得“培训与评估四级证书”，一般要求完成专业本科的学习后再获得一个教育学士。高等学校毕业的师资需要进行5年以上的教学实践才能转为正式教师，从企业和社会选聘的具有专业技术特长的人员需要在进行教学工作的同时，到大学教育学院进行为期1—2年的进修学习，才能取得教师资格。正式教师还需要成为相关行业协会的成员，参加专业协会活动，接收新的专业知识。日本职业师资起码要具备国立工业大学或综合大学工业学院本科毕业生水平，个别专业需要

---

① 王素萍：《略论发达国家职教师资队伍建设特点及启示》，《广东技术师范学院学报》2010年第2期；谢莉花：《中德职教师资培养专业课程比较——以电气技术专业为例》，《职教论坛》2010年第6期。

② 王素萍：《略论发达国家职教师资队伍建设特点及启示》，《广东技术师范学院学报》2010年第2期。

具有硕士水平。[①] 开设的课程有四年制的长期课程，对象是高中毕业生，培养具有一定理论水平、专业技能和教学能力的职教师资。另一种开设的课程是四年制的培训课程，对象是具有专业技能和经验的人员，通过国家的技能考试后，获得职业教师资格证书。

国内职教师资的来源从广东技术师范学院近两年来招收中职硕士的生源来看，主要有各类师范大学、综合性大学的毕业生，这类教师毕业后直接从事职业教育；另一类是企业或公司的专业技术人员，经过转岗培训后，进入了职教的行业。前者缺乏工程实践能力的培养，后者缺乏教师技能的培训，职教师资的培养缺乏统一的标准。

借鉴国际 CDIO[②] 工程教育办学理念，我们提出了“3+2”职教师资人才培养方案。

二 基于 CDIO 的“3+2”职教师资培养方案

（一）CDIO 概述

CDIO 是构思（Conceive）、设计（Design）、实施（Implement）、运行（Operate）的缩写，它是“做中学”和“项目教学法”的集中体现，也是基于产品、流程、系统生命周期的工程教育方法。CDIO 以工程项目生命周期全过程为载体培养学生的个人职业道德、学术知识、工程能力和运用知识解决问题能力、终生学习能力、团队工作能力、交流能力和大系统掌控能力。CDIO 包括的内容有[③]：1. CDIO 教学大纲；2. 工学一体的培养体系；3. 以前两个方面为核心的教学方法改革。CDIO 教学大纲的内容吸收了美国工程教育认证标准 ABET EC2000、波音公司关于工程师所应该具备的品质、英国工程专业能力标准 UK-SPEC、英国工业联合会（CBI）关于创新性的要求以及英国皇家工程学院关于工程教育指南的优

---

① 黄郑、夏金星：《日本教师培养制度对我国职教师资培养的启示》，《科教文汇》2009 年第 4 期。

② 查建中：《工程教育改革战略“CDIO”与产学合作和国际化》，《中国大学教学》2008 年第 5 期。

③ 顾佩华、陆小华：《基于 CDIO 工程教育改革的探索与实践》，http：//www. edu. cn/jxyj_ 10154/20100706/t2010070 6_ 493393. shtml。

点，并将各种能力的培养分解到了可以执行的程度。

（二）CDIO 和“3 +2”职教师资培养目标的分析

CDIO 是最新的工程教育理念，核心是“做中学”和“产学合作”，内容是按照一个教学大纲和 12 条标准在真实产品和社会中培养学生，目标是在大学期间给学生更深更广泛的知识、更高的能力和素质，是一种培养职业工程师的教育模式。另外我校“3 +2”的“计算机科学与技术（师范方向）”“电子信息技术（师范方向）”“车辆工程（师范方向）”“电气工程及自动化（师范方向）”均是工科专业，符合工程教育的理念，职业技术院校倡导的“行动导向法”“校企合作办学”同样要求教师具有以现代实际工程为背景指导学生完成一个作品、一件产品的能力，“3 +2”职教师资对人才的要求是既要具有扎实的理论知识又要具有工程实践能力，两者对人才职业素质培养的规格是相同的，不同之处在于“3 +2”职教师资的师范技能培养。因此把 CDIO 工程教育的理念引入“3 +2”职教师资的培养具有一定的先进性、可行性、可实施性。

（三）“3 +2”职教师资培养方案的设计

基于 CDIO 工程教育的国际理念，我们制订了计算机科学与技术等专业“3 +2”职教师资人才培养方案，通过一体化的课程模块的学习，使学生系统地得到构思、设计、实现、运作（CDIO）的整体训练，全面培养学生的各种能力，通过多样化的考核、评估、反馈持续改进培养的过程，满足职业教育发展对人才的需求。培养方案内容的设置结合广东技术师范学院的计算机科学与技术（师范方向）模块化的课程体系，通过不同的课程完成 CDIO 能力大纲的要求。主要课程模块计划和 CDIO 能力培养之间的关系如图 1 所示。

从图 1 我们可以看出：（1）课程模块的学习是构成 CDIO 能力培养的基础，是 CDIO 能力培养的载体。通识教育模块、专业知识模块的学习可以使同学们掌握基础知识、核心工程基础知识、工程基础知识。教育教学模块、通识教育模块、集中实践模块的学习可以培养学生的团队工作精神、沟通与交流能力、信息的获取与传递能力。（2）CDIO 能力的培养需要通过课程模块的学习来完成，模块的学习过程实际上就是能力的培

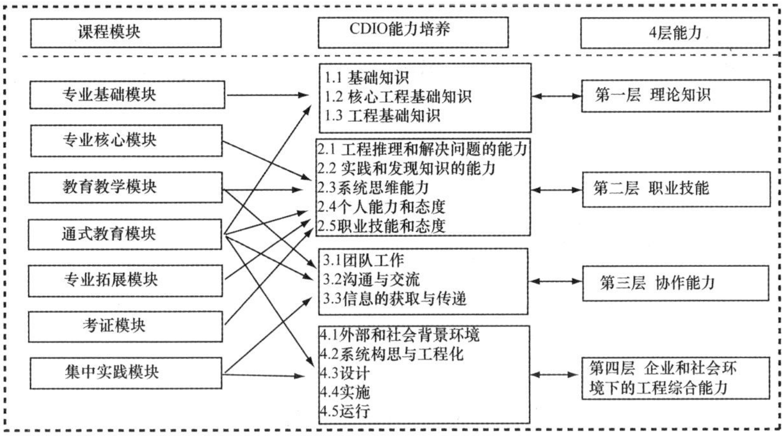

图1 课程模块计划和 CDIO 能力培养之间的关系

养过程，第二层职业能力的培养需要通过通识教育模块、专业核心模块、教育教学模块、专业拓展模块、考证模块的学习来完成。(3) CDIO 的四层能力构成了职教师资的核心能力。虽然我们在职业教育中一直强调实践教学的重要性，但并没有说理论知识不重要，理论知识是知识、素质、能力三位一体人才培养的基础，是中职师资应该具备的基本素质。职业教育的核心是职业技能的培养，在"3+2"职教师资培养方案中我们通过科学的课程体系、高素质师资队伍和与企业"零距离"的实践教学来培养学生的职业技能。协作能力，也可以说团队精神，就是大家相互合作完成任务的能力，无论是国内还是国外它都是职业人才素质指标中第一项要求，也是一个优秀的中职师资必须具备的素质之一。企业和社会环境下的工程能力是指能够应用工程知识、方法以及各种技能，将设计、规划等转化为产品、流程、实施方案的能力。职教师资的工程能力对于培养符合产业需求的高素质技能人才提供了保证。

(四)"3+2"职教师资培养方案的课程设计

项目教学法是选取企业和社会环境下一些具有典型意义项目作为载体，根据项目的组织特征和形式，为达到教学目标而设计出的与课程教学目标相一致的若干个子项目，通过项目的实施达到学习知识、培养学生技能目标。在"3+2"职教师资的课程结构设计上，我们以项目的设计为主线，按课程、课程模块和集中实践来设计不同的项目，按项目的规模和范围分为三级：第一级、第二级、第三级。[①] 一体化的课程结构模型如图 2 所示。

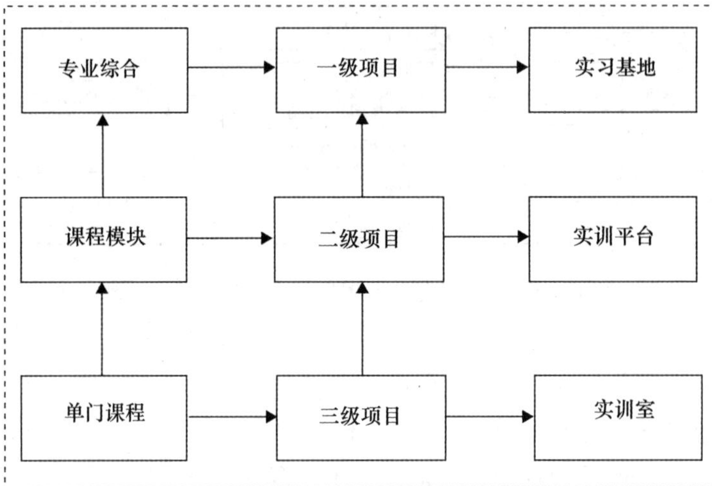

图 2　课程结构模型

第一级项目为综合设计项目，包含了整个专业的知识和能力要求，通过项目设计将整个课程体系有机地、系统地结合起来。项目以 3—5 人为一个小组，项目的实施需要到校企合作的实习基地由企业技术人员指导才能完成，由于参加项目的每个同学都有一个明确的目标，培养了学生的团队精神，在项目的实施过程中需要和其他同学交流沟通，找出项目中适合自己的角色，交流沟通能力得到较大的提高。项目的实施是在真实的社会环境中，提高了学生的工程应用能力和开发项目的能力。对于综合性教育实习项目，学生需要到学校建立的教育实习基地由指定的教师指导才能完成，学生的教学能力通过真正的教学工作得到了极大的提高。

---

① 何军、洪玫、郭林：《基于 CDIO 工程教育理念的软件工程人才培养方案探索》，载全国高校软件工程专业教育年会组委会《全国高校软件工程专业教育年会（2009）会议论文集》，2009 年。

第二级项目为包含课程模块内容和相关能力的项目，一般是在一个课程模块完成以后的综合性项目实训，项目以小组为单位，完成的地点是学校的"3 +2"软件项目实训平台或 CDIO 实践中心（该平台模拟企业工作环境），目前"3 +2"计算机科学与技术专业包括的项目有基于 net 平台的实训、基于 J2EE 平台的实训、嵌入式系统实训。学生的工程应用能力、交流沟通能力和项目开发能力得到了初步的训练。

第三级项目为单门课程完成后课程设计项目，涉及的知识是包括该课程的知识点和以前学习课程的知识点，通过该项目的设计，学生一方面可以增强对该课程的理解，增强学习的主动性；另一方面可以有效地培养学生的学习能力、学科能力。完成的地点是学校公共实训室或专业实训室。

（五）"3 +2"职教师资教学方法的设计

在教学方法上首先更新教学观念，从过去"以教师为中心"的传统教育观念转变成"以学生为中心"的新观念，激发学生学习的积极性，引导学生"主动学习"和"动手实践"。在教学过程中以项目为导向，在完成项目的过程中，由教师提出问题引导学生思考和研讨。在教学方法上采用基于项目的教学方法，教师将一个相对完整的项目交给学生，学生以小组为单位进行构思、设计、实施、运行，教师只起指导作用，在实践中有效地培养了学生分析问题和解决问题的能力。根据不同课程的要求在教学方法上我们也可以采用基于问题的学习、探究式学习。通过建立对学生学习效果的评估和反馈机制，不断提高学生学习的效率。

三 职教师资人才培养的成效

我们通过对我校 2007 级计算机科学与技术师范 2 班（"3 +2"职教师资）的实践，基于项目的教学方法需要教师花费更多的时间，教师的知识水平、工程能力、教学水平也有较大的进步；另外学生的学习积极性、专业技能、专业素养等方面也有较大的提高。

（一）教师教学水平普遍提高

基于项目设计方法的教学对教师提出了更高的要求，教师从知识的传授者变成了知识的构建者、项目的设计者、实施过程的监控者。作为知识的构建者，需要教师针对某个项目掌握更深、更广泛的知识；作为项目的设计者，需要教师应用各种不同的方案来完成项目；作为实施过程的监控者，教师需要考核和评价学生完成项目的情况，这些都需要教师具有更加全面的知识、更高的水平、更强的能力，有力地促进了教师素质的综合发展和全面提高。

（二）学生能力得到提升

基于项目的教学方法给学生的学习提供了明确的目标，激发了学生的学习兴趣，完成项目后又具有一定的成就感，从而提高了学生学习的主动性，培养了学生学习知识的能力、工程应用能力。项目的设计、构思、实施过程改变了传统教学过程中为学习而学习的过程，也提高了学生分析问题、解决问题的能力，当需要学生设计新的项目时，学生学会了思考，对以后的工作有非常大的帮助。项目结束后，很多学生感到该方法让他们体会到了不同的学习过程，学到了更多的知识，专业素质得到了较大的提升。

四　总结

CDIO 工程教育理念的精髓是知识、能力和素质培养的一体化。基于 CDIO 设计了一个“3 +2”职教师资人才培养方案，该方案以项目设计为导向，通过课程项目、课程模块项目、综合项目的实施培养学生的学习能力、学科能力、工程能力、教学能力、人际沟通能力和产品构建能力，对“3 +2”职教师资人才的培养具有一定的指导意义和实用价值。

参考文献

1. 王素萍：《略论发达国家职教师资队伍建设特点及启示》，《广东技术师范学院学报》2010 年第 2 期。
2. 谢莉花：《中德职教师资培养专业课程比较——以电气技术专业为例》，《职教论坛》2010 年第 6 期。
3. 黄郑、夏金星：《日本教师培养制度对我国职教师资培养的启示》，《科教文汇》

2009 年第 4 期。

4. 查建中：《工程教育改革战略“CDIO”与产学合作和国际化》，《中国大学教学》2008 年第 5 期。

5. 顾佩华、陆小华：《基于 CDIO 工程教育改革的探索与实践》，http：//www. edu. cn/jxyj_ 10154/20100706/t20100706_ 493393. shtml。

6. 何军、洪玫、郭林：《基于 CDIO 工程教育理念的软件工程人才培养方案探索》，载全国高校软件工程专业教育年会组委会《全国高校软件工程专业教育年会（2009）会议论文集》，2009 年。

原文刊于《职教论坛》2011 年第 9 期

教育公平视野下中等职业教育师资队伍建设的思考[*]

——以广东省为例

许　玲[**]

摘　要：师资队伍在保证教育质量中起着关键的作用，也是促进教育过程公平的主要因素。本文以广东省为例，对"十一五"以来中等职业教育与普通高中教育的学生规模和教师规模的增长趋势、生师比变化趋势以及教师队伍学历结构等指标进行了比较；并从职业教育师资队伍建设政策的制定与实施的角度分析了中等职业教育与普通高中教育的师资队伍相比较在生师比与学历结构方面有很大差距的主要原因。

关键词：中等职业教育；师资队伍；教育公平

改革开放30多年来，我国的中等职业教育得到了很大的发展，在校生规模与普通高中教育相当，说明中等职业教育是我国的教育体系中重要的构成部分。师资队伍在保证教育质量中起着关键的作用，也是促进教育过程公平的主要因素，因此，将中等职业教育与普通高中教育的师资队伍进行数量与质量的比较，进而分析形成这两种类型的师资队伍数

---

* 本文为2009年度全国教育科学规划教育部重点课题"硕士层次中职师资培养模式探索"（课题编号：GJA094001）的阶段性研究成果，主持人：许玲。

** 许玲，教育学博士，教授，硕士生导师，广东技术师范学院副院长。

量与结构差异的历史与政策原因，具有重要的现实意义。

一 中等职业学校师资队伍建设在促进教育公平中的作用

中等职业教育的师资队伍在我国教育公平中起着重要的作用。主要有以下三个原因：一是职业教育在我国教育体系中的比重日益扩大，职业教育尤其是中等职业教育是整个国家教育体系中的一个重要组成部分；二是中等职业教育的师资队伍在中等职业教育的教育质量中起着关键的作用，也是促进教育过程公平的主要因素；三是目前在我国接受中等职业教育的学生更多来自社会的中下层和处境不利群体，[①] 受教育者较少得到来自家庭的教育，相比于接受普通教育的学生，更依赖于学校教师的教育。

（一）中等职业教育是国家教育体系中的一个重要组成部分

在我国的教育体系中有两次主要的教育分流，这两次教育分流，形成了普通教育与职业教育两个教育体系。[②] 第一次分流是初中后分流，分流后的学生分别进入了普通高中或者是中等职业学校；第二次分流是高中后分流，分流后的学生分别进入了普通高等学校或者高等职业学校。据中国教育统计年鉴的数据，从2000年到2008年，普通教育的高中在校生与职业教育的中职学校在校生相比，普职比呈现出逐年上升的趋势。据中国统计年鉴2010年的数据，2009年我国中等职业教育在校生已经达到2195万人，普通高中教育在校生人数为2446万人，[③] 普职比例接近，说明第一次教育分流有将近1/2的学生进入中等职业教育领域。因此，职业教育在整个教育体系中的比重非常大，职业教育是整个国家教育体系的一个重要组成部分，职业教育与普通教育之间的公平是教育公平领域里一个十分重要但又常常被忽略的问题。

---

① 《中国统计年鉴2010》，http：//www. stats. gov. cn/tjsj/ndsj/2010/indexch. htm。

② 广东教育信息统计网，http：//stat. edugd. cn。

③ 《中国统计年鉴2010》，http：//www. stats. gov. cn/tjsj/ndsj/2010/indexch. htm。

（二）师资是促进教育公平的主要因素

按照教育活动的阶段划分，瑞典学者托尔斯顿·胡森认为，教育公平有三层含义，第一是起点公平，指入学机会均等；第二是过程公平，指教育条件均等；第三是结果公平，指学业成功机会均等。对于教育的过程公平，教师是关键因素，教师是教育过程公平的实施者。

在教育与社会分层的关系上，不同的学生在学校教育的过程中将接收和掌握不同层次的知识，这些知识将形成不同的身份文化，影响他（她）们职业与社会地位的获得。[①] 目前在我国的职业教育尤其是中等职业教育与社会中的下层和处境不利群体有着密切关系，主要表现在接受中等职业教育的人多数来自社会下层，[②] 已经有很多的实证研究显示我国目前职业教育领域尤其是中等职业教育中集中了大量来自社会中下层群体的子女，这类受教育者较少得到来自家庭的教育，相比于接受普通教育的学生，更依赖于职业学校的教师。如果同一层次、不同类型的教育在教师的数量、质量、教师教育政策以及保障体系上存在着不公平的现象，那就会造成整个教育的不公平。因此中等职业学校师资队伍建设对于保证中等职业教育的教学质量、实现教育过程公平具有举足轻重的作用。

二　广东省中等职业教育与普通高中教育师资队伍的比较分析

选取广东省的中等职业教育与普通高中教育师资队伍进行比较，一是因为广东是职业教育大省，2009 年中等职业教育的规模占全国的 8%；二是“十一五”期间是我国也是广东省中等职业教育发展最快的时期，中等职业教育与普通高中教育的师资队伍中所反映的问题在全国各个省份中具有普遍性。

---

① 谢维和：《教育活动的社会学分析》，教育科学出版社 2006 年版，第 478—479 页。

② 李延平：《职业教育公平问题研究》，教育科学出版社 2009 年版，第 11—12、93—94 页。

义务教育后的第一次教育分流是初中后的分流，分流后的学生分别进入普通高中或者中等职业学校与技工学校，这是两个类型的教育，但是这一阶段的教育统称为高中阶段教育，其中，中等职业学校与技工学校又都属于中等职业教育。“十一五”以来，广东省高中阶段教育发展迅速，普通高中教育与中等职业教育的在校生人数、教师人数分别有很大的增长，但是高中阶段的这两个类型的教育的增长比例并不均衡，以下从生师比、教师学历结构等几方面进行比较分析。

（一）高中阶段教育中各类学校学生与教师规模的非均衡增长

表 1　　广东省高中阶段各类学校在校学生变化情况

年度	高中阶段教育		
	中等职业教育		普通高中教育
	中等职业学校（人数）	技工学校（人数）	普通高中（人数）
2005	710162	328052	1489863
2007	907581	458000	1724319
2008	1000771	535144	1817646
2009	1204622	650000	1924412
年均增长率（%）	17	24	7

数据来源于广东教育信息统计网。①

从表 1 可以看出，从 2005 年到 2009 年的 4 年间，广东省中等职业教育与普通高中教育的在校生人数都在持续增长，其中技工学校的学生人数增长最快，年均增长率达到 24%，中等职业学校的学生人数年均增长率达到 17%，普通高中教育的学生人数年均增长率只有 7%。

① 广东教育信息统计网，http：//stat. edugd. cn。

表 2　　广东省高中阶段各类学校专任教师变化情况

年度	高中阶段教育		
	中等职业教育		普通高中教育
	中等职业学校（人数）	技工学校（人数）	普通高中（人数）
2005	33734	10300	86079
2007	36764	14750	103445
2008	38193	15784	110689
2009	41178	18600	118549
年均增长率（%）	5.5	20	9

数据来源于广东教育信息统计网①。

从表 2 可以看出，从 2005 年到 2009 年的 4 年间，广东省中等职业教育与普通高中教育的专任教师人数虽然也在逐年增长，但是增长比例与同期学生人数的增长比例是不匹配的。例如，从 2005 年到 2009 年，中等职业学校的学生人数年均增长率达到 17%，而同期专任教师的年均增长率只有 5.5%，普通高中教育的学生人数年均增长率只有 7%，但是专任教师的增长率却达到了 9%。从以上数据可以看出，在中等职业教育领域，专任教师的年增长率大大低于学生人数的年增长率。

（二）高中阶段教育中各类学校生师比变化的趋势比较

生师比是指学校教育中学生人数与教师人数的比率。不同层次、不同类型、不同专业的教育，因其教学目标、教学对象、教学方法的不同，其生师比应是各不相同的。其中，专业教育的生师比应该比非专业教育的生师比要低一些（即教师人数要更多一些），技术技能类教育的生师比应比非技术技能类教育的生师比低一些。与普通高中相比，在中等职业教育中，门类繁多的专业课与技术技能的训练课程对教师量的要求理应更大。②

① 广东教育信息统计网，http://stat.edugd.cn。

② 面向 21 世纪职业教育师资队伍建设对策研究课题组：《面向 21 世纪职业教育师资队伍建设对策研究》，高等教育出版社 2003 年版，第 5—6 页。

表 3　　　　　广东省高中阶段各类学校生师比变化情况

年度	高中阶段教育		
	中等职业教育		普通高中教育
	中等职业学校（人数）	技工学校（人数）	普通高中（人数）
2005	21 : 1	32 : 1	17 : 1
2007	25 : 1	31 : 1	17 : 1
2008	26 : 1	34 : 1	16 : 1
2009	29 : 1	35 : 1	16 : 1
平均生师比	25 : 1	33 : 1	17 : 1

此表数据是根据表 1 与表 2 的数据计算得来。

从表 3 可以看出，从 2005 年到 2009 年的 4 年间，广东省中等职业学校的平均生师比逐年升高，平均达到了 25 : 1，技工学校达到了 33 : 1，而同期，普通高中的生师比逐年下降，平均生师比只有 17 : 1，广东省的这项指标与全国的数据基本吻合。我国 2000 年中等职业教育生师比保持在 15 : 1，与当时的普通高中基本持平，[①] 从 2000 年到 2009 年是我国高中阶段教育快速发展的时期，经过 10 年的发展，广东省普通高中教育的生师比基本维持在原来的水平，但是中等职业教育的生师比却大幅度变大了，从 2000 年的 15 : 1 增大到 2009 年的 29 : 1，说明现在广东省的中等职业教育中师资总量严重不足。

（三）高中阶段教育中各类学校专任教师学历结构的比较

由表 4 可见，从 2005 年到 2009 年的 4 年间，广东省高中阶段各类学校教师本科以上学历的比例在逐年增长，但是普通高中师资本科以上学历的平均比例为 88.47%，中等职业学校师资本科以上学历的平均比例只有 80.60%，平均比例高出 7.87%。

① 面向 21 世纪职业教育师资队伍建设对策研究课题组：《面向 21 世纪职业教育师资队伍建设对策研究》，高等教育出版社 2003 年版，第 5—6 页。

表4 广东省高中阶段各类学校教师本科以上学历比例情况

年度	中等职业学校师资本科以上学历比例（%）	普通高中师资本科以上学历比例（%）
2005	76.81	83.62
2007	79.95	88.85
2009	85.03	92.93
平均	80.60	88.47

数据来源于广东省教育厅中职与高中教育处的统计信息。

从以上的数据分析中可以看出，广东中等职业教育的师资队伍与普通高中教育的师资队伍相比，无论是生师比的“量”还是学历结构的“质”，两方面都有不小的差距。

三 中等职业教育师资队伍建设的政策及实施分析

改革开放30多年来，我国的中等职业教育得到了快速发展，在中等职业教育师资队伍的培养培训方面，党中央、各级教育行政部门、劳动部门都非常重视，出台了一系列的政策法规，我国职业教育师资培养培训体系已初步建立，但是与普通师范教育相比，职业教育培养培训体系在科学性与规范性方面、健全程度、覆盖面等方面的差距还很大，在政策的实施过程中还存在着欠缺公平性等问题。

（一）中等职业教育师资队伍建设的成果

1985年5月出台的《中共中央关于教育体制改革的决定》可以认为是改革开放以来中等职业教育的师资培养政策的起点。纵观近30年来我国职业教育师资培养的相关政策，各级教育行政部门与劳动部门都分别出台了一系列的政策与措施，夏金星、王秋、曹晔等学者曾从政策的出台时序、分类等方面进行过仔细的梳理。在此笔者从政策的着力侧重点进行分析，将政策归类为构建职教师资培养体系的政策、构建职教师资培训体系与改善职教师资结构的政策。

我国构建职教师资培养体系的标志性政策是原国家教委于1986年6月26日颁发的《关于加强职业技术学校师资队伍建设的几点意见》与劳

动部于1989年颁发的《关于加强职业技术培训师资队伍建设的意见》，文件中指出了“各地区、各部门要积极创造条件，建立师资培训基地，单独开办或联合开办职业技术师范院校、专科学校、进修院校或培训中心，也可以委托普通高等院校开办师资班，培养职业技术后备师资”。在这两个政策文件中，明确了要建立我国职业技术师资培养机构，以及培养的对象等内容。这两个政策颁布之后，陆续在全国设置了一批独立设置的职业技术师范院校与普通高等院校内设的职业技术教育学院。[①] 至20世纪90年代中期，我国职教师资培养体系初见端倪，初步形成了8个独立设置的职业技术师范学院和多个普通高校的职业技术教育学院（系）为主体的职业教育师资培养体系。[②]

与此同时，这两个政策文件也明确了要大力开展对中等职业学校在职教师的培训。自1986年起，原国家教委陆续在部委直属的高校中建立了职教师资培训基地，后陆续放宽至地方高校；在1999年国务院《面向21世纪教育振兴行动计划》发布后，又分多批共建立了62个全国重点建设职业教育师资培养培训基地。[③] 至此，我国职教师资培训体系的主体已经初步形成。

改善职教师资结构方面。2005年国务院在《关于大力发展职业教育的决定》中提出要实施职业院校教师素质提高计划。教育部、财政部在2006年联合下发《关于实施中等职业学校教师素质提高计划的意见》，内容有培训职业教育的骨干教师与支持全国重点建设职教师资培养培训基地和全国职教师资专业技能培训示范单位开发师资培养培训方案等。2000年教育部和国务院学位委员会发布的《关于开展中等职业学校教师在职攻读硕士学位工作的通知》，提出在部分全国重点建设的职教师资培训基地学校，开展中等职业学校教师在职攻读硕士学位工作，旨在提升中职教师的学历层次。目前参加培养工作的学校有35家，每年的招生量在1000人左右，截止到2011年已经招收10届。以上政策回顾说明我国

① 曹晔：《我国中职师资队伍培养培训主要政策60年演变进程综述》，《职业技术教育》2010年第25期。

② 同上。

③ 王秋：《改革开放以来我国中职师资培养政策发展与变迁》，《江苏技术师范学院学报》2009年第3期。

中等职业教育师资队伍建设取得了巨大的成绩。但是在取得成绩的同时，目前仍存在一些不可回避且尚待解决的问题。

（二）中等职业教育的师资培养体系不完善

经过30多年的建设，我国已经初步建立了职教师资的培养培训体系，但是无论是从满足现实需要的角度还是从与普通师范教育培养培训机制的角度分析，职业教育的师资培养体系还是很不完善的，主要表现为以下的两点。

一是作为职教师资培养培训体系主体的培养单位少，不能满足职教师资的需求。支撑普通教育师资培养体系的师范院校共有142所，其中普通师范院校136所，重点师范大学6所。教育部在1999年《关于师范院校布局结构调整的几点意见》中开始鼓励一批高水平综合性大学参与培养中小学教师，普通师范教育由原来特定的师范院校的培养转变为师范院校及各种综合院校共同参与培养，很多综合性大学都开展了普通师范教育。[①] 而全国职业技术师范院校仅有8所，占全国师范院校总数的5.6%，按照目前在高中阶段教育中普通高中教育与中等职业教育已经各占半壁江山的情况，尽管剔除小学、初中与幼儿园对师资需求的因素，8所独立设置的技术师范院校与多个普通高等院校内设立的职业技术教育学院也远远不能满足中等职业教育对合格教师的需求。

二是职教师资的培养培训机制不完善。我国普通教育体系逐渐形成了以师范院校为主体、其他高等学校共同参与、有开放性特点的教师教育体系。[②] 而职教师资培养培训的机制不完善，培养主体少，培训常常以项目的形式进行，例如教育部与财政部于2006年联合下发了《教育部财政部关于实施中等职业学校教师素质提高计划的意见》，支持全国重点建设职教师资培养培训基地开发80个重点专业培训项目。近年来，我国各级教育行政部门牵头进行的职教师资的培训多以项目的形式进行，虽然促进了培训工作，但是没有形成制度化的长效机制。因为我国目前的职

---

① 王立科：《我国教师教育政策发展三十年回顾与展望》，《国家教育行政学院学报》2009年第1期。

② 同上。

教师资培养体系不完善，在一定程度上导致了合格的职教师资供给不够，这是造成中等职业教育中生师比居高不下的部分原因；职教师资培训体系不完善，导致了从事职业教育的教师在职后接受再教育不够，这也是造成师资结构不好的主要因素。

（三）中等职业教育师资培养的经费政策落实不到位

与普通师范教育相比，职业教育领域的师范教育在经费政策中缺乏公平性。新中国成立至 1996 年，我国师范教育实行的是免费教育政策，这一政策从 1996 年开始随着教育成本分担等政策而逐步终止。2007 年 3 月 5 日，在全国人大十届五次会议上通过了在教育部直属师范大学实行师范生免费教育，恢复师范生的免费教育，作为一项重要的政策导向与制度安排，从根本上提高我国中小学师资水平、提高教学质量有重大的意义。但是这一政策并没有惠及职业教育的师资培养。

在职业教育领域的师范教育中，1997 年原国家教委《关于加强中等职业学校教师队伍建设的意见》指出：职业技术师范生在校期间，原则上免交学费，并享受专业奖（助）学金。毕业后实行五年任教服务期制度。但实际上，无论是增加对职业技术师范院校的投资，还是职教免费师范生教育制度，在现实中都没有得到很好的贯彻和落实。①

通过对我国职业教育的师资培养培训机构与制度的回顾分析，可以清晰地看到经过 30 多年的建设，我国已经初步建立了职教师资的培养培训体系，但是在职业教育师资培养培训政策的制定与实施过程中仍然存在着缺乏公平性等问题，因而对职业教育与普通教育之间的公平问题，仍然需要国家教育部门在政策制定与实施过程中更多地加以关注。

参考文献

1.《中国统计年鉴 2010》，http：//www. stats. gov. cn/tjsj/ndsj/2010/indexch. htm。

2. 广东教育信息统计网，http：//stat. edugd. cn。

3. 谢维和：《教育活动的社会学分析》，教育科学出版社 2006 年版。

---

① 曹晔：《我国中职师资队伍培养培训主要政策 60 年演变进程综述》，《职业技术教育》2010 年第 25 期。

4. 李延平：《职业教育公平问题研究》，教育科学出版社 2009 年版。
5. 面向 21 世纪职业教育师资队伍建设对策研究课题组：《面向 21 世纪职业教育师资队伍建设对策研究》，高等教育出版社 2003 年版。
6. 曹晔：《我国中职师资队伍培养培训主要政策 60 年演变进程综述》，《职业技术教育》2010 年第 25 期。
7. 王秋：《改革开放以来我国中职师资培养政策发展与变迁》，《江苏技术师范学院学报》2009 年第 3 期。
8. 王立科：《我国教师教育政策发展三十年回顾与展望》，《国家教育行政学院学报》2009 年第 1 期。
9. 吴遵民：《我国 30 年教师教育政策价值取向的嬗变与反思》，《杭州师范大学学报》（社会科学版）2011 年第 4 期。

原文刊于《职教论坛》2012 年第 1 期

基于案例推理的“双师型”师资培训模式研究*

曹育红**

摘　要：本文将基于案例推理技术引入“双师型”师资培训模式中，根据不同专业教师的特定实践技能需求，以案例推理为核心，以校企沟通为导向，以理论与实践的连接为目的，以案例重用为手段，提出了基于案例推理的“双师型”师资培训模式的架构，研究基于案例推理的“双师型”师资培训模式的若干技术，在理论与实践之间起到由上而下、由下而上的沟通桥梁作用，有助于完善“双师型”师资队伍的建设。

关键词：基于案例推理；双师型；师资培训；教育技术

一　引言

“双师型”教师是高职教育对专业课教师的一种特殊要求，即要求专业课教师具备两方面的素质和能力：一要类似文化课教师那样，具有较高的文化和专业理论水平，有较强的教学、教研能力和素质；二要类似工程技术人员那样，有广博的专业基础知识，熟练的专业实践技能，一

* 全国教育科学规划项目“网络环境下‘双师型’师资培训模式创新研究”（项目编号：BCA90077）。

** 曹育红，工学博士，教授，广东技术师范学院硕士导师，代表作：《基于案例推理的“双师型”师资培养模式研究》。

定的组织生产经营和科技推广能力，以及指导学生创业的能力和素质。高职教育是指使受教育者获得某种职业或生产劳动所需要的职业知识、技能和职业道德的教育，目的是培养应用人才、具有一定文化水平和专业知识技能的劳动者。[①]

随着高职教育的快速发展，师资队伍中结构不合理、数量不足、质量不高等问题越来越突出，且成为阻碍高职教育发展的瓶颈。因此，有必要建立“双师型”师资培训体系，以师资培养培训体系建设为支撑，以推进职业学校人事制度改革为动力，通过制度创新和广泛开展以骨干教师为重点的教师全员培训，充实数量、优化结构、提高素质、完善制度、加强交流，进一步促进职业教育师资队伍结构的优化和整体素质的提高，以适应职业教育改革和发展的需要。

二 基于案例推理概述

基于案例推理（Case-Based Reasoning，CBR）是人工智能领域新崛起的一种重要的基于案例的问题求解和学习方法，利用类比推理的方法，在案例库中搜索与用户的新问题最相匹配的一个或多个案例，得到新问题的近似解答，再加以适当修改，使之适合于新问题。基于案例推理属于相似推理，把过去处理过的问题描述成由问题特征集和解决方案组成的案例，案例的集合组成了案例库。[②]

基于案例推理的工作原理就是利用过去的经验和事例来解决、评价、解释和理解新问题，符合人类的认知心理过程，即人们在求解一个新问题时，往往习惯于借鉴以前对类似问题的处理经验。[③] 当新出现的问题是人们以前处理过的问题的简单重复时，人们可以将处理旧问题的成功经验直接应用于求解新问题，即使新问题是从未遇见过的，也可以回忆起一个（多个）类似的问题，通过类比得到重要的指导或提示，加上一

① 《中华人民共和国职业教育法》，1996 年。

② Watson I.，“Case-Based Reasoning：A Review”，*The Knowledge Engineering Review*，Vol. 9，No. 4，1994.

③ 王晓丹、凌锋、樊磊：《知识工程在教育技术发展中的应用》，《软件导刊》（教育技术）2008 年第 6 期。

些规律性的知识作为指导，完成对新问题的解决。通过修改用以解决以往问题的方案来解决当前问题，是一个包括建立索引、案例检索、案例评价修改、案例存储的循环过程，是基于案例推理的工作流程（如图1所示）。

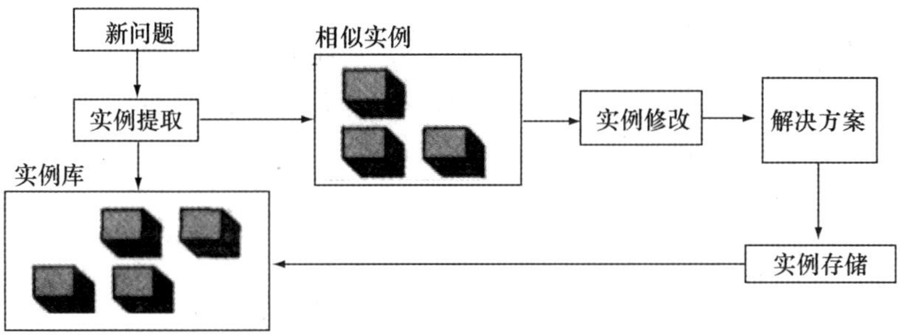

图1 基于案例推理的工作流程

三 传统继续教育培训模式

培训模式是人们在实践中对培训工作方式规律性的认识，是经过人脑对培训过程的主要构成要素进行的概括或组合，即在一定情境下，将培训理论与具体实践中多种因素相结合，创造条件发挥某一要素的作用的过程，包括培训主体、培训理念、培训对象、培训目标、培训内容、培训手段与培训管理等组成要素。① 目前各地存在的培训模式主要有以下几个。

（1）从培训主体角度，有院校培训模式、研训结合培训模式、校本培训模式、导师制培训模式、远程教育培训模式。

（2）从培训对象角度，有新教师培训模式、骨干教师培训模式、晋级履职培训模式。

（3）从培训内容角度，有基本功训练培训模式、计算机培训模式、

① 潘海燕：《教师继续教育培训模式的建构与分类》，《继续教育》2002年第2期。

课程中心培训模式、课题中心培训模式、热点培训模式。

（4）从培训手段角度，有微格教学培训模式、网络培训模式、电化教育培训模式。

（5）从培训管理角度，有学分驱动培训模式、自学考试培训模式等。

无论是强调“培训院校”这一培训主体作用的“院校本位”培训模式、强调“教师任职学校”这一培训主体作用的“校本位”培训模式，还是同时强调培训基地与企业作用的“企训结合”培训模式，通常都是由受训教师集合、培训基地集合、培训教师和行业专家集合三部分组成，其逻辑结构如图2所示。

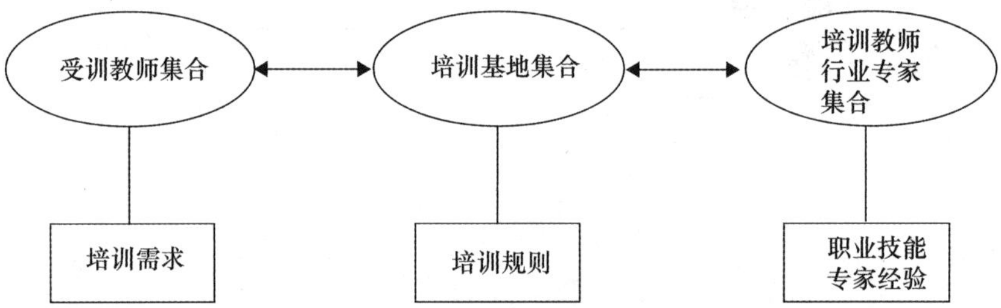

图2　职业院校教师继续教育培训模式框架

四　基于案例推理的“双师型”师资培训模式

（一）实施原则

基于案例推理的“双师型”师资培训模式与传统培训模式的主要区别是从各个受训教师的实际出发，以案例为核心，按需培训，使受训教师既能够快速掌握行业实践操作技能，又能及时掌握行业最新流行技术。因此，在实施基于案例推理的培训模式过程中需要依据相应的实施原则，以取得事半功倍的效果。

1. 递进式原则

为了便于开展有针对性的案例教学，根据受训教师所在的地区、最后的学历、所从事的专业以及各自的能力水平，将受训教师区分为若干层次。分层不是简单地给受训教师贴上标签，束缚他们的思想，分层只是手段，目的是使每个层次的受训教师都能从适当的案例中获得最佳的学习发展。这种基于案例的学习是动态和可变的。在具体实施过程中，随着培训的进行，当受训教师的操作技能提高以后，低层次的受训教师可以递进式地向高层次发展。采用递进式原则可以对受训教师给予鼓励性评价，激发受训教师的积极性、上进心和自信心，使他们不断跃上新台阶，不断向高层次目标迈进。

2. 隐蔽式原则

在基于案例推理的培训模式中，如何给受训教师分层是一个比较棘手的问题。根据学科专业结构、受训教师的知识结构、操作技能素质，将受训教师的分层隐蔽到具体案例中，受训教师直接接受与之相匹配层次的案例的培训。依据隐蔽式原则可以针对不同的受训个体，有目的、有计划地实施培训，同时又可以保护受训教师的自尊心，使他们不至于因为过早地体会到失败感而放弃，始终保持着对培训持久的学习动力。

3. 反馈性原则

只有及时了解培训的实际情况，采取相应的策略，才能有的放矢地进行培训，满足专业学科的发展。案例评价和反馈是了解培训情况、掌握受训教师培训状况的重要手段。在培训模式实施的过程中及时评价各受训教师是否符合案例所对应的层次，掌握案例的难易程度，根据评价结果及时调整案例层次，加强对受训教师的个别指导，再反馈给相关案例并存入案例库中。

（二）逻辑结构

在“双师型”师资培训模式中引入基于案例推理技术的目的是在整个培训过程中最大限度地实现理论知识和实践经验的共享。通过将最恰当的案例在最恰当的时间传递给最恰当的受训教师，将强调培训主体的“院校本位”培训模式和强调企业作用的“企训结合”的培训模式结合起来，以提高受训教师的实践技能和实践操作能力为培训目标，完善师资培训体系，提高教师培养质量和培养规模。① 基于案例推理的“双师型”师资培训模式逻辑结构如图 3 所示。

---

① 王君、潘星、李静等:《基于案例推理的知识管理咨询系统》,《清华大学学报》（自然科学版）2006 年第 S1 期。

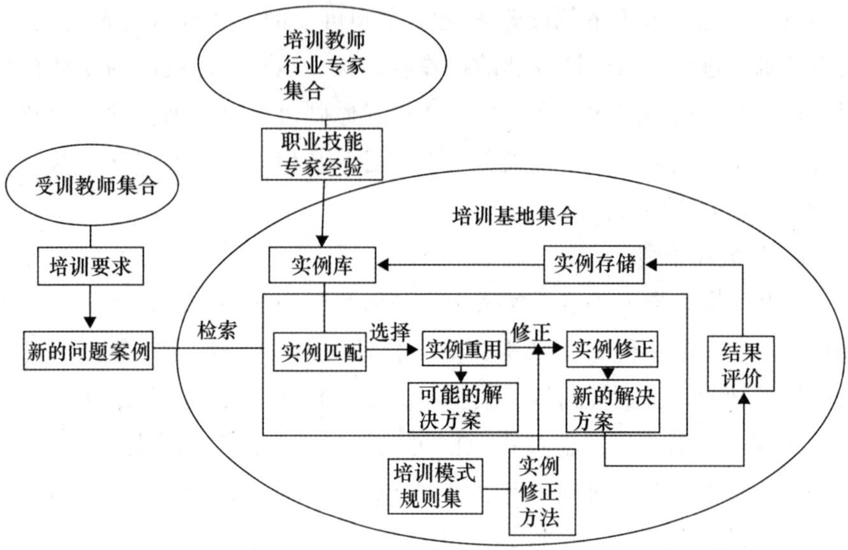

图3　基于案例推理的“双师型”师资培训模式逻辑结构

（三）实施过程

基于案例推理的培训模式是联系培训教师、行业专家和受训教师之间关系的纽带。本文以楔横轧模具设计专业教师培训为例，说明基于案例推理的培训实施过程。

1. 受训教师需求分析

楔横轧模具设计是一个典型的弱理论领域，楔横轧模具结构比较复杂，不同的轧件有不同的模具结构，模具设计主要依赖设计者本身的知识和经验。因此，在教师培训过程中，根据受训教师的知识需求、操作技能需求和自身能力水平，将教师培训层次分为单元体设计培训和模具实例培训两部分，其中单元体设计培训以楔横轧模具的基本单元体由圆柱体、圆锥体、圆弧回转体为分层依据。培训初期先由圆柱体开始，当受训教师积累了一定经验之后，再进行圆锥体或圆弧回转体设计培训；模具实例培训适用对象则是已经拥有了较丰富的实践经验，需要进一步提升的受训教师。无论是单元体设计培训还是模具实例培训都要根据受训教师的具体情况，以单元体或轧件的形式描述培训需求，作为案例推理的依据。

2. 基于案例推理，检索最类似的教学案例

根据受训教师的需求分析得到的单元体或轧件的属性特征，搜索访问知识库中过去同单元体或轧件的求解案件，从中检索出相似的案例。当该实例满足要求时就能满足教师的培训需求，否则应用最临近匹配算法或相似矩阵匹配算法进行相似度分析，找出与单元体或轧件需求案例类似的教学案例。具体检索策略如图 4 所示。

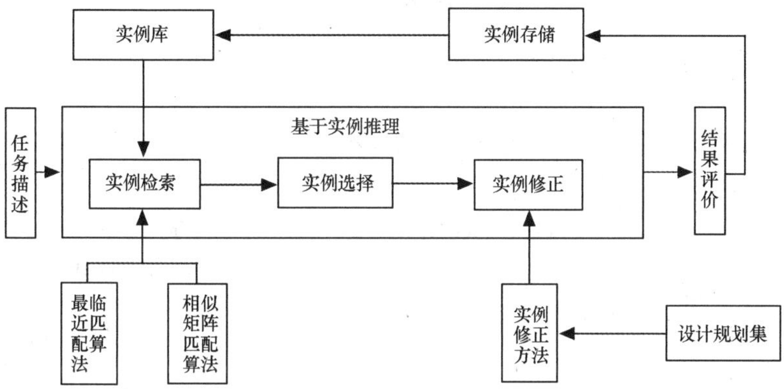

图 4　基于案例推理的检索策略

3. 提供培训方案

最相似案例从楔横轧模具的设计原则、单元楔选型原则、工艺参数选取、台阶成形原理等几个方面为受训教师提供培训方案。

4. 修正解决方案使其更加适应新的需求

如果检索到的相似案例不能完全满足受训需求，则要对培训方案进行修正，增加新的内容以满足培训要求。然后对经过修正后的培训方案进行审查和评估，判断是否有保留新培训案例为新实例的必要。如有必要，存入实例库，保留相应的培训方案。

五　结语

本文提出的基于案例推理的“双师型”师资培训模式可以满足高职教师专业发展较快的要求，在短时间内有效地提高教师的实践水平，满

足专业建设的要求，避免或缓解专业调整时出现教师大量闲置或转岗的问题；有利于将最新技术传授给学生，弥补教师行业实践接触机会较少、对最新技术的掌握相对滞后的缺陷；有利于及时了解行业发展动态和掌握行业最新技术，并传授给学生；有利于产教结合，使高职院校培养的人才能更好地满足企业和社会的需求。

参考文献

1.《中华人民共和国职业教育法》，1996 年。

2. Watson I.， “Case-Based Reasoning：A Review”，*The Knowledge Engineering Review*，Vol. 9，No. 4，1994.

3. 王晓丹、凌锋、樊磊：《知识工程在教育技术发展中的应用》，《软件导刊》（教育技术）2008 年第 6 期。

4. 潘海燕：《教师继续教育培训模式的建构与分类》，《继续教育》2002 年第 2 期。

5. 王君、潘星、李静等：《基于案例推理的知识管理咨询系统》，《清华大学学报》（自然科学版）2006 年第 S1 期。

原文刊于《电化教育研究》2012 年第 3 期

中职教师隐性知识管理现状与对策*

陈丽君**

摘　要：采用自编问卷对广东省72所中职学校213名教师隐性知识管理现状进行调查。结果显示，中职教师充分肯定隐性知识的存在性与重要性，在对隐性知识管理上虽存在不足，但表现出积极的学习意愿。中等职业学校要重视隐性知识的作用，提高隐性知识的显性化与表达能力、营造分享环境与氛围、创设隐性知识管理平台与时机等途径，帮助中职教师有效管理隐性知识。

关键词：隐性知识；中等职业教育；知识管理；广东

隐性知识是指从实践与经验中领悟得来的，难以用语言表述，更难以被模仿、记忆和学习的知识。隐性知识构建了个体在实践活动中展示的方法能力、知识更新能力和可持续发展能力，因此对隐性知识的有效管理，是促进教师专业发展的重要手段。① 中职教师如何管理隐性知识，是否愿意学习隐性知识管理的方法并分享给他人等，这些问题有助于了

---

* 2010年度广东省教育科学研究项目《校园隐性知识的积累与共享机制研究》（编号：2010tjk107），主持人：陈丽君。

** 陈丽君，心理学博士，教授，教育科学与技术学院副院长，代表作：《大学生问题发现过程的眼动研究》《问题发现思维研究》。

① ［美］R. J. 斯腾伯格：《成功智力》，吴国宏等译，华东师范大学出版社1999年版，第54—56页；简世德、杨婷、杨柳婧：《高校核心竞争力的隐性知识属性与提升策略》，《广西社会科学》2010年第1期；吴全全、姜大源：《隐性知识管理——职业教育教学论探索的新视野》，《中国职业技术教育》2004年第19期；金玉梅、李森：《教师隐性知识管理：内涵与实施》，《中国教育学刊》2009年第11期。

解中职教师隐性知识管理的现状。

一　中职教师隐性知识管理现状调查

（一）问卷设计

设计 16 个问题，其中选择题 12 个，开放式问答题 4 个，着重了解中职教师对隐性知识的认识与评价、隐性知识积累现状、学习和分享隐性知识的意愿、对学校隐性知识管理的建议等四个方面内容。

（二）样本情况

为了扩大调查对象的覆盖面，选取从广东省各个中职学校抽调到广东技术师范学院参加培训的 213 名教师，这些教师来自 72 所中职学校，年龄在 25 岁到 49 岁之间。具体情况（见表 1）。

表 1　　受调查中职教师的基本情况

项目	总体	性别		教龄				职称		
		男	女	5 年以下	5—10 年	11—15 年	15 年以上	初级	中级	高级
人数	213	90	123	51	86	33	43	38	93	82
百分比（%）	100	42.25	57.75	23.94	40.38	15.49	20.19	17.84	43.66	38.50

（三）调查结果

1. 对隐性知识的认识与评价

受调查的 213 名教师均认为学校教育教学中存在隐性知识。其中，178 名教师（83.57%）认为优秀教师比一般教师具有更丰富的隐性知识。对于隐性知识是否重要这一问题，认为非常重要的有 49 人，占 23.00%；认为重要的有 144 人，占 67.61%；认为一般的有 20 人，占 9.39%；没有教师认为不重要或者完全不重要。

2. 隐性知识积累现状

在教师自身隐性知识积累的频次方面，73 名教师（34.27%）表示会经常积累，124 名教师（58.22%）表示会偶尔积累，16 名教师（7.51%）回答从没有积累过。由此可见，虽然中职教师普遍认为隐性知识重要，但经常积累隐性知识的教师仅占一小部分。此外，152 名教师（71.36%）表示曾在别人身上学到过隐性知识，61 名教师（28.64%）则表示没有，这说明大部分教师有学习隐性知识的经历。对教师描述的自身隐性知识学习过程的分析显示，教师日常积累隐性知识的方法主要有 8 种。其中，最常用的方法是观察模仿，这是最简单和直接的一种途径，其次是交流讨论，这两类方法合计占到 60% 以上（见表 2）。

表 2　　　　中职教师隐性知识积累的方法

项目	观察模仿	交流讨论	教育反思	实践体验	写教学日志	参与教学研究	“师徒制”式学习	进修培训
人数	102	43	20	18	12	9	7	2
百分比（%）	47.89	20.19	9.39	8.45	5.63	4.23	3.29	0.94

在是否曾经将自身的隐性知识分享给他人方面，147 名教师（69.01%）表示曾将隐性知识经验分享给别人，66 名教师（30.99%）则表示没有。对教师描述的自身隐性知识分享过程进行分析和梳理，结果显示，教师将隐性知识分享给他人的途径主要有 5 种，最常用的是交流讨论，占 50% 以上（见表 3）。

表 3　　　　中职教师隐性知识分享的途径

项目	交流讨论	现场观摩学习	教师“传帮带”	共同参与教学研讨	潜移默化传递
人数	114	54	22	19	4
百分比（%）	53.52	25.35	10.33	8.92	1.88

对教师所描述的在教育教学过程中积累隐性知识的具体情境与过程进行分析，中职教师的隐性知识主要包括 11 个方面。其中，涉及最多的是教学技巧、学生管理和课堂管理，三者占到 70% 以上，说明这三个方

面是教师日常最关注、最需要隐性经验的重要领域（见表4）。

表4 中职教师的隐性知识

项目	教学技巧	学生管理	课堂管理	教师个人素质	专业知识技能	班主任工作	人际沟通	学校管理	教研活动	生活常识	其他
人数	60	56	40	16	14	14	9	8	7	6	5
百分比（%）	28.17	26.29	18.78	7.51	6.57	6.57	4.23	3.76	3.29	2.82	2.35

3. 学习与分享隐性知识的意愿

在是否愿意学习促进隐性知识积累的方法方面，131 名教师（61.50%）表示非常愿意，76 名教师（35.68%）表示愿意，4 名教师（1.88%）表示无所谓，2 名教师（0.94%）表示不愿意。说明绝大部分教师都愿意通过学习来提高隐性知识的积累。

在是否愿意与别人分享隐性知识方面，34 名教师（15.96%）表示会毫无保留地分享，167 名教师（78.40%）表示有机会就会分享，10 名教师（4.69%）表示只分享给关系好的同事，3 名教师（1.41%）表示只会分享小部分，没有人表示不愿意分享。可见，大部分教师愿意与他人分享隐性知识。说明为隐性知识分享创造环境和平台，给教师提供更多的隐性知识交流机会是促进分享的重要条件。

在影响隐性知识分享的因素方面，影响隐性知识分享最大的因素是“不知如何表达隐性知识”。隐性知识最大的特点之一就是难以表达，因此如何促进隐性知识显性化，提高隐性知识的表达度，是影响分享的关键要素。其次是“没有分享的环境与氛围”，这说明分享环境的缺失会阻碍隐性知识分享，须重视对分享氛围的营造。此外，值得关注的是，很多教师有“担心分享后自身优势丧失”的顾虑。

4. 对学校隐性知识管理的建议

在对学校隐性知识管理途径的建议方面，中职教师提出 16 种隐性知识管理途径。其中，超过 70% 的教师建议交流讨论，近一半的教师建议观察模仿（见表5）。

表 5　中职教师对隐性知识管理途径的建议

项目	交流讨论	观察模仿	教育反思	实践体验	进修培训	"师徒制"式学习	读书	悟性
人数	158	99	39	33	30	27	26	24
百分比（%）	74.18	46.48	18.31	15.49	14.08	12.68	12.21	11.27
项目	网络信息	发展个性	参与教学研究	经验总结	竞赛活动	平台环境创设	写教学日志	其他
人数	19	17	15	15	11	14	9	8
百分比（%）	8.92	7.98	7.04	7.04	5.16	6.57	4.23	3.76

二　中职教师隐性知识管理现状分析

（一）肯定隐性知识的存在性与重要性

超过 90% 的教师认为隐性知识重要，超过 80% 的教师认为优秀教师比一般教师具有更丰富的隐性知识。说明中职教师充分肯定了隐性知识在教育工作中的存在性与重要性。在以往的师资培训和继续教育中，更多的是重视对教师显性知识的训练和提升，忽视对隐性知识的挖掘与提炼。调查显示，隐性知识在中职学校教育中不仅存在，而且非常重要，是教师成长与发展的关键因素。因此，在工作中，应该提高教师对隐性知识的意识性，并着力培养教师积累、提炼与分享隐性知识的方法和技巧。

（二）在隐性知识管理方面存在不足

第一，隐性知识积累与分享的频次较低。在隐性知识积累的频率方面，表示会经常积累的教师仅占 30% 左右，说明大部分教师积累隐性知识的频次较低，主动性不高。第二，积累与分享的途径较单一。在对隐性知识管理的建议中，教师提出 16 种途径，但实际积累中用到的方法绝大部分只是观察模仿和交流讨论。说明教师实际管理隐性知识的方法并不丰富。第三，对信息化管理途径的认同度不高。能够主动利用网络信息平台来积累和分享隐性知识的教师非常少。第四，对隐性知识分享存在疑虑。在影响隐性知识分享的因素上，很多教师提到担心分享后自身优势丧失、担心知识对他人无效等，也提出分享的环境和氛围、分享的平台和时机等都会影响分享意愿，说明教师对隐性知识的分享还存在很多心理顾虑。

（三）对提高隐性知识管理表现出积极意愿

首先，愿意学习积累隐性知识的方法。超过95%的教师表示愿意通过学习促进隐性知识积累的方法。说明教师对隐性知识的学习、积累持积极主动的态度，渴望通过对隐性知识的管理来提升自己的教育教学水平。其次，教师提出很多促进隐性知识管理的方法。在促进隐性知识积累与分享的途径方面，中职教师提出了交流讨论、观察模仿、教育反思、实践体验等16种建议，说明教师对隐性知识管理有很多很好的想法，能够积极提出有效对策，为进一步训练和提高中职教师的隐性知识管理策略提供了前提和心理基础。

三 提高中职教师隐性知识管理水平的对策

（一）重视隐性知识的作用

调查发现，中职学校对隐性知识的认识与重视程度不高，对知识的学习和管理多限于显性层面，没有形成系统、规范的隐性知识管理体系。要扩大隐性知识的影响，首先需要认识并重视这种知识的存在，进而对隐性知识及其传播的特点与规律形成科学理解。在中职师资培训中，加大对隐性知识的宣传和普及力度是非常必要的。

（二）提高隐性知识的显性化与表达能力

提高教师对隐性知识的显性化与表达能力，是有效管理隐性知识的重要内容。对隐性知识的挖掘、显性化和传播，与教师自身的表达和表现力密切相关。提高教师隐性知识的表达能力不能仅靠行政手段或物质奖励，需要在尊重知识传播规律的基础上，逐渐培养教师的隐性知识管理意识，循序渐进地训练隐性知识积累与提炼的技巧，进而养成一种善于分享与交流的行为习惯，如新加坡南洋理工学院通过背景、解决方案、讨论、考核、项目资料、教学工作室等六个环节，在网络系统中进行隐性知识积累与分享。通过六个环节，教师可以将依附于个体的富有个性化和实践性的隐性知识逐步显性化，系统、清晰地表达，进而通过网络平台进行有效传播和交流。①

（三）营造分享环境与氛围

一是创设乐于分享的校园文化。要让教师认识到个人的隐性知识是有限的，但有限的知识组合、叠加、碰撞之后，会发挥很强的积累效应。教师之间的相互分享与交流，会使经验得到加倍提升，是一项"多赢"活动。二是建设良好的群体关系。信任程度是隐性知识分享的重要因素。② 学校可以通过开展多层次的集体活动、户外拓展训练、文化沙龙、团队攻关项目等为全校教师创造交流合作平台。形成良好的人际互动。三是对知识产权的承认与保护。对隐性知识的合理保护是分享的基础。③对于教师分享的隐性知识，要给予充分的承认，肯定其对知识拥有的权益。四是对教师评价标准的组合化。担心分享后自身优势丧失是阻碍知识分享的重要原因。在传统观念中，对教师的评价都是以个体间的相互比较为基础的，要提高知识的分享与交流力度，学校需要更新观念，改变评价标准，更注重从组织性（即全体教师共有的经验和技能）和进步性（即教师个人前后的进步与发展）方面进行评价，使教师能够从个人成长与学校发展的角度看待知识，消除内心顾虑。

（四）创设隐性知识管理平台与时机

一是多组织观摩交流、体验实践等活动，创造隐性经验积累时机。调查显示，交流讨论、观察模仿、实地考察等是教师最渴望和认同的隐性知识管理途径。二是鼓励教师多进行教育反思、经验总结、撰写教学

---

① 陈丽君：《学校隐性知识的积累与共享机制研究——基于新加坡南洋理工学院的经验借鉴》，《当代教育科学》2011 年第 3 期。

② 罗洪云、林向义、巩艳芬：《网络环境下高校教师隐性知识共享的影响因素分析》，《情报杂志》2010 年第 3 期。

③ 龙健：《高校隐性知识管理研究综述》，《图书馆》2009 年第 6 期。

日志等思考性活动。学校应该鼓励教师在参加各种教育教学实践后，对相关经历有意识地进行总结和提炼，挖掘其中的隐性经验。三是创设隐性知识网络管理平台。通过观摩、体验、反思等活动，隐性经验只能在教师自身或者个别教师之间相互交流，而通过网络平台管理，不仅有利于隐性经验的积累与保存，还可以在更大的范围和时间内进行交流与分享。有条件的学校可以自行开发校园网络分享平台，也可以通过微博、博客等网络工具进行隐性知识管理。

文献参考

1. ［美］R. J. 斯腾伯格：《成功智力》，吴国宏等译，华东师范大学出版社 1999 年版。
2. 简世德、杨婷、杨柳婧：《高校核心竞争力的隐性知识属性与提升策略》，《广西社会科学》2010 年第 1 期。
3. 吴全全、姜大源：《隐性知识管理——职业教育教学论探索的新视野》，《中国职业技术教育》2004 年第 19 期。
4. 金玉梅、李森：《教师隐性知识管理：内涵与实施》，《中国教育学刊》2009 年第 11 期。
5. 陈丽君：《学校隐性知识的积累与共享机制研究——基于新加坡南洋理工学院的经验借鉴》，《当代教育科学》2011 年第 3 期。
6. 罗洪云、林向义、巩艳芬：《网络环境下高校教师隐性知识共享的影响因素分析》，《情报杂志》2010 年第 3 期。
7. 龙健：《高校隐性知识管理研究综述》，《图书馆》2009 年第 6 期。

原文刊于《职业技术教育》2012 年第 11 期

以行动为导向的“双师型”师资培训设计与实践[*]

周元春[**]

摘　要：“以行动为导向”是当前职业教育教学倡导的一种教学理念，它遵循“工学过程一体化”的系统设计思想，注重培养学生的职业能力。文章基于广东省十余所中职学校教学现状及改革需求，开展“行动导向”教学法培训，从培训理念、培训方式、培训内容等方面大胆创新，取得良好效果，为“双师型”教师的培养与培训提供了实践参考。

关键词：职业教育；行动导向；教学法；双师型

“双师型”教师是职业教育对专业课教师的一种特殊要求，即要求专业课教师具备两方面的素质和能力：一要类似文化课教师那样，具有较高的文化和专业理论水平，有较强的教学、教研能力和素质；二要类似工程技术人员那样，有广博的专业基础知识，熟练的专业实践技能，一定的组织生产经营和科技推广能力，以及指导学生创业的能力和素质。①换而言之，“双师型”教师不仅具备职业技能，也要具备职业教学能力，

---

* 全国教育科学规划项目“网络环境下‘双师型’师资培训模式创新研究”（课题批准号：BCA090077），主持人：袁南辉。

** 周元春，硕士，副教授，教育科学与技术学院教育技术系专业教师，广东省高等学校“千百十人才培养工程”校级培养对象。

① 《双师型》，http：//baike. baidu. com/view/724901. htm。

掌握职业教育教学方法显得尤为重要。以讲授为主的教学法已经不能满足职业院校的课堂和学生的需求，必须有符合职业教育特点的教学法来引导这场教学变革。国内职业院校纷纷学习并借鉴西方国家的成功经验。其中，“以行动为导向”（简称“行动导向”）教学法影响力最大。本研究基于广东省教育厅面向全省中职学校、高职院校开展的“行动导向”教学法专项培训，在实践中不断分析、总结、反思，形成思考。

一 行动导向教学法概述

“行动导向教学法”，又称行为导向、活动导向、行为引导型教学法等，代表当今世界上的一种先进的职业教学理念。[①] 20 世纪 80 年代，德国开始盛行这种教学模式，它为德国经济的发展培养了高素质的技术工人和职业人才。常用的有代表性的行动导向教学法有项目教学法、案例教学法、角色扮演法、引导文教学法、探索法、小组工作法等，名称虽不一，但内涵统一，即强调“以学生为中心，以行动为导向”。每种教学方法从不同层面（宏观、微观）、不同角度（内容、形式）、用不同方式设计能让学生有机会“行动”的课程内容，并在学习过程中给予帮助与指导，让学生从“尝试行动”到“自觉行动”再到“自发行动”，在“行动”中掌握专业知识与技能，具备专业能力与社会能力，形成有竞争力的职业能力。

二 行动导向教学法培训设计

培训对象是中职学校中青年教师，部分教师拥有企业工作经历，但大部分教师来自高校毕业生。他们关注职业教育改革动向，关心自身专业发展问题，因此大部分教师对职业教育教学法培训持积极态度。在调研过程中了解到，有部分老师之前接受过讲座式的教学法培训，但效果不甚理想，他们对此次的培训有期待也有质疑。

基于现状分析，行动导向教学法培训团队在内容与形式上都进行了

① 王德华：《德国职业教育行动导向教学法的微观考证》，《职业教育》2010 年第 29 期。

大胆创新。在组织形式上，以小组为单位开展教学；在授课内容上，以活动实践代替理论讲授。即将教学法的理论知识融于活动任务中，带领培训对象“在做中学”。

由于本次培训面向的学校层次不一，培训对象年龄不一，学科背景不一，因此，行动导向教学法培训团队在设计活动主题时并没有选取具体学科的具体教学内容主题，而是选用培训对象都较为熟悉的主题，让大家都能有机会参与活动，且能有信心完成活动任务，由此，最大限度地帮助培训对象亲身体验教学法给其带来的学习乐趣，掌握教学法的使用与操作，激发其对自身教学实践的思考，并能在实践教学中做到举一反三。

三　行动导向教学法培训实施

不同的行动导向教学法的培训，主题内容会有所不同，但培训思路与环节大体一致。行动导向教学法的培训思路大致是，围绕一个主题或一项任务，运用系统方法的设计思想，将理论知识融入活动任务中，教师带领培训对象在活动中学习、体验、总结与反思。换而言之，在培训过程中，理论知识并非通过“讲授”告知培训对象，而是通过“行动”让培训对象在做中习得。

下面以行动导向培训团队中的小组工作法培训为例分享培训实施过程。小组工作法是一种微型方法，它侧重从组织形式方面指导教师开展行动导向教学法，适用于所有以小组为单位开展活动的教学。培训过程包括五个阶段：成立小组、团队工作、演示交流、小组评价、总结迁移。

（一）成立小组

该阶段主要完成以下工作：成立小组、小组命名、选拔组长。

根据事先获得的培训对象名单信息，先将培训对象按照专业以及性别（也尝试过采用随机抽签的方式形成小组，老师们的兴趣也很大），分为6—8 人一组。他们虽然都来自同一所学校，但相互之间也并不十分熟悉。于是，让老师们通过头脑风暴的方式为小组取名，制作小组标志，然后向全班进行“小组自我介绍”，加深大家对他组的认识。

在小组取名与制作标志的过程中，培训教师可以通过巡视发现，每个小组总有自然诞生的领导人物，他们或是因为自身在学校的威望高，或是因为在小组活动中表现最为积极，愿意出谋划策等，总之他们会因为具备小组领导的才能与素质而被自然推选为小组长。事实上在面对学生的课堂中，小组长的诞生也会如此自然，学生会用他们的方式推选出小组长。

此环节的设计意图：培训对象在组建小组的过程中理解成立一个小组需要做哪些工作。

（二）团队工作

该阶段教师的主要工作是明确主题、布置任务、观察小组活动；学生的主要工作是组长主持，小组分工，团队协作。

教师首先提出任务主题，在头脑风暴基础上引导各小组明确任务大致框架。小组接受教学任务之后，由组长带领组员展开内部讨论与交流，将讨论结果，即本组的工作任务成果书写在大白纸上。

小组完成任务的过程中，培训教师担任的是观察者与引导者角色，巡视各个小组的工作进展，必要时听取组长的陈述，了解小组对任务的理解程度，给予个别指导或适当参与小组讨论。

此环节是小组工作法培训的重点，也是培训设计的重点。设计意图：大多数老师在教学过程中尝试过以小组方式开展教学，在教学实践中有经验也有困惑，期待和同行们交流，因此将“小组教学活动的组织过程、经验和问题”作为小组任务主题，他们有兴趣、有能力、有自信完成该任务；此外，教师采用循序渐进的方式推进小组活动进程，如首先引导培训对象个人独立思考，再引导小组开展组内讨论，最后是班级交流与讨论（第三阶段的工作）。事实上，这些活动的过程本身就是解决问题的过程，即他们在讨论交流中深化了对小组工作法的理解，在不知不觉中对“小组工作法”有更全面的认识，这也正是行动导向教学法的精髓：“在做中学”。

（三）演示交流

该阶段教师的主要工作：组织小组交流，捕捉关键点，发现闪光点。

演示交流既是展示小组工作成效的环节，也是培养学生社会技能的重要环节。在该环节，每小组汇报时间不超过三分钟。汇报完毕，教师提出三个问题引导培训对象思考演示交流的方法与技巧：哪组的海报最吸引我们的眼球？哪组的海报让我们看得最清楚？哪组的汇报留给您的印象最深刻？从而有意识引导培训对象注意演示过程中恰当运用小组元素美化海报，汇报过程要注意呈现内容的逻辑结构，有意识注意语言的组织与表达等。由此启发培训对象在教学实践中能运用这些方法与技巧指导学生的小组成果展示，培养并提升学生的社会能力。

（四）小组评价

该阶段教师的主要工作：指导小组评价，共享集体智慧。

演示与评价不是完全分开的，演示过程中，要求所有人员必须认真聆听，每组汇报完毕时，教师从三个方面引导小组自评、组间互评及教师点评，评价的基本内容应包括：有哪些优点？有哪些不足？针对不足之处您有何建议？等等。最后教师针对共性问题阐述个人观点，提出个人建议，仅供参考。

（五）总结迁移

该阶段教师的主要工作：引导总结，升华理论思考。

事实上，经过前面的活动，培训对象已经在不知不觉“做”的过程中学习了“小组工作法”，但大多数老师们还沉浸在活动中，并没有意识到培训者已经有意将理论知识设计在活动中了，因此，在最后阶段有必要和老师们一起来梳理、总结并反思小组活动，由此提升“小组工作法”以及“行动导向教学法”的理论思考。

首先，将小组工作法的过程、要素及注意事项再用文字和口述相结合的方式梳理一遍。这些知识点主要有：小组工作过程的基本阶段（成立小组、团队工作、小组演示、小组评价，总结迁移）；每阶段须注意的细节，如分组的方式与原则、选拔组长的方法、头脑风暴法的使用、组内分工合作的策略、小组演示交流的技巧、小组评价的方法等。

其次，引导培训对象思考“小组工作法”以及“行动导向教学法”的特点与作用，目的是引导培训对象能对所学知识有所思考，能在今后教学实践中灵活迁移。

四 培训效果与反思

“以行动为导向”的教学法培训在内容与形式上都进行了大胆创新，具有以下特点：

第一，“以学生为中心”：活动主体是中职教师，培训者起引导及指导作用；

第二，“以行动为导向”：培训内容融于活动，在做的过程中理解教学法的内涵，掌握教学法在实践中的使用方法。

第三，“以小组为单位”：活动形式是以小组为单位，强调小组协同工作。

第四，“以系统方法为指导”：运用系统方法组织活动内容及过程，实现培训整体目标。

经过培训，大多数教师的教学观念发生改变，感受到“以学生为中心”在实际教学中不是一句空话，而是通过教师设身处地为学生量身定做的一系列“行动”来体现。接受培训的老师们经历“行动”体验后也纷纷表示，感受到了“在做中学”的快乐，表示今后在自己的课堂教学中会努力尝试使用这些方法。在实际使用“以行动为导向”的教学法过程中，教师须把握两个关键点。一是“行动”的出发点是“以学生为中心”；因此小组活动的设计重点是让每位学生在小组中都能有机会“行动”起来，使用各种策略与方法帮助学生有自信“行动”起来，帮助其在“行动”中获得发展。二是“行动”的突破点是教师的观念，要想让学生能在课堂中“行动”起来，教师必须花费更多时间和精力先在课堂外“行动”，如课前对活动任务的分析与设计，对活动过程的组织与调控，对学生的充分理解与信任等。

总体来说，以行动为导向的教学法培训，体现“以学生为中心，以行动为导向”的教学理念，符合职业教育教学改革的特点与要求，为职业院校“双师型”教师的职业教学技能培训提供了方法指导。

参考文献

1.《双师型》，http：//baike. baidu. com/view/724901. htm。

2. 王德华：《德国职业教育行动导向教学法的微观考证》，《职业教育》2010 年第 29 期。

原文刊于《职教论坛》2013 年第 7 期

职业教育师范生信息化教学能力培养策略与效果研究*

赵　玉**

摘　要：本文从职业教育师范生的信息化教学能力培养目标出发，论述了信息化教学能力培养目标与模块课程和实践教学平台的映射关系，建构了基于TPACK（整合技术的学科教学知识）的教学设计、实施和评价等培养策略，并对职业教育师范生信息化教学能力培养的效果进行了验证。

关键词：信息化教学能力；职业教育师范生；策略；效果

教育部《教育信息化十年发展规划（2011—2020年）》提出“职业教育信息化是培养高素质劳动者和技能型人才的重要支撑，是教育信息化需要着重加强的薄弱环节”。职业教育师范生信息化教学能力培养是教育技术领域研究的热点问题。南国农，[①] 何克抗，[②] 张一春，[③] 王卫军，[④]

* 本文系全国教育科学规划教育部重点课题“基于云计算的区域职业教育资源公共服务模式研究”（课题批准号：DCA120190）阶段性成果。

** 赵玉，教育学博士，教授，教育科学与技术学院教育技术学系主任。

① 南国农：《信息化教育概论》，高等教育出版社2004年版，第194—196页。

② 何克抗：《正确理解“中小学教师教育技术能力培训”的目的、意义及内涵》，《中国电化教育》2006年第11期。

③ 张一春：《高校教师ET能力发展模式研究》，南京师范大学，2005年。

④ 王卫军：《教师信息化教学能力发展研究》，西北师范大学，2009年。

傅德荣,① 张建伟等,② 顾小清,③ 等研究者对信息时代教师能力结构及信息化教学能力构成开展了相关研究。尹跃妮、黄纯国、殷常鸿等研究者对职业教育师范生信息化教学能力培养进行了一些实践探索。Drenoyianni 认为信息化环境下教师教学能力包括一系列复杂的高阶思维能力和认知能力。④ Joyce 等认为师范生对整合 TPACK 知识结构课程的经验对于其专业发展非常重要。⑤ Markauskaite 等提出师范生需要具备分析学生需求的信息技术支持的能力,⑥ 在课堂应用信息技术的能力，有效选择的评估能力，处理教学活动所具备的信息技术能力，管理信息化教室的能力，自我反思的评估能力。以上研究为职业教育职前教师信息化教学能力的培养实践提供了参考和借鉴。社会对职业教育的需求，决定了职业技术高等师范院校对职业教育师范生的信息化教学能力培养目标包括良好的信息化环境下的学习能力、信息技术工具应用能力、教学信息资源开发能力、信息化教学设计能力、信息化教学实施能力和信息化教学评价能力。本文从上述培养目标出发，阐述了培养目标与模块课程和实践教学平台的映射关系，构建了培养策略，并对策略实施的效果进行了验证。

一 职业教育师范生信息化教学能力培养目标与模块课程和实践教学平台的映射关系

（一）信息化教学能力培养目标与模块课程的映射关系

课程设置是影响职业教育师范生信息化教学能力培养质量的主要因

---

① 傅德荣:《教育信息化与教育信息能力》,《中国电化教育》2003 年第 2 期。

② 张建伟、师书恩、苗逢春、杨薇:《中小学教师的教育信息技术绩效标准研究》,《中国电化教育》2003 年第 2 期。

③ 顾小清:《面向信息化的教师专业发展研究》，华东师范大学，2004 年。

④ Drenoyianni, H. , "Designing and Implementing a Project-Based ICT Course in a Teacher Education Setting: Rewards and Pitfalls", *Education and Information Technologies*, Vol. 9, No. 4, 2004.

⑤ Koh, J. , H. – L. Woo, and W. – Y. Lim, "Understanding the relationship between Singapore preserviceteachers' ICT course experiences and technological pedagogical content knowledge (TPACK) through ICT course evaluation", *Educational Assessment*, *Evaluation and Accountability*, No. 4, 2013.

⑥ Markauskaite, L. , et al. , *Modelling and Evaluating ICT Courses for Pre-service Teachers: What Works and How It Works? in Informatics Education – The Bridge between Using and Understanding Computers*, R. Mittermeir, Editor, Springer: Berlin Heidelberg, 2006, pp. 242 – 254.

素，课程内容所涵盖的知识是职业教育师范生应该具备的信息化教学知识的集合。职业教育师范生信息化教学能力培养模块课程包括职业教育教学的基本规律和基础技能课程、职业教育专业教学知识和技能课程以及职业教育信息化教学知识和技能课程三大模块。

如图1所示，职业教育师范生信息化教学能力培养目标与模块课程的映射关系是：（1）信息化环境下的学习能力与所有模块课程相匹配；（2）信息技术工具应用能力主要与“计算机应用基础”“教育技术学”等课程相匹配；（3）教学信息资源开发能力主要与“教育技术学”“计算机应用基础”“职业教育学”“职业教育心理学”等课程相匹配；（4）信息化教学设计能力主要与“教育技术学”“职业教育专业课程教学法”“中职课程设计与开发”等课程相匹配；（5）信息化教学实施能力主要与“教师教学技能实训”“职业教育专业课程教学法”“教师口语技能”“三笔字训练”等课程相匹配；（6）信息化教学评价能力主要与“教师教学技能实训”等课程相匹配。

（二）信息化教学能力培养目标与实践教学平台的映射关系

培养职业教育师范生的信息化教学能力必须加强实践性环节的教学，以培养其应用信息技术分析和解决专业领域的教与学问题的能力。职业教育师范生信息化教学能力实践教学平台有课内实验实训平台、校内实训实践平台和校外实习实践平台三种类型。

如图1所示，职业教育师范生信息化教学能力培养目标与实践教学平台的映射关系是：（1）信息化环境下的学习能力与所有实践教学环节相匹配；（2）信息技术工具应用能力主要与“计算机应用基础”“教育技术学”等课程课内实验实训，以及校内实训实践和校外实习实践教学环节相匹配；（3）教学信息资源开发能力主要与“教育技术学”“计算机应用基础”等课程课内实验实训、专业项目实践等校内实训以及校外实习实践教学环节相匹配；（4）信息化教学设计能力主要与“教育技术学”“职业教育专业课程教学法”“中职课程设计与开发”等课程课内实验实训，以及校内实训实践和校外实习实践教学环节相匹配；（5）信息化教学实施能力主要与“教师教学技能实训”“职业教育专业课程教学法”“教师口语技能”“三笔字训练”等课程课内实验实训，以及信息化

图1 职业教育师范生信息化教学能力培养目标与模块课程和实践教学平台的映射关系

教学技能竞赛等校内实训实践和教育实习、顶岗实习等校外实习实践教学环节相匹配；（6）信息化教学评价能力主要与“教师教学技能实训”等课程课内实验实训，以及校内实训实践和校外实习实践教学环节相匹配。

二 职业教育师范生信息化教学能力培养的教学策略

整合技术的学科教学知识（TPACK），不仅仅是教师教具体年级、具体科目所需的涉及学科知识、教学法知识和技术知识等一套多领域的知识和技能，它还是一种策略性的思维方式。TPACK 是陈述性的（知道定义、术语、事实和描述）；程序性的（知道完成一项任务或子任务所涉及的步骤）；图式性的（知道为什么利用陈述性知识和程序性知识，如原理和心智模式）；策略性的（知道何时何地使用特定领域的知识和策略，如计划和问题解决，同时监控通向目标的进程）。TPACK 教学策略发生于教师要为具体学科、具体的学习者需求和具体的课堂情境进行计划、组织、评价与总结的过程中，也发生于思考多样的技术在支持学习者学习方面所具有的潜力时。[①] 要培养职业教育师范生信息化教学能力，首要就是发展其信息技术与专业学习领域课程融合的思维方式，使其将对学科、教学和学习的深入理解与在学习环境中融合信息技术的有意识的思考整合在一起，发展其为了具体学科、具体的学习者需求和具体的课程情境而计划、组织、评价与总结基于技术的教学能力。因此，为提升职业教育师范生信息化教学能力的培养效果，在职前培养的课程中要积极推进信息技术与课程教学融合。职业教育师范生信息化教学能力培养的教学策略包括基于 TPACK 的教学设计策略、基于 TPACK 的教学实施策略、基于 TPACK 的教学评价策略（如图 2 所示）。

（一）基于 TPACK 的教学设计策略

教学是一种有目的、有计划的行动，因此在教学活动实施前，教师需要进行必要的准备，在头脑中或书面上做一个计划，规划并设计学习环境与经验，以满足基于技术的课堂中学生学习需求的多样性。为了将教学内容转化成学生易接受形式的方式设计课程，在将技术整合到课程、课程的顺序以及学习单元的学习设计与计划中需要教师的教学推理能力，即将教师所了解的关于学科、教学、学生学习和技术的知识整合起来的能力。基于 TPACK 的教学设计策略涵盖了课堂教学的基本要素，即教学对象、教学目标、教学内容、教学组织形式。

以“现代教育技术”课程为例，其教学对象是学校所有专业的职业教育师范生；其教学目标是使职业教育师范生结合自己所学的职业

---

① ［美］全美教师教育学院协会创新与技术委员会：《整合技术的学科教学知识：教育者手册》，教育科学出版社 2011 年版，第 262—263 页。

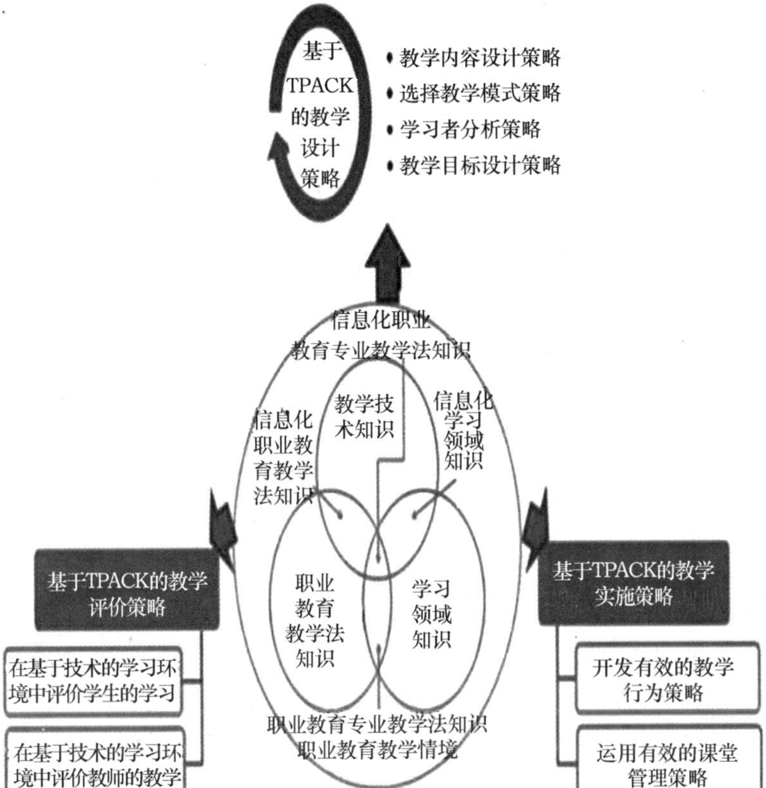

图2　职业教育师范生信息化教学能力培养的教学策略

教育专业学习领域，学会利用现代教育技术开展职业教育教学活动，熟练使用信息技术工具开发职业教育学习资源，具备职业教育教学活动设计与资源开发的能力；其教学内容包括现代教育技术概述、职业教育教学资源设计与开发、职业教育教学设计与评价和信息化环境下的课堂教学技能四大模块；其教学组织形式是依托“现代教育技术”精品资源共享课程资源，采用“教师讲授、小组讨论、学生训练”相结合的方式。

（二）基于 TPACK 的教学实施策略

教学实施策略是教学活动实施过程中，教师实施有效的教学行为向学生传递知识，并对学生的学习进行有效管理的策略。基于 TPACK 的教学实施策略包括开发有效的教学行为策略和运用有效的课堂管理策略。

在“现代教育技术”课程教学实施过程中，课堂授课环节以教师讲授为主，并辅以案例教学、小组讨论等学习方法；网上学习环节依托“现代教育技术”精品资源共享课程平台，教师发布学习主题，学生自主协作，参与讨论；课程实践环节，根据职业教育教师在现代教育技术应用方面的典型工作任务，在职业教育教学资源设计与开发、职业教育教学设计与评价及信息化环境下的课堂教学技能模块中设立专项实训，提升职业教育师范生的信息化教学实践能力。

（三）基于 TPACK 的教学评价策略

教学评价策略是教学实施过程中和结束后对教学活动的评价，包括对教师的评价和对学生的评价。职业教育学生信息化学习的评价需要从单一的评价方式向促进学生全面发展的全面评价方式转变，做到既要关注职业教育学生信息化学习中知识技能的评价，也要关注职业教育学生信息化学习中实践性能力发展和信息化学习中情感培养的评价。职业教育教师信息化教学的评价，是以信息化社会中职业教育教师的专业发展为核心，注重职业教育教师的未来发展，重视职业教育教师的信息化教学能力、主体意识与创造性能力的培养，实现以职业教育教师个体发展为理念的动态性教学评价。

“现代教育技术”课程要求职业教育师范生以小组为单位结合其所学的专业设计一份信息化教学设计方案、制作一个职业教育教学（学习）课件，采用教师评价、小组互评及学生自我评析相结合的方法综合考察其信息化教学能力水平。

三　职业教育师范生信息化教学能力培养效果研究

为了解职业教育师范生对信息化教学能力培养的模块课程与实践教学平台学习的态度与满意度，验证所提出的模块课程与实践教学平台设计方案以及学与教策略的有效性，在其完成了所有学习任务之后，进行学习态度与满意度的调查。

本研究参考 Keller（2009）《课程兴趣量表》[①] 制定了《学习态度与满意度调查问卷》，主要是让学生在双向评等量表中对每道问题表达个人态度。问卷中设计的问题包含了对学习目的和意义的认识（第2、第3、第11题）、学习主动性与专注程度（第1、第4、第6、第10、第12、第13题）、学习满意度（第5、第7、第8、第9、第14、第15题）。

根据“目的性抽样”原则，本课题选择了广东技术师范学院2009级汉语言文学专业1班（58人）和财务会计教育专业1班（51人）的职业教育师范生作为调查对象。在完成了信息化教学能力体系模块课程与实践教学平台的所有学习后，向他们发放问卷109份，回收问卷98份，问卷回收率为89.9%。其中有效问卷98份（汉语言文学专业52份，财务会计教育专业46份），问卷有效率为100%。

（一）学习态度与满意度总体情况

通过对原始数据进行整理，并将15个问题按照对学习目的和意义的认识、学习主动性与专注程度和学习满意度三个维度归类，得到以下统计结果。

1. 职业教育师范生对学习目的和意义认识明确清晰

根据双向评等量表得分率计算公式 $F_i = \sum a_j n_{ij}/2N$[②] 计算可得各问题项的得分率，此处 $N=98$。由表1可知，调查对象对学习目的和意义的认识维度的三个问题项的应答得分率 F 均大于0，而且“11. 我很清楚这些课程与实践对我的重要性”一题的得分率大于0.5，说明调查对象对学习目的和意义的认识明确清晰，表现在很清楚职业教育师范生信息化教学能力培养的模块课程与实践教学平台的学习对其个人发展的重要性与意义价值。

---

① John M. Keller, *Motivational Design for Learning and Performance: The ARCS Model Approach*, Springer, 2009, pp. 46－47.

② 李克东：《教育传播科学研究方法》，高等教育出版社1990年版，第106页。

表1　对学习目的和意义的认识

维度	问题项	非常同意	同意	一般	不同意	非常不同意	得分率
		+2	+1	0	-1	-2	F_i
对学习目的和意义的认识	2. 从这些课程与实践平台中学到的东西对我来说很有用	26	46	23	3	0	0.43
	3. 为了达到我的目标，学好这些课程与实践知识很重要	20	35	39	4	0	0.32
	11. 我很清楚这些课程与实践对我的重要性	34	51	13	0	0	0.54

表2　学习生动性与专注程度

维度	问题项	非常同意	同意	一般	不同意	非常不同意	得分率
		+2	+1	0	-1	-2	F_i
学习主动性与专注程度	1. 这些学习内容非常吸引我的注意力	21	37	39	1	0	0.40
	4. 能不能学好这些课程，关键在我自己	23	59	10	6	0	0.45
	6. 在学习时，我很努力去争取优秀成绩	14	40	41	3	0	0.30
	10. 老师上课用了很多不同的有趣的教学方法	5	48	42	3	0	0.25
	12. 我的好奇心经常会被这些课上所提出的相关问题所激发	16	31	43	8	0	0.25
	13. 我感觉这些课程难度适中，既不太难也不太易	17	40	31	9	1	0.29

2. 职业教育师范生的学习主动性与专注程度高由表 2 可知，调查对象对学习主动性与专注程度维度的六个问题项的应答得分率 F 大于 0，说明他们对职业教育师范生信息化教学能力培养的模块课程与实践教学平台的学习主动性强，学习专注程度高。

3. 职业教育师范生的学习满意度高

由表 3 可知，调查对象对学习满意度维度的 6 个问题项的应答得分率 F 大于 0，说明他们对本次教学试验的评价较高，他们对职业教育师范生信息化教学能力培养的模块课程与实践教学平台的学习满意度高。

表 3　　学习满意度

维度	问题项	非常同意	同意	一般	不同意	非常不同意	得分率 F_i
		+2	+1	0	−1	−2	
学习满意度	5. 这些课给我很大的满足感	17	41	35	5	0	0.32
	7. 我很高兴老师能针对我的自评对我的学习进行评价	17	36	42	3	0	0.30
	8. 我对从这些课程与实践平台所学到的东西很满意	23	47	27	1	0	0.42
	9. 我很愿意向师弟师妹推荐这些课程	16	33	45	3	1	0.27
	14. 这些课程的评价方式（包括分数、评语和其他反馈），让我觉得自己的学习得到充分的肯定	17	40	38	3	0	0.32
	15. 在学习过程中我得到了足够的反馈	14	34	46	4	0	0.26

（二）交叉分析

为进一步研究职业教育师范生对学习态度与满意度的差异及其产生的原因，以专业作为自变量与对学习目的和意义的认识、学习主动性与专注程度和学习满意度三个维度15个因变量一一进行交叉分析。

交叉分析的结果显示，不同专业的职业教育师范生对职业教育信息化教学能力培养的模块课程与实践教学平台课程学习的目的和意义的认识、学习主动性与专注程度和学习满意度等无显著性差异。即不管是何种专业，职业教育师范生均很清楚职业教育师范生信息化教学能力培养的模块课程与实践教学平台的学习对其个人发展的重要性与意义价值，对学习目的和意义的认识明确清晰，学习主动性强，学习专注程度高，并对课程的实施与效果感到满意。

四 结束语

综上，应用职业教育师范生信息化教学能力培养的模块课程与实践教学平台设计方案及职业教育师范生信息化教学能力培养策略，可以使职业教育师范生明确学习目的，清楚学习意义，对学习保持主动性与专注性并感到满意。职业教育高等师范院校对职业教育师范生的培养主要处于职业教育教师信息化教学能力发展的初级阶段，即通过相关课程的学习，达到模仿性开展信息化教学水平，然后通过专业见习、教育实习，逐步达到独立开展信息化教学的水平。而创造性开展信息化教学和形成独特的信息化教学艺术主要是教师入职后通过教学实践、教研、在职培训和终身学习等方式不断学习和提高，逐渐培养和发展起来的。

参考文献

1. 南国农：《信息化教育概论》，高等教育出版社2004年版。
2. 何克抗：《正确理解“中小学教师教育技术能力培训”的目的、意义及内涵》，《中国电化教育》2006年第11期。
3. 张一春：《高校教师ET能力发展模式研究》，博士学位论文，南京师范大学，2005年。

4. 王卫军：《教师信息化教学能力发展研究》，博士学位论文，西北师范大学，2009 年。
5. 傅德荣：《教育信息化与教育信息能力》，《中国电化教育》2003 年第 2 期。
6. 张建伟、师书恩、苗逢春、杨薇：《中小学教师的教育信息技术绩效标准研究》，《中国电化教育》2003 年第 2 期。
7. 顾小清：《面向信息化的教师专业发展研究》，博士学位论文，华东师范大学，2004 年。
8. Drenoyianni, H. , "Designing and Implementing a Project-Based ICT Course in a Teacher Education Setting: Rewards and Pitfalls", *Education and Information Technologies*, Vol. 9, No. 4, 2004.
9. Koh, J. , H. – L. Woo, and W. – Y. Lim, "Understanding the relationship between Singapore preserviceteachers' ICT course experiences and technological pedagogical content knowledge (TPACK) through ICT course evaluation", *Educational Assessment, Evaluation and Accountability*, No. 4, 2013.
10. Markauskaite, L. , et al. , *Modelling and Evaluating ICT Courses for Pre-service Teachers: What Works and How It Works? in Informatics Education – The Bridge between Using and Understanding Computers*, R. Mittermeir, Editor, Springer: Berlin Heidelberg, 2006, pp. 242 – 254.
11. ［美］全美教师教育学院协会创新与技术委员会：《整合技术的学科教学知识：教育者手册》，教育科学出版社 2011 年。
12. John M. Keller, *Motivational Design for Learning and Performance: The ARCS Model Approach*, Springer, 2009.
13. 李克东：《教育传播科学研究方法》，高等教育出版社 1990 年版。

原文刊于《中国电化教育》2014 年第 8 期

广东民族地区职业教育师资现状及对策研究*

盘笑莲**

职教师资是保证民族地区职业教育质量以及职教事业稳定发展的关键因素。发展民族地区经济，既要依靠科学技术进步，又要依靠管理者和一线工作人员素质的提高，其中，管理者和一线工作人员素质的提高主要依靠职业教育的师资。因此，必须构建一个结构合理的高素质职业教育师资培养体系，培养一批高质量、专业化的“双师型”职业教育教师，才能促进民族地区职业教育人才培养质量水平的提高，更好地为民族地区经济服务。

本文结合广东民族地区职业教育师资队伍的现状，提出广东民族地区职业教育师资培养的应对策略，对民族地区高素质职业教育师资队伍建设具有重要意义。

一　广东民族地区职业教育师资现状

广东是一个少数民族成分齐全的省份，据统计，广东省除汉族外，还有55个少数民族。至2010年，少数民族人口达206万人，占全省总人

---

* 2013年度广东省哲学社会科学“十二五”规划一般项目“全面建成小康社会与推进广东民族地区职业教育发展研究”（项目编号：GD13CJY11）。

** 盘笑莲，广东技术师范学院2012级教育学硕士研究生。

口的1.98%。[①] 少数民族户籍人口中，20多万人分布在连南、连山、乳源3个民族自治县和连州市三水、瑶安瑶族乡、阳山县秤架瑶族乡、始兴县深渡水瑶族乡、怀集县下帅壮族瑶族乡、龙门县蓝田瑶族乡、东源县漳溪畲族乡等7个民族乡。目前广东民族地区共有3所民族中等职业技术学校，包括连南职业技术学校、乳源中等职业技术学校、连山职业技术学校，是广东民族地区培养职业教育学生的重要基地。笔者通过对连南职业技术学校、乳源中等职业学校进行实地考察和调查，发现广东民族地区职业学校师资建设存在以下问题。

（一）学历层次低，师资结构不合理

近年来，民族地区职业教育在国民经济中的作用日益凸显，受到国家、政府高度重视，职业教育的招生规模不断扩大，但民族地区的职业教育呈现出教师数量不够、师生比例失调、学历水平低、结构不合理等突出问题。

在调查的2所广东民族地区职业学校中，其中，乳源中等职业技术学校现有学生1700人，而教职工只有110多人，生师比为6：1，其中专任教师87人，本科学历的只有76人；高级教师只有12人，中学一级教师60人；专业教师46人，占专任教师的53%，双师型教师21人，占专业教师的46%。连南职业技术学校现有在校全日制学生330人，教职工41人，生师比为12：1，专任教师33人，本科学历24人；中级职称17人，“双师型”教师13人，占专任教师的39%。综合可见，广东民族地区职业学校教师数量不足，师生比例过高且教师学历主要以本科及以下学历的教师为主。以调查的教师为例，本科学历占58.5%，中专及高中阶段的仍占19.5%，研究生及以上学历的基本上没有，近40%教师学历为专科以下（见表1）。

---

① 数据来源：广东统计信息网：http：//www.gdstats.gov.cn/tjzl/201105/t20110510_83276.html。

表1 教师学历结构抽样调查 单位：人

学历情况	本科	大学专科	中等专科	高中阶段及以下	合计
人数	24	9	2	6	41

在教师的职称方面，也呈现出职称偏低的特点。其中，乳源中等职业技术学校高级教师只有12人，占全体教师的11%，中级教师60人，占全体教师的54.5%，初级及以下占了34.5%；而在连南职业技术学校抽样调查的老师中，初级职称占了43.9%、中级职称的教师所占比例为36.6%，其中，讲师所占比例只有9.5%，无职称的有19.5%，没有正高级职称教师（见表2）：

表2 教师职称情况

职称	乳源中等职业技术学校		连南职业技术学校	
	人数（人）	占全体教师比例（%）	人数（人）	占全体教师比例（%）
初级及以下	38	34.5	26	63.4
中级	60	54.5	15	36.6
高级	12	11	0	0
合计	110	100	41	100

以上数据表明，广东民族地区职业学校教师仍以中级和初级职称为主，中级以上职称比例太小。目前，教师收入是与教师职称高低成正比的，在这种条件下，职称低也就意味着收入低，这就导致吸引不了高素质的技能人才加入民族职业学校师资队伍中来，甚至在岗教师也不能安心工作。

（二）专业实践经验不足，实训指导教师缺乏

1. 教师来源单一，动手能力差

职业学校教师来源应该多样化、多渠道，但是，被调查的职业学校教师来源渠道主要为三个：小部分来自企业、行业等生产一线，大多数是从高校毕业后直接从事职业教育工作，其次是从小学、普通中学、高中调入。在抽样调查的专任教师中，只有4.9%的人来自企业，7.3%来

自事业单位，来自普通中学的就占17.1%（见表3）。其中，在被调查的专任教师中专业教师在企业实践的时长近乎于零。

表3　　　　教师来源情况抽样调查

教师来源	高校	普通中学	企业	事业单位	其他	合计
数量（人）	21	7	2	3	8	41
占教师比例（%）	51.2	17.1	4.9	7.3	19.5	100

教师来源单一。民族地区职业学校的大多数教师主要来自学校，从学校到学校的上岗方式使得大部分教师缺乏企业实践经验与专业技术能力，动手能力差，在教学和实训过程中容易陷入普通教育重理论、轻实践的俗套中，最终影响了职业教育的教学效果。

2. 教师培养和培训机制不健全

造成教师专业技术能力不强的另一个原因是教师的专业培训缺失。根据调查问卷，在关于民族地区职业学校教师从事中职工作以前对职业教育了解情况的调查中有14.3%的人几乎一点也不了解中职教育，只有43%的人了解一点和47.6%的人表示比较了解。对职业教育的特殊性缺乏了解，表明需要对这些新教师进行岗前培训，然而在新教师入职引导中，接受的培训形式比较单一且效率不高，主要为集中培训（66.7%）、专题讲座（76.2%）、师徒制（14.3%）。另外，参加过培训的教师中有4.8%的人认为中职教师培训的课程设置不太合理，培训内容缺乏实用性和针对性；培训类型结构不合理，大部分教师只参加过县、校级的课程培训，而国家级培训所占比例较小（见表4）。

表4　　　　专任教师参加培训的等级情况抽样调查

培训等级	国家级	省级	地市级	县级	校级
数量	16	28	5	30	23
占教师比例（%）	39	68.3	12.2	73.2	56.1

形式单一的培训也直接影响了教师获得专业技术资格证书情况，调查结果显示：被调查的教师中获得高级证书的只占4.8%，获得中级证书

的为57.1%，38.1%的教师获得了初级证书，显然无法适应民族地区职业学校技术技能的人才培养要求。据了解，培训环节薄弱的原因主要源于广东民族地区职业学校教师培训经费的限制，无法安排大多数教师进行培养和培训。

3. “双师型”教师结构失调

“双师型”教师缺乏是民族地区职业学校普遍的问题。从调查数据来看，数量上，乳源中等职业技术学校、连南职业技术学校两所学校“双师型”教师占专任教师比例分别为24.1%、39%；职称上，两所学校有20.6%的“双师型”教师具有初级职业资格证书，中级的只占44.1%，中级以上的占35.2%；学历上，在调查的“双师型”教师中本科学历占多数，研究生及以上学历教师不到1%，约13%的只有专科及以下学历；从教师类型结构来看，文化基础课教师占38.8%，专业课教师占58.5%，而实训指导教师只有2.7%。

造成“双师型”教师结构失调、实训技能缺乏主要有以下三个方面的原因：一是由于广东民族地区经济条件落后，教育主管部门未能提供教师很好的培训机会，使得培训缺乏针对性和实效性；二是来自经费的限制，无以支持民族地区职业学校教师参加进修、培训以及外出访学；三是时间的不足，广东民族地区职业学校教师生师比过高，教师承担的教学任务繁重，加上班级、学生管理等超负荷工作，难以抽出时间参加培训及自我提升。

（三）优秀中青年骨干教师少

职业教育与国家经济发展密切相关，社会发展与市场变化要求职业学校教师要不断学习和提高能力，才能跟上新形势的步伐。中青年骨干教师是职业学校发展的主力之一，需要职业学校对中青年教师要加强培养和培训。然而，现实情况下广东民族地区职业教育条件不利于教师发展，学校提供的外出培训、交流的机会过少，导致教师见识不广，眼界不宽，出现闭门造车的现象，部分老教师甚至从未有过外出学习的经验，缺乏现代化职教理念。从年龄结构上看，被调查的教师中40岁以上的教师占了68%，40岁以下占32%左右，平均年龄45岁，平均教龄也都有23岁，优秀中青年骨干教师所占比例不到20%（如表5）。

表 5　　教师年龄结构抽样调查

年龄结构	20—30 岁	30—40 岁	40—50 岁	50—60 岁	60 岁以上	合计
数量（人）	5	8	16	12	0	41
占教师比例（%）	12.2	19.5	39	29.3	0	100

在被调查的“双师型”教师中，40 岁以下的占总数的 38%，40—50 岁的占了 54%，仍以年龄较大的教师为主。

二　广东民族地区职业教育师资培养的对策

（一）加快“双师型”教师队伍建设步伐

1. 确立科学的“双师型”教师标准

“双师型”教师作为我国职业教育教师的专属名称，是区别于普通教育学校教师的特有名词，是保证职业教育质量的关键。何谓“双师型”教师，目前尚未统一定论。有的学者将其概括为两种：一是“双职称型”，即具有教师职称和职业资格证的教师；二是“双素质型”，即教师既要具备理论教学的素质，也应具备实践教学的素质。由于定义的标准不一，每个学校的实际操作会出现很大的差异，甚至同一所学校内的也会出现争议，导致现实中的“双师型”与理想中的“双师型”教师有很大区别。可见，“双师型”教师队伍培训系统的首要任务是确立科学规范的“双师型”教师标准。

在教育部制定的《中等职业学校教师专业标准（试行）》中规定：中职教师既要有较好的通识性知识、教学设计能力、实训实习组织能力……还要有教学研究和专业发展能力。① 也就是说理想的“双师型”教师是“理论与实践一体化”的教师，同时具备会教理论与会指导学生实践的“双会”能力。因此，“双师型”教师资格认定标准的制定应该要求教师同时拥有包括相应教育层次的教师资格证和所任教专业的国家职业

① 中国教育部：《教育部关于印发〈中等职业学校教师专业标准（试行）〉的通知》（http：//www.moe.gov.cn/publicfiles/business/htmlfiles/moe/s6991/201309/157939.html），2013 年 9 月 20 日。

资格证,[①] 即“教师+职业资格”。总而言之,“双师型”教师不是教师证与资格证的简单相加,也不是教师与工程师的简单结合,更重要的是专业理论知识、技术实践能力等方面的融会贯通。对于民族地区职业教育的“双师型”教师而言,还要体现在实际教学中能够将本民族特有的文化知识的有效再现与进行传统技艺技能的传授等方面,才能培养出既能适应本民族地区经济发展又能传承本民族文化、技艺的人才。

2. 建立健全的“双师型”教师认定制度

尽管制定出了“双师型”教师的标准,但是在具体操作上考核要求的放宽、放低,加上很大程度上考核与培训不分家,导致目前很多教师拥有职业技能等级证却不具备相应的职业能力。这就需要建立一个规范的“双师型”教师认定制度,严格规范资格证书的考核环节,确保职教教师“双证”的有效性。“双证”是“双师型”教师认定的基本条件,但是,“双证”不等于“双会”,要在持有“双证”的基础上,在认定的时候加强对教师其他方面的考核。

职业教育离不开行业、企业,与行业、企业的紧密结合是职业教育区别于普通教育的最大特点。广东民族地区职业教育要培养出高素质的劳动者和技能型人才离不开本民族地区企业、行业参与,因此,长期、稳定的校企合作关系是民族地区职教教师专业发展的平台保障,也是“双师型”教师考核认定的主要参照。通过以政府为主导,引领“双师型”教师认定体系,成立专门的工作小组,由教育主管部门牵头,带动相关劳动部门和企业行业共同参与,依照“双师型”教师考核认定标准,由各领域的专家考核认定,考核内容包括专业理论课和专业技能训练课,或者以“理论—实践—体化”的课堂作为考核项目,加上“双证”资格要求,对教师做出科学的认定。通过科学规范的考核方式引领民族地区职业教育“双师型”教师队伍建设向制度化、系统化、专业化方向发展,形成多层次、全方位、灵活开放的培养体系。

3. 制定合理的“双师型”教师评价机制

科学、合理的评价体系是构建广东民族地区职业教育“双师型”教

---

① 湖南省株洲市教科院职场成教室主任何文明:《建立“双师型”教师认定制度》,《中国教育报》2012年4月18日。

师培养体系的重要保障。合理的“双师型”教师评价管理机制，使“双师型”教师的认定、考核、评定等各方面都能找到合理的依据，做到公平公正。同时，为了激发民族地区职业学校教师对获得“双师”资格的热情，建立相应的激励机制，将“双师型”教师的素质、能力评定结果与教师的职称、奖金和培训等相连，成绩突出的作为全校示范以带动全体教师自觉地投入拓展本专业知识来提升自身能力的学习中。合理的评价体系与适度的激励机制对条件落后的民族地区职业学校的教师来说是公平公正的重要保证，也是激发全体教师努力提高自身全面发展的动力。

（二）多渠道培养民族地区职教师资

1. 通过院校联合培养高素质的职教师资

通过专门的职业院校和其他大学特别是工科学院师范专业来联合培养职教师资。一是加强高等院校与民族职业学校的沟通，通过与东部发达地区对口的高等院校合作办学、专业培训等形式为广东民族地区培养职教师资，如现广东技术师范学院是广东省重点的职业师资培训中心，以面向职教、服务职教、引领职教培养的“双证书”毕业生，成为职教师资培养的重要基地，通过合作办学，推进教师进修和选派优秀教师赴当地任教等对口支援工作，还可以根据对口支援地区和专业教学实际，培养相应的师资，推进广东民族地区职教师资的培养和素质的提高。二是依托职业师范院校和综合大学开办不同专业的民族地区职教师资培养班。此类院校可以根据自身的特长，面向民族地区的普通高中和社会招生学生，按照该民族地区经济发展、学校专业设置特点、计划招生比例开办不同专业的职教师资培养班，并要求这些专业的学生毕业后必须到民族地区职业学校担任教师，不仅解决当地职业教育师资缺乏的问题，而且也一并解决了当地学生上学、就业问题。同时，开办职教师资培养班的职业院校要加强职教师资培训基地建设，提高教师实践能力以及制定中等职业学校骨干专业建设和学科带头人标准，确保民族地区职业教育师资质量。

2. 以校企合作促进职教师资培养

职业教育涉及的专业和种类之多，如果仅靠专门设立的职业技术教育师资培育机构是无法满足各类职业学校对教师的需求的。无论是从职业教育培养目标还是从职业教育培养特色来看，职业学校教师只有到真实的工作场景中感受、感悟、学习，才能获得最优最具实际价值的教学资源，这就需要通过教育主管部门的协调，将学校与企业连接，建立长效的合作机制。学校通过派选专业教师到企业进行专业培训与实践锻炼，保证专业教师与工厂、企业、行业之间保持专业对口业务往来的渠道顺畅，实现专业教师和专业学科带头人到企业对口实践的常规化和制度化。职教教师利用校企合作的优势，到企业进行实践锻炼，了解行业发展动态，掌握技术进步情况，从而提高教师实践动手能力以及指导实践教学的能力，更好地提升教育教学质量。另外，广东民族地区有自己的地方经济特色，如特色农业、植物资源开发与保护、民族旅游资源等，依托这些产业建立对口的师资培训基地，使得教师能够很好地掌握民族产业知识与技能，促进本地区经济发展需要的专业技术技能人才的培养，是一种投资少、见效快的途径。

（三）建立健全的经费承担机制和开放的教师培训机制

1. 加大师资培训经费投入

缺乏职教师资培训经费是广东民族地区职业教育面临的严峻问题之一，有效的解决途径是建立学校、政府、社会和教师个人四位一体的培训经费承担机制。国家在政策上对民族地区职业学校师资队伍建设给予一定的倾斜，设立民族地区职教师资培训专项用款，并且对专项用款进行跟踪，确保专款专用，保障职教师资培训工作顺利进行。地方政府则加大对民族地区职业教育师资培训经费的投入力度，鼓励社会资本进入职业学校，学校通过特色办学引进企业资金以及号召社会各界人士捐资助学以承担一定的师资培训经费，而教师个人按照相应培训等级适度承担一定的经费，经费承担机制可以有效地分担职教师资培训经费不足的压力，扩大教师培训范围。

2. 拓宽教师培训领域

建立开放的教师培训机制，使得专业教师有更多的机会参加培训。一是鼓励教师学习进修，尤其是鼓励青年教师进一步提高现有学历，要求在岗专科及以下学历的人员提升学历，使学校专业教师学历合格率达百分之百。制定教职工继续教育、在职攻读硕（博）士研究生以及教职工教育培训制度，对表现优秀的教师给予选派到知名高校及企业进修学习等奖励，全面提升职教师资整体质量。二是鼓励支持教师参加实践技能的培训。包括提供教师到外地参加技能培训的机会以及选派专业教师到本地区企业、工厂等进行专业技能培训，并且要参与职业技能鉴定培训及取得相应技能等级证书；规定青年教师必须到企业实践锻炼，而且每年要选派教师到职教师资培训基地参加培训，结束后由专业人员进行鉴定，鉴定通过则给予适当奖励，不合格则需要重新培训。三是加强本民族地区文化及传统技能的培训。民族地区职业学校是传承民族文化传统与技能的有效载体之一，通过对本民族教师甚至不是本民族的教师却从事民族地区职业教育的教师进行民族文化、技能的培训，从而更好地传播和发扬少数民族文化和技艺技能。

（四）严格实行职业学校教师准入制度

1. 重视职教教师来源多样化

认真执行中职学校教师准入制度，遵循职业学校的教师来源多样化、多渠道的原则，既可以直接从高校毕业生中选择优秀的学生来担任教师，也可以直接到企业中聘请具有较强相关专业的实践经验及技术技能人员充当教师，这样使得专任教师符合既有规定的学历又有相关工作经历的资格条件，严格控制职校教师入口，确保民族地区职教教师结构的合理性。同时，教育主管部门还要严格把关民族地区职业教育师资质量，一方面，要全面落实中职学校教师资格的定期认证和考试办法，及时发现认定和考核过程中出现的新问题、新情况并提出合理的解决办法；另一方面，在操作的时候要严格依据认定程序，促使教师资格认证工作日趋规范化与制度化。

2. 建立完善的人才选拔、激励、成长机制

一是引进高素质人才。一方面通过提高职校教师待遇，吸引优秀的高校毕业生、企业人才到民族职业学校任教；另一方面通过优惠政策从企事业单位引进一些既具有一定专业理论知识又具有娴熟的专业技能的工程师或高级工程师从事技术人才培养工作，从而改善现广东民族地区职业教育师资结构。二是聘请专业的技术技能型兼职教师。民族地区职业学校根据专业教学的要求，面向社会招聘具有一定专业理论知识与娴

熟专业技能的兼职教师。三是积极鼓励教师晋升职称。制定职称评聘办法，并在津贴、进修、住房分配等方面予以优先考虑，进而调动广大教师积极投身于教学、科研工作中，合理调整师资结构。四是动员教师开展产学研的工作，积极面向企业和生产一线参与技术的开发和服务。鼓励教师借助产学研平台，广泛开展科技研发，围绕市场行业企业需求，积极为民族地区开展科技服务、技术服务，提升教师的科研创新能力。

三 结论

广东民族地区职业教育师资队伍建设中存在着诸多问题，不管是教师的数量上还是师资结构上都需要进一步改善，才能更好地适应民族地区职业教育发展的需要。为构建健全的广东民族地区职业教育师资培养体系，要从民族地区特殊的环境出发，在教育主管部门及各级政府大力支持下，通过投入充足的经费，为教师提供更多培训机会等措施来加强民族地区职业教育师资队伍的建设，才能确保民族地区职业教育的顺利发展。

原文刊于《广东技术师范学院学报》2014 年第 12 期

中职教师信息化教学能力现状调查研究*

吴天生**

摘　要：该研究通过对中等职业学校专业骨干教师国家级培训班学员进行问卷调查，分析了中职教师信息化教学能力现状，并提出了相应建议。研究发现，中职教师具有较强的信息化教学意识和较积极的信息化教学态度，具备基本的信息能力，对自身的信息化教学能力基本满意。除了不同职称的教师对信息技术对教学的帮助性态度存在显著差异，不同年龄的调查对象对网络通信软件和课件制作工具的熟悉程度及有无网络信息发布平台存在显著差异之外，不同教师群体间在信息化教学能力水平上的差异不显著。中职教师最希望得到新教学观念、信息化教学设计、工具软件技术等方面的培训。

关键词：中等职业教育；教师；信息化教学能力；调查研究

一　前言

2005 年国务院发布《关于大力发展职业教育的决定》，提出加强职业教育信息化建设，推进现代教育技术在教育教学中的应用。① 2010 年

---

* 本文系全国教育科学规划教育部重点课题“基于云计算的区域职业教育资源公共服务模式研究”（课题批准号：DCA120190）的研究成果之一。

** 吴天生，硕士，副教授，教育科学与技术学院副院长，广东省高等教育学会教育技术专业委员会常务理事。

① 中华人民共和国国务院：《关于大力发展职业教育的决定（国发〔2005〕35 号）》（http://www.gov.cn/zwgk/2005-11/09/content_ 94296.htm），2013 年 3 月 9 日。

《国家中长期教育改革和发展规划纲要（2010—2020年）》提出强化信息技术应用，提高教师应用信息技术水平，更新教学观念，改进教学方法，提高教学效果。[①] 应用信息技术于职业教育教学，有利于推进职业教育改革并促其取得最佳办学效益。[②] 本研究即以中等职业学校专业骨干教师国家级培训班学员为个案，进行问卷调查，旨在了解分析中职教师信息化教学能力的实际水平，探讨中职教师信息化教学能力发展的可行性促进策略。

二 中等职业教育教师信息化教学能力构成

信息化教学能力是信息化社会中教师专业发展的核心能力。[③] 关于教师信息化教学能力构成，顾小清认为包括基本信息能力、信息化教学设计能力、信息化理念、职业道德、伦理及信息化教学实施能力；[④] 马若明认为包括关于信息化教学的认识及态度、信息化教学的基本理论、实施信息化教学的技能技巧、信息化教学过程及教学资源的开发和管理及评估；[⑤] 张一春提出可以分为媒体技术能力、信息应用能力、教学实践能力和评价研究能力；[⑥] 王卫军认为包括信息化教学迁移能力、信息化教学融合能力、信息化教学交往能力、信息化教学评价能力、信息化协作教学能力、促进学生信息化学习能力。[⑦]

由于职业教育的教学活动具有一定的复杂性、综合性，所有专业教学都涉及技术科学、劳动科学与教学理论，职业教育教师要具有整合职业教

---

① 《国家中长期教育改革和发展规划纲要（2010—2020年）》，《中国教育报》2010年7月30日第3期。

② 邓雪梅：《信息技术与课程整合在职业教育中的应用》，《辽宁行政学院学报》2007年第8期。

③ 王卫军：《教师信息化教学能力发展研究》，硕士学位论文，西北师范大学，2009年。

④ 顾小清、祝智庭、庞艳霞：《教师的信息化专业发展：现状与问题》，《电化教育研究》2004年第1期。

⑤ 马若明：《乡村教师信息化教学能力发展的研究》，硕士学位论文，西北师范大学，2005年。

⑥ 张一春：《高校教师ET能力发展模式研究》，博士学位论文，南京师范大学，2005年。

⑦ 王卫军：《教师信息化教学能力发展研究》，硕士学位论文，西北师范大学，2009年。

育学、心理学、教学法及专业科学等各学科知识的能力。职业教育教师不但要培养学生的专业知识与职业能力，还要培养学生根据就业市场的动态变化和职业未来需求不断进行知识与技能更新的良好习惯，自觉适应现代科学技术发展对劳动者素质所带来的一系列新要求。[①] 王夫春提出职高教师信息化教学能力是指教师实际操作层面的素养，包括对信息的获取、理解、分析、加工、处理、创造、传递和活用的能力，其核心内容是信息技术与课程整合的能力。[②] 2006 年教育部、财政部印发了《关于实施中等职业学校教师素质提高计划的意见》，决定“十一五”期间中央财政投入 5 亿元用于实施中等职业学校师资队伍建设相关项目。其中，重点专业师资培养培训包开发项目已开发了中等职业学校 70 个重点专业的教师培训包，包括专业教师的教学能力标准、培训方案、专业核心课程教材、专业教学法教材和培训质量评价体系等五个方面的内容。其中，专业教师的教学能力标准包括专业实践能力标准和教学能力标准两方面内容。教师专业实践能力标准因专业不同而各不相同，但教学能力标准却基本相同，涵盖职业道德与心理素质教育、教学设计与实施、教学评价与研究、教学改革与专业建设、学生服务与职业指导、交流与合作等能力领域。[③]

综上所述，本研究认为信息化教学意识与态度、基本的信息能力、信息化教学设计能力、信息化教学实施能力、信息化教学评价能力和信息化教学研究能力共同构成了中等职业教育教师的信息化教学能力。

三　中等职业教育教师信息化教学能力现状调查

（一）调查对象

本次调查研究以全国职业教育师资培训重点建设基地——广东技术师范学院师资培训中心于 2012 年 11 月至 2013 年 1 月承办的 2011 年中等

---

① 中华人民共和国教育部高等教育司、全国高职高专校长联席会：《教学相长——高等职业教育教师基础知识读本》，高等教育出版社 2004 年版，第 129—144 页。

② 王夫春：《职高教师信息化教学能力的行动学习培训模式研究》，硕士学位论文，南京师范大学，2007 年。

③ 郎群秀：《市场营销专业教师教学能力标准、培训方案和培训质量评价指标体系》，中国人民大学出版社 2012 年版，第 1—56 页。

职业学校“建筑装饰”“制冷和空调设备运行与维修”“美发与形象设计”三个专业骨干教师国家级培训班的学员教师为主要调查对象。共发放问卷60份，回收50份，回收率83.3%，其中有效问卷45份，有效率90%。调查对象的基本情况分布（见表1）。

表1　　调查对象基本情况

类目	类别	百分比	类目	类别	百分比
性别	男	62.2	职称	初级	20.0
	女	37.8		中级	62.2
年龄	21—30岁	24.4		高级	17.8
	31—40岁	51.1	地区	安徽	2.2
	41—50岁	22.2		北京	2.2
	51—60岁	2.2		福建	4.4
学历	专科	8.9		广东	8.9
	本科	88.9		广西	11.1
	硕士研究生	2.2		贵州	4.4
任教专业	建筑装饰	37.8		河北	2.2
	制冷和空调设备运行与维修	22.2		河南	4.4
	美发与形象设计	40.0		黑龙江	2.2
教龄	1—5岁	20.0		湖北	4.4
	6—10岁	24.4		湖南	4.4
	11—15岁	24.4		吉林	2.2
	16—20岁	13.3		江苏	6.7
	21—25岁	11.1		辽宁	4.4
	>25	6.7		内蒙古	2.2
学校类型	国家重点	75.6		山东	6.7
	省重点	17.8		山西	4.4
	市重点	2.2		上海	6.7
	普通	4.4		新疆	4.4
技能证书	高级	51.1		云南	8.9
	中级	28.9		重庆	2.2
	初级	8.9	做中职教师以前是否在企业工作过	是	35.6
	没有	11.1		否	64.4

（二）问卷设计

本研究设计了“中等职业教育教师信息化教学能力现状调查问卷”。问卷采用无记名方式，题型以单选或多选为主。调查主要了解三个问题：一是中职教师信息化教学能力的实际水平；二是不同教师群体间是否存在信息化教学能力水平上的差异；三是中职教师对信息化教学能力培训的期望。

四 数据与分析

（一）基本情况

如表 1 所示，本次调查男性占 62.2%，女性占 37.8%，来自全国 21 个省或直辖市。年龄在 50 岁以下的占 97.8%；五年教龄以内的新手教师占 20%。因是国家级的骨干教师培训班，调查对象所属学校属国家重点职业学校的 75.6%。89.9% 的调查对象拥有专业技能证书，且有 51.1% 的人持有高级技能证书。35.6% 的调查对象在进中职学校做教师以前在企业单位工作过。

（二）信息化教学意识与态度

信息化教学意识与态度是指中职教师对信息化教学的认识，以及对信息技术教学应用的意识与态度。调查结果显示，97.8% 的调查对象认为有必要在学科教学中应用信息技术。关于中职教师在教学中应用信息技术的动机，主要来自教学需要（占 55.6%），其次是因个人意愿和为参加公开课或优质课（各占 17.8%），最后才是学校统一要求（占 8.9%）。所有调查对象均认为在教学中应用信息技术改变了传统的教学方式，有 20% 的调查对象甚至认为其彻底改变了传统教学方式。调查对象对新的信息技术工具软件有较强的学习兴趣，愿意第一时间就学的人占 37.8%，有时间就学的人占 26.6%，需要用时再学的人占 35.6%，没有人不愿意学。

表 2　　信息技术对教与学的帮助

问题 \ 等级	非常有帮助 +2	有帮助 +1	说不清 0	没帮助 −1	完全没帮助 −2	得分率 F_i
信息技术对您的教学有帮助吗?	24	21	0	0	0	0.77
信息技术对学生达成学习目标有帮助吗?	19	26	0	0	0	0.71

如表 2 所示，根据公式 $F_i = \sum a_j n_{ij}/2N$①得到的 F 值为正，表明调查对象总体态度处于正向位置，而且 $F > 0.5$，说明调查对象认为信息技术对教学很有帮助，信息技术对学生达成学习目标也很有帮助。

（三）基本的信息能力

基本的信息能力是中职教师应用信息技术教学的基础，要求教师理解掌握技术工具的有关知识技能，并且能操作应用各类技术工具。

表 3　　对常用信息技术工具的掌握情况

常用信息技术工具 \ 等级	熟练掌握 4	较好掌握 3	一般 2	不熟悉 1	得分率 F_i
常用软件的安装与卸载	20	18	5	2	0.81
文件下载软件（如迅雷、网际快车下载等）	22	14	8	1	0.82
计算机安全管理工具（如杀毒软件使用等）	21	11	12	1	0.79
文字处理软件（如 Word、WPS 等）	18	17	9	1	0.79
数据处理软件（如 Excel、SPSS 等）	11	19	11	4	0.71
计算机辅助设计软件（如 AutoCAD、Inventor 等）	6	7	19	13	0.53
网络通信软件（如 E-mail、QQ 等）	23	14	7	1	0.83
搜索引擎（如百度、谷歌等）	27	12	5	1	0.86

① 李克东：《教育传播科学研究方法》，高等教育出版社 1990 年版。

续表

等级 / 常用信息技术工具	熟练掌握	较好掌握	一般	不熟悉	得分率
	4	3	2	1	F_i
课件制作工具（如 PowerPoint、Flash 等）	9	20	12	4	0.69
图像处理工具（如 Photoshop 等）	9	9	16	11	0.59
视频编辑工具（如绘声绘影、Premiere 等）	3	7	18	17	0.48
音频编辑工具（如 Cooledit、Audition 等）	1	5	16	23	0.41
网络信息发布工具（如博客、微博、BBS 等）	7	17	13	8	0.63

如表 3 所示，对于常用信息技术工具的掌握情况的调查结果，根据公式 $F_i = \sum a_j n_{ij} / a_H N$①得到 F 值。由 F 值 >0.75，可知调查对象对搜索引擎、网络通信软件、文件下载软件、常用软件的安装与卸载、计算机安全管理工具、文字处理软件等信息技术工具的操作技能很熟练；由 F 值 >0.5，可知调查对象对课件制作工具、网络信息发布工具、图像处理工具、计算机辅助设计软件等也比较熟悉；由 F 值 <0.5，可知调查对象对视频、音频编辑工具不熟悉。

关于个人网络信息发布平台拥有情况，调查结果显示，调查对象中 46.7% 的人有微博，31.1% 的人有博客，28.9% 的有个人主页，15.6% 的人有教学论坛，甚至有些中职教师同时拥有两种以上的网络信息发布平台，但也有 17.8% 的调查对象没有自己的网络信息发布平台。关于获得基本信息能力的主要途径，调查结果表明，第一是个人自学（占 44.4%），第二是职后培训（占 42.2%），第三是大学学习（13.3%）。可见，个人自学与职后培训是中职教师发展与提高信息化教学能力的主要途径。

① 李克东：《教育传播科学研究方法》，高等教育出版社 1990 年版。

（四）信息化教学设计能力

中职教师的信息化教学设计能力包括职业教育教学课件设计能力、职业教育课堂教学设计能力、职业教育课程教学设计能力。

表4　职业教育信息化教学设计能力满意度

等级 / 问题	很满意	比较满意	一般	不满意	很不满意	得分率 F_i
	+2	+1	0	-1	-2	
您对自己的教学课件设计能力满意吗？	9	20	12	4	0	0.38
您对自己的课堂教学设计能力满意吗？	4	19	21	0	1	0.28
您对自己的职业教育课程设计能力满意吗？	3	10	25	6	1	0.09

如表4所示，各F值为正，表明调查对象总体态度处于正向位置，即中职教师对自己的职业教育教学课件设计能力、职业教育课堂教学设计能力、职业教育课程教学设计能力总体还是偏向满意的。

（五）信息化教学实施能力

中职教师的信息化教学实施能力包括信息化教学授课能力、交流能力、教学管理能力和协作教学能力。在被问及对自己的信息化教学实施能力是否满意时，调查对象回答很满意的有4人、比较满意的有19人、一般的有21人、不满意的有0人、很不满意的有1人。经统计 $F = 0.28 > 0$，值为正，表明调查对象总体态度处于正向位置，即中职教师对自己的信息化教学实施能力总体还是偏向满意的。

如表5所示，F值大于0.75，表明调查对象在教学中经常应用信息技术作为课堂演示工具、情境创设工具、协作学习工具、实训指导工具、学习交流工具、个别辅导工具；F值大于0.5，表明调查对象也比较经常把信息技术用作学习评价工具，说明中职教师应用信息技术的层次比较高。

表5　　在教学中应用信息技术的层次

问题＼等级	经常应用	比较常用	很少应用	从来不用	得分率 F_i
	4	3	2	1	
信息技术作为课堂演示工具	25	17	3	0	0.87
信息技术作为学习交流工具	17	18	10	0	0.79
信息技术作为个别辅导工具	11	24	9	1	0.75
信息技术作为协作学习工具	16	22	7	0	0.80
信息技术作为情境创设工具	24	13	7	1	0.83
信息技术作为实训指导工具	18	21	3	3	0.80
信息技术作为学习评价工具	14	19	9	3	0.74

如表6所示，关于信息技术在教学中的作用，各F值为正，表明调查对象总体态度处于正向位置，即调查对象认同在教学中应用信息技术有利于教学内容的呈现，有利于教学重点、难点的解决，有利于自己教学能力的提高，有利于师生的课堂互动，有利于开展实践实训教学，有利于学习效果的评价。

表6　　对信息技术教学应用的评价

问题＼等级	非常好	比较好	一般	比较差	非常差	得分率 F_i
	+2	+1	0	-1	-2	
有利于教学重点、难点的解决	18	18	9	0	0	0.20
有利于教学内容的呈现	20	20	5	0	0	0.22
有利于师生的课堂互动	14	19	10	2	0	0.19
有利于开展实践实训教学	17	14	12	2	0	0.13
有利于学习效果的评价	17	13	14	1	0	0.13
有利于自己教学能力的提高	16	18	11	0	0	0.20

调查显示，信息技术教学的课时数比例在30%以下的占调查对象的53.3%，说明调查对象在教学中应用信息技术进行教学的机会还不是非常多。调查发现，调查对象在信息化教学实施过程中遇到的主要困难，按响应人数多少依次是缺乏与教学内容相配套的教学资源（57.8%），信

息化教学环境不够用（53.3%），教学工作头绪多、没有时间用（46.7%），缺乏信息化教学设计能力（35.6%），领导不关注、不支持（15.6%），缺乏新的教育理念与方法（13.3%）。

（六）信息化教学评价能力

信息化教学评价能力是指对信息化教与学做出合理的判断并加以调适，以实现教学过程的优化。由表5和表6可看出调查对象经常应用信息技术作为学习评价工具，并认同教学中应用信息技术有利于学习效果的评价。在被问及对自己的信息化教学评价能力是否满意时，调查对象回答很满意的有4人、比较满意的有15人、一般的有23人、不满意的有2人、很不满意的有2人。经统计F=0.21>0，值为正，说明调查对象对自己的信息化教学评价能力总体还是偏向满意的。

（七）信息化教学研究能力

信息化教学研究能力主要是指借助信息技术支持，把教学研究知识运用于具体情境、解决实际问题的能力。在被问及对自己的信息技术教学研究能力是否满意时，调查对象回答很满意的有2人、比较满意的有18人、一般的有15人、不满意的有7人、很不满意的有3人。经统计F=0.1>0，值为正，表明调查对象总体态度处于正向位置，即中职教师对自己的信息技术教学研究能力总体还是偏向满意的。在被问及认为掌握信息化教学能力对教师的专业发展重要与否时，调查对象回答非常重要的有16人、比较重要的有27人、不太重要的有2人、不重要的有0人。经统计F=0.83>0.75，表明调查对象认为掌握信息化教学能力对教师的专业发展比较重要。

（八）信息化教学培训情况

调查结果显示，有22.2%的调查对象经常参加信息技术教学应用培训，偶尔参加过的占71.1%，仅有6.7%的调查对象未参加任何信息技术教学应用相关培训。在参加培训的级别中，省级的有31.11%、市县级的有31.11%、校级的有24.4%、国家级的仅有6.7%，还有6.7%的人未参加过培训。

表7　希望得到哪些信息技术教学应用培训

因素 f_i \ 排序等级 a_j / 响应人数 n_{ij}	第一位	第二位	第三位	第四位	第五位	第六位	第七位	排序指数 W_i
	7	6	5	4	3	2	1	
A. 新教学观念	19	2	6	3	6	8	1	0.176
B. 工具软件技术	7	12	3	7	8	5	3	0.160
C. 信息化教学设计	6	12	10	6	8	3	0	0.173
D. 信息化教学方法与策略	2	7	15	13	2	4	2	0.158
E. 数字化教学资源开发	2	5	7	9	10	4	8	0.128
F. 职业教育信息化发展趋势	3	4	3	3	6	14	12	0.103
G. 信息技术支持的中职教师专业发展	6	3	1	4	5	7	19	0.102

如表7所示，根据公式 $W_i = \sum a_j n_{ij} / N \sum a_j$①计算得到排序指数 $W_A > W_C > W_B > W_D > W_E > W_F > W_G$，即调查对象希望得到的培训内容按期望程度从高到低排列依次是新教学观念、信息化教学设计、工具软件技术、信息化教学方法与策略、数字化教学资源开发、职业教育信息化发展趋势和信息技术支持的中职教师专业发展。

（九）交叉分析

为进一步了解中职教师信息化教学能力水平上的差异及其产生的原因，笔者选择了一些变量进行交叉分析，生成自变量和因变量列表（见表8）。

表8　自变量与因变量

自变量	因变量
性别	对信息技术对教学的帮助性的态度
年龄	对信息技术对学生达成学习目标的帮助性的态度

① 李克东：《教育传播科学研究方法》，高等教育出版社1990年版。

续表

自变量	因变量
学历	对各类常用信息技术工具的掌握情况（包括表3所示的13类常用工具）
教龄	个人网络信息发布平台拥有情况
职称	对自己的职业教育信息化教学设计能力的满意度（包括表4所示教学课件、课堂教学及课程教学三个层面的设计能力）
任教专业	对自己的信息化教学实施能力的满意度
学校类型	对自己的信息化教学评价能力的满意度
有无技能证书	对自己的信息技术教学研究能力的满意度

将各自变量逐一与各因变量进行交叉分析，结果显示，不同特点的中职教师在信息化教学能力水平上的差异并没有什么显著性差异，呈现显著性差异的只有职称与对信息技术对教学的帮助性的态度、年龄与对网络通信软件的掌握情况、年龄与对课件制作工具的掌握情况和年龄与个人网络信息发布平台拥有情况的关联分析。

将职称与对信息技术对教学的帮助性的态度进行交叉分析的结果见表9和表10。由表10可知，Pearson卡方值为6.727，自由度df为2，近似概率为0.035（小于0.05），因此可以得出，不同职称的中职教师对信息技术对教学的帮助性的态度存在显著差异。由表9可知，具有初级、中级职称的教师比高级职称的教师更认同信息技术对教学的帮助。

表9　　职称 * 信息技术对您的教学有帮助吗？交叉制表

		信息技术对您的教学有帮助吗？		合计
		有一定帮助	非常有帮助	
职称	初级	4	5	9
	中级	10	18	28
	高级	7	1	8
	合计	21	24	45

表 10　　职称＊信息技术对您的教学有帮助吗？卡方检验

	值	df	渐进 Sig.（双侧）
Pearson 卡方	6.727[a]	2	0.035
似然比	7.291	2	0.026
线性和线性组合	2.781	1	0.095
有效案例中的 N	45		

a. 4 单元格（66.7%）的期望计数少于 5，最小期望计数为 3.73。

将年龄与对网络通信软件的掌握情况进行交叉分析的结果见表 11 和表 12。由表 12 可知，Pearson 卡方的值为 17.721[a]，自由度 df 为 9，近似概率为 0.039（小于 0.05），因此可以得出，不同年龄的中职教师对网络通信软件的掌握情况存在显著差异。由表 11 可知，年龄越大，教师对网络通信软件越不熟悉。

表 11　　年龄＊对网络通信软件的掌握情况交叉制表

		对网络通信软件的掌握情况				合计
		不熟悉	一般	较好掌握	熟练掌握	
年龄	21—30 岁	0	1	2	8	11
	31—40 岁	0	2	7	14	23
	41—50 岁	1	3	5	1	10
	51—60 岁	0	1	0	0	1
	合计	1	7	14	23	45

表 12　　年龄＊对网络通信软件的掌握情况卡方检验

	值	df	渐进 Sig.（双侧）
Pearson 卡方	17.721[a]	9	0.039
似然比	16.831	9	0.051
线性和线性组合	10.529	1	0.001
有效案例中的 N	45		

a. 12 单元格（75.0%）的期望计数少于 5，最小期望计数为 0.02。

将年龄与对课件制作工具的掌握情况进行交叉分析的结果见表 13 和

表 14。由表 14 可知，Pearson 卡方的值为 32.661，自由度 df 为 9，近似概率为 0.000（小于 0.01），因此可以得出，不同年龄的中职教师对课件制作工具的掌握情况差异非常显著。由表 13 可知，年龄越大，教师对课件制作工具的掌握情况越差。

表 13　　年龄 * 对课件制作工具的掌握情况交叉制表

		对课件制作工具的掌握情况				合计
		不熟悉	一般	较好掌握	熟练掌握	
年龄	21—30 岁	0	1	7	3	11
	31—40 岁	0	5	12	6	23
	41—50 岁	1	6	2	1	10
	51—60 岁	1	0	0	0	1
	合计	2	12	21	10	45

表 14　　年龄 * 对课件制作工具的掌握情况卡方检验

	值	df	渐进 Sig.（双侧）
Pearson 卡方	32.661[a]	9	0.000
似然比	18.571	9	0.029
线性和线性组合	9.987	1	0.002
有效案例中的 N	45		

a. 12 单元格（75.0%）的期望计数少于 5，最小期望计数为 0.04。

将年龄与个人网络信息发布平台拥有情况进行交叉分析的结果见表 15 和表 16。由表 16 可知，Pearson 卡方的值为 9.185，自由度 df 为 3，近似概率为 0.027（小于 0.05），因此可以得出，不同年龄的中职教师对网络信息发布平台的拥有情况存在显著差异。由表 15 可知，一般而言，年龄越大，拥有个人网络信息发布平台的教师越少，但最年长的一位调查对象有自己的网络信息发布平台（通过追踪访谈，得知这位老教师一直是信息技术爱好者）。

表15　年龄*有无个人网络信息发布平台交叉制表

		有无个人网络信息发布平台		合计
		有	无	
年龄	21—30岁	10	1	11
	31—40岁	21	2	23
	41—50岁	5	5	10
	51—60岁	1	0	1
	合计	37	8	45

表16　年龄*有无个人网络信息发布平台卡方检验

	值	df	渐进Sig.（双侧）
Pearson卡方	9.185[a]	3	0.027
似然比	7.965	3	0.047
线性和线性组合	3.912	1	0.048
有效案例中的N	45		

a. 5单元格（62.5%）的期望计数少于5，最小期望计数为0.18。

五　结论与建议

（一）结论

综上所述，本次调查研究发现，中职教师具有较强的信息化教学意识和较积极的信息化教学态度，较好地具备基本的信息能力，对自身的信息化教学能力水平总体是满意的。除了不同职称的调查对象对信息技术对教学的帮助性态度存在显著差异（具有初级、中级职称的教师比高级职称的教师更认同信息技术对教学的帮助）；不同年龄的调查对象对网络通信软件和课件制作工具的熟悉程度及有无网络信息发布平台均存在显著差异（年龄越大，对网络通信软件、课件制作工具和网络信息发布平台越不熟悉）之外，中职教师的信息化教学能力水平不因性别、学历、教龄、任教专业、学校类型、有无技能证书等存在显著差异。调查对象最希望得到新教学观念、信息化教学设计、工具软件技术等方面的培训。

（二）建议

根据调查结果可知，虽然中职教师对自己的信息化教学能力水平总体是满意的，但满意度偏低，还需要整体提升：第一，要重点加强对于视频编辑工具、音频编辑工具、计算机辅助设计软件、图像处理工具、网络信息发布工具及课件制作工具的学习。第二，要进一步提升职业教育课程教学设计能力。第三，要学会借助信息技术支持，开展教学研究。

调查得知，个人自学与职后培训是中职教师发展与提高信息化教学能力的主要途径，而仅有22.2%的调查对象经常参加信息技术教学应用培训，其中绝大多数是参加省级、市县级和校级培训。另外，年龄因素影响教师对常用信息技术工具的掌握程度。由于本研究选取的是方便样本，涉及的调查对象都是中等职业学校专业骨干教师国家级培训班的学员教师，调查结果已然如此。所以一方面要多层次多角度地开展信息化教学应用培训，多进行校本培训，重点进行新教学观念、职业教育信息化教学设计、工具软件技术等方面的培训；另一方面，应鼓励教师以身作则，利用信息手段主动学习、自主学习、合作学习，坚持专业发展。

参考文献

1.《国务院关于大力发展职业教育的决定》（国发〔2005〕35号）（http://www.gov.cn/zwgk/2005-11/09/content_94296.htm），2013年3月9日。

2.《国家中长期教育改革和发展规划纲要（2010—2020年）》，《中国教育报》2010年7月30日，第3版。

3. 邓雪梅：《信息技术与课程整合在职业教育中的应用》，《辽宁行政学院学报》2007年第8期。

4. 王卫军：《教师信息化教学能力发展研究》，硕士学位论文，西北师范大学，2009年。

5. 顾小清、祝智庭、庞艳霞：《教师的信息化专业发展：现状与问题》，《电化教育研究》2004年第1期。

6. 马若明：《乡村教师信息化教学能力发展的研究》，硕士学位论文，西北师范大学，2005年。

7. 张一春：《高校教师ET能力发展模式研究》，博士学位论文，南京师范大学，2005年。

8. 中华人民共和国教育部高等教育司、全国高职高专校长联席会：《教学相长——高等职业教育教师基础知识读本》，高等教育出版社 2004 年版。
9. 王夫春：《职高教师信息化教学能力的行动学习培训模式研究》，博士学位论文，南京师范大学，2007 年。
10. 郎群秀：《市场营销专业教师教学能力标准、培训方案和培训质量评价指标体系》，中国人民大学出版社 2012 年版。
11. 李克东：《教育传播科学研究方法》，高等教育出版社 1990 年版。

原文刊于《河南科技学院学报》2015 年第 8 期

广东职教

广东高职教育实训基地布局策略与建设规划研究

张　进*

摘　要： 本文从发展广东省高等职业教育的角度出发，结合广东省经济结构和经济发展趋势，阐述了广东省高等职业教育实训基地的布局策略和建设规划，提出了建设高等职业教育实训基地的基本思路，并从实际建设的角度出发，具体探讨了实训基地建设过程中所涉及的一些核心问题。

关键词： 高等职业教育；实训基地；布局策略；建设规划

高等职业教育的基本条件是要有良好的实际操作训练环境。市场经济时代严酷的竞争性使得现代企业根本不允许大量的学生进入工厂参加与生产相关的各类实际操作。这类实际操作训练（以下简称“实训”）很多院校只好由学生自行联系单位去完成，由于其实训效果差异太大，因而无法进行实际考核与评估。解决高等职业院校学生实训的有效途径是建设校内实际操作训练基地（以下简称实训基地）。在广东省政府、省教育厅的关心与扶持下，近几年来在全省建立了一批高等职业教育实训基地，如深圳职业技术学院工业中心、广东技术师范学院工业中心、广东轻工职业技术学院工业中心等，较好地解决了部分高等职业院校学生参

* 张进，硕士，教授，硕士研究生导师，曾先后任广东技术师范学院工业实训中心主任、职业教育师范技能训练中心主任，创新创业学院常务副院长，广东省高等院校工程训练中心委员会委员，广东省职业院校信息化教育大赛评审专家。

加实训的问题。借鉴国外和国内的经验，在全省建设一系列高起点、高规格、功能齐全和拥有相当规模的高等职业教育实训基地，创建实际的工业环境和技术、技能训练现场，并与国际发达国家和地区同类型实训基地接轨，是实现和完成省政府部署的大力发展广东省高等职业教育的重要措施和保证。建设实训基地，必须与全省的高等职业教育相结合，与全省的经济发展、地区经济结构相联系，进行合理布局，统筹规划；必须建立良好的运行、管理体制，给予其相应的宽松政策，使其能够不断发展壮大。

一 实训基地的布局策略

广东省高等职业教育实训基地的布局策略主要从三个方面考虑：一是需求性，二是平衡性，三是前瞻性。需求性包含两层含义：其一是学校需求，即申报建设实训基地的院校是否有充足的理由投资建设实训基地，上级主管部门和专家评审部门应进行深入细致的调查研究和严格论证把关，避免盲目或重复投资、设备闲置、资源浪费甚至学非所用等现象的发生。其二是地域需求，即实训基地的建设是否与当地的经济建设挂钩，能否担当为当地经济建设培养急需人才的重任。教育部高教司司长张尧学先生曾经指出：职业技术教育的正确定位就是要为当地的经济建设服务，以市场需求为导向，坚持与市场需求紧密结合，突出办学特色，培养实用型人才。

平衡性包含三层含义：其一是地域平衡。所谓地域平衡从字面看，就是在建设中要把握全省高等职业教育实训基地整体布局的平衡，不能只在中心城市的高等职业院校设立实训基地，而是要从全省高等职业教育布局和发展的角度进行综合规划；其深层含义是指实训基地的建设应特色各异，有助于广东省各地区不同特色产业的快速发展，譬如虎门的服装业、顺德的家具和家电业、佛山的陶瓷业、中山的电子业等，即从全省经济发展的角度出发，设置拥有与当地经济发展相适应的、具有当地特色的实训基地。其二是专业设置平衡。专业设置平衡着重解决同一地区建设多个实训基地时，既要考虑本地区重点发展的专业领域，又要考虑其他非重点发展专业领域的独特性、交叉性和互补性。其三是资源共享。资源共享着重解决的是所在地区的院校、培训机构应同时高效利用在当地投入了大量资金建设的实训基地，而无须在同一地区同时建立多个功能相近的实训基地，造成因重复投资形成的设备闲置、资金浪费，这需要上级主管部门进行统一规划与协调。

所谓前瞻性就是在进行实训基地布局计划时，要充分考虑广东省各地经济产业的发展规划，要从全省经济发展的角度出发，结合各地区未来重点发展产业，有计划地在各地实训基地建设中注入与未来重点发展产业相关的实训部门，以配合省政府的战略发展规划，培养新技术、新工艺等现代化技术应用型人才，促进全省各地区经济健康、快速、持续发展。

二 实训基地建设规划原则与思路

（一）原则

首先，实训基地建设规划要遵循科学性原则，以保证实训基地的整体合理化，实训基地内各部门的设置要符合广东省经济产业结构的调整、变化和发展，要对自身院校的职业教育有明显的促进作用。

其次，实训基地建设规划要遵循适应性原则，即实训基地建设除了要适应社会主义市场经济的需要外，还必须与广东省的实情相适应，与自身院校的性质与任务相适应。譬如，对实训基地的建设规划在考虑到广东省支柱产业发展的同时，还应考虑到广东省不同地区产业发展的相异性，以保证毕业生在能适应广东省经济发展的同时，又能适应本地区对职业技术人才的基本要求。

最后，实训基地建设规划还应遵循需要性原则，广东省统计局资料表明：第一产业对经济增长的作用越来越小，第二、第三产业的作用则逐步增强，而且随着第三产业的发展步伐的加快，将以第三产业逐步取代第二产业成为经济增长的重要推动力。因此，大力发展第三产业已是广东省今后一个时期产业结构调整和经济发展趋势之一，也是广东省社会主义市场经济发展的必然。为此，广东省高等职业教育实训基地的建设规划要注重考虑对第三产业相关专业实训部门的设置，以满足社会需求。

（二）思路

依据以上三个基本建设规划原则，确定实训基地的建设规划核心思路如下。

1. 实训基地建设规划应以广东省支柱产业为依托

实训基地各实训部门的设置应符合广东省委、省政府确立的加快建设、重点发展新兴的三大支柱产业（电子信息、电器机械、石油化工）和改造、提高三大传统支柱产业（纺织服装、食品饮料、建筑材料），扶持汽车、医药和森工造纸等一批有发展潜力的产业，以及不断发展、优化升级的总体方针。尤其要注意新世纪省政府重点发展的汽车制造业、超大规模集成电路生产业、信息产业等动态调整重点发展的产业，要具有与时俱进、开拓创新的思路。

2. 实训基地建设规划应体现社会需求

据专家推测和分析，广东省产业结构发展对以下十大现代技术需求十分迫切：计算机网络技术、机电仪一体化、信息通信技术、自动控制技术、传感技术、微电子技术、现代管理技术、复合材料技术、生物技术、激光技术。这些技术将成为推动广东省经济发展的主要因素。因此，实训基地在规划中要在兼顾自身院校现有专业的同时，用发展的眼光来考虑设置与上述技术相关联的实训部门，以紧跟时代的步伐。

3. 不同地区的实训基地建设规划应兼顾当地经济、当地职业高中所设专业

全面了解本地区的经济结构与经济发展，了解当地职中的专业设置，将有利于高等职业教育实训基地的健康发展。在实训基地建设规划中，设置部分在当地经济有发展潜力的且与自身院校及当地职中现有专业相关的实训部门，以保证在实训基地接受训练的学生和受训教师能学有所用，能为社会服务，为当地经济建设贡献力量。

4. 实训基地建设规划应与职业技能鉴定相结合

根据我国劳动行政部门规定，到 2010 年将有 200 个关键岗位、技术工种、特种作业全部实行职业技能鉴定，持证上岗。因此，实训基地建设规划应兼顾拥有职业技能鉴定相应的实训部门和考核场所，使实训基地在成为企业人员技术训练和资格考核场所的同时，还成为学生及高等、

中等职业技术教育院校教师的劳动技术等级和职业技能鉴定的考核、考证的场所，以实现高等职业教育“双证书”或“多证书”制。

5. 实训基地建设规划要充分考虑实训基地的自我发展

实训基地建设的投资方式大多为一次性或分期投入方式，实训基地建成之日，就是投资结束之时。可以想象，随着时间的推移和社会的发展，今日投资购置的大部分先进实训设备在几年后将不可避免地成为陈旧、老化的机型，它们会逐步被淘汰、更新。更新实训设备需要大量的资金，而后续资金从何而来？出路有两条：一是实训基地必须具备造血功能，走产—学—研相结合的发展道路；二是走校企联合共建实训基地之路。首先，实训基地应具备职业技能培训、考核、鉴定为内容的实训部门和考核场所，通过向社会提供上规模、上档次的培训、考核、鉴定服务，来达到实训基地建设的原有目的，并通过适当的收费来积累发展资金；其次，建设小规模真实的企业环境，这既可以让学员在真实的企业环境（包括物质环境和文化环境）中得到实际工作技能、敬业精神等综合素质的训练，又可以通过对外承接工程项目、材料加工以及其他服务等社会工作为实训提供真实的实训素材、实训材料和实训经费；此外，通过校企联合、校所联合、校校联合等诸多形式共同建设和发展实训基地，由企业负责更新实训基地中与其相关的实训设备，并充分利用实训基地设备先进、齐全的特点，在实训基地共同进行科研开发，把实训基地办成科研开发和科研成果产品化的场所。为此，实训基地在规划过程中，应考虑在相关实训部门中配置部分可从事科研开发的高、精、尖设备，并留有相应的科研场地，以保证科研工作的正常开展。同时，部分科研项目在化为子项目后，在教师的指导下，可成为学生直接参与的最佳课题，以使他们了解科研思路，学习科研方法，在提高综合素质的同时，早日了解社会，走向市场。

6. 实训基地建设规划应将信息交流作为重要内涵之一

通过与国内外大型企业、公司、集团、研究所合作，联合在实训基地举办形式多样的报告会（如项目开发、产品鉴定等）、展示会；与广东省各高等院校、职业中学联合举办各种学术讨论会、报告会等。在信息交流的同时，介绍并推广科研项目和教学成果，促进科研成果的及时转化。另外，应借鉴香港理工大学工业中心校企联合共建形式，充分利用广东的地域优势和经济发展优势、高等职业教育的专业优势等，广泛联合和吸引国内外企业在实训基地建立企业设备、企业文化的信息展示窗口，建立双方联合科研、培训平台，实现双赢。

7. 实训基地总体规划应将现代化管理手段和技术融于其中

高等职业教育实训基地作为现代化实训场所，必须有现代化管理模式与其相匹配，并通过现代化技术加以实现。通过计算机管理技术对参加实训、职业技能鉴定与考核的学生、班级进行统一的安排和管理；对实训基地内的各类设备进行统一调度与管理。通过可视监管系统对实训基地内的各实训、考核、会议等场所进行安全监控与管理。同时，利用该系统自动记录优秀实训教学过程和一些复杂、难度较大的实操过程，将其存放到网络中心，供全院师生随时上网点播观看。通过综合布线系统统一管理实训基地大楼的水、电、中央空调、急救、防火、防盗、报警等系统，并通过与校园网相连，与计算机中心、网络中心、电教中心、实验中心等一道构成完整的现代化信息教学体系，共同完成高等职业技术教育任务。此外，通过建立大型兼职实训指导教师数据库，汇聚大批实训基地需要的动手能力强、理论根基扎实，且熟悉市场、高水平的各种专业教师的资料，以“不求所有，但求所用”的共享人才资源原则，提高实训基地指导教师的整体水平。

三　实训基地的基本建设

实训基地的基本建设主要包括硬件建设和软件建设两个方面。硬件方面主要包括：实训基地场所的设计、实训设备的配套选型等；软件方面主要包括：实训项目的策划、实训教材的编制、实训基地的管理与综合利用、人力资源建设等。

（一）硬件建设

1. 实训基地场所的设计与创意

实训基地的场所建设包括前期的基础设施建设和后期的实训环境建设。在基础设施建设之前，一方面，从整体上要将艺术性与实用性相结合，譬如，实训基地外观造型的艺术性、宏观布局的新颖性和合理性等；另一方面，在局部上要将诸多细节统筹考虑，譬如，楼层的高低，实训室配电箱电力的分配，水源与地漏的配置，网络信息点的分布，地面的建筑选材与实训功能的有机结合等。经验表明，前期工作越细致、扎实，实训基地基建验收后各类改造工作就越少，就能越早投入使用。实训环境建设的目的就是要将实训基地真正与企业接轨，构建一个真实的或仿真的企业环境，让学生置身于企业氛围之中，学习、适应，并尽早融入企业。实训环境建设主要包括营造与烘托企业的工作环境和氛围、制定与遵守企业的工作纪律和规章制度、借鉴与构建企业文化等。

2. 实训设备的选型与配套

实训设备的选型与配套要遵循科学性、前瞻性、实用性、可比性、经济性与外向性原则。科学性是指在实训设备的选型与配套工作中，要本着科学、严谨和实事求是的精神，在专家的指导下，通过市场调研，综合分析欲达到的实训功能和现有的采购能力，拟定出科学、合理、先进的设备选型与配套方案。前瞻性一是指选购的实训设备应该能够代表珠江三角洲企业目前使用的先进设备或未来几年即将使用的先进设备；二是指新购置与新配套的实训设备至少在五年之内不会被市场淘汰。实用性一是指所选购的实训设备应具有一定的通用性和实用性，能真正提供给学生进行实际操作训练，而绝非用于摆设；二是指在工作需要的时候，这些设备可以真正用于科研和投入生产。可比性一是指所购置的实训设备与珠江三角洲企业目前使用的先进设备相近、可比；二是指与同等的高等职业技术院校实训基地的实训设备相比要先进、富有特色。经济性是指在设备的选型与配套过程中要不断寻求最佳的性能价格比。外向性是指在设备的选型与配套过程中应广泛地与企业、公司联系，利用“双赢”策略寻求合作共建实训基地的战略伙伴，以拓宽和增加实训设备的来源渠道。

（二）软件建设

1. 实训项目的精心策划

利用有限的资金，精心设计出功能强大、独具特色的实训项目，使购置的现代化设备能够最大限度地发挥出实用价值和使用效率。譬如，在广东技术师范学院工业实训中心设置的电子产品模拟生产工厂的实训项目中，可以让电子工程系、自动化系的学生参与整个自动化的电子生产线各个工序的生产环节，从最基本的电子元器件的插拔与焊接到自动化流水线上工序的设置与编排再到贴片机的 PCB 板的程序编制等，使他们对自动化生产过程有一个全方位地、深入地了解；可以让机电系学生学习生产线的流程控制、机械传动原理、电动原理等；可以让管理系学生参与整个自动化生产的物流分析与管理、各工位与工序的合理设置以及人员管理等；可以让财经系的学生参与整个生产流程内外的需求调研、生产过程中资金的分配与流向分析等。

2. 人力资源建设

实训基地需要拥有实际工作与管理经验、了解前沿课题、掌握先进技术的工程技术专家、管理者、“双师型”教师、学者等多方面人才共同指导受训学生、一起建设和管理实训基地。通过建立一整套科学的人才管理机制，完善人才评估、引用、选拔和奖惩的具体操作方法。借鉴国内外人力资源管理的成功模式，在实训基地经过严格筛选组建一支精干、稳定的管理和教学队伍，通过招聘选拔一批中短期的实训指导教师，并以长期合作形式聘请专家、学者、知名企业与公司的管理人员和工程技术人员进行讲学、实际操作指导等。

3. 实训教材的编制

实训教材是实训指导者多年积累的经验的结晶，一本好教材可以启发学生的思维，激发学习者的灵感，使得实训教学事半功倍。目前，能够用于高等职业教育的优秀实训教材非常匮、乏，有的高等职业院校只好用普通高校的实验教材，甚至用职业中专的实验或实训教材来代替。很多高等职业院校或因没有编写实训教材的相关资助和奖励政策而导致无人编写实训教材，或因实训教师自编的优秀教材得不到经费资助而无法出版，仅限于编者个人在实训教学中使用，从而造成资源埋没、资源重复建设等现象。要解决好实训教材的编写问题，一要靠领导层重视，包括上级主管部门的统筹规划和基层单位制定相应的激励政策，如设置优秀实训教材基金，鼓励编写与出版；二要做好编写实训教材的具体组织与协调工作，充分调动和发挥骨干教师的积极性，用集体的智慧创作出精品。

4. 实训基地的科学管理与综合利用

实训基地的管理主要包括：人才的合理使用与管理、实训设备的合理配置与管理、实训教学的训划与评估、实训基地的对外合作与交流以及实训教材的选用与编制等。实训基地是一个人员复杂、设备繁多、功能特殊的场所，在这里既要完成学院内部常规性的实训教学任务，又要承担社会培训、职业技能鉴定与考核、外校的实训、适量的生产等工作，以保证实训基地的持续发展。此外，实训基地还要为院校教师、合作伙伴的科研人员提供科研设备和场所进行科研开发与技术交流。因此，实训基地的管理是一项综合系统工程。只有花大力气、科学、优化管理，才能办出特色、提高水平、产生效益，才能保证实训基地的各项工作高效、有序地进行。

四 结束语

高等职业教育实训基地的建设，直接关系到所培养人才综合素质的高低，关系到能否促进经济的发展。因此，在全省高等职业教育实训基地的建设上，从大局到细节都要精心策划、严格把关，用最低投入得到高质量的人才回报，使实训基地的建设真正起到促进全省经济持续发展的作用。

原文刊于《高教探索》2003 年第 1 期

广东高职教育平衡发展论略

林伦伦*

摘　要： 经济发达地区和经济欠发达地区社会、经济发展的不平衡，造成了高等职业技术教育发展的不平衡。本文根据调查材料，从经费投入、院校布局、办学定位和管理水平、师资队伍建设、办学硬件建设等5个方面对比分析了彼此的差距，并针对这些不平衡的现实，提出了利用“双转移”契机，加速经济欠发达地区高等职业技术教育发展、逐步缩小彼此差距，以至达到全省平衡发展的8条建议。

关键词：广东高职教育；平衡发展；经济发达地区；经济欠发达地区

《广东省“十一五”高等职业教育改革与发展计划》指出：“十一五”期间，我省要“坚持科学发展观为指导，以大力发展高职教育提升高职教育办学能力与水平为目标，以服务为宗旨，以市场需求为导向，以深化改革和体制与机制创新为动力，加强高职院校基础能力建设，优化高职教育结构，提高人才培养质量和办学效益，促进广东高职教育与经济社会发展的紧密结合，增强高职教育为区域经济社会发展服务的能力，推动广东高职教育可持续健康发展”。我们认为，达到这个目标的最大的瓶颈是全省经济发达地区和经济欠发达地区高等职业教育发展的不平衡。根据我们的调查，广东省的职业教育目前还存在着下列的发展不

* 林伦伦，教授，曾任广东技术师范学院副院长、广东省职业教育研究会会长。

平衡的现象。

一 广东省高等职业技术教育发展的不平衡现状

（一）高等职业院校布局的不平衡

广东省目前有83所高职院校，大部分分布在经济发达的广州、深圳和珠江三角洲等地，大约是72所，约占广东省高职院校总数的86.75%；粤东、粤北、粤西等人口众多、面积广大的经济欠发达地区只有11所。按照《广东省“十一五”高等职业教育改革与发展计划》的规划，“十一五”期间，广东省将“实施高水平示范性职业技术学院建设项目，打造广东高职教育品牌。选择20所左右办学理念新、办学条件好、特色鲜明、改革成效大、教育质量高、社会认可程度高、毕业生就业率高的职业技术学院作为省级示范性建设职业技术学院，带动全省高职高专院校加强建设，深化改革，规范管理，加快发展，办出特色，办出质量，办出水平，推动我省高等职业教育适应地方经济发展需要，培育高职教育优质资源，增强我省高职院校人才培养能力，适应大众化高等教育发展需要，打造我省高职教育品牌。力争8—10所高职院校（其中包括深圳职业技术学院、顺德职业技术学院、番禺职业技术学院、广东水利电力职业技术学院、广州民航职业技术学院、广东农工商职业技术学院、广东交通职业技术学院、广东轻工职业技术学院）进入国家示范性高等职业院校建设行列”。按照目前的建设方案看，这些国家级和省级的示范性高职院校也非经济发达地区高职院校莫属。

据全国第五次人口普查资料显示，广东每10万人口中拥有大学文化程度3560人，低于上海、江苏和全国3611人的平均水平。珠三角具有大学程度的人口为308万人，不及长三角的一半。广东省在劳动力资源的创新能力、培训条件、一体化等方面与长三角、环渤海地区相比存在不小的差距。而在全国第五次人口普查中发现，粤东每10万人口中大专及以上学历人口只有1350人，仅相当于1990年珠三角地的一半，高级职业人才更少。珠三角比不上长三角地区，东西两翼和粤北地区比不上珠三角地区。根据《广东省政区图册》的人口数字，东西两翼和粤北地区各市人口占全省人口的75%，是广州、深圳和珠江三角洲人口的3倍。（广东省民政厅，2006）。按这样的高职教育布局发展下去，全省主要的劳动力人口输出地的职业技术院校实在太少。珠三角和东西两翼高等职业院校的地区分布不平衡又将拉大技能人才培养的差距，大量的农村劳动力得不到培训培养，而人才的差距即意味着经济、社会发展水平的差距。

（二）经费投入的不平衡

经过改革开放 30 年的发展，广东全省逐步形成四个层次的经济格局：两区域中心是全省经济发展的龙头，广州、深圳和珠江三角洲是发达地区，粤东粤西两翼地区是次发达地带，粤东、粤西北部山区是欠发达地带。在东西翼的产业结构中，第一产业还占有较大比重，工业基础薄弱，工业化程度和水平较低，集约化程度不高，第三产业发展滞后，难以满足经济发展的需要。有资料显示，广东珠三角地区与贫困山区的经济差距为 5∶1，远远高于全国东部地带与西部地带经济发展 2.5∶1 的差距。为了改变广东的这种经济发展的不平衡局面，省委省政府出台了强力度的“双转移”战略。“双转移”就是“产业转移”和“劳动力转移”。“产业转移”是指珠三角劳动密集型产业向省内欠发达地区转移；而“劳动力转移”是指东、西两翼、粤北山区的劳动力，经过技能培训后，一方面向当地第二、第三产业转移，另一方面向发达的珠三角地区转移，从而实现全省共同富裕、共同繁荣。而新近刚刚出台的《珠江三角洲改革发展规划纲要（2008—2020 年）》（下文称《发展纲要》）的付诸实施，将使以广州为中心的珠江三角洲再一次插上经济腾飞的翅膀。粤东、粤西和粤北地区虽然也各自在积极研究、努力寻找自己与《发展纲要》接轨，从而刺激经济发展的良机和相适应的发展模式，但我们担心的是，彼此发展速度的不平衡，将可能继续拉大经济发达地区和欠发达地区的差距。

高等职业技术教育是高等教育的一个特殊的门类，由于其偏重实践教育、重视学生技术技能的训练和培养，需要建设与先进的产业相匹配的实验、实训中心，必须有比较大的经济投入才行。在某种程度上，职业教育院校需要比普通本科院校更多的设备和资金。澳大利亚教育部门的统计表明，高等职业教育的成本是普通高等教育的 2.64 倍。在广州、深圳和珠江三角洲经济发达地区，这似乎不成问题。以顺德职业技术学院为例，建设初期的投入即达到 10 亿元，就是一所职业中学，政府的投入也以亿元计。而在粤东、粤西和粤北，一所办学规模 5000 人左右的职业技术学院，政府一年拨款也不过是 1000 万元左右。这些院校大多都是处境艰难、苦苦维持，有专家称为“生存型”职业技术教育院校（庄西真，2008）。以粤东某职业技术学院 2008 年的财政情况为例：

2008 年 1 月 1 日至 2008 年 10 月 31 日，政府财政拨款 1100 万元（其中：工资 810 万元、奖学金 262 万元、医疗费 28 万元）；财政返拨学费 1010 万元（学费收入 2400 万元），合计总收入 2110 万元。总支出为 3699 万元，其中人员工资 1574 万元，日常支出 856 万元，个人和家庭补助支出为 318 万元，固定资产购建和大修理 219 万元，基本建设支出 732 万元。支出大于收入 1589 万元，超支款项主要来源：财政局借款 830 万元，教职工借款 675 万元。

从上面的数据中我们可以发现，这所职业技术院校每年的收入还不敷“人员工资”和“日常支出”两个项目的支出。至于固定资产购建和大修理、基本建设等项目，都是靠举债为之。截至 2008 年 10 月 31 日，该学院负债 6410 万元。按照这样的“生存”状况，要学校投入大量的人力物力财力去建设实验实训大楼、配备先进的实验实训设备，根本不可能。

经济发达水平的不平衡，决定了职业教育发展的不平衡，这是人所共知的社会存在。但如果任其发展，长此下去，这种不平衡会越来越大，不符合建设和谐社会的思想。

（三）办学定位和管理水平的不平衡

在经济发达地区，由于第二和第三产业发达，这里的职业技术教育院校的办学定位就是为当地的经济、社会培养应用型、技术型、复合型人才。市场需要什么，学校就办什么专业，办学定位的明确不会有问题。而在经济欠发达地区，现状是各级部门对职教的投入很少，投入渠道也不稳定。这些地区的高职院校靠地方政府投入，所得资金有限。资金投入不足导致学校在办学的时候倾向选择更便宜更廉价的学科和专业。对于大多数“生存型”高等职业技术院校来说，普遍存在着开设轻（不需要太多设备，师资需求也不高）、短（设置专业不必准备过长时间）、快

(回收成本快，赚钱快) 专业的思想，所以在专业设置方面，开设管理类，英语、文秘类、财经类、政法类及计算机类专业就理所当然了。因为这些专业没有实训要求，对实习基地和设备要求不高；不需太多资金，师资容易聘请，课酬也较低。有些院校即使想开工科专业，也因设备和实验室条件所限暂时还开不出来。有一些院校，从中专升格为高等职业技术院校后，在专业设置、师资队伍建设方面没有多大的调整和提升，几乎是沿袭原来中专的办学思路，名为“高等”，事实上还是中等职业技术教育。另外一些高职教育院校，则是由原来的教育学院、师范学校等合并而成。原来学校里的大部分专业和师资都是普通高等教育的，重视基础理论知识，忽视实践技能教学。转型后的学校牌子换了，但专业设置和教学内容没有换，也就是“换汤不换药”。这样的“山寨”职业技术教育，在经济欠发达地区普遍存在。

(四) 师资力量的不平衡

广东省高职师资队伍结构不合理现象普遍存在。据广东省教育厅规划处提供的材料，2006 年高职高专院校有专任教师 19415 人，其中：正高级职称占 3.53%，副高级职称占 23.58%，中级职称占 35.42%，初级职称占 28.31%，无职称占 9.16%。具有高级职称的教师只有 27.11%。

另根据 2006 年对广东省 67 所高职院校的师资调查结果，文科师资占的比例稍强，达到 57%。而职业技术教育大量需要的理工科教师并没有显示出优势。这还是全省平均的数据。而在经济欠发达地区，职称、学位和专业结构就更加不合理了。由于经费不足、专业设置文科多于理工科等方面的不合理布局，其师资也是以文科为主，理工科教师也是以基础理论知识课程为主的教师，例如数学、物理、化学、生物等，至于实验实训方面的教师，少而又少。

经济发达地区的职业技术学院现在招聘人才方面，由于工资待遇和社会福利方面的优惠，已经没有困难。只要学校办学定位准确、办学思路对头、专业布局和课程设置能体现真正的职业教育的特点，按专业、课程去招聘合格的教师应该不成问题。虽然目前在学位、职称和专业结构上还有待进一步的优化，但金融危机的降临，无疑给经济发达地区的职业教育院校吸引人才提供了一次绝佳的机遇。如果能抓住这次机遇，高学位的研究生不用说，从经营境况不佳的企业招聘进有实验实训教学能力的高级技术人才，如高级工程师、高级技师等，也是不成问题的。但反观经济欠发达地区，到目前为止，尚未见到高校毕业的研究生主动到这些地区就业的趋向，倒闭企业的高级技术人才也尚未有流向这些地区的动向。他们都宁愿在广州、深圳和珠江三角洲“漂流”，也不愿意往下流。相反，经济不发达地区的职业技术院校里的人才，一旦完成了学位的学习，获得博士学位，或者获得教授职称，就有可能“人往高处走”，被经济发达地区挖走。毕竟，深圳职业技术学院的教授工薪收入是经济不发达地区的教授工薪收入的好几倍。

（五）硬件建设水平的不平衡

硬件建设要靠经费来支持，经费来源不“硬”，硬件建设也就“硬”不起来。我们考察了粤东和粤北的一些高等职业技术学院，其实验室和实训室大多比较破旧，设备落后，台套数也不足。按照广东技术师范学院 2004 年建设广东工业实训中心的经验，2 万平方米使用面积的工业实训中心大楼，连同大楼里 48 个实验实训室设备的配备，大约需要 9000 万元。难怪经济落后地区的职业技术教育学院的领导和教师们参观完了深圳职业技术学院和顺德职业技术学院的工业实训大楼以后，都啧啧称赞。但想想自己学校的生存状况，也只有望楼兴叹而已。因为他们知道在自己那里，建设这样的工业实训中心，那可能是 N 个五年计划以后的事情。学生在这种不合格的实验实训条件下根本学不到能够到社会去应用的实践技能。毕业生们到企业去应聘，往往由于缺乏实践技能而被招聘企业淘汰，尤其是到经济发达地区的企业去应聘，招聘方需要的很可能是最新设备仪器的使用技能。1 台数控机床要 30 万元，10 台数控机床可以成为一个小型的实训室。但 10 台就是 300 万元，他们买不起。或者咬咬牙买下来，但他们未必能请得起能驾驭数控机床的教师。因为这类高级技能人才，在经济发达地区是奇缺人才，月薪都在万元以上，这些院校聘请不起。这种状况造成了恶性循环，这些以高等职业技术命名的院校，培养不了真正的技术人才，适应不了社会、经济发展的需要，毕业生的就业前景堪忧，学校的发展前途也就十分渺茫。广东省教育厅罗伟其厅长一针见血地指出：“目前实习实训条件不足，已经成为制约部分高职院校提高教育教学质量的瓶颈。”（罗伟其，2008）经济欠发达地区的高等职业技术院校，就更是这样。

二 如何才能使全省的高等职业教育发展趋于平衡

广东省人民政府已经意识到技能型人才短缺对广东经济发展的制约，把培养高技能人才放在广东省教育的重中之重，要进一步扩大高职教育办学规模。《广东省“十一五”高等职业教育改革与发展计划》规划，到2010年，高等职业教育在校生规模进入全国先进行列。高等职业教育在校生达到65万人以上，招生规模占高等教育招生规模的50%以上。“十一五”期间，高职高专院校为社会输送75万名以上毕业生。从2006年起，对高等职业教育每年还增加了一亿元的政府拨款支持。但是，根据上文对全省职业教育院校布局的分析，政府的这些支持，将大部分落在经济发达地区的院校上，我们担心将会出现富者更富、穷者更穷的局面，彼此的差距越拉越大。因此，我们建议。

（一）高瞻远瞩，全省统管，加大对经济欠发达地区高职院校的支持力度

在国家级和省级示范职业技术院校的建设上给经济不发达地区一定的指标，国家级给1所，省级可以给3所，东西两翼和粤北地区各给1所，从政府立项的高度上给以大力支持和指导，就像给粤东高级技工学校5亿元投资的力度，然后从经济发达地区的高职院校中选派管理能力强、办学经验丰富的领导到这些院校，组成强有力的校级领导班子。抓住“双转移”的契机，把这些学校的办学定位和办学思想明确下来，以利进一步的建设和发展。

改进政府对办在地级市的高职院校的支持办法，有省政府列入每年的财政计划，直接拨款支持，而不能依赖于地级市的政府拨款。因为经济不发达地区的财政计划本来就紧张，对高等职业教育的支持力度再大也很有限。建议对这些院校的学生，享受省办普通高校的同等待遇，由省人民政府按学生人数拨款支持。此类院校的学费收入，统交给省财政以后，全额拨回学校。设立经济欠发达地区高职教育专项基金，支持有

条件的院校建设较大规模的实验实训中心，开办与当地产业结构相匹配，与社会、经济发展相适应的专业。

（二）选准圆心位置，建设高职教育基地，建立资源共享机制

建立资源共享机制，在粤东、粤西和粤北地区各自的圆心位置，建设一定规模的高等职业教育基地、实验实训中心，如“粤东职业技术教育实训基地”“粤东实训实验中心”等，辅以教学大楼和学生宿舍等配套建设，让周边地区的高职院校甚至职业中学可以共同利用资源，集中时间在“基地”或者“中心”里上好实验实训课。

（三）建立全省教师同岗同酬的薪酬制度，建立一支稳定的、合格的职业教育师资队伍

现在的经济发达地区与经济不发达地区教师的薪酬收入差距太大，经济不发达地区招聘不来人才，本地人才外流是不争的事实。这一点，其他类教育单位也存在同样的问题。教师薪酬的不同地区同岗不同酬的问题不解决，就不能有效解决经济不发达地区人才只出不进的老大难问题。建议政府出台政策，由省政府统发职业教育教师的工资和地区补贴，保证经济不发达地区职业教育院校教师的工资水平接近经济发达地区。设立“经济欠发达地区高职教育师资建设基金”，对志愿到这些地区任教的本科学历以上毕业生、经济发达地区高职院校志愿到这些地区扶贫帮教的优秀教师给以优厚的经济补贴，使他们的经济收入接近或者达到经济发达地区的水平，以建立稳定的、具有一定水平的高职教育师资队伍。同时，要通过“走出去，请进来”的办法，加强对原有教师的培养培训，以促使本校专业基础理论教师更快成长为“双师型”教师，建设一支合格的职业技术教育师资队伍。

（四）利用“双转移”契机，创新办学模式，办好真正的职业技术院校

2002 年，国务院发布的《关于大力推进职业教育改革和发展的决定》指出：“职业教育要为农村劳动力转移服务。实施国家农村劳动力转移培训工程，促进农村劳动力合理有序转移和农民脱贫致富，提高进城农民

工的职业技能，帮助他们在城镇稳定就业。”广东省教育厅罗伟其厅长在其《论推进广东特色高等职业技术教育改革和发展》一文中也指出：“（经济）欠发达地区的高职院校，采取政府主导、各种社会力量和市场主体参与的模式，以本地区承接发达地区产业转移的契机，采取国际合作、与发达地区高职院校和企业联合办学等方式，为本地区经济社会特别是产业发展提供足够的高级应用技能型人才。”（罗伟其，2008）

经济欠发达地区的高职院校，要利用广东省“双转移”的契机，对转移到经济欠发达地区的企业的人才需求结构和珠江三角洲需要的人力资源结构进行调查和分析，明确学校在新时期的办学定位和办学思想，把培养人才和培训农村劳动力、为珠江三角洲企业和转移到当地的企业输送技能人才结合起来，改变以往单一招收学历教育学生的办学模式，开拓创新，把学校办成适应当地乃至全省社会经济需要的真正的职业技术院校。

（五）积极联合企业办学，改善学校的办学硬件

利用“双转移”的机遇，与转移到经济欠发达地区的企业、需要劳动力培训的珠江三角洲企业紧密联系，争取与这些企业合作办学，以改善学校的办学条件。一是在实验实训硬件建设方面，给以学校经费或者设备仪器的支持。可以以企业的名称命名，建设某个实验实训室或者整个实验实训大楼，由企业提供建设资金或者直接捐赠设备仪器；二是在师资队伍建设方面，由企业派出有教学经验的工程技术人员担任学校的实验实训教师，以加强学生实践能力和创新能力的培养；三是在学生的实习方面，企业无偿提供学生的实习机会，让学生有机会直接到生产第一线实习，以加强学生团队精神、动手能力的培养，以增强学生就业的核心竞争力。

参考文献

1. 罗伟其：《论推进广东特色高等职业技术教育改革和发展》，《高教探索》2008 年第 1 期。
2. 李望国等：《构建广东省高等职业技术教育新体系》，《高教探索》2008 年第 1 期。
3. 庄西真：《论生存型职业教育和发展型职业教育》，《职业教育学科建设与理论创

新》，中国地质大学出版社 2008 年版。

4. 刘兰平：《广东高职院校专业适应性问题的经济学思考》，《职业教育学科建设与理论创新》，中国地质大学出版社 2008 年版。

5. 李映强、石大立：《大力发展职业教育应广泛关注农村的职业教育》，《职业教育发展理论与实践》，暨南大学出版社 2007 年版。

6. 万伟平等：《论高等职业教育专业建设与区域产业发展的衔接与融合》，《广东技术师范学院学报》（职业教育）2008 年第 1 期。

7. 吴宏业：《新一轮国际产业转移背景下珠三角地区的高职教育发展》，《高教探索》2008 年第 4 期。

8. 徐长发、袁桂林：《乡村职业教育教育的问题与出路》，《中国教育报》2008 年 12 月 25 日第 6 版。

原文刊于《广东技术师范学院学报》2009 年第 4 期

广东省高等职业技术教育三十年历程

郑国强[*]　陈俊兰

摘　要：通过回顾广东省高等职业教育三十年的发展历程，将其总结为三个发展阶段：起步阶段、大规模发展阶段、内涵式发展阶段；并在此基础上简要概括了我省高等职业教育的发展特色；最后通过对一系列数据与事实的分析，预测了我省高等职业教育的发展趋势。

关键词：广东；高等职业技术教育；发展历程

改革开放以来，广东高等职业技术教育的变化翻天覆地，激动人心，它构成我省高等教育与职业教育不可或缺的重要组成部分，对我国的经济建设与人才培养做出了巨大的贡献。

一　发展历程

总结我省高等职业技术教育三十年的发展历程，我们可以归结为三个发展阶段，即起步阶段（1978—1995 年）、大规模发展阶段（1996—2002 年）、内涵式发展阶段（2003 年至今）。每个阶段时代特征、社会背景、教育政策等的不同，决定了各个阶段不同的教育格局与办学特色。

---

* 郑国强，研究员，硕士生导师，曾任高教职教研究所副所长（主持工作），全国职技高师教育理论研究协作委员会委员，代表作：《创建面向 21 世纪的新应用型大学》。

（一）起步阶段

该阶段处于“文化大革命”之后的特定历史时期，是广东省职业技术教育从“停滞”与“毁灭”中恢复与发展的特殊阶段，也是我省高等职业技术教育的创建期，它的主要标志是职业大学的兴起与发展以及规划管理与三级办学体制的逐步完善。

1978 年 12 月，中共十一届三中全会后，经中央批准，广东省先后创建深圳、珠海、汕头 3 个经济特区，地方经济迅速发展，对人才的需求在数量上剧增，在规格上也要求多元化，特别是对技能型人才的需求十分迫切。一方面，普通高等教育的培养目标与地方经济建设的需求不够吻合，形成人才供应方面的严重脱节；另一方面，国际经济发展的经验表明，大力发展职业教育，尤其是大力发展高等职业技术教育，是一个国家或地区由贫穷落后到繁荣富强的必由之路。基于经济社会发展对高级技能型人才的大量需求，广东高等职业技术教育的发展步伐不断加快。

1978—1982 年，针对“文化大革命”后教育战线百废待兴的状况，广东省委、省政府着重做了“教育弥留问题”的善后工作与思想政治教育工作，如 1981 年 9 月开始举办的高校干部培训班。

1983 年以后，广东省委、省政府着手广东教育事业新局面的开创工作。3 月，省委常委召开专门会议研究广东教育工作，做出了《关于努力开创我省教育事业新局面的决定》，决定指出，要广开学路，广开财路，采取多种形式、多种途径、多种办法发展教育事业，这为职业技术教育在我省的大力发展留下了广泛的空间。1985 年 8 月，省委、省政府召开全省教育工作会议，会议讨论通过了《贯彻〈中共中央关于教育体制改革的决定〉的意见》，意见提出要大力发展职业技术教育，改革高校管理体制，加快高等教育与成人教育事业的发展。在此期间，短期职业大学应运而生。1983 年 4 月，经省人民政府批准，广州市接收世界银行 169 万美元贷款，加上自己的投资，创办了全日制职业性多科性的高校，命名为“广州职业大学”，简称为广州大学。1984 年 1 月，五邑大学也在江门成立。1985 年 4 月、6 月，嘉应大学、韶关大学相继成立。1986 年 2 月和 4 月，佛山大学和西江大学成立。这些学校均属短期职业大学。到 1986 年年底，这 5 所职业大学共有教职工 809 人，其中专任教师 384 人，共有在校学生3557人。兴办职业大学，不仅调动了地方政府兴办高等教育的积极性，而且扩大了我省教育规模，增加了就学机会，在一定程度上改善了我省高等教育的层次结构，缓和了人才供求矛盾。1986年省委召开职业大学校长会议，研究总结了我省5所短期职业大学的办学模式和特色。1989年，广东省进行师范专科学校与地方职业大学合并办学的探索，为促进地方经济发展建设集师范教育、职业技术教育于一体的综合性高等学校。1990年冬，全国高等专科学校工作会议在广州召开，决定把职业大学改为专科学校。

1991年3月，广东省召开普通高等教育工作会议，提出在改革和优化结构方面，要积极改革专科层次教育，把普通高等专科学校与现有的短期职业大学统一作为高等专科学校系列，既培养高级技能型人才，也培养高级应用型专门人才和初级中学师资。为实现培养高级应用型专门人才的目标，高度重视实践教学的高等职业技术学院应运而生。1992年7月，深圳职业技术学院成立，这是我省第一所专业化命名与专业化办学的高等职业技术学院，其办学体制与办学模式更加强调实践教学，在我省高等教育史上首次推行“双证书”制度。随后，广州、汕头、佛山等各中心城市也纷纷成立高等职业技术学院，这些职业技术学院有些是新设的，有些是原来的中专、技校升级后改成的。另外，有些经济比较发达的县（市）也开始筹办职业技术学院，如顺德职业技术学院等。1993年，西江大学、嘉应大学、惠州大学、韶关大学更名为肇庆学院、嘉应学院、惠州学院、韶关学院，职业大学名字的更改，不仅意味着职业大学办学宗旨的变化，而且意味着我省高等职业教育管理进入规范化阶段。1995年，广东省继续发展和完善三级办学体制，在条件具备的中心城市筹办综合性的高等职业学校。同时采取积极鼓励、大力支持、正确引导、加强管理的方针发展民办教育，鼓励和扶持社团、企业和个人创办民办或私立高等学校。这些民办高等学校一般以职业教育为主，面向社会、面向经济建设。

至此，我省高等职业技术教育在政府的正确引导与全力支持下实现了重建，职业大学的出现与兴起向规范化管理过渡，我省高等职业技术教育迎来新的发展阶段。

（二）大规模发展阶段

1996—2002 年是广东高等职业技术教育的高速发展阶段，主要表现为站在法律的高度明确职业技术教育的地位，通过一系列法律与配套的政策（“三改一补”）促进职业技术教育的大规模发展。

1996 年 5 月 15 日，《中华人民共和国职业教育法》正式颁布，它从法的高度确立了职业技术教育的地位。6 月，国家高等职业教育协调小组决定在北京、上海、江苏和广东进行发展高等职业教育改革试点。广东省积极贯彻《职业教育法》和全国职业教育工作会议精神，制订了发展高等职业教育试点方案。深圳职业技术学院按照职业教育的要求来规划建设，被国家教委列为高等职业试点学校。1996 年 12 月 2 日，省高教厅发文，把发展高等职业教育作为广东省建设教育强省、力争 20 年基本实现现代化的战略举措，高等职业教育从此在社会经济发展中取得了战略性的地位，它不仅标志着政府对高等职业教育的重视，也表明了社会对高等职业教育的深入认识。由此，一场深入人心、波及全省的高等职业教育建设运动拉开帷幕。1997 年，广东省制定《关于在普通专科教育中改革发展高等职业教育的意见》，确定 19 个专业为高等职业教育专业改革试点，在 28 所成人高等学校 66 个专业点进行高等职业教育试验，在广东省交通学校等 10 所办学条件较好的国家级或省部级重点中专试办高职班。1997 年 1 月，省政府在《关于大力发展职业教育的决定》中指出，高等职业教育主要通过部分普通高等专科学校、成人高校的改制和职业大学、职业技术学院实施，重点是调整专业方向和培养目标，也可根据地方和行业的需要以及学校的办学条件，在少数有条件的重点中专举办高职班，作为发展高等职业教育的补充，逐步建立以珠江三角洲为中心，辐射粤东和粤西两翼，带动粤北发展的高等职业教育体系的基本框架。同年 6 月，省高教厅印发《关于在普通高等专科学校中改革发展高等职业教育的意见》，提出普通高等专科教育改革发展高等职业教育的重点是专业改革，要在优化专科专业布局的基础上，将重点转移到调整专业方向、建设高职教育专业上。在此前后，各地级以上市政府举办的高等职业技术学院以及社会力量举办的高等职业技术学院纷纷设立。1997 年 10 月 13—15 日，国家教委在深圳举行深圳职业技术学院挂牌仪式暨高等职业教育教学改革研讨会。

1999 年 11 月，教育部召开第一次全国高职高专教育工作会议。会上，深圳职业技术学院等校做了典型发言，交流了学校在教学改革和建设方面的经验。2000 年 5 月，国务院授权广东省政府自行审批设立高等职业技术学院。为了规范管理，省教育厅制定《广东省高等职业学校设置申报审批程序》。经省政府批准，2000 年新设立 5 所职业技术学院。同年 5 月 17 日，广东职业技术师范学院被教育部确定为第二批全国重点建设职教师资培训基地学校。经评审，教育部确定广东 6 个高职专业为全国高职高专教学改革第一批试点专业。到 2000 年，广东省共有职业技术学院 13 所，包括深圳职业技术学院、番禺职业技术学院、顺德职业技术学院、广东轻工职业技术学院、广东交通职业技术学院、广东水利电力职业技术学院、广州民航职业技术学院、广东农工商职业技术学院、广东松山职业技术学院、佛山职业技术学院、白云职业技术学院、潮汕职业技术学院、新安职业技术学院。

2001 年 10 月，广东省高等职业技术教育研究会成立，它的主要职责是推动各院校内部的理论研究；探索职业技术教育的办学、教学规律；为新办院校提供榜样和借鉴，协助教育主管部门做好改革和各项建设及常规管理工作。2002 年 5 月，广东省第九次党代会把“科教兴粤”作为“四大战略”之一，要求“优先发展教育事业，建设教育强省”，教育战略地位的强化，标志着科学与教育在 21 世纪的知识经济中具有举足轻重的地位。

（三）内涵式发展阶段

从 2003 年开始，广东高等职业技术教育的发展，从强调规模扩张转为追求质量效益和加强质量监控上来，经历了一个规范提高持续发展的阶段。其标志是示范性高职院校的建设。

2003 年，为响应国务院的号召，做大做强广东职业教育，省委、省政府提出了《关于大力推进职业教育改革与发展的意见》，意见指出要推进与深化职业教育管理、办学体制改革，建立以政府统筹、分级管理、地方为主、社会参与的职业教育管理体制；完善政府主导，部门、行业、企业和社会力量共同参与的办学体制，积极探索多元化、多渠道的办学路子，加大办学体制改革力度。职业教育从“大规模的兴办”向“改革式”的发展，标志着我省职业教育发展的“内涵式”倾向。2004 年，广东省教育厅下发了《关于以就业为导向深化我省高职高专教育改革的意见》（粤教高〔2004〕5 号），意见对我省高职高专的发展提出了新的要求，其中高职高专毕业生的“双证书”制度、专业设置的市场化倾向、与企业合作的订单式培养、教学的职业化都标志着我省高等职业教育事业与经济市场的接轨。同年 9 月，广东省高职高专教育改革工程开始实施，它包括五大项目：（1）省级示范性建设职业技术学院；（2）省级高职高专示范性专业；（3）省级高职高专精品课程；（4）省级高职高专教育实训基地；（5）省级技能型紧缺人才培养培训工程项目。2005 年 8 月，省政府印发《广东省教育现代化建设纲要实施意见（2004—2010）》，就 2010 年前高水平高质量的发展高等职业教育做了明确的规划。如：2010 年前启动建设 5—10 所国家级示范性高等职业技术学院、25 所省级重点高等职业技术学院、20 个国家级高等职业教育示范性专业、150 个省级高等职业教育示范性专业和 100 个高职高专教育综合或专项实训基地。2006 年 8 月，省委、省政府召开全省职业技术教育工作会议，印发了《关于大力发展职业技术教育的决定》与《广东省大力发展职业技术教育实施纲要（2006—2020）》，实施纲要明确提出了职业教育的内涵式发展与三大“突破”，即实现职业资格证书与学历证书并重的突破，实现中、高等职业技术教育衔接制度的突破，实现政府购买职业技术教育成果的突破。到 2008 年 10 月止，我省共有职业院校 71 所，它们已经成为广东省高等教育一支不可忽视的力量，为广东省经济社会发展日益发挥重要的作用。

广东省高等职业技术教育从改革开放初期的起步阶段（1978—1995 年），经 20 世纪末的大规模发展阶段（1996—2002 年）到 21 世纪初的内涵式发展阶段（2003 年至今），经历了职业大学的兴起与发展，高等职业技术教育的“三改一补”（“三改一补”是指通过现有的职业大学、部分高等专科学校和独立设置的成人高校改革办学模式、调整培养目标来发展高职，但仍不满足时，经批准可利用少数具备条件的重点中等专业学校改制或举办高职班等方式作为补充）① 与“三教统筹”（“三教统筹”

① 李均：《1996—2006：中国高等职业教育政策评价》，《职教通讯》2007 年第 11 期。

即普通大专、高等职业技术学院、短期大学为一类学校，都以高等职业技术教育为学校的培养目标）等政策的实施，以及现阶段示范性高职院校的建设，成为我省高等职业技术教育发展的一条主线。

二 特色

驻足抚思，我省高等职业技术教育经历了从“无”到“有”，从“有”到“大规模”，从“大规模”到“内涵发展”的三十年历程，它不仅适应了我省经济高速发展的需要，而且在发展过程中，坚持与时俱进的原则，开创了具有广东特色的高等职业技术教育新局面。

（一）高等职业技术教育主动适应经济发展，为我省经济建设服务

纵观我省高等职业教育发展的三十年历程，无论是改革开放初期建立的职业大学，还是后来的职业技术学院，都是我省经济建设的产物，它们为我省的经济转型与社会发展培养了大批的技能型人才。就目前来说，广东省的经济建设已经完成从传统的农业经济到工业经济的转型，第三产业得到较快的发展，年均递增 14% 以上，基本上形成了以机电加工、汽车制造、家电电子、食品饮料、石油化工、纺织服装和旅游等为支柱，以电子信息、机电一体化、生物技术为先导，商贸服务和现代物流为补充的现代产业格局。面对产业结构的升级与社会分工的细化，一方面，劳动力素质需要普遍提高；另一方面，中高级技能人才紧缺。为此，我省高等职业教育紧密结合市场需要，积极为地方经济社会发展需要，特别是根据大力发展信息产业、现代装备工业和“三高农业”的需要，加大专业结构的调整力度，目前职业院校开设的专业有 100 多个是社会需求比较旺盛的专业。我省还大面积改造了一批传统专业，重点建设了“软件蓝领”、数控技术、机电技术、电子技术、通信技术、化学工艺、旅游服务、服装工艺等一大批适应我省经济社会需要的新专业。到 2003 年，我省有 8 所职业院校的 8 个专业被教育部确定为全国重点建设的示范性专业点。

高等职业院校在专业调整的同时，积极开展课程改革与教学模式改革，根据市场需要强化职业技能训练、兴建实训基地、加强与企业的合

作办学，走“产学研一体化”办学道路，形成了“模块化”教学、“项目”教学、“立交桥”人才培养模式等一批教改成果。例如：1992 年创办的深圳职业技术学院，学院在办学体制上走“公办民助、产教结合、工学一体”的道路，通过多种渠道，面向社会办学，实行更为灵活的招生制度和学习制度，规定技能训练的最低限度必须保持在 1/3 课时以上，并一改传统高等学校的考核方法，推行“双证书”制度，使学生在获得毕业证书的同时还取得技术考核合格证或岗位操作证。该学院还与深圳市 20 余个行业协会建立密切的联系，共同制订教学计划，推动校企合作办学。

（二）多种形式、多种渠道发展高等职业技术教育

90 年代后期，中共中央、国务院决定 21 世纪初实现高等教育大众化，并把发展的重心放在高等职业技术教育上。广东省积极适应高等教育大众化的形势，通过多种形式着力发展高等职业技术教育。

（1）将一批行业的国家级重点中等专科学校升格为职业技术学院。广东轻工职业技术学院、广东交通职业技术学院、广东水电职业技术学院、广州民航职业技术学院等，在 1998—2000 年由中等专科学校升格为高等职业技术学院。

（2）创办或筹办一批地方职业技术学院。顺德职业技术学院、深圳职业技术学院、番禺职业技术学院、佛山职业技术学院等是地方政府设立的高等职业技术学院。

（3）支持法人或社会团体创办职业技术学院，如广东松山职业技术学院、民办南华工商学院等。在此前后，一批民办职业技术学院相继设立或筹办，如私立华联学院、培正商学院、白云职业技术学院、岭南职业技术学院、广东农工商职业技术学院、潮汕职业技术学院、新安职业技术学院等。至此，高等教育以政府办学为主，民办教育与公办教育共同发展的格局初步形成。

此外，广东省属的部分管理干部学院也由主要进行干部培训转制为主要进行高等职业技术教育，如广东农工商管理干部学院、广东科技管理干部学院在 20 世纪末转制为高等职业技术学院，相继改为广东农工商职业技术学院与广东科学技术职业学院。部分普通本科高校也创办了一

批民办二级学院，如广东工业大学华立学院；广东职业技术师范学院天河学院、翻译学院，广州大学与有关部门、企业合办纺织服装学院、城市建设学院等6个二级学院。它们中一部分是挂靠办学，一部分是“新机制”办学，一部分是相对独立的办学实体。

（三）多种合作办学模式发展高等职业技术教育

从90年代开始，广东各高等职业学校积极开展省内外、境内外、国内外合作办学，主要渠道有四条：一是省内外高等职业学校联合办学、联合培养本专科生，如惠州大学和西安纺织学院联合办学，培养纺织服装专业人才。二是粤、港、澳地区高等职业教育合作，共同培养人才，开展科研联合攻关和学术交流。三是与国外高等学校联合办学，学生毕业后，获得国内外相关证书，如广东技术师范学院与马来西亚英迪学院联合培养人才，获得两地证书。四是省内外著名高等学校与地方政府联合办学，优势互补，利用珠三角当地的土地资源、经济发展条件及优惠的办学政策、国际化的产业环境，招收部分甚至大部分当地的学生，培养大批不同层次的人才。南海、珠海、深圳、东莞等地都有一批省内外知名高等学校与地方政府联合办学。

（四）政府大力支持，为我省高等职业技术教育的发展创造良好的法律与政策环境

从我省高等职业技术教育三十年的发展史可以看出，政府给予高等职业技术教育高度的重视，法律的日益完善与政策的倾向是其主要的表现。改革开放初期政府主要通过一系列政策文件，如《关于努力开创我省教育事业新局面的决定》（1983）、《贯彻〈中共中央关于教育体制改革的决定〉的意见》（1985）的颁布实施开创了我省高等职业技术教育的新格局，同时通过一系列的教育工作会议，交流与推广职业大学的办学经验。1996年以后，职业技术教育的法律地位确定，广东省委、省政府积极贯彻《职业技术教育法》，把发展高等职业教育作为广东省建设教育强省、力争20年基本实现现代化的战略举措，高等职业技术教育从此在社会经济发展中取得了战略性的地位，一场深入人心、波及全省的高等职业教育建设运动（“三改一补”）拉开帷幕。一系列配套的政策文件主

要包括：《关于在普通专科教育中改革发展高等职业教育的意见》（1997）、《关于大力发展职业教育的决定》（1997）、《关于在普通高等专科学校中改革发展高等职业教育的意见》（1997）、《广东省高等职业学校设置申报审批程序》（2000）。进入21世纪，广东省委、省政府重新定位了我省高等职业技术教育，指出：高等职业技术教育须从“规模发展”转向“改革发展”。2003年，《关于大力推进职业教育改革与发展的意见》提出了管理与办学体制的改革；2004年，《关于以就业为导向深化我省高职高专教育改革的意见》的出台以及广东省高职高专教育改革工程的实施，标志着我省高职院校的示范性建设和高等职业技术教育与市场经济的接轨；2006年8月，省委、省政府召开全省职业技术教育工作会议，印发了《关于大力发展职业技术教育的决定》与《广东省大力发展职业技术教育实施纲要（2006—2020）》，实施纲要明确提出了职业教育的内涵式发展与三大“突破”。自此，我省高等职业技术教育进入明确的政策导向的“内涵”发展阶段。由此可见，我省高等职业技术教育的发展不仅是教育自身发展的需要，更是省委、省政府政策倾向的结果，政府在我省的高等职业技术教育建设中发挥了不可忽视的作用，为我省的高等职业技术教育创造了良好的政策与法律环境，为其良性与快速的发展提供了坚强的后盾。

（五）民办高等职业技术教育又好又快的发展，成为我省高等职业技术教育的重要组成部分

我省民办教育起步于我国的经济体制改革，经济体制由计划经济向市场经济的转型，对我国社会的影响是广泛而深刻的，它不单单涉及经济体制的变化与调整，也涉及科技体制、教育体制等的变革，更影响到人们思想观念的变化，民办教育因而成为一新鲜而时尚的名词登上历史舞台。

1992年10月19日，继邓小平同志发表南方谈话之后，广州市政府下达了《关于同意私立华联大学进行筹建的批复》的文件，两年后，私立华联大学正式成立，成为当时全国仅有的6家具有大专学历教育招生资格的民办高等学校之一。从此，广东省民办高等职业技术教育的建设与发展引领着全国民办高等职业技术教育的建设与发展。

1995 年，《广东省私立高等学校管理办法》出台，这是我国第一部正式颁布的私立大学管理条例。1999 年，高校扩招为全国民办教育的飞速发展提供了良好的政策环境，迎来了我省民办高等职业技术教育发展的黄金时期，人们办学的积极性空前高涨，投资规模空前扩大，民办高等职业院校数量猛增。仅 1999 年，广东就建立了白云职业技术学院、潮汕职业技术学院、新安职业技术学院三所民办高等职业院校。2003 年，《中华人民共和国民办教育促进法》出台，使民办教育成为我国教育事业的合法组成部分登上历史舞台，我省民办高等职业技术教育走上规范化管理阶段。截至 2006 年年底，我省已有民办高等职业院校 27 所，而且在公立大学下的独立学院中，3 所同时拥有大专与本科学历教育，构成我省民办高等职业技术教育不可缺少的一部分。

三　发展趋势预测

在经历了恢复创建、快速发展和内涵发展三个发展阶段之后，广东高等职业技术教育在量和质上都有了显著的提高，新时期广东高等职业技术教育开始向更高更远的方向发展（如图 1 所示）：

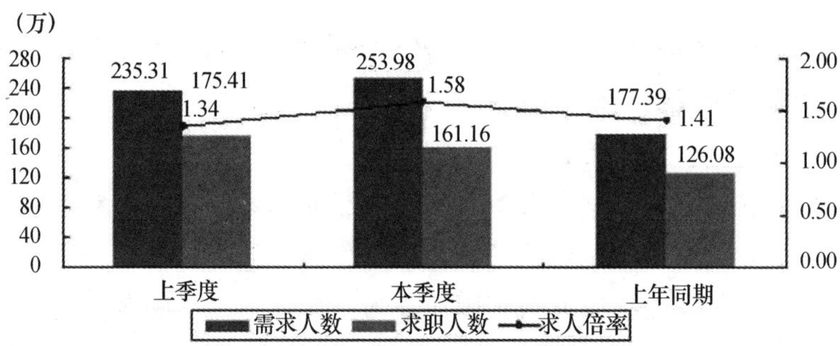

图 1　供求状况对比

（一）我省高等职业教育仍将大规模发展

就目前我省职业教育规模而言，其培养的人才远远不能满足市场的需求，据广东省 2007 年第三季度劳动力市场供求状况分析，我省劳动力市场供求也很悬殊，求职人数远远低于需求人数，就2007年第二季度与第三季度而言，求人倍率分别为1.34，1.58，也就是说以100人计算，市场需求的100个岗位中，仅有34人或58人求职。

供求之间如此大的差别，需要职业教育在以后的一段时间内不断扩大办学规模，为社会培养更多的应用型人才。就我省高等职业教育而言，市场供求悬殊也很大，我们且看按文化程度分组的供求人数对比图（图2），按目前我国高等职业教育的现状而言，职业教育培养的人才获得的最高学位证书学历证书仅大专文凭，而且自从国家“三改一补”的教育政策推行以来，我省几乎所有的大专院校、成人院校以及职业大学都属于职业教育系统，这些院校所能颁发的学历证书基本属于大专水平，当然除个别学校以外，如广东技术师范学院，可见，我省高等职业教育培养的处于“专科”水平的人才远远小于市场对高级人才的需要。为适应社会发展与经济增长的需要，高等职业教育必须继续扩大办学规模。可以预测：今后几年或十多年内我省高等职业教育的发展仍然须扩大规模，从“数量上”为社会培养足量的高技能人才。

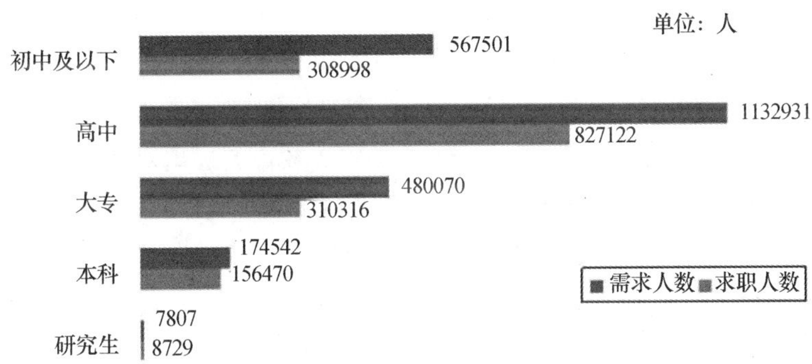

图2　按文化程度分组的供求人数对比

（二）职业教育将自成体系，拥有自己的本科教育乃至研究生教育

尽管历年来，国家对“专升本”采取限制态度，而且教育部明确规定“2010年以前，原则上专科层次的职业院校不升格为本科院校”，但是2010年以后，教育政策会如何变化，我们无从知晓，但是目前有一些学者认为，适度发展本科层次的高职教育是完全可能的，而且从理论上来

说，已经完全可行。而且，就我省实际情况而言，已经出现了高等职业教育本科层次办学的雏形，即广东技术师范学院。该校的办学定位是：面向职教、服务职教、引领职教。主要任务是为全省各级各类中职和高职院校培养师资。有望2010年以后，成为我国首批高等职业教育的本科院校，届时将会打破我省高等职业教育仅限于专科水平办学的教育格局，对我省职业教育的发展将会具有开创性的意义。

就世界职业教育发展趋势而言，职业教育一般随着社会发展和科技进步逐步“上移”；近代德国的崛起与发展，其原因可部分归源于先进的职业教育体系，职业教育甚至被德国人称为国家崛起的“秘密武器”。可见，社会要进步，经济要发展，很大程度上离不开职业教育，而且众多西方发达国家的发展史都证明了这一点，也为我省创建与普通教育并行的符合本地实际情况的职业教育体系提供了成功的经验。1998 年，联合国教科文组织修订的《国际教育标准分类》把整个教育体系划分为 7 个层次，第 5 层为高等教育阶段，包括专科、本科，以及“所有博士学位以外的研究课程”；它又分为学术性为主的教育 5A 和技术性为主的教育 5B 两类。5B 教育也就是我国的高等职业教育，它强调“课程内容是面向实际的，是分具体职业的”，教育的目的是“让学生获得从事某个职业或行业所需的实际技能和知识”，而完成这一级学业的学生则“一般具备进入劳务市场所需的能力和资格”，5B 教育是实践型、技术型和职业专门化的高等教育。《国际教育标准分类》对 5B 教育的提出对我省职业教育发展至少具有两个方面的意义：（1）它为我省高等职业教育体系的纵深发展提供了理论支持与力量源泉；（2）它将职业教育提到与普通教育同等重要的地位，有利于消除国人对职业教育的偏见与疑虑，为我省高等职业教育的发展指明了方向。

（三）内涵式发展成为今后我省高等职业教育发展的主题

2006 年 8 月，广东省委、省政府在全省职业技术教育工作会议上提出了《广东省大力发展职业技术教育的实施纲要（2006—2020）》，该《实施纲要》首次明确提出了我省职业教育的内涵发展策略，即“整合教育资源，创新办学模式，调整专业设置和更新教学内容，注重质量和效益，在加快发展的同时着力提高各类职业技术院校的办学水平、师资水平和教学质量，达到规模、结构、质量、效益相统一”①。可见，内涵发展策略的提出为我省高等职业院校的内涵式建设指明了方向与突破口，但高等职业教育的内涵到底是什么，该《实施纲要》没有阐明。因此，有人认为教育的内涵式发展是一个历史的发展过程；有人认为内涵式发展是与一个与外延式发展相对的概念；有人认为教育的内涵式发展范围广泛，包括专业建设、师资建设、课程改革建设及教学管理制度、人事管理制度建设等；有人认为内涵式发展就是特色与品牌建设，甚至还有人提出了“内涵发展的核心应该是一种特有文化氛围的培育”②。笔者认为：作为高等职业教育它首先是一种培养人的教育活动；其次是高等教育的组成部分；最后它属于职业教育系统。从而我国高等职业教育所培养的对象就是这样一种人才，即高素质的应用型技能人才。围绕着这一人才观所实施的专业建设、师资建设、课程改革建设及教学管理制度、人事管理制度建设都是实现高等职业教育内涵发展的途径与措施，高等职业教育的内涵其实质是高等职业教育价值的充分实现。基于现在我省高等职业教育价值实现的“不充分状态”，所以我们必须采取各种举措，走内涵式发展道路。可见，将高等职业教育的内涵限定为教育价值的充分实现非但不与前面几种观点相冲突，而且，它以更高的眼界将多者融入其中，首先教育价值的充分实现肯定需要一个长期的过程，甚至是一个绝对的、永无止境的过程；其次教育价值的充分实现注定需要采取各种改革措施与途径，通过品牌与特色的建设逐步实现其价值的最大化。教育的内涵式发展从普遍意义上说是教育发展的永恒过程，但所不同的是，我省高等职业教育内涵发展策略的明确提出，标志着我省高等职业教育的发展将步入一个有意识的、主动的内涵发展阶段，这将为我省的高等职业教育发展带来明晰性与确定性，也标志着我省高等职业教育发展的新目标与新阶段，内涵式发展已成为我省高等职业教育发展的主题。

---

① 《广东省大力发展职业技术教育实施纲要（2006—2020）》（http：//www.gd.lss.gov.cn/ldtzw/px/zcfg/zypx/t20070727_ 32249.htm)，2008 年 9 月 24 日。

② 黎荷芳：《论高职教育内涵发展及示范性高职院校建设》，《职教论坛》2008 年第 5 期，http：//www.studa.net/zhiye/081113/15002971 -2.html。

参考文献

1. 李均：《1996—2006：中国高等职业教育政策评价》，《职教通讯》2007 年第 11 期。

2. 《广东省大力发展职业技术教育实施纲要（2006—2020）》（http：//www. gd. lss. gov. cn/ldtzw/px/zcfg/zypx/t20070727_ 32249. htm），2008 年 9 月 24 日。

3. 黎荷芳：《论高职教育内涵发展及示范性高职院校建设》，《职教论坛》2008 年第 5 期，http：//www. studa. net/zhiye/081113/15002971 – 2. html。

4. 张耀荣：《广东高等教育发展史》，广东高等教育出版社 2002 年版。

原文刊于《广东技术师范学院学报》2009 年第 4 期

论适应广东“双转移”战略的现代职业教育体系的构建*

陶 红** 梁煜锟

摘 要：推动产业和劳动力“双转移”，是广东省委、省政府新一轮解放思想学习讨论活动催生的重大决策，是落实科学发展观的重大战略举措。“双转移”战略的提出，要求职业教育必须与经济社会的发展相匹配，与人力资源配置相适应，提高劳动者的整体素质，促进广东经济快速发展，保证劳动者的充分就业。适应广东“双转移”战略的现代职业教育体系的构建，可以更好地发挥职业教育的作用，确保“双转移”战略的顺利实施。

关键词：广东；双转移；现代职业教育体系；构建

广东在改革开放以来抓住了港台地区和西方发达国家劳动密集型产业向外转移的契机，珠三角地区积极引进外资，大力发展劳动密集型产业，实现了跨越式发展。但是，随着产业和生产要素向珠三角持续集聚，珠三角面临的资源约束也日趋加剧，表现为不断出现的“民工荒”“电荒”“油荒”“地荒”，环境资源承载压力加大，要素成本持续上升，传

---

* 本文系广东省哲学社会科学“十一五”规划教育学课题：“适应广东技能型人才培养需求的现代职业教育体系研究”（课题编号：07JY023）阶段性成果之一。

** 陶红，教育学博士，教授，硕士研究生导师，教育科学与技术学院院长，广东省高等职业教育研究会秘书长，广东省本科高校教师教育教学指导委员会委员，代表作：《广东职业教育与科技发展互动研究》。

统劳动密集型企业生存压力增大，高端、高附加值产业生存空间不足等问题。与此同时，东西两翼及粤北山区发展相对迟缓，地区差距持续扩大。广东省委、省政府为了破解科学发展难题和争当实践科学发展观排头兵，在新一轮解放思想学习讨论活动中催生了“推动由按行政区域配置资源向按经济区域配置资源转变，优化发展中部，振兴发展东部，开拓发展西部，扶持发展北部，促进城乡协调发展，走出一条有广东特色的统筹区域城乡发展的新路子”[①]，提出“‘腾笼换鸟，造林引凤’，促进产业和劳动力双转移”的重大战略决策，即珠三角地区劳动密集型产业向东西两翼及粤北山区转移，东西两翼及粤北山区劳动力向当地第二、第三产业和珠三角地区转移的战略性工作。

“双转移”有利于突破多年来制约广东经济社会发展的环境承载压力加大、发展空间受限、人力资源分布不均等众多突出问题，能促进欠发达地区产业的升级转型，推进该地区的工业化和城市化进程，有效优化全省产业结构和布局，实现人力资源合理流动和优化配置，为珠三角地区产业结构升级腾出空间，全力以赴发展第三产业和资本、技术密集型产业，全面提高全省经济综合实力。“双转移”能够缩小地区差距，有利于地区间优势互补、相互促进，协调发展，城乡居民生活水平共同提高，最终以科学、高效的发展方式，实现经济增长的利益分配向劳动者倾斜，实现共同富裕。

一 适应广东“双转移”的现代职业教育体系构建的必要性

所谓职业教育体系的构建，即确定职业教育系统的目标、层次、结构、功能等，以保证系统的稳定发展、有序运行。随着社会的发展，职业教育体系必须做出相应的变革，否则就不能很好地实现自身的功能。构建一个科学合理的现代职业教育体系，既要考虑职业教育与整个教育系统的内在联系，又要考虑职业教育与整个社会系统的外在联系，使职

① 广东省人民政府：《关于争当实践科学发展观排头兵的决定》，《广州日报》2008 年 6 月 20 日。

业教育体系能够协调存在于大教育系统中并成为社会系统中的一个和谐的子系统。即“构建现代职业教育体系必须以人力资源的全面开发、职业内涵的变化、就业观念的转变和终身教育思想的确立等为背景和依据；应与社会经济的快速发展相适应，保证所有人均等接受教育的权力，充分反映职业技术人才培养类型的不同特点”①。广东“双转移”战略的提出，要求职业教育必须与经济社会的发展相匹配，与人力资源配置相适应，提高劳动者的整体素质，满足广东经济快速发展的需要，实现劳动者的充分就业。因此，加快职业教育的改革与发展，构建与广东“双转移”战略相适应的现代职业教育体系，是新时期广东职业教育改革发展的重要任务，是落实科学发展观的重大战略举措，也是我们进行理论研究和实践探索的重要课题。

（一）优化人力资源结构需要构建现代职业教育体系

目前广东约有农村富余劳动力550万人，另外，每年农村新增劳动力约55万。由于农村富余劳动力向非农产业转移不充分，大量富余劳动力仍滞留在农村。② 有关调查显示，欠发达地区劳动力82.3%只有初中以下文化程度，84%未经过职业技能培训。欠发达地区现有劳动力以从事低技术含量的农业生产和加工制造为主，人才的数量、素质和结构远远未能满足地方经济发展和产业升级转型的需求；技能型人才特别是高技能型人才严重供不应求是广东劳动力市场的一个普遍现象，是广东现阶段人力资源结构不合理的表现。随着珠江三角洲地区产业结构优化升级，对有技术、善经营、会管理的高技能型人才的需求更为迫切。据此，必须大力发展职业教育和职业技能培训，迅速提高潜在、现有和新增劳动力的综合素质，造就一批技术娴熟、手艺高超、素质较高的劳动力大军，要合理调配人力资源，加大劳动力的自我供给，以达到从整体上优化广东省人力资源结构的要求。

---

① 吴言：《努力推进现代职业教育体系研究》，《中国职业技术教育》2004年第1期。

② 报刊记者：《广东五年新增转移农村劳动力600万》，《南方日报》2008年5月30日。

（二）产业升级转型需要现代职业教育体系与之相适应

对珠三角地区而言，转移出去的产业大多是不能适应地区经济发展，迫于地区产业结构升级转型的压力而无奈迁出的。正是由于这些产业的及时转移，珠三角才能腾出空间和精力去发展一些更高层次的产业，特别是高新技术产业。这样就对直接从事生产的劳动者在专业技能、文化知识、协调能力等方面提出了比以往更高的要求。企业迫切需要一批有知识、懂技术、具备职业道德、又有团队协作能力和创新意识的高技能型人才，而这种人才主要是由高等职业教育来培养。据此，须拓宽珠三角中等职业教育与高等职业教育衔接的渠道，建立中职与高职教育互相沟通和衔接的“立交桥”，以中等职业教育为基础，实现中、高等职业教育衔接，形成从中职到高职的连续贯通的职业教育体系。广东经济社会发展现正处于由以劳动密集型为主向技术、知识密集型和重化工业产业为主的升级转型期。① 作为产业升级的支撑力，产业的技术结构必然向高端化发展，而技术结构的变化，在很大程度上依赖于职业教育对人才培养层次的变化。因此，珠三角地区为了适应产业转移的需要，与传统产业相对应、相匹配的职业教育层次结构也将高移；对欠发达地区而言，当某一产业被移入该地区，必然要求有与之相适应的劳动力。但由于转移来的产业对当地而言往往是新兴产业，对劳动者的素质肯定会有不同的要求，这就造成了产业发展对劳动力的要求与当地劳动力实际供给状况之间的矛盾。为了解决这一矛盾，职业教育必然要担负起责任，在人才培养上有所作为，以适应产业健康发展的需要。② 随着《广东省劳动力技能培训及转移就业实施意见》《广东省农村贫困家庭子女免费接受职业教育实施办法》等政策的出台以及学术界、社会舆论界的热议，都预示着职业教育将在“双转移”过程中发挥无可替代的作用，现代职业教育体系的构建更是当务之急。

---

① 报刊记者：《广东五年新增转移农村劳动力600万》，《南方日报》2008年5月30日。

② 袁旭：《产业结构与职业教育互动关系的研究》，《高教论坛》2006年第4期。

二 适应广东“双转移”的现代职业教育体系构建的具体措施

（一）并举发展普通教育与职业教育

资料显示，2007年，广东省高中阶段教育毛入学率是65.4%，而江苏是85.7%，浙江是91%，上海是98%。显然，高中阶段教育仍然是广东教育的“短板”。广东省委、省政府《关于加快普及高中阶段教育的决定》提出，到2011年“全省户籍人口高中阶段教育毛入学率达到85%以上，普及高中阶段教育，普通高中教育和中等职业技术教育（含技工学校）在校生规模大体相当”。因此，需要制定一整套有关规则和条例（如学分制和学籍管理条例），鼓励学生充分发挥自身的主观能动性，根据个人的兴趣、爱好、特长自由选择转入或升入普通高中或中等职业学校接受教育，并能在人才培养的过程中实现多次选择，从而实现学生走向的接口互相衔接并兼容，实现普教与职教的并举发展。可喜的是，截至目前，“广东省高中阶段教育招生人数达到126.6万人（其中普通高中招生66.8万人、中职学校招生59.8万人），在校生人数达到336.4万人（其中普通高中在校生181.8万人，中职学校在校生154.6万人），招生人数和在校生人数分别比2007年增长了9.7%和8.8%。全省高中阶段教育普职比为54：46，基本实现了普通高中与中职学校比例大体相当；全省户籍适龄人口高中阶段教育毛入学率达到72%，比去年提高近6个百分点。全省高中阶段教育办学规模达到历史新高，为2011年实现全省普及的目标打下了坚实的基础”①。

（二）统筹规划城乡职业教育发展

在办学方向上，要打破以往职业教育服务面向的城乡分割局面，推进欠发达地区以县（市）为主统筹中职教育发展，集中力量办好若干所龙头、骨干中职学校，有条件的县（市）可着力办好一所既有学历教育

---

① 陈昭庆等：《我省普及高中阶段教育取得阶段性成效》，《广东教育》（职教）2009年第1期。

又有技能培训的中职学校或职业技术教育中心，带动区域职业教育向大规模、高质量、高效益、集约化发展。在培养目标上，既要根据地方经济特点培养满足地方经济社会发展需要的建设者和在当地从事转移产业生产的“新农村劳动力”，亦要兼顾劳动力向珠三角转移，根据劳务输出地的需求培养进城务工的技能型人才。在专业结构上，不再局限于传统的农、林、牧、渔专业，必须考虑到转移产业以及当地二、三产业发展对劳动力的需求，合理设置专业。在培养内容的选择上，要统筹传统产业和新兴产业的教育，统筹职业技能和文化知识的教育，统筹就业指导和创业教育，更要统筹职业道德和团队协作能力的教育，以利于符合时代发展的技能型人才的培养。

（三）整合职业教育资源，加强技能培训

目前欠发达地区职业教育基本上还是以长周期、全日制和学历化的正规教育为主，但是大多数农村劳动力当前最紧迫的需要是迅速就业和增加收入，无论是现有的劳动者还是新增的劳动者，都期望职业教育能够为其提供直接、有效的服务。为此，欠发达地区应充分利用职业技术学校、劳动力培训中心、乡镇成校、农函大等学校和培训机构，进一步整合资源，开展学历教育、技能培训和农村富余劳动力的转移培训。逐步完善中等职业教育和劳动力职业技能培训相结合的农村职业教育培训体系。要逐步形成“政府统筹、产业牵头、部门配合、社会参与”的新型农村劳动力教育培训运行机制。办学上要学历教育与技能培训并重，突出技能培训，通过实施学分制和弹性学制来改革办学模式，使欠发达地区职业教育既能满足劳动者多样化的学习意愿，为劳动力增收服务，又可以成为适应“双转移”的现代职业教育体系的有机组成部分，培养出适销对路满足地方经济社会发展需要的人才。做法如下。（1）开展职教集团建设工程。通过各种形式的职业教育集团，整合职业教育的资源，提高资源利用率。实现集团内珠三角有条件的中职学校与欠发达地区中职学校开展“2+1”、“1+2”和“1+1+1”等形式的联合办学，或在这些地区设立分校；集团内企业承担学生的顶岗实习任务，共同完成培养工作。（2）建设覆盖全省的远程职业教育培训网络。在政府的扶持下，区域间职业院校依托互联网合作共建面向全省劳动者的远程职业教育培

训网络，打破时间和空间的限制，灵活地组织职业教育和技能培训，使在岗、在校、返乡的劳动者都能接受技能培训。（3）校际教学资源共享。制定校际间的实验设备、图书资料、校内外实训基地等的建设规划、布局要求、使用方式等方面的相关制度和规定，规范运作，提高使用效率。（4）共商校际办学特色和发展。定期召开区域经济发展与职业教育发展研讨会，深入研究地方经济的发展趋势、人才培养规格、专业发展动向、师资培养要求等问题，研讨职业院校间的最佳合作方式和办学方向。（5）开展校际教学教研活动。同层次职业院校之间应根据职业教育发展形势和教学过程中遇到的新情况、新问题，通过定期开展校际教学教研活动，充实和调整专业设置和教学计划，改进教学方法，更新教学内容，不断提升教学效果。（6）建立职业院校间的教学质量监控和评价体系。聘请社会各界有名望的专家领衔，成立校际教学督导和质量评估组织，按专业开展定期或不定期校际教学督导、检查、评估，确保人才培养的质量。

（四）协调发展中等与高等职业教育

拓宽中职与高职衔接的渠道，是构建现代职业教育体系中的一个关键环节，将改变中等职业教育作为终极教育的弊端，符合教育规律和职业岗位的实际需要，不仅能激发人们接受职业教育的积极性，拉动职业教育的发展，还能为受教育者提供更广阔的发展空间，有效地促进个人的发展。要建立中职与高职互相沟通和衔接的“立交桥”，应以中等职业教育为基础，实现中、高职的有机衔接，形成从中职到高职连续贯通的现代职业教育体系。高职院校须加强内涵建设，有条件的高职要不断扩大对中职院校的招生比例，尤其是与高新技术产业配套的专业；中等职业学校要根据产业（行业）技术标准来设计与高等职业学校相关专业配套的专业、课程和教学内容，从而为毕业生顺利升入高职学习打下牢固的理论与实践基础。根据产业结构升级转型的需要设置专业。由于职业教育是为产业的发展培养劳动力的，与产业的发展紧密相连，在产业结构转型的不同时期，就需要有不同的专业结构与之适应。对珠三角地区来说，首先，产业的转移造成了新兴产业的不断涌现，这些产业从产生到成熟，都需要有相应的人力资源作保证，其中很大一部分劳动力的培养，尤其是技能型人才的培养，都要由职业教育来承担，因此，随着产业的升级转型，必然要求设置与产业对应的专业；其次，由于某些产业向外迁移，与这些产业相对应的专业也会减少甚至撤并；最后，产业高度发展往往伴随着各行各业的细分化，由此需要更加专精的人才，从而导致职业教育的专业设置也将细分化。职业院校应开拓、发展一批反映新技术、新工艺和为新兴产业服务的专业；鼓励扶持社会急需而缺乏报读生源的专业；开发和编写符合地区支柱产业和经济社会发展所需的反映新知识、新技术、新工艺并具有地方职教特色的配套教材。职业院校在继续注重培养学生实践技能的同时，应密切关注国内外相关的知识创新成果和研究动态，创造出相应的新方法、新技术和新工艺，不断推出创新教育模式，使教育教学活动更加贴近时代科技发展的前沿，从而拉动经济社会的发展。职业院校还可通过职教集团、校企合作等多种途径创办科研型产业，进行新产品研发、新技术引进和应用，为珠三角产业升级提供前瞻性示范，在为“双转移”服务的过程中追求跨越式发展。

（五）完善“双师型”教师培训体系

职业院校能不能办出特色，教师是关键；职业教育能否在“双转移”过程中更好地发挥作用，教师同样是关键的一环，构建现代职业教育体系的过程中必须重视“双师型”教师队伍建设。第一要建立健全专业教师定期参加技术培训和实践锻炼的制度，并将其纳入教师继续教育的总体规划之中。采用计划管理与市场调节相结合的办法，如安排专业教师赴国外进修；定期到师资培训基地参加教师培训；到大中型企业或生产管理一线进行锻炼等。第二要积极改革职业院校的用人制度，放宽进入渠道，允许职业院校通过多种途径，从社会上招聘有实践经验的工程技术人员担任专兼职教师，从根本上解决“双师型”教师的来源。第三要切实加强校内外实习实训基地建设，大力推进教师层面的产教结合和产学研结合。第四要制定激励机制，提高教师待遇，消除教师的后顾之忧，激励教师不断提高业务水平，完善自身素质，全身心地投入职业教育的教育教学中，为“双转移”战略的实施做出自己最大贡献。

（六）建立农村劳动力培训就业评价体系

建立农村劳动力培训就业评价体系，认真贯彻《广东省产业转移和劳动力转移目标责任考核评价试行办法》，全方位地为农村劳动力转移培训就业工作提供保障。首先，除了由省劳动保障厅负责制定工种培训鉴定标准、规范鉴定工作流程外，应加大力度完善就业准入制度，进一步规范企事业单位的用工行为，凡未经职业教育和培训的劳动力一律不得上岗。其次，加强对职校毕业生进行技能鉴定与考核，确保转移劳动力毕业即能上岗。建议设立“职业资格证书委员会”，避免“证出多门”和“乱发证”现象。实现职业教育与技能培训体系的有效衔接，并与技能型人才职业资格证书等级体系相呼应，引导职业技术教育从以学历评价为主的评价体系转化为以职业能力为导向、以工作业绩为重点，并注重职业道德和创新能力水平的技能型人才评价体系。

参考文献

1. 广东省人民政府：《关于推进产业转移和劳动力转移的决定》，《南方日报》2008年5月29日。
2. 广东省教育厅、广东省劳动和社会保障厅：《关于珠江三角洲各市中等职业技术学校和技工学校招收东西两翼与粤北山区学生的实施办法》，2008年5月30日。
3. 陶红：《试论促进职业教育与科技协调发展的对策》，《中国职业技术教育》2006年第34期。
4. 林金良：《多元化的职业教育体系之构建》，《教育评论》2006年第3期。

原文刊于《职教论坛》2009年第9期

破解校企合作难题：汕头之思

任　平[*]　陈文香

随着广东省“双转移”战略的实施，汕头产业经济迎来新的发展机遇。根据《汕头市十年大发展战略规划纲要（2007—2016年）》的要求，汕头市“一带三区”（一条综合工业经济带和三大产业聚集区）的工业空间格局调整正在进行。未来汕头市工业产业发展的重点是加快发展临港型产业，优化调整优势传统产业，重点发展高新技术产业，实现汕头市工业产业结构调整和升级，实现工业经济的跨越式发展。汕头产业结构的优化升级，要求提高劳动者的科学文化素质和职业技能，实现人才结构的优化调整。

一直以来，汕头市职业教育发展相比于珠三角地区略显滞后，基于汕头市职业教育发展现状，重点开展校企合作、工学结合，推动汕头市及粤东地区职业教育的健康发展，为实现汕头工业经济的跨越式发展提供人才保障。

一　校企合作现状

汕头市大部分中高等职业院校积极探索校企合作、工学结合人才培养模式，与相关企业或用人单位建立多种合作关系。如鮀滨职业技术学

---

* 任平，教育学博士，教授，教育科学与技术学院副院长，广东省中等职业学校德育指导委员会委员，广东教育学会课程与教学论专业委员会常务理事，广东省教育硕士教学指导委员会委员，代表作：《晚清民国时期职业教育课程史论》。

校与中国移动汕头公司、汕头华行电器维修公司等多家知名企业建立了长期合作关系；汕头工艺美术学校与汕头天时包装设计公司、汕头新地印刷公司、汕头市雄业织造公司等 7 家企业签订了校企合作协议，企业为学校提供校外实训基地；林百欣科技中专学校与天马亿电脑公司、华汕电子公司、南洋广告公司等企业签订合作协议，建立了校企合作关系，企业为学校提供实习基地及部分实践课教师，其中与南洋广告公司采取的是联合办学的方式。

但汕头职业院校校企合作也存在起步较晚，合作时间不长，尚处于试验和探索阶段等问题。从形式看，校企合作仍处于较松散的状态，行业企业参与校企合作的积极性不高。从运作方式看，多是校长行为，政府参与很少。此外，汕头市中高职院校的校企合作模式大多以“顶岗实习”为主，“订单”培养与企业员工培训较少，合作内容过于狭窄。

二 校企合作难题

（一）观念认识不到位

从企业方面看，尽管企业对人力资源有着迫切的需求，但是出于经济利益和生产实际情况的考虑，企业更多关注的是如何在最短时间内获得所需的人力资源，而不注重人力资源的培养过程，对校企合作缺乏热情。从学校方面看，学校对校企合作缺乏正确认识，与企业的合作更多停留在签订实习实训基地建设协议等浅层的合作上，对如何开展深入合作缺少思考与推进。

（二）保障机制滞后甚至缺位

涉及校企合作的相关法律法规与政策等保障机制的滞后甚至缺位是制约校企合作的关键因素。有关校企合作法律保障措施的欠缺是校长最担扰的问题。涉及保障学生实习实训期间的劳动安全、劳动保障、劳动报酬等权益大问题。而如何保护企业的知识产权、商业秘密，企业安排学生顶岗实习的税收减免是否能得到落实等则是企业十分关注的问题。

（三）各主体自身条件的限制

一方面，汕头市的企业以中小企业为主，中小企业的“有心无力”成为制约校企合作顺利开展的因素之一。《汕头市 2010 年国民经济和社会发展统计公报》指出，该市经济社会发展中存在的主要困难和问题是：产业发展水平低，企业“小、弱、散”特征仍较明显。中小企业迫切需要职业教育为其提供后备人力资源，但是又没有能力参与全面的、深度的校企合作。

另一方面，学校自身硬件设施与软件条件不足也限制校企合作顺利开展。目前，汕头市有近一半的中职学校办学场地不足，学校占地面积和建筑面积未达到中等职业学校最低设置标准。汕头市政府对中职教育的经费投入占教育经费总量的比重仍然不高。另外，师资尤其是双师型教师数量不足，教师的科研能力和水平有待提高等，也成为制约校企合作的重要因素。

三 几点思考

（一）发挥政府主导作用

推进校企合作的持续、稳定、健康发展，需要政府发挥主导作用。一是逐步加大公共财政投入，建立和完善以政府投入为主体、引导社会广泛参与的多元投入的政策保障机制。二是加紧制定和落实相应的政策与措施，激发行业参与职业教育的主动性。

（二）建立健全校企合作保障机制

汕头可以利用特区立法权，尽快制定并出台企业参与职业教育的实施细则，明确企业应承担的义务和责任及相应的惩罚措施，并加强政策的执行力。尽快制定实施企业参与职业教育税收减免政策的相关实施细则。对于学校，应明确规定学校在学生实习期间的教育和管理责任，保守企业商业秘密。同时，相关部门应定期对校企合作相关制度的执行情况进行监督，加大政策执行的监督力度。

（三）加强学校基础能力建设

首先，学校除积极寻求政府在经费、土地等基建上的支持外，还要积极拓宽筹资渠道，加强基础设施建设，增强硬件实力。其次，要加强师资队伍的建设，提高教师的科研能力与水平。鼓励教师不断学习，积极参与合作企业的科研，参与企业技术改造，提升技术服务能力，为企业发展提供技术支持，促进科技成果转化。另外，要加强专业建设，形成特色品牌优势，增强学校的吸引力。专业的设置与建设一定要以社会需求为导向，主动地适应地方经济发展和产业结构调整需要，同时注重专业稳定性与适应市场变化之间的关系，整合资源，形成特色品牌优势。

（四）发挥行业协会作用

积极发挥行业协会在校企合作中的纽带作用，节省校企之间的合作成本与资源消耗。各行业协会代表各中小企业，统筹中小企业应承担的职业教育培训费用，通过企业职业培训社会化的途径来强化中小企业参与职业教育的责任。同时，行业协会应积极参与职业院校课程改革，推进职业资格证书制度的实施，参与行业发展趋势及人力资源需求预测，参与对职业院校的教育教学评估和相关管理工作，搭建起多方沟通合作的平台，充分发挥行业协会作为连接企业、政府和学校之间的桥梁作用，使行业协会成为校企合作的推进者、监督者和评价者。

（五）建立评价体系与反馈机制

科学合理的评价体系应由政府、学校、企业、社会和学生及家长多方参与。应制定科学的评价标准，严格的评价程序，要对校企合作的双方、合作的效果与效益进行全方位的评估与检验。建立评价体系的同时，还要建立校企合作信息反馈机制，及时发现、跟踪、解决问题，切实保证校企合作的成效。

原文刊于《职业技术教育》2011 年第 21 期

论构建广东特色现代职业教育体系的若干问题

刘合群[*]　王婷婷

摘　要： 构建广东特色现代职业教育体系是广东职业教育领域关注的重大问题，也是服务广东现代产业体系的必然诉求。但在构建广东现代职业教育体系的过程中却存在定位不突出、体制机制缺少突破、行政部门利益冲突导致的体系构建障碍等问题。反思构建广东现代职业教育体系遇到的若干问题，究其本质原因，是没有突出广东特色的定位问题，缺少大胆改革、敢于突破的创新意识。笔者认为这几个问题的解决，可以加快推动富有岭南文化内涵的广东特色现代职业教育体系构建。

关键词： 广东特色；现代职业教育体系；体系构建；若干问题

构建广东特色的现代职业教育体系既是广东职业教育发展中的重大问题，也是建设广东职教强省的显著标志。名义上广东虽已是职教大省，处处“敢为人先”，但在构建具有广东特色的现代职业教育体系过程中却难尽如人意，存在着定位不突出的问题，没有凸显广东特色现代职业教育体系构建的区域性特色；体制机制缺少突破的问题，影响广东特色现代职业教育体系构建的进程；行政部门既得利益冲突导致的体系构建障碍问题，影响广东特色现代职业教育体系的整体构建。反思广东特色现

---

* 刘合群，硕士，教授，广东技术师范学院教育学院原院长，江西师范大学兼职教授，广东省课程与教学论研究会副理事长，代表作：《职业教育与职业培训是现代城市发展的支点》。

代职业教育体系构建遇到的诸多问题，究其原因，主要是没有突出广东特色的定位问题和缺少大胆改革，敢于突破的创新意识。本文结合广东的经济、文化和社会需求，以科学发展观为引领提高哲学意识，打破传统僵化的思维模式，减少简单的行政指令，发挥社会主义核心价值体系和新时期广东精神的统领作用，组建广东职教研究院，尝试完善“3 + 2”，发展5 年制高职，建立普职学历互认的立交桥和拓展教学内容相互衔接融通渠道的多元衔接模式，以招生制度改革为突破口，加快建立富有岭南文化内涵，能解决广东特色定位问题，体现新时期广东精神的现代职业教育体系。

一　构建广东特色现代职业教育体系存在的问题

毋庸讳言，广东的职教改革一度走在全国的前列，广东省已然是名副其实的职业教育大省，但离职业教育强省还存在一定的差距。究其原因，主要是具有广东特色的现代职业教育体系还未形成。体系未形成，问题在于定位不突出、体制机制缺少突破、行政部门利益冲突导致的体系构建障碍。

（一）构建广东特色现代职业教育体系定位不明确，没有凸显广东的区域性特色

广东特色现代职业教育体系构建是服务广东现代产业体系的必然诉求，也是广州新型城市化建设的重要举措。但现代职业教育体系构建存在定位不明确的问题，影响广东区域性特色的彰显。主要表现在服务于现代产业体系的意识不明确，推动广州新型化城市建设的定位不突出，行业对职业教育的参与度不高。

构建广东特色现代职业教育体系的过程中，服务现代产业体系的意识还不够明确。现代产业结构与职业教育的关系通过人才供需结构得以反映。产业结构对职业教育的规模、教育层次、专业结构等方面产生影响，职业教育的发展又推动产业结构的升级、优化调整。因此，广东现代产业体系与职业教育体系的对接，重点是要按照专业与产业、职业岗位对接、专业课程内容与职业标准对接、教学过程与生产过程对接、学

历证书与职业资格证书对接、职业教育与终身学习对接的要求，提升职业教育人才培养针对性，为现代产业体系建设服务。

构建广东特色的现代职业教育体系过程中，推动广州新型化城市建设的定位不突出。事实上，体系的构建能促进新型化城市的建设。广州新型城市化建设需要新型技能人才；新型技能人才培养需要新型职业教育；新型职教需要新的职教制度保障人才培养质量，广东特色现代职业教育体系的构建可以为广州的新型城市化发展，提供技能人才的人力支撑。

构建广东特色的现代职业教育体系过程中，行业对职业教育的参与度不高。当前职业教育发展的致命弱点就在校企合作，而行业参与校企合作是职业教育改革发展的重点。行业对职业教育参与度不高主要是由于行业自身的认识观念上缺少内驱力，没有认识到现代产业转型升级需要的人力资源需要职业教育培养。另外，行业无法从职业教育活动中获得利益，缺少营利的内驱力。这是导致行业参与职业教育积极性不高的另一重要因素。

（二）构建广东特色现代职业教育体系的过程中缺少体制机制的突破，影响体系构建的进程

体制机制缺乏大胆突破，是广东特色现代职业教育体系构建的顶层设计和层次衔接的主要障碍，直接影响了体系构建的进程。广东省作为我国改革开放的先行区，职业教育的改革也“敢为人先”，但在构建广东特色现代职业教育体系的顶层设计中还存在不尽如人意之处。作为广东的特色现代职业教育体系构建之顶层设计，要注重在目标上服务于现代产业体系，在类型特征上有层次衔接的保障机制，在评价方面有个性化的类型评价体系。这样的顶层设计才有利于广东特色现代职业教育体系的构建。

构建广东特色现代职业教育体系的过程中，体制机制不敢突破表现在计划经济模式的阴影依然存在。事实上，有计划的招生是可取的，但在计划经济模式下形成的招生机制则是不可取的，因为构建广东特色的现代职业教育体系需要集中的招生制度，但高度集权的招生机制，灵活性不够，则会影响广东特色现代职业教育体系的构建。虽然广东职业教

育类的招生有单独招生、自主招生、高职院校与本科联合招生，职业院校招收专业硕士等多种形式，但这些招生形式都没有政府正式的行政指令，也没有形成具有法律效应的文件，所以招生的改革力度不大，而且大多无法落实和执行。因此，体制机制不敢突破的问题，导致现代职业教育体系层次不完善，尤其是技术本科教育，已经成为现代职业教育体系层次结构衔接中的突出问题。

（三）行政部门既得利益冲突导致的体系构建障碍问题，不利于广东特色现代职业教育体系的整体构建

广东特色现代职业教育体系是一个整体，不能被政府行政部门的管理权限所割裂。而政府职责的越位和缺位，导致行政部门之间相互既得利益产生冲突，影响了广东特色的现代职业教育体系的整体构建。政府的越位是由于在我国现行的职业教育管理体制中，职业教育管理应该归属于教育主管部门，而职业培训和技能鉴定应该由人力资源和社会保障部门管理。但实际上却是相互独立分散的体系。政府职责的缺位在于地方政府对职业教育发展重视不够，缺乏对职业教育的支持，体现在对职业教育的经费投入严重不足，没有形成系统完善的现代职业教育体系。①正是政府职责的越位和缺位导致各行政部门的既得利益有了冲突，例如，人力资源和社会保障部门认可的学历却不被社会公开认可，而教育部门管辖下的中高职教育虽然具备学历被社会公开认可的优势，却缺少技能考证的便利条件。

中国的行政管理是一种高度集权化的管理模式，带有浓厚的计划经济体制痕迹，特别是计划经济体制遗留下的部门管理职责和权限，形成了一定的部门既得利益，有时就会影响职教管理的科学性。譬如教育厅与人力资源与社会保障厅在管理职业教育上的矛盾就是典型例子，谁都不愿意失去曾经有的管理领域。诸如此类的行政部门既得利益冲突导致的问题，很不利于广东特色现代职业教育体系的整体构建。

---

① 童卫军、范怡瑜：《行业企业参与职业教育运行模式研究》，《教育发展研究》2012 年第 11 期。

二　构建广东特色现代职业教育体系问题的原因分析

（一）需要提高哲学意识，运用科学辩证的发展观念，促进广东特色现代职业教育体系的构建

广东特色现代职业教育体系的构建，需要提高哲学意识。哲学讲究的是辩证的唯物主义思想，要运用辩证的发展观念，处理好整体与部分，共性与个性的关系，促进广东特色现代职业教育体系的构建。在当代中国，坚持发展是硬道理的本质要求就是坚持科学发展。以科学发展为主题、以加快转变经济发展方式为主线，是关系我国发展全局的战略抉择。因此，要在发扬、继承已有的职业教育体系优势的基础上，坚持以科学发展观为方向，坚持以人为本，树立全面、协调、可持续的发展观，兼顾职业教育的层次、类型、阶段、形式和分布，既要注重纵向衔接也要考虑横向融通。

强调辩证的发展观念就是要按照广东特色现代职业教育体系构建的整体布局，全面推进经济建设、政治建设、文化建设、社会建设，促进现代化建设各个环节、各个方面相协调。同时要统筹兼顾，正确认识和妥善处理广东特色现代职业教育体系构建中的各个方面关系，统筹局部利益和整体利益，充分调动各个领域的积极性，从而确立广东特色现代职业教育体系构建的正确方向。

（二）要敢于打破传统僵化的思维模式，推动广东特色现代职业教育体系的构建

广东特色现代职业教育体系的构建要敢于打破传统僵化的思维模式。广东职业教育的发展过程中，计划经济时代的阴影尚存，职业教育发展一直跟随着国家教育部的步伐，中规中矩，亦步亦趋，缺少敢为人先的创新意识。计划经济时代的阴影，即高度集权的体制机制，阻碍了职业教育发展的民主思路，从而使改革举措遭遇一定的阻力，影响广东特色现代职业教育体系的构建。

一方面，政府部门延续计划经济的管理模式，将学校举办权、教学管理权、教学评价权集于一身，不仅有很大的行政权力，而且有很大的

经济权力，混淆了政府与办学者的角色，加剧了教学领域的行政化。[①] 另一方面，在构建广东特色现代职业教育体系的过程中产生的一些新想法，总是要经过层层行政部门审核，最终还不一定能通过审批。这种高度集权的计划经济阴影，影响了广东特色现代职业教育体系的构建。

（三）减少简单的行政指令，加强科学决策引领，加快广东特色现代职业教育体系的构建

广东特色现代职业教育体系的构建要减少简单的行政指令，加强科学决策的引领的现象。“职业教育体系是一个国家或地区职业教育层次、类别、阶段、形式和分布等要素组成的具有技术型、技能型人才培养结构和功能的整体。”[②] 目前，在国家政策的引导和扶持下，广东省政府进行了有益的尝试和探索，虽然已初步建立起包括初等、中等、高等职业教育和职业培训在内的职业教育体系。但在构建广东特色的现代职业教育体系过程中还存在仅服从于简单的行政指令，缺少科学决策的引领的现象。这种现象从社会学层面来看，缺少社会关系与社会行为之间的联系；从文化学层面来看，没有注意人的发展需求，缺少以人为本的意识，影响了广东特色现代职业教育体系的构建进程。

首先，从社会学的角度出发，缺少社会关系与社会行为之间的联系。社会学是“从社会整体出发，通过社会关系和社会行为来研究社会的结构、功能、发生、发展规律的综合性学科”。社会关系是指社会中人与人之间关系的总称。人的本质就是一切社会关系的总和，也就是说人与人之间天然存在着某种关系。简单的行政指令则只注重社会个体行为，没有注意到社会关系与社会行为之间是相互联系，密不可分的。

其次，从文化学的角度出发，没有注意人的发展需求，缺少以人为本的意识。文化学是一门研究文化现象、体系和规律的基础性、综合性学科。人是文化性的存在。从根本上来说，文化就是人化，在文化当中，处于核心层面的是人的存在，对文化的存续发挥着至关重要作用的乃是人的生存方式。所以从文化学的角度出发，要坚持以人为本，践行“厚

---

① 欧阳河：《提高职业教育质量有待去行政化》，《中国教育报》2011 年 3 月 24 日第 4 版。

② 欧阳河等：《职业教育体系论》，《中国职业技术教育》2009 年第 30 期。

于德、诚于信、敏于行”的新时期广东精神。也就是说构建广东特色的现代职业教育体系要以满足人的需要为主旨。构建广东特色的现代职业教育体系，是为了人的可持续发展，为了丰富岭南文化的深刻内涵。因此，注重人的个体发展需求，坚持以人为本在构建广东特色的现代职业教育体系进程中不可或缺。

三 构建广东特色现代职业教育体系的几点思考

（一）发挥社会主义核心价值体系和新时期广东精神的统领作用，为构建广东特色现代职业教育体系定好位

广东特色现代职业教育体系定位在服务于现代产业体系，服务于广州新型城市化建设。定位问题的明确，更有利于凸显社会主义核心价值体系和新时期的广东精神。构建现代职业教育体系，是为了满足人的可持续发展。正因为此，要特别关注社会主义核心价值体系的内容。把中国特色社会主义共同理想、以爱国主义为核心的民族精神和以改革创新为核心的时代精神、社会主义荣辱观等内容渗透在职业教育主体的言谈举止中；渗透在职业教育内容等基本环节中，渗透在职业教育方法的选择运用上。把以岭南文化特征为指向的新时期广东精神“厚于德、诚于信、敏于行”，体现在构建广东特色的现代职业教育体系过程中。结合广东经济发展的需求，探索构建以服务我省加快产业结构优化升级、建设现代产业体系为目标，以市场需求和劳动就业为导向，以提高劳动者职业素质和技能为基础，以深化体制改革和机制创新为动力，统筹整合资源，调整优化结构，加快建立起政府主导、企业行业支持配合、社会力量积极参与、公办与民办共同发展，结构合理、形式多样、灵活开放、有序规范、协调发展，能充分满足人民群众对终身教育需求和区域经济社会发展对技能型人才需求的广东特色现代职业教育体系。

（二）组建广东职教研究院，实现构建广东特色现代职业教育体系的高端引领

广东特色现代职业教育体系的构建要敢于突破体制机制的顶层设计

樊篱。在高技能人才的培养过程中需要平台来实现高端引领，使广东特色的现代职业教育体系构建成为一个可操作的教育实体，而组建广东职教研究院正是突破体制机制束缚，实现构建现代职业教育体系高端引领的重要举措。《珠江三角洲地区改革发展规划纲要（2008—2020 年）》中，要求“以中等职业教育为重点，大力发展职业教育，把珠江三角洲地区建设成为我国南方重要的职业技术教育基地”①，进一步明确了广东省职业教育的发展方向，就是要构建具有广东特色的现代职业教育体系。广东特色现代职业教育体系的构建，需要有高端人才培养的机构标志，所以，可以考虑组建一个广东职教研究院，以职业技术教育学硕士点为依托，以全省高职院校为基础，以培养专业硕士为目标，实行统一招生，统一标准，分散培养的模式。研究生成绩合格，颁发硕士毕业证书和硕士学位证书。通过这个平台，起到高端引领作用，从顶层设计入手，积极探索高端技能型人才专业硕士培养制度，努力完善高端技能人才通过应用型本科教育对口培养制度，把高职院校从升不升本的怪圈中解脱出来，而在质量和特色上下功夫。

（三）以多层次衔接的机制为基础，构建广东特色现代职业教育体系

广东特色现代职业教育体系的构建，其关键是要尝试多元化的培养形式，实现教育的多层次衔接。这是体制机制突破的又一重要举措。当中包括探索建立从中职向高职、应用型本科、专业硕士纵向衔接的应用型人才培养链条。如中高职衔接可以通过扩大高职面向中职招生试点范围，完善“3+2”，发展5年制高职的途径，深化教育教学改革。普通教育与职业教育的衔接可以通过建立普职学历互认的立交桥和拓展教学内容相互衔接融通的渠道。普职学历互认可以让所有的学生互相沟通与学习。教学内容相互衔接融通可以增强学生与社会实际需要的联系，学校可以以此为基础更加注重培养学生可持续发展所依赖的基础能力。② 通过多元化的培养形式，实现教育的多层次衔接，全面推进广东特色现代职

① 国家发展和改革委员会：《珠江三角洲地区改革发展规划纲要（2008—2020 年）》，http://politics.people.com.cn/GB/1026/8644751.html。

② 朱雪梅：《中国职业教育体系：问题与发展趋向》，《职业技术教育》2011 年第22 期。

业教育体系的建设。

（四）以招生制度改革为突破口，建立广东特色现代职业教育体系的运行机制

广东特色现代职业教育体系的运行机制构建，需要以自主招生、注册入学、技能高考等招生制度的改革为支撑，给学校以应有的自主招生权力，促使现代职业教育体系的运行机制更富有生命力。构建具有广东特色的现代职业教育体系，首先要打破高考“一考定终身”的弊端，逐步形成综合评价、多元录取的考试招生制度。由学校封闭式招生，创新为开放式招生；由以应届生为主，创新为应届生与往届生并重；由单一知识考试，创新为考试与注册相结合。例如技能高考是一种实质性的教育制度创新。这种以技能考核为主，文化考核为辅的考试模式，充分体现职业教育的类型特征，是一种实质性的教育制度创新，它对于现代职业教育体系运行机制的建立具有示范性意义。只要解决好生源问题，广东特色的现代职业教育体系构建才是以人为本，才有生机和活力。

构建广东特色现代职业教育体系缺乏大胆改革的突破意识。因而需要在坚持辩证的发展观念基础上，处理好整体与部分协调发展的关系；注重结合广东省的产业特点和文化传承，尊重职业教育自身发展的规律，适应经济发展方式转变、产业结构调整和社会发展要求，服务于现代产业体系和广州新型城市化建设；加快建立具有广东特色和亮点的体现终身教育理念、中等和高等职业教育协调发展的现代职业教育体系。

参考文献

1. 童卫军、范怡瑜：《行业企业参与职业教育运行模式研究》，《教育发展研究》2012年第11期。
2. 欧阳河：《提高职业教育质量有待去行政化》，《中国教育报》2011年3月24日第4版。
3. 欧阳河等：《职业教育体系论》，《中国职业技术教育》2009年第30期。
4. 国家发展和改革委员会：《珠江三角洲地区改革发展规划纲要（2008—2020年）》，

http：//politics. people. com. cn/GB/1026/8644751. html。
5. 朱雪梅：《中国职业教育体系：问题与发展趋向》，《职业技术教育》2011 年第 22 期。

原文刊于《职教论坛》2012 年第 30 期

广东高等职业教育对经济增长贡献率的实证分析*

陈凤娟**

摘　要：根据柯布－道格拉斯生产函数模型，结合舒尔茨人力资本理论和教育综合指数计算出2007—2014年广东省高等职业教育对经济增长的贡献率是1.41%，占总的教育对经济增长贡献的12.17%。对比其他相似研究，对经济增长有积极的推动作用，但高等职业教育的经济功能不是十分明显，原因在于高职教育没能提升从业人员的实际操作技能和终身学习能力，高职教育的技术创新和产品研发没有得到产品化，从而没能提高劳动者和社会的劳动生产率。本文针对上述原因给出了广东高职教育发展建议，以提高广东省高职教育对经济增长的贡献率。

关键词：高等职业教育；经济增长；贡献率；分析

职业教育具有职业性特点，主要体现在在原有知识、技能基础上进修，学习新兴专业知识和技能，以求适应职业需要。就业很大程度上体现着职业教育的职业性，但是就业并不是职业教育的主要目的，职业教育的主要目的是为了发展生产，提高生产力水平。① 职业教育发展生产，

---

* 教育部人文社会科学项目“新型城镇化进程与职业教育发展的适配性研究”（主持人：陶红；项目编号：2014YJA80064）阶段性成果之一。

** 陈凤娟，广东技术师范学院2015级教育学硕士。

① 刘春生、徐长发：《职业教育学》，教育科学出版社2013年版，第35页。

提高生产力水平的主要目的主要体现在职业教育对经济增长的贡献。如何测算职业教育对经济增长的贡献率，有不少的学者已经做过相关的研究。比如，杭永宝首创权数分配法，计算了1993—2003年以及1993—2004年我国各级各类学校教育对经济增长的贡献率，得出的结论是：要举力提升职业教育内涵发展水平，从而更好地提高职业教育对经济发展的契合度和贡献率。[①] 刘晓明、王金明在研究浙江省高等职业教育对经济增长贡献率时，采用柯布－道格拉斯生产函数模型，联系教育综合指数，计算得出2001—2009年浙江省教育以及高等职业教育对经济增长的贡献率，得出的结论是：高等职业教育对经济贡献的绝对数值较小，其对经济的贡献程度应该有更大提升。[②] 陈礼丹、刘欣在《广东高等职业教育对经济增长的贡献的实证研究》一文中，采用岳昌君等对2004年的国家数据进行整理得出2002年和2012年广东省各类教育综合指数，并得出广东省2002—2012年高等职业快速发展并对经济增长做出了积极贡献的结论。[③]

从现有的研究成果看，关于广东省高等职业教育对经济增长贡献率的研究比较少，且大多是计算出了贡献率，没有进行进一步的探讨和分析。本文将采用柯布－道格拉斯生产函数，结合舒尔茨人力资本论对广东省2007—2014年高等职业教育对经济增长速度进行计算，与其他相似研究进行横向对比，分析高等职业教育对经济增长贡献率不尽相同的原因。

一　高等职业教育对经济增长贡献率模型构建

柯布－道格拉斯生产函数产生于20世纪30年代，是美国数学家柯布和经济学家保罗·道格拉斯共同探讨投入与产出之间的关系时所得出的

---

① 杭永宝：《中国教育对经济增长贡献率分类测算及其相关分析》，《教育研究》2007年第2期。

② 刘晓明、王金明：《浙江省高等职业教育对经济增长贡献率的实证分析》，《中国职业技术教育》2011年第6期。

③ 陈礼丹、刘欣：《广东高等职业教育对经济增长贡献的实证分析》，《广东青年职业学院学报》2014年第12期。

结论，其基本形式是：

$Y=AK\alpha L\beta$

其中，Y代表产出量，A代表技术水平常数，K代表资本投入量，L代表劳动投入量，α是资本的产出弹性系数，β是劳动的产出弹性系数，且α>0，β>0，假定经济发展处于完全竞争的市场经济条件下，生产要素都以其边际产品作为报酬，规模报酬保持不变，则有α+β=1。

美国经济学家西奥多·舒尔茨于20世纪60年代初次提出人力资本理论，并且系统分析了教育是如何影响经济发展的。自此，教育作为影响生产发展、经济增长的重要因素逐渐为人所了解。教育对经济增长贡献主要体现在提高劳动力素质和劳动生产率从而促进经济增长，而教育水平的提高是推动劳动力质量提高的根源。经济社会经过长期发展，劳动力数量相对稳定，要想提高劳动投入量，就得通过提高劳动力的质量的方式，即通过教育，把教育因素纳入柯布－道格拉斯生产函数中，将劳动力投入量拆分成起始劳动力 L_0 和教育投入E，则有：

$Y=AK\alpha\ (LoE)\ \beta$

两边求对数后取导得出：

$y=a+\alpha k+\beta lo+\beta e$

在此公式中包含：经济增长率y，技术进步率a，资本投资增长率k，劳动力数量变化率lo，教育投入的年均增长率e，资本的产出弹性系数α，劳动的产出弹性系数β，且α>0，β>0，α+β=1。则教育对经济增长的贡献率的公式是：

$Ce=\beta e/y$

本文将教育分为六种类型，分别是：小学、初中、高中、高职、本科、研究生。通过计算高等职业教育在整个教育中所占的比例p，计算高等职业教育对经济增长的贡献率，其公式为：

$Cev=p\beta e/y$

其中，β值因地制宜、因时制宜，暨南大学经济学院赵艳萍根据广东省2000—2009年的统计数据，通过SPSS软件计算出广东省劳动投入弹性β为0.636，意味着劳动投入每增加1%，产出增加量为0.636%。[①] 而国

① 赵艳萍：《广东省高等教育对经济增长贡献率的测算》，《财经界》2011年第6期。

内一般取0.7—0.8，大多数学者也采用0.7的劳动产出弹性系数，因此，为了增加研究的可比性，本文同样采用β为0.7。

二 广东省高等职业教育对经济增长贡献率的实证分析

文章将广东省高等职业教育对经济增长贡献率的实证分析分成以下7个步骤，分别是：(1) 计算2007—2014年广东省从业人员平均受教育年限；(2) 确定劳动力的劳动简化指数；(3) 计算2007—2014年广东省人均教育综合指数以及教育综合指数增长率；(4) 计算2007—2014年广东省高等职业教育占整个教育的比例；(5) 计算2007—2014年广东省经济实际年均增长率；(6) 计算2007—2014年广东教育对广东经济增长的贡献率；(7) 计算广东高等职业教育对广东经济增长的贡献率。

(一) 计算2007—2014年广东省从业人员平均受教育年限

以2007年《中国劳动统计年鉴》① 以及2014年《中国劳动统计年鉴》② 中分省数据为依据，整理得到2007年和2014年广东从业人员受教育程度构成百分比（见表1）：

表1 2007年和2014年广东省从业人员受教育程度构成百分比 单位：%

年份	小学	初中	高中	高职	本科	研究生
2007	20.3	52.4	17.8	5.1	2.6	0.32
2014	12.2	47.8	24.0	9.6	5.4	0.38

根据2007年和2014年广东省从业人员受教育程度构成百分比（见表1），计算得出2007年广东省从业人员人均受教育年限，人均受小学教育年限：(20.3 + 52.4 + 17.8 + 5.1 + 2.6 + 0.32) ×6/100 = 5.911；人均受初中教育年限：(52.4 + 17.8 + 5.1 + 2.6 + 0.32) ×3/100 = 2.347；人均

① 国家统计局：《中国劳动统计年鉴》，中国统计出版社2007年版。

② 国家统计局：《中国劳动统计年鉴》，中国统计出版社2014年版。

受普通高中教育年限：（17.8+5.1+2.6+0.32）×3/100=0.775；人均受高职教育年限：（5.1+2.6+0.32）×3/100=0.241；人均受本科教育年限：（2.6+0.32）×4/100=0.117；人均受研究生教育年限：0.32×3/100=0.010。

同样也可以计算出2014年广东省从业人员人均受教育年限：人均受小学教育年限是5.963；人均受初中教育年限是2.615；人均受普通高中教育年限是1.181；人均受高职教育年限是0.461；人均受本科教育年限是0.231；人均受研究生教育年限是0.011（见表2）。

表2　2007年和2014年广东从业人员人均受各类教育年限　单位：年

年份	小学	初中	高中	高职	本科	研究生
2007	5.911	2.473	0.775	0.241	0.171	0.010
2014	5.963	2.615	1.181	0.461	0.321	0.011

（二）确定劳动力的劳动简化指数

不同程度的教育对劳动力质量的影响相异，但是基本上能用劳动力收入作为区别劳动力质量的主要因素。目前国内的研究主要采用的劳动简化指数有：李实等人研究推断出在1993—2004年我国受小学、初中、高中、中职、高职、本科以上高等教育从业人员劳动生产率的比例倍数为1∶1.28∶1.38∶1.51∶1.81∶2.20；[①] 岳昌君等人的研究结果是2004年我国从业人员受小学、初中、高中、高职、本科、研究生教育的劳动力的劳动简化指数分别为1∶1.17∶1.40∶1.98∶2.63∶4.33。[②] 本文根据时间先后，选择与本文研究年份接近的劳动简化指数，即借鉴岳昌君的研究结果进行分析，则确定劳动力的劳动简化指数是：1∶1.17∶1.40∶1.98∶2.63∶4.33。

① 李实、丁赛：《中国城镇教育收益率的长期变动趋势》，《中国社会科学》2003年第11期。

② 岳昌君、刘燕萍：《教育对不同群体收入的影响》，《北大教育经济研究》2006年第4期。

（三）计算2007—2014年广东省人均教育综合指数以及教育综合指数增长率

根据上文选择的岳昌君等人研究得出的劳动简化指数作为各级教育的权重，结合2007年和2014年广东省从业人员人均受各类教育年限，加权求和，计算出2007年广东省人均受教育综合指数是：

$5.911\times1+2.347\times1.17+0.775\times1.40+0.241\times1.98+0.117\times2.63+0.010\times4.33=10.570$

以此类推，得到2014年广东省人均受教育综合指数是：

$5.963\times1+2.615\times1.17+1.181\times1.40+0.461\times1.98+0.231\times2.63+0.011\times4.33=12.246$

运用几何平均法计算2007—2014年广东省从业人员人均教育综合指数增长率，即有 $E=[(12.246/10.570)1/7-1]\times100\%=2.63\%$。从业人员劳动生产率千差万别造成个人工资收入差别不能草率地归因于从业者的受教育程度，还需要考虑到林林总总的因素，如个人的天赋、性格品质、家庭背景、努力程度、机遇等。所以，要确定教育投入的年均增长率e，首先需要得到教育综合指数的年增长率E，然后在E的基础上再乘上一个由教育程度的提高而带来的劳动量的增长率系数，作为折算，一般用0.6作为折算系数，因此得出教育投入的年均增长率e为1.58%（计算方法：$0.6\times2.63\%=1.58\%$）。

（四）计算2007—2014年广东省高等职业教育占整个教育的比例

假设2007—2014年，广东省高等职业教育没有得到发展，一直保持着2007年时的水平，即保持在5.1%，那么多出的4.1%则因高等职业教育停止发展而停滞在高中阶段。[①] 根据这个假设调整2014年广东省从业人员受教育程度构成百分比，得到表3，再计算调整后的2014年广东省人均受教育综合指数和2007—2014年广东省从业人员人均教育综合指数增长率，调整后得到2014年广东省从业人员人均受小学、初中、高中、本科、研究生教育年限保持2014年水平不变，而人均受高职教育年限：

① 杨振军：《首都高等教育对北京经济增长贡献的实证分析》，《中国电力教育》2009年第3期。

(5.1 + 5.4 + 0.38) × 3/100 = 0.326，2014 年广东省人均受教育综合指数是：5.963 × 1 + 2.615 × 1.17 + 1.181 × 1.40 + 0.326 × 1.98 + 0.231 × 2.63 + 0.011 × 4.33 = 12.405。

表 3　调整后 2007 年和 2014 年广东省从业人员受教育程度构成百分比

单位：%

年份	小学	初中	高中	高职	本科	研究生
2007	20.3	52.4	17.8	5.1	2.6	0.32
2014	12.2	47.8	28.5	5.1	5.4	0.38

则有调整后的 2007—2014 年广东省从业人员人均教育综合指数增长率 E’ = [(12.405/10.570) 1/71] × 100 = 2.31%。同理按照丹尼森等西方学者通行的 0.6 的折算系数，得到此假设下教育投入的年均增长率 e’ 为 1.39%（计算方法：0.6 × 2.31% = 1.39%）。

因为调整后的数据是在 2007—2014 年广东省高等职业教育保持 2007 年水平不变的假设下计算得到的，所以调整前后的广东省人均受教育综合指数和人均教育综合指数增长率的差值是由高等职业教育的发展带来的。所以，高等职业教育推动教育综合指数增长了 0.32%（调整前 2.63%，调整后 2.31%），高等职业教育促使教育综合指数增长了 0.32%，占总的教育综合指数平均年增长率的 12.17%（0.32%/2.63% = 12.17%），进一步得出，高等职业教育的教育投入的年均增长率为 0.19%（计算方法：1.58% − 1.39% = 0.19%），则有 2007—2014 年广东省高等职业教育的教育投入的年均增长率占总的教育投入的平均增长率 p 为 12.17%。

（五）计算 2007—2014 年广东省经济实际年均增长率

以 1978 年为基期的不变价格，根据广东省统计年鉴 2015① 的数据，得到 1978 年的地区生产总值指数为 100，2007 年为 4272.3，2014 年为 8094.9。由此计算 2007—2014 年广东省 GDP 实际增长率 y = [(8094.9/

① 广东省统计局：《广东省统计年鉴》，中国统计出版社 2016 年版。

4272.3）1/7 –1］×100% =9.56%。

（六）计算2007—2014年广东教育对广东经济增长的贡献率

通过上述计算得出了劳动的产出弹性系数 β 为0.7，教育投入增长率 e 为1.58%，实际经济增长率 y 为9.56%，结合上述推导得出的教育对经济增长的贡献率 Ce = βe/y，则有 Ce = 0.7 ×1.58%/9.56% ×100% = 11.57%，因此得到2007—2014年广东省教育对经济的贡献率为11.57%。

（七）计算广东高等职业教育对广东经济增长的贡献率

以上的计算得出广东省2007—2014年高等职业教育的教育投入年均增长率 p 是整个的教育投入的年均增长率的12.17%，2007—2014年广东省教育对经济的贡献率 Ce 为11.57%，根据上述推导的公式：Cev = pβe/y，即 Cev = pCe，则有高等职业教育对广东省经济增长的贡献率 Cev 为1.41%（计算方法：12.17% ×11.57% =1.41%）。

从计算的结果可以得出，广东省经济在2007—2014年的增长有11.57%来自广东省教育发展，其中高等职业教育对经济增长贡献率为1.41%。

三　计算结果的分析与建议

（一）计算结果的分析

从以上计算得出的结果看，广东省2007—2014年第12期地区生产总值年均9.56%的增长率，1.11%来自教育发展，占9.56%的11.57%，即2007—2014年广东省教育对国内生产总值年平均增长贡献率为11.57%，在9.56%的年均增长率中，高等职业教育占了0.13%，即高等职业教育对经济增长的贡献率为1.41%。计算的结果表明，从比例上看，广东省高等职业教育在2007—2014年对广东省经济增长的贡献率是比较低的。但是2007年广东省从业人员中受高等职业教育的人口占5.1%，到了2014年这一比例上升到9.6%，高等职业教育的人均受教育年限由2007年的0.241年增长至2014年的0.461年，可以说广东省高等职业教育在提高广东省从业人员劳动力素质，提升劳动生产率方面对经济增长做出了卓越功绩。

高等职业教育培养的是生产、管理、服务一线的应用型人才，因此，高等职业教育的经济功能应该更为有目共睹，对经济的贡献程度应该众目共视。但是，从研究的结果看，广东省高等职业教育尚未达到这一目标。究其原因，主要有：第一，广东省高等职业教育没能与真实的工作场景融会贯通，从而提升高职院校学生的实际操作技能，因此学生毕业后不能及时进入工作状态，难以胜任本职工作；第二，高职学生缺乏终身学习意识和能力，当今社会瞬息万变，技术能力不断推陈出新、革故鼎新，不具备终身学习意识和能力，高职学生就不能及时更新知识和能力，难以适应社会生产需要；第三，广东省高等职业教育的技术创新和产品研发没有得到产品化市场化，高职院校研究成果的转换率低，导致大量实用型研究成果不能转化为现实生产力，即广东省高等职业教育没有充分提高劳动者和社会的劳动生产率。

（二）提高广东省高等职业教育对经济增长贡献率的建议

第一，针对高职院校学生实际操作技能不强，难以胜任本职工作这一问题，广东省高职院校应充分利用地缘优势，加强与企业间的合作，实现学校学生到企业实操训练，企业员工到学校继续学习的互利共赢常态机制，从而提高劳动者的劳动生产率，体现广东省高等职业教育对经济增长贡献，实现高等职业教育的经济功能。

第二，针对高职院校学生缺乏终身学习意识和能力，难以适应社会生产需要这一问题，学校应该从新生入学时起，就培养学生自主学习的基本能力，增强学生的忧患意识，同时要提高学生的行动力和执行力，警醒学生要不断学习，不断提高自身素质。政府或学校定期组织从业者继续教育培训班，并发放相关证书。以此提高劳动者的劳动生产率，体现高等职业教育的经济功能。

第三，针对广东省高职院校研究成果的转换率低，导致大量实用型研究成果不能转化为现实生产力这一问题，学校应加强与政府和企业的沟通，将学校师生的研究成果展示出来。联合兄弟学校举行技能创新和研发成果展览会，吸引政府和企业投资。另外学校要鼓励学校科研人员创办企业将自己的科研成果转化为现实生产力。

参考文献

1. 刘春生、徐长发：《职业教育学》，教育科学出版社 2013 年版。
2. 杭永宝：《中国教育对经济增长贡献率分类测算及其相关分析》，《教育研究》2007 年第 2 期。
3. 刘晓明、王金明：《浙江省高等职业教育对经济增长贡献率的实证分析》，《中国职业技术教育》2011 年第 6 期。
4. 陈礼丹、刘欣：《广东高等职业教育对经济增长贡献的实证分析》，《广东青年职业学院学报》2014 年第 12 期。
5. 赵艳萍：《广东省高等教育对经济增长贡献率的测算》，《财经界》2011 年第 6 期。
6. 国家统计局：《中国劳动统计年鉴》，中国统计出版社 2007 年版。
7. 国家统计局：《中国劳动统计年鉴》，中国统计出版社 2014 年版。
8. 李实、丁赛：《中国城镇教育收益率的长期变动趋势》，《中国社会科学》2003 年第 11 期。
9. 岳昌君、刘燕萍：《教育对不同群体收入的影响》，《北大教育经济研究》2006 年第 4 期。
10. 杨振军：《首都高等教育对北京经济增长贡献的实证分析》，《中国电力教育》2009 年第 3 期。
11. 广东省统计局：《广东省统计年鉴》，中国统计出版社 2016 年版。

原文刊于《广东技术师范学院学报》2016 年第 12 期

校本研究

突出特色　走出新路　创办新型的职业技术师范大学

谭泽中*

摘　要：已有40年办学历史的广东民族学院顺应社会发展需求，改办成广东职业技术师范学院，成为广东唯一一所专门培养职教师资的普通高校。本文以现代教育理论为指导，探索了创办新型职业技术师范大学的新路子和新内容，提出了确立新型的培养目标、构建新型的专业教学模式、建设新型的师资队伍，走出新的办学路子的办学思路。

关键词：职业技术；师范教育；特色；新型

广东职业技术师范学院是由有40年办学历史的广东民族学院改办成立的，是我省目前唯一一所专门为中、高等职业技术教育培养师资的本科普通高校。学院现有7个四年制职业技术师范专业和12个非师范本专科专业，在校生近5000人，其中全日制普通高校生近3000人。

根据国家教育部和省人民政府的要求，我院要办成一所高标准、高质量的现代高等职业技术师范学院，成为广东中、高等职教师资培养基地、职教科研信息中心和工业技术实训中心。为此，我们坚持以邓小平教育理论为办学指导思想，以社会经济文化发展需求为出发点，以高等职师建设标准为依据，以改革促发展，在“新”字上下功夫，努力把我

---

* 谭泽中，大学本科学历，副教授，加拿大哥伦比亚大学高级访问学者，长期从事高等教育管理与研究，现任广东省人大教科文卫委副主任委员，广东省政府督学顾问，代表作：《邓小平理论与全面深化改革新实践》（《新华文摘》2014年第21期）。

院办成适应21世纪我省现代化建设需要、特色显著的新型职业技术师范大学。

一 以高等教育性、职业技术性和职教师范性为标准，确立我院新型的人才培养目标

高等学校人才培养目标是指学生经过一定的正规教育和训练过程，最终达到的状态和标准培养目标，是有层次、类别、范围的限定。“德、智、体”全面发展和“四有”新人，是我国各类别、各层次教育的总体培养目标要求，而各类各级教育又有自己特定范围的培养目标。高等职业技术师范教育的培养目标是高师社会功能的直接体现，它必须反映社会经济文化发展对高等职师人才具有的要素结构和质量标准的要求。

21世纪是知识经济时代，是一个信息社会。知识产业化，社会科技化是它的重要标志。人们的生产生活离不开新知识，离不开高科技。生产者劳动者除了要具有一般的知识和技术外，还必须有其本行业特别需要的技能。根据新时代中、高等职业技术教育的师资综合素质的要求，我们高等职师培养的目标必须是集专业知识劳动技术和师范技能于一身的复合型新人。

从高等职师教育的性质和培养目标来看，它既有别于普通综合性大学，又有别于一般高等职业技术教育，也不等同于一般高师教育。就培养目标而言，它有其类别和范围上的要求。为实现集专业知识、劳动技术和师范技能于一体的复合型人才的培养目标，我们的培养模型构建必须包括高等教育性、职业技术性和职教师范性三要素。

所谓高等教育性，它要求专业理论基础扎实，专业知识面比较广，达到大学本科本专业的知识水平要求。职业技术性就是要求掌握本专业本行业要求的操作技术和能力，在某一两个技术门类中获得中级技工（相当级别）以上的资格。职教师范性的要求是，毕业除了具备普通高师学生应具有的心理学、教育学知识和课堂教育技能技巧外，还必须有比较熟练地示范和指导本专业学生进行技术操作的能力。因此，我院实行了“两证制”，即要求学生修业四年后，不仅获得毕业证书，还要取得一两个中级或高级工（含相当级别）的技术资格证书。

二　以“宽口径、厚基础、重应用、多方向”为人才培养思想，拓展新专业，构建新型的专业教学模式

我院现设有计算机科学应用电子技术、旅游管理财务会计、装潢艺术、文秘、英语等7个四年制职业技术师范本科专业。无论从数量上还是结构上，远远未适应我省中、高等职业技术教育对师资的需求和我院作为全省职教师资基地的地位。

为实施“科教兴粤”的发展战略，省委省政府已做出了“依靠科技进步推动产业结构优化升级”的决定，我省产业结构的调整，使得电子信息、电气工程、纺织服装、轻工、机械化工等产业将有较大较新的发展。

作为社会生产和生活的产物的教育，必须能动地反映和适应社会经济文化发展的需要，并反过来积极地推动社会生产和生活向新的领域和更高的层次发展。我们的职业技术师范教育在世纪之交的关键时刻，将要主动地适应我省产业结构优化升级高新技术发展的形势，在人才培养和训练中发挥工作母机的作用。

首先，我们将拓宽专业领域。根据我省产业发展趋势以及全省中、高等职业教育专业设置调整和拓展，我院将要从现有7个职师专业发展到16个左右。我们从1994年到1997年，已完成了从原来的工科和第三产业类普通本科专业派生出师范专业的改造工作。下一步重点将是以相近、相关专业为依托和生长点，设置新的师范专业，并努力创造条件，创办社会生产生活和中、高等职教急需的全新专业。经过调查和论证，我们初步计划将逐步增设信息、工业产品制造设计、室内与家具设计、市场营销、现代教育技术等新专业。

同时，注重课程结构的研究和设计，努力探索新型的专业教学模式，做到三个结合：专业知识与技术技能相结合，教学与生产科研相结合，校内校外实践训练相结合。这样就能使我院毕业生的知识和技能具有口径宽、基础厚、实用性强、适应面宽的特点，以便在数量上、质量上和结构上都适应我省对中、高等职教师资的需求。

三 以创建办学基地为依托，走出一条产、学、研相结合的新型办学路子

高等职业技术教育，实践性是它的最显著特点和优势。它必须与社会生产相结合，才能体现出它的优势和显示出它独有的特色。我院的培养模式，除对专业知识提出严格要求外，还重在实践，重在技艺要求。为此，我们努力创建校内外办学实践基地，加强学生技术技能的实训，融产、学、研于一体。

（一）校内基地的建设

在校内我们建立以全省最大的高等职业教育工业中心为主体的实践基地。工业中心建筑面积为20000平方米，基建与设备预算为1亿元。它对内将成为我院学生实习和职业素质训练中心，对外是全省职教师资和其他人员技术培训与考核基地以及我院高新技术和工艺研究、开发和推广基地。

从我省经济建设主要产业发展为出发点，参照国家规定的技术性较强的专业（工种）的技术技能鉴定要求，工业中心将涉及电子、电器、电气、机械、信息、轻工、艺术现代教育技术等多个学科和多种行业，为我院学生技术技能实习训练提供条件，实现职师毕业生“双证制”；又将成为全省职教和劳动技术培训和等级考核、考证基地，成为教师和社会科技人员从事教学、科研及成果推广的服务中心。从而也将确定我院成为全省职业技术教育中心基地的地位。我们还将要创办校办科工贸企业，加入我省知识产业化的行列，增强我院自身办学的能力，为增创广东发展新优势做贡献。

作为一所本科职教高师学校，我们还将建设新型实验大楼，建立现代职教技术实验室，使其成为开放型的全省重点实验室，起到研究和开发现代职业教育新技术基地作用。

（二）校外基地建设

根据办学要求，我们在校外建立三种基地：一是以珠江三角洲企业

为主体，已建立了13个专业实习基地。随着学院专业的拓展，专业实习基地将逐步拓展到20个左右。二是教育实习基地。以全国和省级重点职中为主体，已建立了20个教育实习基地。三是高新技术开发协作基地。现与一些乡镇企业和第三产业类企业，建立了协作关系，如顺德达丰电脑公司，既是我院计算机技术开发应用协作企业，又是我院学生专业实习基地。这些基地的建立，为我院学生和教师的实践提供了条件；反过来，我们又为它们提供了知识技术，相得益彰。校外基地的创建，使我院的教育与社会更加紧密地连在一起。

通过校内外多种基地的建设和运作，我们逐步走出一条产、学、研相结合办学的新路子，显示了职业技术教育的特色，发挥自身优势，为创办新型的高等职业技术师范大学开辟了新路。

四　以高素质、复合型、专、兼职相结合为主要特征，建设一支独具特色的新型师资队伍

建设一支高素质的师资队伍，是办好学校的关键。师资队伍的建设，也要依据高等职师的特点和要求：在整体结构上，理论型和技术型相结合；在个体素质上，专业理论功底与专业技术操作能力相结合。我院师资队伍建设方向是学术型和双师型相结合，专兼职相结合。我们努力培养学科学术带头人，我们鼓励引导教师获得“双师证”，既是教师，又是工程师（技师），成为“双师型”队伍。到2000年，工程技术人员要占教师的10%，到2005年达到30%以上。我们还聘任了第一批46名兼职教师，他们当中有名教授学者、高级工程师、企业家等。

一支高素质、复合型，专、兼职相结合的独具特色的师资队伍在我院正在逐步壮大，他们是我院的希望所在，是托起广东职业技术教育的明天的支柱。

五　以深化改革为动力，加快我院发展的新步伐

1994年，我院在民族学院的基础上，开始开设职业技术师范专业，

至今年10月正式挂上广东职业技术师范学院的校牌，职师专业已由2个发展到7个，师范学生由70多人增加到1000人。在短短的四年里，我们努力学习国内外职师办学经验，在实践中不断探索，初步积累了办职业技术师范教育的经验，构建起高等职师的框架。在1998年5月，国家教育部组织专家组对我院进行本科教学合格评估，充分肯定了我院多年来，普通高等教育、民族高等教育与高等职业技术师范教育三位一体的办学模式和我院向高等职业技术师范教育发展的方向。我院正式挂牌后，学院正按照党委提出的“以更新教育思想观念为先导，以专业建设为龙头，以教学改革和基本建设为重点，以人事分配制度和后勤管理体制改革为推动力，以办学质量和效益为目标”的总体改革发展方针，制定了我院发展的总体规划，广大教职工团结奋斗，促使我院迈开了办学的新步子，向着更高的新目标进发。

我们将通过全面深入的改革，确立新型的培养目标，构建新型的专业教学模式，建设新型的师资队伍，走出新的办学路子，处理好“规模结构、质量效益”的关系，扩大办学规模，提高教育质量2005年，在校生将为5000人，其中职师生4000人，另有成人学历教育学生3000人以上，还将有一大批中、短期的职业技术在职培训学员。学院将建成10—12个系，含15个左右职师本科专业在内的28个本专科专业。学院将办成一所具有中等规模的集高等教育、师资培训、劳动技术培训和考核、高新技术研究、开发、推广于一身的新型高等职业技术师范大学。

参考文献

1. 品鑫祥：《高等职业技术教育研究》，上海教育出版社1998年版。
2. 《首届高等职业技术师范教育国际研讨会论文集》，天津大学出版社1998年版。

原文刊于《广东职业技术师范学院学报》（社会科学版）1999年第1期

加强培养培训改革创新，促进职教师资素质提高

——广东技术师范学院职教师资培养培训实践

王乐夫[*]　姚洪略

摘　要： 提高职教师资素质是提高职教人才培养质量的关键。国家大力发展职业教育，高度重视职教师资素质的提高。作为全国和广东省重点建设的职教师资培养培训基地，广东技术师范学院在职教师资培养模式改革和培训模式创新方面进行了有益的尝试。

关键词： 职教师资；培养模式；培训模式

众所周知，建设高素质“双师型”专业化教师队伍是开展高质量职业教育的基本保证，而要有效加强职教师资队伍建设就必须加大新教师培养和在职教师培训两方面的改革创新力度。为此，以职教师资培养培训为主要任务的广东技术师范学院，致力于职教师资培养模式改革和培训模式创新，力争为广东职业教育事业发展做出应有的贡献。

---

* 王乐夫，工学博士，教授，博士生导师，国务院政府特殊津贴专家，广东技术师范学院原院长。

一 广东积极创建现代职业教育体系，努力打造南方职业教育高地，需要一大批高素质专业化职教师资

改革开放以来，中国的经济社会发展取得了举世瞩目的成就。广东作为改革开放的前沿阵地，经济总量从1989年以来连续23年排名全国第一。随着改革开放逐步推向深入，广东的经济发展逐渐融入全球化的进程。但不期而来的金融风暴和欧债危机却给广东的外向型经济带来沉重打击。为此，优化产业结构、转变经济发展方式成为当今广东乃至中国经济社会发展的主旋律。职业教育发展与经济社会发展相辅相成，互相促进。在国家重视和大力发展职业教育的大形势下，广东积极创建现代职业教育体系，力争打造中国南方的职教高地。经过多年的发展，目前广东已形成全国最大规模的职业教育体系。据统计，2010年年底广东省职业院校在校生超过290万人，其中高职64.8万人，中职230万人；而且，广东职业教育多项发展指标位居全国前列，2010年一举夺得四个“全国第一”、三项“全国领先”，即“中职招生规模全国第一、中职在校生规模全国第一、中职创建国家级示范校入选数量全国第一、中职毕业生就业率全国第一”“办学体制机制创新和人才培养模式改革全国领先；探索构建现代职教体系、中高职衔接一体化培养技能型人才全国领先；技能人才培养水平全国领先”。但同时，广东也是职教师资缺口量较大的省份之一。

百年大计，教育为本。教育大计，教师为本。我国传统上非常重视师范教育，但在相当长的时期里，师范教育主要为普通师范教育，而职教师资在许多方面与普通教育的师资有着不同的要求。因而，职教师资数量紧缺问题也曾一度成为社会各界关注的焦点。进入21世纪以来，国家在数量、结构和素质等方面出台了不少政策，加大了职教师资队伍建设力度并取得显著的成效，但我们仍应清醒地认识到，从整体来说，职教师资数量不够、结构不合理和素质亟待提高的问题还未得到根本的改善。这一现象在广东更为明显，尤其是“双师”素质问题更是突出。为此，国家在“十一五”期间实施了中等职业学校教师素质提高计划的基

础上，在“十二五”期间把教师素质提高计划的范围扩大到整个职业院校，将掀起新一轮的职教师资培养培训高潮。除了出台相关政策外，国家还在职教师资培养培训体系上下功夫，目前已初步形成以65所全国重点建设职教师资培养培训基地、全国职业教育师资专业技能培训示范单位为主的职教师资培养培训体系，其中，既包括8所独立设置的职技高师院校，还吸纳了不少综合性大学和企业参与此项工作。广东省也针对性地出台了相应的培养培训计划和基地建设目标。广东技术师范学院既是全国8所独立设置的职技高师院校之一，又是全国和广东省重点建设的职教师资培养培训基地之一，是广东唯一一所以职教师资培养为主要任务的普通高校。学校自1998年由广东民族学院更名为广东技术师范学院以来，致力于为广东培养高素质专业化职教师资并大规模地开展在职职教师资的专业技能与素质培训提高工作，形成了“面向职教，服务职教，引领职教”的特色。

二 坚持技术性、学术性与师范性相结合，[①] 探索职教师资培养新模式

职业教育与普通教育相比较，更强调专业技能的掌握、实践能力的增强和职业综合素质的培养。因此，职教师资除了具备普教教师的一般素质外，还对实际生产性经验与专业知识和技能及其传授能力提出了要求。恰如教育学家陶行知先生所言：“职业教师之第一要事，即在生利之经验；职业教师之第二要事，是为生利之学识；职业教师之第三要事，为生利之教授法。健全之职业教师，自必以经验、学术、教法三者皆具为标准。”[②] 今天我们所提的“双师型”职教师资，虽然对具体定义还有不同的见解，但最终可归结到陶先生提出的这三点：生产经验+专业知识+实践教学方法。广东技术师范学院坚持技术性、学术性与师范性相结合，培养高素质“双师型”职教师资。技术性强调专业技能和职业能

① 王乐夫、姚洪略：《技术性、学术性与师范性相结合培养“双师型”中职师资》，《中国职业技术教育》2009年第1期。

② 金林详、张雪蓉：《陶行知教育名著教师读本》，上海教育出版社2006年版。

力的培养，重点在“实践环节”；学术性强调学科与专业知识，重点在“原理环节”；而师范性则强调教育教学方法，重点在“教授法环节”。三者缺一不可，相辅相成，其中技术性是关键，学术性是基础，师范性是手段。三者的有机结合，就造就了职教师资的“双师”素质。广东技术师范学院在具体的教育教学实践中，在坚持学科建设的同时，重点寻求在技术性和师范性方面的突破。

为此，广东技术师范学院一方面依靠设在校内的广东工业实训中心和职教师范技能培训中心的实训平台，另一方面依托各种校外实习基地，开展各项针对性的训练，切实提高学生的实践动手能力。同时，学校积极探索“3+2”职教师资培养模式，其中，“3”表示3年的职院院校学习，“2”表示2年的本科学习。这个模式通过专升本考试招收优秀的高职毕业生并单独成班，既发挥了高职毕业生实践动手能力较强的优势，又发挥了高等职业技术师范教育学术性和师范性的优势，而且采取了与普通师范班完全不同的人才培养方案，更加强调实践能力和职业技术教学法的培养。目前该模式已得到广东省教育厅的认可并开展试点工作。广东技术师范学院在6个专业方向进行了试点，已招收三届学生并已有一届毕业生，毕业生比普通师范班有较明显的就业竞争力。

三　积极拓展职教师资培养层次，多种途径培养高素质职教师资

随着经济社会的发展，特别是产业升级和科技进步日新月异，社会对技能型人才的要求越来越高，职业教育的高移趋势正逐渐形成。这种高移不仅体现在对学生职业能力训练方面，还体现在对职教师资的职业能力训练方面，对入职教师的学历学位资质也有了更高的要求。

广东技术师范学院积极拓展职教师资的培养层次，坚持本科为主，大力发展研究生教育。在本科教育方面，在现有49个本科专业中，有22个专业招收职教师范生，现有师范生比例约40%。在硕士研究生教育方面，现有一个一级学科点（含五个二级学科方向）和三个二级学科点招收全日制硕士研究生，另有三个专业招收“中职硕士”。目前我校已有两届硕士研究生毕业，其中大部分在职业教育领域任职，而“中职硕士”

全部为在职教师学历提升。为适应经济社会发展的需要，广东技术师范学院拟在“3+2”高素质职教师资人才培养方案的基础上，探索“3+2+3”专本硕连读（或“推免”）和“4+3”本硕连读（或“推免”）卓越职教师资培养方案，试图将高素质职教师资培养推向深入。

四　努力创新培训模式，完善培训管理体系

除了培养全日制职教师范生外，广东技术师范学院还是全国重点建设的职教师资培养培训基地、广东省中等职业学校校长培训中心、广东省高职高专教师培训基地、广东省中等职业学校德育研究与指导中心、国家民委少数民族职业教育师资培训中心。因而，面向广东承担着中职教师和校长、高职高专教师与管理人员、少数民族地区职教师资的培训任务，同时还承担教育部下达的面向全国各省区中职学校骨干教师的培训工作。“十一五”期间，广东技术师范学院共承担国家级7个专业19个班、531人的中职教师培训任务；承担省级中职学校校长、专业骨干教师、“双师型”教师、中职学校德育课程教师、团委书记与班主任培训等各项任务1万多人次；还为浙江、青海、海南、新疆等省区委托专项培训中职学校校长、专业骨干教师500余人。合计各类培训班288个，达17087人次。在这些培训实践中，学校狠抓了以下几方面的工作。

（一）高度重视“培训者培训”

随着职教师资培训工作的逐步推向深入，职教师资的能力和素质逐渐提升，对负责培训职教师资培训者的要求也越来越高，“培训者培训”就是近年来针对培训者而提出来的项目，目的就是通过培训，促进培训者自身教育教学理念、知识与技能、教学方法与手段和综合素质的提升，进而促进职教师资培训水平上台阶。

广东技术师范学院目前已搭建起一支专兼结合、内外并重的培训者队伍，现有专兼职教师395人，其中校外任课专家167名，占整个任课教师队伍的42.28%，校外任课专家中来自企业的专家占23%。学校十分重视培训者队伍的建设，每年都开展多种形式的“培训者培训”活动，鼓励、鞭策、帮助培训者提高综合素质和专业技能。一是“请进来”，邀请

国（境）外（如德国、英国、新加坡、中国香港等）专家和教学培训团队及企业（如联想、神州数码等）专家为培训教师授课、交流、讨论；二是“走出去”，选送培训者前往德国、新加坡、香港等地去培训，开阔他们的国际眼界，提高职教认识，转变教育观念，带回新的培训理念和培训方法；三是“内部交流”，积极开展培训者之间的观摩、研讨和竞赛活动，促进沟通、交流、碰撞和提高。

（二）积极开展外向型开门培训

职业教育非常强调与生产实际的对接性，因而，职教师资培训也不能只停留在课堂上，还应该到社会实践中，到企业、到学校、到岗位、到现场去。广东技术师范学院在制订培训方案时，充分考虑到这一点，把理论知识的学习和现场对接实习实训与考察有机结合起来，让学员在真实的情境中学习和感受。与107家企业、21所高职院校、51所中职学校签订了职教师资培训实习实训基地协议，为中职学校教师提供了深入企业一线考察实习、深入职业院校交流学习的机会和便利。

他山之石，可以攻玉。学习借鉴国（境）外先进的职业教育理念和教育教学方法对国内职业教育事业的发展，特别是职教师资的综合素质提升有着重要的现实意义。广东技术师范学院在省教育厅的支持下，利用珠三角毗邻香港、面向世界的优势，积极向国（境）外职业教育学习。一方面组织选送职业院校教师到新加坡、香港、德国参加培训；另一方面，邀请德国EWINT培训机构的教学法专家开展“行动导向教学法”培训，邀请英国哈德斯菲尔德大学职业教育学院教授专家开展“以学生为中心的教学法”培训。同时，广东技术师范学院还负责具体实施广东省教育厅与新加坡南洋理工学院开展的“淡马锡基金会——南洋理工学院国际之广东省职业教育专能开发项目”，该项目拟在2010—2012年对广东省职业教育管理者和骨干教师分期分批进行培训，计划三年内培训224人。目前该项目已产生了良好的社会影响，受训教师和学校均反映对教学改革有明显的促进作用。

（三）“送教上门”，服务职业院校

虽然国家、广东省针对职教师资队伍建设问题分别制订了培训计划，

有相当部分的骨干教师参加了培训，但具体到某一所职业院校而言，参加国家级或省级培训的教师终究不多，特别是广东东西两翼地区和粤北山区的职业院校中仍有很多教师难以走出校门参加培训。为促进广东职教师资整体水平的提高，广东技术师范学院深入这些地区的职业院校了解情况，根据这些职业院校开展“校本培训”的需要，量身订制培训计划，“送教上门”，获得各职业院校好评。“十一五”期间，到16所高职学院“送教上门”培训2303人次，到54所中职学校“送教上门”培训5419人次。

（四）开发“培训包”，提高培训质量

“培训包”是澳大利亚职业教育的纲领性文件，是澳大利亚所有高等职业教育院校开展职业教育和培训的依据。该“培训包”搭建起行业的需求与职业教育机构之间的桥梁，把能力标准和职业资格联系起来，大大促进了澳大利亚职业教育的发展，也对我国的职业教育事业发展有着重要的借鉴意义。

《教育部财政部关于实施中等职业学校教师素质提高计划的意见》（教职成〔2006〕13号）提出在“十一五”期间开发80个重点专业、紧缺专业的师资培养培训方案、课程和教材（以下简称重点专业师资培训包开发项目），体现了国家对“培训包”开发的重视。广东技术师范学院积极组织竞争申报该项工作，共承担了2项重点专业师资培训包开发项目（建筑装饰、制冷和空调设备运用与维修）。目前项目已结题，在专业教师教学能力标准体系、教师培训方案、专业核心教材/专业教学法教材、专业教师培训评价体系等方面联合相关行业企业专家共同编写出版了系列教学与培训指导书。

（五）重视德育师资培训

“育人为本，德育为先”是任何教育类型在育人过程中都应遵循的原则，更是国家中长期教育改革与发展规划纲要的要求。职业教育在培养技能人才时，亦要把德育工作摆在重要的位置。为加强中等职业学校的德育工作，广东省教育厅依托广东技术师范学院，整合省内外德育专家资源，于2008年设立了广东省中等职业学校德育研究与指导中心。该中

心以中等职业学校德育队伍专业化能力建设为核心，以培养中职学生职业思想道德素质和专业素养为重点，以构建中职学校德育工作督导评估机制为关键，组织开展中职学校德育工作调查和研究，为中职学校德育工作提供理论指导并开展德育教师培训工作。

自2008年成立以来，该中心共开办德育校长（书记）培训班5期，培训324人次；举办团委书记培训班2期，培训165人次；举办骨干班主任培训班7期，培训607人次；开展德育课教师“送教上门”培训40多场，培训4803人次。

当前，我国职业教育改革与发展正处于重要战略机遇期，要把握好这个机遇期，最重要的基础工作就是建立一支高素质“双师型”专业化的教师队伍。为此，必须在新教师培养和在职教师培训两方面都加大教育改革力度，才能促进现代职业教育体系的完善并有效推动职业教育科学发展。

参考文献

1. 赖红英、朱智广：《广东职教多项指标居全国前列　在校生数达230万》，《中国教育报》2011年1月19日第1版。
2. 王乐夫、姚洪略：《技术性、学术性与师范性相结合培养“双师型”中职师资》，《中国职业技术教育》2009年第1期。
3. 金林详、张雪蓉：《陶行知教育名著教师读本》，上海教育出版社2006年版。

原文刊于《广东技术师范学院学报》2012年第4期

职教师资人才培养质量标准构建问题的研究*

——以广东技术师范学院为例

王红云** 刘炽辉 刘景琳

摘　要：职教师资队伍建设是提高职业教育质量的重要保障。我们对人才培养质量标准内涵及制定原则进行了探讨，研究了职教师资人才素质要求，在分析广东技术师范学院职教师资培养现状基础上，从专业能力标准、普适能力标准、职业素质标准三个方面对职教师资人才培养质量标准进行了构建，并对具体内容进行了阐述。

关键词：职教师资；人才培养；质量标准；人才素质

人才培养质量标准是社会对人才进行评价的外在尺度，也是学校教学的重要依据。我校作为广东唯一一所以培养职教师资为定位的普通本科院校，为贯彻实施《珠江三角洲地区改革发展规划纲要（2008—2020年）》提出的“珠三角要以中等职业教育为重点，大力发展职业教育，建设成为我国南方重要的职业技术教育基地”，培养高质量的职教师资人才，近年来进行了一系列职教师资人才培养综合改革，其中制定的广东技术师范学院特色的各专业职教师资人才培养质量标准是改革内容之一。

---

* 2011 广东省教育综合改革试点项目“职教师资人才培养模式综合改革”“广东技术师范学院职教师资人才培养模式综合改革子项目”（项目编号：2012ZG16）。

** 王红云，车辆工程博士，副教授，汽车与交通工程学院教学秘书，代表作：《附件驱动系统固有频率灵敏度的计算分析》。

高等教育具有人才培养、科学研究、社会服务三大职能，其中人才培养是其最基本的职能。[①] 人才培养质量标准是规定和描述学校人才培养目标——学生毕业时应达到的知识、能力和素质等方面最低要求的技术性文件。人才培养质量标准是对学生在校期间学习所要达到效果的总体性规定,[②] 是衡量学校人才培养工作的最终质量标准,[③] 体现了学校教育的“产品”满足用人单位及受教育者需求的程度。通常高等教育的运行是以确定人才培养质量标准开始，其运行的终点是以人才培养质量标准为参照去判断毕业生是否具备了相应的职业能力。

制定人才培养质量标准要充分考虑学校的办学定位、人才培养目标、人才培养方式、办学条件等,[④] 同时还要坚持适应性原则、特色性原则和发展性原则。

一 职教师资人才素质要求

教师的素质是教育教学质量的决定因素，也是衡量一个教师能否适应本职工作的基本条件。

与普通教育相比，职业教育更强调学生的实践技能训练，更注重学生毕业后直接就业上岗的复合能力和综合素质的培养。因而职教师资除了具备普通教师的基本素质（如科学人文素质、专业理论素质、道德素质、身心素质、人际交往能力等）外，还应掌握并熟练应用职业教育教学方式和方法，要具有较强实践操作能力、课程开发能力及技术创新能力等。

（一）职业教育教学方法应用能力

职业教育专业教学与普通教育学科教学要求不同，职业教育的教学

---

① 陈丽荣、曹玉昆:《农林经济管理专业人才培养质量标准研究》,《中国农业教育》2009年第27卷第5期。

② 阮艺华:《高职教育的教学质量标准及其控制——以深圳职业技术学院为例》,《高职论坛》2005年第4期。

③ 曾庆柏:《高等职业教育教学质量标准研究》,《中国高教研究》2008年第3期。

④ 孙泽平、何万国:《新建本科院校的人才培养质量标准探析》,《教育探索》2010年第11期。

行为更强调以专业岗位群的工作情境为导向，即职业教育的教学行为应以情境性原则为主、科学性原则为辅。[①] 另外，职教教师采用的教学方式、方法以及手段通常要根据课程的“职业性”特点，强调学生对学习内容的过程性把握。[②] 因而职教教师除具备普通教育理论和知识外，还应掌握职业教育学、职业教育心理学、职业教学法等职业教育科学知识，并能将这些知识灵活应用到实际教学中。

（二）实践操作能力

职业教育培养的是技术应用型人才，要求学生既要掌握本专业的基础理论与基本知识，更重要的是具备专业岗位群所需要的操作技能和组织技能，这是职业教育的特点。因此，职教教师不仅要精通专业的基本理论、专业知识，还需熟练掌握专业岗位群的技术、技能，具有较强的实践动手能力和操作示范能力；对专业岗位群相关的生产工具、设备及生产工艺过程及作业程序熟悉或精通，并能熟练操作，进而较好地完成教学任务。

（三）课程开发能力

普通教育通常按知识和专业体系的联系来选择、组织教学内容，而职业教育通常以专业对应的典型职业活动工作情境为导向来选择、组织教学活动，更强调内容的实用性和针对性。职业教育需要教师能根据区域经济、学校办学特色、专业特点等自行开发课程；根据对岗位群职业能力的分析确定学生需要掌握的知识和技能；要结合新理论、新技术，经过选择、加工、提炼、综合，将专业实践知识转化为符合实际需要的教学内容。

（四）技术创新能力

创新能力培养是现代社会发展对人才的基本要求。普通高校学生的

---

① 姜大源：《职业教育专业教学论初探》，《教育研究》2004 年第 5 期。

② 喻忠恩：《职技高师研究生培养质量标准略论》，《江苏技术师范学院学报》2008 年第 23 卷第 4 期。

创新能力主要体现在理论创新和知识创新方面，而职业院校学生的创新能力体现在应用领域，是指能解决专业岗位群技术、技能方面的实际问题，能将新理论、新知识运用于生产实践，并由此促进技术进步、技能更新以及生产效率的提高。

在教学过程中，职教师资的创新能力还表现在将传授知识、培养技能和发展能力三者协调起来。一个具有很强创新能力的教师所培养的学生也会思维开阔、创新意识强。

二　广东技术师范学院概况

广东省作为中国改革开放的前沿阵地，自1989年以来其经济总量连续23年排名全国第一。[①] 与经济发展相辅相成的广东职业教育目前已形成全国最大规模的职业教育体系。[②] 职业教育的高速发展急需大量职教师资。我校作为全国8所独立设置的职技高师院校之一，肩负着为广东省职业院校培养高素质职教师资的重任。

2009年我校以“3+2”培养模式开始在广东省内中、高职院校招收优秀毕业生，经两年本科教育，将其培养成为“基础扎实、职业技能传授能力突出、能做会教、品格健全、发展力强的高素质”职教师资。

依托广东工业实训中心和职教师范技能培训中心实训平台，我校现拥有大学生“挑战杯”训练基地、大学生创业训练基地、高级软件工程师训练基地、电子对抗实训基地、空调制冷技术实训基地等51个实训基地，为培养高素质、专业能力和动手实践能力强的职教师资人才打造了坚实的平台。

目前，我校职教师资人才培养存在以下问题需要解决：培养方式基本沿用普通本科院校的学科本位方式；毕业生技能不突出，与中职、高职所需要的“双师型”教师存在差距；高职到本科人才培养的对接渠道不够通畅。为解决存在的问题，我们采取了一系列改革措施，其中之一

① 王乐夫、姚洪略：《加强培养培训改革创新，促进职教师资素质提高——广东技术师范学院职教师资培养培训实践》，《广东技术师范学院学报》2012年第4期。

② 同上。

是依托工业中心，制定适合学校特色的职教师资人才培养质量标准。

三 职教师资人才培养质量标准的构建

我校属于高等师范教育范畴，职教师资人才培养在遵循普通高校本科生培养规律的情况下，考虑职业教育的基本特性和职教师资人才素质的总体要求。基于这一认识，结合以上分析，[①] 确定从以下三个方面构建适合我校的职教师资人才培养质量标准：专业能力标准、普适能力标准和职业素质标准（如图 1 所示）。

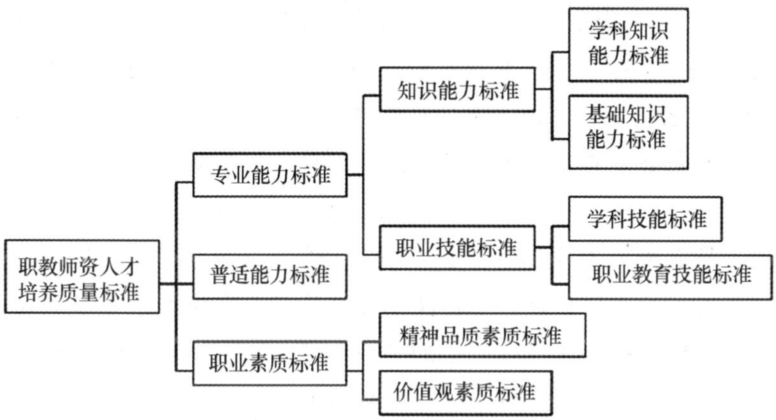

图 1 职教师资人才培养质量标准结构

（一）专业能力标准

专业能力标准规定毕业生未来从事专业岗位群应具备的基本能力标准，强调毕业生专业知识、专业技能方面的培养，是决定毕业生能否“零距离”上岗的关键能力。专业能力标准由知识能力标准和职业技能标准两部分内容组成。其中，知识能力标准又分为学科知识能力标准和

① 陈丽荣、曹玉昆：《农林经济管理专业人才培养质量标准研究》，《中国农业教育》2009 年第 27 卷第 5 期；孙泽平、何万国：《新建本科院校的人才培养质量标准探析》，《教育探索》2010 年第 11 期；戴宁、蔡拔平：《能力本位视角下的公安院校人才培养质量标准的构建》，《四川警察学院学报》2008 年第 5 期。

基础知识能力标准，职业技能标准又分为学科技能标准和职业教育技能标准。

学科知识指学生完成专业设定的培养目标所需掌握的专业课程知识。学校不同、专业不同，学科知识能力标准的内容也不同，如湖南冶金职业技术学院机电一体专业人才培养质量标准中规定毕业生要具备电气工程能力、机械工程能力、机电综合能力。①

基础知识是学生学好专业知识及进一步深造所需具备的专业基础知识和应用基础知识。其中专业基础知识由基础课程获得，如数学、英语。基础知识能力标准表现在：具有适应专业岗位群需要的外语综合应用能力；能运用计算机进行科学计算和信息查询、处理；能把已获得的技能和经验运用到新的实践中等。另外，现代社会发展要求各类人才具有多层次的知识结构，既要有本专业的理论知识、专业最新发展动态知识和应用方法，还要掌握一定的自然科学知识、人文和社会科学方面的综合性基础知识，同时具有一定的政治、法律、法规、企业管理基础知识等。

针对职教师资人才的特殊性，职业技能标准可从两个方面来规定：学科技能和职业教育技能。学科技能标准从专业岗位群来规定毕业生所需具备的技能规格，如具有一定的专业学科技术思维能力；擅长专业学科技术的应用；具备解决专业岗位群现场问题的技术和能力；具备实践操作能力和技术创新能力等。另外，对于目前提倡的“双师型”人才，规定职教师资人才要具有专业所要求相应工种的专业技能证书。职业教育技能标准表现在：获得“教师资格证”；掌握职业教育教学方法应用能力；掌握课程开发能力等。职业技能标准体现了毕业生从事专业岗位群的职业特性。

专业能力标准是职教师资人才培养质量标准的核心标准。

（二）普适能力标准

普适能力（也称为关键能力、核心能力）是指一个人所具备的工作

---

① 肖化移：《高等职业教育质量标准研究》，博士学位论文，华东师范大学，2004 年。

态度和职业素养，是进行学习、从事任何职业都需要的一种综合能力。[①] 普适能力不仅仅属于某种单一职业或某门具体学科，而且是任何职业或学科的共同基础，是使学生能够在变化了的环境中重新获得新的职业知识和技能的能力。[②]

我国劳动与社会保障部在结合我国实际情况的基础上，确定了8种普适能力：自我学习能力、信息处理能力、数字应用能力、与人交流能力、与人合作能力、解决问题能力、革新创新能力、外语应用能力。

职教师资人才的普适能力标准表现在：较强的语言表达和沟通能力；较强的关系协调能力；利用各种条件独立学习的能力和不断学习的愿望；利用科学方法和观点、使用现代技术、工具或新兴技术发现、分析、解决实践活动中问题的能力；处理突发事件的能力等。

普适能力标准是职教师资人才培养质量标准的一般标准。

（三）职业素质标准

职教师资职业素质是教师顺利完成教学任务、培养合格人才所必须具有的相对稳定的潜在的最基本品质。

研究表明，相对于社会环境、家庭因素，教师对学生的修养形成影响最大：一方面教师通过一定的教育内容来影响学生修养形成；另一方面则是通过教师本人的人格特征、言谈举止对学生造成影响。中、高职学生正处于思想不成熟阶段，较易受外界影响，可塑性较大，教师的言谈举止、人品、才能、世界观等都会对他们产生潜移默化的影响。

职业素质标准从精神品质素质标准和价值观素质标准两方面来构建。其中精神品质素质标准表现在良好的职业道德、较强的社会责任感、良好的身体素质和心理素质、乐观的生活态度等；价值观素质标准表现在正确的价值观和人生观。

职业素质标准是职教师资人才培养质量标准的必要标准，是职教师资必须具备的基本规格。

---

① 肖化移：《高等职业教育质量标准研究》，博士学位论文，华东师范大学，2004年。

② 同上。

四 结束语

职教师资人才培养质量标准的制定是一个系统工程，需在实践中不断改进、完善。另外对职教师资人才培养质量标准的认识还需从以下几个方面加以理解：

（1）职教师资人才培养质量标准是动态的、多元的。随着社会发展、各方面条件的变化，职教师资人才培养质量标准的内容也会发生相应变化。不同专业，人才培养质量标准的内容也应不同，尤其是专业能力标准要根据专业岗位群特性来规定其具体内容。

（2）职教师资人才培养质量标准作用的发挥体现在执行力度上，应建立相应的监督、检验制度来保证、促进标准的执行，充分发挥其促进教育质量提高的作用。

参考文献

1. 陈丽荣、曹玉昆：《农林经济管理专业人才培养质量标准研究》，《中国农业教育》2009 年第 27 卷第 5 期。
2. 阮艺华：《高职教育的教学质量标准及其控制——以深圳职业技术学院为例》，《高职论坛》2005 年第 4 期。
3. 曾庆柏：《高等职业教育教学质量标准研究》，《中国高教研究》2008 年第 3 期。
4. 孙泽平、何万国：《新建本科院校的人才培养质量标准探析》，《教育探索》2010 年第 11 期。
5. 姜大源：《职业教育专业教学论初探》，《教育研究》2004 年第 5 期。
6. 喻忠恩：《职技高师研究生培养质量标准略论》，《江苏技术师范学院学报》2008 年第 23 卷第 4 期。
7. 王乐夫、姚洪略：《加强培养培训改革创新，促进职教师资素质提高——广东技术师范学院职教师资培养培训实践》，《广东技术师范学院学报》2012 年第 4 期。
8. 戴宁、蔡拔平：《能力本位视角下的公安院校人才培养质量标准的构建》，《四川警察学院学报》2008 年第 5 期。
9. 肖化移：《高等职业教育质量标准研究》，博士学位论文，华东师范大学，2004 年。

原文刊于《中国现代教育装备》2013 年第 11 期

“3+2”职教师资人才培养模式探索[*]

——以广东技术师范学院为例

罗　平[**]

摘　要： 开设“3+2”职教师资班，推进职教师资人才培养模式综合改革，是构建广东现代职业教育体系，促进中等职业教育与高等职业教育衔接的有益探索。文章针对广东技术师范学院职教师资人才培养中出现的“招生难、生源质量差、培养目标模糊、学生就业难”等现实问题，从探索新的招考方式、制订职教特色突出的人才培养方案、打造“双师型”师资队伍、推进校用合作等多角度、多层次提出改革的思路。

关键词：“3+2”；职教；师资；培养模式

根据《国家中长期教育改革和发展规划纲要（2010—2020年）》与《珠江三角洲地区改革发展规划纲要（2008—2020年）》等文件基本精神，要实现广东经济社会发展的新跨越，必须大力发展职业教育，建立现代职业教育体系，培养一大批优秀的职教师资人才。广东技术师范学院作为一所以培养职教师资人才为基本定位的普通本科院校，落实“面向职教、服务职教、引领职教”的办学定位，对“3+2”职教师资班的人才培养模式加以改革和创新，为广东职业教育培养优质师资是义不容

---

* 2012年广东省高等教育教学改革项目“基于中职学校需求的职教师资人才培养课程体系整体优化研究与实践”（项目编号：2012241）。

** 罗平，硕士，助理研究员，教务处教学建设科科长，公开发表学术论文15篇。

辞的责任和任务。

一 广东技术师范学院“3+2”职教师资班现状

“3+2”职教师资班是广东技术师范学院正在探索的职教师资人才培养新模式，它将高职院校技能型人才培养的优势与技术师范院校学科专业、技术师范教育的优势有机结合起来。经过3年专业技能学习与训练获得中高级技能证书的优秀高职毕业生，参加专升本考试进入广东技术师范学院按专业单独编班学习，进行2年学科基础知识的提升、职业技能教学能力的培养，成为能满足中职学校教学需要的合格教师。职教师资人才培养模式的培养目标就是：要培养大批专业基础扎实、职业技能传授能力突出、能做会教、品格健全、发展力强的高素质职教师范毕业生，满足中职学校对高质量职教师资的迫切需求。

2009年广东技术师范学院开展“3+2”职教师资人才培养教学综合改革的试点工作，选取基础与发展势头较好的机械设计制造及其自动化、电气工程及其自动化、计算机科学与技术、装潢设计与工艺教育四个专业作为第一批“3+2”职教人才培养教学综合改革试点专业。2010年新增车辆工程和应用电子技术教育等4个试点专业，获准招生专业扩展至8个（其中机械电子工程和自动化2个专业因未招到学生，未能开班）。截止到2014年6月，已培养2011届、2012届、2013届和2014届四届毕业生共572名，到教育系统就业的比例达到28%以上。

二 创设职教师资人才培养新模式的意义

广东技术师范学院以科学发展观、先进的教育思想为指导，树立“知识+技能”“学科教育与技能教育相结合”的人才培养观，努力创建以技术应用、职业技能为导向，以学生学科视野、职业发展能力的拓宽与培育为基础，以突出职业技能传授能力培养为核心的职教师资人才培养模式。推进职教师资人才培养模式的重要性有以下四点。

第一，通过系统化的教育和专业技能的培养，提高了职教师资的总体质量和素质，拓宽学科视野，提升专业技能，有效推动我国职业教育的发展，培养更多合格的职教师资人才，是解决目前我国及广东省职教师资严重短缺问题的有效方案。

第二，根据职教师资人才培养的目标和要求，学生要按计划完成各项实习实训任务。通过实习实训，不仅验证了学生所学理论知识，而且在实践中提高了职业操作技能，学生的实践动手能力明显增强，加深了对真实工程环境的了解，达到了增强事业心和责任感的目的。

第三，以"3 +2" 职教师资人才培养试点专业为重点，同时向普通本科师范专业与硕士研究生相关专业拓展、推进，是促进中等职业教育与高等职业教育衔接的有益探索。构建"中等职业院校教师在职攻读硕士学位"的人才培养模式，探索从中职、高职到应用型本科以及专业硕士学位纵向衔接、横向贯通的"职业教育人才培养立交桥"，促进广东现代职业教育的新发展。

第四，转变教育教学观念，深化教育教学改革，促进高职高专院校教学改革向纵深方向发展，是彰显办学特色和提高办学质量与水平的有效途径。为提高职教师范素质模块的学时比例，安排了为期 8 周的教育实习，帮助学生熟悉教学工作流程和中职教学方法，能够较快适应职业学校各项教学工作，专业知识和师范教育的技能能够满足教学要求，学生的整体教学能力和心理素质明显提高，得到了实习学校领导和教师的普遍好评。

三 "3 +2" 职教师资人才培养的主要问题

从总体上看，广东技术师范学院职教师资人才的培养方式还是学科本位，与普通本科院校人才培养方式类似，职教特色不够鲜明，培养的毕业生技能不突出，与中职、高职所需要的"双师型"教师存在较大差距，高职到本科职教师资人才培养的对接渠道尚不够通畅，职教师资人才培养综合改革迫在眉睫。

（一）生源不足

目前，广东省开展"3 +2" 专升本职教师资人才培养的院校较少，试点招生专业也较少。由于开展时间较短，宣传不够广泛，相当多的高职毕业生对“3+2”专升本职教师资人才培养这一新模式尚不知情，招生信息也不甚了解。由于“普教情结”，职教师资生源质量相对较低，难以吸收“知识渊博、技能熟练”的高素质高职毕业生。广东技术师范学院现有“3+2”专升本职教师资专业6个，除计算机科学与技术、装潢设计与工艺教育两个专业报考人数较多以外，其他试点专业报考人数较少。机械电子工程和自动化两个试点专业在招生的第一年由于报考人数过少，未能开办相应的职教师资班。

（二）生源质量参差不齐

从近几年的招生情况来看，学生在专科阶段所学的专业种类较多，有些与专升本报考的本科专业不完全一致。由于录取的学生来自不同的高职院校且专业分布面较宽泛，即便同一专业不同院校的课程设置及深度要求也有所不同，学生的基础理论知识水平及专业技能参差不齐。一些学生尽管有相应的中级以上技能资格证书，但专业技能不够强，对相关专业课程的学习较薄弱。生源结构较复杂且专业基础差，增加了教学实施的难度，影响了教学效果。

（三）未能较好实现人才培养目标

职教师资人才的培养目标就是要为中职院校培养高素质的教师人才，但从广东技术师范学院首届（2011届）职教师资班毕业生的就业情况来看，近七成学生进入公司就业，到职业学校担任教师的人数不超过20%。以计算机科学与技术专业职教师资班近三年毕业生的就业情况为例，2011—2013年的毕业生总人数分别为29人、56人、46人，共计131人；进入中职院校当教师的人数分别为6人、12人、8人，共计26人，从事教师职业的人仅占19.85%。

（四）就业渠道不通畅

由于缺乏健全的中职教师准入机制，职教师资毕业生进入中职学校的渠道并不十分畅通。尽管总体上广东省中职师资较为紧缺，但冷热分布不均；珠江三角洲一些发达城市中职学校师资接近饱和且一般都要求硕士研究生以上学历，而边远、欠发达地区对中职师资需求的缺口较大，但对毕业生吸引力不大。大城市情结导致毕业生大多愿意留在中心城市，不愿去中小城市和落后地区中职学校就业，也有部分毕业生不愿意做教师工作，而选择去企业或其他单位工作。由于就业前景还不明朗，培养的毕业生尚未得到中职学校的检验与认可，不能有效吸引高职院校优秀毕业生报考。

（五）综合改革未能深入、全面开展

"3+2"专升本职教师资人才培养的教学实施与教学改革在国内无先例可循，各项改革工作正处于探索之中，课堂教学与实践教学模式尚未形成。没有形成稳定、统一、可操作性强的职教师资人才培养模式，基本上还是处于封闭办学；教师教学技能与水平有待提升，突出职业教育从业能力培养的教学改革仍不够深入；国家认可的职教师资人才培养标准也尚未出台；缺少适合职教师资培养培训的课程和教材，实践特色不突出。这些都成为制约职教师资人才培养模式发展的新问题。

四 "3+2"职教师资人才培养综合改革的思路

"十二五"及其以后相当一个时期，广东省中等职业教育需要一大批中职师资，这为开展"3+2"专升本职教师资人才培养提供了广阔的空间。为做好职教师资人才培养工作，保证职教师资班学生核心竞争力的培养，及教学综合改革的顺利开展，从以下几方面提出对策与建议。

（一）加大招生宣传，探索新的招考方式

加强职教师资招生宣传工作，组织试点院校与对口高职开展校校合作，实行"委培式"或"订单式"培养模式，试行专本连读等招生政策，扩展生源渠道；可联合部分高职院校举办"高职高专校长论坛"、高职院校招生就业办负责人座谈会，介绍"3+2专升本职教师资"招生信息及其优惠政策。为增大"3+2"职教师资人才培养新模式对高职学生的吸引力，可给予学生减免部分或全部学费、助学金及奖学金等政策。

改变目前单一的"专插本"招生考试，对生源地选取、考试、录取等环节进行改革，探讨面向广东省、全国优秀中职、高职院校及社会，

试行单独考试、单独录取、自主招生等新举措。给予“3＋2”职教师资人才培养试点院校更多的自主权，提供自主招生、自主办学等相关政策支持；由招生院校自主招生或几所试点院校联考，真正把高职院校中专业对口、理论基础扎实、实践动手能力较强的毕业生招收进来。

（二）制订职教特色突出的人才培养方案

制定《“3＋2”职教师资人才培养试点专业人才培养方案》，培养学生的专业技能传授能力和职业发展能力，突出职教的师范性特色。人才培养方案中课程体系的构成采取“模块”的形式，根据中职学校对职教师资的发展要求设置课程，以模块化课程设置体现专业方向，灵活性更大、适应性更强。主要包括教师教育模块、专业模块、专业拓展模块、社会实践模块、人文综合素质模块及技能培训考证模块等。积极学习借鉴国内外职业教育的先进理念和经验，大胆改革和创新教学模式和教学方法，尤其倡导将“教学做”合一培养技能型人才的教学方法引入职教师资培养，着力对学生进行职业技能传授能力的培养。改革以往单纯以实施学科教育为目标的教学内容，加强对中职、高职与行业的调研与合作，组织规划编写能体现“知识＋技能”“学科教育与技能教育相结合”理念、突出职业技能传授能力培养的立体化职教师资教育教材。

（三）打造优质“双师型”师资队伍

所谓“双师型”教师是指具备教师资格证书和其他职业资格证书，同时具备理论教学和实践教学两种能力的教师。“3＋2”试点院校、有关高职院校、中职院校组建“双师型”职教师资人才培养联盟，优化职教师资人才培养机制与培养模式，突出职业教育从业能力的培养。通过内训与外聘（中职、高职和行业专家学者等）相结合，建设一个优质教学师资资源库，着力打造一支师德和学术修养较高、实践能力强、能讲会干、专兼结合、具有鲜明的职业技术与技术师范特色的“双师型”教学科研队伍。广东技术师范学院各试点专业所属二级学院配备教学经验丰富、教学水平高、实践能力较强的骨干教师担任教学工作，承担“3＋2”师资班教学任务的教师“双师型”比例普遍达到60%以上。

（四）实行“三证书”制度，重视学生职业技能的培养

“三证书制”要求学生毕业前取得大学学历证书，技术等级证书和教师资格证书；学历证书表明了毕业生学完规订课程获得相应的本科学历水平，专业技术等级证书则反映了毕业生的专业技能水平，教师资格证书表明毕业生具备从事相应教师工作的基本条件。协调“应用性”与“师范性”，两者兼顾。“应用性”是学生培养工作的中心点，要求学生系统地掌握本专业、本学科的知识与理论，加强学生实践、动手能力的培养，具有工程师或技师的实践技能。而“师范性”是为实现有效教学而设的手段，使毕业生具备从教的理论水平和能力，从而提高他们的职业技能传授能力。此外，通过开设职业技术教育学、职业技术专业教学论、心理学、普通话培训等课程，加强学生职业技能传授能力的培养，提高学生的职业技能传授能力。

（五）推进“校用合作、校校联合”办学模式

推行校用结合，即学校与用人单位进行合作办学，让用人单位参与人才培养方案制定课程与教学内容设计等整个教学实施过程。签订校企合作协议，形成“学校+实习基地”学生学习、实习和培训模式，学校的人才培养真正实现与用人单位的实际需要接轨，真正了解用人单位对人才培养的实际要求，学生也有更多机会观摩教学，接受实践检验，成为合格的职教师资人才。探索与省内外高校、职业院校签订联合办学协议，实现优势互补，资源共享，合作办学；与中职院校签订协议，实行“委培式”培养模式和“订单式”培养模式，为中职院校定向培养师资人才；与高职院校的对口招生录取工作，实现学生在高职实施的3年大专教育与在广东技术师范学院实施的2年本科教育有序、有效衔接，增强课程设置体系、人才培养方案的连贯性、一致性和互补性。

（六）妥善解决学生的就业问题

“3+2”职教师资毕业生的就业状况，将直接影响职教师资人才培养模式综合改革工作的下一步实施。加强职业生涯规划指导，与学生多交流、多沟通，帮助他们树立正确的专业观、学习观、就业观；加强与中

职学校的合作，建立广东省职业院校教师准入机制，保障优秀职教师资毕业生到中职及高职院校的就业渠道更为通畅。也可予以适当的优惠政策和相应的政策倾斜，对毕业后到省内16个贫困山区（县）从事职业教育的学生退还学费等，力争让职教师资毕业生在中职学校有良好的就业局面。

开展职教师资人才培养综合改革，培养广东省职教发展需要的优秀职教师资，推动广东技术师范学院教学改革与人才培养质量的全面提高，是实现建设现代职业教育体系战略构想的重要途径。这不仅是广东技术师范学院教学改革与发展的重大课题，也是践行“面向职教、服务职教、引领职教”的办学定位、把学院建设成为人才培养特色鲜明的职业技术师范大学的重大战略举措。对“3＋2”职教师资人才培养模式进行改革和创新，不仅能够提高学生的综合素质和实践能力，保证人才培养与教学实施的质量，也为今后更好实现“3＋2”职教师资人才培养综合改革工作奠定了坚实的基础。

参考资料

1. 许祥云：《新世纪职业教育改革探索》，中国地质大学出版社2004年版。
2. 高瑛：《面向21世纪职业教育师资队伍建设对策研究》，高等教育出版社2003年版。
3. 王乐夫、姚洪略：《加强培养培训改革创新，促进职教师资素质提高——广东技术师范学院职教师资培养培训实践》，《广东技术师范学院学报》2012年第4期。

原文刊于《黑龙江教育》（高教研究与评估）2014年第12期

突出核心能力培养的会计学专业职教师资质量标准研究*

——以广东技术师范学院为例

刘茂平** 向 凯

摘 要：根据广东技术师范学院“面向职教，服务职教，引领职教”的办学定位，按照“学术性、职业性和师范性”的人才培养方案以及“学历教育、会计职业资格教育和会计执业教育”相结合的人才培养模式，会计学院构建和完善了一套“知识、素质和能力”协调化、突出“专业、技能和双证书”一体化核心能力的高素质会计职教师资的培养标准。

关键词：核心能力；会计学；质量标准

一 职教师资培养质量标准的内涵

教育是立国之本，改革开放以来，我们国家把教育尤其是职业技术教育提到战略高度来认识。可以说，我国改革开放以来几十年所创造的

---

* 广东省教育综合改革试点项目“职教师资人才培养模式综合改革”子项目：突出核心能力培养的会计学专业职教师资“质量标准”的研究制定（子项目主持人：刘茂平；项目编号：2012ZSZG57）。

** 刘茂平，经济学博士，副教授，广东技术师范学院财经学院金融学专业负责人，代表作：《上市公司大股东激励问题研究》。

经济奇迹与我国广大专门从事技能型工作劳动者的贡献是密不可分的，大力发展职业技术教育成为我国教育发展过程中的一个重点。一个国家的教育质量如何，取决于这个国家的各级学校人才培养质量如何，而人才培养质量的高低又取决于以“传道授业解惑”为本质的教师的师资水平。职业技术教育作为教育领域中的重要组成部分，其师资水平对其教育质量同样有着决定性的影响。因此，为职业技术教育提供师资的大学怎样才能培养出合格的职教师资显得尤为重要。也就是说，研究职教师资人才培养质量标准问题，对于促进我国职业教育发展、切实提升我国专业型技能型和应用型人才培养的质量具有重大意义。

人才培养的质量标准指用来描述和测量培养单位的产品即单个或全体学生的成就的最低要求。标准与目的有差异，目的属于或然范畴，未必一定能够达到；标准却要求每个人都要达到，也即在一定范围内学生能够获得且必须获得一定的能力和知识。肖化移①认为教育质量标准可分两个层次，即一般的基本质量要求和具体的人才合格标准。而高等职业教育的质量则是指高职教育的固有特性满足其用人单位要求的程度，其核心内容是毕业生的质量满足社会及受教育者需求的程度。

职教师资培养质量标准则是指描述和测量职技高师以及其他培养单位培养的学生能够顺利转化角色，成为中职高职教师所必须的知识技能的最低要求，是中职高职教师培养目标的具体化，是培养的人才要达到的具体状态。

二　职业技术师范教育人才培养质量标准体系

《国家中长期教育改革和发展规划纲要（2010—2020 年）》指出了制定人才培养质量标准应当遵循的方向：“把促进人的全面发展、适应社会需要作为衡量教育质量的根本标准。”因此，以人为本、培养有用之才才是人才培养的目的。这样的标准具有一般性，具体到不同类别不同专业

---

① 肖化移：《论高等职业教育的质量与标准》，《湖南师范大学教育科学学报》2005 年第 6 期。

的人才培养质量标准时，其内容又会有所不同。[①]

中职院校教育的根本目的是为国家经济发展培养各行各业的初、中级技能型人才，[②] 而作为职教基地的职业技术高等师范院校（以下简称职技高师）则是向中职院校输送合格的中职教师。因此，为了使职技高师的人才培养与中职师资的需求有效衔接，就决定了职技高师的发展方向也必然是由市场经济发展的需求来决定，[③] 也决定了职业技术师范教育人才培养质量标准体系至少体现学术性标准、职业性标准和师范性标准三部分。[④][⑤]

（一）学术性标准

学术性问题往往是某一学科中的理论问题。研究者围绕学科中理论问题展开的讨论而发表的观点，一般都具有学术性。具体到职业技术师范教育而言，其学术性主要体现在：通过职业技术师范教育的系统培训，毕业生掌握某一专业领域中的系统知识，并以此为基础，运用该专业领域中的系统知识去发现问题、分析问题、解决问题并创造新知识。笔者认为，创造新知识或者所应具备的创新精神是学术性标准的核心。而合理的知识结构是创新人才的必备条件，需要广泛的常识性知识和深厚的专业理论基础知识，它影响着职业技术师范院校学生今后职业发展与学术追求。因此，学术性标准是职业技术师范教育人才培养质量标准体系中不可或缺的，是从事职业教育工作并成为合格的教育工作者的必然要求。

（二）职业性标准

相对于强调理论问题的学术性问题而言，职业性问题通常讨论的核

---

① 许荣花、白宗新：《构建人才培养质量标准刍议》，《长江大学学报》2012 年第 10 期。

② 刘秀波、杨晓东：《吉林省中职师资需求与职技高师人才培养衔接问题》，《现代教育科学》2000 年第 4 期。

③ 秦志爽、吴桂淑：《高等院校职教基地师资培养质量的思考》，《神州》2013 年第 1 期。

④ 孟庆国、张燕、蓝欣：《职业技术师范院校在职教师资培养模式转轨中的地位和作用》，《职业教育》2011 年第 1 期。

⑤ 陈玉强、朱斌：《高校人才培养质量标准体系研究》，《教育教学论坛》2011 年第 31 期。

心属于实践性问题与应用性问题。因此，职业技术师范教育的职业性标准主要体现在：经过职业技术师范教育的系统培训，其毕业生进入社会以后能迅速适应新的工作岗位并且在实际工作中能发挥良好作用。根据孟庆国、张燕、蓝欣的观点，[①] 职业技术师范教育的职业性标准包含社会职业性和技术职业性两个方面：前者是因为学生毕业后都要进入社会找到工作获得为社会做贡献的机会，因而称为社会职业性；后者是因为职业技术师范教育的核心是技术教育，因而称为技术职业性。由于职业技术教育有着明确的行业属性和鲜明的职业性，因此职业性标准成为职业技术师范教育人才培养质量标准体系的必要构成要素，也是区别于其他一般高等教育人才培养质量标准的要素之一。

（三）师范性标准

为职业教育培养合格的师资力量是职业技术师范教育的中心任务，因此，师范性标准可以说是职业技术师范教育人才培养质量标准体系中的核心要素。职业技术师范教育的师范性标准主要体现在：在培养学生的过程中，除了让其掌握专业知识外，还必须对其进行教师职业道德、专业教学技能以及教育心理等方面的培养，使其毕业生拥有成为一名教师应该具备的教育教学培养人才等各方面的能力。“德高为师，学高为范。”“师范性”不仅仅是教材教法的学习，更应该是职业道德品质和情怀的锻造。

三　广东技术师范学院会计学专业职教师资培养的成就与不足

（一）专业定位与规划

广东技术师范学院会计学专业开办十七年来，一贯坚持“学历教育与职业资格教育”相结合的专业办学理念，始终按照“职业性、师范性、学术性”来制订、修订和优化人才培养方案，构建了“知识、素质与能力协调化”和“会计、审计与财务一体化”的课程体系，形成了“双师

---

① 孟庆国、张燕、蓝欣：《职业技术师范院校在职教师资培养模式转轨中的地位和作用》，《职业教育》2011 年第 1 期。

型”教师培养“双证书”高素质会计职教师资和高技能应用型会计人才的培养模式，着力培养学生的“职业判断、专业技能、从业能力和教学能力”，目前已初步形成了自身的专业内涵和专业特色。但从突出核心能力培养的角度看，该专业建设还存在以下问题：（1）以职教为核心的办学定位特色还没有完全体现出来，需要进一步围绕学校“面向职教，服务职教，引领职教”办学定位，从课程建设和教学改革入手，进一步修订人才培养方案，加强专业内涵建设；凝练专业特色；（2）在人才培养方案中，有关“师范性”方面体现不足，还不能完全体现出师范性专业与非师范性专业之间的差异性；（3）在课程体系中，着力培养学生“核心竞争力”的课程欠缺，还需要进一步进行调研，根据中等职业学校的会计专业教学的特点，进一步优化课程体系和加强教学方法改革。

（二）师资队伍

广东技术师范学院会计学专业目前具有专任教师 21 人，具有高级职称教师的比例为76%，“双师型”教师的比例为67%，具有硕士学位以上教师的比例为76%，能够满足本专业的教学和科研工作的需要。但是也存在以下问题：（1）具有博士学位的教师所占比例偏低。（2）虽然“双师型”教师所占比例为67%，基本能够满足培养“双证书”的会计职教师资人才的需要，但还有待通过内部培养、外部引进和选派专业教师到企业或会计师事务所进行实践学习等方式，力争“双师型”教师所占比例达到80%。在现有“双师型”教师队伍中，具有企业实际工作经历的教师偏少，实践操作能力不够，直接影响到实践教学水平的提高。（3）目前还缺乏在省内具有一定影响力的学术带头人。（4）尚未形成具有一定特色的科研团队和教学团队。

（三）课程建设与实践教学

在目前阶段，广东技术师范学院会计学专业课程建设还存在以下问题：（1）虽然本专业拥有中级财务会计、审计学、财务管理、证券投资学等四门校级精品课程，但缺乏省级精品课程；（2）部分课程边界界定不清，理论课程与实训课程衔接不紧密，还不能充分体现“职业性”；（3）目前本专业已建成了会计学基础、中级财务会计、税法与税务会计、审计学、证券投资分析、财务管理等6门网络课程，但总体来看，网络课程尚未完全覆盖专业核心课程，已有的网络课程中，可利用的教学资源匮乏，教学资源更新慢、学生利用率低，还不能实现师生之间教学资源的共享；（4）目前本专业仅拥有西方会计、国际金融两门双语课程，双语课程建设缓慢；（5）在课程设置上，还有很大的完善空间，需要进一步实现“学历教育”“职业资格考试”等不同课程的无缝对接，提高学生的“双证书”率；（6）需要进一步构建“知识、素质和能力”协调化、“会计、审计与财务一体化”的课程体系。

广东技术师范学院会计学专业的实践教学体系，主要包括以下三个层次：一是单项课程基本技能实训环节，包括会计学基础、中级财务会计、成本会计、西方会计、财务管理、审计学、税法与税务会计、证券投资、资产评估、税务代理实务等10门实训课；二是综合型实践教学环节，包括会计手工模拟综合实训、会计电算化实训、计算机审计实训和ERP综合实训等4门综合实训课；三是研究创新型实践教学环节，包括会计师事务所或企事业单位的专业实习、教育实习、社会实践调查、毕业论文、大学生创新项目、课外科技活动等研究创新型实践教学项目。上述实践教学体系相对完整，但仍存在以下问题：（1）单项实训课程建设较为成熟，但是综合实训课程偏少；（2）单项课程实训与综合实训课程衔接不是很紧密；（3）理论教学内容与实训教学内容衔接不是很紧密；（4）按照会计实践工作环节，会计、审计、财务与税务等四个方面的工作结果相互利用，目前本专业虽已初步建立了“会计、审计与财务”一体化实训体系，但是该实训体系的基础实训资料还有待进一步完善；（5）须加大本专业教育实习的力度；（6）教师的实践教学能力有待提高。

（四）教学水平与质量

广东技术师范学院会计学专业积极鼓励学生参加各类会计职业资格考试，学生获得“双证书”率达到98%。本专业积极鼓励学生参加各类学科竞赛和专业竞赛，积极动员学生考研。但仍存在以下问题：（1）学生获得“双证书”仅代表学生获得一定的从业资格，需要进一步提高学生的实践动手能力，进一步优化“学科教育与技能教育”“教、学、做”一体化的人才培养模式；（2）需要根据“3+2”职教师资人才培养的规律，进一步加强教学方法的改革，加大项目教学法、案例教学法等教学方法在各门课程的运用力度，特别是需要加强学生的教学能力和班主任管理工作能力的训练和培养；（3）参加全国性的学科竞赛和专业竞赛较少，获得国家级和省级的竞赛奖项偏少，需要进一步加强对学生参加学科竞赛和专业竞赛的指导，力争获得高层次的奖项；（4）须加强对学生考研的动员和指导，提高学生的考研率；（5）须加强对学生的学术研究能力的培养，积极鼓励和支持学生在国内公开刊物发表学术论文，特别是要大力支持师范生在国内期刊发表有关中等职业教育与教学研究的教学改革论文。

（五）教学效果与特色

广东技术师范学院财务会计教育专业是师范类专业，是适应市场对会计教育师资的巨大需求而设立的，主要培养既精通财务会计理论与实务、又谙熟教育理论的财务会计教育师资队伍。形成的专业要求为：（1）具有良好的身体素质、心理素质、职业道德、诚信意识和社会责任感；（2）掌握管理学、经济学、金融学、法学和会计学的基本理论、基本知识；（3）熟悉与会计相关的方针、政策和法规及国际惯例，具有较强的分析和解决会计问题的基本能力；（4）掌握并能够初步运用教育学、教育技术学和心理学等基础理论，从事财务会计类课程教学的基本能力；（5）除具备较强的自主学习能力、社会适应力和创新能力等通用性能力外，还应具备会计实践能力、会计职业判断能力、财务决策分析能力和组织管理能力等专业性能力；（6）具有较强的语言与文字表达、人际沟通、信息获取及分析能力；（7）了解本专业的理论前沿和发展动态；（8）掌握文献检索、资料查询的基本方法，具有一定的调查研究和科研的能力。尽管市场对我校财务会计教育专业已毕业学生评价普遍较高，但从教育教学的角度来看，我们并没有形成职业教育特色的质量标准体系。

四　突出核心能力培养：会计学专业职教师资培养的必然趋势

“以就业为导向、以能力培养为本位、以社会需求为目标”是职业教育教学改革的核心。就业导向与满足社会需求相辅相成，互为因果，是职业教育存在的根本理由，突出职业核心能力培养则更能实现前面这两个目标。而目前我国职业教育重专业技能、轻职业核心能力的传统惯性已成为制约人才培养质量提升的瓶颈。2013 对会计学专业学生而言，职业核心能力则是体现其职业素养、决定其职业发展的关键要素之一。①

（一）中职院校对师资的能力要求

教师首先必须有扎实的专业知识，方可“传道授业解惑”，但能否成功“传道授业解惑”，非得有“传道授业解惑”的素质和能力不可。因此，“知识”、“素质”和“能力”对教师来讲是多么重要！中职院校教师也不例外，必须是“知识、素质和能力”一体化、协调化。目前普遍认为中职教师应该具备理论教学能力、实践教学能力和管理学生能力。②其中实践教学能力也可以叫技能结构：牢固掌握基本技能，学习新知识，掌握新技能。从短期来看，这些能力可以满足教学的要求，但没有关注到教师长期发展的需求和自身心理满足的需求。③ 能够提供这种需求的能力叫职业核心能力。

（二）核心能力的内涵

最早提出核心能力概念的人当属德国学者 Mertens。1974 年他在其著作《关键能力——现代社会的教育革命》中首次提出“Key Skills”。德国也是职业教育办得非常成功的国家，世界各国争相效仿的对象。到 1990 年，德国职教领域已将“关键能力”作为培养学生的最终目标之一。④

核心能力在不同国家有不同的称谓，澳大利亚称其为关键能力（Key Competencies），英国称其为核心技能（Core Skills），美国称其为基本技

---

① 邓峰、吴颖岩：《会计电算化专业学生职业核心能力的养成》，《职业与教育》2013 年第 14 期。

② 韦焕能：《中职教师应具备的三种能力》，《管理》2007 年第 7 期。

③ 徐丹阳：《中职专业课教师能力模型研究》，硕士学位论文，浙江工业大学，2008 年。

④ 曹家谋：《高职财经类学生职业核心能力的内涵与培养》，《江苏广播电视大学学报》2010 年第 5 期。

能（Foundational Skills），而新西兰则称其为必要技能（Essential Skills）。[①] 虽然称谓不同，但含义基本一致，都是指从事任何一种职业或工作必须具备的且是最基本的一般能力。核心能力强调的是，当工作环境、劳动组织或职业等发生变化时，面对这些变化了的情况，具备这一能力的劳动者依然能很好地为社会做贡献，因此，也称为通用能力（Common Skills）。联合国教科文组织对核心能力的定义比较有权威性："使受教育者获得在某一领域内从事几种工作所需要的广泛的知识和基本技能，使之在选择职业时不致受到本人所受教育的限制，甚至在一生中可以从一个活动领域转向另一个活动领域。"[②] 在我国原劳动和社会保障部于1998年9月率先提出构建职业核心能力体系的建议，并在其颁布的《国际技能振兴战略》中按职业分类把能力分为三个层面：专业特定能力、行业通用能力和核心能力。其中把职业核心能力划分为8项：与人交流、数字应用、信息处理、与人合作、解决问题、自我学习、创新革新和外语应用等。英国的核心能力体系包含6项：交流、数字应用、信息技术与人合作、学习与业绩的自我提高、解决问题等。其中，前3项属于主要核心能力，后3项属于广泛核心能力。[③] 可以发现，这些核心能力所包含的内容大体相同或者相近。

（三）当前对职业核心能力认识上的一些片面观点

劳动者的可持续发展和全面发展是我国教育界的共识，而职业核心能力直接影响着劳动者的可持续发展。改革开放以来，我国把教育尤其是职业技术教育提到战略高度来认识，举国上下也越来越重视职业核心能力的培养，但对其应该如何培养的认识上，我国还存在着一些片面观点。丘东晓和刘楚佳对这些观点进行了较好的总结：片面观点一，把职业核心能力的培养等同于公共基础课程教育或者通识教育。这是由于一些学者把职业核心能力中所包括的一些内容，比如"与人交流、数字应

① 肖化移：《高等职业教育质量标准研究》，博士学位论文，华东师范大学，2004年。

② 吴盈盈：《论高职旅游专业职业核心能力培养的意义及策略》，《科技信息》2008年第19期。

③ 邵爱群：《英国职业核心能力开发及对我国职业教育的启示》，硕士学位论文，四川师范大学，2009年。

用、信息处理、外语应用”等，理所当然地类比为“语文、数学、计算机、外语”等公共基础课程，只要在这些课程中增加一些职业方面的内容，就可以达到培养职业核心能力的目的。片面观点二，一些学者认为构成职业核心能力要素的各项能力的培养可以通过一门门独立的课程完成；片面观点三，认为职业核心能力的培养可以增设一门“职业核心能力”的基础课程来达到培养目的。[①]

事实上，职业核心能力的培养是比较复杂的问题，核心能力中的各项能力是一体化的，并且整个能力的培养有高度的情境依赖性，割裂开来或者是只开一门“职业核心能力”课程都无法有效地培养职业核心能力。其原因是职业核心能力包括了方法能力和社会能力，方法能力和社会能力的有机统一，只能在职业活动和一般的社会活动之中有机融合才会实现，这就需要通过合理的课堂课程教学与结构多元的学习途径，并辅以适度的专业实践等进行多方位综合培养。[②]

（四）会计学专业职教师资的职业核心能力

虽然职业核心能力具有普遍适用性，但针对具体行业和专业，核心能力的侧重点是有所不同的。[③] 高克智和王辉认为，[④] 会计语言转换能力是会计专业核心能力，由公认会计原则的理解能力、经济业务事项的透视能力和公认会计原则的选择能力等三种能力要素构成。这三种能力要素的形成与综合过程即为会计专业核心能力的形成过程。文惠英则认为，[⑤]“信息处理，沟通问题和解决问题”三项核心能力一起构成了会计学专业的职业核心能力的三大支柱，并对三者加以分类，认为“信息处理”属于职业的方法能力，即个人具体的学习的方式；而“沟通问题和解决问题”属于职业的社会能力，即与他人合作和工作的能力。对会计职业核心能力而言，这三种能力十分重要，相互依存，同时也不排斥其

---

① 丘东晓、刘楚佳：《职业核心能力的内涵分析及培养》，《教育导刊》2011 年第 11 期。

② 同上。

③ 文惠英：《探讨会计职业核心能力的培养》，《科技信息》2010 年第 10 期。

④ 高克智、王辉：《会计专业核心能力及其培养路径研究》，《安徽农业大学学报》2011 年第 3 期。

⑤ 文惠英：《探讨会计职业核心能力的培养》，《科技信息》2010 年第 10 期。

他能力的重要性。徐英俊、冯艳娜就认为[①]，职教教师的职业核心能力是指在职业院校里，从事专业课教学的教师，经过职前培养和职后培训，在教学实践活动过程中，有效地进行教学活动，顺利地完成专业教学任务所应具备的专业教学能力、实践教学能力及教育教学能力的一种综合教学能力。很明显，他们强调的是作为职教教师的教学能力。

笔者认为，会计学专业职教师资的职业核心能力可以表述为：在职业院校里，从事会计学教学的教师，经过就职以前高等教育的系统培养和就职后的系统培训，顺利地完成会计教学任务所应具备的能充分掌握公认会计原则、能透视经济业务事项和准确选择公认会计原则的专业教学能力、实践教学能力及教育教学能力的可以体现“专业、技能、多证书一体化”的一种综合教学能力。

五　突出核心能力培养的会计学专业职教师资质量标准的构建

人才培养质量要通过教育过程和教育结果来体现，要有具体的能力结构、知识结构及相应的标准来衡量。根据前面的分析，本文构建了突出核心能力培养的会计学专业职教师资质量标准（见表1）。

表1　　会计学专业职教师资质量标准体系

能力结构		知识结构	标准
学术能力	独立研究问题能力	基础科学知识，应用科学知识	掌握会计学的基本理论、基本知识；了解国家方针、政策、法规以及国内外会计学发展动态及经济管理的前沿理论
	数学逻辑能力		掌握文献检索、资料查询的基本方法，具有一定的调查研究和科研的能力
	自主创新与洞察力		掌握会计学的基本理论和方法，能理论联系实际，帮助单位进行更好的财务分析的能力

① 徐英俊、冯艳娜：《中职师资职业核心能力抽样调查与分析》，《职教论坛》2011年第27期。

续表

<table>
<tr><th colspan="3">能力结构</th><th>知识结构</th><th>标准</th></tr>
<tr><td rowspan="5">职业能力</td><td colspan="2">会计职业判断能力</td><td rowspan="5">专门职业知识、职业实践知识</td><td>熟悉与会计相关的方针、政策和法规及国际惯例；了解会计学的理论前沿和发展动力</td></tr>
<tr><td colspan="2">会计实践动手能力</td><td>能适应不同环境的需要，具有较强的分析和解决会计问题的基本能力</td></tr>
<tr><td colspan="2">会计执业能力</td><td>能参与战略经营和管理决策，把握行业发展趋势、较好地利用专业知识解决问题的能力</td></tr>
<tr><td colspan="2">财务决策分析能力</td><td>具备综合运用财务会计信息，为管理决策提供意见和建议的能力</td></tr>
<tr><td colspan="2">会计教学能力</td><td>掌握并能够初步运用教育学、教育技术学和心理学等基础理论，从事财务会计类课程教学的基本能力，包括专业教学能力、实践教学能力和职教理论素养及教育教学能力</td></tr>
<tr><td rowspan="2">普适性能力</td><td>方法</td><td>数字应用、信息处理、自我学习、创新革新</td><td rowspan="2">跨职业、跨学科知识</td><td>具有宽广的人文、社会科学知识，掌握企业经营管理、经济学、金融学、法学和会计学的基本理论、基本知识；具备较强的自主学习能力、创新能力，能用经济学管理知识对一些相关政策和现象做出合理的解释，有创新精神和创新思维，富于变通掌握数理统计、计算机及信息网络的知识及应用技术，了解管理的基本技能和内容</td></tr>
<tr><td>社会能力</td><td>与人交流、与人合作、解决问题、外语应用</td><td>善于表达、善于沟通，善于捕捉来自社会生活各个方面的信息，及时准确地将相关信息和自己的思想、观点传递给相关各方，以取得对方的理解与支持；具有协调人际关系的能力，有团队合作精神；具有良好的身体素质、心理素质、职业道德、诚信意识和社会责任感；掌握一门外语，能初步阅读英文书刊，听、说、写、译等方面达到国家规定的四级标准</td></tr>
</table>

表1中强调了三种能力：学术能力、职业能力和普适性能力。核心能力的培养不能只局限于普适性能力，而是三种能力的有机结合，否则就不可能真正培育出具有核心能力的职教师资。如果把会计学专业职教师资职业核心能力的养成喻为植物的生长，那么，职业能力犹如土壤，学术能力则是阳光，普适性能力就是水分，只有在三者合力作用下，才能实现人才培养目标。①②

根据广东省产业升级转型和广东省大力发展职业技术教育的要求，根据当前及未来一定时期会计就业市场对高素质会计人才和中高等职业院校对会计职教师资的需求，广东技术师范学院会计教育改革应当以会计专业核心能力为起点，重构专业知识、素质与能力框架，以核心能力的形成过程为主线，嵌入职业素质与基本技能培养，改革教学模式、教学方法；应继续按照“学术性、职业性和师范性”融合化来制订、调整和优化人才培养方案，突出“专业、技能和多证书”一体化核心能力的高素质会计职教师资的质量标准，全面提高人才培养质量。

一是按照“学历教育与职业资格教育”相结合的要求，将学历教育课程与职业资格考试课程实现无缝对接，并要求学生主动接受技能培训，使学生在就业前就掌握扎实的专业实践技能，学生毕业前须获取如“珠算等级证书”“初级或中级电算化证书”“计算机等级证书”“普通话证书”“会计从业资格证书”“助理会计师证书”“ERP证书”“注册会计师考试单科合格证书”等职业资格证书。

二是按照会计职业岗位群，开设专业方向特色课，开展企业项目实践教学，构建以岗位技能、岗位角色扮演、岗位协作、岗位轮换的单项技能实训、综合性实训和创新性实训的实践课程体系，实现理论与实践教学相对接，职业技能与职业态度的双线培养，着力培养学生的“职业判断能力、实践动手能力、会计执业能力”，同时强调师范性特征。

三是加强师资队伍建设。要围绕会计职教师资核心能力培养，加强

① 邓峰、吴颖岩：《会计电算化专业学生职业核心能力的养成》，《职业与教育》2013年第14期。

② 陈丽荣、曹玉昆：《农林经济管理专业人才培养质量标准研究》，《中国林业教育》2009年第5期。

培养会计职教师资本身的教学团队建设，实施“专业＋技能”双专业带头人和双骨干教师培养工程，通过内培外引、建立稳定的兼职教师队伍等，提升专业教师的双师素质。最终提高培养职业核心能力的素质、形成合理的专业培养要求：核心能力的载体（会计职业判断能力、会计实践动手能力、会计执业能力、会计专业教学能力等）逐年提高、核心能力的表征形式（“双证书”率、大学英语过级率、计算机考试过级率、第一志愿录取率、一次就业率、考研录取率等）逐年提高，培养出“职业能力突出、普适性能力优秀、学术能力较强”的优秀毕业生，为职业院校输送优秀的师资力量。

参考文献

1. 肖化移：《论高等职业教育的质量与标准》，《湖南师范大学教育科学学报》2005年第6期。
2. 许荣花、白宗新：《构建人才培养质量标准刍议》，《长江大学学报》2012年第10期。
3. 刘秀波、杨晓东：《吉林省中职师资需求与职技高师人才培养衔接问题》，《现代教育科学》2000年第4期。
4. 秦志爽、吴桂淑：《高等院校职教基地师资培养质量的思考》，《神州》2013年第1期。
5. 孟庆国、张燕、蓝欣：《职业技术师范院校在职教师资培养模式转轨中的地位和作用》，《职业教育》2011年第1期。
6. 陈玉强、朱斌：《高校人才培养质量标准体系研究》，《教育教学论坛》2011年第31期。
7. 邓峰、吴颖岩：《会计电算化专业学生职业核心能力的养成》，《职业与教育》2013年第14期。
8. 韦焕能：《中职教师应具备的三种能力》，《管理》2007年第7期。
9. 徐丹阳：《中职专业课教师能力模型研究》，硕士学位论文，浙江工业大学，2008年。
10. 曹家谋：《高职财经类学生职业核心能力的内涵与培养》，《江苏广播电视大学学报》2010年第5期。
11. 肖化移：《高等职业教育质量标准研究》，博士学位论文，华东师范大学，2004年。

12. 吴盈盈:《论高职旅游专业职业核心能力培养的意义及策略》,《科技信息》2008年第19期。

13. 邵爱群:《英国职业核心能力开发及对我国职业教育的启示》,硕士学位论文,四川师范大学,2009年。

14. 丘东晓、刘楚佳:《职业核心能力的内涵分析及培养》,《教育导刊》2011年第11期。

15. 文惠英:《探讨会计职业核心能力的培养》,《科技信息》2010年第10期。

16. 高克智、王辉:《会计专业核心能力及其培养路径研究》,《安徽农业大学学报》2011年第3期。

17. 徐英俊、冯艳娜:《中职师资职业核心能力抽样调查与分析》,《职教论坛》2011年第27期。

18. 陈丽荣、曹玉昆:《农林经济管理专业人才培养质量标准研究》,《中国林业教育》2009年第5期。

原文刊于《广东技术师范学院学报》2014年第1期

面向中国制造2025的工程实训体系构建与实践*

——广东技术师范学院“双链实训体系”的探索

戴青云** 邓文新 刘 庆 张 进

摘 要：本文针对中国制造2025亟须构建的多层次人才体系，特别是技能应用型人才培养体系的迫切需求，开展工程教育教学理念、教育技术、教学方法、教学内容和实训模式的综合改革，进行跨学科、跨行业、全知识链的系统构建与实践，创新探索实现专业设置与产业需求、课程内容与职业标准、教学过程与生产过程的充分对接——人才链对接产业链。

关键词：中国制造2025；人才链；产业链；工程实训体系；重构；实践

一 问题的提出

随着知识经济时代的到来，高等院校通过关键知识和技术的生产、

---

* 本文系2014年广东省深化教育领域综合改革试点项目“应用型大学科学研究分类评价与激励机制综合改革与实践”和2014年广东省科技计划项目“基于RFID的工程训练管理服务平台”（项目编号：2014A040401079）阶段性研究成果。

** 戴青云，工学博士，教授，广东技术师范学院副院长、广东工业大学博士生导师，兼任国家发改委“制造物联网国家地方联合工程实验室”副主任等，代表作：“Radio frequency identification-enabled real-time manufacturing execution system：a case study in an automotive part manufacturer”。

传承和运用，成为推进社会变革的重要力量，特别是在创新驱动发展战略中，发挥着越来越重要的作用。当前我国经济进入新常态，新常态下发展动力转换，对科技、人才提出了更高层次、更大规模的要求。[①] 随着创新驱动战略和中国制造2025战略的实施，以及“互联网+”行动计划、“双创”计划的推进，中国制造既需要高水平的科学技术原始创新人才引领于上，综合素质高、组织协调能力强的工程技术整合创新人才支撑于中，也需要高素质的技能应用型人才筑底于下，共同形成支撑中国制造2025的多层次人才体系。职业教育的使命是面向中国制造2025的产业发展需求，培养全人才链对接全产业链，打造从专业博士、专业硕士、应用型本科、高职到中职的技能应用型人才，重构从国际一流大学、高水平大学、应用型本科、高职高专到中职技校所构成的多层次人才培养体系。[②]

中国制造2025规划的核心是智能制造，[③] 需要大量熟悉产品的全生命周期各个环节（创意设计、概念设计、知识产权保护、智能制造、物流供应链、电子商务、移动服务、品牌提升等）知识创新的综合型、复合型人才，形成完整的人才链（科学技术人才、工程技术人才和技能应用型人才）。目前，广东省技能、技术人才的求人倍率达到2.0以上，即2个岗位才有1人求职，尤其是在珠三角地区，缺乏技术能手、技能人才的现象较为普遍。有数据显示，目前仅广州市的技工缺口就达50万人，高技能岗位人才更加供不应求。在技能应用型人才供应不足的背后，是国家职业教育师资严重匮乏和技术师范教育实验实习实训方法和手段亟待创新与优化的现实困境。[④] 此外，随着产业转型升级的加快和战略性新兴产业和现代信息服务业的快速发展，高等院校原有的按照某一学科组织的教学体系，以及职业院校按单一岗位组织的人才培养方式均存在明显的问题，主要表现在学生知识碎片化、学校资源碎片化、学生职业变迁能力弱等方面，亟须根据社会市场需要打破学科边界樊篱，突出学科

---

① 夏建国、周太军：《中国制造2025和应用型大学发展》，《中国高等教育》2015年第9期。

② 马海泉：《科教融合，协同发展》，《中国高校科技》2012年第1—2期。

③ 苗圩：《中国制造2025迈向制造强国之路》，《国防科技工业》2015年第6期。

④ 陈衍：《体系建构到了关键期》，《职业技术教育》2015年第9期。

交叉融合，增强岗位变迁能力，推动面向全产业链的工程实训的融合与创新。面向中国制造 2025，我国工程教育的教学理念、教育技术、教学方法、教学内容和实训模式必将发生深刻的变革。①

二 工程教育训练模式

（一）CDIO 工程教育训练模式

CDIO 代表构思（Conceive）、设计（Design）、实现（Implement）和运作（Operate），它以产品研发到产品运行的生命周期为载体，让学生以主动的、实践的、课程之间有机联系的方式学习工程。CDIO 培养大纲将工程毕业生的能力分为工程基础知识、个人能力、人际团队能力和工程系统能力四个层面，大纲要求以综合的培养方式使学生在这四个层面达到预定目标。②

（二）OBE 工程教育模式

OBE（Outcomes - based Education）是以预期学习产出为中心来组织、实施和评价工程教育的结构模式。实施 OBE 教育模式主要有四个步骤：定义学习产出（Difining）、实现学习产出（Realizing）、评估学习产出（Assessing）和使用学习产出（Using）。这涵盖了戴明环中计划、实施、检查和行动等各要素。③

（三）行动导向的实训教学模式

行动导向型教学法的整个教学过程可分为收集信息阶段、独立制定工作计划阶段、决定阶段、实施阶段、检查阶段和评估阶段。在整个教学中学生始终占据主体地位，教学质量的高低最终通过学生的综合素质

① 周光礼、马海泉：《科教融合：高等教育理念的变革与创新》，《中国高教研究》2014 年第 8 期。

② 顾佩华、沈民奋、李升平等：《从 CDIO 到 EIP - CDIO——汕头大学工程教育与人才培养模式探索》，《高等工程教育研究》2008 年第 1 期。

③ 顾佩华、胡文龙、林鹏等：《基于“学习产出”（OBE）的工程教育模式——汕头大学的实践与探索》，《高等工程教育研究》2014 年第 1 期。

得到反映和体现。采用行动导向式教学法进行教学，学生在获取真知的过程中，必然会引起素质的提升。这个素质指的是学生的思维和行为方法、动手能力和技能、习惯和行动标准及直觉经历、需求调节、团队合作等方面的综合。①

从世界范围的实践看，人才培养更注重能力培养，丰富社会实践，着力提高学生的学习能力、实践能力、创新能力，教育学生学会知识技能。但是，在工程实训教育的培养方式、课程体系、训练理念、教学方法和手段改革等方面仍然有较为突出的问题：首先，高校工程实训普遍存在知识碎片化、资源碎片化的现象；学生接触工程实践训练虽然不少，按行业产业技术链组织的知识链不够完整，很难使学生透过树木见到森林，了解整个行业的技术动态，使得工科大学毕业生创新实践的周期长，“创新”“创造”“创业”效率不高。② 其次，传统的工程训练培养方式，多以设备或者工位为中心，学校与企业之间、科技与产业之间存在分离，使得学校培养的学生实践能力要么与企业需求存在差距，要么太依赖企业的顶岗实践，造成一定的脱节现象。因此，当前的工程教育和职业教育领域中仍然缺乏面向产业需求、对接全产业链的全人才链实训体系。③教育特别是高等教育需要更加突出科学研究、社会需求和技术进步的支撑和引领作用。

三 “人才链对接产业链”的工程实训体系构建

在“互联网+”时代，随着电子商务、移动信息技术、物联网、云计算、大数据技术的迅速发展，在推动全球新一轮技术革命的同时，也推动了新一轮制造革命。④ 中国制造逐步从市场需求+批量生产+渠道销售模式向个人定制+智能制造+移动电商的用户需求导向模式过渡，同

---

① 壮国桢：《高职教育“行动导向”教学体系研究》，华东师范大学，2007年。

② 周光礼：《论高等教育的适切性——通识教育与专业教育的分歧与融合研究》，《高等工程教育研究》2015年第2期。

③ 郑果丽：《软件人才实践平台构建与创新》，《中国职业技术教育》2015年第14期。

④ 周光礼：《论高等教育的适切性——通识教育与专业教育的分歧与融合研究》，《高等工程教育研究》2015年第2期。

时为了推动中国制造转向中国创造，创新驱动首先要重视知识产权的保护与转化应用，[①] 所以亟须培养具有面向行业全产业链、跨学科专业结构全知识链、适应产业多岗位变迁的复合型人才。为此，本文提出一种“人才链对接产业链”的工程实训体系——“双链实训体系”构建方法，围绕中国制造 2025 和“互联网 +”对职业教育的教学理念、教育技术、教学模式带来的变革，进行面向行业产业需求的人才培养模式的重构与应用实践。

（一）双链实训体系构建的基本理念

通过对产业链不同岗位所需的知识与技能要求，跨学科组织理论教学、“三实”（实验、实习、实训）、“三创”（创新、创业、创造）等教学环节，将老师科研与教学紧密结合，通过产学研合作引入行业企业等市场资源，为老师和学生提供跨学科的、能满足市场需求的工程训练环境，解决长期被诟病的学生知识碎片化、学校资源碎片化、老师科研与教学脱节、学校所学知识与社会需求脱节、科技产业“两张皮”等历史遗留问题，引导学生面向产业链组织自己的知识链，从而提升学生的创新创造能力和职业变迁能力，为中国制造彻底告别微笑曲线低端迈向中国制造和中国创造提供高素质、综合性、复合型、创新型人才支撑。

（二）双链实训体系的知识组织模型建构

双链实训体系中的具体内容包含创意设计、分布式智能制造、仓储物流、移动电商、大数据、品牌文化、智慧教育、智能管理 8 个部分（如图 1 所示）。其中，创意设计包括概念设计、专利检索、三维扫描；分布式智能制造包括数控加工、固晶生产线、PCB 生产线、工业机器人；仓储物流包括数字化包装、仓储、物流、移动机器人；移动电商包括供应链、电子商务、移动信息服务；大数据包括物理网、云计算、大数据；品牌文化包括品牌、创意、维权、服务；智慧教育

① 张伯友：《创新驱动和知识产权战略运用基本导向探析》，《科学中国人》2015 年第 12 期。

包括教育技术、教育资源（慕课、微课、TED）、教育网络（智慧校园）；智能管理包括企业管理系统软件设计（CRP、ERP、MES、SCM、PLM 等）、智能实验室管理（考勤、门禁、课程管理、工具管理、资源管理）等。

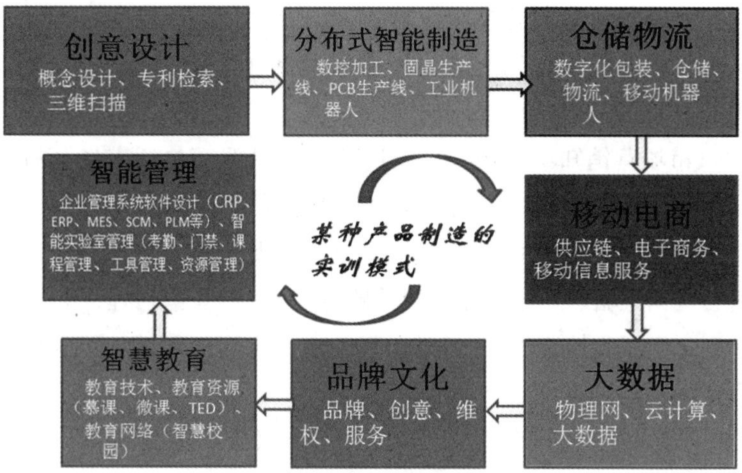

图1 跨行业产业的知识组织模型

（1）工业设计知识领域，包括造型设计、概念设计、机械设计、电路设计、服装设计、环境规划、室内设计、建筑设计、UI 设计、平面设计、包装设计、广告设计、动画设计、展示设计、网站设计等，可以参与心理学、社会学、美学、人机工程学、机械构造、摄影、色彩学等学科的研究。

（2）计算机技术知识领域，可以进行计算机硬件和软件的课程学习，主要包括但不限于计算机软件、计算机硬件、微机原理、网络技术、软件技术、物联网、云计算、大数据、数学等。

（3）电子信息知识领域，主要涉及光电检测技术、应用电子技术、压缩存储技术、信息获取与控制，信号与信息处理、信息安全技术的原理及实践等。

（4）结构设计知识领域，主要涉及建筑结构设计、产品结构设计等。

（5）机电控制知识领域，包括平面机构的结构分析、机构的运动分析、连杆机构、凸轮机构、齿轮机构、其他常用机构、机械的平衡、机器运转和速度波动的调节、平面机构的力分析以及 Matlab 语言在机械原理中的应用等。

（6）物流管理知识领域，可以进行物流构成（物料的运输、配送、仓储、包装、搬运装卸、流通加工，以及相关的物流信息等环节）、物流活动（用户服务、需求监控、订单处理、配送、存货控制、运输、仓库管理、工厂和仓库的布局与选址、搬运装卸、采购、包装、情报信息）等知识的学习。

（7）市场营销知识领域，可以进行营销原理（包括市场分析、营销观念、市场营销信息系统与营销环境、消费者需要与购买行为、市场细分与目标市场选择等理论）、营销实务（由产品策略、定价策略、分销渠道策略、促销策略、市场营销组合策略等组成）、营销管理（包括营销战略、计划、组织和控制等）、特殊市场营销（由网络营销、服务市场营销和国际市场营销等组成）知识的学习。

（8）物联网工程知识领域，主要涉及传感器、移动终端、工业系统、楼控系统、家庭智能设施、视频监控系统等知识以及各种无线/有线的长距离/短距离通信网络实现互联互通（M2M）、应用大集成（Grand Integration）以及基于云计算的 SaaS 营运等模式，在内网（Intranet）、专网（Extranet）、互联网（Internet）环境下，采用适当的信息安全保障机制，提供安全可控乃至个性化的实时在线监测、定位追溯、报警联动、调度指挥、预案管理、远程控制、安全防范、远程维保、在线升级、统计报表、决策支持、领导桌面（集中展示的 Cockpit Dashboard 仪表盘）等管理和服务，此外还有各种基于互联网技术的 App 应用。

（三）双链实训体系的实施模型构建

围绕行业产业需求把机电、自动化、电子信息、计算机、教育技术等工科学科相关专业和美术、文学、管理、法律等文科专业整合起来，特别是将知识创新与知识产权保护植入产业链的前端。涵盖概念设计、工业设计、结构设计、产品设计、机械设计、电子设计、专利检索、反求设计、3D 建模、机械原理、数控加工、智能制造、工业机器人、电子信息、计算机、物流管理、市场营销、电子商务、物联网工程等学科、专业，实现高等学校学术性、技术性、师范性的完美结合，围绕工业制造2025和互联网+时代行业产业对高素质、高水平、高职业变迁能力的创新型技术与管理人才的迫切需求，对工程教育和工程实训模式进行重构与实践，为全产业链提供相匹配的全人才创新链和知识链与知识结构，为产业转型升级和新型战略产业与现代服务业培养培训数以千万计的高素质技能应用型人才（如图2所示）。

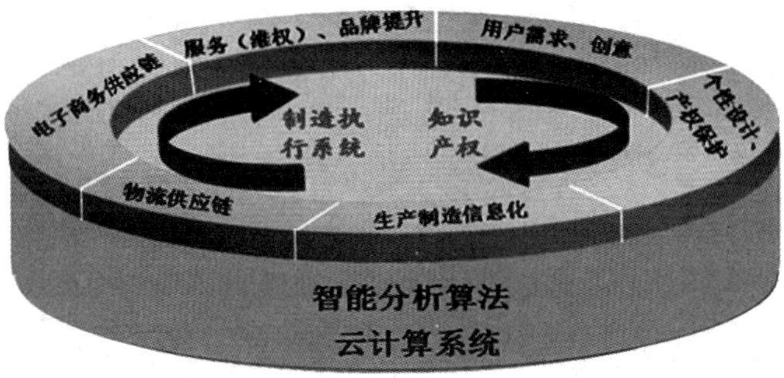

图2　面向产业链的工程实训模型

四　“双链实训体系”工程实训应用案例

“人才链对接产业链”的工程实训，可以围绕某个行业或者专业的实际需求，采取分布式或者集中式的方式面向产品全生命周期各关键环节技术链，跨学科专业组织对应的知识链，再通过教学过程的科学组织将老师的科研与学生的三实（实验、实习、实训）紧密结合，通过科研支撑引领并促进教学，提高学生分析实际问题、解决实际问题的能力，从而培养出中国制造产业急需的创新型、应用型人才（如图3所示）。从横向看，实训人员利用创意设计实训室进行概念设计，然后到专利实训室进行专利检索，了解所进行的设计是否存在专利侵权；检索专利后开始到产品设计实训室进行产品设计，然后到产品生产实训室进行生产，该过程可能经历产品的结构设计、电路设计、产品装配与调测等与供应链全流程的实训，生产完成入库后，可以利用网络电商进行销售实训；经过前面环节的实训环节的数据记录，对产品进行数据分析，经过分析决策，合理地进行市场营销和市场广告的推出。从纵向看，实训人员在训练过程中，可以进行各种知识的学习和补充；不同的训练环节，有不同的知识结构，因此可以进行不同的知识积累。知识的积累过程，就是实训人员岗位角色的转换过程。

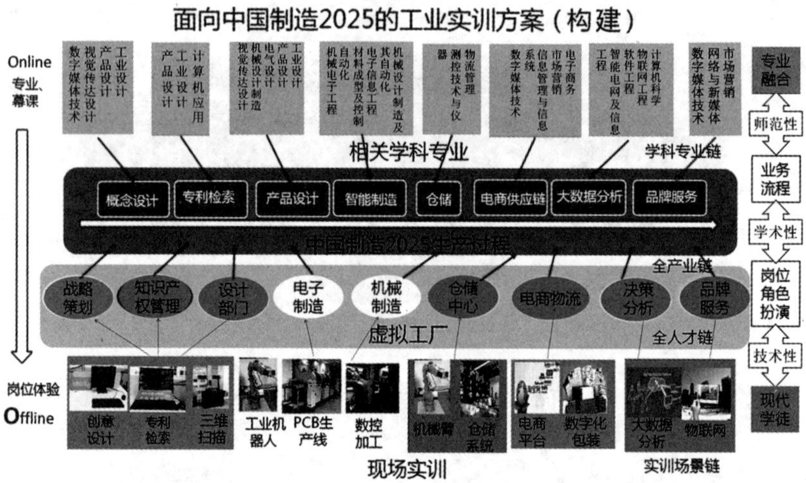

图3 跨学科全知识链工程实训体系的应用模式

跨学科知识组织情况如下：

（1）创意设计训练，可以独立进行产品的创新设计；也可以通过头脑风暴进行产品的理念设计。

（2）专利检索训练，可以对创意产品是否有创新性进行检索查新，并对创新设计专利进行保护。

（3）三维扫描训练，可以利用反向设计思路，对已有产品进行三维扫描后再进行创新设计，减少开发时间，节约开发成本。

（4）工业机器人训练，可以对机器人进行编程设计、操作加工产品。

（5）PCB 生产线训练，可以进行电子产品的原理图设计、PCB 设计、PCB 加工、电子元器件的贴装与焊接。

（6）软件设计训练，可以进行电子硬件产品的程序开发与调测训练，进行系统软件的开发与调测训练。

（7）数控加工训练，可以进行数控机床的编程、操作训练。

（8）仓储物流训练，可以进行供应链全过程的训练。

（9）电商平台训练，可以进行电子商务平台的设计开发训练以及电商产品的实际配送与客户服务等训练。

（10）数字化包装训练，可以进行产品的包装设计、广告设计训练。

（11）大数据分析训练，可以进行产品的数据分析和数据处理，提供决策依据。

（12）物联网技术训练，可以进行数字网络的安装与调测，网络的App开发与应用，等等。

这种工程实训模式可以贯穿现有企业的设计、开发、调测、生产、实验、检验、仓储、营销各个环节，涉及产品生命周期全过程，还可以开展技术培训、开发设计、手工操作、网络搭建、测试验证等。

五 “双链实训体系”工程实训的应用效果

针对中国制造2025亟须构建的多层次人才体系的迫切需求，本文搭建了一个跨学科、跨行业、全知识链的集成实训平台，将专业设置与产业需求、课程内容与职业标准、教学过程与生产过程紧密对接，并对工程教育教学理念、教育技术、教学方法、教学内容和实训模式的综合改革进行了探索与实践，有一定的参考价值。

（1）拓宽传统的单一实验室训练模式，打通场地资源，拓展实训平台，实现创新与创业结合、科学研究与教学实训结合；探索产教融合、科教结合、资源整合的实现与突破，让教育、科技、产业资源不再碎片化。

（2）打破传统一对一的专业培养模式，培养知识全面的复合型人才，围绕产业链，对接人才链，重构知识链；实现专业重构、课程重构、实训环境重构和教学模式重构，让学生知识不再碎片化。

（3）打破现有按学科的资源配置方式，克服现有按学科的资源配置方式过于分散、低水平重复投资、利用率不高、配置不合理、各自为政、校内资源无法协同等现象，让学校资源实现共享优化不再碎片化。

（4）鼓励企业参与人才培养的全过程，强化人才与行业产业的紧密联系，推进产学研深度融合，不断根据社会和市场创新驱动需求更新老师的教学理念、教育技术、教学方法、教学内容和实训模式，让老师科研与教学深度融合不再分离，让研究（科研、教学、管理）、三实（实验、实习、实训）、三创（创新、创业、创造）一体化。

六 总结

实践证明，面向中国制造 2025 的工程实训体系可开展职教师资培养培训、高技术应用型人才培养、职业院校技能型人才培养、制造类行业企业技术工人培训、互联网 + 职业教育与培训，辐射珠三角、粤东西北地区。同时，利用面向行业的实际需求，结合产业链的岗位能力要求开展智能制造工程实训，既能够有效推进职业教育的课程建设、专业建设和产教融合，也必将彻底变革实验、实训和实习的模式，推动职业教育创新和创业，服务地方产业转型升级。

参考文献

1. 夏建国、周太军：《中国制造 2025 和应用型大学发展》，《中国高等教育》2015 年第 9 期。
2. 马海泉：《科教融合，协同发展》，《中国高校科技》2012 年第 1—2 期。
3. 苗圩：《中国制造 2025 迈向制造强国之路》，《国防科技工业》2015 年第 6 期。
4. 陈衍：《体系建构到了关键期》，《职业技术教育》2015 年第 9 期。
5. 周光礼、马海泉：《科教融合：高等教育理念的变革与创新》，《中国高教研究》2014 年第 8 期。
6. 顾佩华、沈民奋、李升平等：《从 CDIO 到 EIP－CDIO——汕头大学工程教育与人才培养模式探索》，《高等工程教育研究》2008 年第 1 期。
7. 顾佩华、胡文龙、林鹏等：《基于“学习产出”（OBE）的工程教育模式——汕头大学的实践与探索》，《高等工程教育研究》2014 年第 1 期。
8. 壮国桢：《高职教育“行动导向”教学体系研究》，华东师范大学，2007 年。
9. 周光礼：《论高等教育的适切性——通识教育与专业教育的分歧与融合研究》，《高等工程教育研究》2015 年第 2 期。
10. 郑果丽：《软件人才实践平台构建与创新》，《中国职业技术教育》2015 年第

14期。
11. 张伯友：《创新驱动和知识产权战略运用基本导向探析》，《科学中国人》2015年第12期。

原文刊于《高教探索》2016年第1期

职业技术教育学全日制硕士研究生培养现状研究*

——以广东技术师范学院为例

王　蓝**

摘　要：在广东技术师范学院的职业技术教育学全日制硕士研究生培养迎来10年之际，重新审视职业技术教育学全日制硕士研究生培养现状。在“学术性、技术性、师范性”三性一体的人才培养定位上，突出校本特色，构建“3+3+2”的人才培养模式。

关键词：职业技术教育学；硕士研究生；培养现状；职业教育管理

高素质、高层次的“双师型”职教师资的匮乏严重阻碍了职业教育向高阶发展的步伐，制约了职业教育更好地服务区域经济和产业转型升级。技术师范院校是培养职教师资的主要途径，其硕士层次的培养目标更是满足职教师资的高层次、高规格的需求。教育部等部门《关于深化研究生教育改革的意见》（教研〔2013〕1号）中指出：“研究生教育是培养高层次人才的主要途径，是国家创新体系的重要组成部分。但总体

* 广东技术师范学院2015年研究生教育创新课题“职业技术教育学全日制硕士研究生培养模式研究——以广东技术师范学院为例”（主持人：王蓝）；2014年广东省研究生教育创新计划项目“教育硕士专业学位研究生教育综合改革试点”（项目编号：2014QTLXXM40，主持人：陶红）。

** 王蓝，广东技术师范学院2014级教育学硕士。

上看，研究生教育还不能完全适应经济社会发展的多样化需求。”同样地，目前以“学术型”培养模式的职业教育学全日制硕士研究生培养（以下简称职教全日制硕士研究生）难以满足职教“双师型”师资队伍的建设目标需求，职教全日制硕士研究生培养问题一直存在争议。

一 职教全日制硕士研究生培养情况

（一）职教全日制硕士研究生基本情况

广东技术师范学院2006年经国务院学位委员会批准为硕士学位授予单位，从2007年开始招收职教全日制硕士研究生至今的10年岁月，经过不断探索与成长的过程中，职教全日制硕士研究生培养方案不断完善，招生口径进一步扩大，不断扩大“双结构”研究生导师队伍规模，现已招收175人，毕业98人，为广东省及其他地区经济社会发展培养了卓越的职教师资与高层次应用型人才。在广东技术师范学院的职业技术教育学全日制硕士研究生培养迎来10年之际，针对其培养情况采取电子问卷分别调查了在校生和部分毕业生，其中在校生有效回收问卷30份（研二、研三共32人），已毕业学生有效回收16份；男生9人，女生37人。职业技术教育学共下设了三个方向，其中另有细分方向列为其他，选择教育管理方向的学生最多占65%。学生本科毕业专业背景多样，涉及九大类专业，人数排前三的为英语专业、心理学专业和旅游管理，体现招生口径的扩宽，有利于为职业教育领域培养更多的跨学科思维人才。

（二）职教全日制硕士研究生培养情况

1. 培养目标情况

广东技术师范学院的职业技术教育学人才培养定位为职业院校培养“双师型”教师，以及具有研究素养和创新能力的职业教育管理者、研究者等，实施“双证书”培养策略，即通过职业技术教育理论研究和专业技能训练，促使学生既能获得硕士学位证书，也能拿到专业技能证书。有67.39%的学生表示对其专业的培养目标大部分了解，有23.91%的学生表示非常了解。当问及培养单位制定的培养目标与对自己的期望值是否一致时，58.7%的学生表示大部分一致，32.61%的学生认为基本一致。

因此大多数在校生选择毕业后发展目标定在职业院校，占 60%，而在已毕业的学生中去职业院校的占 44%，其次去向则是普通高校，说明学生的发展去向与学校人才培养定位相符合。学生的个人培养计划有 71.74% 是听从导师的意见，自己决定，学生对其整个研究生期间的规划都有自己的主导权。

2. 培养过程情况

在被问及“您认为本专业的任课老师对所教课程的理解和驾驭”情况时，有 78.26% 的学生表示大部分老师在这方面都表现不错，对自己的专业学习有很大帮助。教师对专业课程考核基本采取专业必修课和选修课都是提交论文或者少数情况是专业必修课采取书面考试，选修课提交论文的形式，一方面可以培养学生的科研写作能力，另一方面可以考察学生的综合能力，所以有 52.17% 的学生认为最能反映真实水平的考核是论文写作，其次就是实践能力考察测试。大多数学生对本专业的课程体系设置、课程学习内容、教学方法的看法持中肯的态度，这说明以注重学科的基础理论和系统知识的掌握、科学研究工作能力培养的“学术型”形式并不大受学生的喜爱，大部分学生认为在课程内容上存在课程理论与实践脱节、应用性不强、课程内容滞后、没有特色、涉及面窄、无法满足对知识的需求等问题。50% 的学生认为现在学的课程对于将来的个人能力作用一般，只有 26.09% 的学生认为好，存在必修课太多，自主选修的课少，并且没有职业指导课程。65.22% 的学生认为课程设置应该围绕自己的研究领域在入校时选课，在硕士阶段最应加强的就是专业前沿课程、研究方法论课程和实践类课程，感到科学研究方法知识和专业前沿知识最匮乏。相对于课程学习的态度，有 60.87% 的学生对自己导师的指导方式感到满意，30.43% 的学生认为在导师整个指导过程中都整体感觉良好，不过也有 43.48% 的学生觉得导师太忙，有时无法顾及自己学习的事情。在科研情况上，已毕业的学生有 56.25% 的人参加了 1—2 项课题。目前在校生参与的课题情况一般，学生认为影响其科研研究的因素主要是缺乏学术氛围、学习兴趣和学习条件环境。针对科研训练和实践能力的锻炼，总体上学生的满意度不是很高。针对“学校所规定的申请学位必须发表论文”时，73.91% 的学生认为有必要，规定合适，严格要求这既是对学校负责，也是对学生自己负责。

在整个研究生培养过程中，有50%的学生认为在整个研究生培养过程中达到了自己的期望目的，39.13%的学生认为总体上一般。学生认为在研究生培养过程中影响程度最大的依次是独立从事科研的能力或解决问题的能力、学术规范与修养、创造思维与创新精神。所以41.3%的学生认为在本校选修第二专业学习非常有必要，有54.35%的学生视情况而定；82.61%学生认为在师范技能训练中心进行师范技能专项训练有必要。76.09%的学生认为提高研究生培养质量的关键因素在于导师队伍建设，其次是所在系所的学术研究氛围，也有54.35%的学生认为个人的学习兴趣和努力也是至关重要的。

二 以“学术性、技术性、师范性”三性一体的职教全日制硕士研究生培养定位

从分析上述调查的情况来看，学生对人才培养目标感到满意，但是又由于在目前的“学术型”为主导的研究生教育下，许多课程设置和内容都受到限制，对研究生个人的实践能力的培养和就业不利，虽然研究生的传统岗位—教学、科研岗位一直存在，而且规模也在增长，但占整个就业岗位的比例在下降，职教全日制硕士研究生全部从事教学与科研工作是不现实的，由于缺少明确的就业方向，就业处境尴尬，多数职业技术教育学研究生对自己的就业前途感到迷茫。[①] 目前没有取得职业资格证书的学生占57%，其中在校生占39%。

笔者认为要解决上述研究生教育出现的问题，学校及二级学院要紧紧围绕自己的办学定位、围绕学科特色优势、围绕职业院校对职教师资的新要求，在人才培养上突出学生的实际应用能力和实践能力上下功夫，打破现有的研究生教育体制，积极探索人才培养新模式，走出特色培养路径更容易实现学校的发展战略。[②] 职技高师的办学特色和人才培养特色体现在“学术性、技术性、师范性”三性一体上，是由职业高师院校所

① 李梦卿、刘珂、徐燕萍：《职业技术教育学研究生招生与培养研究》，《高等教育研究》2012年第4期。

② 曹国亮：《独立设置高等职业技术师范院校办学特色研究》，吉林大学，2009年。

承担的“人才培养、科学研究、社会服务”三大功能所决定的，更是由职业高师所承担的特殊的人才培养任务所决定的。[①] 随着社会对技能型人才的要求越来越高，职业教育的高移趋势正逐渐形成，这种高移不仅体现在对学生职业能力训练方面，还体现在对职教师资的职业能力训练方面，对入职教师的学历学位资质也有了更高的要求。因此职技高师院校的职教全日制硕士研究生培养，不应拘泥于一般性（学术性），而应基于一般性走出特殊性（职业性），即应遵循学术型培养的基础上，除具备研究型的理论素养与科研能力之外，突出培养职教全日制硕士研究生的职业性特征，培养多样化能力与素质，更加注重专业应用性与针对性；应走一条区别于其他类型院校同类学科的研究生培养模式，走既符合技术师范院校的办学特色和人才培养定位的路，又满足学生多样化发展与就业需求的路，这就是坚持走“学术性、技术性、师范性”相结合的路。

三　“3 +3 +2”的职教全日制硕士研究生培养模式构建

“学术性、技术性、师范性”不仅是职技高师院校坚持走的办学特色，同时还是职技高师院校培养职教全日制硕士研究生的特色。广东技术师范学院坚持技术性、学术性与师范性相结合，培养高素质“双师型”职教师资。三者缺一不可，相辅相成，其中技术性是关键，学术性是基础，师范性是手段，三者的有机结合，就造就了职教师资的“双师”素质。因此，从三性一体的培养定位出发，构建“3 +3 +2”的职教全日制硕士研究生培养模式（如图 1 所示），以期实现一定专业技能的高层次“双师型”人才，培养职教全日制硕士研究生“会学”“会说”“会写”“会做”“会教”。

第一个“3”代表职教全日制硕士研究生的知识、能力、人格素养的培养规格，从“学术性、技术性、师范性”方面规定，是人才培养目标的具体化；第二个“3”代表课程平台、导师平台、基地平台，通过这些培养平台，采取有效的培养方式与措施以实现培养目标；一个“2”代表

① 王乐夫、姚洪略：《加强培养培训改革创新，促进职教师资素质提高——广东技术师范学院职教师资培养培训实践》，《广东技术师范学院学报》2012 年第 4 期。

两个要求，一是职教硕士研究生必须完成的学位要求任务；二是学生自我发展要求，包括学生的就业问题、自我兴趣爱好等，这两个要求贯穿整个职教全日制研究生培养期间。

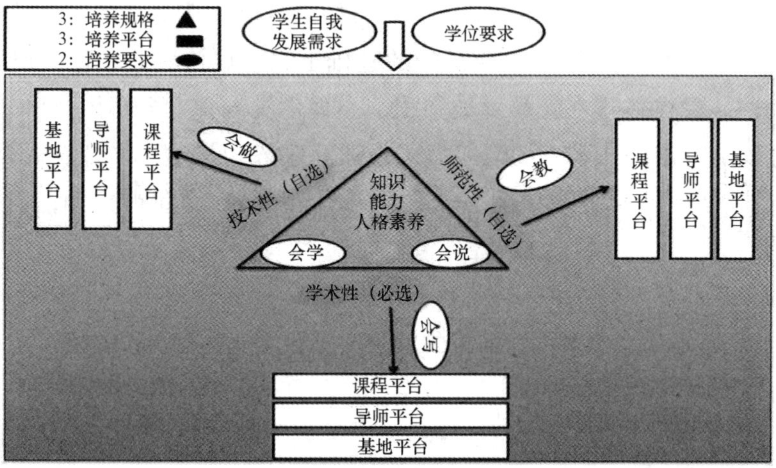

图1 职教全日制硕士研究生"3+3+2"培养模式

（一）职教全日制硕士研究生的培养规格

学术性方面规定的知识、能力、人格素养是作为一个研究生必须具备的要求，同时也是研究生获得学位的具体要求，是其他方面的基石与基本保障，在具备"会学""会说"的基础上，重点培养职教硕士研究生"会写"。具体体现在：职业教育学及相关学科的基础理论知识，以熟练掌握本专业领域的历史脉络和学术渊源；本学科的热点、前沿问题知识，以期掌握学科的发展方向及最新动态；研究方法类知识，掌握一个或一个以上具体的研究方法能力；学术论文写作能力，文献综述能力，学术汇报能力，逻辑推理能力，创新能力，发现问题、分析问题和解决问题的能力；思想道德品质、严谨、独立意识、无畏的精神、实事求是的态度、批判思维、勤奋好学等。

技术性或职业性方面规定的知识、能力、人格素养是为强化培养人才的专业应用性和实践性，提升研究生的就业能力和今后发展提供保障，在具备"会学""会说"的基础上，重点培养职教硕士研究生"会做"。

具体体现在：研究方向有关的跨学科专业知识，信息技术类知识，在某一两个技术门类中获得中级（含相当级别）及其以上的职业资格证书所要求的知识和专业实践能力；解决实际问题的综合职业能力、计算机能力；责任心、爱岗敬业、全局意识、团队合作意识等。

师范性方面规定的知识、能力、人格素养是培养合格的教师的具体要求，在具备“会学”“会说”的基础上，重点培养职教硕士研究生“会教”。具体体现在：教育类知识，心理学类知识，多媒体技术知识；教育教学方法、技术、策略能力，心理健康咨询技术，语言表达能力、组织管理能力、职业指导能力、教学组织、引导、评价能力等；良好师德、善良、公正、耐心、责任、包容等。

（二）职教全日制硕士研究生的培养平台

1. 课程体系平台

构建三性一体课程体系，课程设置采取“模块化课程”形式，以满足研究生多元化个体需求。（1）学术性方面的课程主要为：公共必修课（研究生英语、马克思主义与社会科学方法论、中国特色社会主义理论与实践研究）+专业学位课（职业技术教育原理、职业教育心理学、职业教育管理、职业教育课程与教学论）+写作专题课（学术论文写作规范、中英文献检索方法、文献综述、研究方法、思维方法）+研究新进展专题研讨。（2）技术性或职业性方面的课程主要为：跨专业学科课程（公共选修课和专业基础课+专业技能实践课）+教育技术实践操作课程+职业指导规划课。（3）师范性方面的课程主要为：师范类公共选修课+教学方法+教学实践课（课程设计、讲授、管理）+现代教学媒体技术+心理健康咨询技术。

在有限的学制下，如何实现“学术性、技术性、师范性”三性一体课程的均衡发展，是必须面对的问题。因此，根据研究生的学位和培养要求、职教硕士研究生的培养目标和学生的职业发展要求采取学术性方面的必选路径和技术性（职业性）、师范性的自选路径，即职教硕士研究生个人培养计划中的课程方案为：学术性课程+技术性课程+师范性课程或学术性课程+技术性课程或学术型课程+师范性课程。可以采取线下和线上两种学习途径，在总学分要求下，合理安排课时、学分要求，选取有效的、针对性的教学方法。

2. 导师平台

硕士研究生的培养方式主要采取导师个人负责制，硕士研究生在整个三年期间，除了基本的选修课程外，大部分时间跟从导师学习，因此，硕士研究生的培养质量与导师的指导风格、性格以及人格魅力等息息相关。广东技术师范学院的职教硕士研究生导师队伍采取严格的选拔制度，以校内导师和校外导师为主体的双结构导师团队，负责研究生的个人思想品德、学术训练、生活学习以及学术实践等。导师根据研究生个体的专业背景、研究兴趣、研究能力与发展需求，制订科学的个人培养计划，合理安排并引导学生进入研究领域，采取差异化的指导风格进行学术规范、科研能力和工作能力的培养。除此之外，在校内定期召开师门研讨会，对科研方向的时事热点、课题项目、学生的学术情况、学习难题等进行汇报与交流，加强师门之内的凝聚力、提高团队合作能力以及学术汇报能力；在校外实践基地，组织学生去职业教育一线展开调研、参观学习和学术交流，开阔学生的学术视野，对职业教育具有感性和直观认识，提高学生学术实践能力。

3. 基地平台

广东技术师范学院是全国和广东省重点建设的职教师资培养培训基地之一，拥有广东工业中心（下设职业教育师范技能训练中心）和师资培训中心、广东省职业技术教育协同创新发展中心，并且广东省高等职业技术教育研究会挂靠于此。除此之外，拥有校外研究生联合培养基地、校外实习基地，对职教硕士研究生在技术性、师范性方面的实践培养拥有丰富的、先进的资源和平台。

在师范性方面，一是依靠校内的职业教育师范技能训练中心的实训平台，有“三位一体”的师范技能训练（一是课堂教学技能训练、信息化教育应用能力训练以及职业情境下的基于工作过程的实训指导能力训练）、职教教学法训练、职教教学课件设计、在线训练平台，对职教硕士研究生的各项师范技能进行针对性的培养与训练。二是依靠师资培训中心每年主办的培训课程进行现场参与和观摩学习，不仅学习先进的培训内容，还可以学习培训师的现场授课技能和组织方式、说话态度、人格气质等。三是依靠教学实践机会，到真实的课堂去锻炼，提高课程设计、备课、组织管理、现场的应对能力等。通过这些基地平台的学习，培养高层次的职教师资所具备的能力要求。

在职业技术方面，一是依靠校内的本科层次的专业平台和资源进行跨专业的学习和职业技能的训练，并指定一位高水平的专业老师对职教硕士研究生进行指导。二是依靠师资培训中心每年举办的专业骨干教师培训和企业实践培训，跟从学习，到合作的企业进行生产现场考察观摩和学习交流，熟悉企业相关岗位（工种）职责、操作规范、用人标准、管理制度及企业文化等。三是职教硕士研究生通过自己的兴趣和职业发展方向，报考某一专业的职业技术资格考试，取得职业技术资格证。

综上所述，广东技术师范学院的职教全日制硕士研究生培养立足于广东经济社会和产业结构转型升级以及技术师范院校的办学特色，走一条不拘泥于学术型培养模式，坚持走“学术性、技术性、师范性”相结合的路，依托校内资源，创新人才培养模式，以满足广东职业教育发展、广东产业结构转型升级及其职教硕士点发展的需求，培养高素质、高层次的“双师型”职教师资和高层次应用型人才。

参考文献

1. 李梦卿、刘珂、徐燕萍：《职业技术教育学研究生招生与培养研究》，《高等教育研究》2012 年第 4 期。
2. 曹国亮：《独立设置高等职业技术师范院校办学特色研究》，吉林大学，2009 年。
3. 王乐夫、姚洪略：《加强培养培训改革创新，促进职教师资素质提高——广东技术师范学院职教师资培养培训实践》，《广东技术师范学院学报》2012 年第 4 期。

原文刊于《广东技术师范学院学报》2016 年第 12 期

域外职教

英国职业技术教育发展态势及其启示

马世品*

摘　要： 英国职业技术教育历史较长，从20世纪80年代中期以来经过改革发展较快。他们大力提高职业技术教育的地位，推动全社会的观念革命；实行统一的NVQ，促进职业技术教育协调发展；实行模块教学，保证教学质量等基本做法和发展态势，对我们发展职业技术教育很有启示，值得借鉴。

关键词： 英国；职业技术教育；NVQ；启示

1997年4月下旬，笔者随广东省高等职业教育考察团，应英国文化委员会华南办事处的邀请，考察了英国的职业技术教育。我们此行的目的是考察英国职业技术教育的现状和做法，借鉴他们有益的经验，以促进我省职业技术教育的发展。经过半个月的实地考察，获益匪浅，感想良多。本文仅从英国职业技术教育发展态势及其启示的角度提出一些管见，与同行们共同探讨职业技术教育问题。

* 马世品，研究生，教授，广东技术师范学院原院长，广东省自然辩证法学会副会长，代表作：《加入WTO后我国职业技术教育发展趋势的思考》。

一 实施“现代授徒计划”，打通职业教育与学科、学位教育之间的联系，推行新型的就业制度，大力提高职业技术教育的地位，推动全社会的观念革命

众所周知，英国是一个学术传统浓重的国家，历来高等教育自视清高，重学术轻技术，重学位轻职业资格的观念根深蒂固。与这种观念相适应的还有一套严密的不可逾越的教育体系。这种传统的教育观念和体系，越来越不适应经济和社会的发展，自20世纪80年代以来，英国经济发展徘徊不前，企业劳动人员素质下降，雇主对此普遍表示担忧。另外，14—16岁的青少年中学毕业后大部分不能进入高等学校学习，又没有技能，就业困难，成为社会不稳定的一个因素。社会各界普遍要求改革现行的教育体制。教育界有识之士对此进行调查，发表了著名的《荣·戴尔报告》，对教育方式提出了严厉的批评，政府对此进行了检讨，认识到“英国的青年人落后于其他国家”，决定在全英加强职业技术教育，实施“现代授徒计划”，包括实行统一的“国家专业证书”（NVQ）和“普通国家专业证书”（GNVQ）制度。规定完成了十一年义务教育的青年（16岁），除少数进入普通学校（ALEVELS）外，都必须首先参加“现代授徒计划”，接受职业技术教育，获得NVQ或GNVQ证书，然后再就业或到大学攻读学位。由此，英国的职业教育步入新的发展阶段，获得迅速发展。目前全英已有450所职业技术学院，在读学生达350万人（含非全日制）。从1994年9月开始实施“现代授徒计划”以来，到1995年年底建立了近百个工业培训机构，培训了9万多名青年，1996年以后大规模推广。通过职业技术教育与培训，计划到2000年，全英19岁（即中学毕业二年后）的青年85%以上要取得NVQ二级以上证书，21岁的青年60%以上要取得NVQ三级以上证书。可以预期，届时英国劳动大军的素质水平将有一个显著的变化。

我们在考察中了解到，英国政府实行教育体制改革的两大措施，对提高职业技术教育的地位发挥了特别重要的作用：一是打通职业教育与学科教育、学位教育之间的联系，把职业技术教育提到与学科教育、各

级学位教育完全平等的位置上。内容包括：（1）政府承认职业技术教育与普通的学科教育之间可以互相转学，即中学毕业后（16岁），学生可以选择进普通学校（ALEVEIS）继续学习，也可以选择职业技术学校按GNVQ或NVQ学习，这三者之间可以互相转学；（2）接受职业教育获得GNVQ高级证书或NVQ三级证书者，既可以就业，也可以免试直接升入大学攻读学士学位（与ALEVEIS学习获得的A等完全一样）。还可以继续沿着职业教育的途径取得NVQ四级五级证书，其学历资格相当于学士学位。之后，还可以攻读硕士、博士学位。这一改革，不仅使中学毕业生有了充分的选择余地，解除读职业技术教育就不能上大学拿学位的后顾之忧，也不必担心优秀学生读了职业教育会影响大学生生源的质量，而且更有力地改变着社会上鄙视职业教育的传统观念；二是在就业制度上改革，突出了职业教育的地位和重要性。英国政府规定：新就业或重新就业人员，都必须有相应的GNVQ、NVQ证书；企业的技术岗位只能录用有相应等级的GNVQ或NVQ证书人员。政府对参与GNVQ、NVQ学习与培训的人员，给予经费支持，属未就业者基本免费，由政府出资，已就业者参加学习造成的经济损失（如减少收入、缴一定的书杂费等），采取减收所得税等办法给予补偿。对企业录用有证人员和实施职业教育制度有成效者，给予表彰奖励（设培训奖并挂牌），在税收政策上也有一定的优惠。政府还通过调整工资政策，拉开有GNVQ、NVQ证书与无证者之间的差距，不论在职或新就业人员，获得高一级GNVQ或NVQ证书，其工资就可晋升和高定。这些改革措施充分凸显出职业教育的地位和重要性，有力地冲击了人们“学位至上的传统观念”。“就业不看（文凭），看证书（专业资格）”，“用人主要不是看他懂得什么（学历），而要看他能干什么（技能）”，这种新的就业和用人观念已经被广泛接受，成为社会的共识。此外，英国政府从1995年开始，将教育部和就业部合并为教育与就业部，统一管理全国的教育，包括职业教育与就业工作，这种职业教育与就业一体化的管理体制，更加有力地保证了职业教育的地位和重要性。

英国这一历史上“学术”风尚最盛的国家，近几年来在发展职业技术教育上，发生了令人瞩目的变化，这是一个十分值得关注的动向。我们知道，当今世界上竞争归根结底是综合国力的竞争，其实质是人才实力的竞争。竞争的焦点已由科技领域人才的竞争，转向全面开发高素质人力和人才资源的竞争。英国在发展职业技术教育上的变化，既是他们力图改变“劳动力素质下降”、“青年人落后于其他国家”而导致经济发展缓慢的现实而做出的重大决策，也是顺应人才竞争焦点转移这一时代潮流的产物。从这个意义上看，当前发展职业技术教育，尤其是高等职业技术教育，对我国、我省其意义就非同寻常了。对我省来说，这是贯彻“科技兴粤”战略，建设教育强省，保证“20 年基本实现现代化”的重大举措，也是把科学技术转化为现实生产力，保证广东经济持续发展的必由之路。因此必须把发展职业教育，尤其是高等职业技术教育，提到十分重要和紧迫的位置上，迅速采取有力措施，加快发展步伐。除了宣传贯彻《职教法》之外，英国所采取的打通职业教育与学科教育、学位教育之间的联系和把职业技术教育与就业有机统一起来，这也是值得我们借鉴的成功经验。在以上的看法中，有一点特别重要的就是观念更新问题。要通过学习宣传《职教法》《高等教育法》以及各项实际措施，提高职业技术教育的地位，使全社会认识到职业技术教育的重要性，改变职业技术教育“不正规”“低层次”的错误看法，从而使全社会重视职业技术教育，加大改革步伐，推动职业技术教育更快发展。

二 实行统一的国家专业证书（NVQ）和普通国家专业证书（GNVQ），沟通教育管理机构、教育机构和雇主之间的联系，形成统一的合力，从而促使全国职业技术教育良性循环、协调发展

在过去很长的历史中，英国职业资格证书的签发是由各行业协会以及行会性质的团体来承担的。其结果，正像英国学者所说的，证出多门，互不相干，缺乏一个统一的规范化、一体化的管理机制。据了解，英国曾有颁发资格的各种机构数百家。为了改变这种状况，1985 年英国政府专门成立了一个工作小组，对职业技术教育的状况进行分析研究，1986 年发表了“职业教育资格回顾”，同年政府又发表了白皮书“教育与培训”，提出了新的职业资格体系——国家职业资格，包括国家专业证书（NVQ）和普通国家专业证书（GNVQ）。

国家专业证书（NVQ）以实际工作为基础，按具体行业工种（岗位）制定技能标准，共分为五个等级。一级：具有从事一系列工作活动的能力，这些工作活动大部分是日常重复进行，可预见的；二级：具有在不同的环境中从事范围较广的工作活动的能力。这些活动中，有些是复杂的或非重复性的，要求承担一定的责任或享有一定的自主权。能与其他人合作也是一个必要的条件；三级：具有在多种多样环境里，从事多种工作活动的能力。大部分的工作活动是复杂的和非重复性的。要求承担相当大的责任，享有相当大的自主权。常要求具有管理和指导他人工作的能力；四级：具有在多种多样环境里从事多种多样的复杂或专业性的工作活动的能力。要求承担巨大的个人责任并享有相应的自主权，常常要求具有负责他人的工作和资源分配的能力；五级：具有在广泛的并且通常是不可预见的环境里从事涉及范围相当广的基础原理和复杂技术的应用的工作能力。其显著特征是，个人享有很大的自主权，对其他人的工作和大量资源的分配常负有很大责任。此外，对设计、规划、执行和评估也负有责任。NVQ 培训以技能训练为主，理论学习为辅。极少数是全日制脱产形式，绝大部分是非全日制，每周只到学校上课两小时，其余时间主要在工厂、企业进行。普通国家专业证书（GNVQ）是一种专业面较宽的理论知识和专业技能培训体系，分初、中、高三级、高级的 GN-VQ 和 NVQ 三级等价。主要是全日制形式，在学校进行，理论教学和技能培训时间各占一半左右。到 1992 年年底，NVQ 一级到四级的框架已大体完成，它覆盖了英国 80% 以上的劳动市场。目前已有 700 个以上的职业在 NVQ 框架内得到承认。到 1995 年年底，NVQ 框架扩展到五级，使其覆盖 90% 的劳动市场，同时完成了初、中、高级水平的 GNVQ 框架。

实行统一的国家专业证书（NVQ）和普通国家专业证书（GNVQ），全面沟通了教育管理机构、教育机构（技术学院、培训中心）和雇主之间的联系，使各方面的力量形成统一的合力，从而使职业技术教育进入良性循环、协调发展的状态。对于职业技术教育管理机构来说，有了 NVQ 和 GNVQ，既有利于迅速实施和检查“现代授徒计划”，又方便从宏观上监控办学机构（技术学校和培训中心）的办学水平和效益。对于办学机构来说，有了统一的 NVQ 和 GNVQ 就更明确要办哪些专业，就有了衡量本单位教育质量的标准，因而使学校有明确的奋斗目标。一个学校有更多的学生达到高一级的 NVQ 和 GNVQ，有更多的学生转读大学，得到硕士学位，这个学校教学质量和办学效益就高，由此就能得到政府更多的教育经费和得到企业（雇主）更多的教育资助，对于企业雇主来说，实行 NVQ 和 GNVQ 之后，企业在发展职业技术教育中，更能充分发挥重要作用。在英国，企业雇主参加职业技术教育的管理机构，有的还直接参加学校的董事会，参与制定国家专业证书标准，参与对职业技术学院的质量评估和开设课程的研究，接受学生到企业实习或安排“三明治”式教学，提供部分教育经费，推荐雇员和其他中小雇主参加职业技术培训。

英国实行统一的国家专业证书（NVQ）和普通国家专业证书（GNVQ），并由此所形成的职业教育的合力和良性循环状况，非常值得我们深思和借鉴。必须看到在我们广东乃至全国尽管职业技术教育有一定的基础，但还未建立统一、高效、协调的领导体制，现行的管理体制不顺，严重分散，无法统一管理。由于管理分散，所以“证出多门”，未形成统一的专业技术资格标准。至于学校和企业的关系，由于各方面的原因，那就更谈不上建立一种互相依存、协调发展的关系。为此，要在职业教育管理机构的统一领导下，认真地研究我国现行的考工标准、专业技术资格标准，发动全社会和各行各业制定高中后教育的几种不同类型，又可相互打通的专业技术资格标准，经过试点，逐步推广，最后建立全国统一的职业技术资格体系。以便有效地实行“无训不上岗，无证不就业”的就业制度改革，推动职业技术教育协调发展。对各类职业教育办学机构来说，英国发展职业技术教育这一态势最值得借鉴的是学校要根据社会需要办学，专业设置和课程内容要紧密结合企业的实际，招生也要从企业发展的实际需要出发。为此，各类职业技术学院必须加强与企业的联系，加强调查研究，做好专业发展规划和人才预测。有条件的学校，把企业负责人请进来参加学校专业建设委员会，那更是明智之举，值得提倡。

三 确立职业技术教育学院独立法人地位，建立“延续教育基金委员会”(FEFC)，实行模块教学，对职业技术教育加强宏观调控和微观管理，增强学校办学活力，保证教学质量

很长时期，英国政府对职业技术学院的管辖是比较严格的。1993 年起，英国政府新的法令规定，职业技术学院成为独立的法人。学院须向 16 岁以上的人们提供教育服务；自主聘用教职员工；自主管理学院财产；自主地与社会签订各种协约等。职业技术学院法人地位的确立，把职业技术学院推向了市场，其结果必然是，一方面要拼命挖掘潜力，扩大学生生源，加强与其他学院的竞争；另一方面可以开辟多种渠道，加强与企业合作，加强与外界协作，提高办学效益。

为了保证教育质量，英国政府建立了“延续教育委员会”（FEFC），对学校进行宏观调控。调控的办法主要是由 FEFC 派出专家组对学校进行办学质量评估，并根据评估结果决定投资额。评估内容包括招生数目、教学质量（通过 NVQ 和 GNVQ 以及转学学位的情况）、办学条件和师资水准等几个方面。这样一来，就保证学校必须在 FEFC 的规范下实施具体操作，切实履行自身的权利和义务，不至于盲目追求效益而忽视自身义务。一般地说，学院的每年资金来源中，国家 FEFC 的投资在 75% 以上。

在学校内部，普遍实行模块教学，加强微观管理。学校根据 NVQ 和 GNVQ 的要求，对所有专业资格设计相应的教学模块。一般来说每个专业资格都有 10 个以上的教学模块。每个模块课程的教学量为 40 学时。目前分解设置有 6000 多个教学模块，学生可以根据需要自由选择。完成一定数量模块的学习，经评估合格，就可获得相应的一个级别的 GNVQ 或 NVQ 专业证书，不管其采用什么学习方式和学习多长时间。

实行模块教学，学生的学习形式很灵活。所谓半日制学习，实际上每周只来学院上课 2 学时，其余时间都在企业结合工作学习。全日制学生可以连续两年、三年全日制学习，也可以第一年全日制取得初级 GNVQ

或一级 NVQ 证书后，第二、第三年就业在职半日制学习，学完全部模块课程，评估合格，再颁发高级 GNVQ 或三级 NVQ 证书。

与模块教学相适应，考试作了比较大的改革。很少有像我国那样的问答式笔试，主要是通过评估“证据”来确定学生的能力水平。即学生必须拿出能证明自己具有这种技能的实际“证据”来，主要是工作中的业绩材料、完成作业和阅读资料的实录材料、完成某一技能训练过程中形成的有关资料（包括实验、操作训练的记录），以及实际操作技能演示等。这样的考试内容和方式，与学生的实际能力训练和就业要求密切联系，深受学生和雇主的欢迎。在诺丁汉布罗克斯托学院学习的我国三位女留学生告诉我们，她们对这种学习和考试方式很适应、很满意。教师讲课不多，请教师解答问题、讨论问题的时间多，课后阅读材料和作业量都很大。虽不轻松，但无国内应付考试、死记硬背那样的烦恼和压抑，学习的自觉性和主动性都比较高，能认真训练自己，学到本领。

我们从考察中了解到，英国所有的职业技术学院为了搞好模块教学，都非常重视实验室和实习工场的建设。参加全日制 GNVQ 或 NVQ 学习的学生，其技能训练主要在校内完成。过去英国对校内实验室、实习场地建设重视不够，投入不足，在企业安排学生训练又有困难，是职业技术教育受到限制、发展缓慢的原因之一。90 年代以来，开始改变这一状况，普遍加大投入，加强校内实验室、实验场所及其设施建设。如纽汉姆学院仅工程系每年实习工厂的建设经费就达 200 万英镑。我们考察的几所职业技术学院的实验室和校内实习工场都比较大，设备条件不错，检测装置比较先进。全天开放，学生除教学安排外，还可随时到实习工场进行练习。有些实习训练场所，如烹调室、美容与保健室等，同时对外营业。

英国职业技术教育重视教育质量，强调职业技术技能的训练，建立统一的评估体系，实行统一标准而又灵活的模块教学是值是我们借鉴的。为了确保我省职业技术教育迅速、健康发展，我们应该研究制定职业技术教育的评估体系，教学计划要加强职业技术实践训练的内容，要特别重视校内实验室和实习场地的建设，重视实际技术技能的培养和训练。政府应加大对职业技术学院尤其是培养师资的职业技术师范学院的基建和设备的投入。一般来说，要使学校的设备比企业使用的先进。要建有自己的工业训练中心，做出长远和近期的计划，保证分期分批达标，从而确保各类人才的培养质量。

原文刊于《广东民族学院学报》（社会科学版）1998 年第 3 期

加拿大卑斯省高等职业技术教育及其启示

谭泽中*

摘　要：加拿大卑斯省社会经济的发展，为高等职业技术教育创造了良好的社会条件。政府的投入和有效的管理机制，保证了高等职业技术教育与社会经济发展变化相适应及其自身的可持续发展，形成了卑斯省高等职业技术教育的综合性、就业型和高档化的显著特色和学校教育为主、校企联办、社会参与的立体型办学模式，使职业技术教育在卑斯省的社会和经济发展中扮演起重要角色。卑斯省的模式是加拿大大部分的普遍模式，对于办好我们的高等职业技术教育有一定的借鉴意义。

关键词：职业技术；教育；特色；管理

卑斯省在加拿大西部，是加拿大唯一位于北美太平洋沿岸经济区的省份，全省土地面积93多万平方公里，人口在全加10个省份中排行第三，共有398万人。卑斯省是加拿大经济最发达省份之一，1999年国内生产总值达900亿美元。社会经济的蓬勃发展，也迫切要求和有力地推动了全省教育事业的发展。尤其是随着产业结构向高新技术和现代服务行业的转向，高等职业技术教育近10年来发展较快，在其结构管理和运作

---

* 谭泽中，大学本科学历，副教授，加拿大哥伦比亚大学高级访问学者，长期从事高等教育管理与研究，现任广东省人大教科文卫委副主任委员，广东省政府督学顾问，代表作：《邓小平理论与全面深化改革新实践》（《新华文摘》2014年第21期）。

上形成自己的特色，适应了产业结构调整和社会经济发展的需求，在为省民就业服务、推动和促进全省经济技术发展中扮演着重要角色。

一 基本现状

所谓高等职业教育，在加拿大，即属于中学后的大专学院层次的技术教育和训练。其教育目标定为：直接为社会培养高素质的技术型劳动人才，帮助省民增长知识，开发技术，以便能成功地参与社会生产和生活，促进自身素质的提高和社会的发展。卑斯省的高等职业技术教育由两大系统组成：公立大专院校系统和私立的中学后教育训练系统。

（一）公立大专院校系统

共有23所正规院校，是卑斯省高等职业技术教育的主体，其结构分类如下：

（1）社区院校11所：开设实用型和专业性的学术、技术课程；同时设有普通大学1、2年级的文理课程。

（2）大学学院5所：除开设与社区学院相类似的课程外，加上大学3、4年级的文理科部分课程。

（3）省属学院4所：分别开设由省指定的不同学术和技术领域的课程。

（4）开放型学院3所：透过电视媒体把大学、职业教育的进修课程送到全省各地。

（二）私立的中学后教育训练系统

是卑斯省高等职业技术教育中一支非常活跃的力量。现共有大小院校1000多所，遍布全省各地，几乎涵盖全省各个产业和各种行业。

私立院校所开设的课程包括行业性见习培训（Apprenticeship），就业技术培训（Career/Technical Program：2 years），1年以下的职业应用课程（Vocational），大学学分转移（1、2年级）课程（University Transfer）等4个层次。

自20世纪90年代以来，在卑斯省进入高等职业技术院校接受教育训练的人数越来越多，全省高等职业技术教育的规模扩大。招生人数在近几年增加比较快。在公立院校中，1998/1999 年度比 1994/1995 年度全日制学生增加 11.6%，非全日制学生增幅 7.3%。据卑斯省高等教育厅 1998 年统计，仅在公立院校接受正规高等职业技术教育的学生就有近 10 万人；连同职业培训、非学分进修及其他各类训练在内，共有学员 37 万人。也就是说，每 11 个卑斯省民中，就有 1 人在公立高等职业技术院校学习。

二 显著特点

卑斯省的高等职业技术教育不但在办学规模和发展速度上显示出生机勃勃的状态和趋势，在办学过程中，也逐步形成了自己的特色。

（一）综合性的体制

卑斯省综合性高等职业技术教育体制有如以几个特点：

1. 课程多样化

职业技术教育是直接训练和培养实用性人才，满足劳动市场多样化需求的教育。多样化的课程开设，正是满足这样的要求，直接为劳动市场需求服务。卑斯省的高等职业技术学院开设的课程包括实用与专业性课程（A&P）、文理课程（Arts & Science）、研究生课程（Postgraduate）和成人基础教育课程（Adult Basic Edu.）。

2. 学制多层次

高等职业技术教育既要直接培养和输送劳动市场急需的技术劳动力，同时也为高一层次教育输送学生。为了实现双重目标，首先，实行学习时间长短不同的多层次的学制，包括：1—6 个月实用性专业课程（证书），7—12 个月实用性专业课程（证书），13—36 个月实用性专业课程（证书、文凭），4 个以上实用性专业课程（学位、研究文凭）和 4 年文理科课程（学士学位）。

其次，实行开放型的学分制。大专院校经高等教育厅审批，可开设某一层次的学位或学位课程，不同层次学校可共同承认学分。

1998 年公立院校共授予包括不同学制层次的 17529 个证书，毕业生的 90% 直接参与社会生产就业，10% 进入高一层次深造。这种多层次的开放型的体制，满足了学生各种就业或升学要求，十分有利于造就多种层次的技术人才，适应社会劳动市场多样化的需求。

3. 教育终身化

在卑斯省，从小学起就重视学生的手工操作训练。中学除开设指定性的基本课程（如数学、科学、读写等）外，普遍开设种类繁多的职业技术训练基础课程。一般是基础课课时与技术课课时对半。各学校有自己的工厂或工场；学生每个学期还有大约 3 周时间到企业或其他社会机构实习。大专院校开设成人基础教育课程。还通过开放学院，进行远距离的教育训练。加拿大学术研究协会（Association for Canadian Studies）、加拿大研究暨咨询中心（Center For Research and Information on Canada）及民意调查公司（Environics Research Group）的最近联合调查结果显示，绝大部分加国青年一生最少换岗 5 次。因此，大部分人在大专院校学习新知识、新技术或继续完成学位课程。社区学院在读学员中近 20% 已有大专以上文凭。卑斯理工学院现有注册学生近 50000 人，其中大部分人原来已经获得过其他高等教育学历或具有相当工作经历。

（二）就业型的教育

卑斯省政府从社会经济大环境着眼，明确提出："要为省民提供多方面的技术培训及服务，使他们在竞争激烈的环球经济中能够发挥所长。""通过中学后的阶段的高等教育训练，卑斯省省民能够参与今天迅速多变的经济活动和在激烈竞争的劳动市场中找到就业机会作为充分的准备。"在这种思想指导下，卑斯省的高等职业技术教育面向现实的社会生产需要，满足受教育者为就业所需要的知识和技艺。卑斯省的高等职业技术教育已发展成为面向生产第一线的就业型教育，其表现在以下 3 个方面。

1. 专业和课程设置体现实用性和职业性

各学院的专业和课程设置以社会产业结构的变化和发展为目标，在自己的定位和使命中都提出要给学生提供产业导向型的、世界一流的就业技术，以使学生取得职业的成功。一般来说，大的学院学科比较齐全，课程开设涉及面广阔，涵盖了以下 3 个方面：（1）传统产业所需的技术专业，如林业管理、造纸、矿业、环保化学、鱼类及野生动物保护等；

(2) 发展高新技术专业，如电脑系统、软件开发、电子技术、工业服务、制造业等；(3) 突出地区特色的专业，如北美地区的飞机制造业最发达，而卑斯理工学院的航空专业也在北美闻名。卑斯理工学院下设航空学院，设有飞机技术专业6个，还有航空公司管理、机场商业开发、安全飞行训练等另外6个专业。

较小的院校所开设的课程大多数集中在新技术和一般性的社会服务方面，如兰加拉学院（Langara College）把它开设的课程分为五大类：商业金融与电脑技术；创作与实用艺术；海关关务与合约；英语语言技术；保健服务。私立院校开设的课程集中在航空、商业、计算机、酒店服务、旅游、美容、时装设计、烹饪以及作为第二语言的英语等。

卑斯省职业技术教育系统所开的课程总体上突出“三型”：技术型、管理型和服务型，加上多层次的灵活的学制，使卑斯省的高等职业技术教育不但成为把科学技术直接转化为现实的生产力的桥梁，而且直接服务于学生就业的目的。对1995—1997年三年的毕业生调查显示：80%以上的学生所学的课程和技术“完全”或“几乎完全”胜任现职工作。

2. 校企合作，加强实践训练

根据专业学习的需要，在校学习期间，学生就在企业工作一段时间。在28所公立院校中，有22所实行了校企合作训练学生。一些实力强的院校，与企业长期合作，一边开发技术，一边培训学生，如卑斯理工学院与新桥网络公司（New bridge）从90年代初就开始了协作关系。他们共同研究开发一项最新电信设备“3600Mainstreet”。公司提供了180万加元的软硬件设备，学生可以在这项协作中学习新知识和新技术。温哥华社区学院许多课程都是安排1/3在中心校区上理论课，其他2/3在实践操作过程中学习和训练。

参与校企合作训练活动的学生人数从1980年到1990年，每隔4年增加一倍；1998/1999年度比1995/1996年度增加了29%。为这项实践培训投入的资金也在不断增长。1998/1999年度共投入资金350万加元。

3. 毕业生就业率高

由于高等职业技术教育的课程和训练突出了实用性和职业性，学生所受到的教育和训练适合了劳动市场的需求。因此，毕业生十分受劳动市场青睐。据1988年的统计，学生离校9—12个月后，四分之三找到了工作：60%完全就业，16%半就业，除去继续升学和健康等问题外，仅有9%仍在找工作；1995年以来，高等职业技术教育院校的毕业生待业率一直比社会总体待业率低2%。

（三）高档化的教育层次

职业技术教育的上移化是世界职业技术教育的一种新趋势。所谓上移化，是指职业技术教育的重点向高层次移动，教育程度高移化。在卑斯省的大专院校中，除了强调开设的课程和教育训练的实用性和职业性外，还纷纷向更高层次上移。这些课程可划分为三个级别：（1）大学预科课程（Programs Leading to University）和大学低年级课程（LD）；（2）普通大学高年级部分文理学士学位课程（UD）；（3）硕士研究生及学位课程（Post-graduate Degree）。

奥卡那根学院（OUC）从1998年开始，可颁发自己的学位（BA，BSc和BSN）。卑斯理工学院开设专业科目250多个，是加拿大规模最大、科目最全的高等职业技术教育学府。它有10多个专业可授予学士学位，2个专业授硕士学位。1998年卑斯省成立了一所新的职业技术教育的大学：卑斯技术大学（Tech. BC）1999年正式开设本科和研究生课程，标志着卑斯省的职业技术教育正向本科大学这个更高档次上移。

三 发展因素

教育是经济和社会发展中的一个有机组成部分。社会经济的发展必然推动教育的发展；教育的发展也必须同社会经济发展相协调。只有这样，教育才能在经济与社会的发展中充分发挥其作用。随着社会、经济和科学技术的发展，卑斯省的高等职业技术教育的规模不断扩大，教育层次也逐渐上移，以适应社会生产生活的需要。社会人口增长、经济结构的变化、政府和学校的运作以及全社会的重视支持，这些都是推动卑斯省高等职业技术教育发展的主要因素。

（一）社会人文和经济的迅速发展的促进作用

教育是培养人的一种社会活动，它与社会经济、人口、文化的发展变化密切相关。近 10 年来，随着卑斯省人口的增长变化以及经济结构的调整变化，全省的教育，尤其是高等职业技术教育也在不断自我调整，适应了社会的变化和发展。

1. 人口的增长要求教育规模不断扩大

90 年代以来，全加高等教育的适龄人口群（18—29 岁）下降了 5.6%。但卑斯省人口则增长了近 20%，即从 330 万人增长到 396 万人。接受高等教育的年龄群人口增长了 6.1%。

卑斯省人口增长的主要因素是移民，包括国内移民和海外移民。在这些移民中，有 52% 已受过高等教育。这样，移民给卑斯省带来了相当大的高素质的人力资源。但在移民中，立即或即将要求接受高等教育的群体也非常大。从 1991 年到 1998 年，高等职业技术教育的规模扩大了 6.5%（未计算在岗培训人数）；仅从公立专科院校系统毕业的人数，近三年来（1997—1999 年）每年达 17000 多人。

2. 产业结构的调整变化促使教育内容的更新和教育层次的上移

卑斯省地理位置优越，自然资源丰富。它的传统支柱产业是林木业、采矿业、能源（水力和天然气等）和农业。自 90 年代以来，高新技术迅猛发展。在卑斯省经济多元化的策略中，核心工业是生产高价值的、精密的高科技产品的制造业、资讯技术、电子业、高级材料工程、环保科技、航天工业、深海工程、生物科技以及医疗设备等。高科技工业目前为第三大工业，拥有 6000 多家公司，雇用员工 57000 多人，全年总收入 75 亿加元。产业结构的变化，使劳动市场对人才结构的要求也发生了新的变化。优质的教育在这个日益倚重高科技新知识的经济环境中成为关键的竞争因素。据加拿大科技协会（Skills Canada）统计，1998 年，在全加提供的新的工作职位中，有 20% 是属于新技术岗位；2000 年则占到 40%。高新技术已形成了加拿大未来经济增长的主流。卑斯省的情况更是如此：高新技术工业就业增长率达 80%，中等技术工业达 60%，而基本工业及相关行业的就业率同期仅为 1%。这种产业结构的新变化和劳动市场的新需求，一方面要求职业技术教育增添新内容，发展新学科、新专业，增加新课程；另一方面也要求提高教育档次，培养出更多的高层次技术人才。因此，高等职业技术学院纷纷开办新专业和开设新课程，比较多地集中在电子技术、电脑系统、软件开发、工业服务、金融保险、环保技术和医疗机械等领域。被批准增开大学高年级课程的学院增加到7所。一些学院可颁发学士学位及部分硕士学位。新办的卑斯技术大学的主要学科领域是适应新产业需求的信息技术、管理技术以及社会关系等。

（二）政府的投入和管理的保证作用

按照加拿大的法律规定，教育是各省政府的职责。因此，教育的投入来自省政府的财政收入预算；省政府担负起对教育的宏观管理责任。

1. 资金投入

卑斯省的地区生产总值净增长由1992年到1996年增长10%，超过全加平均值；但自1996年后，由于邻省阿尔泊特和东部大省经济的快速增长，卑斯省对高等教育的投入增长速度仍然在全加最快，超过全国平均增长率。自1992年以来，高教经费逐年增长，1998年比1992年增长了2.34亿加元。在此期间，卑斯省为全加人均教育经费投入增长的唯一省份，人均增长2.1%。如1997/1998年度，全省教育经费占省政府财政预算的28%，在全省预算中占第二位，仅次于医疗健康的投入。在教育经费中，25%用于高等教育。1998年，省政府投放高教经费12.3亿加元，其中46%用于高等职业技术教育，其他54%用于普通大学以及行政管理费用等方面。高等职业技术教育系列的各学院的经费60%来自政府拨款。

2. 培训与发展项目

为加强职业技术培训，使更多青年和学生获得各种方式的培训和实践机会以及就业机会，1995年起，由政府通过财政支持，由高等教育厅的技术发展处牵头，协同政府其他部门、学校和社会机构组织实施了青年就业预备项目（YIP），在职培训项目（WBT），产业培训及调整项目（ITAP），伤残人员职业技术培训（VRS）等一系列技术发展项目。

在上述这些项目中，省政府拨给专项经费来给受训人员提供工资资助或直接资助培训费用。1997/1998年度省政府为技术发展项目投入1.18亿加元，1998/1999年度投入了1.29亿加元。两年仅直接受益的达20万人，取得了良好的社会效益。

3. 宏观管理

卑斯省政府对教育的管理，主要是宏观上的管理。通过行政立法、教育立法、规范劳动市场以保护就业，对办学进行质量、效益评估和指导等方式方法，促进教育的蓬勃有序发展。

（1）立法

在卑斯省，管理教育的政府部门有两个：教育厅和高等教育厅。与高等教育厅业务工作直接相关法案有 30 多个，可分为三类：a）专门为高等教育而立的法案，如大学法（*University Act*）、学校法（*College and Institute Act*）、私立高等教育法（*Private Post-Secondary Act*）等）为一般教育而立的法案，如奖学金法（*Scholarship Act*）、公立教育劳动关系法（*Public Education Labour Relations Act*）、教师职业法（*Teaching Profession Act*）与教育管理有关的法案，如实用科学技术专家和技术人员法（*Applied Science Technologists and Technicians Act*）、学徒法（*Apprenticeship Act*）等。

依法管理，以法治教，保证了教育的稳步、蓬勃发展，也提高了工作效率。例如，1990 年通过了“私立高等教育法”，1992 年依法成立“私立高等教育管理委员会”（Private Post-Secondary Education Commission），规范化管理私立高等教育。到 1999 年，登记注册了 1150 个私立学校；同时，又根据法案，对注册院校进行办学评估和审查，严格把关。到 2000 年 8 月底，已评审通过了 173 所合格院校，保证了私立院校的质量和责任。而这个委员会仅有 14 名工作人员。

（2）制定发展战略和质量评估

除了立法，政府还从社会经济发展需要的高度，确立教育发展的战略方向。1996 年 9 月，省政府颁布了一个大专院校（高等职业技术教育）的发展战略规则，叫作“Charting a New Course”。在这个战略规则中，提出了卑斯省未来高等职业技术教育的几大目标。

一是实用与质量：为卑斯省省民提供高等教育与训练，以提高省民的素质和生活质量，增强现有的和将来的工作机会。

二是受教育机会：为越来越多的寻求高等教育训练的省民增加受教育的选择机会。

三是投资能力：以实现质量、机会和责任几个方面的发展目标为目的，配置高等职业技术教育资源，这种资源配置的方式纳入全省财政体系，并且在学生支付能力之内。

四是责任性：建立可操作性的高等职业技术教育的运作评估方案，促进高等职业技术教育的持续发展。

根据这个战略规则，卑斯省正在制订和采取一套评估方案（Key Performance Indicators），每年汇总各类数据，制成年度报告，对高等职业技术教育的运作进行评估分析，以此来检查指导高等职业技术教育的运作和提高办学效率和效益。

政府对学校内部事务不干预，但从宏观上对质量监控。监控体现在三个主要方面。

一是实行学位授权制度（Degree-granting Authority）：对各院校的学科、专业、学位进行质量评审认可。

二是建立技术资格考核制度（Certification of Qualification）：依照法律规定，在卑斯省，特定的行业必须取得技术资格才能就业，另外，学生除了在学校完成学业，还要取得证书（Certificate）或文凭（Diploma）。这样，自己就可以开业。

三是规范劳动市场。卑斯省被认为是北美地区劳动人力资源中素质最高的省份之一。据1998年统计，卑斯省有62%以上的劳动适龄人口曾受过大专以上的教育，比全国平均数高出近3个百分点。这里有一个“标准雇用法”（*Employmcnt Standards Art*），雇主和雇员都必须遵循。“标准雇用法”划分了各种职业的技术类型（Skill Type）和技术水平（Skill Level）的要求。

为了方便求职人员和雇主，卑斯省政府有关部门编制了职业手册（Career Handbook），把职业划分为若干个更细的分群（Subgroups）。在卑斯省，高新技术行业和高新技术人才特别受到重视。由于劳动市场规范，不同技术类型和层次的人员得到的收入也有明显差距。下图为法定最低工资、一般技术工人（电子装配业）与4种类型专业人员的年收入（美元）的对比（见图1）。

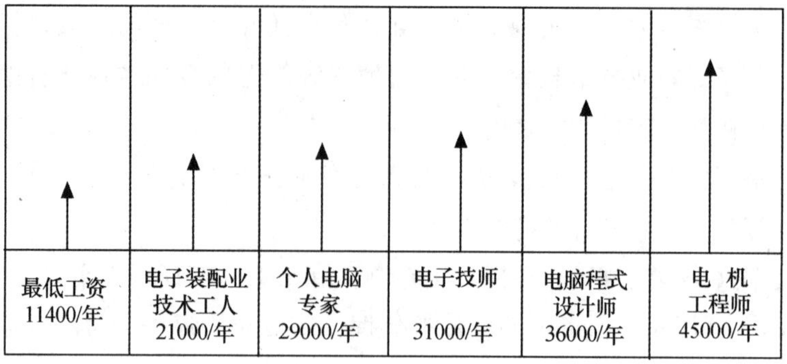

（单位：美元）

图1　最低工资、一般技术工人与4种类型专业人员年收入对比

劳动市场这种现象，十分有利于激励人们学技术、受教育。卑斯省规范的劳动市场，推动了职业技术教育的发展。

（三）社区社团的参与

在卑斯省，乃至整个加拿大，全社会都重视从小培养青少年的科学技术兴趣，鼓励青少年学习科学技术。加拿大技术协会这个全国性的非营利组织提出了“发展技术，就是发展加拿大”的口号，得到全国各界响应。各社区和许多社团都积极参与青少年的职业技术培训活动。社团直接参与职业技术教育与培训主要在两个方面。

（1）组织和举办职业技术竞赛：加拿大协会协同雇主、教育机构、劳动组织和政府积极引导青少年学技术，帮助青少年在技术领域和行业取得就业机会。它每年举办一届全国性的技术大赛。卑斯省每年也举办全省性和地区性的技术竞赛。政府、企业和学校都介入这项活动。

（2）组织各种就业预备培训：各社区设立“社区技术发展中心”（Community Skill Centers），针对经济结构和劳动市场的调整，与公、私立的技术培训学校或机构合作，向社会提供各种受托培训。青少年在这里参与各种就业准备培训活动（Career Preparation）。社区技术发展中心在1998年/1999年度培训了20000多人。

（四）学校管理体制

卑斯省的高等教育管理体制有以下几个特点。

1. 政府以法管理学校、学校依法办学

在卑斯省，共有6所大学，而大学法就有4部。老校（哥伦比亚大学、维多利亚大学和西门菲沙大学）的办学和管理依据卑斯省大学法（*University Act*）。新办的大学则专门立法。如1998年开办的卑斯技术大学，有卑斯技术大学法（*BC University of Technology Act*）可依。在技术学院系统，有三个方面的法案；（1）公立学院的立法：学院法（*College and Institute Act*）；（2）单个学院专门立法：如卑斯理工学院法（*BC Institute of Technology Act*）；（3）私立高等教育的立法：私立高等教育法（*Private Post-Secondary Education Act*）。这些法律都规定了院校的体制、办学方向及管理等。这样，政府主管部门对学校的监督管理有法可依，学校自主办学也有法可依，学校自主办学也有法可循，实现了以法治校，依法治学。

2. 校董制和社会参与管理学校

各大专院校成立校董会，成员包括政府代表、学校代表以及企业和其他社会人士。各学院和大学的二级学院成立学科委员会，同样吸纳企业和社会专家参与。这种体制，把学校的办学（包括行政管理、学术发展和技术开发等）与社会的经济、文化发展连成一体，信息渠道畅通，利于企校合作，促使教育直接服务于社会生产和生活。

3. 学校拥有办学自主权

在法律规定的范围内，学校拥有充分的办学自主权。学校遵循市场经济的规律而运作，收到很好的效益。

根据高新技术在生产中的应用日益广泛和社会服务业对高新技术人才的需求不断增大，各校的课程开设趋向多样化和高档化。在高新职业技术教育系统，不但有专科层次课程，也有本科和研究生层次课程。从而促进了职业技术教育的普及化和上移化。在卑斯省，各技术院校都有自己的实习工厂和挂钩的企业以及自己的研究机构。学校把教学、科研和技术开发融为一体。例如，卑斯理工学院的汽车专业与北美、日本和欧洲几乎所有名牌汽车制造公司有挂钩。在它的汽车技术训练工场里都有这些公司赠送的汽车。这里，一方面为公司输送人才，另一方面与这些公司研究开发汽车新技术。它的航空专业有 4 架小型飞机，4 架直升飞机，35 部汽轮发动机，50 部往复式引擎。这些装备都是企业赠送的。

各校重视开发经费来源渠道，促进学校发展。卑斯省公立学院的经费总体 1.60% 来自政府，16% 来自学费，其他部分要靠自主办学，通过为企业服务、为社会服务等灵活多样的渠道来创收，以增强和发展自己。如卑斯理工学院，在 1998 年和 1999 年两年中，通过为产业和社会服务，创收 4895.6 万加元（见表 1）。

表 1　　1998 年、1999 年创收栏　　单位：万加元

	1998 年	1999 年
产业服务	635.5	896.0
销售与租赁	787.1	897.7
礼品与捐赠	118.6	77.1
投资收入	61.0	147.6
其他收入	654.3	640.7

四　结论

卑斯省的社会人文和经济发展，为高等职业技术教育奠定了社会基础，创造了良好的社会条件。政府的大量投入和有效的宏观管理，引导和保证了高等职业技术教育与社会经济发展变化相适应以及自身的可持续发展。社会力量的参与和支持，推动职业技术教育的普及化；以法治校、自主办学的学校管理体制，保证了学校办学的自主权和充分发挥了学校办学的创造性，促进学校不断加强内部管理，努力提高办学质量和效益，在激烈的市场经济竞争的环境中，不断地壮大和发展自己，形成了卑斯省高等职业技术教育的综合性、就业型和高档化的显著特色和学校教育为主，校企联办、社会参与的立体型办学模式，实现了职业技术教育的普及化和终身化，使职业技术教育在卑斯省的社会和经济发展中扮演起重要角色。卑斯省的这种高等职业技术教育模式也是加拿大大部分省份的普遍模式。

广东是中国开放最早、经济最发达的省份之一。随着经济文化的进一步发展，社会对各种职业技术人才的需求越来越大。据统计，进入20世纪90年代以来，每年我省有100万以上劳动人口需要接受职业技术培训。目前，广东的职业技术教育培训网络由三部分组成：

（1）以广东职业技术师范学院、深圳职业技术学院等一批高等职业技术学院，地区性的专科院校以及近几年本科院校开班的高职班组成的高等职业技术教育部分；

（2）由职业中学、中专和技校三种类型学校组成的中等职业技术教育的实体；

（3）由劳动管理部门、企业和其他社会机构开设的职业技术培训学校或中心组成社会职业技术培训体系。

这三部分初步构成了多层次、多种类、多形式的职业技术教育体系的特色。为适应广东在21世纪经济再腾飞的需求，我们应该把重点放在培育高等职业技术教育体系，使其成为广东经济产业技术人才的两大库源之一（普通高等教育为另一库源）。由于广东省和卑斯省有着在各自国家社会经济发展中类似的地位，广东的高等职业技术教育初成体系，因此，卑斯省高等职业技术教育的发展，对我们有一定的借鉴意义。下面谈几点建议。

（一）普及新技术，把科教兴省的战略思想落到实处

在发达国家，信息产业、生物工程、新能源等知识和技术密集型产业正在蓬勃发展。学技术已成为就业生存的条件，成为全社会的追求。正因为如此，“发展技术，就是发展加拿大”的口号才如此广泛和深入地被加拿大人接受。广东的经济发展也正在呈现这种趋势。目前，广东的总体发展已进入工业化中后期阶段，二、三产业占社会产业结构的90%。电子信息、电器机械和石油化工形成三大新兴支柱产业。电子信息、新材料、生物技术和光机电一体化等高新技术产业群逐步形成。据预测，到21世纪的第一个10年末，高新技术产品的产值将要占工业总产值的20%。为适应这种经济发展的新趋势，全社会必须重视普及新技术秘密，重视职业技术教育，培养新人才。

首先，各级政府、经济部门的工作要贯穿“普及新技术”的思想理

念，把普及新技术纳入发展战略，重点培育和支持发展高新技术项目和培养新技术人才的教育。

其次，各级教育要把普及新技术作为学科建设和教育训练的重点内容，努力为我省新兴产业输送优秀人才，增强我省经济发展的后劲。

再次，企业改造、新办企业。应瞄准新技术产业这个目标，以新技术作为振兴企业、开拓市场的根本。

最后，各级政府、各行各业都有义务和责任加大宣传力度，使普及新技术的思想在全社会深入人心，使全社会形成重视知识和技术，人人学习新知识、新技术的好风气，务必使我们提出的“科教兴省”的战略思想落到实处。

（二）建立开放型的学分制和完善的技术资格证书制度，促进职业技术教育的普及化和终身化

在加拿大、德国、日本和法国等经济发达国家，企业职工、工程技术人员5—6年要换职一次或技术进修，以适应产业调整和技术发展。美国提出的“生计教育”主张，把职业技术教育从学校学生的教育扩展到成人中去，使所有职业人员都能接受职业技术教育。职业技术教育的普及化和终身化已在世界各国，尤其在发达国家形成趋势。为适应我省社会经济发展的需要，我们应努力建立一种开放型的学分制和完善的技术资格证书制度，促进职业技术教育的普及化和终身化。

（1）实行开放型的学分制。开设“学分转移课程”，同级学校共同承认学分；不同层次的学校通过定点挂钩互相承认学分；面向社会开放课程，不受入学统考限制，修满学分，并要求参加与所学专业相关的一项技术资格考核合格，可同时取得技术资格证书和相应的学历。

（2）扩大中专学校开设高职班；在高等职业技术学院开设部分本科高年级课程，学生可到相应的本科院校修完其他本科课程，修满学分，可取得本科学历。并逐步把一批中专和成人高校办成高等职业技术学院。这样，有利于促进我省职业技术教育的上移化。

（3）健全技术资格证书制度。根据劳动部门制定的各工种的技术要求，制定技术资格考核规章。在有条件的高等院校和技术密集型的大企业设立考核点，并把这些点建成我省职业技术培训、技术资格考核和高

新技术研究开发的三位一体的技术资源基地。

（4）实行技术资格证书双级制试验。审定一批高校和企业施行校企一级的技术资格证书制度。

（三）健全高等职业技术院校评估体系，推动职业技术教育高质、有序地发展

相对于普通高等教育，高职教育在师资结构要求、教育训练内容和方式、教学设备以及质量标准衡量等多方面有其特殊性，制定相应的符合高职教育的规律和要求的评估标准和方案，并把达标程度与拨款投入挂钩，有利于引导和促进高职教育的质量提高和快速发展。

（四）把广东职业技术学院列为我省重点高校来建设，以其带动全省高等职业技术教育的发展，为我省的高等教育增添新特色

广东职业技术师范学院有原来广东民族学院的40年办学基础，又是新办的职业技术大学，是教育部审定的全国职教师资培训重点建设基地之一，在办学基础和发展新专业等方面在全国同类院校中有其独特的发展优势。建设好广东职业技术师范学院，可以带动全省职业技术教育的发展，也为我省高等教育体系增加优秀的高职教育这一新特色。可通过加大投入、给予政策优惠、扩大学校办学自主权等措施，着重抓好该校三大方面的建设，把广东职师建设成为全国一流的职业技术师范大学。

（1）扩大办学规模

随着我省职业中学和高等专科职业技术教育规模的扩大，职教师资欠缺已成为十分突出的问题。除了从外省引进师资和有关普通大学培养部分师资外，要下力气扩大广东职业技术师范学院的办学规模。可从三方面进行工作：（1）征地开辟新校区；（2）把条件合适的中专或专科学校并入广东职师；（3）广东职师与其他高职学院联办师资班。

（2）加快技术训练基地建设

省政府决定在广东职师建立的广东高等职业技术教育工业中心将是全省最大的职教技术训练基地。要加大投入，把它建成全国一流的职教技术训练基地，使它成为我省技术师资培训、技术资格考核和新技术研究开发的三位一体的重点技术基地之一。

(3) 拓宽专业面，提高办学层次

通过加大投入和激励政策，支持和帮助广东职师拓宽专业面；提高办学层次，即由原来仅本科教育扩展和提高到设立硕士点、博士点；建设一支“双师型”的师资队伍，以适应我省职业技术教育和经济发展的需要。

原文刊于《广东职业技术师范学院学报》2001年第2期

澳大利亚高等职业教育体系剖析及对我国职教发展的借鉴

王乐夫[*]　姚洪略

摘　要： 本文回顾了澳大利亚职业教育和培训的发展历程，从政府职能、培训框架体系、培训包、资格框架、TAFE学院、师资队伍建设等六个方面剖析了澳大利亚高等职业教育体系，认为我国高等职业教育事业的发展可借鉴澳大利亚的成功经验，并针对性地提出了几点建议。

关键词： 澳大利亚；高等职业教育体系；借鉴

澳大利亚是职业教育高度发达的国家，其职业技术教育发展至今已有100多年的历史，积累了丰富的经验。笔者于2006年10月实地考察了澳大利亚斯威本科技大学（Swinburne University of Technology）和澳大利亚南岸学院（Southbank Institute），认为对澳大利亚完善的职业教育培训体系的分析将有利于我国高等职业教育事业的发展。

一　澳大利亚职业教育和培训的发展历程

澳大利亚职业教育起源于19世纪中后期，当时称为技术教育（Technical Education，简称TE），当时出现了一些为提高澳大利亚劳动力的技能而

* 王乐夫，工学博士，教授，博士生导师，国务院政府特殊津贴专家，广东技术师范学院原院长。

开设的矿业学校、技工学校、工人学校等。1973 年 3 月，澳大利亚成立了澳大利亚技术与继续教育委员会。从此，技术教育被称为技术和继续教育（Technical and Further Education，简称 TAFE）。1974 年，Kangan 在《TAFE 在澳大利亚：技术和继续教育的需要》报告里对 TAFE 体系的内容和使命进行了论述，认为“TAFE 是描述所有有组织的和连续的课程（Programs），设计这些课程的目的是传授以职业为导向的知识，并且开发个人的理解力和技能”，明确提出 TAFE“应该包括所有具有职业目的的教育课程”和“那些被人们称为‘成人教育’的内容”。而且，他提出终身教育理念，提出要联结普通教育和职业教育并创建“通道”，等等。这为 TAFE 学院的发展提供了框架基础，同时也为高等职业教育的发展指明了方向。[①]

进入 20 世纪 80 年代以后，随着服务业的兴起，职业学院从采矿、制造和建筑业等传统领域扩大到服务行业等新兴行业。从 20 世纪 90 年代起，澳大利亚建立了“国家培训框架体系”，在学校引入了职业教育与培训，开发了“培训包”。近年来，澳大利亚习惯把职业教育称为 VET（Vocational Education and Training，职业教育和培训）。

二 澳大利亚高等职业教育体系的特点

（一）高度重视职业教育的政府

为对职业教育进行有效的管理，澳大利亚搭建了由政府、教育和科学及培训部（DEST）、国家职业教育与培训研究中心（NCVER）和行业技能委员会（ISCs）等机构组成的独特的管理网络。

教育、科学及培训部的主要职能是代表联邦政府管理职业教育，落实政府制定的政策，对全国职业教育实施具体控制，对各州、领地的职业教育院校进行管理、协调、指导和监督，并负责每年的经费划拨。国家职业教育与培训研究中心是职业教育的研究和统计调查机构，通过组建职业教育与研究信息资料库（VOCED）和培训信息服务中心，向社会收集和发布国内外职业教育的研究数据与信息。行业技能委员会为职业

---

① 刘育锋：《从重要报告看澳大利亚职业教育与培训发展轨迹》，《中国职业技术教育》2003 年第 24 期。

培训提供行业需求分析，参与制定“培训包”，并积极参与职业教育的办学过程和质量控制。①

澳大利亚联邦政府非常重视职业教育的经费投入，在澳大利亚联邦政府与各州、领地新近签订的关于提高澳大利亚劳动力技能的协议中，澳大利亚政府承诺2005—2008年向各州、领地提供约50亿澳元以支持他们的职业教育与培训体系建设。与2004年相比，每年的平均实际增长率为4.1%，新的经费主要用于建设128000个新的训练场所。②

（二）完善的国家培训框架体系

澳大利亚高等职业教育的发展离不开其完善的国家培训框架体系（National Training Framewark，简称NTF）。澳大利亚培训框架体系由澳大利亚质量培训框架（Australian Quality Training Framewark，简称AQTF），培训包（Training Packages，简称TP）和澳大利亚资格框架（Australian Qualifications Framewark，简称AQF）组成。

澳大利亚高等职业教育院校必须按照质量培训框架的要求进行注册，然后才能开展“培训包”相关课程的培训、认证，才能发放资格框架规定的资格证书。该体系是全国统一的并由行业引导而设立的，其目的是提供高质量的技能培训以提高受训者的综合能力。

澳大利亚国家质量培训框架体系进一步完善并落实了职业教育培训机构（Registered Training Organizations，简称RTOs）的教育与培训质量控制标准（包括高等职业教育院校），明确了各州（领地）注册/课程认证机构（Registered /Course Accrediting Bodies，简称R /CAB）的标准。质量培训框架统一了澳大利亚各州高等职业教育院校的办学标准和资格认证体系，对高等职业教育院校的办学质量监控指标更加量化并形成了全国统一的办学质量保障体系，为全面提高高等职业教育与培训质量起到了非常积极的作用。③

---

① 刘同林、张敬亮、李慎生、王勇：《澳大利亚职业教育特色和几点建议》，《现代企业教育》2005年第12期。

② New National Training System. www. dest. gov. au，2006.

③ 周祥瑜、吕红：《澳大利亚的职业教育质量保障体系》，《职业技术教育》（教科版）2005年第31期。

（三）分立与贯通的资格框架

澳大利亚资格证书框架（Australian Qualifications Framework，简称AQF）是一个综合性的、全国一致而且非常灵活的框架体系。该体系用12级资格规定了中学教育体系、中等职业教育体系、高等职业教育体系、高等教育体系之间的分立与贯通，为各教育系统之间的资历确认、学分转换，不同院校及学科证书课程的衔接以及学生在不同教育系统之间的转学或继续深造提供了权威性的保障条件。

AQF包括了从高中毕业证书，到职业教育证书，再到大学教育所颁发的资格证书。该体系结构严谨，推广终身学习和形式多样的教育与培训。就高等职业教育体系而言，总共有4级证书：专科文凭、高级专科文凭、职业教育研究生证书、职业教育研究生文凭（如图1所示）。[①] 其中，职业教育研究生证书、职业教育研究生文凭是新增加的。

高中教育	职业教育	大学教育	教育范围
		博士学位	
		硕士学位	
	职业教育研究生文凭	研究生学位	
	职业教育研究生证书	研究生证书	高等教育
		学士学位	
	高级专科文凭	高级专科文凭	
	专科文凭	专科文凭	
	四级证书		
	三级证书		
二级证书	二级证书		中等教育
一级证书	一级证书		
高中证书			

图1 澳大利亚资格证书框架

① Australian Qualifications Framework. www. dest. gov. au，2006.

（四）以行业为导向的"培训包"

澳大利亚政府自1998年起，在全国范围内倡导、开发和推广各个行业的"培训包"（Training Packages，简称TP）。"培训包"为培训与考核活动提供了行业的水准基点，为工种的界定、工作评介和技能开发提供有用的指南，并将此作为澳大利亚高等职业教育课程开发的指导性材料，是澳大利亚所有高等职业教育院校开展职业教育和培训的依据。

每个"培训包"主要包括两部分内容：（1）国家认证部分，这是"培训包"的主体，包括国家能力标准、国家资格证书框架体系和鉴定指南。（2）非国家认证部分，包括学习方法指导、鉴定材料和职业发展资料。

"培训包"由行业技能委员会（Industry Skills Councils，ISCs）或企业根据各自不同的需要来进行开发。ISCs首先要在行业或企业内进行广泛的咨询和征集意见，并经多方认可后才能提交到澳大利亚教育、科学与培训部所属的国家培训质量委员会（National Training Quality Council，简称NTQC）进行认证，认证通过后方可正式发行，并在澳大利亚国家培训信息服务中心的网站上发布。①

截至2005年1月，澳大利亚已经批准和公布的"培训包"有81个，覆盖了澳大利亚近90%的行业，共101个专业领域，其中有9个是由企业根据自己的需要开发的。"培训包"在正式发行后，每3年左右要重新进行评估，到2005年1月，已有40个培训包重新进行了评估并获得认可。②

（五）独具特色的TAFE学院

TAFE学院是澳大利亚最主要的公立高等职业教育与培训机构，由各州政府负责管理。TAFE学院既是教育机构，也是执行政府政治和经济政策的载体。经过几十年的发展，TAFE学院已经形成了独具一格的办学特

---

① 周祥瑜、吕红：《澳大利亚的职业教育培训包体系及其优势》，《中国职业技术教育》2006年第12期。

② Training Packages. www. dest. gov. au，2006.

点与风格。

在TAFE学院的在校生中，全日制学生约占30%，非全日制学生约占70%。其中，非全日制学生中90%以上都是从业人员。生源主要来自中学的11年级、12年级、13年级，也有的转自成人与社区教育机构。每年约有142万人在各种TAFE的教育机构中接受高等职业技术教育或培训。TAFE学院的组建通常有两种基本模式：第一种是独立设置的学院；第二种是大学内设的学院。澳大利亚斯威本科技大学就分高等教育和TAFE学院两部分，可以提供从证书到博士学位的各种层次的教育，而澳大利亚南岸学院则是独立设置的TAFE学院。

TAFE既自成体系，又与普通高等教育和中等义务教育相互贯通，课程设置彼此衔接，学分可以相互转换。一方面，学生可从高中二、三年级直接进入TAFE学院，同时进行义务教育文凭学习和接受高等职业教育培训；另一方面，学生在TAFE学院取得职业教育文凭后，可以直接进入大学本科二年级学习，学分可以转换。①

（六）注重实践经验的专/兼职师资队伍建设

TAFE学院非常重视教师实践经验，教师一般都有三年到五年行业内的专业工作经验，一般从有实践经验的专业技术人员中招聘，每年还为教师提供两周以上的带薪行业进修时间。新招聘的教师在进行教学工作的同时，须到大学教育学院学习以取得教师资格证书或教育学文凭。教师在应聘之后，同时也成为有关专业协会的成员，获得最新的专业知识、技能和信息。②

澳大利亚TAFE学院师资队伍以兼职教师为主，专职教师约占教师总数的1/3，兼职教师约为2/3。兼职教师主要来源于生产企业、服务行业的第一线，他们将企业的最新技术和技能及时传授给学生，使学生掌握最新的技术或技能。

---

① 俞正元：《澳大利亚职教模式对我国职教发展启示初探》，《深圳信息职业技术学院学报》2004年第1期。

② 张成伟：《澳大利亚职业教育的特点及对我国职业教育的启示》，《常州信息职业技术学院学报》2005年第4期。

三 我国高等职业教育发展可借鉴澳大利亚的成功经验

（一）政府的重视要落到实处

澳大利亚职业教育的成功与政府的高度重视是分不开的。澳大利亚完善的国家培训框架体系的建立、职业教育经费的投入等都离不开澳大利亚政府的大力支持。

我国的职业教育起步较晚，近年来国家越来越重视职业教育。《国务院关于大力发展职业教育的决定》（国发〔2005〕35 号）明确了高等职业教育改革发展的目标：到 2010 年，高等职业教育招生规模占高等教育招生规模的一半以上；“十一五”期间，要为社会输送 1100 多万名高等职业院校毕业生；职业教育办学条件普遍改善，师资队伍建设进一步加强，质量效益明显提高。①

我们发展高等职业教育不能仅停留在口号上，我们学习国外高等职业教育的先进经验也不能只停留在分析上，我们需要有实实在在的行动。应该说，近年来我国不仅在高等职业教育改革，而且在高等职业教育经费投入上都有很大的动作，但我们还没有形成一个完善的高等职业教育体系，没有一套全国统一的高等职业教育资格标准，行业参与高等职业教育的参与度还较低，高等职业教育经费有待继续增加，等等。所有的这些，都需要通过政府行为去建立、去引导、去落实，也只有这样，我国的高等职业教育才能更加蓬勃发展。

（二）课程设置改革与“培训包”建设

近年来，我国的高等职业技术教育课程体系正慢慢向技能教育转变，以就业为导向，但仍摆脱不了传统普高理论教育的圈子，具体表现在技能课程与理论课程脱钩严重，技能课程所占比重较低，技能认证与课程不相关联，等等。

澳大利亚“培训包”将行业技能需求和职业培训的目标有机地结合

---

① 《国务院关于大力发展职业教育的决定》（国发〔2005〕35 号）。

起来，即将能力标准与国家资格证书框架体系直接联系起来，根据资格证书等级设定学生要达到的能力标准。“培训包”以能力为本位，把考证与课程设置完全结合起来，能切实培养出经济社会和行业所真正需要的技能型人才，对我国的高等职业技术教育课程体系建设有着非常重要的参考作用。

“培训包”的关键是要设定“能力标准”，而“能力标准”的确定又与资格证书体系有关。在我国尚未建立统一的资格证书体系的今天，我们开展高等职业教育课程体系改革，进行“培训包”的建设，就要对当前的各种认证进行筛选，挑选出能真正代表行业需要的各种专业认证，然后根据认证的要求确定“能力标准”，接下来的课程体系建设则围绕“能力标准”进行，开发有中国特色的“培训包”。

（三）“双师型”教师队伍的建设与“双证型”学生的培养

澳大利亚高等职业教育非常注重教师的技能，要求教师传授给学生的是企业所需的最新技术和技能，这就要求教师要与企业界保持紧密的联系，及时进行技术的更新和技能的提高，这才是真正的“双师型”教师。这样的教师严格按照“培训包”的要求对学生进行授课，学生在学习后可获得相应的资格证书，这才是真正的“双证型”学生。

现在我国的高等职业院校已开始建设“双师型”的教师队伍，要求教师具有本专业的职业资格证书；也开始要求学生毕业时必须具备“双证”，即拥有毕业证和职业资格证书。广东技术师范学院不仅培养“双证型”学生，还倡导培养“本科（学士）＋技师”和“研究生（硕士）＋高级技师”的“双证型师资”。

我们建设“双师型”教师队伍是为了让教师具有一定的工程经验，培养“双证型”学生是为了让学生掌握一定的职业技能。但由于目前我国尚未建立严格的统一的资格证书体系，证书的权威性得不到确实的保障，导致有“证”却无相应的“能力”现象非常普遍。我们学习澳大利亚师资队伍建设的经验就要确确实实地强调技能，强调实际动手能力，强调实际的工程技术经验，让教师掌握企业一线的最新技术和技能，多开设与工程实际相符的实训课程，让学生真正掌握技能。

澳大利亚高等职业教育的一个特点是建立了一支专/兼职师资队伍，其中兼职教师的数量已远远大于专职教师的数量。这样一方面弥补了职业教育师资的不足；另一方面由于兼职教师均是按照一定标准从有丰富实践经验的专业技术人员中选聘的，所以又切实保证了传授知识的实用性。目前我国高等职业院校的兼职教师数量还很少，有的话也只是为了解决教师短缺的问题，并不是考虑把有丰富工程经验的专业技术人员引入为兼职教师。这主要是制度和观念的问题。一方面是因为没有设立兼职教师制度，没有规范的准入程序；另一方面就是对教师的技能并没有引起足够的重视。如果我们能广泛采用兼职教师制，那么，“双师型”教师队伍的建设与“双证型”学生的培养都将得到真正的实施。但是，如何在制度上得到保证却是值得我们认真研究的。

（四）充分调动企业的积极性

可以说，企业在澳大利亚高等职业教育的发展过程中起了非常重要的作用，企业参与高等职业教育的积极性很高。企业不仅引导着高等职业教育发展的方向，而且还直接参与“培训包”的开发与建设，参与高等职业院校的直接管理。企业的积极参与保证了高等职业教育培养的学生毕业后能以最快的速度适应企业一线的生产，能掌握企业确实所需的技术和技能，从而形成一个良性循环。

我国的企业目前参与职业教育的积极性并不是太高，这固然与我国的职业教育体制有一定的关系，但在一定程度上也是高等职业技术院校自身的问题。高等职业技术院校培养出来的学生并不能满足企业的需要，学生的研发能力、动手能力和综合能力不尽如人意是当前的通病。目前有不少院校开展校企“订单式”培养模式，在一定范围内取得了较好的效果，但也存在面较窄、量较小的问题。对企业而言，招聘不到合适的应用型技能人才也是企业发展的一个障碍。

因此，如何发挥企业参与职业教育的主动性和积极性，是我们发展高等职业教育的一个关键，也是目前我们应该认真思考的问题。如果我们能主动把企业请到学校来，主动请企业参与到课程改革里面来，多与企业开展实质性的合作办学项目（如新产品研发、技能培训等），或许企业就能认识到参与高等职业教育对企业的重要性，更多地参与高等职业院校的管理和建设，从而推动高等职业院校培养出企业确实需要的人才，达到一个“双赢”的局面。

四 结束语

完善的职业教育培训体系和先进的职业教育理念造就了职业教育和培训高度发达的澳大利亚，在我国大力发展高等职业教育的今天，借鉴和学习发达国家先进经验有利于促进我国职业教育事业不断向前发展。

从我国的现状来看，如果我国能把政府对高等职业教育的重视落到实处，积极开展高等职业教育课程设置改革和以行业为导向的“培训包”建设，促进“双师型”教师队伍（特别是专/兼职教师队伍）建设和“双证型”学生培养，充分调动企业参与高等职业教育的积极性和主动性，我国的高等职业教育事业将大有可为。

参考文献

1. 刘育锋：《从重要报告看澳大利亚职业教育与培训发展轨迹》，《中国职业技术教育》2003 年第 24 期。
2. 刘同林、张敬亮、李慎生、王勇：《澳大利亚职业教育特色和几点建议》，《现代企业教育》2005 年第 12 期。
3. New National Training System. www. dest. gov. au，2006.
4. 周祥瑜、吕红：《澳大利亚的职业教育质量保障体系》，《职业技术教育》（教科版）2005 年第 31 期。
5. Australian Qualifications Framework. www. dest. gov. au, 2006.
6. 周祥瑜、吕红：《澳大利亚职业教育的培训包体系及其优势》，《中国职业技术教育》2006 年第 12 期。
7. Training Packages. www. dest. gov. au, 2006.
8. 俞正元：《澳大利亚职教模式对我国职教发展启示初探》，《深圳信息职业技术学院学报》2004 年第 1 期。

9. 张成伟：《澳大利亚职业教育的特点及对我国职业教育的启示》，《常州信息职业技术学院学报》2005 年第 4 期。
10. 《国务院关于大力发展职业教育的决定》（国发〔2005〕35 号）。

原文刊于《高教探索》2007 年第 3 期

产业升级与职业教育变革

——NYP 的经验与广东的实践

朱　文*

摘　要：新加坡职业技术教育的发展是伴随新加坡产业经济的升级、转型而发展的。借鉴新加坡南洋理工学院（NYP）十多年的成功经验，以珠三角地区发展规划纲要为指引，在广东省产业升级和产业转型的导向下，从职业技术教育体系、组织结构、教育定位、教育内容、专业课程开发流程、教学质量控制、师资队伍建设和教学管理信息等方面阐述基于 NYP 经验启示的广东职业技术教育的八大变革措施。

关键词：产业升级；教学企业；教学项目；职业技术教育；集成化

新加坡近 50 年的产业经济发展历程实际上是一个从劳动密集型向知识密集型发展的历程。其职业技术教育伴随着产业经济的升级、转型而不断发展，其间有不少成功经验对广东省职业技术教育变革具有借鉴意义。

新加坡产业经济的发展变化势必促使新加坡职业技术教育的内涵发生深刻变化。20 世纪 90 年代以来，新加坡经济发展局整合属下的德新学院（生产科技，1982）、日新软件科技学院（软件技术，1982）、法新学

* 朱文，硕士，教授，香港公开大学 MBA 导师。代表作：《上市公司家族控制与企业价值》（经济研究），《民营上市公司财务困境路径分析》（财政研究）。

院（电子科技，1983）等学院，以及20个应用项目中心为新加坡南洋理工学院（1992），其目的是将这些学院的培养目标从适应技术密集工业到支持创新及科研工业的培养方向上。这对我省职业技术教育各个侧面的变革具有现实的借鉴意义。

根据今年初国务院批准实施的《珠江三角洲地区改革发展规划纲要（2008—2020）》，到2020年，珠三角地区将形成以现代服务业和先进制造业为主的产业结构。从制造业看，充分利用现有基础和港口条件，从一个单纯的加工生产基地升级为资金技术密集、关联度高、带动性强的现代装备、汽车、钢铁、石化、船舶制造等产业，并坚持走新型工业化道路。从服务业看，支持珠江三角洲地区与港澳地区在现代服务业领域的深度合作，重点发展金融业、会展业、物流业、信息服务业、科技服务业、商务服务业、外包服务业、文化创意产业、总部经济和旅游业，全面提升服务业发展水平。因此，产业政策的变化为我省职业技术教育的变革带来了新的机遇和挑战。笔者认为，产业升级、转型是职业技术教育变革的催化剂。职业技术教育工作者有义务、有责任全面审视我省职业技术教育的定位、培养体系、教育内容、教育方法、师资队伍建设等诸多层面的问题。以下结合新加坡教育体系的特点及新加坡南洋理工学院（NYP）的相关经验，对以上问题做出简略探讨。

一　职业技术教育体系的变革：双轨＋桥梁

目前，学者对我国职业技术教育的体系基本持两种观点：一种观点是“层次说”，认为职业技术教育是我国教育体系中的一个层次；另一种观点是“系列说”，认为职业技术教育是一个独立于普通教育的体系。珠三角地区究竟应选择哪一种学说，可从新加坡教育体系略获启示。

（一）新加坡教育体系

新加坡教育体系分为大学、理工学院、工艺教育学院、初级学院（高中）、中学（初中）、小学等六大板块，其中大学3所，学制3—4年；理工学院学制3—4年，共5所，分别是南洋理工学院、新加坡理工学院、义安理工学院、淡马锡理工学院及共和理工学院；工艺教育学院1所，分10个校区，学制2年。从理工学院的入口看，生源渠道很广泛，专业文凭教育即学历教育生源主要来自初级学院、工艺学院及中学毕业生，专向文凭教育即培训教育生源则来自社会从业与非从业人员；录取时对分数没有严格的规定，仅作参考。从出口看，理工学院毕业生既可以进大学继续深造，也可以直接就业。从学制形式看，学院实行的是完全弹性教育的学分管理制度。整个社会对高等职业教育的认可度很高。

从新加坡的教育体系可见，新加坡教育体系结构并没有严格将教育体系分为职业技术教育和普通教育两个系列，而似乎是按层次划分，从初级中学后开始分流学生，但低层有向高层升级的通道。

（二）我省职业技术教育体系的变革

虽然新加坡理工学院相当于我省技术职业学院，工艺教育学院相当于职业技术学校，但我省教育体系与新加坡略有不同。我省有本科层次的职业技术师范院校而新加坡没有。此外，我省高职院校毕业生不仅难以升入技术师范深造，升入普通本科院校深造更是难上加难。若按目前广东现实情况，将教育分为职教与普教两个系列，则要解决的关键问题有二：一是职教体系内的升级问题；二是两个系列之间的沟通问题。另一方面，我省职教与普教之间沟通的桥梁严重不足。结合我省教育的现状，可设计教育体系（如图1所示）。

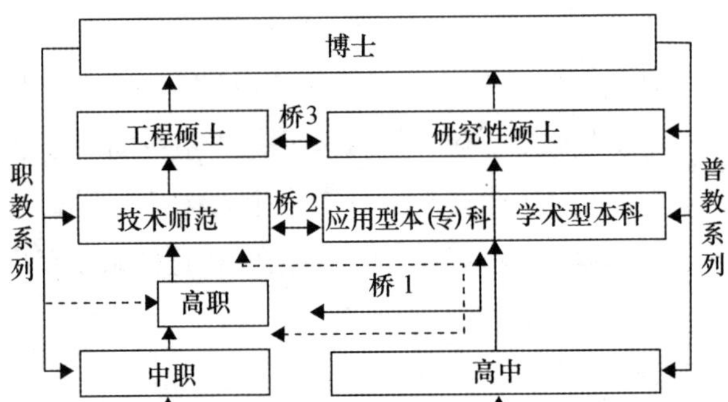

图1 职教与普教系列内部升级及相互沟通示意

由图 1，首先解决职教体系内的升级问题，中职的毕业生可以升入高职院校；高职院校毕业生可以选择就业，也可以升入技术师范；技术师范毕业生可以攻读工程硕士也可进入中职院校任职。其次，解决职教与普教之间的沟通问题，建立三座沟通桥梁：一是打通高职毕业生升入普通本科高校深造的通道；二是建立技术师范与应用本科或学术型本科交流互换的通道；三是建立工程硕士与研究型硕士相互转换的通道。此外，技术师范和高职院校积极吸纳具有应用创新能力的硕士和博士到校任教，进一步提升其技术创新能力。

广东省教育厅相关信息表明，将教育划分为职业技术教育和普通教育两个系列得到教育部的认可，同意我省可以“先行先试”，使高职院校毕业生在获得两年时间的企业工作经验后，采用合适的升学途经进入技术师范读本科。要求技术师范扩大从高职升本的比例，压缩从高中升本的比例。这无疑奏响了我省职业技术教育制度变革创新的号角。

二　职教院校组织结构变革：现代公司制度

（一）NYP 的组织结构

NYP 的组织结构与现代企业组织结构十分相似，最大特点是院长兼总裁，向校董事会负责，而校董事会由政府相关部门官员、相关行业知名人士等组成。另外，学院的各个部门相当于企业各职能部门，值得借鉴的是，NYP 设置的发展部负责全院的总体发展规划和国际化发展战略，该部具有举足轻重的作用。

（二）我省高职院校组织结构设计

由于社会制度不同，固然我们不能全盘照搬 NYP 的组织结构，但我们可以借鉴新加坡的经验设置校董事会，校董事会的成员由校党政领导班子、政府相关部门官员和行业知名人士、知名专家组成，以加强学校、企业和政府之间的合作。此外，设置“发展处”负责学校的中长期发展规划问题、专业开发和外界联系（如图 2 所示）；设置“教学项目中心”，以解决教学企业项目的管理和协调问题。这一组织结构的最大特点是在教学企业中心按现代企业管理方式运作，从而实现了事业单位组织结构与现代企业组织结构相结合的“双轨制”，有利于教学企业快速响应市场的变化。

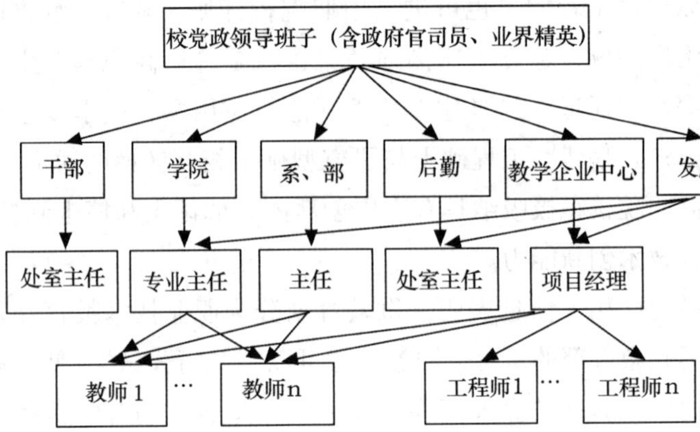

图 2　我省高职院校组织结构

三　职业技术教育的定位变革：技能、技术、学术

（一）技能、技术和学术的含义

根据《辞海》解释。

（1）技能是指掌握并能运用专门技术的能力。

（2）技术是指在劳动生产方面的经验、知识和技巧，也泛指其他操作方面的技巧。包括技艺；法术；知识技能和操作技巧；文学艺术的创作技巧。强调工艺流程和知识体系。

（3）学术是指有系统的专门学问。包括：学问，学识；观点；主张；学说。

这一解释清楚说明了职业技术教育与普通教育之间的不同。前者强调的是技能和技术下的知识体系，而后者更强调系统的知识体系本身。职业技术教育只有建立在先进技术平台之上才有生命力。如果没有先进技术工具的支撑，职业技术发展的道路只会越走越窄。从这个意义上讲，并不是所有专业都适合开展职业技术教育，如哲学、数学、语言、历史等学科是研究专门学问的基础性理论学科。

（二）职业技术教育定位辨析

既然技能、技术、学术的内涵有所不同，这就意味中职学校、高职院校和学术型院校的教育定位也应有所不同。笔者认为，中等职业技术学校可定位于职业技能方面的教育，使学生毕业后能掌握立身之本——“手艺”；高等职业技术教育定位技能、技术教育，使学生不仅能了解技术流程的全貌，也使得他们毕业后具有良好的“手艺”和“脑艺”。应用型本科教育与学术型本科教育也有所不同，前者侧重于新理论、新技术的应用研究，后者侧重于理论的创新和技术的创新研究。比较特别的是技术师范教育，虽然它与应用型、学术型高校同属于本科层次，但此两种教育模式是不同的。以广东技术师范学院教育定位“面向职教、服务职教、引领职教”为例，技术师范院校毕业生应当具有某一领域的系统化知识，又能熟练掌握领域的专业技术和解决部分关键技术问题的能力，同时还应掌握现代职业技术教学法。这里，用一个模型（如图 3 所示）说明技术师范院校如何实现“面向职教、服务职教、引领职教”的定位。

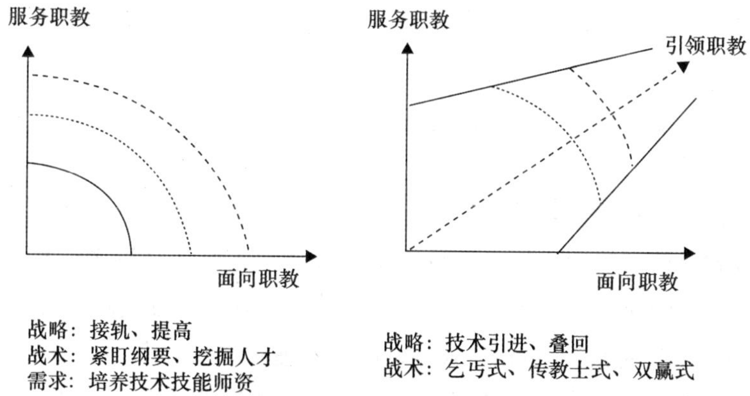

图 3　技术师范教育战略定位

由图 3 可知，首先，技术师范应与纲要、中职院校的需求接轨，以面向职教、服务职教两条坐标轴逐步走外延式扩张之路，练好内功培养技术技能型师资。其次，走技术引进、叠加之路，第一步采用“乞丐式”战术，引进具有某些行业具有领先地位的企业进校园设立维护中心、测试中心和设计中心；第二步采用“传教士”战术将学到的先进技术和管理，推广至中职学校和其他企业；第三步走市场化道路，与相关企业合作，携手进行技术创新，最终实现引领职教之目的。

四 职业技术教育内容的变革：教学企业、校企合一

（一）NYP 的教学企业简介

NYP 工商管理系的教学企业衍生于教学企业项目（Teaching Enterprise Project，TEP）。该教学企业是将实际的企业环境引入教学中的一个训练平台，教导学生实用的技术课目，采用“教导—实习—学习”教学法，在真实的环境中汲取经验，学习终身可用的技能以加强学生就业竞争力，为培养学生商业经营方法和企业家精神打好基础。NYP 工商管理系现有财务资源服务中心、金融服务中心、供应链管理中心、化妆品店等 20 个教学企业。这些教学企业接收该系二年级学生进行为期 18 周的专项训练，前 9 周分小组安排学生在上述若干中心实现前线操作及商业流程训练，后 9 周接校内、外真实项目（如神秘客户调查、固定资产管理等项目），在这些中心完成这些项目。值得一提的是，工商管理系采用“双轨制”将二年级学生分成两个大组，一组进入企业中心训练，另一组上理论课，如此解决了教学企业容量不足的问题。

（二）创设教学企业，实行校企合一

我省目前高等职业技术院校教学企业创设不足。从图 3 组织结构图看，可在教学企业中心的牵头下，创设教学企业，或改造现有的实验（训）室，以现代企业运作方式进行内部管理实现校企合一。每个系部结合专业需求，调动各种资源创建相关各种类型教学企业。此外，如果暂时接不到来自社会委托的真实项目，也可能开展综合的模拟训练。

以广东技术师范学院为例，该校有四个校区，相关的二级学院分布于此四个校区内，因而可结合专业特色创建各教学企业，如图 4 所示。

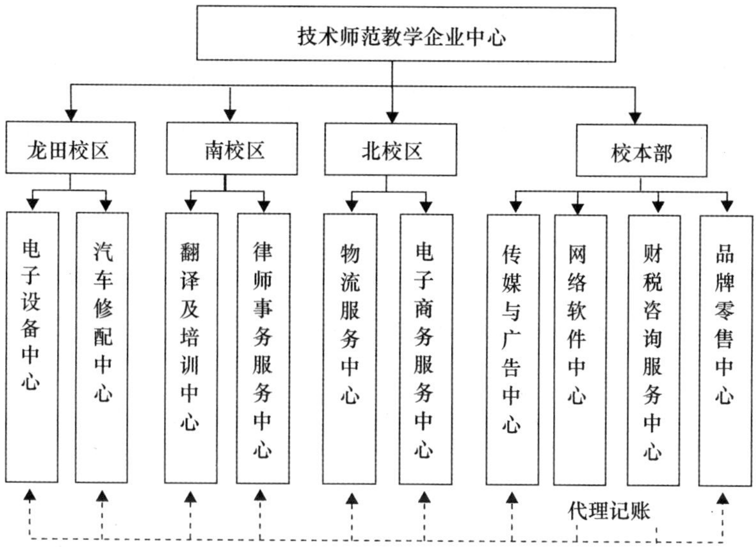

图4 创设教学企业示意

为化解教学企业经营风险，引入部分名牌企业，为我们提供代销产品；引入部分企业在我校创办服务中心、测试中心和设计中心；聘请高级工程师在我校教学企业监管、指导。

五 专业开发变革：流程管理

（一）NYP 的专业开发流程

NYP 的专业开发流程共有 6 个步骤：新专业需求分析、成立专业筹备小组、提呈批准、课程设计与准备、教学准备和反馈与改进。第三步将专业开发详细计划报教育部批准，整个过程长达 9 个月，周期过长。

（二）专业开发流程的变革

而对于广东省而言，高职专业的开发只需报教育厅批准。因此，有必要结合我省实际对此流程进行改进。如图 5 所示，以发展处为主导，获取来自专业需求的各方面信息，再咨询董事会内行业专家，在得到各方一致认可的情况下，组织力量进行专业需求分析，规划专业大纲以及课程大纲，撰写专业申报可行性报告。随之报教育厅，若批准，再按项目化细化课程内容，在课程实施中不断进行课程的维护，并形成知识库。若不被批准，则由发展处重新制订专业开发计划。此流程图，知识库作用明显，存储了可行性报告、课程大纲和细化的课程等全部知识，为今后的专业开发提供了可参照的样板。同时知识库中的内容是随课程内容的维护而增加并更新的。

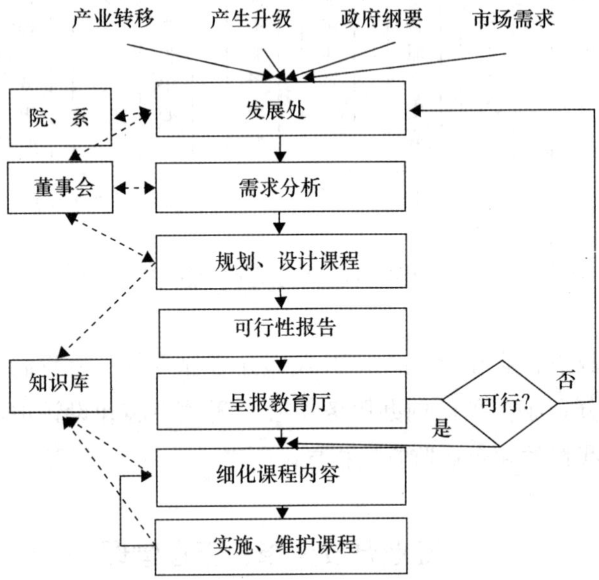

图5 高职院校专业开发流程

六 职业技术教育质量的变革：ISO 质量标准

（一）NYP 的质量管理系统

NYP 采用工业化的质量控制体系。1996 年所有专业文凭课程获 ISO 9002 认证；2000 年高级及特别专业文凭获 ISO 9001 认证；1999 年采用新加坡质量管理系统，并获认证。从 NYP 的质量管理的实施历史看，事实上 NYP 教学质量管理是工业化质量管理和教育质量管理两种体系并存的局面。这一思路值得我们借鉴。

（二）高职院校质量控制体系的变革

与新加坡类似，我国也有专科、本科办学质量评估标准，这一标准是各所高校进行教学质量控制的基本保证。由于在高职院校的组织结构中有现代企业的运作系统，若仅用一套教学质量控制体系可能显得不够全面。为此，借鉴 NYP，引入 ISO 质量控制体系，完善高职院校的教育质量管理。本文提出的高职院校质量管理是借用计算机软件质量控制思想——过程控制，将教育过程分为主要过程和辅助过程。主要过程是专业开发、课程教学和课程评估；而辅助过程是指招生、入学、学生指导、财务等教学活动一系列的支撑过程，如图 6 所示。

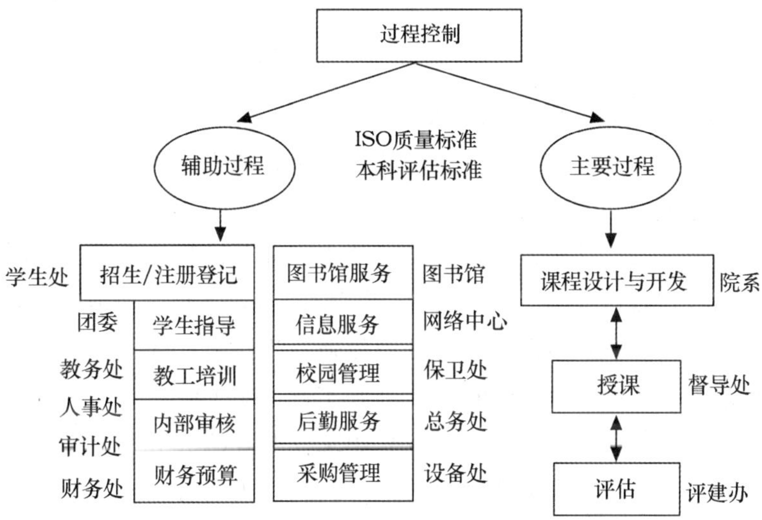

图 6　高职院校教育质量控制

此质量控制体系的核心思想是将教学的主要过程与教学辅助过程结合起来，将质量控制贯穿于整个教学的始终。

七 职业技术教育的师资变革：技术技能型师资

（一）NYP 的师资队伍

NYP 注重教师双师化，鼓励师资国际化。全校 80% 的教师是专任教师，其中 10% 左右的教师是从相关行业聘请的兼职教师。对于师资队伍，他们的宗旨不追求高职称、高学位，但要求所有教师均应有五年以上的行业从业经验，并且对教师的考核仅是教学层面。

NYP 非常重视教师的培训与深造，坚持“无货架寿命”理念。学院看重教师积极参加终生学习提高，不管教师年龄多大，只要其上进心强，能主动申请进修学习或重修第二学历或参考短期国内外培训，一般都给予大力支持。

（二）高职院校师资队伍的变革策略

鉴于我省高职院校的实际，建议抓住金融危机这一有利时机，大胆地采用“引进来策略”，以“重技能、重经验”为原则引进相关行业的优秀人才，充实教师队伍，使高职院校能更好地建设教学企业，更好地组织、实施技能技术教学。同时采用“传帮带策略”，短期聘请行业高级技师进校园，通过专题项目传帮带校内教师。此外，采用“走出去策略”，选派部分有潜质的教师到企业“顶岗实习”一到两年。

上述三项策略并行实施，我省高职院校的教师队伍在近几年内一定会很大的改观。虽然实施“走出去策略”短期内会有相当大的阻力，但在企业有责任、有义务接受学生实习立法呼声不断的背景下，这一策略可能有更大的实施空间。

八 管理信息变革：知识经验库

（一）NYP 的管理信息系统

NYP 共有 6 个大的管理信息系统：学术与学生事务管理系统、知识管理系统、人事部管理系统、财务服务资讯系统、校园管理服务系统和通用管理系统。其中，学术与学生事务管理系统是核心，它与其他 5 个系统相连接，因而整个管理系统具有很高的系统集成性。

尤其值得重视的是 NYP 的知识管理系统，包含知识经验分享（含项目、课程、教学与行政服务）、学生企业实习管理、系统专能发展管理、人力资源管理、外界发展管理和专业进修课程管理，共 6 个子系统。NYP 全校基于“无界化”管理思想，采用无线网络平台，师生可在校园内任何角落自动同步联网。

（二）高职院校管理系统的变革策略

虽然我省高职院校建有校园网，但是各个系统集成度不高，普遍存在“信息孤岛”现象。笔者认为，首先采用“集成化”策略，优化、集成现有的各系统；其次，采用“新开发”策略，重点开发出本校适用的知识库，以记录课程、项目、行政、外联等知识经验，使学校的管理上台阶。

参考文献

1.《珠江三角洲地区改革发展规划纲要》，人民网：http：//politics. people. com. cn/GB/1026/8644751. html。

2. 李修莹：《东亚经贸投资研究季刊》，《新加坡产业政策推动历程与成果》2006 年第 3 期。

3.《新加坡大力发展创意产业》，中青在线：http：//www. cyol. net。

4. 冯邦彦：《香港与新加坡产业结构及经济政策的比较研究》，《学术研究》2001 年第 7 期。

5.《产业和劳动力双转移——广东实现新一轮大发展的现实选择》，《侨报》2008 年 9 月 30 日。

原文刊于《中国职业技术教育》2009 年第 24 期

澳大利亚职业教育教师专业发展探析*

赵　玉**

摘　要：多渠道培养职业教育师资是澳大利亚职业教育发展的关键。本文以澳大利亚职业教育教师专业发展为研究重点，主要探讨研究了澳大利亚职业教育师资培养方式、教师资格与标准、教师专业发展政策与标准、教师专业发展的组织与实施等，最后，指出其对我国职业教育师资队伍的建设及发展的几点启示。

关键词：澳大利亚；技术与继续教育；教师专业发展；培训与评估培训包；教师专业标准

近年来，澳大利亚在全国范围内进行了较大力度的职业教育和培训体系的体制改革和全新职教模式的探索，其改革的成果为澳大利亚参与国际经济竞争奠定了坚实的基础，而多渠道培养职业教育师资是澳大利亚职业教育发展的关键。本文通过对澳大利亚职业教育教师专业发展的研究，主要探讨研究其职教师资培养方式、教师资格与标准、教师专业发展政策与标准、教师专业发展的组织与实施等，以为我国职业教育师资队伍的建设及发展提供一定的参考。

---

* 全国教育科学“十一五”规划2009年度国家一般课题“网络环境下‘双师型’师资培训模式创新研究”（课题编号：BCA090077）成果之一，课题主持人：袁南辉。

** 赵玉，教育学博士，教授，教育科学与技术学院教育技术学系主任。

一 澳大利亚职业教育概述

澳大利亚的职业教育比较发达，其主要特色表现在以下几方面。

（一）资格框架为依据的培训体系

2005 年 7 月，澳大利亚国家培训局被废止，其功能转交给澳大利亚教育、科学与培训部，澳大利亚新的国家培训体系开始运转。澳大利亚资格框架顾问委员会出版了《澳大利亚资格框架实施手册 2007》第四版，取代了 2002 年的第三版。第四版澳大利亚资格框架包括 15 种资格证书，根据部门的种类设置了每种资格证书的标准。① 学校教育部门可以颁发高中教育证书和一至四级证书等 5 种证书；职业教育与培训部门可以颁发一至四级证书、文凭、高级文凭、职业教育研究生证书和职业教育研究生文凭等 8 种证书；高等教育部门可以颁发文凭、副学位/高级文凭、学士学位、研究生证书、研究生文凭、硕士学位和博士学位等 7 种证书。职业教育与培训体系是通过一至四级证书与学校教育体系相连接，通过文凭和高级文凭与大学教育体系相连接的。②

（二）TAFE 学院为主体的职教培训系统

澳大利亚职业教育与培训由注册培训机构提供，且以 TAFE 学院为办学主体。TAFE 即技术与继续教育（Technical and Further Education），是澳大利亚建立在终身教育框架体系基础上的特色鲜明的职业教育与培训制度，也是十年制义务教育后政府投资主办的最大的职业教育与培训组织。目前，TAFE 学院已经成为全澳最大的以行业为主导的政府、行业与学校相结合的相对独立的、多层次的综合性职业教育与培训机构，在澳大利亚教育培训体系中占有重要的战略地位。③

---

① 马立红：《澳大利亚职业资格框架新发展》，《世界教育信息》2008 年第 8 期。

② Australian Qualification Framework Implementation Handbook 2007, Published by Australian Qualifications Framework（AQF）Advisory Board.

③ 陶秋燕：《高等技术与职业教育的专业和课程——以澳大利亚为个案的研究》，科学出版社 2004 年版。

（三）培训包为核心的培训计划与教学材料

为了构建灵活的由行业驱动的教育与培训系统，制定全国统一的资格体系和能力标准，提高培训质量，促进新学徒计划的实施，澳大利亚联邦政府自 1998 年起，在全国范围内倡导、开发和推广各个行业的培训包。所谓培训包，是由行业制订并得到国家认证的一整套培训计划，详细规定了国家统一的资格、行业能力标准和评估指南，并提供相应的辅助材料，如培训教学资料等。培训包已成为澳大利亚注册培训机构用来为客户提供培训和测试服务的标准和教学资源。① 培训包主要由包括能力标准、评估指南和资格框架等三项内容的国家认证部分以及包括学习策略、评估材料和专业发展材料等三项支持材料的非认证部分组成。

（四）行业经验为首的职教师资

澳大利亚的 TAFE 学院虽然几乎都对专业教师的任职资格有着一定的要求，然而，居于首位的却是行业经验方面的要求。一个人要想在技术与继续教育学院获得教师任职资格，首先，必须具备与所教授课程相对应的五年同行业工作经验，其次，才是相应级别的技术与继续教育资格证书、文凭或相同专业的学位证书。② 例如，在维多利亚州发展中心的官方网站上就可以看到对职教教师入职的最低要求是要有培训和评估四级证书。而有些情况下，没有四级证书也可以教学，但这些新教师在获得四级证书之前需要接受监督。一般来说，这样的新入职的教师拥有行业/专业资格或大量行业经验，但尚未接受过任何正式的师资培训。如果准教师想获得评估和职业培训四级证书资格，可以向各 TAFE 学院寻求协助，通常需要花时间学习或支付学费。③

---

① 陶秋燕：《高等技术与职业教育的专业和课程——以澳大利亚为个案的研究》，科学出版社 2004 年版。

② 冯萍：《澳大利亚技术与继续教育（TAFE）学院师资培养研究》，硕士学位论文，首都师范大学，2008 年。

③ Careers in TAFE〔EB/OL〕，http：//tafecentre. vic. edu. au/page_id = 15.

二　澳大利亚职业教育师资培养方式与教师资格和标准

澳大利亚一方面通过高等院校大量培养高学历、高素质的职业教育师资，另一方面从社会上大量选聘专业技术人员接受师范教育而成为兼职职业教育师资，为澳大利亚职业教育的蓬勃发展提供了坚实的师资保障。为满足职业教育与培训领域从事培训与评估工作的个人和组织的能力发展需求，澳大利亚特别制作了培训与评估培训包，提供职教教师上岗的准入标准和在职人员的进修指南。

（一）职教师资的培养途径

澳大利亚职业教育师资培养主要包括大学培养、社会选聘和在职培训三种方式。

1. 大学培养专职教师

澳大利亚的专任职业教育师资主要由大学培养。澳大利亚的大学采取“端连法”或“平行法”的方式培养学生。前者指先开设三年的专业学位课程，再开设一年的教育专业课程（又叫“教育证书”课）的方式来担负培养专任职业教育师资的职责。后者指教育专业课程和专业学位课程同时开设。采用“端连法”培养专任职业教育师资的最大优点在于避免了学生在大学生涯一开始时就必须埋头学习教育专业课程，对于部分学生来说“端连法”是最适宜的师资培养途径的。而教学实践证明，未来的专任职业教育师资在大学学习期间不可能在 8 个多月的时间就切实掌握青少年成长发展、教育心理学和教育哲学等教育专业课程。因此，从 20 世纪 90 年代中期开始，澳大利亚若干所大学引进了四年制本科教育学士学位课程，采取高等教育学院的“平行法”来培养未来的专任职业教育师资。[①]

① 黄日强、邓志军：《澳大利亚职业教育的师资队伍建设》，《河南职业技术师范学院学报》（职教版）2003 年第 1 期。

2. 社会选聘兼职教师

为了弥补职业教育师资的不足，澳大利亚获取职业教育师资的一个重要途径是从有丰富实践经验的专业技术人员中按标准大量选聘、培养兼职职业教育师资。被招聘录用的专业技术人员，一边在 TAFE 学院从教，一边到大学教育学院接受为期 1—2 年的师范教育，以获取教师职业资格证书。①

3. 重视教师在职培训

澳大利亚政府重视职业教育师资培训工作，并根据职业教育师资队伍的构成特点采取灵活多样的方式，积极开展师资培训工作，包括新教师的上岗培训、教师的在职进修和企业培训。TAFE 学院鼓励和支持教师参加相关的专业发展培训，并给教师建立档案袋，结合教师发展的四个阶段——毕业期、胜任期、成熟期、领导期，开展教师专业发展状况的规划。

（二）澳大利亚职教教师资格与标准——TAA04 培训包

2004 年 7 月，革新与商业技能委员会宣布接管教育。2004 年 11 月推出 TAA04（1.0），取代原来的 BSZ98；2007 年 8 月，修改推出 TAA04（2.0）；2008 年 2 月，再次修改推出现行的 TAA04（2.1）。② TAA04 培训包即培训与评估培训包（Training and Assessment Training Package），是由澳大利亚商务培训部门开发的，旨在满足职业教育与培训领域从事培训与评估工作的个人和组织的能力发展需求，是职教教师上岗的准入标准和在职人员的进修指南。

1. 职教教师资格与标准的构成

TAA04 培训包是培训培训者的培训计划和教学材料，包括培训与评估的四级证书（TAA40104）和文凭［（TAA50104）两种国家资格］；

① 黄日强、邓志军：《澳大利亚职业教育的师资队伍建设》，《河南职业技术师范学院学报》（职教版）2003 年第 1 期。

② Australian Government（Department of Education, Employment and Workplace Relations）& Innovation and Business Skills Australia. TAA04 Training and Assessment Training Package: Introduction, Qualifications Framework, Assessment Guidelines, Units of Competency（Version 2.1）TVET Australia Ltd., 2008, p. 2.

由39个能力单元和17个输入单元组成，56个能力单元又组合成学习环境、学习设计、授递与促进学习、评估、培训咨询服务、管理与质量服务、语言和数理表达以及从其他培训包中引进的能力单元等8个能力模块。[①] 培训与评估四级证书是进入职业院校任教的最低要求，需要完成12个必修核心能力单元和2个选修能力单元；文凭是对职教教师的较高要求，通常是学术带头人或专业教学团队的负责人一类的教师需要具备的，一般在获得四级证书的基础上，再增加5个必修核心单元和7个选修单元。[②]

2. TAA04培训包的特点。TAA04培训与评估培训包最主要的特点是：支持多元化的使用者及其多元化的需求；以学习为中心；整体性；明确的标志；重视教师的关键能力；广泛的能力资格；详细的评估指南。[③] 重视职教教师的关键能力是澳大利亚培训包制度的共同特征。对职教教师的关键能力要求明显体现了学生是教师的服务对象，即“客户”，教师与学生之间需要建立一种良好的客户关系；同时，教师有招生宣传的义务，向社会推介学校的优秀教育产品；强化教师间的合作和教师专业化发展。[④]

三　澳大利亚教师专业发展政策与标准

澳大利亚全国及各州、领地制定了教师专业标准体系，提出了基于专业发展和专业素养两个维度的框架与标准。部分州、领地特别颁布了教师专业发展政策及教师专业发展标准，对各级各类的教师提供专业发展的指导与帮助。

---

① Australian Government (Department of Education, Employment and Workplace Relations) & Innovation and Business Skills Australia. TAA04 Training and Assessment Training Package: Introduction, Qualifications Framework, Assessment Guidelines, Units of Competency (Version 2.1) TVET Australia Ltd., 2008, p. 3.

② Ibid., pp. 43 - 54.

③ Ibid., pp. 24 - 28.

④ 吕红、朱德全：《澳大利亚职教教师资格与标准——TAA培训包的经验与借鉴》，《比较教育研究》2009年第6期。

（一）教师专业标准

澳大利亚既有面向全国的指导性的教师专业标准，也有符合当地社会条件的各州、领地的专业标准。澳大利亚教育部于2003年11月正式颁布了全国教师专业标准，提出了基于教师专业发展阶段和教师专业发展内容两大维度的框架（如图1所示）。① 澳大利亚全国教师协会认为，教师专业发展是一个持续不断的过程，教师从职前到职后共经历三个大的发展阶段：教师的职前准备阶段、教师的入职阶段和教师的专业发展阶段。其中，教师专业发展阶段从毕业阶段开始，逐步向胜任阶段、成熟阶段和领导阶段发展。澳大利亚全国教师专业标准规定了所有学科教师都必须具备的专业要素（包括专业知识、专业实践能力、专业品质和专业关系协调能力四个部分），以衡量教师的专业发展。澳大利亚重视教师质量体系，制定全国教师专业标准框架，并逐步形成了全国教师专业标准体系，给国内不同地区的教师认证建立了共同规范。标准概括出了发展某一层次和学科教师标准的中心维度和品质，不同地区、不同学科的教师可以根据实际情况对各项标准做出具体规定。② 以昆士兰州为例，澳大利亚昆士兰州教育部于2005年7月颁布了昆士兰州教师专业标准，界定了昆士兰州州立学校教师的知识、能力与技能，并为教师个人、群体提供框架以反思、讨论和评价教学实践。昆士兰州教师专业标准每一项内容都包含标准描述、标准说明、指导以及所要求的基础知识和能力等，具体12项标准（如图2所示）③ 为：（1）为个人与群体构建灵活多样且新颖的学习经历；（2）促进学生语言、文字与计算能力的发展；（3）为学生提供具有智力挑战的学习经历；（4）为学生提供与校外世界相关的学习经历；（5）为学生提供包容性、参与性的学习经历；（6）整合信息技术以促进学生学习；（7）评估与报告学生的学习状况；（8）支持学生

---

① Teacher Quality and Educational Leadership Taskforce, *A National Framework for Standards for Teaching*, Ministerial Councilon Education, Employment Training and Youth Affairs, 2003, p. 11.

② 熊建辉：《教师专业标准研究——基于国际案例的视角》，博士学位论文，华东师范大学，2008年。

③ The State of Queensland (Department of Education), Professional Standards for Teachers: Guidelines for Professional Practice, 2005, p. 7.

参与社会发展和实践；（9）为学生创设安全有利的学习环境；（10）与社区建立广泛的联系；（11）对自身的专业团体做出贡献；（12）投身于自己的专业实践等。

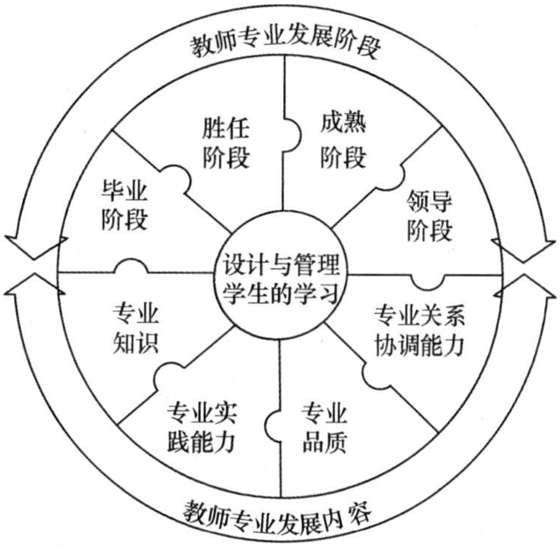

图1　全国教师专业标准体系

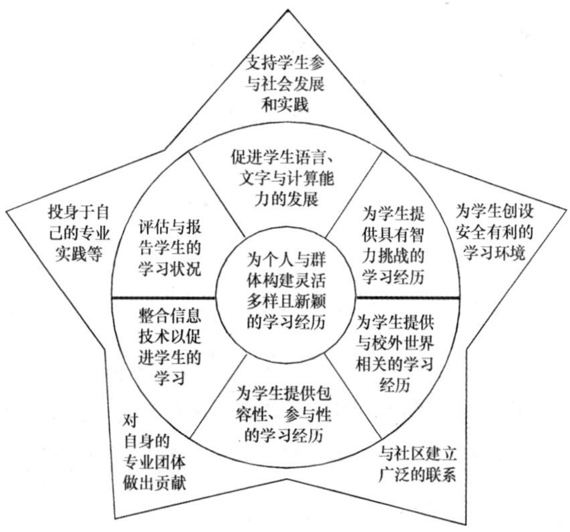

图2　昆士兰州教师专业标准

（二）教师专业发展政策与标准

澳大利亚不仅制定了教师专业标准，还制定了指导教师专业发展与培训的政策与标准。以昆士兰州为例，昆士兰教师学院依据《昆士兰州教师专业标准》制定了《政策：持续专业发展框架》，[①] 指出“持续专业发展”以教师专业标准与专业发展为中心，原则是包括批判性反思、发展和强化实践，灵活并与教师个人的专业实践相整合，强调教师学历与行业经验的重要性。教师要达到持续专业发展的要求，需要在雇主的指导与支持、学校的支持和个人的认识三方面取得平衡；需要参与一定范围的不同类型的持续专业发展活动；需要保证完成最低的学习时间要求（全职教师每年不低于30个小时，非全职教师酌情缩减时间限制）。

昆士兰州教育部为了支持有效的专业发展的设计、开发与实施，1998年即颁布了《教师专业发展标准》，2009年又根据成人学习的趋势变化（如认识到学习的发生需要时间并且最好是嵌入工作场所的经验和做法；强调个人发展、协作学习、跨文化培训、及时性、包容性和相关性；与跨部门的工作环境相配合）而重新修订。[②]《教师专业发展标准》为教师达到昆士兰教师学院持续专业发展框架重新注册要求的有效专业发展提供帮助与支持。专业发展标准主要强调开发专业发展项目或从事专业发展活动须遵循的七个方面的原则。（1）一致性。专业发展要与部门的政策，框架及其他监管要求保持一致，并要与学校、职业技术学院或单位为个人制订的工作能力的增长计划相一致。（2）有明确的依据。专业发展的内容以当前的研究、需求、问题和挑战为依据。（3）灵活的学习环境。专业发展发生的环境设计要依据对成年人何时、何地、如何学习这一问题的研究结论，并设法满足参与者的需求。（4）内容的关联性。专业发展的内容要与参与者的需求和相关背景有关。（5）主动学习的过程。专业发展的促进者使用各种主动学习的策略吸引参与者，促进

① Queensland College of Teachers Board, *Policy: Continuing Professional Development Framework*, 2008, p. 12.

② Queensland Government (Department of Education and Training), Standards for professioal development, 2009, 8.

他们的学习，达成学习的目标。（6）沟通。专业发展的收获、机会和资源要以一种引人入胜的、清晰的、完整而及时的方式传达出去，让每个相关的雇员都能够接触到。（7）成果评价。专业发展的成果评价主要基于对参与者经验的评估、过程和组织的审查以及学习成果在工作中的应用情况的评价。

四 澳大利亚职业教育教师专业发展的组织与实施

随着社会的进步，职教教师的工作内容发生了扩展变化：教师的工作场所不仅包括教室、工厂，还有因特网；教师的角色从教学转向促进学生的学习，而促进学习需要更广的知识与能力范围；教师还是跨组织和多元化团队里的一员，需要与非教学人员协同工作。① 职业教育机构往往指责教师欠缺行业最新的相关经验和知识，不熟悉现代工作场所中的先进技术和工作方式。同时，职教教师还要应对不断增长的客户和学习者的数量所带来的压力。② 教师在教学技能方面的不足主要涉及灵活性教学、全纳性教学、时间管理、信息管理和知识管理、如何跟上职业教育和培训领域新的教与学的方法的变化等方面。③ 面对各种压力与挑战，各级各类职业教育机构为其教职员工提供各种专业发展的机会以提高他们的技能和知识。具体的专业发展一般围绕职业教育机构的战略方向展开，并关注其对教师个人和职业教育机构的价值与作用。所有 TAFE 院校积极地通过正式和非正式的培训、实习等为他们的员工寻求专业发展的机会。④

---

① National Centre for Vocational Education Research, *The vocational education and trainingwork-force: New roles and ways of Working - At a glance*, NCVER, Adelaide, 2005, p. 10.

② Phil Loveder, World trends in staff development: Implications on the performance of technical education institutions, National Centre for Vocational Education Research Ltd 2005.

③ Rumsey, D. & Associates, Shaping the VET practitioner of the future, commissioned report for the WA Department of Training, Perth, 2002.

④ Professional Development for TAFE Staff, http: //tafecentre. vic. edu. au/page_ id =5180.

（一）教师专业发展的组织

为从事职业教育与培训工作的教师提供专业发展和培训活动的有：大学，公共和私立注册培训机构，澳大利亚国家培训局及其附属机构和委员会；州、领地的教育和培训部；州/领地的公共服务办事处，行业培训咨询机构，行业和专业协会。专业发展组织与提供者各不相同，其提供的每一个专业发展活动的性质有很大差异。[①] 以维多利亚州为例，在《创新经济的知识与技能宣言（2002）》里维多利亚教育和培训部长提出建立 TAFE 发展中心以促进整个维多利亚 TAFE 学院员工的专业地位。TAFE 发展中心旨在通过以下几个方面提高 TAFE 教职员工的知识和技能：行业技术和行业的参与；为新入职教师提供奖学金的机会；卓越的教学和学习计划；领导和员工发展计划；对专家和工作人员的支持奖学金；中心还举办一系列为期一到两天的活动；与 TAFE 有关的议题（如改造领导人员）；商业道德；以及对多元文化和语言多样性的学生施教；等等。[②] 每年年初，TAFE 发展中心都会公布这一年的重要事件和专业学习系列计划，目前，可在其网站上看到《2010 年重要事件和专业学习系列计划》。[③]

（二）教师专业发展的实施

澳大利亚职教教师的专业发展得益于澳大利亚国家培训局的几个措施。最重要的是“重塑未来”的倡议，使大家重视技术教育师资的“专业化”问题。关于职教教师专业发展的重点围绕以下几个方面：如何与行业和社区发展可持续的伙伴关系；通过对课程的设计提高教学质量；采用新的学习模式以使学生选择学习类型和喜好；基于行动的学习和使

---

① Harris, R., Simons, M, Hill, D., Smith, D., Pearce, D., Blakeley, J., hoy, S. & Snewin, D., *The changing role of staff development for teachers and trainers in vocational education and training*, NCVER, Adelaide, 2001.

② Professional Development for TAFE Staff, http://tafecentre.vic.edu.au/page_ id = 5180.

③ Events and Professional Learning Series 2010, http://tafecentre.vic.edu.au/wp-content/uploads/TDC-com panybrochure.pdf.

用预评估及个人学习计划。①

早期的教师专业发展举措主要是针对尚未修读教师预备课程的新进教师设计的，重在意识的提高和技能的发展，主要采取“培训培训师”的模式。② 20 世纪 90 年代，应对政策的变化，州与领地层面都开发了一些大范围的专业发展项目，包括：实施能力本位的培训，能力本位的培训在行动，咨询客座教师的专业发展，全国过渡计划，国家专业发展委员会项目以及构建未来和学习范围，等等。行动学习方法对组织的变革和教师的发展有重要影响。③

与职业教育与培训机构开发的项目一样，正式的专业发展项目如重塑未来、灵活性学习领导者和学习圈促进了新技术新方法（包括灵活性授递方法）在教与学中的运用。非正式的专业发展项目，如伙伴和指导者也非常成功。很多教师专业发展项目直指教师的教学技能。④

以昆士兰州的持续专业发展政策为例，教师可进行的专业发展活动种类多样，可包括对教育系统的变革做出积极的贡献；参加与教学有关的课程、工作坊、会议、度假学校或在线课程；为专业发展而参加由国家或州组织的认证考试；向同事就教学方法、研究结果或当代教育问题做正式的报告；领导校本课程或政策的发展；通过监督或指导向职前教师或新教师提供专业支援；开展教育研究或行动研究项目；积极参与海外教师的交流；为做研究、写论文、做报告等而进行专业阅读；开展正式的研究导致在教育或相关领域的教学区资格。⑤

---

① Phil Loveder, *World trends in staff development*: *Implications on the performance of technical education institutions*, National Centre for Vocational Education Research Ltd 2005.

② Simons, M. & Harris, R., *Research reports into professional development*, *Australian National Training Authority*, Brisbane, 1997, pp. 33 –49.

③ National Centre for Vocational Education Research, The vocational education and trainingwork-force: New roles and ways of working – At a glance. NCVER, Adelaide, 2005, p. 10.

④ Palmieri, P., The agile organization: Case studies of the impact of human resource practices in TAFE, NCVER, Adelaide, 2003.

⑤ Queensland College of Teachers Board, *Policy*: *Continuing Professional Development Framework*, 2008, p. 12.

（三）教师专业发展的趋势

教学是由多种要素和多个方面组成的、多重环节展开并受诸多因素制约的复杂性活动。从教师的角度讲，目前，有六种较为典型的教与学的变化，这些变化不仅仅影响学生，同样也影响到从事教育培训工作的教师，也可以看作教师驱动的教与学的变化：（1）确定真实的任务；（2）同伴学习；（3）运用数字化学习技术；（4）基于工作的学习；（5）个别化学习；（6）为支持新的实践注册培训机构内部的专业技能转移（成立保进教学/培训质量与效果的专门机构）。这六种变化影响着教师的专业发展。热衷于变革与专业发展的教师有共同的特点，他们善于反思；善于对学习者负责并受学习者尊重；善于与当地的企业密切合作；善于向其他同行学习并与之分享自己的知识。①

（四）教师专业发展中存在的问题

高标准的专业支持的职业教育教学资格对未来高质量的职业教育与培训系统至关重要。但目前澳大利亚的职业教育与培训系统的教师队伍出现断层；培训与评估四级证书也渐渐失去职业与行业的信任；州和领地政府削减资金，聘用临时教师，不能为职教教师掌握适当的教学资格和专业发展提供足够的支持。随着国际著名的公立 TAFE 系统中最引人注目的职教教师逐渐退休，职业教育与培训领域将面临职教教师没有广被接受的教育资格这一危机。如果要保持社会对其职业教育与培训系统的信任，必须与教师专业、其他相关领域的人深入讨论职教师资队伍的未来。从企业招来的教师渴望培训与专业发展，以使他们在新的有挑战性的岗位上有效工作；职业教育教师需要比原来掌握更多的知识与技能以应对学生的期望和变化；工作场所的教学与评估的重要性也需要教师掌握更高级的知识与技能。② 所有的教师和培训人员都需要获得适当的技能

---

① Jane Figgis. Regenerating the Australian landscape of professional VET practice: Practitioner-driven changes to teaching and learning, NCVER, Adelaide. 2009.

② Pat Forward, TAFE teaching qualifications at the crossroads, The Audtralian TAFE Teacher-Spring 2009.

以使自己的业务能够满足职业教育与培训系统及未来的需要。非教学人员、临时与合同教师也需要专业发展，以助他们理解和支持教师的教学导向。由于管理人员更详细地了解新的授递方法对有关工作人员至关重要，涵盖教育观念与方法的管理者的专业发展也应给予高度重视。① 而实际上专职教师比兼职教师更有可能获得专业发展的机会，而就专职教师来说，全职教师又比非全职教师有可能得到更多的专业发展机会。

五 对我国职教教师专业发展的启示

教学质量的提升关键在于教师质量，教师质量提升的关键在于教师的专业化。澳大利亚职业教育与培训领域在推进教师专业化进程中，建立了完善的教师资格证书制度，制定了易操作的教师专业发展政策与标准，加强了常规化的教师在职培训，有组织有落实，取得了一定成效，也为我国的职教师资建设与教师专业发展提供了参考依据。

（一）构建符合职教特色的教师资格证书制度

我国的教师职业资格证书制度已实行多年，但是至今为止对职业院校的教师资格申请并没有特殊的要求。职业院校作为一种特殊的教育类型，主要是培养适应社会生产、管理、服务一线的从业人员，因而对学生有着较高的实践技能要求，并要求学生具有某种岗位的职业资格证书。但是作为教师，其教师资格证书却完全等同于普通院校，目前仍没有实践技能的要求。② 目前，我国对职教教师比较明确的要求指向是要其成为“双师型”教师。2004 年教育部《高职高专院校人才培养工作水平评估方案（试行）》中指出双师素质教师是指具有讲师（或以上）的教师职称，又具备下列条件之一的专任教师：（1）有本专业实际工作的中级（或以上）技术职称（含行业特许的资格证书）；（2）近五年有两年以上

① Palmieri, P., *The agile organization: Case studies of the impact of human resource practices in TAFE*, NCVER, Adelaide, 2003.

② 沃斌峰：《澳大利亚 TAFE 学院教师专业化的举措及其启示》，《外国教育研究》2009 年第 5 期。

（可累计计算）在企业第一线本专业实际工作经历，或参加教育部组织的教师专业技能培训获得合格证书，能全面指导学生专业实践实训活动；（3）近五年主持（或主要参与）2项应用技术研究，成果已被企业使用，效益良好；（4）近五年主持（或主要参与）2项校内实践教学设施建设或提升技术水平的安装工作，使用效果好，在省内同类院校中居先进水平。显然，双师素质教师的含义还是比较宽泛灵活的。但要培养“双师型”教师，应确立明确的“双师型”教师资格的评判标准。“双师型”教师资格应包括学历、专业技能水平、专业实践经验、教育理念与教学技能等几方面。

（二）实行科学的师资管理制度

澳大利亚对职教教师采取聘任制；注重对教师的教学工作评估；实行科学的师资管理制度。对于新教师，澳大利亚颁布了若干有利于新教师迅速成长的特殊政策，其中最主要的两条倾斜政策是减轻新教师的工作量和为新教师提供观摩邻近学校教学的机会。① 而我国在目前情况下，由于受管理和经济社会发展水平等多方面因素影响，不同地区职教师资数量与质量存在不同的情况，但职教教师学历普遍偏低，新进教师又来源单一，大部分是应届本科生或应届硕士生。青年教师缺乏实践经验和教师职业素养，但又没有足够的个人可支配时间去学习补充。从这一点来看，政府与学校应实行科学的师资管理制度。

（三）创造有利的教师专业发展条件

职业教育是一种终身教育，从事职业教育教学的教师自身也应是终身学习者。最有效的专业发展是自主的发展，而自主的发展离不开外部条件的支持。社会与学校应创造有利的教师专业发展外部条件，从时间、资源、政策等方面加强对教师的支持，加强对教师的多元培训，鼓励教师成为终身学习者。目前职教教师最欠缺的是行业经验，应有计划地选派教师到相关企事业单位兼职或在职进修，学习最新的技术管理规范；

---

① 黄日强、邓志军：《澳大利亚职业教育的师资队伍建设》，《河南职业技术师范学院学报》（职教版）2003年第1期。

鼓励理论课教师到相关企事业单位熟悉技术的应用、行业的现状；鼓励技能课教师去相关企事业单位承接课题，搞科研和技术开发；鼓励教师把行业和技术领域中的最新成果不断引入课堂。

参考文献

1. 马立红：《澳大利亚职业资格框架新发展》，《世界教育信息》2008 年第 8 期。
2. Australian Qualification Framework Implementation Handbook 2007，Published by Australian Qualifications Framework（AQF）Advisory Board.
3. 陶秋燕：《高等技术与职业教育的专业和课程——以澳大利亚为个案的研究》，科学出版社 2004 年版。
4. 冯萍：《澳大利亚技术与继续教育（TAFE）学院师资培养研究》，硕士学位论文，首都师范大学，2008 年。
5. Careers in TAFE，http：//tafecentre. vic. edu. au/page_ id = 15.
6. 黄日强、邓志军：《澳大利亚职业教育的师资队伍建设》，《河南职业技术师范学院学报》（职教版）2003 年第 1 期。
7. Australian Government（Department of Education，Employment and Workplace Relations）&Innovation and Business Skills Australia. TAA04 Training and Assessment Training Package：Introduction，Qualifications Framework，Assessment Guidelines，Units of Competency（Version 2. 1）TVET Australia Ltd，2008.
8. 吕红、朱德全：《澳大利亚职教教师资格与标准——TAA 培训包的经验与借鉴》，《比较教育研究》2009 年第 6 期。
9. Teacher Quality and Educational Leadership Taskforce，*A National Framework for Standards for Teaching*，Ministerial Councilon Education，Employment Training and Youth Affairs，2003.
10. 熊建辉：《教师专业标准研究——基于国际案例的视角》，博士学位论文，华东师范大学，2008 年。
11. The State of Queensland（Department of Education），Professional Standards for Teachers：Guidelines for Professional Practice，2005.
12. Queensland College of Teachers Board. Policy：Continuing Professional Development Framework，2008.
13. Queensland Government（Department of Education and Training），Standards for professioal development，2009.
14. National Centre for Vocational Education Research，*The vocational education and train-*

ingworkforce: New roles and ways of working - At a glance, NCVER, Adelaide, 2005.

15. Phil Loveder, *World trends in staff development: Implications on the performance of technical education institutions*, National Centre for Vocational Education Research Ltd 2005.

16. Rumsey, D. & Associates, *Shaping the VET practitioner of the future*, commissioned report for the WA Department of Training, Perth, 2002.

17. Professional Development for TAFE Staff, http://tafecentre.vic.edu.au/page_ id=5180.

18. Harris, R., Simons, M, Hill, D., Smith, D., Pearce, D., Blakeley, J., hoy, S. & Snewin, D., *The changing role of staff development for teachers and trainers in vocational education and training*, NCVER, Adelaide, 2001.

19. Events and Professional Learning Series 2010, http://tafecentre.vic.edu.au/wp-content/uploads/TDC-com panybrochure.pdf.

20. Simons, M. & Harris, R., *Research reports into professional development*, Australian National Training Authority, Brisbane, 1997.

21. Palmieri, P., *The agile organization: Case studies of the impact of human resource practices in TAFE*, NCVER, Adelaide, 2003.

22. Jane Figgis, *Regenerating the Australian landscape of professional VET practice: Practitioner-driven changes to teaching and learning*, NCVER, Adelaide. 2009.

23. Pat Forward, *TAFE teaching qualifications at the crossroads*, The Australian TAFE Teacher-Spring 2009.

24. 沃斌峰:《澳大利亚 TAFE 学院教师专业化的举措及其启示》,《外国教育研究》2009 年第 5 期。

原文刊于《职教论坛》2010 年第 27 期

英国以学生为中心教学法在我国职教师资培训中的应用*

贺显斌**

摘　要：英国哈德斯菲尔德大学在中国开展的以学生为中心教学法师资培训以分组课堂活动为主要形式，侧重传授课堂管理、交流沟通、资源利用、教学反思等技能，介绍以学生为中心的教学原则和理念，组织学员开展模拟教学。这种培训做法本身就是以学生为中心的，值得借鉴和推广。

关键词：以学生为中心的教学；教学培训；教学方法

一　引言

2011 年 3 月起，英国哈德斯菲尔德大学与广东技术师范学院合作承办了广东省教育厅中英合作职教师资培训项目“以学生为中心的教学”（Student-centred learning，简称 SCL），由英方选派师资到中国，广技师负责组织。项目实施以来，已为广东省培训职业院校教师 5000 多人次。该教学团队还在北京、重庆等地开展类似培训。哈德斯菲尔德大学的培训理念和做法非常新颖，参训学员耳目一新，反响强烈。本文拟对其进行

* 本文为广东技术学院职教师资人才培养模式改革项目的部分研究成果，写作过程中得到了英国专家 Ian Rushton 和 Jane Burrows 的大力帮助，谨表谢忱。

** 贺显斌，博士，教授，广东技术师范学院外国语学院院长，中国英汉语比较研究会理事，广东省翻译协会副会长，代表作：*Power relations and translational inequality in China*。

介绍，希望对其他教师也有所启发和借鉴。

“以学生为中心的教学”培训每期六天，内容包括熟悉理论、教学导入、实操活动、资源的利用与开发、模拟教学、项目教学、分组教学、学习管理、评价与反馈、教学总结、将 SCL 应用到自己的工作中去等。这些培训内容可以概括为三个方面：以学生为中心的教学理念培训、以学生为中心的教学技能培训、以学生为中心的教学运用。

二 以学生为中心的教学理念培训

以学生为中心的教学需要考虑三个问题，遵守九条基本原则。这三个问题是：一是教师让学生学什么（教学目标）？二是怎样把学生教会（教学方法、教学活动和教学资源）？三是如何知道学生学会了没有（教学评价）？需要遵守的九条原则是：一是充分利用学生已有的知识和经验；二是考虑学生的需求和学习风格；三是形成性评价、学生互评和自我评估对学习有帮助；四是培养学生的核心就业技能；五是使学生积极参与学习过程；六是鼓励学生独立学习；七是培养学生独立思考和解决问题的能力；八是使用课堂活动或教学资源来激励或帮助学生学习；九是教师充当学习的促进者而不是知识的呈现者。教学圈、学习风格、体验学习圈、促进学生学习的评价等是以学生为中心教学的关键概念。

“教学圈”（teaching cycle）是一种对课堂教学过程的认识。该理论认为，任何教学都需要经历以下环节：分析学生的需要、明确本节课的教学目标、确定要使用的教学方法和教学资源、反思和评价教学效果，最后分析学生下次课中新的学习需要。这些环节循环往复，有经验的教师内化了教学过程，而不会明显意识到这些环节的存在。

学习风格（learning preferences）一般分为视觉型（visual）、听觉型（auditory）、运动觉型（kinesthetic）三种。多数人以一种学习风格为主，比如，视觉型学习者主要通过看和阅读来学习，听觉型学习者主要依赖听和说，运动觉型学习者主要靠接触和动作。

美国教育理论家库伯[1]对学习风格理论做了进一步的发展，认为学习是一个将体验转换成知识的过程，体验有具体体验和抽象体验之分，前者是直接参与到真实的情景中，后者通过对概念的分析与归纳而获取知识。任何有效的学习都需要经过四个阶段：具体体验（concrete experience）→反思性观察（reflective observation）→抽象概括（abstract conceptualization）→积极实验（active experimentation）→（新的）具体体验。四个学习过程环环相扣，螺旋式上升，构成一个个“体验学习圈”（the experiential learning cycle）。

学习圈是任何有效学习都必须经历的过程，但学习任务不同顺序可能不一样，比如，学骑自行车需要先观察和概括，再体验和实验；而学习使用电脑软件则常常先积极实验和观察，后概括和体验。不同的人对每个阶段的学习偏好不同，在不同阶段的学习效果也不同。因此，库伯将学习者分成四种风格：体验型学习者、反思型学习者、理论型学习者和应用型学习者。

教学评价有终结性评价和形成性评价之分，前者是对学习的评价（assessment of learning），后者是为促进学生学习而进行的评价（assessment for learning，简称 AFL）。以学生为中心的教学要求采用多种形成性评价手段，使学生了解自己的学习状况，明确下一步的努力目标；也鼓励开展学生互评和自我评价。

三 以学生为中心的教学技能培训

“教师讲、学员听”的口耳相传模式在当下的教师培训中几乎是一统天下。[2] 大多数教师培训仍然采用讲座式、灌输式，注重形式不关注效果，内容上偏重理论学习不重视实践，培训中受训教师参与少，常处于

---

① Kolb, David A., *Experiential Learning Experience as a Source of Learning and Development*, Englewood Cliff, New Jersey: Prentice Hall Inc., 1984, p. 38.

② 胡继飞：《拼图式合作学习及其在教师培训中的应用》，《外国中小学教育》2009 年第 6 期，第 43 页。

被动地位[①]（宗彬花，2011：94）。

与此形成鲜明对比的是，英国哈德斯菲尔德大学的以学生为中心教学法的培训以分组课堂活动为主要形式，让学员在做中学，既使学员易于理解和掌握，又对他们有良好的示范作用。培训的教学技能涉及课堂管理、交流分享、分组教学、教学资源利用、教学反思等。

（一）课堂管理技能

课堂秩序对于以学生为中心的教学非常重要。英国教师每期的培训都在热身和分组之后，要求学生讨论和制定课堂“基本规则”（ground rules）。课堂规则不外乎上课不迟到早退、不使用手机、倾听他人发言、积极参与课堂活动等。学生自己制定的课堂纪律更容易遵守。

为使学生在课堂活动后尽快安静下来，中国教师惯用的做法是提高嗓门或对着麦克风大喊，效果不尽理想，老师的嗓音也容易搞坏。英国教师用得最多的方法是“举手安静法”（silent hands）：教师举起左手，环视全班，表情严肃，一言不发。学生看到后陆续跟着举起左手，全班很快就安静下来。只要教师坚持，让学生养成习惯，效果非常好。培训教师有时也使用吹口哨、关灯等其他方法来控制课堂。

（二）交流分享技能

以学生为中心的教学特别强调沟通的重要性。英国教师经常组织的一项活动是“速配”（speed dating），具体做法是让学生到室外面对面站成两排，并与对面的学生交替就所学内容问和答。每隔一两分钟，教师吹口哨，指挥学生往某个方向移动几个位置，并与新的学生交流。除复习外，“速配”活动还常用于让学生尽快相互认识。

用小皮球提问也是一种常用的总结或复习方法：全班学生到室外围成圈并传递小皮球，球随音乐停在谁的手上，谁就要介绍某节课做了什么事、学到了什么、还有什么不明白的；也可以是老师抛球给学生，拿到球的学生回答老师的问题，然后抛球给其他同学，并问他们问题。

---

① 宗彬花：《职业学校师资培训存在的问题及对策》，《中国职业技术教育》2011 年第 1 期，第 94 页。

英国教师特别推崇“思考—结对—分享”（think，pair，share）三部曲的沟通模式：学生先对问题进行独立思考并简要地做笔记，然后将自己的想法和邻座的同学进行两人间的交流，接着全组同学一起分享每对同学讨论的观点。三部曲沟通模式有两个优点：学生发表看法前有时间独立思考；结对交流使不爱说话的人也有机会发言。

交流也可以先两人一组，然后再四人、六人一组，交流的信息就像滚雪球一样越收集越多。交流也可以采用书面形式。比如，老师让每个学生先在小纸条上写出本堂课所做的一件事、所学到的一样东西，然后和其他同学交换比较，达到相互学习的目的。

为介绍本组讨论的情况或展示集体完成的作业，需要开展小组间交流，方式多种多样：“留守发言人”法要求各组推选一名发言人留在原组，向来访者介绍本组完成的作业或讨论的结果，其他人全部到别的组去交流；“大使出访”法要求各组推选一名“大使”，带着本组作业，根据教师的口哨指令，到不同组去介绍，其他同学留在原位；“摆摊”法要求各组推选1名摊主，把小组作业拿到教室外的地面“设摊”，其他学生全部出来逛摊观摩。

（三）分组教学技能

分组教学一般包含两层意思。一是指教室布置或班级的组织形式。比如，该培训使用活动桌椅，30多名学员通过随机抽签、按专业等方式分成比较固定的五至六个圆桌组，每个组自己取名和设计logo，以方便称呼和建构本组身份。二是指课堂活动的开展方式，这时的分组有很强的临时性，有可能随活动的结束而随时解散。

课堂活动分组教学有两大类别，一类以小组讨论为主要活动内容，另一类不限制具体活动内容。比如，项目法、游戏法、角色扮演法、模拟法等都以小组形式进行①。以小组讨论为主要活动的分组教学与交流分享技能有重合之处，常见的技能有头脑风暴、声音圈、三人组、鱼缸组等。分组的形式和目的各异，但都强调独立思考、平等参与、集思广益，能培养学生的合作意识以及倾听他人的习惯和耐性，也使学习内容变得

① 张勍：《以学生为中心——教学法分析及案例》，北京出版社2012年版，第84页。

更容易理解和掌握，发挥独立学习和传统讨论所难以起到的作用。

“头脑风暴”（brainstorming）指利用发散思维在一定时间内自由地提出尽可能多的方案。教师提出议题，每个组的学生思考1—2分钟，然后轮流发言，说出自己的想法。记录员将其全部记录下来，任何人不得加以评论。等到所有的想法都提出来之后，再对其分类和筛查，挑出最有价值的设想。“头脑风暴”使参与者有机会充分表达个人观点，并产生最佳解决方案。比如，有老师布置学员以组为单位，讨论教授学习风格的所有方法，然后选出两种最佳方法。

“声音圈”（circle of voices）也是一种保证人人有机会发言的分组方法。每个组的成员先静静地思考要讨论的话题，然后轮流发言2—3分钟，发言过程中不许打断或评论。第一圈声音结束，每个人都发言之后，进入第二轮讨论，这时只许回应其他人的观点，不可再延续自己的发言。[①] 比如，某个组第一轮讨论的主题是采用以学生为中心教学法可能遇到的问题，在第二轮讨论中你可以向相邻的人提出解决他的问题的办法。

“三人组”（triplets）是一种让尽量多的学生参与讨论或相互认识的分组方法。老师布置讨论的问题，学生三人一组，编为0号、1号和2号，进行小组讨论。之后，0号和2号学生分别往相反的方向走，加入其他两个组，组成新的三人组，讨论老师新布置的议题。学生依此进行下去，直到和班上所有同学都组成过组。[②]

“鱼缸组”（fish bowl）是一种让学生观察其他组活动的教学形式。老师让每组选1人到教室前面围成新的组（鱼缸），开展讨论或角色扮演之类的学习活动。原来各组成员留在座位上旁观，观察新组成员（金鱼）的表现。最后，各组汇报和比较观察的结果。

另一种分组教学是要求学生集体完成某项学习任务。比如，设计一个营销方案，做一个宣传海报，开展一项调查，进行一项实验，排练一个戏剧，等等。在完成这些项目时，团队的组建和团队精神非常重要。为此，培训老师介绍了贝尔宾的团队角色理论、塔克曼的团队发展阶段

---

① Brookfield, Stephen and Preskill, Stephen, *Discussion as a Way of Teaching*, Buckingham: SRHE and Open University Press, 1999, pp. 63 – 64.

② 张勍：《以学生为中心——教学法分析及案例》，北京出版社2012年版，第87页。

模型和 Aronson 的拼图法、名义小组法等技能。限于篇幅，这里只介绍后两项。

“拼图法”（jigsaw）的目的是培养学生的团队工作能力，让学生教学生。实施步骤是：（1）老师把一个题目拆成若干小题目，分给不同组去事先查资料和钻研。这类似于将一幅拼图拆分成不同的拼板。（2）同组成员开展讨论，以便每个人熟悉主题，成为“专家”。（3）教师将全班打乱重组，要求“原属小组”（home group）各派一人到其他组，构成“专家组”（expert group）。“专家组”成员轮流介绍原属小组的讨论结果，这样每个人都对大题目的各个方面有所了解。这好比拆开的拼板又合在了一起，构成了一张新的拼图。（4）老师让各组进行总结，全班汇总，形成一张真正完整的大拼图。[①]（张勍，2012：87 – 88；胡继飞，2009：43 – 45）

小组活动过程中难免出现争议，这时可采取“名义小组法”（nominal group technique）来决策。实施步骤是：（1）组内每个成员先独立写下自己的方案；（2）每个成员轮流说出自己的想法，并由记录员全部记录下来；3）小组讨论每个人提出来的意见，并做出评价；（4）每个成员独立地把所有想法分别排出次序或赋分。综合排序最前或得分最高的方案最后被采纳。

（四）教学资源利用技能

教学的有效开展离不开教学资源，充分利用教学资源能使抽象的知识变得直观形象，起到事半功倍的学习效果。在培训中，准备教学资源是英国教师很重要的一个备课环节，他们也传授了不少资源利用技能和理念。

第一，教学资源不限于黑板、粉笔、投影仪、麦克风等，纸、笔、不干胶等学习用品和口哨、皮球、绳子等生活用品都可以用于教学。比如，英国教师将大张白纸贴在墙上，做成“学习墙”（learning wall），让

---

① 张勍：《以学生为中心——教学法分析及案例》，北京出版社 2012 年版，第 87—88 页；胡继飞：《拼图式合作学习及其在教师培训中的应用》，《外国中小学教育》2009 年第 6 期，第 43—45 页。

学生将学习收获和疑问用小贴纸贴在上面。他们常要求各组将讨论的内容做成学习海报（posters），其他组学员看过后在海报上添加或修改，海报内容于是越来越多，形成滚雪球（snowballing）效应。也有老师喜欢临时在教室拉上一根“晾衣绳”（washing line），让学生把小海报贴到绳子上，方便学生间相互学习。

第二，培训教师组织学生自制教学资源，以增加学习的体验感和趣味性。教学骰子（educational dice）是一种用橡皮做的六边形立方体，上面印有数字、字母、时钟等，用于数学或语言游戏教学；多米诺卡（domino cards）是一种用于幼儿识字和计算的教学玩具牌，两者都有现成的可以购买。培训中，英国教师事先设计好模板，并将其打印在A4纸上，让学员经过简单的剪贴自制这两种教学资源。培训教师还教授学员如何创造性地利用这些资源开展教学活动。比如，让学员在骰子的每一面写一个问题，并和同伴轮流抛骰子和答问；“多米诺卡”的问题和答案根据具体的课程而定。比如，地理课写国名与首都、历史课写历史事件和发生的年代、工程类课程写机器零部件和用途。

第三，教学资源不能全靠学校提供，照相机、录像机、平板电脑、笔记本电脑等个人用品也可以用于课堂教学中。英国学者热衷于“工具箱”（toolkit）理念。“工具箱”不光收藏教学资源，还有教学和评价方法、课堂活动、支撑教学法的理论等①。

（五）教学反思技能

反思指回顾过去的经历，明确其意义，确认今后要做的事情。反思的方式有沉思、写教学日志、讨论等。反思的内容包括一堂课中自己满意和不满意的事情，教学顺利或不顺利的原因，自己本希望发生的事情，本可以采用的不同做法，相关人员的感受或所受到的影响，等等。反思有助于重复有效的学习，吸取教训，培养自信。反思模型除了“实践学习圈”外，还有“反思眼镜”（brookfield's lenses）和“六顶思考帽”（six thinking hats）等。

---

① Eastwood, Linda et al., *A Toolkit for Creative Teaching in Post-compulsory Education*, New York: Open University Press, 2009.

“反思眼镜”技能要求先由一个学员花5分钟时间介绍自己遇到的一个教学问题，他人不许插话；接下来由小组其他成员分别从同行、学生和理论的角度分析第一个学员所提出的问题。之后，大家轮流讲述自己遇到的难题，并承担不同角色。每一个角色发言时最好戴上一种不同的眼镜，以增加情景的真实感和趣味性。从教师、学生、同行、理论四个不同角度批判性地研究教师的工作非常重要。①

“六顶思考帽”是De Bono（1985/2004）提出的反思技能。这其实是六顶假想的帽子，颜色分别是蓝、黄、绿、白、红、黑。每一顶帽子代表一种思维，戴上它就只能用该种思维模式考虑问题。“六顶思考帽”的应用步骤是：主持人确定讨论议题，选择思考帽；团队成员轮流发言，每人每次不超过2分钟：“白帽”先客观地陈述事实，“绿帽”接着提出解决问题的建议，再由乐观的“黄帽”和悲观的“黑帽”分别指出建议的优点和缺点，然后由“红帽”对各项选择方案进行直觉判断，最后由“蓝帽”做总结陈述，得出方案。之后，大家交换角色，循环进行上述步骤，直到每个人都担任了所有的角色，最后才形成方案。

四 以学生为中心教学法的运用展示

该培训的最终目的是使学员学会将以学生为中心的教学方法运用到自己的工作中，模拟教学是培训最重要的环节和内容之一。模拟教学的基本要求是：以组为单位设计一堂或一个单元的课，教学中须体现多项以学生为中心的教学原则，包括至少两个以学生为中心的课堂活动，半个小时内完成；本组成员必须全部参与教学过程，可以由一至两人主讲，组内其他人协助或提供学习辅导。

模拟教学后进行十分钟的教学评价，包括小组自评、组际互评、教师评价三个方面。英国培训教师借鉴佩蒂（Petty）的教学评价理论，事先设计了统一的书面评价表。Petty把学习比作推石头上山，建议教师用“奖牌”（medals）和“任务”（tasks）来给学生反馈。“奖牌”指学生做

① Brookfield, Stephen, *Becoming a Critically Reflective Teacher*, San Francisco: Jossey-Bass, 1995.

得好的方面，“任务”指学生有待提高的方面。评价表中有两个栏目是“奖牌”，“任务”（task）栏则只有一个。也就是说，每次反馈中，教师给出的“奖牌”应多过“任务”。①

偶尔也有教师让学员填写更为复杂的项目评价表，这些项目包括是否实现了教学目标、是否开展了激发学生兴趣的活动、学生课堂参与程度、所用的SCL教学原则数量与效果、教学资源的使用情况、课堂管理情况、形成性教学评价手段的使用情况等。

评价表多由评价组选派代表口头介绍后再交给相应的教学组，个别时候也有教师要求学员运用六顶“思考帽”评价法。各组都完成模拟教学和评价之后，全班投票评出最佳教学组，并发小奖品。

五 结语

西方教育文献常出现这样一句话：“I hear and I forget；I see and I remember；I do and I understand”（听而易忘，见而易记，做而易懂）。西方学者普遍认为这是孔子说的，但有中国学者认为这是庄子的观点。

以学生为中心教学法的培训涵盖了教学理念和教学方法，但英国培训教师将二者完美地融合在一起。在他们看来，灌输以学生为中心的教学原则本身就是违背该原则，就不是以学生为中心。所以，理念的教学要么只是简洁地提及，要么就是让学生通过课堂活动来领会。比如，介绍九条以学生为中心的教学原则时，教师先展示，然后要求学员按照重要性为这些原则排序，接着让每个人选出最难和最容易实施的原则，并解释原因。

该培训的最大特点是分组教学和多样化的课堂活动，使学员积极参与，乐在其中，在做中学，教师的讲授少之又少。培训教师大量地使用各种教学资源，使学员在做和学中培养自己的沟通能力、团队合作能力、反思和解决问题的能力，而这些正是职业教育所着重培养的“核心就业

① Petty，Geoff，*Teaching Today：a Practical Guide*，Cheltenham：Nelson Thornes，2009.

技能”①。

参考文献

1. Brookfield, Stephen, *Becoming a Critically Reflective Teacher*, San Francisco: Jossey-Bass, 1995.
2. Brookfield, Stephen and Preskill, Stephen, *Discussion as a Way of Teaching*, Buckingham: SRHE and Open University Press, 1999.
3. Eastwood, Linda et al. , *A Toolkit for Creative Teaching in Post-compulsory Education*, New York: Open University Press, 2009.
4. Kolb, David A. , *Experiential Learning Experience as a Source of Learning and Development*, Englewood Cliff, New Jersey: Prentice Hall Inc. , 1984.
5. Gravells, Anna, *Delivering Employability Skills in the Lifelong Learning Sector*, Exeter, UK: Learning Matters Ltd. , 2010.
6. Petty, Geoff, *Teaching Today: A Practical Guide*, Cheltenham: Nelson Thornes, 2009.
7. De Bono, Edward:《六顶思考帽》，冯杨译，北京科学技术出版社2004年版。
8. 大卫·库伯:《体验学习——让体验成为学习和发展的源泉》，王灿明等译，华东师范大学出版社2008年版。
9. 胡继飞:《拼图式合作学习及其在教师培训中的应用》，《外国中小学教育》2009年第6期。
10. 张勍:《以学生为中心——教学法分析及案例》，北京出版社2012年版。
11. 宗彬花:《职业学校师资培训存在的问题及对策》，《中国职业技术教育》2011年第1期。

原文刊于《中国职业技术教育》2014年第6期

① Gravells, Anna, *Delivering Employability Skills in the Lifelong Learning Sector*, Exeter, UK: Learning Matters Ltd. , 2010.

附　　录

职业教育的供给侧改革之路

——专访广东技术师范学院院长郭杰

傅　岩　《南风窗》记者陈可珺

在我们培养的人才与社会的需求之间，建立一个良好的对接关系，是所有高等教育机构共同面临的问题。这就是在经济领域的供给侧改革给高等教育的一个重要启示。

职业教育院校与普通高等教育学府相比，具有更加鲜明的定位和特色，其要求所培养的人才比起一般大学生具有更强的技术应用性和职业适应性。正因为如此，职业教育院校无论是对城市发展所提供的服务，还是对产业进步所做出的贡献，抑或是对社会需求的回应，往往都更为直接而快速。

国家教育部最新统计数据显示，我国现有高职（专科）院校数量已经高于本科院校，如果算上中职学校，全国各类职业学校的招生规模业已超过千万；然而人才市场的另一端，企业的“技工荒”却似乎仍然是一个久未平息的浪头，不少企业一直处于人才紧缺的状态中。原因何在，令人深思。

围绕这一话题，在广州市委宣传部、市社会科学界联合会共同主办的“大学与城市——广州地区高校校长访谈”活动中，本刊记者采访了广东技术师范学院校长郭杰。

职业教育要摆脱同质化竞争

《南风窗》：最近，有专家撰文指出，目前国内一些职业教育院校对于人才培养的目标定位并不十分准确，学校在学科设置上更倾向于向越来越高层次的领域靠拢，而社会实际需求的发展和变化往往被忽略。对于这种现象，您是怎么看待的呢？

郭杰：目前中国的大学有一个“同质化”的倾向，不管什么类型的大学，普通高校也好，职业院校也好，他们的学科结构、专业设置、师资队伍，往往都很相似。实际上，不同的大学应该是有自身的特色，有各自明确的定位和发展方向的，这样才能避免同质化的竞争。

广东技术师范学院是一所具有硕士学位授予权的本科大学。长期以来，我们紧紧围绕职业教育师资培养培训办学方向，这在全省乃至华南地区是唯一的，我们的特色非常明显，定位也非常明确。因为摆脱了同质化的竞争，所以我们所做出的贡献是别人没有的，当然别人做出的贡献也是我们不能取代的。这样，不同的高校自然就承担了各自的责任。

《南风窗》：对于职业教育院校如何明确自身的定位和特色，您有什么具体的看法或者切身的体会？

郭杰：很多人都知道，广东是我国经济发展第一大省；但是很多人都不知道的是，广东也是我国职业教育的第一大省。我们全省有职业教育学校六百多所，在读学生两百三十多万学生，占全国十分之一。

为什么广东在全国的职业教育中会占有这样的地位？那恰恰是由广东经济发展的需求所决定的，是社会发展需求所引导的。职业教育是支撑广东经济快速发展、支撑先进制造业和现代服务业发展的人才体系。广东省政府定下目标，到 2018 年，要建成在国内外有较大影响力的现代职业教育综合改革先进省，也正是要回应经济发展、社会发展的这种需求。

而实现这一目标，除了大力发展职业教育以外，职业教育的师资培养培训也是一个重要的方面。广东把承担这一重任的龙头位置交付给了广东技术师范学院。归根结底就是广东经济发展对于职业教育的需求和职业教育对于师资的需求，决定了我们学校的定位和特色。

从社会需求出发的教育供给侧改革

《南风窗》：我们都知道，高等教育不单单是为了就业，但是就业是摆在每一个毕业生面前的问题，对于以培养应用型人才为目标的职业教育院校来说，这个问题尤为显著。您能否跟我们谈一下，在职业教育与社会需求良好对接上，有什么好的经验值得借鉴？

郭杰：现在人们总是讲要提高就业率。提高就业率的根本，就是在学科专业设置上要符合社会的需求。如果学科专业设置不符合社会需求，毕业生就业的空间自然就小了，受欢迎程度也就低了。

我们国家正在进行供给侧改革。所谓“供给侧改革”是什么意思呢？过去，我们国家的经济发展是通过扩大需求来实现的，现在发现，仅仅扩大需求不够，我们还要在供给侧进行改革，提供个性化的、有特色的、能够直接针对和满足不同社会需求的供给。

比方说马桶盖，国内很多地方都能生产，为什么有些消费者就非要跑到日本去购买？就是因为那里的马桶盖还具备喷淋、加热等许多人性化功能，能够满足消费者更多的个性化需求。我们现在国内生产的马桶盖很多，却不一定都能卖得出去；而那些有更进一步需求的消费者，在国内又买不到所需要的品类。这种现象显然不能简单地理解为“需求不足”“需求萎缩”，而是“供给侧”和“需求侧”之间的脱节，这两者之间没能有效地对接。

这就是供给侧的责任，没有摸清市场的需求，没有摸清社会的需求，盲目地生产，盲目地供给，就变成了产品的积压，变成了产能过剩。这是经济发展存在的问题。

我们高等教育其实也面临这样的问题。社会的需求在不断增加，高校培养的毕业生也越来越多。怎样在我们培养的人才与社会的需求之间，建立一个良好的对接关系，是所有高等教育机构共同面临的问题。这就是在经济领域的供给侧改革给高等教育的一个重要启示。

我们在高等教育领域也要进行供给侧改革。具体到职业教育的范围来说，就是要有明确的办学定位和鲜明的办学特色，专业设置要符合产业的需求，符合职业教育发展的需求，瞄准社会急需的人才来调整学校的专业布局。

《南风窗》：我们经常听到的教育供给侧改革，很多是从受教育者需求的角度出发的。而您提出的观点，主要是从人才市场对人才的需求的角度出发的。您能不能就您在高校从事教育工作和管理工作的经验，更进一步谈一谈教育领域的供给侧改革？

郭杰：每个学校内部，都有一个围绕教育供给侧改革健身强体的过程，就是要不断审视自身的学科布局和结构是否真的符合产业的要求、社会的需求、企业的需求，对于担负职业教育责任的学校来说，还有职业教育的需求。有些学校只是寄希望于学生毕业以后能找到一份工作就可以了。这种要求对于满足学校毕业生的就业率来说，也许是有意义的，并且是有必要的，但是这个标准不算是一个高标准。仅仅是实现“找到一份工作”的目标，对于高等学校培养人才的要求来说，是远远不够的。

一个高标准的人才培养要求，是毕业生来到社会上能够在他（她）所学的专业领域里就业，而且有比较高的起薪点，事业发展空间比较大。这才是一个良好的人才培养模式。我们用这个标准来衡量自己学校的现状，感觉到我们的专业布局还有一部分不太合理、不尽如人意的地方，比如说有些传统的学科过于“松”“垮”，还有一些重复，学科的实力不够强。而一些针对社会和产业急需人才的培养的学科，还需要加强。就像汽车学院，从那里毕业的学生在人才市场上供不应求，但是目前汽车学院还只是个小学院，这一方面有待加强；又像机器人制造专业，是与机器人制造新兴产业相匹配的，前景广阔，而我们还很薄弱，也需要进一步发展和加强。

改革的机遇与障碍

《南风窗》：经验告诉我们，只要一谈到“改革”，就自然不是一蹴而就的事情。那么学校在经历这一过程的时候，是否会遇到什么困难或者需要解决的核心问题？

郭杰：没错。在一个大学里面，学科专业布局的调整，并不是一件容易的事情。因为大家在原来的学术生态、工作环境当中，已经适应了，而且各自在工作上都已经形成了一种惯性；如果贸然调整，很多专业、学院合并了，很多职位没有了，影响到了很多人的切身利益，很可能会引发一些不满的声音、意见、争议，甚至矛盾。所以，我们要找准直接关系到学校发展大局的最核心的问题。凡是符合社会需求的，就大力发展；对于传统优势学科，要继续保持；至于那些不符合社会需求的，则进行必要的压缩整合，使之转型升级。

《南风窗》：随着社会开放程度不断提升，对外交流日益频繁。据我所知，广东技术师范学院也很注重对外交流。那么就刚才您提到的一些问题，是否能从一些先进经验当中寻求到解决的捷径呢？

郭杰：目前，我们跟德国巴伐利亚州在职业教育方面有战略合作。众所周知，德国制造的质量水准是举世闻名的，与之相应地，是德国的职业技术教育也达到了很高的水平。据了解，德国职业教育的一个特点，是非常重视企业在职业教育中的作用。这里面，包括企业对职业教育的参与、企业对职业教育师资的输送，还包括职业院校的师资，在资格上要求具有企业工作的经历，等等。在这些方面，我们也在探索，也在尝试，但是坦率地说，未来还有一个很长的路要走。

我们的现状就是，师资结构、人事分配制度，是有惯性的，现有的人事结构很难改变。这是一个体制的问题，大学并不能自主地根据具体的需求来选择聘任教师，大学对师资的需求是要受制于相关制度的约束。

举个例子，我们如果想聘任一名企业人员来学校任教，但是按照现有规定，这名企业人员必须发表过一定数量的论文或者有一定数量的科研成果等，这就受到了很大的限制。还有一种情况，某位企业人员原本在企业里可能是一个中高层的领导，可能是有一定资历的工程师、部门领导，等等。但是来到学校里任教以后，可能得不到相应的级别和待遇。企业有经验的一线管理人员、研发人员和大学教师的岗位之间流转的关系目前是存在的，但是不够通畅。这种不够通畅，就表现在企业人员在企业中的积累，是足够为学生提供优质的教育内容的，但是当他们来到学校工作、面临职称评定的时候，可能会遇到没有足够数量的论文、没有科研项目这样的问题。

其实，作为培养应用型人才为主的职业教育学校，对于这种有丰富一线经验的师资人才，是有很大需求的。我认为，应该配备一定比例的拥有丰富从业经验的师资，而不一定要求他们都曾发表过多么高层次的论文、从事过很尖端的研究。但是在目前的体制下，还没有足够的条件，来完善这样的通道。这是未来职业教育发展必须从体制层面进行思考和解决的问题。

现在，教育部等五部委联合发布关于对高等学校“放、管、服”的文件，赋予学校更多的办学自主权，这就为我们进一步推进高等教育、职业教育领域的供给侧改革提供了有力保障，相信这条道路会越走越广阔。

原文刊于《南风窗》2017 年第 10 期

不忘初心谋发展　肩负使命再出发

广东技术师范学院院长郭杰：努力建设一所特色鲜明的高水平技术师范大学

作者：王娟　张毓莹　韩柏光

今年10月28日，广东技术师范学院将迎来建校60周年华诞。院长郭杰在接受新快报记者专访时表示，60年来，在一代代广技师人的努力

下，学校在人才培养、科学研究、社会服务、文化传承等方面，取得了很大的成就，引起了社会各界的广泛关注。

作为广东省唯一一所以培养职教师资和应用型高级专门人才为主要办学定位的高校，一年多来，学院坚持“面向职教、服务职教、引领职教、特色发展”，着力推动学院的外延发展和内涵发展，在改革人才培养模式、调整和优化学科专业结构布局、完善科研管理机制等方面，进行了一系列的实践探索，成效显著。

面对未来，郭杰表示，学院党委将在党的十九大精神鼓舞和指引下，团结和带领广大教职员工，朝着建设特色鲜明的高水平技术师范大学的目标砥砺奋进。

培养人才　服务社会

广技师 60 年发展结硕果

10 年深大、8 年华师、如今广技师，在广东高校有着丰富工作经验的郭杰，对高校的发展，也有着深入的了解。

1977 级大学生的郭杰回忆，当年他参加高考时，实际录取率只有 4.7%。而今天，高教的毛入学率，已经达到了 40%，高等教育的发展可见一斑。他表示，教育和经济的发展呈现出良性互补的关系。中国教育领域的发展，得益于改革开放的成果与经济社会发展的支撑。教育发展也给经济发展提供了人才支持。

长期以来，广东的高教事业一路蓬勃发展。而 1957 年创办的广东民族学院（广东技术师范学院前身），在一代又一代师生的努力下，筚路蓝缕、开拓前进，一步步发展壮大，学院人才培养、科学研究、社会服务、文化传承方面，取得了很大的成就，学院办学水平、人才培养质量不断提高，具有较高的社会知名度和美誉度。

回顾广技师的 60 年，广技师曾被誉为“南粤民族高等教育的摇篮”。20 年前，为顺应广东职业教育快速发展对职教师资的需求，以及自身战略定位的发展，根据省委省政府的部署，学院改办职业技术师范学院。

郭杰强调，广东省目前有 600 多所职业院校，230 多万学生，数量很大。而作为广东省唯一一所为各级各类职业院校培养师资的高校，广技师承担着重要的角色和责任。所以，学校的进一步转型改革也迫在眉睫。

调整专业　审核评估

广技师改革步伐永不停止

改革，到底该怎么改，这也是郭杰一直都在思考的问题。他自 2016 年 5 月到任广技师院长一职以来，广技师改革的步伐便未停止。目前，广技师已完成了第一步的学科专业调整。郭杰坦言，大学里学科专业布局的调整，并不是一件容易的事情。但他表示，在广泛的调研和师生的大力支持下，广技师的这项工作开展得十分顺利。

据了解，到去年下半年，学院进行了学科专业结构调整与优化工作，新增设立二级学院 2 个，调整设立二级学院 5 个，合并设立二级学院 4 个，更名设立二级学院 1 个。在学科结构上，围绕广东职业教育和产业发展需求，向师范教育类和理工类专业倾斜。师范教育专业占比 50%，师范生占比 35%，突出“面向职教、服务职教、引领职教、特色发展”的办学定位，进一步强化了职教师资培养。主动适应广东产业转型升级对高层次技术技能应用型人才的需要，加强理工类专业建设，设置了现代服务类专业 20 个、战略性新兴产业专业 8 个、现代制造业类专业 3 个、高新技术产业类专业 6 个、传统优势产业类专业 3 个、文化创意类专业 5 个等，较好地实现了与广东重点发展产业的对接。就专业来说，目前学院共设有本科专业共有 64 个，郭杰表示，这一专业数量还是偏多，应做出进一步调整。

与此同时，本科教学的审核工作也在顺利进行。今年 9 月下旬，专家进校园进行了相应的评估工作，“效果良好”。郭杰表示，接下来，将根据评估的结果和结论，进一步进行专业的调整和优化。学校将按照统一部署，进一步深化教育教学改革。“一年以后会全部完成，文理专业比例将各占五成。”

人事改革 教育教学

更名，不是简单换一个名字

就在前几天，省教育厅那边再次传来了好消息。广技师在 2017 年，提出更名“大学”的申请，经广东省高校设置评议委员会专家组考察，同意向教育部推荐该校更名大学。

采访中，郭杰一再强调：“更名，不是简单换一个名字。”更名是广技师人在凝聚全校力量，进一步整合办学资源等，让学校在整个办学水平上得到一个提高。

郭杰介绍，外延发展上，学校将以白云校区建设为龙头，对广州的一校四区建设加以统筹整合，全面整合资源，提高办学条件。在扩大办学资源方面，学校也受到了地方政府的大力支持。今年 9 月，河源市人民政府与广技师签署协议，将合作共建广东技术师范学院河源校区，结束河源没有本科院校的历史。作为广东的“职教母机”、职业教育研究和职教师资培养培训“重镇”，广技师将助力破解河源产业发展面临的人才瓶颈。占地 500 亩、拟建校舍 20 万平方米的河源新校区，采用“交钥匙”工程模式，这也为广技师的发展，注入了一针强心剂。

学校引进不少青年优秀教师，在师德师风方面常抓不懈，特别注重教师队伍知识和技能的结合。目前，学校“双师型”人才的比例已达到 30%，这在全国同类院校中，占比较高。但郭杰认为，这样的比例依然有所不足，“希望未来能达到 50%”。

学校十分重视学生实践能力和动手能力的培养，把人才培养作为核心任务。不仅着眼于理论知识的基础，而且注重培养应用型人才，特别注重产教融合，校企结合。近年来，学生就业竞争力不断加强，初次就业率达到 95.44%，先后获得广东省就业先进工作单位、全国毕业生就业典型经验高校 50 强等荣誉，毕业生深受用人单位和社会的普遍好评。

高校如何用好办学自主权？郭杰认为，从广技师情况来看，要与学校全面深化改革结合起来，从人事分配制度改革（绩效考核）找准突破口，引领全方位改革，教育教学、科研管理、社会服务改革等多个方面。而学校的一系列改革举措将在 2018 年逐步实施。

狠抓改革　善待师生

建设特色师范类大学任重道远

狠抓改革不松懈，对于改善师生福利，郭杰也丝毫没有松懈。“这几年的改革，确实有人受了委屈，大家也都是十分辛苦。但改革不改不行；师生福利方面，我们也会尽力而为。”尽管很多福利与他这个刚来一年多的校长“不沾边”，但他表示期望通过自己的争取，能尽力为师生谋福利。“凝聚一切可以凝聚的力量，努力实现广技师人的目标。”

60 年风雨兼程、继往开来，广技师一代代人克服困苦，从当初的举步维艰走到今天的发展壮大。60 年来，广技师几易校址，历程有变化、校名有变化，但服务初衷未变。

郭杰期望，通过一系列的改革，能让学校的每个老师都热爱教学，充满爱心，把人才培养放在第一位。同时，也能不断提升自己，在各自的领域脱颖而出。希望学生们能成为三观正确、实践能力很强、社会欢迎的应用型高级人才。“总之一句话，要努力建设成为一所特色鲜明的高水平技术师范大学！”

数看广技师

1064 人：

现有专任教师 1064 人，正高职称 147 人，副高职称 360 人。

60 年：

办学历程 60 年，创办于 1957 年，前身是广东民族学院，首任院长是老一辈革命家罗明同志。

2 个：

学院现有 2 个广东省优势重点学科、2 个广东省特色重点学科、2 个珠江学者岗位学科、3 个一级学科学术硕士学位授权点、一个独立设置的二级学科学术硕士学位授权点、2 个专业硕士学位授权点等。

16917 人：

现有全日制普通在校生 16917 人，其中研究生 881 人。60 年来，共培养 9 万多名高级专门人才。

1000 多项：

近 5 年来，学术在“挑战杯”系列竞赛、数学建模竞赛、电子设计竞赛等国内外高水平学科竞赛中屡获大奖，共获省级以上奖励 1000 多项。

2.32 亿元：

学校建有省级以上重点实验室 19 个，近 5 年来，科研成果获省部级以上奖励 26 项；主持国家自然科学基金等省级以上项目 100 多项；科研经费总计约 2.32 亿元。2016 年，专利申请数量快速增长超过 1000 件，是近 5 年总和的 9 倍多。

原文刊于《新快报》2017 年 10 月 27 日第 18 版人物周刊专版